MICHAEL
KÖHLMEIER (HG.)

MÄRCHEN WELT

PENGUIN VERLAG

Verlagsgruppe Random House FSC® N001967

PENGUIN und das Penguin Logo sind Markenzeichen
von Penguin Books Limited und werden
hier unter Lizenz benutzt.

2. Auflage 2017
Copyright © der deutschsprachigen Ausgabe 2012 beim
Diederichs Verlag
in der Verlagsgruppe Random House GmbH,
Neumarkter Straße 28, 81673 München
Umschlag: Favoritbüro nach einem Entwurf von Alexandra Dohse,
www.grafikkiosk.de, München
Satz: Satzwerk Huber, Germering
Druck und Bindung: GGP Media GmbH, Pößneck
Printed in Germany
ISBN 978-3-328-10221-2
www.penguin-verlag.de

Dieses Buch ist auch als E-Book erhältlich.

Inhalt

Wo das Erzählen noch geholfen hat

1

Mein Vater war Historiker und in der Familie zuständig für die große Geschichte. Als wir unser erstes Auto anschafften, einen Opel Record, war
ich zehn. Von da nun fuhren wir an den Wochenenden ins Elsass oder
über die Schweizer Grenze nach Einsiedeln oder nach Ulm. Während
mein Vater lenkte, hielt er Vorträge über den Maler Matthias Grünewald
und seinen Altar in Colmar oder über den heiligen Meinrad, der vor über
tausend Jahren von zwei Landstreichern genau an der Stelle erschlagen
worden war, wo heute die barocke Kirche von Einsiedeln steht (die mir
als das Werk eines Wahnsinnigen erschien – wer häuft schon solche
Pracht auf so engen Raum!); oder er erklärte uns, mit dem Rücken zum
Ulmer Münster, warum es für die Menschen damals dringend nötig gewesen war, eine Kirche zu bauen, in der die Einwohner der Stadt dreimal
Platz gefunden hätten. Mein Vater konnte gut erzählen, dafür war er
berühmt im weiten Umkreis, und er erzählte nicht nur, was tatsächlich
geschehen war, sondern auch, was hätte sein können – »Was wäre,
wenn die Römer den Arminius rechtzeitig durchschaut hätten?«, »Was
wäre, wenn Wilhelm II. Bismarck nicht abgesetzt hätte?«, »Was wäre,
wenn Lenin 1917 nicht mit Unterstützung der deutschen Obersten Hee-
resleitung von Zürich nach St. Petersburg zurückgekehrt wäre?«. Manchmal ging er uns auf die Nerven. Er wusste alles und meinte, wir sollten

9

auch alles wissen, vor allem ich, sein Sohn. Wenn er es übertrieb, erzählte meine Mutter gegen ihn an. Die Weltgeschichte interessierte sie nicht, im Gegenteil, nach dem Krieg hatte sie genug davon. Sie schwelgte in persönlichen Erinnerungen; sie war als Kriegsbraut aus dem fränkischen Coburg in das österreichische Vorarlberg gekommen. Sie erzählte und erinnerte sich erzählend an früher und hatte hinterher nicht mehr ganz so viel Heimweh wie vorher; das hat mein Vater respektiert. Damit ja keine Stille eintrat, gab meine Schwester die Plots unzähliger Romane aus der Leihbibliothek von Hohenems dazu; sie war der Meinung, ein Buch sei erst richtig gelesen, wenn man es auch nacherzählen konnte. Das konnte sie, und darum tat sie es gern.

Wir waren eine erzählsüchtige Familie. Und ich war der Zuhörer – dem die Ohren dröhnten, so ein Geriss war um dieselben und nicht selten an denselben, wenn ich sie mir zuhielt. Manchmal war es mir zu viel, dann habe ich mich aus dem Staub gemacht, bin hinunter zum alten Rhein gelaufen und habe mich ans Wasser gesetzt und an nichts gedacht. In der Schule hatten wir ein Fach, das hieß *Naturgeschichte*; aber die Natur erzählte keine Geschichten. – Dachte ich als Zehnjähriger.

Meine Großmutter, die meiner Mutter aus dem zerstörten Deutschland nachgefolgt war, war die beste Erzählerin in der Familie, und sie erzählte nur für mich und nur, wenn ich sie darum bat. Beobachtete ich sie, wie sie mit unserer Katze redete, zweifelte ich, ob die Natur tatsächlich nichts zu erzählen hatte. Sie sprach mit dem Kater nicht anders als mit mir oder mit der Frau in der Bäckerei, wo sie ihr geliebtes Sauerteigbrot einkaufte. Und der Kater schaute sie an, wie er mich nie anschaute, eine Pfote hochgezogen, den Schwanz steil, und kommentierte ihre Worte mit kurzen Lauten, die mehr ein Bellen als ein Miauen waren. Als wir später im Lateinunterricht Ovids *Metamorphosen* lasen – da war ich bereits fünfzehn oder sechzehn, in meiner Rationalität jedoch zurückgeblieben, verdorben von den vielen Märchen und dem realitätszersetzenden *Was-wäre-Wenn?* des spekulierenden Historikers –, schien mir das alles irgendwie möglich: dass der Menschenfresser Lykaon von Zeus in einen Wolf verzaubert wird; dass Arachne von der eifersüchtigen Athene in eine Spinne verhext wird; und dass sich Daphne, um sich vor dem liebestollen Apoll zu schützen, in einen Lorbeerbaum verwandelt, durch dessen Blätter hindurch der Gott noch eine Weile das Herz des Mädchens schlagen spürt. Das schien mir auf einmal alles möglich. Als wäre Ovid dem älteren Plinius, dem Naturgeschichtler, näher als einem wirklichkeitsfrei fantasierenden Mythologen wie Hesiod, den wir zur gleichen Zeit im Griechischunterricht zu übersetzen versuchten. Mit sechzehn erschien mir die Welt von Wundern voll; mit zehn war ich ein trockener Realist gewesen.

Meine Großmutter hatte viel im Haushalt zu tun; meine Mutter war krank, sie ging auf Krücken und mit einem Stützapparat und war auf ihre Hilfe angewiesen. Ich glaube, meine Großmutter war am Abend zu müde, um sich Geschichten auszudenken oder sich an Geschichten zu erinnern und diese nachzuerzählen. Darum las sie lieber vor – am liebsten aus den Märchen der Brüder Grimm. Wir besaßen einen Band, dessen Seiten schon ein wenig aufgequollen waren und für den meine Großmutter – oder ihre Großmutter – einen Umschlag aus Leinen genäht und bestickt hatte.

Ich möchte erklären, was ich mit »beste Erzählerin« meine. In dem hier vorliegenden Buch sind hundert Geschichten zusammengetragen, vielleicht möchte ja jemand jemandem daraus vorlesen, dem kann es nützen, wenn ich berichte, wie es meine Großmutter gemacht hat. Zum Beispiel ist sie nie laut geworden. Und wenn es noch so wild in einem Märchen zuging, sie ist nie laut geworden. Sie hat auch auf jedes Gesichtstheater verzichtet. Es gibt Erzähler, die ordnen allen Figuren eine jeweils eigene Grimasse zu, reißen Augen auf, fletschen Zähne, ziehen Lippen nach unten und nach oben, blähen Nasen, runzeln die Stirn – das hat meine Großmutter nicht getan. Sie hat auch nicht mit der Stimme gespielt, hat nicht pointiert betont, Vokale gedehnt und Konsonanten gerafft, wie man es manchmal bei Schauspielern hören kann, die als besonders gute Schauspieler gelten; sie hat weder geschrien noch bedrohlich geflüstert. Ihre Stimme war eher monoton, und sie wurde monotoner und leiser, je länger die Geschichte dauerte. Am Ende bin ich nahe an sie herangerückt und habe mit offenem Mund geatmet, weil das in meinem Kopf weniger Geräusch machte. Ihre Stimme versetzte mich in einen Zustand zwischen Wachen und Schlafen, in dem die vernünftige Hierarchie von Wesentlichem und Unwesentlichem sehr flach wird, so dass fast alles wesentlich erscheint, weil fast nichts mehr unter dem Diktat der Vernunft steht, sondern alles sich an Leben und Sterben misst, und in den Geschichten ging es ja genau darum. Die Stimme meiner Großmutter hat sich angehört, als würde nicht sie erzählen, sondern etwas in ihr, dem sie lediglich die Töne lieh; als wäre sie eine ziemlich gleichgültige Vermieterin einer ihrer Körperfunktionen. Sie las das Märchen vom *Mädchen ohne Hände*, in dem ein Müller dem Teufel die Tochter versprochen hat, die Tochter aber die Hände zum Gebet faltet, so dass der Böse nicht an sie herankommen kann – ohne jede Regung las sie:

Dem Vater ward angst, und er versprach, ihm zu gehorchen. Da ging er zu dem Mädchen und sagte ›mein Kind, wenn ich dir nicht beide Hände abhaue, so führt mich der Teufel fort, und in der Angst hab' ich es ihm versprochen. Hilf mir doch in meiner Not und verzeihe mir, was ich Böses an dir tue.‹ Sie antwortete ›lieber Vater, macht mit mir, was Ihr wollt, ich bin Euer Kind‹. Darauf legte sie beide Hände hin und ließ sie sich abhauen.

Und Pausen hat sie gelassen. Unberechenbare Pausen. Die durfte ich mit meinen Gedanken füllen. Dadurch geriet ich in eine Spannung, die manchmal unerträglich wurde, so dass ich sie bat, erst morgen weiterzuerzählen. Das war ihr nicht recht. Das Leben gehe schnell vorbei, sagte sie, es habe keinen Sinn, eine Geschichte auf zwei Tage aufzuteilen; es könne sein, dass ich oder sie morgen andere wären, nämlich solche, für die diese Geschichte nicht mehr passte. Die Spannung, so denke ich heute darüber, resultierte zu einem guten Teil daraus, dass ich mich, während sie erzählte, einer nicht-realen Instanz gegenübersah – dem Geist der Erzählung, um mit Thomas Mann zu sprechen, nur dass Thomas Mann damit eine Metapher geschaffen hatte, ich mir diesen Geist aber als einen tatsächlichen Geist vorgestellt hätte, der in die kleine Frau schlüpfte, um aus ihr mit mir zu reden. Und ich durfte mir eine Erklärung zurechtlegen, warum er ausgerechnet mit mir reden wollte. Wenn ich die Märchen selber las, kamen sie mir ganz anders vor. Und wenn ich mich, zum Beispiel am nächsten Tag unter der hellen Sonne der Vernunft, mit meiner Großmutter über das unterhielt, was sie mir im Schein meiner Nachttischlampe am Abend zuvor vorgelesen hatte, dann wunderte sie sich nicht weniger über die Geschichten als ich. Oft konnte sie sich kaum daran erinnern, und ich erzählte sie ihr nach. Vielleicht war sie ein bisschen verrückt. Ganz sicher war sie ein bisschen verrückt. Einmal kam ich am Morgen in die Küche, da lag sie unter dem Tisch; sie hatte ihr Kopfkissen und ihre Zudecke bei sich und lag unter dem Tisch, als wäre der Fußboden ihr Bett. Sie brummte, sie habe etwas ausprobieren wollen, aber ich solle es in der Familie nicht weitersagen. Ich war in der ersten Klasse Volksschule, also etwa sieben; ich dachte, jemand hat sie verzaubert; dass sie so etwas nicht freiwillig tut, sondern dass sie es tun muss, dass sie gar nicht anders kann. Wahrscheinlich, so dachte ich, hat sie der verzaubert, der aus ihr spricht, wenn sie mir vorliest. Es gibt ein Roma-Märchen, das kannte ich damals freilich noch nicht, da löst sich der Vater in Luft auf und lässt sich von seiner Tochter einatmen und spricht aus ihrem Mund und schaut aus ihren Augen und befiehlt den Elementen der Natur, sich gegen seine Tochter und deren Geliebten zu wenden.

Das Grimm'sche Märchen *Die zwei Brüder* mochten meine Großmutter und ich besonders gern. Wahrscheinlich, weil wir es noch weniger verstanden als die anderen Märchen. – Es waren einmal zwei Brüder, die wollten in die Welt hinaus und baten den guten Stiefvater um den Segen. Stattdessen gab er ihnen ein Messer. Das Messer, sagte er, sollen sie gut verwahren. Sie dürfen es erst aus der Scheide ziehen, wenn sie beschließen, sich zu trennen. Dann aber sollen sie die Klinge in einen Baumstamm hauen, so tief, dass niemand das Messer herausziehen kann. Der eine Bruder wende sich daraufhin nach links, der andere nach rechts. Von Mal zu Mal sollen sie zu dem Baum zurückkehren und nach dem Messer sehen. Wenn die Klinge blank ist, sei alles gut, wenn sie aber auf der Seite des Bruders rostet, sei der Bruder in Gefahr. – Noch viele andere Dinge kommen in diesem Märchen vor, es ist das längste der Sammlung; das Bild von dem Messer im Baum aber hat mich nicht losgelassen, mein ganzes Leben lang habe ich immer wieder darüber nachgedacht.

Ich glaube, es ist nicht gut, über Märchen allzu viel nachzudenken. Man findet dann nicht mehr ins Zuhören zurück. Und dann verliert man die Märchen, und es kann lange dauern, bis sie sich wieder bei einem melden. So ist es mir mit diesem Märchen ergangen. Ich habe zu viel darüber nachgedacht.

Eines Abends sagte ich zu meiner Großmutter: »Angenommen, ich bin der eine Bruder. Ich ziehe durch die Welt und plötzlich kommt mir der Gedanke, ich muss nach meinem Zwilling sehen. Ich gehe also in den Wald, suche den Baum und schau mir das Messer an. Und ich sehe, dass es tatsächlich auf einer Seite rostig ist. Aber nicht auf der Seite meines Bruders ist es rostig, sondern auf meiner Seite. Was ist dann?«

»Das gilt nicht«, antwortete sie.

Der gute Erzähler misstraut Geschichten, aus denen man etwas lernen soll. Er sagt: Hat ein Schmetterling nur dann einen Sinn, wenn er dir nützt? Glaubst du, die Blaumeise will mit ihrem blauen Bäuchlein und der gelben Krawatte dir etwas sagen? Genügt eine Geschichte für sich nicht? Bekommt eine Erzählung, so vielfältig, farbig und plastisch sie sein mag, erst ihren Sinn, wenn sie ausgepresst und in eine dürre Belehrung gegossen worden ist?

Der Geist der Erzählung – hört ihr ihn? –, er sagt: Ach, ihr seid Kannibalen! Ihr fresst eure eigene Welt. Ihr erfreut euch nicht an ihr, ihr fresst sie. Und ihr schmeckt sie nicht einmal, ihr schlingt sie hinunter. Ihr fragt euch: Wenn etwas nur schön ist und keinen Zweck hat, was für einen Zweck hat es dann? Märchen lassen sich nicht mit einem Kommunikationsschema beschreiben, sagt der Geist der Erzählung, Märchen sind selbstbezüglich. Ihr wisst hinterher nicht mehr, als ihr vorher gewusst habt. Der Erzähler ist der Zwilling des Zuhörers. Ganz gleich, welche Seite des Messers rostig ist, die Klinge erzählt *immer* von dir. Deshalb sind euch alle Märchen fremd und vertraut in einem, ob sie nun aus eurer Gegend stammen oder vom anderen Ende der Welt. Märchen heilen nicht. Lasst euch das nicht einreden! Der Schmerz ist nicht da, um von einer Erzählung geheilt zu werden. Er ist da, weil er da ist. Wie das blaue Bäuchlein der Blaumeise, wie die Zeichnung auf den Flügeln des getigerten Passionsfalters, wie die Flecken auf dem Fell des Leoparden da sind.

2

In ihrem Kommentar zu den Märchen berichten Jacob und Wilhelm Grimm, die Geschichte *Die zwei Brüder* sei ihnen aus dem Umland von Paderborn zugetragen worden, weisen aber darauf hin, dass sie als Quellen ebenso ein serbisches und ein russisches Märchen herangezogen hätten. Auch von einem ägyptischen Märchenstoff haben sich die Grimms inspirieren lassen, wie bald herausgefunden wurde, einem

Stoff, der die Verführung des einen Bruders durch die Frau des anderen zum Inhalt hat und der sich in so vielen Märchen in der ganzen Welt findet, dass seine verschiedenen Ausdeutungen von der Erzählforschung in eine eigene Untergattung zusammengefasst wurden, nämlich das *Zweibrüdermärchen*. Das Grimm'sche Märchen enthält noch andere bekannte Motive, wie den Drachenkampf und/oder den Kampf gegen die Hexe, die Hilfe von Tieren oder das Herausschneiden von Zungen. Wilhelm und Jacob Grimm haben all diese Elemente kunstvoll zu einer Geschichte verwoben.

Es war durchaus typisch für die Vorgehensweise der Brüder, als Quellen verschiedene Erzählungen heranzuziehen, literarische ebenso wie mündlich überlieferte, hier und dort die besten Teile herauszupicken und mit Hilfe der eigenen Fantasie etwas Neues zu schaffen, dessen einzelne Motive jedoch in einem archetypischen Sinn weitgehend bekannt waren. Unter Motiv wird »das kleinste Element einer Erzählung« verstanden, »das die Kraft hat, sich in der Überlieferung zu erhalten«. Die Definition stammt von dem finnischen Märchenforscher Antti Aarne.

Dieser Eklektizismus wurde den Brüdern von Zeitgenossen prompt vorgeworfen – wie überhaupt ihre Arbeit am Anfang gering geschätzt wurde. Die erste Ausgabe der *Kinder- und Hausmärchen* erschien 1812 in einer Auflage von 900 Stück, was uns heute sehr klein erscheint, was für die damalige Zeit jedoch durchaus zufriedenstellend war, bedenkt man, daß der *Struwwelpeter*, das populärste deutsche Kinderbuch zu Mitte des 19. Jahrhunderts, gerade einmal in 1500 Exemplaren gedruckt wurde. Der Verkauf der *Kinder- und Hausmärchen* allerdings schleppte sich dahin, und die Kritiken waren enttäuschend bis vernichtend. Besonders geschmerzt haben mussten die Bemerkungen von Weggefährten und romantischen Mitstreitern wie Clemens von Brentano und Achim von Arnim, denen die Grimms bei der Sammlung *Des Knaben Wunderhorn* in selbstloser Weise zugearbeitet hatten. Während sich Brentano noch in Umschreibungen wand, dass hier ein Kinderkleid gezeigt werde, »an dem alle Knöpfe heruntergerissen, das mit Dreck beschmiert ist, und wo das Hemd den Hosen heraushängt«, riet Arnim den Brüdern, sie täten gut daran, der Sammlung eine Warnung an den Leser hinzuzufügen. August Wilhelm Schlegel mokierte sich über die rohe Volksnähe der Sprache und schüttelte den Kopf darüber, dass sich zwei so gebildete

15

Männer mit solchen Lappalien abgeben. Heinrich Voß, der hoch ver-
ehrte Übersetzer der *Ilias* und der *Odyssee*, kanzelte die *Kinder- und Hausmärchen* gar als »wahren Schund« ab. Goethe, auf dessen Stimme die
Grimms so sehr gehofft hatten, schwieg. Wirklich gefallen haben die
Märchen, wie es scheint, bei ihrem ersten Auftritt niemandem. Für die
einen war die Sammlung zu wissenschaftlich, für die anderen zu wenig
wissenschaftlich, für die einen zu wenig deutsch, für die anderen zu be-
liebig, weil etliche Märchen ungeniert aus der Sammlung des Franzosen
Charles Perrault, aber auch von den Italienern Giovanni Francesco Straparola und Giambattista Basile übernommen worden waren. Der Mär-
chensammler Albert Ludewig Grimm, mit den Brüdern nicht verwandt,
warf ihnen vor, in ihrer Forschung unseriös vorgegangen zu sein, sie
hätten sich auf die erstbeste Kindermagd verlassen, die ihnen über den
Weg gelaufen sei. Womit er in gewisser Weise Recht hatte. Feldforschung
in einem heutigen Sinn haben die Brüder gewiss nicht betrieben. Heute
stellt aber auch niemand mehr die literarische Qualität der Grimm'schen
Märchen in Frage; die Sammlung ist so unvergleichlich mit allem anderen, dass die Fachwelt einen eigenen Begriff dafür gefunden hat – »Gattung Grimm«.

Die *Kinder- und Hausmärchen* sind das weltweit meistverbreitete
Buch deutschsprachiger Herkunft, es ist in alle Kultursprachen übersetzt;
»Grimm« ist in vielen Ländern ein Synonym für Märchen. Das Buch, das
die beiden – ab der zweiten Auflage hauptsächlich Wilhelm allein – immer wieder überarbeitet haben, reiht sich ein in die großen Märchen-
und Geschichtensammlungen der Weltliteratur. Als da sind: die Geschichten der Scheherazade, der Schutzpatronin aller Erzähler, die 1001
Nächte um ihr Leben erzählt; die Erzählungen des klugen Vogels aus
Tuti-Nameh, dem *Papageienbuch*, der seine Herrin mit immer neuen Geschichten davon abhält, sich mit ihrem Liebhaber zu treffen; die köstlich
ineinander verschachtelten Fabeln von *Kalila und Dimna*, die aus Indien
über Persien und den arabischen Raum zu uns gekommen sind; Ovid mit
seinen *Metamorphosen*; die spätantike Sammlung des Apuleius, der uns
in der Manier des Ovid Verwandlungsgeschichten erzählt, unter anderem das Märchen von *Amor und Psyche*; die *Lebenda Aurea* des Jacobus
de Voragine, eine Sammlung von Heiligengeschichten aus dem 13. Jahrhundert; die *Canterbury Tales* von Geoffrey Chaucer, der im 14. Jahrhun-

dert, als die Dichtersprache in England vornehmlich Latein oder Französisch war, als Erster die Sprache des Volkes verwendete; die *Gesta Romanorum*, an der vom 14. Jahrhundert bis zum Barock gebaut wurde und die Geschichten aus allen Lebensbereichen enthält, die für viele Dichter Quelle und Steinbruch wurden (zum Beispiel hat sich Shakespeare bei seinem *Kaufmann von Venedig* dort ausgiebig bedient); weiters *Die ergötzlichen Nächte*, eine Sammlung von Giovanni Francesco Straparola, der in der ersten Hälfte des 16. Jahrhunderts gelebt hat und den Grimms ebenso wie anderen modernen Erzählern Stoff für etliche ihrer Geschichten lieferte; alle überragt Giovanni Boccaccio mit seinem *Decamerone*, das auch bei der Zusammenstellung dieser Auswahl vorbildlich war; ebenso muss Giambaista Basile aufgerufen werden, der neapolitanische Schalk, der zweihundert Jahre nach Boccaccio einen Kranz von deftigen Märchen im Dialekt seiner Heimat herausbrachte, das *Pentamerone*; nicht fehlen darf in unserer Aufzählung der bereits erwähnte Charles Perrault, der im 17. Jahrhundert das Märchen als literarische Form in Frankreich hoffähig machte und aus dessen Sammlung die Grimms mehrere Märchen übernommen haben, zum Beispiel *Rotkäppchen*, *Der gestiefelte Kater*, *Aschenputtel* oder *Dornröschen*. Vor den Grimms widmete sich in Deutschland Johann Karl August Musäus der literarischen Ausgestaltung von Volksmärchen; zu ihrer Zeit boten Ludwig Bechstein und Johann Wilhelm Wolf den Brüdern Konkurrenz, wobei die Märchen des ersteren sich lange Zeit weit besser verkauften als die *Kinder- und Hausmärchen*. Dichter und Sammler wurden durch die Arbeit der Brüder ermutigt, es ihnen gleichzutun; allen voran Wilhelm Hauff – wie sehr habe ich *Zwerg Nase* und *Kalif Storch*, *Das kalte Herz* und *Die Geschichte vom kleinen Muck* geliebt! –, aber auch der heute wenig bekannte Erzähler Richard Volkmann-Leander mit seinen *Träumereien an französischen Kaminen*. Die Märchenleidenschaft breitete sich auf ganz Europa, ja auf die ganze Welt aus; in Frankreich sammelte und erzählte Jean-François Bladé, in der Slowakei Pavol Dobšinský, in Tschechien die Dichterin Božena Němcová, in Dänemark Svend Grundtvig. Besonders erwähnen möchte ich Micha Josef Bin Gorion, der mit *Der Born Judas* eine umfangreiche Sammlung jüdischer Märchen vorlegte, und den russischen Sammler und Dichter Alexander Nikolajewitsch Afanasjew, ein großer Verehrer der Brüder Grimm, dessen *Märchen von Iwan Zare-*

witsch, dem Feuervogel und dem grauen Wolf Igor Strawinsky zu seiner Ballettsuite anregte.

Im Juli 1844 reiste ein dänischer Dichter nach Berlin, um Jacob und Wilhelm Grimm zu besuchen. In sein Tagebuch schrieb er später: »Ohne Empfehlungsschreiben kam ich zu (Jacob) Grimm, er kannte mich nicht, hatte meinen Namen noch nie gehört, wusste von mir nicht das Geringste.« Der Name des Dichters: Hans Christian Andersen. Er war damals neununddreißig, seine frühen Märchen lagen bereits seit einiger Zeit in deutscher Übersetzung vor. Jacob hat sich nach diesem Besuch Andersens Märchen besorgt und war begeistert. Wenige Wochen später reiste er nach Kopenhagen. »Mit Herzlichkeit kam er zu mir«, notiert Andersen in sein Tagebuch. Auch Wilhelm lernte er auf späteren Reisen nach Berlin kennen. Wie gern würde ich wissen, was die drei miteinander gesprochen haben!

Andersens erste Erzählungen waren noch Variationen zu und Ausdeutungen von Volksmärchen, bald aber dachte er sich die Geschichten selber aus, verzichtete auf alle Quellen, tauchte auf aus dem Meer der überlieferten Literatur und der oralen Erzähltradition. Ich halte den Begriff »Kunstmärchen« für unglücklich, weil er impliziert, dass es auch Märchen ohne Kunst gibt; vor der Kunst des Hans Christian Andersen aber verneigt sich die ganze Welt, er hat die Gattung des Dichter-Märchens auf eine Ebene mit den Größten gehoben.

Lange Zeit glaubte ich – oder wollte es glauben –, dass in dem Märchen *Die zwei Brüder* Jacob und Wilhelm in verschlüsselter Form ihre eigene Bruderschaft dargestellt hätten. Besonders Wilhelm fand und erfand immer wieder ausdrucksstarke Bilder, vielleicht hatte er ja auch das Motiv mit dem Messer, das auf einer Seite rostet, kreiert und damit ein Symbol für die einmalige Verbindung zwischen ihm und seinem Bruder geschaffen. Wir wissen, es ist nicht so. Dieses Motiv findet sich in zahlreichen Erzählungen und es wurde von Dichtern immer wieder aufgenommen, so von Wilhelm Busch in seinem Märchen *Drei Königskinder*.

Die Märchen – und tatsächlich die Märchen der Welt – stehen untereinander in einer Beziehung, ihr Wurzelgeflecht ist uns rätselhaft. Von der Schneewittchen-Geschichte zum Beispiel sind in Europa, Asien, Afrika, Nord- und Südamerika über vierhundert Versionen gesammelt worden. Am Beginn des vorigen Jahrhunderts stellten der finnische Märchenforscher Antti Aarne und der amerikanische Volkskundler Stith Thompson einen Katalog zur Klassifikation von Märchentypen zusammen; im Jahr 2004 legte Hans-Jörg Uther eine Überarbeitung und Erweiterung desselben vor, so dass man heute vom Aarne-Thompson-Uther-Index spricht, abgekürzt ATU. Dieser Katalog besteht aus über 2000 Stichworten, mit deren Hilfe – so der Anspruch der Autoren – Märchenmotive aus aller Welt in ihrer inneren Verwandtschaft kenntlich gemacht werden sollen. In dem Märchen *Die zwei Brüder* kommt eine ganze Reihe von Motiven vor, die sich in Märchen der australischen Ureinwohner ebenso finden wie in antiken und germanischen Sagen und afrikanischen sowie nordamerikanischen Erzählungen – zum Beispiel die Motive des Drachentöters (ATU 300), des magischen Vogelherzens (ATU 567), der Zwillinge oder Blutsbrüder (ATU 303), der Adoption von Tieren (ATU 535), der Rettung durch den Bruder (ATU 312D) oder das Motiv der dankbaren Tiere (ATU 554).

Weil wir aber nicht annehmen dürfen, dass sich polynesische Ureinwohner und Inuit in vergangenen Zeiten irgendwo getroffen und einander Geschichten erzählt haben, steht unser Verstand vor der verwirrenden Frage, wie es denn anders geschehen konnte, dass so viele gleiche Märchenmotive überall auf der Welt zu finden sind. C. G. Jungs Theorie vom kollektiven Unbewussten und den Archetypen, die in diesem hausen, erscheint attraktiv; nur sollten wir nicht vergessen, dass es sich dabei um ein Modell handelt, um ein Gleichnis. Ob tatsächlich in einer versteckten Kammer unserer Seele (auch sie nur ein Modell) eine Galerie mit universellen Urbildern untergebracht ist, in denen sich alle Menschen erkennen, gleich welche Geschichte sie haben und welcher Kultur sie angehören? Allerdings liefert C. G. Jungs Modell jenseits theologischer Überlegungen bisher die einzige Antwort auf unsere Frage – wenigstens den Versuch einer Antwort.

Aber vielleicht ist ja die Frage falsch gestellt. Poesie zu ergründen und zu vermessen, war immer ein aussichtsloses Unterfangen. Nicht für die alten Griechen, die hatten Poesie spendende Götter wie Apoll und Dionysos und hatten die Musen, zum Beispiel Kalliope, die Schönstimmige, die Homer zu Beginn seiner Epen anruft, damit sie ihn an ihrem Fundus teilhaben lässt. Für die Rhapsoden und ihre Zuhörer war der Fall also klar.

Uns bleibt nichts anderes übrig, als weiter Märchen zu sammeln und uns jedes Mal aufs Neue zu wundern, wie ähnlich sie einander sind.

1912 gründete der Verleger Eugen Diederichs zusammen mit dem Germanisten Friedrich von der Leyden und dem Märchenforscher Paul Zaunert die Reihe *Märchen der Weltliteratur*. Über hundertfünfzig Bände sind insgesamt erschienen, ein Band schöner als der andere, mit editorischen Kommentaren versehen, wissenschaftlichen Ansprüchen ebenso genügend wie eine Freude für jeden, der gern liest, gern vorliest und gern vorgelesen bekommt. Als ich Student in Marburg an der Lahn war, fuhr ich jedes Jahr am letzten Tag der Buchmesse nach Frankfurt. Mein erster Besuch galt dem Pavillon des Eugen-Diederich-Verlags. Ich suchte mir einen Verlagsangestellten oder eine Verlagsangestellte und sagte mit schlauer Ehrlichkeit: »Guten Tag, ich bin Student in Marburg, der Stadt, in der die Brüder Grimm lange gelebt haben. Ich interessiere mich für Märchen. Aber ich habe wenig Geld. Ihre Märchenreihe ist die schönste, die es gibt. Allerdings sind die Bücher nicht billig. Ich weiß nicht, was Sie mit den Ausstellungsexemplaren machen. Ich denke, Sie können sie nicht mehr über den normalen Handel verkaufen. Ich biete Ihnen pro Band die Hälfte des Preises. Sind Sie einverstanden?« Meistens bekam ich zwei oder drei Bände geschenkt. Damit hatte sich mein Besuch in Frankfurt gelohnt.

Inzwischen ist die Reihe der *Märchen der Weltliteratur* eingestellt worden. Manche Bände sind nur noch über Antiquariate zu bekommen. Keine Märchensammlung der Welt kann sich mit dieser Reihe messen. Sie ist ein Weltkulturdenkmal, nicht so lang wie die chinesische Mauer, dafür aber Völker verbindend und nicht Völker trennend. Als der Verlag mich fragte, ob ich zusammen mit Franziska Roosen aus gut 30 000 Märchen hundert aussuche und dafür als Herausgeber zur Verfügung stehe, durchrieselte mich ein Schauder – ein heiliger Schauder. Das kann man nicht machen, dachte ich und weiter: Man muss es machen. Und sagte: »Ich mache es.«

3

Und dann wurde das Messer auf der Seite meiner Großmutter rostig. Sie wohnte inzwischen wieder in Coburg. Meine Tante rief mich an, sie sagte, die Mutter sei komisch geworden, sie sei immer schon komisch gewesen, aber jetzt sei sie sehr komisch. Ich setzte mich in meinen VW und fuhr nach Oberfranken. Ich lebte damals in Gießen, hatte aus Interesse und Tändelei ein zweites Studium begonnen, Mathematik und Philosophie, verfügte über unendlich viel Zeit und hätte meiner Großmutter gern die Hälfte davon abgegeben.

Sie saß in der Küche und lächelte mich an. Ich war sehr erleichtert. Ich hatte befürchtet, sie liege im Bett und es gehe mit ihr zu Ende. Körperlich sei sie noch gut beieinander, sagte meine Tante, aber geistig sehe es bitter aus, und weil sie ja wisse, wie eng wir beide immer gewesen seien, habe sie gedacht, ich wolle sie sehen, solange sie mich noch erkenne.

Ich fand das maßlos übertrieben. Ich setzte mich zu meiner Großmutter, verschränkte wie sie die Arme auf dem Küchentisch, die Tante ließ uns allein, ich kochte uns einen Topf mit Milchkaffee auf, und wir sprachen miteinander, wie wir immer miteinander gesprochen hatten, nämlich in einem ironischen Unterton, der auf alles ein konturenscharfes realistisches Licht warf, dem wir natürlich nicht trauten, weil wir beide sehr genau wussten, dass schon im Schatten hinter der Tür Dinge passierten, die kein Verstand fassen konnte, weswegen wir mit unserer Ironie diese Dinge in Sicherheit wiegen wollten, damit sie nicht auf uns aufmerksam würden.

Sie erzählte mir, was ihre Tochter so aufgeregt hatte. »Ich habe geträumt, unser Nachbar fährt mit dem Auto über die Wiese, und dann stellt er den Wagen genau so ab, dass die Scheinwerfer in mein Zimmer leuchten, und dann steigt er aus und klettert durch mein Fenster. Ich habe zu Martha gesagt, dass ich ihn nicht mehr grüßen werde, da hat sie sich geärgert und gesagt, das sei doch nur ein Traum, und ich habe gesagt, ja meinetwegen, aber ein anständiger Mensch tut so etwas auch nicht im Traum. Hab ich Recht?«

»Ja, du hast Recht«, sagte ich.

Im Jahr 1888 wurde sie geboren. Ihre Heldenreise ging durch die schlechtesten Teile des 20. Jahrhunderts.

Alle fünf bis zehn Jahre werde aus einem Menschen ein anderer Mensch, hat sie einmal gesagt. Ich hatte ihr von meinem Mitschüler erzählt, der in der Volksschule mein Freund gewesen war, dann mit fünfzehn die Mutter eines anderen Freundes mit ihren Schürzenbändern erwürgt hatte, daraufhin etliche Jahre im Gefängnis saß und anschließend als Entwicklungshelfer nach Äthiopien zog, wo er sich in aufopfernder Weise um Leprakranke kümmerte. »Nach fünf bis zehn Jahren«, hatte sie damals gesagt, »vergisst Gott, wer du bist. Das heißt, wir haben etwa zehnmal in unserem Leben Gelegenheit, neu anzufangen. Wir können ihm etwas vormachen, verstehst du!«

Die letzten fünf Jahre ihres Lebens war sie wieder zu Hause in Coburg. Es war die einzige Zeit in ihrem Leben, in der sie nur für sich allein und für sonst niemanden da sein durfte. Sie war stark genug, sich selbst das Essen zu kochen, ohne Hilfe einkaufen zu gehen, sich die Haare jeden Morgen hundertmal zu bürsten und über jeden und alles ihre Witze zu reißen. Sie nahm die Ermahnungen ihrer Tochter gelassen hin, und wenn sie die Tasse verschüttete, beeilte sie sich nicht, den Kaffee aufzuwischen. Sie erinnerte sich nicht mehr gern an früher; nicht, weil früher eine so schwere Zeit gewesen war, das war so, gerade deshalb hatte sie früher gern über früher gesprochen – nun war ihr die Vergangenheit unwichtig geworden. Sie erzählte gar keine Geschichten mehr und las auch keine Märchen mehr vor. Wenn Liebe Einverstandensein mit sich selbst und der Welt bedeutet, dann waren die letzten fünf Jahre für meine Großmutter die Zeit der *Liebe*.

Die Spanne davor war sie bei ihrem jüngsten Sohn in Süddeutschland gewesen. Sie passte auf dessen Kinder auf und half ihrer Schwiegertochter im Haushalt. In dieser Zeit starben ihr Bruder und fast alle Menschen, die sie von Kindheit und Jugend her kannte. Ihre Schwiegertochter hat es ihr sehr gut gemacht, aber die Melancholie war da. Sie rechnete damit, ebenfalls bald zu sterben, und sie fürchtete sich davor. Ich hatte sie manchmal besucht, trug Lederjacke und grelle Hosen und war voll Musik. Sie war ernst und zu keinem Spaß aufgelegt. Ihre Zeit ging unter, und sie war eine Überlebende. Der *Tod* war gegenwärtig, wie er immer gegenwärtig ist, aber sie spürte, dass er sie ansah.

Bei uns in Vorarlberg war sie fünfzehn Jahre gewesen. Das war alles so plötzlich geschehen; ein Brief meines Vaters, ihre Tochter – seine Frau – sei erkrankt, eine Katastrophe; eine Geburt hatte mit Entsetzen und Trauer geendet: das Kind war gestorben, der Körper meiner Mutter linksseitig gelähmt, sie konnte nicht sprechen, und es war noch nicht sicher, ob sie überleben würde. Meine Großmutter kam, holte meine Schwester und mich ab; ein Jahr waren wir in Coburg, dann hatte es unsere Mutter geschafft, aber sie brauchte meine Großmutter im Haushalt; also waren wir nach Österreich zurückgekehrt, zu dritt. – Da war sie nun in einer anderen Welt, einer fremden Welt, deren Sprache sie kaum verstand, als hätte man sie *verwandelt, verzaubert, verflucht*.

Als ich mir überlegte, nach welchen Gesichtspunkten ich die Geschichten in diesem Buch ordnen soll, dachte ich an die Heldenreise meiner Großmutter. Sie selbst hatte einen Hang, in den banalen Dingen ein Beispielhaftes zu sehen, eine Metapher, über die das Ungreifbare und Unbegreifbare auf sich aufmerksam machen möchte. In all den Geschichten, die sie erzählte, die sie vorlas, denen sie zuhörte, klang ihr immer die große Geschichte mit, die viel größer war als die Geschichte, für die sich mein Vater zuständig fühlte; die Geschichte, die sich irgendwann über die ganze Welt ausgebreitet hat und die nun auf allen Kontinenten ihre Variationen spielt. Die Überschriften zu den folgenden Heldenreisen kamen mir in den Sinn, als ich über das Leben meiner Großmutter nachdachte – *Die Tür, Bruder und Schwester, Drei, In die weite Welt hinaus, Die Tiere, Der Böse, Niemandes Kind, Verwandelt, verzaubert, verflucht, Der Tod, Die Liebe*. Wenn ein Mensch stirbt, stirbt eine ganze Welt, sagt ein jüdisches Sprichwort. Das kann doch nur heißen: Wenn ein Mensch lebt, lebt eine ganze Welt.

P.S.: Ich widme diese Arbeit meinen Enkeln Oskar, Sofie, Marie und Anton.

Die Tür

Der König muss sein Volk beschützen; aber er kann es nur beschützen, wenn er selbst beschützt wird. Wenn dem König etwas zustößt, stößt seinem Volk etwas zu. Wenn der König stirbt, geht sein Volk unter. Darum darf er den Palast nicht verlassen. Denn: Wie viel Gefahr droht ihm draußen! Er darf die Erde nicht berühren. Denn: Was da alles aus dem Boden kriechen könnte! Er muss in seinem Gemach oben im Turm bleiben. Die Sonne ist gefährlich! Sie verbrennt ihm die Haut. Der König muss vor der Sonne geschützt werden. Er lebt in der Finsternis. Niemand darf sein Gesicht sehen. Niemand darf seine Stimme hören. Er ist einsam. Er ist der Repräsentant des Volkes. Er lebt hinter der verschlossenen Tür. Auf deinen König musst du mehr achten als auf dich selbst. Wenn du dich verletzt, bleibt er heil. Wenn er verletzt wird, kannst du an seiner Wunde sterben. Du darfst nicht hinter die Tür sehen. Du weißt nicht, wie es ihm geht. Darum bist du in dauernder Sorge um deinen König. – So wird uns in japanischen Märchen erzählt, in afrikanischen, in den Märchen der Ureinwohner Nordamerikas, in irischen Königsmärchen und in Märchen der Römer. Der britische Ethnologe James George Frazer ist diesem Motiv in der ganzen Welt nachgegangen. Das Heilige wird hinter die Tür gesperrt ebenso wie das Unheilige. Wenn der König zu fliehen versuchte, wurde er mit Steinen erschlagen. Sobald er draußen aus der Tür war, war er nicht mehr der König. – Und der König selbst? Wie sehr muss er die Tür hassen, die ihn von der Welt trennt!

Die Roma erzählen eine Geschichte von sieben Brüdern, deren Vater hat ihnen auf dem Totenbett Aufgaben zugewiesen: Der älteste soll sich um die Pferde sorgen, der zweite um die Rinder, der dritte um die Schweine, der vierte um die Ziegen, der fünfte um die Schafe, der sechste um Hund und Katz und der jüngste um das Ungeziefer und das Geld. Dann stirbt der Vater und hat nicht gewusst, dass seine Frau schwanger ist. Und als die Söhne auf dem Feld sind, bringt sie ein Mädchen zur Welt, das versteckt sie in einer Kammer, weil es Zähne hat wie ein Wolf. Und zu den Söhnen sagt die Mutter: Hinter alle Türen dürft ihr sehen, nur hinter diese nicht. Und als das Mädchen fünfzehn ist, kommt es frei, und sie ist eine schöne Frau geworden, und die Brüder verlieben sich in sie, und sie tötet alle bis auf den Jüngsten. Der flieht vor ihr in den tiefen Wald. Dort trifft er auf eine Frau, die in einem Turm lebt. Aber der Turm hat keine Tür, er hat nur ein Fenster. Die Frau reicht dem Jüngsten die Hand und zieht ihn zu sich hinauf. Er verspricht, sie zu heiraten. Morgen schlage ich eine Tür in den Turm, sagt er, dann heirate ich. Er verschiebt es von einem Tag auf den anderen. Dann sagt er: Ich will noch einmal nach Hause, um zu sehen, was aus meiner Schwester geworden ist. Wenn ich zurückkomme, schlage ich die Tür in den Turm. Er trifft seine Schwester und verliebt sich in sie, aber sie will ihn fressen, und er läuft zum zweiten Mal vor ihr davon. Sie verfolgt ihn bis in den tiefen Wald hinein. Die Frau streckt dem Jüngsten die Hand entgegen. Er kann sie ergreifen. Sie will ihn nach oben ziehen, da packt ihn die Schwester beim Fuß. Die eine zieht ihn nach oben, die andere zieht ihn nach unten, und der Jüngste ist dazwischen eingespannt. Und als in der Nacht der Mond kommt, fragt ihn der Jüngste, was er tun soll. Antwortet der Mond: Halt es aus!

Haben sich die Söhne nur um die Tiere gekümmert und um sonst nichts? Hätten sie das Verbot der Mutter missachten und die verbotene Tür aufbrechen sollen? Warum hat die Mutter ihre Tochter eingesperrt? Um sie vor den Brüdern zu schützen oder um die Brüder vor ihr zu schützen? Die hinter der Tür lebt, hungert und dürstet, sie wünscht sich Licht und ist von Finsternis umgeben. Dann hat sie alle aufgefressen. Nun sind sie alle in ihr. Nun sind die Brüder im Gefängnis ihres Leibes, wie sie selbst fünfzehn Jahre lang im Gefängnis hinter der Tür gewesen war. Die Tür zum Gefängnis ihres Leibes wird bewacht von einem Wolfsgebiss.

Oder die Geschichte von der Müllerstochter, die durch eine dumme Angeberei ihres Vaters zur Königin geworden ist und nun nächtens hinter der verschlossenen Tür sitzen und Stroh zu Gold spinnen muss. Aber siehe, die Tür öffnet sich, und ein Zwerg kommt herein, der verspricht Hilfe. Hilfe, die allerdings an Bedingungen geknüpft ist ... – Halt! Das habe ich immer abgelehnt, das habe ich nie geglaubt: dass der so einfach zur Tür herein konnte. Die war doch abgesperrt und von draußen bewacht. Wie sollte das möglich sein? Dieser Zwerg – er geht niemanden etwas an, nur die Königin geht er etwas an. Das fand ich beunruhigend, und die Königin findet es ebenfalls beunruhigend. Es scheint, auf sie hat er gewartet sein Zwergenleben lang. Nur für sie war er da – wie der Torwächter in Kafkas Parabel *Vor dem Gesetz* seinen Dienst allein für den Mann vom Land versieht, der gekommen ist, um sich beim Gesetz sein Recht zu holen, und als er stirbt, verschließt der Torwächter diese Tür zum Gesetz für immer. Das Gesetz ist der heilige König, den niemand ansehen darf.

Mitten in die Welt hinein werden Türen gestellt. Sie bringen Unglück, und sie verhindern Unglück. Wo eine Tür ist, wird immer einer betrogen – entweder der auf der einen Seite oder der auf der anderen Seite. Wilhelm Grimm hat dem Rumpelstilzchen immerhin eine Genugtuung widerfahren lassen: Er hat es mit dem schaurig schönsten, dem gewaltigsten Zorn der ganzen Literaturgeschichte beschenkt. Nicht einmal die Homerischen Helden bringen es in ihrer Wut fertig, mit dem Fuß so fest aufzustampfen, dass das halbe Bein im Boden feststeckt und sich dann auch noch selber mitten entzweizureißen. Von der Müllerstochter, die zur Königin wurde, wissen wir nicht einmal den Namen.

Ritter Blaubart

Es war einmal ein Müller, der eine stattliche Mühle mit Wald und Feld besaß und drei bildschöne Töchter hatte. Einst besuchten die drei Schwestern mitsammen einen Jahrmarkt, um sich Halstücher zu kaufen. Da sie jedoch keine nach ihrem Geschmack finden konnten, machten sie sich, ohne welche gekauft zu haben, verdrossen auf den Heimweg. Als sie so dahingingen, begegnete ihnen ein nobler Herr, der redete sie freundlich an und fragte, warum sie so traurig seien. Sie sagten, daß sie sich auf dem Jahrmarkt schöne Halstücher hätten kaufen wollen, ihnen aber von den feilgehaltenen keines gefallen habe. Da griff der Herr in seine Umhängetasche und schenkte jeder von ihnen ein wunderfeines weißseidenes, mit Fransen und gestickten Blumen geziertes Halstuch und sagte, er werde so frei sein und sie einmal in der Mühle besuchen. Die Mädchen bedankten sich für das schöne Geschenk und setzten ihren Weg fort. Dabei besahen sie die schönen Tücher und fragten sich, wer der Herr wohl sein möchte. Zu Hause angekommen, erzählten sie ihrem Vater von der Begegnung mit dem fremden Herrn und zeigten ihm die Halstücher, welche sie von ihm zum Geschenk erhalten hatten. Der Müller besah dieselben und freute sich selber darüber, denn so etwas Feines hatte er sein Lebtag noch nie gesehen. Drei Wochen waren verflossen, als der Herr in der Mühle erschien. Er wurde freundlich aufgenommen und auf das beste bewirtet. Alsbald machte er dem Müller den Antrag, er möchte eine seiner Töchter zur Frau haben. Wenn sie auch gut versorgt würde, wäre es ihm schon recht, meinte der Müller. Der fremde Herr erwiderte, an dem würde es nicht fehlen, er sei ein reicher Kaufmann. Der Müller begab sich zu seinen Töchtern und fragte sie, ob eine Lust habe, den fremden reichen Kaufmann zu heiraten. Die älteste sagte zu, und der Freier erhielt von ihr das Jawort.

»Aber«, sagte der Herr, »in vierzehn Tagen muß die Hochzeit sein!«

Der Müller wendete ein, das sei doch gar zu bald, die Tochter müsse doch eine Aussteuer haben und in so kurzer Zeit werde man damit nicht fertig werden.

»Eine Aussteuer ist bei mir nicht nötig, ich besitze alles, was wir brauchen, doppelt und dreifach«, erwiderte der Freier.

An dem zur Hochzeit bestimmten Tage fuhren drei Kutschen bei der Mühle vor, welchen der Bräutigam und seine Gefolgschaft entstiegen. Die Trauung wurde in dem nämlichen Pfarrort, wohin die Mühle gehörte, vollzogen. Hierauf begab sich die Hochzeitsgesellschaft in die Mühle zurück, um dort das Hochzeitsmahl einzunehmen, wobei es sehr festlich zuging. Nur zu bald rückte die Zeit der Trennung näher. Tiefes Weh erfüllte die Herzen der Zurückbleibenden, als die junge Frau die Kutsche bestieg und ihnen ein letztes Lebewohl sagte. Nach achttägiger Reise kam das Paar auf dem Wohnsitz des Bräutigams an. Es war ein schönes Schloß, und die Dienerschaft bereitete dem Schloßherrn und seiner jungen Gemahlin einen feierlichen Empfang. Der Raubritter, denn ein solcher war der Schloßherr, zeigte seiner jungen Gemahlin ihr Zimmer; da brauchte sie sich nur hinzusetzen, und wenn sie etwas wünschte, die Glocke auf dem Tische zu läuten, und führte sie in dem prächtig eingerichteten Schloß herum, wo alles strotzte von Seide und Samt und Gold und Silber. Endlich kamen sie zu einer eisernen Türe. Der Ritter wollte seine Gemahlin vorbeiführen, da fragte sie ihn: »Darf ich da nicht hinein?«

Er erwiderte, jedes Zimmer im ganzen Schloß stehe ihr zur Verfügung, nur diese eiserne Tür zu öffnen, sei ihr strengstens verboten.

Nach einiger Zeit beabsichtigte der Ritter, mit seinen Genossen einen Raubzug zu unternehmen. Zu seiner Frau sagte er, er habe auswärtige Geschäfte zu besorgen und müsse deshalb verreisen. Bevor er sich verabschiedete, übergab er ihr die Schlüssel des ganzen Schlosses, worunter sich auch der zur eisernen Tür befand, sowie ein farbiges Ei, das müsse sie gut aufbewahren und stets bei sich tragen, damit sie es ihm bei seiner Rückkehr unversehrt wieder zurückgeben könne. Kaum hatte der Ritter das Schloß verlassen, da dachte die Frau, sie möchte doch nachschauen, was denn die verbotene Kammer enthielt. Sie konnte ihre Neugierde nicht bezwingen, ging hin und öffnete mit dem Schlüssel die eiserne Türe. Als sie in das Gemach hineinblickte, blieb sie vor Schreck wie gebannt stehen, das Ei fiel ihr aus der Hand und gerade in eine Blutlache, denn in der Kammer waren blutige Leichen. Zitternd hob sie das Ei auf, in welchem sie nun einen Blutegel bemerkte, und wollte es vom Blute reinigen; aber siehe, da verlor es alle Farbe. Die junge Frau harrte nun voll Angst und Sorge auf die Rückkehr ihres Eheherrn und der Dinge, die da kommen werden. Nach einigen Tagen erschien der Ritter auf dem Schloß, und das erste Wort war, als er in das Zimmer seiner Gemahlin trat: »Zeig mir das Ei!«

Mit zitternder Hand reichte sie es ihm hin. Der Ritter betrachtete es und fragte sie barsch: »Was hast du mit dem Ei gemacht?«

Weinend gestand die Frau, daß sie die Türe zu der ihr verbotenen Kammer geöffnet habe und ihr dann bei dem entsetzlichen Anblick vor Schreck das Ei zu Boden gefallen sei. Da sagte der Ritter: »Habe ich dir nicht streng verboten, die Türe zu öffnen? Gut, du wirst deinen Ungehorsam büßen!«

Er rief zwei Männer herbei und befahl ihnen, die Frau abzuführen und ihr das Haupt abzuschlagen.

Nach Verlauf eines Jahres ging der Ritter wieder zum Müller, aber durch das Tragen eines falschen Bartes unkenntlich gemacht, so daß niemand in der Mühle in ihm den Gatten der ältesten Tochter erkannte. Der Fremde erzählte dem Müller, sein Nachbar habe vor Jahresfrist eine Tochter aus der Mühle geheiratet, und da er selbst auch eine Frau möchte, habe ihm der Nachbar geraten: »Gehst bloß in die Mühle, da bekommst eine brave Frau.«

Der Müller sagte hierauf: »Es wär alles recht, aber wir wissen nicht, wie es meiner ältesten Tochter geht, seit sie fort ist, haben wir keine Nachricht von ihr und auch trotz aller Mühe nichts von ihr in Erfahrung gebracht«, er könne sich das nicht erklären und sei sehr besorgt um sie.

Der Freier aber sagte, der ältesten Tochter gehe es so gut, daß sie gar nicht mehr an zuhause denke.

»Wenn es wirklich so ist«, sagte der Müller, »will ich mit meinen Töchtern reden.«

Die Zweitälteste willigte ein, und bald darauf wurde die Hochzeit gefeiert, worauf das neuvermählte Paar in die Heimat des Bräutigams abreiste.

Es erging jedoch der zweiten Tochter geradeso wie der ältesten, auch sie konnte ihrer Neugierde nicht Herr werden, machte die verbotene Tür auf und wurde nach Rückkehr des Ritters enthauptet.

Übers Jahr machte sich der Ritter abermals, durch Kleidung und falschen Bart unkenntlich gemacht, zum Müller und hielt um seine jüngste Tochter an. Es gelang ihm, auch die dritte Tochter zur Frau zu bekommen. Im Schloß angelangt, zeigte der Ritter seiner jungen Gemahlin all die Herrlichkeiten des ganzen Schlosses, welche alle für sie da seien. Als sie aber zu der eisernen Türe kamen und der Ritter sie nicht öffnete, sondern mit ihr vorbeiging, fragte die Frau, was denn in dem Gemache sei. Der Ritter antwortete: »Hüte dich, jemals diese Türe zu öffnen! Es sind wilde Tiere darin; das Gemach hat noch einen zweiten Eingang, von wo man ihnen das Futter reicht.«

Die Frau glaubte seinen Worten.

Eines schönen Abends, als das Ehepaar beisammensaß, teilte der Ritter seiner Gemahlin mit, er müsse am nächsten Morgen auswärtiger Geschäfte wegen verreisen. Sie bat ihn zärtlich, er möge nicht allzulange ausbleiben und recht bald wiederkehren. Anderntags, als er zur Reise gerüstet war, übergab er ihr die Schlüssel und das Ei mit der eindringlichen Mahnung, daß sie ihm dasselbe unversehrt zurückgeben müsse und ja die eiserne Tür nicht öffne. In der Nacht träumte es der Frau, sie habe die eiserne Türe aufgemacht und da seien die zwei Köpfe ihrer Schwestern herausgekollert. Auf diesen schrecklichen Traum erwachte sie ganz verstört und bangen Herzens, so daß ihr fast die Sinne zu schwinden drohten. Sie griff nach der Glocke und läutete der Dienerin. Diese erschien und fragte erstaunt ihre Herrin, was sie so spät in der Nacht wünsche.

»Bringe mir ein frisches Wasser zu trinken!« befahl die Frau.

Die Dienerin brachte das Gewünschte.

»Nun kannst du dich wieder schlafen legen«, sagte die Schloßfrau, sie werde läuten, wenn sie etwas wünsche.

Die Dienerin entfernte sich und legte sich wieder zu Bett. Die Schloßfrau aber floh der Schlaf, der schwere Traum ließ ihr keine Ruhe mehr und sie sehnte sich nach dem Morgen. Endlich brach der Tag an. Gegen neun Uhr morgens, als ihr die Dienerin das Frühstück gebracht, ließ es ihr keine Ruhe mehr, sie wollte sich überzeugen, ob der Traum wahr oder ob in der Kammer wirklich wilde Tiere eingesperrt seien. Sie wickelte das Ei in weiche Wolle und legte es, damit ihm inzwischen ja nichts geschehe, unter die Bettdecke. Jetzt nahm sie den Schlüssel zur Hand, ging zu der eisernen Tür und öffnete sie. Auf den ersten Blick, den sie in das Gemach warf, sah die Schloßfrau die Köpfe ihrer beiden Schwestern. Vor Schreck über diesen Anblick wäre sie beinahe in Ohnmacht gefallen und wußte sich keinen Rat, was nun beginnen. Endlich hatte sie einen Entschluß gefaßt. Sie schloß die Tür, ging in ihr Zimmer und packte ihren Koffer aus. Dann holte sie die Köpfe ihrer Schwestern, legte sie unterhalb in den Koffer und die Kleidungsstücke darauf. Nun sperrte sie die eiserne Tür ab, verwahrte den Schlüssel und nahm das Ei wieder zur Hand. Niemand im Schloß hatte den Vorgang bemerkt. Eines schönen Tages kam der Schloßherr nach Hause und sein Erstes war, als er zur Tür hereintrat: »Nun, liebe Frau, wo hast du das Ei?«

»Hier ist es, schön unversehrt«, sagte sie lächelnd und reichte es ihm hin.

Den Ritter erfreute es über die Maßen, als er das unversehrte Ei sah. Alsbald rückte die Frau mit der Bitte heraus, er möchte sie für kurze Zeit nach Hause reisen lassen und sie dahin begleiten.

»Das will ich dir schon gewähren«, sagte er, »morgen werden wir reisen.«

Die Frau traf nun die Vorbereitungen zur Reise. Der Koffer, in dem sich die zwei Köpfe befanden, wurde rückwärts auf den Wagen geschnallt. Vor der Abreise äußerte jedoch der Ritter den Wunsch, er möchte noch zu den wilden Tieren schauen. Die Frau erschrak bis ins Herz hinein, konnte ihn aber mit Bitten und Betteln von seinem Vorhaben abhalten, so daß er sogleich mit ihr in die Kutsche stieg und die Reise in Begleitung zweier Diener antrat. In der Mühle angekommen, ließ die junge Frau ein großes

Mahl bereiten, wozu auf ihren Wunsch auch die Nachbarschaft eingeladen wurde. Während des Mahls trug die Frau selbst die Gerichte auf. Jedoch statt mit der letzten Speise trat sie mit den zwei Köpfen ihrer Schwestern vor die Versammelten. Erschrocken sprang der Ritter von seinem Sitze auf und war mit einem Satze beim Fenster draußen. Dort wurde er jedoch von den ihn bewachenden Männern gefangengenommen und mitsamt den zwei Dienern, welche ihn und die Frau begleitet hatten, dem Gerichte eingeliefert.

Volle acht Tage wurde die Mühle bewacht, ob sich nicht die anderen Mordgesellen dort blicken ließen; man konnte aber während dieser Zeit nichts Verdächtiges wahrnehmen. Endlich wurden die Spießgesellen des Ritters unruhig und befürchteten wohl, es könnte für den Schloßherrn etwas Schlimmes vorgefallen sein. Sie machten sich daher auf die Reise, um den Ritter in der Mühle aufzusuchen. Als die unheimlichen Gesellen dieselbe erreichten, war es ein Uhr nachts, und sie wähnten alles in tiefem Schlafe. In der Mühle war ein sehr couragiertes Mädchen als Magd angestellt, und dieses hörte durch das geöffnete Fenster jedes Wort, das die Räuber zueinander sprachen.

»Halt«, ließ sich unten eine Stimme vernehmen, »da droben ist ein Fenster offen, da steigen wir hinein«; und gleich darauf hörte sie eine Leiter anlegen. Die Magd sprang aus dem Bett, nahm die Breitaxt, welche sie zu ihrer Verteidigung in der Kammer hatte, und stellte sich hiebbereit neben das Fenster. Nun erschien der erste im Fensterrahmen und versuchte, in die Kammer einzusteigen. Mit einem Hieb schlug sie ihm den Kopf ab, zog den Körper noch vollends herein und ließ ihn auf die Diele nieder.

»Bist drin?« fragte einer von unten.

»Ja«, antwortete mit verstellter Stimme die Magd.

Jetzt kletterte der zweite die Leiter hinauf und wollte in die Kammer. Sie schlug ihm gleichfalls den Kopf ab und zog den Körper herein. So machte sie es noch dreien der Räuber. Den sechsten brauchte sie nicht zu töten, sondern hatte ihn mit der Axt nur »geschirpft« (verwundet), so daß er rücklings über die Leiter hinab zur Erde fiel. Als der Tag anbrach, erschienen die Gerichtspersonen in der Mühle. Die toten Räuber wurden begraben, und der Blessierte wurde in die Stadt befördert.

Der Ritter und seine noch lebenden Spießgesellen wurden für schuldig erkannt und enthauptet. Meine lieben Kinder, da gab's Köpfe!

So wird in Österreich erzählt.

Der Wolf und die
sieben jungen Geißlein

Es war einmal eine alte Geiß, die hatte sieben junge Geißlein und hatte sie lieb, wie eine Mutter ihre Kinder liebhat. Eines Tages wollte sie in den Wald gehen und Futter holen, da rief sie alle sieben herbei und sprach: »Liebe Kinder, ich will hinaus in den Wald, seid auf eurer Hut vor dem Wolf, wenn er hereinkommt, so frißt er euch alle mit Haut und Haar. Der Bösewicht verstellt sich oft, aber an seiner rauhen Stimme und an seinen schwarzen Füßen werdet ihr ihn gleich erkennen.« Die Geißlein sagten: »Liebe Mutter, wir wollen uns schon in Acht nehmen, Ihr könnt ohne Sorge fortgehen.« Da meckerte die Alte und machte sich getrost auf den Weg.

Es dauerte nicht lange, so klopfte jemand an die Haustür und rief: »Macht auf, ihr lieben Kinder, eure Mutter ist da und hat jedem von euch etwas mitgebracht.« Aber die Geißerchen hörten an der rauhen Stimme, daß es der Wolf war. »Wir machen nicht auf«, riefen sie, »du bist unsere Mutter nicht, die hat eine feine und liebliche Stimme, aber deine Stimme ist rauh; du bist der Wolf.« Da ging der Wolf fort zu einem Krämer und kaufte sich ein großes Stück Kreide: die aß er und machte damit seine Stimme fein. Dann kam er zurück, klopfte an die Haustür und rief: »Macht auf, ihr lieben Kinder, eure Mutter ist da und hat jedem von euch etwas mitgebracht.« Aber der Wolf hatte seine schwarze Pfote in das Fenster gelegt, das sahen die Kinder und riefen: »Wir machen nicht auf, unsere Mutter hat keinen schwarzen Fuß wie du: du bist der Wolf.«

Da lief der Wolf zu einem Bäcker und sprach: »Ich hab mich an den Fuß gestoßen, streich mir Teig darüber.« Und als ihm der Bäcker die Pfote bestrichen hatte, so lief er zum Müller und sprach: »Streu mir weißes Mehl auf meine Pfote.« Der Müller dachte: »Der Wolf will einen betrügen«, und weigerte sich, aber der Wolf sprach: »Wenn du es nicht tust, so fresse ich dich.« Da fürchtete sich der Müller und machte ihm die Pfote weiß. Ja, das sind die Menschen.

Nun ging der Bösewicht zum drittenmal zu der Haustüre, klopfte an und sprach:»Macht mir auf, Kinder, euer liebes Mütterchen ist heimgekommen und hat jedem von euch etwas aus dem Walde mitgebracht.« Die Geißerchen riefen:»Zeig uns erst deine Pfote, damit wir wissen, daß du unser liebes Mütterchen bist.« Da legte er die Pfote ins Fenster, und als sie sahen, daß sie weiß war, so glaubten sie, es wäre alles wahr, was er sagte, und machten die Türe auf.

Wer aber hereinkam, das war der Wolf. Sie erschraken und wollten sich verstecken. Das eine sprang unter den Tisch, das zweite ins Bett, das dritte in den Ofen, das vierte in die Küche, das fünfte in den Schrank, das sechste unter die Waschschüssel, das siebente in den Kasten der Wanduhr. Aber der Wolf fand sie alle und machte nicht langes Federlesen: eins nach dem andern schluckte er in seinen Rachen; nur das jüngste in dem Uhrkasten, das fand er nicht. Als der Wolf seine Lust gebüßt hatte, trollte er sich fort, legte sich draußen auf der grünen Wiese unter einen Baum und fing an zu schlafen.

Nicht lange danach kam die alte Geiß aus dem Walde wieder heim. Ach, was mußte sie da erblicken! Die Haustür stand sperrweit auf: Tisch, Stühle und Bänke waren umgeworfen, die Waschschüssel lag in Scherben, Decke und Kissen waren aus dem Bett gezogen. Sie suchte ihre Kinder, aber nirgend waren sie zu finden. Sie rief sie nacheinander beim Namen, aber niemand antwortete. Endlich als sie an das jüngste kam, da rief eine feine Stimme:»Liebe Mutter, ich stecke im Uhrkasten.« Sie holte es heraus, und es erzählte ihr, daß der Wolf gekommen wäre und die andern alle gefressen hätte. Da könnt ihr denken, wie sie über ihre armen Kinder geweint hat. Endlich ging sie in ihrem Jammer hinaus, und das jüngste Geißlein lief mit. Als sie auf die Wiese kam, so lag da der Wolf an dem Baum und schnarchte, daß die Äste zitterten. Sie betrachtete ihn von allen Seiten und sah, daß in seinem angefüllten Bauch sich etwas regte und zappelte.

»Ach Gott«, dachte sie, »sollten meine armen Kinder, die er zum Abendbrot hinuntergewürgt hat, noch am Leben sein?« Da mußte das Geißlein nach Haus laufen und Schere, Nadel und Zwirn holen.

Dann schnitt sie dem Ungetüm den Wanst auf, und kaum hatte sie einen Schnitt getan, so streckte schon ein Geißlein den Kopf heraus, und als sie weiter schnitt, so sprangen nacheinander alle sechse heraus und waren noch alle am Leben und hatten nicht einmal Schaden gelitten, denn das Ungetüm hatte sie in der Gier ganz hinuntergeschluckt. Das war eine Freude! Da herzten sie ihre liebe Mutter und hüpften wie ein Schneider, der Hochzeit hält.

Die Alte aber sagte: »Jetzt geht und sucht Wackersteine, damit wollen wir dem gottlosen Tier den Bauch füllen, solange es noch im Schlafe liegt.«

Da schleppten die sieben Geißerchen in aller Eile die Steine herbei und steckten sie ihm in den Bauch, soviel sie hineinbringen konnten. Dann nähte ihn die Alte in aller Geschwindigkeit wieder zu, daß er nichts merkte und sich nicht einmal regte.

Als der Wolf endlich ausgeschlafen hatte, machte er sich auf die Beine, und weil ihm die Steine im Magen so großen Durst erregten, so wollte er zu einem Brunnen gehen und trinken. Als er aber anfing zu gehen und sich hin und her zu bewegen, so stießen die Steine in seinem Bauch aneinander und rappelten. Da rief er: »Was rumpelt und pumpelt in meinem Bauch herum? Ich meinte, es wären sechs Geißlein, So sind's lauter Wackerstein.«

Und als er an den Brunnen kam und sich über das Wasser bückte und trinken wollte, da zogen ihn die schweren Steine hinein, und er mußte jämmerlich ersaufen. Als die sieben Geißlein das sahen, da kamen sie herbeigelaufen, riefen laut: »Der Wolf ist tot! Der Wolf ist tot!«, und tanzten mit ihrer Mutter vor Freude um den Brunnen herum.

So erzählen uns die Brüder Grimm.

Ahmeds Glück

*I*n früheren Zeiten lebte ein Lastträger mit Namen Ahmed. Die Bürde des Alters und die Mühsale des Lebens lasteten auf seinen harten Schultern; sie hatten ihn gebeugt und gekrümmt. Unter tausenderlei Mühsalen und Beschwerden hatte er doch einige Piaster zusammengebracht. Aber dieses Geld verbürgte ihm keinen sicheren Lebensunterhalt auf Lebenszeit. Daher wollte er irgendwie um eines Bissens Brot willen wiederum arbeiten, sich abmühen und abschuften. Ja, um eines Bissens Brot willen wollte er wieder mit dem Leben kämpfen und sich daran klammern.

Zu jedem Kampf und Streit gehört neben der Kraft auch das Rüstzeug. Das wußte Ahmed. Er brauchte etwas, was er am besten und nützlichsten mit dem Geld, wofür er sich halbtot gearbeitet hatte, tun konnte, nämlich einen neuen, schönen Traguntersatz für Lasten, der ihm seinen Lebensunterhalt sicherstellen sollte, ohne seine alten Schultern und sein knochiges Rückgrat zu schädigen.

Eines Tages nahm er das bißchen Geld, das in dieser vergänglichen Welt sein ganzer Besitz war, aus seinem Aufbewahrungsort, steckte es in seinen Gürtel und begab sich zum Basar. Dort kaufte er sich den besten Traguntersatz, den er finden konnte, der ihm für das Lasttragen am zweckmäßigsten schien und der ihn am wenigsten ermüden würde.

Die Stadt, in der er wohnte, lag vom Marktplatz weit entfernt. Geld gibt den alten Leuten Kraft. Unser armer Ahmed hatte sich nun einen Traguntersatz gekauft, aber er hatte auch sein Geld, das er wie seinen Augapfel liebte, dafür geopfert. Damit hatte er seine materielle Kraft verloren. Nun war er sehr müde. Überhaupt hatte ihn die Hitze des Tages so sehr erschlafft und geschwächt, daß er es nicht ertragen konnte. Am Ufer eines Baches streckte er sich unter einer schönen Platane nieder, die grüne Schatten über den Boden verbreitete, und sank in Schlaf.

Wie lange hatte Ahmed schon geschlafen! Aber er konnte seinen Schlaf nicht bezwingen. Da weckte ihn ein weißbärtiger, alter Derwisch mit lichtem Antlitz aus diesem tiefen Schlaf. Sofort sprang Ahmed auf. Gegenüber dem hehren Wesen des Derwischs verspürte er in sich eine gewisse Angst, und in seinem Herzen fühlte er für den ehrwürdigen, engelgleichen Alten eine Verehrung.

Der Derwisch sprach zu Ahmed: »Mein Sohn, fürchte dich nicht! Ich bin dein Erretter. Ich weiß, die Zeit deines Lebens ging in Mühe und Elend dahin. Doch nun vergiß alles! Von nun an hat sich die Pforte des ewigen Glücks vor dir aufgetan. Auf, brich deine Bande zur Vergangenheit und folge mir! Verbringe den Rest deines Lebens von dreieinhalb Tagen in völliger Ruhe und Behaglichkeit! Vertrau meinen Worten und folge mir!«

Ahmed war ein bewegliches, aber unempfindsames Wesen. Er machte ein paar Schritte zum Derwisch hin, aber aus einem natürlichen Antrieb kehrte er wieder um. Er bückte sich, um seinen Traguntersatz, den er gerade gekauft hatte, aufzubürden. Als der ehrwürdige Mann das sah, sprach er mit einem Lächeln auf den Lippen: »Ahmed, was machst du denn da? Achtest du denn einen armseligen Traguntersatz höher als meine Worte und Vorschläge? Folge mir, dann wirst du erkennen, was Glück und Reichtum bedeuten.«

Ahmed antwortete in einem verzweiflungsvollen Lachen: »Ich bin alt, bin gebrechlich und schwach. Was mich betrifft, wie kann denn Reichtum, Geld und Gold dem Menschen Glück verleihen? Ehrwürdiger Greis, Ihr vergeßt wahrscheinlich, daß die Jugend das höchste Glück in dieser Welt ist.«

»Na, Ahmed, willst du denn gar nicht einsehen, was du sagst? Was alles kann Gottes, des Erhabenen, Kraft und Macht nicht vollbringen? Der liebe Gott, der mich zu dir sandte, schenkt dir gewiß auch Jugend. Wenn du es wünschst, will ich es dir beweisen.«

Bei diesen Worten sprach er ein Gebet. Diesmal war Ahmed wirklich in völlige Verwirrung geraten. Er betete zu Gott dem Allmächtigen und warf sich dem ehrwürdigen Alten in tiefer Ehrfurcht zu Füßen. In der Tat war Ahmed wieder jung und schön geworden. Sein gekrümmtes Kreuz war gerade geworden, und in seinen erstarrten Adern begann nun heißes Jünglingsblut zu rinnen. Schließlich wandte sich der Derwisch an Ahmed und sprach voller Güte: »Hast du's nun erfahren, mein Sohn? Willst du mir nunmehr folgen?«

Ahmed wollte diesem ehrwürdigen, gütigen Greis folgen und mit ihm gehen, wohin es auch immer sei. Seinen geliebten Traguntersatz hatte er schon längst vergessen.

Sie hatten eine lange, eine sehr lange Strecke zurückgelegt. Ahmed, der früher nach einem Marsch von zehn Minuten schon zitterte, spürte in seinen alten, gebrechlichen Beinen keine Ermüdung, und sein altersschwacher Körper zeigte keine Spur von Erschlaffung.

Der ehrwürdige Alte, Ahmeds Retter, Führer, Lebensspender und Glücksbringer, machte halt, drehte sich um und gab Ahmed zwei Beutel: »Wohlan, führe jeden meiner Befehle wortwörtlich aus, damit du zum Glück gelangst. Geduld und Ausdauer bewirken Heil und Rettung. Feigheit aber bringt in jeder Lebenslage Unheil.« Bei diesen festen und starken Worten zitterte Ahmed wie Espenlaub. Früher hatte er ja schon versprochen, die Worte des Derwischs genau auszuführen. Sie gingen noch etwas weiter. Der Meister verrichtete ein Gebet. Mit einem Donner, als ob der Jüngste Tag anbräche, stürzte ein riesengroßer Felsblock zur Erde. Vor ihnen tat sich da ein prächtiges Tor auf.

Der Meister schloß mit einem kleinen Schlüssel aus Gold, den er in der Hand hatte, das mächtige Tor auf. Jetzt befanden sie sich in einem prunkvoll geschmückten, gewaltigen und gleichzeitig majestätischen Saal. Sie stiegen eine Treppe mit vierzig Stufen an ihrer rechten Seite hinab und stießen dann auf ein zweites Tor, das noch reicher als das erste geschmückt und noch fester war. Der Meister öffnete auch dieses mit dem goldenen Schlüssel in seiner Hand, indem er ein Gebet sprach. Diesmal gelangten sie in einen Saal, der so geräumig wie der vorherige war, der aber den ersten an Pracht und Prunk und gleichzeitig an Herrlichkeit bei weitem übertraf. Kaum hatten sie diesen Saal betreten, da stürzten sich ungefähr vierzig furchtbar wilde Löwen mit ihren blutgierigen Zähnen, ihren todbringenden Pranken und ihren giftigen Krallen auf sie. Der Derwisch befahl: »Ahmed, wirf einen Stein aus dem grünen Beutel!« Ahmed tat so. Diese schrecklichen und blutgierigen Tiere blieben wie versteinert an der Stelle stehen, wo sie sich gerade befanden.

Schließlich schritten sie durch vierzig Säle, die einander an Herrlichkeit, Zierde, Pracht und Prunk übertrafen. Dann stiegen sie noch vierzig Treppen hinab, von denen die eine noch furchtbarer war als die andere. In allen vierzig Sälen versteinerten sie durch Steine aus dem grünen Beutel die vierzig Löwen, von denen einer wutschnaubender war als der andere, und traten in einen Saal ein, wie man seinesgleichen an Reichtum, Zierde, Pracht und Herrlichkeit auf der Welt nicht antreffen kann.

Der Saal war sehr geräumig, äußerst schmuckvoll und prächtig und von verschwenderischem Prunk. Millionen Lampen, die verschiedenfarbige Lichter ausstrahlten, verbreiteten in diesem Raum eine erhabene, herrliche Helligkeit. Mitten im Saal befand sich ein äußerst herrlicher und prächtiger Thron. Auf diesem Thron saß ein unvergleichlich schönes Mädchen von vierzehn bis fünfzehn Jahren, mit goldenem Haar und smaragdenen Augen, würdig, Königin der Schönheit und Anmut genannt zu werden.

Als das Mädchen sah, daß diese Fremdlinge, die sogar den vierzig Löwen in den vierzig Sälen entkommen waren, sie besuchen kamen, geriet sie in Verwirrung und begann vor Furcht zu zittern. In flehentlicher Weise und mit bemitleidenswerter Stimme konnte sie nur folgende Worte hervorbringen: »Was wollt ihr? Habt ihr es auf meinen Reichtum und Besitz abgesehen? Oder trachtet ihr nach meinem Leben? Laßt mir mein Leben! Meine Krone und mein Thron, das alles sei euer!«

Mit diesen Worten nahm sie ihre mit kostbaren Steinen geschmückte Krone ab und warf sie beiseite, ja sogar ihre Armreifen, Halsketten, kurz all ihren Schmuck warf sie der Reihe nach von sich. Sie verließ den Thron und versuchte zu fliehen, wobei sie sehr sorgfältig ihre rechte Hand auf ihrem Herzen verbarg.

Doch der ehrwürdige Greis gab diesem feenhaften Mädchen keine Gelegenheit zur Flucht. Er stürzte sich sofort auf sie, griff nach ihrer rechten Hand, wo er ihr den mit einem taubeneigroßen Brillanten besetzten Ring vom Finger zog. Das arme Mädchen stürzte ohnmächtig und besinnungslos nieder.

Audi Ahmed zitterte. Diese außergewöhnlichen Vorgänge waren ihm sehr auf die Nerven gegangen. Er dachte darüber nach, was sich ereignet hatte und wohin er gekommen war, aber er konnte es überhaupt nicht begreifen. Der Derwisch bemerkte, daß Ahmeds Standhaftigkeit erschüttert war. Mit kräftiger Stimme, die dem Gebrüll eines Löwen glich, schrie er: »Ahmed! Feigheit bringt Unglück. Bis hierher, dann gehen wir wieder. Los!«

Der arme Ahmed begann dem Derwisch blindlings zu folgen. Der Derwisch kam vor eine goldene Tür, die mit Elfenbeinschnitzereien und Diamanten, mit Brillanten und Juwelen geschmückt war. Wie früher sprach er ein Gebet und berührte mit dem Ring, den er dem Mädchen vom Finger gezogen hatte, die Tür an einer Stelle. Sogleich tat sich ein Schlüsselloch auf. Mit dem goldenen Schlüssel, mit dem er die anderen Türen geöffnet hatte, schloß er auch diese Tür auf.

Sie kamen in ein Zimmer, das zwar im Verhältnis zu den ersten etwas kleiner war, dessen vier Wände aber mit Stahlplatten bedeckt und dessen Decke und Boden aus dickem Marmor verfertigt waren. In seiner Mitte befand sich ein großartiger Schatz. Nun sprach der Derwisch zu Ahmed: »Nun bist du jung und schön. Um vollkommenes Glück zu erlangen, fehlt dir noch der Reichtum. Nimm dir soviel, wie du willst.«

Sicher hatte Ahmed schon früher erfahren, was Jugend ist. Aber er hatte auch gewußt, wie schmerzlich und tötend seine Jugend war, die er in Elend und Armut verbracht hatte. Weil er an der früheren Jugend Rache nehmen wollte und um seine jetzige zu genießen, bedurfte er des Reichtums. Daher belud er sich mit den kostbarsten Steinen und seltensten Diamanten, soviel er nur tragen konnte. Währenddessen erinnerte er sich seines Lebens als Lastträger. Wie leidvoll war das doch! Für einen Kupfergroschen hundert, ja ganze hundert Okka übelriechende Zwiebeln vom Marktplatz ins Dorf zu schleppen, ach, das war unerträglich!

Bei diesen Überlegungen drang ihm die Löwenstimme des Derwischs wieder in die Ohren: »Ahmed, nicht grübeln! Die Zeit vergeht! Los, komm zu mir!«

Ahmed ging hinaus, der Derwisch schloß behutsam die Tür und steckte den Ring, den er sich vorher gewaltsam angeeignet hatte, dem Mädchen wieder an den Finger. Nach einem tiefen

Seufzer und bitterem Schluchzen erwachte das Mädchen. Sogleich schloß der Derwisch die Tür. Im ersten Saal befahl er Ahmed, einen Stein aus dem roten Beutel zu werfen. Ahmed führte den Befehl aus. So retteten sie sich vor den wilden Löwen und schritten durch die vierzig Türen. Schließlich gelangten sie an die Oberwelt. Der Derwisch sprach noch ein Gebet und der gewaltige Felsblock kam wieder an seine alte Stelle. Dann suchte Ahmed überall den Derwisch; aber er war den Augen entschwunden. Ein bißchen suchte er ihn noch, aber es war unmöglich, ihn zu finden. Aber was kümmerte das Ahmed. Er war ja nun jung und schön und reich! Nunmehr wird er das Mittel suchen, um glücklich zu werden.

Ahmed sah sein Glück in weiten Reisen. Er ließ sich ein prächtiges Schiff bauen, dessen Segel aus Atlas, dessen Rumpf aus Aloeholz, dessen Türen aus Elfenbein, dessen Anker aus Silber, dessen Ketten aus Gold und dessen Türklinken aus Brillanten waren. Er vervollständigte die Schiffsbesatzung mit vierzig Seeleuten, die er aus erfahrenen und geschickten Männern ausgewählt hatte. Nach unbekannter Richtung setzten sie die Segel.

Am vierzigsten Tag seiner Reise warf das Schiff vor einer großen Stadt Anker. Die Bevölkerung dieser Stadt hatte in ihrem ganzen Leben noch kein so prunkvolles und herrliches Schiff gesehen. Alle waren erstaunt. Die Beamten jenes Landes gaben dem Padischah darüber Bescheid. Der Padischah ließ sofort eine Barke herrichten und fuhr zu dem Schiff unseres Ahmed. Als Willkommensgruß wurden von der Festung 101 Kanonenschüsse abgefeuert.

Mit höchster Achtung empfing Ahmed den Padischah und sagte, daß er selbst der Sohn des Padischahs von Istanbul sei und sich in Verkleidung auf die Reise begeben habe. Auf seine Frage, wo er sich befände und wer der Herrscher sei, der ihm solche Zeichen der Ehrerbietung erweise, erhielt er die Antwort, daß dieses das Land Jemen und der Besucher der Herrscher von Jemen sei. Der Padischah von Jemen lud Ahmed an jenem Abend zu einem Gastmahl ein.

Ahmed war jung und schön und reich. Der Padischah hielt Ahmed für den Sohn des Padischahs von Istanbul. Da er selbst eine Tochter in heiratsfähigem Alter hatte, wie sollte er je einen solchen Schwiegersohn finden? Auch das Mädchen war sehr schön. Ahmed liebte die Prinzessin und die Prinzessin liebte Ahmed. Mit der Einwilligung des Padischahs vermählten sie sich miteinander. Vierzig Tage und vierzig Nächte wurden Hochzeitsfeierlichkeiten und Freudenfeste abgehalten.

Nun war Ahmed glücklich und hatte sogar die höchste Stufe der Glückseligkeit erreicht. Er dankte Gott und pries immer wieder den Derwisch.

Eines Tages ging er mit der Prinzessin spazieren. Die Prinzessin äußerte den Wunsch, auf dem Meer zu fahren. Ahmed befahl sogleich, das berühmte Schiff bereitzustellen. Beide stiegen ein und stachen in See.

Nach einer Weile erhob sich ein furchtbarer Sturm. Das Meer schäumte, die Wogen gingen hoch. Ahmed konnte das nicht ertragen. Die Prinzessin legte ihn zärtlich auf ihr Knie, und Ahmed war eine Weile bewußtlos. Darauf begann die Prinzessin, ihm mit Wohlgerüchen vermischtes und erquickendes Wasser auf das Antlitz zu sprengen, um ihn wieder zu sich zu bringen. Ahmed kam wieder zu sich. Aber ach! Um ihn herum waren weder Prinzessin noch Dienerinnen noch das Schiff noch die Seeleute.

Der Platz, wo er geschlafen hatte, war kein Schiff, es war der Fuß eines grünen, schattigen Baumes am Ufer eines Baches. Sein Kissen war nicht das Knie der Prinzessin, es war sein knirschender, neuer Traguntersatz; womit sein Gesicht besprengt wurde, war kein mit Wohlgerüchen vermischtes, erquickendes Wasser, sondern es waren einige Tropfen des Regens, der gerade einzusetzen begann.

Ahmed erhob sich. Jugend, Kraft, Reichtum, Glück, alles war dahin. Mit einem verächtlichen Lächeln auf seinen Lippen nahm er den neuen Traguntersatz auf seinen gekrümmten Rücken und ging schweren Schrittes zu seiner Hütte im Dorf. Auch der Himmel schien wegen seines Zustandes und wegen des bitteren Erwachens zu trauern. Ahmed weinte leise vor sich hin und vergoß bittere Tränen.

So wird in der Türkei erzählt.

Der unterirdische Nachbar

Es war einmal ein Bauer, der wohnte in Telemarken und hatte einen großen Hof, aber er hatte nur Mißwachs und Unglück mit seinem Vieh, und zuletzt kam er um Haus und Hof. Es blieb ihm fast nichts mehr, und um das wenige kaufte er sich ein Fleckchen Land, das ganz abseits lag, weit weg von der Stadt, im wilden Wald und in der Einöde. Eines Tages begegnete er einem Mann.

»Guten Tag, Nachbar«, sagte der Mann.

»Guten Tag«, sagte der Bauer, »ich meinte, ich sei allein hier; bist du mein Nachbar?«

»Da siehst du meinen Hof«, sagte der Mann, »er ist gar nicht weit von dem deinigen.« Und da lag ein Hof, wie er noch nie einen gesehen hatte, schön und stattlich und gut im Stand. Nun merkte er wohl, daß das einer von den Unterirdischen war, aber er fürchtete sich nicht; er lud den Nachbarn ein, sein Bier zu versuchen, und der Nachbar ließ sich's wohl schmecken.

»Hör einmal«, sagte der Nachbar, »ein Ding solltest du mir zu Gefallen tun.«

»Laß mich zuerst hören, was das ist«, sagte der Bauer.

»Du mußt deinen Kuhstall verlegen, denn er steht mir im Weg«, gab er dem Bauern zur Antwort.

»Nein, das tu ich nicht«, sagte der Bauer. »Im Sommer erst hab ich ihn neu gebaut, und nun geht es gegen den Winter. Was soll ich denn dann mit meinem Vieh machen?«

»Ja, tu nur, wie du willst, aber wenn du ihn nicht niederreißest, so wird dich's noch gereuen«, sagte der Nachbar. Und damit ging er.

Der Mann wußte nicht, was er tun sollte. Daß er sich gegen die Winternacht hin daranmachen sollte, den Stall niederzureißen, das schien ihm ganz unsinnig, und Hilfe hatte er auch fast keine.

Eines Tages, als er im Stall stand, sank er in den Boden hinein. Da unten, wo er hinkam, war es unerhört schön. Alles war aus Gold und Silber. Da kam auch der Mann, der sagte, er sei sein Nachbar, und hieß ihn niedersitzen. Nach einer Weile wurden Speisen auf silberner Platte und Bier in silbernem Kruge hereingetragen, und der Nachbar lud ihn ein, sich an den Tisch zu setzen und zu essen. Der Bauer wagte keinen Widerspruch und ließ sich am Tisch nieder, aber gerade als er mit dem Löffel in die Schüssel langen wollte, fiel von der Decke etwas herunter ins Essen, so daß ihm der Appetit verging. »Jawohl«, sagte der Mann aus dem Berg, »da kannst du sehen, was deine Kühe uns schenken. Wir können nie in Ruhe essen, denn sobald wir uns zu Tisch setzen, fällt Unrat herunter, und wenn wir auch noch so hungrig sind, so vergeht uns der Appetit, und wir können nicht essen. Aber wenn du mir den Gefallen tun willst, den Stall zu verlegen, so soll es dir niemals an Futter und guten Ernten fehlen, und wenn du noch so alt wirst. Wenn du aber nicht willst, so sollst du nichts als Mißwachs haben, solang du lebst.«

Als der Mann das hörte, ging er schleunigst daran, seinen Stall niederzureißen und an einem andern Platz wiederaufzubauen. Aber er mußte nicht allein bauen, denn zur Nacht, wenn alles schlief, wuchs der Bau ebenso wie am Tag, und er merkte wohl, daß der Nachbar ihm half.

Er bereute es auch später nicht, denn er hatte Futter und Korn genug, und sein Vieh gedieh schön. Einmal war ein schlimmes Jahr, und das Futter war so knapp, daß er mit dem Gedanken umging, seinen halben Viehstand zu schlachten oder zu verkaufen. Aber eines Morgens, als die Kuhmagd in den Stall kam, war der Hütehund fort und mit ihm alle Kühe und das ganze Jungvieh. Sie fing an zu weinen und sagte es dem Bauern. Aber der dachte bei sich selbst, das werde wohl der Nachbar sein, der die Tiere auf die Weide genommen habe. Und das war auch so, denn gegen den Frühling, als es grün wurde im Wald, da sah er eines Tages den Herdenhund bellend und springend am Waldrand daherkommen, und hinter ihm kamen alle Kühe und alles Jungvieh, und die ganze Herde war so blank, daß es eine Freude war, sie anzusehen.

So wird in Norwegen erzählt.

Ali Baba und die vierzig Räuber

Sobald die Sultanin Schehersad von ihrer wachsamen Schwester Dinarsad geweckt worden war, erzählte sie ihrem Gemahl, dem Sultan von Indien, folgende Geschichte:

»Mächtiger Sultan!«, begann sie. »In einer Stadt Persiens an den Grenzen deines Reichs lebten zwei Brüder, von denen der eine Casim, der andere Ali Baba hieß. Da ihr Vater ihnen nur wenig Vermögen hinterlassen und sie dieses Wenige gleichmäßig unter sich verteilt hatten, so sollte man denken, ihre äußeren Umstände müssen ziemlich gleich gewesen sein; allein der Zufall wollte es anders.

Casim heiratete eine Frau, die bald nach ihrer Hochzeit eine wohlausgestattete Bude, ein reich angefülltes Warenlager und eine Menge liegender Güter erbte, so daß er auf einmal ein wohlhabender Mann und einer der reichsten Leute in der Stadt wurde.

Ali Baba dagegen heiratete eine Frau, die ebenso arm war als er selbst, wohnte sehr ärmlich und hatte keinen andern Erwerb, um sich und den Seinigen den Lebensunterhalt zu verschaffen, als daß er in einem nahen Walde Holz fällte, das er dann auf drei Eseln, seinem einzigen Besitztum, in die Stadt brachte und verkaufte.

Eines Tages, als Ali Baba wieder im Walde war und eben Holz genug gefällt hatte, um seine Esel damit zu beladen, sah er auf einmal in der Feme eine gewaltige Staubwolke aufsteigen, die sich in gerader Richtung dem Orte näherte, wo er war. Er blickte sehr aufmerksam nach ihr hin und erkannte bald, daß es eine zahlreiche Reiterschar war, die raschen Schrittes herankam.

Obgleich man in der Gegend nichts von Räubern sprach, so kam Ali Baba doch auf den Gedanken, diese Reiter könnten dergleichen sein, und beschloß daher, seine Esel ihrem Schicksale zu überlassen und nur seine eigene Person zu retten. Er stieg also auf einen Baum, dessen Äste zwar nicht hoch, aber außerordentlich dicht belaubt waren, und nahm darauf mit um so größerer Zuversicht seinen Posten ein, als er von da aus alles sehen konnte, was

unten vorging, ohne selbst gesehen zu werden. Der Baum stand am
Fuße eines von allen Seiten vereinzelten Felsens, der viel höher als
der Baum und so steil war, daß man auf keine Weise hinaufsteigen
konnte.

Die Reiter, sämtlich große und stattliche Leute und sowohl mit
Waffen als Pferden sehr gut versehen, stiegen an dem Felsen ab, und
Ali Baba, der ihrer vierzig zählte, konnte nach ihren Gesichtern
und ihren ganzen Anzügen nicht mehr zweifeln, daß es Räuber
seien. Er täuschte sich auch nicht; es waren wirklich Räuber, die
aber die Umgegend nicht im mindesten beunruhigten, sondern ihr
Geschäft in weiter Ferne trieben und hier bloß ihren Sammelplatz
hatten. Er wurde in seiner Meinung bestärkt, als er sie weiter beobachtete.

Jeder von den Reitern zäumte sein Pferd ab, band es an, warf
ihm einen Sack voll Gerste, den er hinter sich gehabt hatte, über
den Kopf und packte dann seine Reisetasche ab. Die meisten derselben schienen Ali Baba so schwer, daß er schloß, sie müssen voll
Gold und Silber sein.

Der stattlichste der Räuber, den Ali Baba für ihren Hauptmann
hielt, näherte sich ebenfalls mit seiner Reisetasche auf der Schulter
dem Felsen, der dicht an dem großen Baume war, wohin Ali Baba
sich geflüchtet hatte, und nachdem er sich durch einige Sträucher
den Weg gebahnt, sprach er die Worte: ›Sesam, öffne dich!‹ so laut
und deutlich, daß Ali Baba sie hörte. Kaum hatte der Räuberhauptmann diese Worte ausgesprochen, so öffnete sich eine Türe, durch
die er alle seine Leute vor sich her eintreten ließ; er selbst ging zuletzt hinein und die Türe schloß sich wieder.

Die Räuber blieben lange in dem Felsen, und Ali Baba mußte
geduldig auf dem Baume bleiben und warten; denn er fürchtete, es
möchten einzelne oder auch alle zusammen in dem Augenblick, wo
er seinen Posten verlassen und fliehen wollte, herauskommen.
Gleichwohl geriet er in Versuchung, herabzusteigen, sich zweier
Pferde zu bemächtigen, auf das eine zu sitzen, das andere am Zügel
nebenher zu führen, und so, indem er seine drei Esel vor sich her-
triebe, in die Stadt zu reiten; doch war dieses Unternehmen zu
gewagt, und er beschloß daher, den sicheren Teil zu ergreifen.

Endlich öffnete sich die Türe wieder, die vierzig Räuber traten heraus und der Hauptmann, der zuletzt hineingegangen war, war jetzt der erste, der herauskam und die übrigen alle an sich vorbeiziehen ließ. Ali Baba hörte, daß auf seine Worte: ›Sesam, schließe dich!‹ die Türe sich wieder schloß. Jeder kehrte zu seinem Pferde zurück, zäumte es, band seine Tasche über den Sattel und schwang sich wieder hinauf. Als der Hauptmann endlich sah, daß sie alle zum Ritte gerüstet waren, so stellte er sich an ihre Spitze und schlug denselben Weg ein, auf dem sie gekommen waren.

Ali Baba stieg nicht sogleich vom Baume herab. ›Sie könnten‹, sprach er bei sich selbst, ›etwas vergessen haben, das sie wieder umzukehren nötigte und dann würden sie mich ertappen.‹ Er verfolgte sie mit den Augen, bis er sie aus dem Gesichte verloren hatte, und stieg zur größeren Sicherheit erst lange nachher herab. Da er die Worte, kraft derer der Räuberhauptmann die Türe geöffnet und wieder verschlossen, wohl in seinem Gedächtnisse behalten hatte, so wandelte ihn die Lust an, einen Versuch zu machen, ob sie vielleicht dieselbe Wirkung haben würden, wenn er sie ausspräche. Er drängte sich daher durch das Gesträuch, fand die Türe, die von demselben verdeckt war, stellte sich vor sie hin, sprach die Worte: ›Sesam, öffne dich!‹ und siehe da, im Augenblick sprang die Tür angelweit auf.

Ali Baba hatte einen dunklen und finstern Ort erwartet, aber wie groß war sein Erstaunen, als er das Innere des Felsens sehr hell, weit und geräumig und von Menschenhänden zu einem hohen Gewölbe ausgehöhlt sah, das von oben herab durch eine künstlich angebrachte Öffnung sein Licht empfing. Er erblickte hier große Mundvorräte, Ballen von köstlichen Kaufmannswaren, Seidenstoffen und Brokat, besonders auch wertvolle Teppiche, haufenweise aufgetürmt; was ihn aber am meisten anzog, war eine Masse geprägtes Gold und Silber, das teils in Haufen aufgeschüttet, teils in ledernen Säcken oder Beuteln immer einer nach dem andern dalag. Bei diesem Anblick kam es ihm vor, als ob diese Felsenhöhle nicht erst seit einer Reihe von Jahren, sondern schon seit Jahrhunderten fortwährend Räubern zum Zufluchtsort gedient haben müsse.

Ali Baba besann sich nicht lange, was er hier tun sollte; er trat in die Höhle, und sobald er darin war, schloß sich die Türe wieder; doch beunruhigte ihn das nicht, denn er wußte ja das Geheimnis, sie zu öffnen. Mit dem Silbergelde gab er sich nicht lange ab, sondern machte sich nur an das gemünzte Gold und besonders an das, was in den Säcken war. Von diesem nahm er zu wiederholten Malen so viel, als er tragen und seinen drei Eseln, die sich indes zerstreut hatten, aufladen konnte. Als er sie wieder an dem Felsen zusammengetrieben hatte, bepackte er sie mit den Säcken, und um diese zu verbergen, legte er Holz obendrauf, so daß niemand etwas davon merken konnte. Als er fertig war, stellte er sich vor die Türe, und kaum hatte er die Worte: ›Sesam, schließe dich!‹ ausgesprochen, so schloß sie sich auch wieder; sie hatte sich nämlich jedesmal, wenn er hineingegangen war, von selbst geschlossen und war jedesmal, wenn er herauskam, offen geblieben.

Ali Baba nahm nun seinen Weg nach der Stadt zurück, und als er vor seinem Hause anlangte, trieb er seine Esel in einen kleinen Hof, dessen Türe er sorgfältig hinter sich zuschloß. Hierauf lud er das wenige Holz, das seinen Schatz bedeckte, ab, trug die Säcke in sein Haus und legte sie vor seiner Frau, die auf dem Sofa saß, auf den Tisch.

Seine Frau nahm die Säcke in die Hand, und als sie merkte, daß sie voll Gold waren, meinte sie, ihr Mann habe sie gestohlen. Wie er nun alle hereingebracht hatte, konnte sie nicht umhin, zu ihm zu sagen: ›Ali Baba, solltest du gottverlassen sein, um …‹ Ali Baba unterbrach sie mit den Worten: ›Sei ruhig, liebes Weib, und mach dir keine Sorge darob, ich bin kein Dieb, denn ich habe dies alles nur Dieben genommen. Du wirst deine schlechte Meinung von mir bald abgeben, wenn ich dir mein Glück erzählt haben werde.‹ Er schüttete die Säcke aus, die einen großen Haufen Goldes ausmachten, so daß seine Frau ganz geblendet wurde; hierauf erzählte er ihr die Geschichte vom Anfang bis zum Ende und empfahl ihr dann vor allen Dingen, die Sache geheim zu halten.

Als die Frau sich von ihrem Erstaunen und Schrecken wieder erholt hatte, freute sie sich mit ihrem Manne über das Glück, das ihnen widerfahren, und wollte den ganzen Goldhaufen, der vor ihr lag, Stück für Stück zählen. ›Liebe Frau‹, sagte Ali Baba zu ihr, ›du bist nicht gescheit. Was fällt dir da ein? Du würdest nie mit dem Zählen fertig werden. Ich will eine Grube machen und es dahinein vergraben; wir haben keine Zeit zu verlieren.‹ – ›Es wäre doch gut‹, antwortete die Frau, ›wenn wir wenigstens ungefähr wüßten, wieviel es ist. Ich will in der Nachbarschaft ein kleines Maß borgen und es damit messen, während du die Grube machst.‹ – ›Liebe Frau‹, sagte Ali Baba darauf, ›dies würde uns zu nichts nützen und ich rate dir, laß davon ab. Du kannst übrigens tun, was du willst, aber vergiß nur nicht, die Sache verschwiegen zu halten.‹

Um ihr Gelüste zu befriedigen, ging Ali Babas Frau fort und zu ihrem Schwager Casim, der nicht weit von ihr wohnte. Casim war nicht zu Hause und sie wandte sich daher an seine Frau mit der Bitte, ihr doch auf einige Augenblicke ein Maß zu leihen. Die Schwägerin fragte sie, ob sie ein großes oder ein kleines wolle, und Ali Babas Frau bat sich ein kleines aus. ›Recht gerne‹, antwortete die Schwägerin, ›warte nur ein wenig, ich will es dir sogleich bringen.‹

Die Schwägerin holte das Maß; da sie aber Ali Babas Armut kannte, so war sie neugierig zu erfahren, was für Getreide seine Frau damit messen wolle, und kam daher auf den Gedanken, unten an das Maß unvermerkt etwas Talg zu kleben. Darauf kam sie zurück, überreichte Ali Babas Frau das Maß und entschuldigte sich wegen ihres Ausbleibens, indem sie es lange habe suchen müssen.

Als Ali Babas Frau nach Hause zurückkam, stellte sie das Maß auf den Goldhaufen, füllte es an und leerte es in einiger Entfernung davon auf dem Sofa. Als sie nun alles gemessen hatte, war sie sehr zufrieden mit der ansehnlichen Zahl der Maße und teilte es ihrem Manne mit, der soeben die Grube vollendet hatte.

Während Ali Baba das Geld vergrub, trug seine Frau, um ihrer Schwägerin ihre Pünktlichkeit und Ordnungsliebe zu zeigen, das Maß zurück, hatte aber nicht bemerkt, daß ein Goldstück unten noch daran klebte. ›Liebe Schwägerin‹, sagte sie zu ihr, als sie es zurückgab, ›du siehst, daß ich dein Maß nicht zu lange behalten habe; ich bin dir sehr verbunden dafür; hier hast du es wieder.‹

Kaum hatte Ali Babas Frau ihr den Rücken gekehrt, als Casims Frau das Maß von unten besah, und man kann ihr Erstaunen denken, als sie das am Boden klebende Goldstück fand. Alsbald fuhr der Satan des Neides in ihr Herz. ›Wie!‹ sagte sie. ›Ali Baba hat das Gold maßweise, woher mag es wohl der Elende genommen haben?‹ Casim, ihr Mann, war, wie gesagt, nicht zu Hause, sondern in seiner Bude, von wo er erst auf den Abend zurückerwartet wurde. Die Zeit bis zu seiner Heimkehr dünkte ihr eine Ewigkeit, denn sie brannte vor Ungeduld, ihm die große Nachricht mitzuteilen, die für ihn ebenso überraschend sein mußte wie für sie.

Als Casim nach Hause kam, sagte seine Frau zu ihm: ›Du glaubst, ein reicher Mann zu sein, Casim, allein, du täuschest dich: Ali Baba ist tausendmal reicher als du; er kann sein Gold nicht zählen, sondern muß es messen.‹ Casim verlangte eine Erklärung dieses Rätsels, und sie erzählte ihm, wie schlau sie auf die Entdeckung gekommen sei; zugleich zeigte sie ihm das Goldstück, das unten am Boden kleben geblieben war; es war so alt, daß der Name des Fürsten, der es hatte prägen lassen, ihnen unbekannt war.

Statt sich über das Glück des bisher so armen Bruders herzlich zu freuen, empfand Casim eine Eifersucht, die ihm keine Ruhe mehr ließ. Er konnte beinahe die ganze Nacht darüber nicht schlafen, und am andern Morgen ging er noch vor Sonnenaufgang zu ihm. Da er seit seiner Verheiratung mit der reichen Witwe ihn nicht mehr als seinen Bruder ansah und diesen Namen ganz vergessen hatte, so redete er ihn auch jetzt also an: ›Ali Baba, du bist sehr zurückhaltend in deinen Angelegenheiten. Du spielst den Armen, den Notleidenden, den Bettler, und missest das Gold in Maßen.‹

›Lieber Bruder‹, antwortete Ali Baba, ›ich weiß nicht, was du da sagen willst; erkläre dich deutlicher.‹ – ›Verstell dich nicht so‹, antwortete Casim, und indem er ihm das Gold zeigte, das seine Frau ihm gegeben hatte, fügte er hinzu: ›Wieviel hast du solche Goldstücke? Meine Frau hat dieses hier unten an dem Maße gefunden, das die deinige gestern von ihr borgte.‹

Aus dieser Rede erkannte Ali Baba, daß infolge des Eigensinns seiner Frau Casim und dessen Weib bereits die Sache wußten, deren Geheimhaltung ihm so wichtig war. Allein der Fehler war einmal gemacht, und man konnte ihm nicht abhelfen. Ohne sich seinen

Verdruß im mindesten anmerken zu lassen, gestand er daher seinem Bruder die ganze Sache und erzählte ihm, durch welchen Zufall und an welchem Ort er den Schlupfwinkel der Räuber entdeckt hatte; zugleich erbot er sich, den Schatz mit ihm zu teilen, wenn er nur das Geheimnis bewahren wolle.

›Ja, das verlange ich ohnehin‹, versetzte Casim mit stolzem Tone; ›aber‹, fügte er hinzu, ›ich will auch noch ganz genau wissen, wo der Schatz ist, an welchen näheren Merkmalen ich ihn erkennen und wie ich wohl selbst hineinkommen kann, wenn es mich gelüstet; sonst zeige ich dich bei dem Gerichte an. Weigerst du dich des, so hast du nicht nur nichts mehr zu hoffen, sondern wirst auch das noch verlieren, was du schon hast; ich aber werde für diese Angabe meinen Anteil erhalten.‹

Mehr aus Gutmütigkeit, als durch die unverschämten Drohungen seines rohen Bruders eingeschüchtert, gab Ali Baba ihm vollständige Auskunft über das, was er wünschte, und teilte ihm auch die Worte mit, die er sprechen mußte, um in die Höhle hinein- und wieder herauszugelangen.

Mehr verlangte Casim nicht zu wissen. Er verließ seinen Bruder mit dem festen Vorsatz, ihm zuvorzukommen, und in der Hoffnung, sich des Schatzes allein zu bemächtigen. Am andern Morgen brach er schon vor Tagesanbruch mit zehn Maultieren auf, die er mit großen Kisten beladen hatte; diese wollte er alle anfüllen und nahm sich vor, bei einer zweiten Fahrt nach dem Schatze noch weit mehr solche Kisten mitzunehmen, im Falle er noch so viele Ladungen darin vorfände, daß dies nötig wäre. Er schlug den Weg ein, den Ali Baba ihm bezeichnet hatte, gelangte an den Felsen und erkannte die Merkmale sowie den Baum, auf dem Ali Baba sich versteckt hatte. Er suchte die Türe, fand sie und sprach die Worte: ›Sesam, öffne dich!‹ Die Türe ging auf, er trat hinein und sogleich schloß sie sich wieder. Bei Besichtigung der Höhle geriet er in große Verwunderung, da er darin weit mehr Reichtümer antraf, als er nach Ali Babas Erzählung vermutet hatte, und sein Erstaunen wurde immer größer, je mehr er alles einzeln betrachtete. Als ein geiziger Mann, dem die Reichtümer über alles gingen, hätte er gerne den ganzen Tag lang seine Augen an dem Anblicke so vielen

Goldes geweidet, wenn es ihm nicht eingefallen wäre, daß er eigentlich dazu gekommen sei, um das Geld zu holen und seine zehn Maulesel damit zu beladen. Er nahm daher eine Anzahl von Säkken, so viel er tragen konnte, ging damit auf die Türe zu, und da er an alles andere mehr dachte als an das, was jetzt für ihn am wichtigsten war, so geschah es, daß er sich des notwendigen Wortes nicht mehr erinnerte und statt Sesam sagte: ›Gerste, öffne dich!‹ Aber wie groß war seine Bestürzung, als er sah, daß die Türe sich nicht öffnete, sondern verschlossen blieb. Nun nannte er noch mehrere andere Namen von Getreidearten, aber nur den rechten nicht, und die Türe blieb immer verschlossen. Auf diesen Zufall hatte sich Casim nicht gefaßt gemacht. Schrecken und Angst bemächtigte sich seiner, als er sich nun in so großer Gefahr erblickte, und je mehr er sich anstrengte, um das Wort Sesam in sein Gedächtnis zurückzurufen, um so verwirrter wurde er, und bald war dies Wort für ihn, als ob er es nie hätte nennen hören. Verzweiflungsvoll warf er jetzt die Säcke, womit er sich beladen hatte, zu Boden, ging mit großen Schritten in der Höhle auf und nieder, und alle die Reichtümer, von denen er sich umgeben sah, hatten jetzt keinen Reiz mehr für ihn. Doch lassen wir Casim sein Schicksal beweinen, er verdient unser Mitleid nicht.

Die Räuber kehrten gegen Mittag zu ihrer Höhle zurück, und als sie in die Nähe kamen und die mit Kisten beladenen Maulesel Casims erblickten, so wurden sie über diese neue Erscheinung unruhig, sprengten mit verhängtem Zügel heran und jagten die zehn Maulesel, die Casim anzubinden vergessen hatte und die ruhig weideten, auseinander, so daß sie sich da und dorthin im Walde zerstreuten und ihnen bald aus dem Gesichte entschwanden. Die Räuber nahmen sich nicht die Mühe, den Mauleseln nachzureiten: es war ihnen weit wichtiger, ihren Besitzer aufzufinden. Während nun einige um den Felsen herum die Runde machten, um ihn zu suchen, stieg der Hauptmann nebst den übrigen ab, ging mit blankem Säbel gerade auf die Türe zu, sprach die Worte, und die Türe öffnete sich.

Casim, der mitten in der Höhle das Stampfen von Pferden hörte, zweifelte jetzt nicht mehr, daß die Räuber angekommen und er selbst verloren sei. Gleichwohl beschloß er, einen Versuch zu machen, um aus ihren Händen zu entrinnen und sich zu reuen; daher stellte er sich dicht vor die Türe, um hinauszustürzen, sobald sie sich öffnen würde. Kaum hörte er das Wort Sesam, das seinem Gedächtnis entfallen war, aussprechen und sah die Türe aufgehen, so stürmte er so ungestüm hinaus, daß er den Hauptmann zu Boden warf. Allein den andern Räubern vermochte er nicht zu entgehen; diese hielten ebenfalls den blanken Säbel in der Hand und nahmen ihm auf der Stelle das Leben. Jetzt war die erste Sorge der Räuber, in die Grotte hineinzugehen. Sie fanden nahe bei der Türe die Säcke, die Casim bis dahin gebracht hatte, um seine Maulesel damit zu bepacken, und legten dieselben wieder auf den vorigen Platz, bemerkten aber nicht, daß diejenigen, die Ali Baba fortgeschafft hatte, fehlten. Indem sie sich nun über diese Begebenheit gemeinschaftlich berieten, begriffen sie wohl, wie Casim nicht habe aus der Grotte herauskommen können, allein wie er hineingekommen sei, das konnten sie nicht verstehen. Sie kamen auf den Gedanken, er sei vielleicht von oben herabgestiegen; allein die Öffnung, durch welche das Licht hereinfiel, war so hoch und der Gipfel des Felsens so unzugänglich, daß sie einstimmig erklärten, dieses Rätsel könnten sie nicht auflösen. Daß er durch die Türe hereingekommen sei, konnten sie nicht annehmen, denn dazu mußte er doch das Geheimnis wissen, sie zu öffnen, und in dessen Besitz, glaubten sie, sei niemand außer ihnen selbst. Sie konnten nämlich nicht wissen, daß Ali Baba sie belauscht und es gehört hatte. Wie nun auch die Sache gekommen sein mochte, es handelte sich jetzt darum, ihre gemeinschaftlichen Reichtümer in Sicherheit zu bringen, und so kamen sie denn dahin überein, den Leichnam Casims in vier Teile zu teilen und innerhalb der Grotte nicht weit von der Tür zwei zur Rechten und zwei zur Linken aufzuhängen, zum abschreckenden Beispiel für jeden, der die Frechheit haben würde, etwas Ähnliches zu wagen; sie selbst aber beschlossen, erst nach Verlauf einiger Zeit, wenn der Leichengeruch sich verloren haben würde, in ihre Höhle zurückzukehren. Da sie nichts weiter zurückhielt, so verließen sie ihren Zufluchtsort, nachdem sie ihn wohl verschlossen, stiegen wieder zu Pferde und durchstreiften die Ebene in der Richtung hin, wo die Straßen am meisten von den Karawanen besucht waren, um wie gewöhnlich Jagd auf dieselben zu machen und sie auszuplündern.

Indes war Casims Frau in großer Unruhe, als die finstere Nacht anbrach und ihr Mann immer noch nicht zurückkam. Voll Bekümmernis ging sie zu Ali Baba und sagte zu ihm: ›Lieber Schwager, du weißt gewiß, daß dein Bruder Casim in den Wald gegangen ist und zu welchem Zweck. Er ist immer noch nicht zurückgekommen und doch ist es bereits tiefe Nacht; ich fürchte, es möchte ihm irgendein Unglück zugestoßen sein.‹

Ali Baba hatte nach der oben angeführten Unterredung mit seinem Bruder seine Reise vermutet und war deshalb an diesem Tage nicht selbst in den Wald gegangen, um ihm keinen Anlaß zum Argwohn zu geben. Ohne ihr irgendeinen Vorwurf zu machen, der sie oder ihren Mann, wenn er noch am Leben gewesen wäre, hätte beleidigen können, sagte er zu ihr, sie solle sich deswegen noch nicht bekümmern, denn ohne Zweifel habe Casim es für zweckmäßig gefunden, erst später in die Stadt zurückzukehren.«

So wird uns in *Tausendundeine Nacht* erzählt.

Der Haustürschlüssel

Jeder Schlüssel hat seine Geschichte, und es gibt viele Schlüssel: Kammerherrnschlüssel, Uhrschlüssel, St.-Peters-Schlüssel; wir könnten von allen Schlüsseln erzählen, aber jetzt erzählen wir nur von dem Haustürschlüssel des Kammerrats.

Er war bei einem Schlosser zur Welt gekommen, aber er hätte gern glauben können, daß es ein Grobschmied sei, so faßte der Mann ihn an, hämmerte und feilte. Er war zu groß für die Hosentasche, darum mußte er in die Rocktasche. Hier lag er oft im Dunkeln, aber übrigens hatte er einen bestimmten Platz an der Wand neben der Silhouette des Kammerrats aus der Kindheit.

Man sagt, daß jeder Mensch in seinem Charakter und seiner Handlungsweise etwas von dem Himmelszeichen mitbekommt, unter dem er geboren wird, sei es nun der Stier, die Jungfrau, der Skorpion oder wie sie alle im Kalender heißen. Die Kammerrätin nannte keins von diesen, sie sagte, ihr Mann sei unter dem »Zeichen der Schubkarre« geboren. Immer mußte er vorwärtsgeschoben werden.

Sein Vater schob ihn aufs Kontor, seine Mutter schob ihn in den Ehestand hinein, und seine Frau schob ihn zum Kammerrat hinauf, aber das sagte sie nicht, sie war eine besonnene, brave Frau, die immer zur rechten Zeit schwieg und zur rechten Zeit sprach und schob.

Jetzt war er seit Jahren »wohlproportioniert«, wie er selber sagte, ein Mann mit Bildung, Gutmütigkeit und dazu schlüsselklug, etwas, das wir näher erklären werden. Immer war er guter Laune, alle Menschen hatte er gern und mochte gern mit ihnen reden. Ging er in die Stadt, so war es schwer, ihn nach Hause zu bekommen, wenn seine Frau nicht mit war und schob. Er mußte mit jedem Bekannten reden, dem er begegnete. Er hatte viele Bekannte, und darunter mußte das Mittagessen leiden. Vom Fenster aus gab die Kammerrätin auf ihn acht. »Jetzt kommt er!« sagte sie zu dem Mädchen. »Setz den Kochtopf auf! – Jetzt steht er still und spricht mit jemand, nimm den Kochtopf ab, sonst kocht das Essen zu lange! – Aber nun kommt er! Ja, dann setz den Kochtopf nur wieder auf!«

Aber deswegen kam er doch noch nicht.

Er konnte gerade unter dem Fenster des Hauses stehen und hinaufnicken, aber dann kam ein Bekannter vorüber, dann konnte er es nicht lassen, er mußte ihm ein paar Worte sagen. Kam dann, während er mit diesem sprach, ein anderer Bekannter, dann hielt er den ersten am Knopfloche fest und ergriff die Hand des andern, während er einen dritten, der vorüberwollte, anrief.

Das war eine Geduldsprobe für die Kammerrätin. »Kammerrat! Kammerrat!« rief sie dann. Ja, der Mensch ist unter dem Zeichen der Schubkarre geboren, vorwärts kann er nicht kommen, ohne daß er geschoben wird.

Er wollte gern in Buchläden gehen, in Büchern und Zeitungen blättern, er gab seinem Buchhändler ein kleines Honorar, um zu Hause bei sich die neuen Bücher lesen zu dürfen, das heißt, um Erlaubnis zu haben, die Bücher der Länge nach aufzuschneiden, aber nicht quer, denn dann konnten sie nicht als neu verkauft werden. Er war eine lebende Zeitung in aller Gutmütigkeit, wußte Bescheid mit Verlobungen, Hochzeiten und Begräbnissen. Büchergeschwätz, ja, er ließ geheimnisvolle Andeutungen fallen, daß er Bescheid wußte, wo niemand Bescheid wußte, das hatte er vom Haustürschlüssel.

Schon als junges Ehepaar wohnten Kammerrats in ihrem eigenen Hause, und seit der Zeit hatten sie denselben Haustürschlüssel, aber da kannten sie seine wunderbare Kraft noch nicht, die lernten sie erst später kennen.

Es war zu König Frederiks des Sechsten Zeit. Kopenhagen hatte damals kein Gas, es hatte Tranlampen, es hatte kein Tivoli oder Kasino, keine Straßenbahnen und keine Eisenbahnen. Es gab nur wenige Vergnügungen im Vergleich zu jetzt. Des Sonntags machte man einen Spaziergang zum Tor hinaus bis nach dem Assistenzkirchhof, las die Inschriften auf den Gräbern, setzte sich ins Gras, aß aus einem Vorratskorb und trank seinen Schnaps dazu, oder man ging nach Frederiksborg, wo vor dem Schlosse die Regimentsmusik spielte und es von Menschen wimmelte, die die königliche Familie in den kleinen, engen Kanälen umherrudern sahen; der alte König steuerte das Boot, und er und die Königin grüßten alle Menschen ohne Standesunterschied. Da hinaus kamen wohlhabende Familien aus der Stadt und tranken ihren Abendtee. Warmes Wasser konnten sie in einem kleinen Bauernhaus auf dem Felde außerhalb des Gartens bekommen, aber sie mußten selber ihre Teemaschine mitbringen.

Da hinaus zogen Kammerrats an einem sonnigen Sonntagnachmittag. Das Dienstmädchen ging voran mit der Maschine, einen Vorratskorb und einer Schnapsflasche.

»Nimm auch den Haustürschlüssel mit«, sagte die Kammerrätin, »damit wir in unser eigenes Haus hineinschlüpfen können, wenn wir zurückkommen; du weißt, die Tür wird bei Abenddämmerung geschlossen, und der Klingelzug ist seit heute morgen kaputt. – Wir kommen spät nach Hause! Wir wollen, wenn wir in Frederiksborg gewesen sind, noch in Casortis Theater auf Vesterbro gehen und die Pantomime ›Harlekin, der Vorarbeiter der Drescher‹ sehen. Darin kommen sie in einer Wolke herunter. Das kostet zwei Mark die Person!«

Und sie gingen nach Frederiksborg, hörten die Musik, sahen die königlichen Boote mit wehenden Fahnen, sahen den alten König und die weißen Schwäne. Nachdem sie eine gute Tasse Tee getrunken hatten, eilten sie davon, kamen aber doch nicht rechtzeitig ins Theater.

Der Seiltanz war vorüber, der Stelzenmann war vorüber, und die Pantomime hatte begonnen; sie kamen wie immer zu spät, und daran war der Kammerrat schuld; jeden Augenblick blieb er auf dem Wege stehen, um mit Bekannten zu reden; im Theater traf er auch gute Freunde, und als die Vorstellung vorbei war, mußten er und seine Frau notwendigerweise mit zu einer Familie in der Vorstadt kommen, um ein Glas Punsch zu trinken, das würde nur zehn Minuten dauern, aber aus diesen zehn Minuten wurde freilich eine ganze Stunde. Es wurde geredet und geredet. Besonders unterhaltend war ein schwedischer Baron, oder war es ein deutscher, das hatte der Kammerrat nicht genau behalten, dahingegen die Kunst mit dem Schlüssel, die er ihn lehrte, die behielt er für alle Zeiten. Es war außerordentlich interessant! Er konnte den Schlüssel dazu kriegen, auf alles zu antworten, wonach man ihn fragte, selbst auf das Allergeheimste.

Der Schlüssel des Kammerrats eignete sich besonders gut dazu. Er hatte einen schweren Bart, und der mußte herunterhängen. Den Griff des Schlüssels ließ der Baron auf dem Zeigefinger ruhen, frei und leicht hing er da, jeder Pulsschlag an der Fingerspitze setzte ihn in Bewegung, so daß er sich drehte, und wenn das nicht geschah, dann verstand es der Baron so ganz unmerklich, ihn sich so drehen zu lassen, wie er es wollte. Jede Drehung bedeutete einen Buchstaben von A an und das ganze Alphabet hinunter, soweit man wollte. Wenn der erste Buchstabe gefunden war, drehte sich der Schlüssel nach der entgegengesetzten Seite, darauf suchte man den nächsten Buchstaben, und so bekam man das ganze Wort, ganze Sätze, Antworten auf Fragen. Eine Lüge war das Ganze, aber doch immer amüsant, das war auch eigentlich der erste Gedanke des Kammerrats, aber er ging ganz in dem Schlüsselgedanken auf.

»Mann! Mann!« rief die Kammerrätin. »Das Westtor wird um zwölf Uhr geschlossen! Wir kommen nicht hinein, wir haben nur eine Viertelstunde, müssen uns beeilen.«

Ja, beeilen mußten sie sich; mehrere Personen, die auch in die Stadt wollten, überholten sie bald. Endlich näherten sie sich dem ersten Wachthaus, da schlug die Uhr zwölf, das Tor knallte zu; eine ganze Menge Menschen stand ausgeschlossen da, und zwischen ihnen Kammerrats mit Mädchen, Teemaschine und leerem Vorratskorb. Einige standen dort in großem Schrecken, andere voller Ärger; jeder faßte es auf seine Weise auf. Was war dabei zu machen?

Glücklicherweise war in der letzten Zeit der Beschluß gefaßt worden, daß eines der Tore der Stadt, das Nordertor, nicht geschlossen werden sollte, dort konnten die Fußgänger durch das Wachthaus in die Stadt hineinkommen. Der Weg war gar nicht kurz, aber das Wetter war schön, der Himmel klar und voller Sterne und Sternschnuppen, die Frösche quakten im Graben und im Teiche. Die Gesellschaft selber fing an zu singen, ein Lied nach dem andern, aber der Kammerrat sang nicht mit, sah auch nicht nach den Sternen, ja nicht einmal auf seine eigenen Beine, er fiel, so lang er war, dicht am Grabenrand hin, man hätte glauben können, er hätte zuviel getrunken, aber es war nicht der Punsch, sondern der Schlüssel, der ihm zu Kopf gestiegen war und sich dort umdrehte.

Endlich erreichten sie das Wachthaus des vorderen Tores, gelangten über die Brücke und in die Stadt hinein.

»Jetzt bin ich wieder froh!« sagte die Kammerrätin. »Hier ist unsere Haustür!«

»Aber wo ist denn der Haustürschlüssel?« sagte der Kammerrat. Er war nicht in der hinteren Rocktasche, auch nicht in der Seitentasche.

»Herr du meines Lebens!« rief die Kammerrätin. »Hast du den Schlüssel nicht? Den hast du bei den Schlüsselkünsten mit dem Baron verloren. Wie kommen wir nun hinein? Der Glockenstrang ist, wie du weißt, seit heute morgen kaputt, der Nachtwächter hat keinen Schlüssel zu unserem Hause. Wir sind ja in Verzweiflung!«

Das Dienstmädchen fing an zu heulen, der Kammerrat war der einzige, der die Fassung bewahrte.

»Wir müssen eine Fensterscheibe zum Laden des Fetthändlers einschlagen«, sagte er, »ihn wecken und dann hineinschlüpfen.«

Er schlug eine Fensterscheibe ein, er schlug zwei ein. »Petersen!« rief er und steckte den Schaft seines Regenschirms in das Fenster hinein; da schrie drinnen die Tochter des Fetthändlers laut auf. Der Krämersmann riß die Ladentür mit dem Rufe »Nachtwächter!« auf, und ehe er recht die Familie des Kammerrats gesehen, erkannt und hineingelassen hatte, pfiff der Wächter, und in der nächsten Straße antwortete ein anderer Wächter und pfiff. Leute kamen an den Fenstern zum Vorschein. »Wo ist das Feuer? Wo ist der Spektakel?« fragten sie und fragten noch, als der Kammerrat schon in seiner Stube war, den Rock auszog und – da lag der Haustürschlüssel, nicht in der Tasche, sondern in dem Futter; er war durch ein Loch hineingeschlüpft, das nicht in der Tasche hätte sein sollen.

Seit dem Abend bekam der Haustürschlüssel eine besonders große Bedeutung, nicht nur, wenn man des Abends ausging, sondern auch, wenn man zu Hause saß und der Kammerrat seine Geschicklichkeit zeigte und den Schlüssel Antwort auf die Fragen geben ließ.

Er dachte sich die wahrscheinlichste Antwort aus, und dann ließ er den Schlüssel sie geben, schließlich glaubte er selber daran; aber das tat der Apotheker nicht, er war ein junger Mann und ein naher Verwandter der Kammerrätin.

Der Apotheker war ein guter Kopf, ein kritischer Kopf, er hatte schon als Schuljunge Kritiken über Bücher und Theater geschrieben, aber ohne Nennung des Namens, das macht so viel. Er war, was man einen Schöngeist nennt, glaubte aber durchaus nicht an Geister, am allerwenigsten an Schlüsselgeister.

»Ja, ich glaube, ich glaube«, sagte er, »verehrter Herr Kammerrat, ich glaube an den Haustürschlüssel und an alle Schlüsselgeister so fest, wie ich an eine neue Wissenschaft glaube, die anfängt, von sich reden zu machen; an den Tischtanz und die Geister in alten und neuen Möbeln. Haben Sie davon gehört? Ich habe davon gehört! Ich habe gezweifelt, Sie wissen, ich bin ein Zweifler, bin aber bekehrt worden, als ich in einem ganz glaubwürdigen ausländischen Blatt eine ganz schreckliche Geschichte las. Kammerrat! Denken Sie nur, ja, ich gebe Ihnen die Geschichte wieder, wie ich sie gelesen habe. Zwei kluge Kinder hatten die Eltern den Geist in einem großen Eßtisch erwecken sehen. Die Kleinen waren allein und wollten nun versuchen, auf dieselbe Weise Leben in eine alte Kommode hineinzutreiben. Das Leben kam, und der Geist erwachte, aber er duldete das Kinderkommando nicht; er erhob sich, es krachte in der Kommode, er schob die Schubladen heraus und legte mit seinen Kommodebeinen die Kinder jedes in eine Schublade, und dann lief die Kommode mit ihnen zur offenen Tür hinaus, die Treppe hinab und auf die Straße hinaus nach dem Kanal, wo sie sich hineinstürzte und die beiden Kinder ersäufte. Die kleinen Leichen kamen in christliche Erde, aber die Kommode wurde aufs Rathaus gebracht, des Kindesmordes angeklagt und bei lebendigem Leibe auf dem Markte verbrannt. Ja, das habe ich gelesen«, sagte der Apotheker, »habe es in einem ausländischen Blatt gelesen, es ist nichts, was ich selber erfunden habe. Es ist, hole mich der Schlüssel, wahr! Nun fluche ich einen schweren Fluch!«

Der Kammerrat fand, daß eine solche Rede ein zu grober Spaß sei, die beiden konnten ja doch nicht über den Schlüssel reden. Der Apotheker war schlüsseldumm.

Der Kammerrat machte Fortschritte in der Schlüsselwissenschaft, der Schlüssel war seine Unterhaltung und Weisheit.

Eines Abends, der Kammerrat war eben im Begriff, zu Bett zu gehen, er stand schon halb entkleidet, da klopfte es an die Tür nach der Diele hinaus. Es war der Fetthändler, der so spät kam; er war auch schon halb entkleidet, aber er sagte, er habe plötzlich einen Gedanken bekommen, und er sei bange, daß er ihn nicht die Nacht über behalten könne.

»Es handelt sich um meine Tochter, Lotte-Lene, ich muß von ihr reden. Sie ist ein schönes Mädchen, sie ist konfirmiert, nun wollte ich sie gern gut angebracht sehen!«

»Ich bin noch nicht Witwer«, sagte der Kammerrat lächelnd, »und ich habe keinen Sohn, den ich ihr anbieten könnte!«

»Sie verstehen mich schon, Herr Kammerrat!« sagte der Krämersmann. »Klavier spielen kann sie, singen kann sie, das muß man ja hier oben im Hause hören können. Sie wissen nicht, worauf das Mädchen alles verfallen kann. Sie kann genauso reden und gehen wie alle Menschen. Sie ist für die Komödie geschaffen, und das ist eine gute Karriere für nette Mädchen aus guter Familie, sie können sich eine Grafschaft erheiraten, aber daran denkt Lotte-Lene nicht und ich auch nicht. Singen kann sie, Klavier spielen kann sie. Da ging ich denn neulich mit ihr nach der Singschule. Sie sang; sie hat aber nicht, was ich einen Bierbaß bei Frauenzimmern nenne, keinen Kanarienvogelgesang in den höchsten Tönen, so wie man es jetzt von den Sängerinnen verlangt, und dann riet man ihr ernstlich von der Karriere ab. Nun, dachte ich, kann sie nicht Sängerin werden, so kann sie immerhin Schauspielerin werden, dazu gehört ja nur die Sprache. Heute redete ich darüber mit dem Dramaturgen, wie sie ihn nennen. ›Hat sie Kenntnisse?‹ fragte der. ›Nein‹, sagte ich, ›ganz und gar nicht!‹ – ›Kenntnisse sind notwendig für eine Künstlerin!‹ sagte er. ›Die kann sie noch bekommen‹, meinte ich, und dann ging ich nach Hause. ›Sie kann ja in eine Leihbibliothek gehen und die Bücher lesen, die sie da haben‹, dachte ich, ›dann bekommt sie Kenntnisse.‹ Aber wie ich nun heute abend sitze und mich ausziehe, fällt mir plötzlich ein: ›Wozu soll man Bücher mieten, wenn man sie sich leihen kann? Der Herr Kammerrat hat Bücher in Hülle und Fülle, die kann sie ja lesen; dann hat sie Kenntnisse genug, und das kostet nichts!‹«

»Lotte-Lene ist ein gutes Mädchen«, sagte der Kammerrat, »ein hübsches Mädchen! Bücher zum Lesen soll sie haben. Aber hat sie wohl das, was man Feuer des Feistes nennt, das Geniale, das Genie? Und hat sie, was hierbei ebenso wichtig ist, hat sie wohl Glück?«

»Sie hat zweimal in der Waren-Lotterie gewonnen«, sagte der Fetthändler. »Einmal hat sie einen Schrank und einmal sechs Paar Laken gewonnen, das nenne ich Glück, und das hat sie!«

»Ich will den Schlüssel mal fragen!« sagte der Kammerrat.

Und er hängte den Schlüssel auf seinen rechten Zeigefinger und auf den rechten Zeigefinger des Kellermanns, ließ den Schlüssel sich schwingen und einen Buchstaben nach dem andern von sich geben.

Der Schlüssel sagte: »Sieg und Glück!« und dann war Lotte-Lenes Zukunft bestimmt.

Der Kammerrat gab ihr gleich zwei Bücher: »Dyreke« und Knigges »Umgang mit Menschen«.

Seit dem Abend begann eine Art näherer Bekanntschaft zwischen Lotte-Lene und Kammerrats. Sie kam zu der Familie hinaus, und der Kammerrat fand, daß sie ein verständiges Mädchen sei, sie glaubte an ihn und an den Schlüssel. Die Kammerrätin sah in der Freimütigkeit, womit sie jeden Augenblick ihre große Unwissenheit offenbarte, etwas Kindliches, Unschuldiges. Das Ehepaar hatte sie, jeder auf seine Weise, gern, und sie schwärmte für das Ehepaar.

»Es riecht so reizend da oben!« sage Lotte-Lene.

Da war Geruch, ein Duft, ein Apfelduft auf der Diele, wo die Kammerrätin eine ganze Tonne Gravensteiner Äpfel hingelegt hatte. Da war auch ein Räucherduft von Rosen und Lavendel in allen Zimmern.

»Das gibt so was Feines!« sagte Lotte-Lene. Und dann erfreuten sich ihre Augen an all den schönen Blumen, die die Kammerrätin immer hatte; ja, mitten im Winter blühten hier Syringen und Kirschenzweige. Die abgeschnittenen blätterlosen Zweige wurde ins

Wasser gestellt, und in der warmen Stube trugen sie bald Blüten und Blätter.

»Man sollte glauben, daß das Leben in den nackten Zweigen erloschen sei, aber siehe nur, wie es von den Toten aufsteht.«

»Das ist mir früher noch nie eingefallen!« sagte Lotte-Lene. »Die Natur ist doch reizend!«

Und der Kammerrat ließ sie sein Schlüsselbuch sehen, worin merkwürdige Dinge aufgeschrieben standen, die der Schlüssel gesagt hatte, selbst von einer halben Apfeltorte, die aus der Speisekammer verschwunden war, gerade an einem Abend, als das Mädchen Besuch von ihrem Bräutigam gehabt hatte. Und der Kammerrat fragte seinen Schlüssel: »Wer hat die Apfeltorte gegessen, die Katze oder der Bräutigam?« Und der Haustürschlüssel antwortete: »Der Bräutigam!« Der Kammerrat glaubte es schon, ehe er fragte, und das Dienstmädchen gestand; der verdammte Schlüssel wußte ja doch alles.

»Ja, ist es nicht merkwürdig?« fragte der Kammerrat. »Dieser Schlüssel, dieser Schlüssel! Und von Lotte-Lene hat er gesagt: ›Sieg und Glück!‹ – Das werden wir ja noch sehen! – Ich stehe dafür ein!«

»Es ist reizend!« sagte Lotte-Lene.

Die Frau des Kammerrats war nicht so vertrauensvoll, aber sie äußerte ihre Zweifel nicht, wenn der Mann es hörte; später aber vertraute sie Lotte-Lene, daß der Kammerrat, als er ein junger Mensch war, ganz versessen auf das Theater gewesen sei. Hätte ihn damals jemand geschoben, wäre er bestimmt Schauspieler geworden, aber die Familie schob davon weg. Auf die Bühne wollte er, und um dahin zu kommen, schrieb er eine Komödie.

»Es ist ein großes Geheimnis, das ich Ihnen anvertraue, liebe Lotte-Lene. Die Komödie war nicht schlecht, sie wurde auf dem königlichen Theater angenommen und ausgepfiffen, so daß man später nie mehr davon gehört hat, und darüber freue ich mich. Ich bin seine Frau, und ich kenne ihn. Nun wollen Sie denselben Weg gehen – ich wünsche Ihnen alles Gute, aber ich glaube nicht, daß es gehen wird, ich glaube nicht an den Haustürschlüssel!«

Lotte-Lene glaubte an ihn, und in diesem Glauben begegnete sie dem Kammerrat.

Ihre Herzen verstanden einander in Zucht und Ehren.

Das Mädchen hatte übrigens allerlei Fähigkeiten, auf die die Kammerrätin Wert legte. Lotte-Lene verstand es, Stärke aus Kartoffeln zu machen, seidene Handschuhe aus seidenen Strümpfen zu nähen, seidene Tanzschuhe zu überziehen, obwohl sie in der Lage war, sich alles neu anzuschaffen. Sie hatte, wie der Fetthändler sagte: Schillinge in der Tischschublade und Hypotheken im Geldschrank. »Das wäre eigentlich eine Frau für den Apotheker«, dachte die Kammerrätin, aber sie sagte es nicht, ließ es auch den Schlüssel nicht sagen. Der Apotheker wollte sich bald niederlassen, seine eigene Apotheke einrichten, und zwar in einer der nächsten größeren Provinzstädte.

Lotte-Lene las noch immer »Dryveke« und Knigges »Umgang mit Menschen«. Sie behielt die beiden Bücher zwei Jahre, aber dann konnte sie auch das eine auswendig, »Dyveke«, die sämtlichen Rollen, aber sie wollte nur in der einen, in der Dyvekes, auftreten, und zwar nicht in der Hauptstadt, wo so viel Neid ist und wo sie sie nicht haben wollten. Sie wollte ihre Künstlerlaufbahn, wie der Kammerrat es nannte, in einer der größeren Provinzstädte beginnen.

Nun traf es sich ganz merkwürdig, daß es gerade in derselben Stadt war, wo der Apotheker sich als der jüngste, wenn auch nicht der einzige Apotheker niedergelassen hatte.

Der große, erwartungsvolle Abend kam, Lotte-Lene sollte auftreten, Sieg und Glück erringen, wie es der Schlüssel geweissagt hatte. Der Kammerrat war nicht da, er lag zu Bett, und die Kammerrätin pflegte ihn; warme Servietten und Kamillentee waren ihm verordnet: die Servietten um den Leib und der Tee in den Leib.

Das Ehepaar wohnte der »Dyveke«-Vorstellung nicht bei, aber der Apotheker war da, und der schrieb einen Brief darüber an seine Verwandte, die Kammerrätin.

»Der Dyveke-Kragen war das beste!« schrieb er. »Hätte ich den Haustürschlüssel des Kammerrats in meiner Tasche gehabt, so hätte ich ihn herausgeholt und darauf gepfiffen, das hätte der Schlüssel auch verdient, der so schändlich gelogen hat: ›Sieg und Glück‹.«

Der Kammerrat las den Brief. Das Ganze sei Bosheit, sagte er, Schlüsselhaß, und darunter mußte jetzt das unschuldige Mädchen leiden.

Und sobald er aus dem Bett aufstand und wieder ein Mensch war, sandte er dem Apotheker einen kleinen, aber giftspeienden Brief, und der Apotheker antwortete wieder, als ob er den Brief nur als Spaß aufgefaßt habe.

Er dankte ihm dafür wie für jeden weiteren, freundlichen Beitrag zur Erkennung des unvergleichlichen Wertes und der Bedeutung des Schlüssels; ferner vertraute er dem Kammerrat an, daß er, außer seiner Apothekerwirksamkeit, an einem großen Schlüsselroman schreibe, in dem alle handelnden Personen Schlüssel seien, einzig und allein Schlüssel.

»Der Haustürschlüssel« war natürlich die Hauptperson, und der Haustürschlüssel des Kammerrats war ihm das Vorbild, mit Wahrsagungsfähigkeit begabt; um ihn mußten sich alle die andern Schlüssel drehen: der alte Kammerherrenschlüssel, der den Glanz und die Festlichkeit des Hofes kannte; der kleine Uhrschlüssel, fein und vornehm zu vier Schilling beim Eisenkrämer; der Schlüssel zum Kirchstuhl, der sich mit zur Geistlichkeit rechnete und der, als er eine Nacht im Schlüsselloch in der Kirche sitzengeblieben war, Geister gesehen hatte; der Speisekammer-, der Holzkammer- und der Weinkellerschlüssel, sie alle treten in dem Roman des Apothekers auf, verneigen sich und drehen sich um den Haustürschlüssel. Die Sonnenstrahlen lassen ihn wie Silber schimmern, der Wind, der Weltgeist, fährt in ihn hinein, so daß er pfeift. Er ist der Schlüssel für alle Schlüssel, er war der Haustürschlüssel des Kammerrats, jetzt ist er der Schlüssel zur Himmelspforte, er ist Papstschlüssel, er ist »unfehlbar«!

»Bosheit!« sagte der Kammerrat. »Pyramidale Bosheit!«

Er und der Apotheker sahen einander nicht mehr. Ja doch, bei dem Begräbnis der Kammerrätin. Sie starb zuerst.

Es war Trauer und Kummer im Hause. Selbst die abgeschnittenen Kirschzweige, die schon frische Blätter und Blüten angesetzt hatten, trauerten und welkten hin, sie standen vergessen, sie pflegte sie nicht mehr.

Der Kammerrat und der Apotheker gingen hinter ihrem Sarge drein, Seite an Seite, als die zwei nächsten Verwandten, hier war keine Zeit und Stimmung, sich auf Wortgefechte einzulassen.

Lotte-Lene band einen Trauerflor um den Hut des Kammerrats. Sie war längst zurückgekehrt, ohne Sieg und Glück auf der Bahn der Kunst. Aber es konnte noch kommen, Lotte-Lene hatte eine Zukunft. Der Schlüssel hatte es gesagt, und der Kammerrat hatte es gesagt.

Sie kam zu ihm hinauf. Sie sprachen von der Verstorbenen, und sie weinten. Lotte-Lene war weich, sie sprachen von der Kunst, und Lotte-Lene war stark.

»Das Theaterleben ist reizend«, sagte sie, »aber da ist so viel Neid, da sind so viele Schwierigkeiten! Ich gehe lieber meinen eigenen Weg. Erst ich selber, dann die Kunst!«

Knigge hatte die Wahrheit gesprochen in dem Kapitel von den Schauspielern, das sah sie ein, der Schlüssel hatte nicht die Wahrheit geredet, aber davon sprach sie nicht mit dem Kammerrat; sie hatte ihn lieb.

Der Haustürschlüssel war ihm übrigens während des ganzen Trauerjahres ein Trost und eine Ermunterung. Er stellte ihm Fragen, und der Schlüssel gab ihm Antworten. Und als das Jahr vergangen war und er und Lotte-Lene eines stimmungsvollen Abends beisammensaßen, fragte er den Schlüssel: »Verheirate ich mich, und mit wem verheirate ich mich?«

Da war niemand, der ihn schob, er schob den Schlüssel, und der Schlüssel sagte: »Lotte-Lene!«

Und dann war es gesagt, und Lotte-Lene wurde Kammerrätin.

»Sieg und Glück!« Die Worte waren gesagt, schon früher vom Haustürschlüssel.

So erzählt uns Hans Christian Andersen.

Rotz-Risto

Es war einmal ein junger, fauler Mann. Er hatte keine Lust zu arbeiten, er lag nur bei den Leuten auf der Bank herum. Als er einmal unterwegs war, kam ihm ein Wagen entgegen, und darin saß ein Herr. Der Herr fragte ihn: »Was bist du für ein Mann?«

»Ich suche eine Stelle als Knecht, aber ich will keine schwere Arbeit tun.«

»Komm zu mir, ich habe keine schwere Arbeit«, sagte der Herr.

Er antwortete: »Ich komme gern!«

Der Herr fragte: »Wieviel Lohn verlangst du?«

»Das, was Ihr mir geben wollt.«

Der Herr sagte: »Ich habe keine schwere Arbeit, aber sie ist schmutzig.«

Der Junge sprach: »Das macht mir nichts aus.«

»Komm in den Wagen!« sagte der Herr.

Der Junge stieg ein, und plötzlich befanden sie sich im Schloß des Herrn. Der Herr nahm ihn mit hinein, ließ ihn sich am Tisch niedersetzen und sprach: »Du darfst dich niemals schneuzen; wenn der Rotz läuft, so laß ihn laufen! Und austreten darfst du auch nicht. Da hast du einen Tisch, wo du allerlei Speisen findest. Du mußt drei Jahre hier sein.«

Der Junge fragte: »Was ist meine Arbeit?«

Der Herr gab ihm einen Silberrubel in die Hand und sprach: »Jedesmal, wenn du diesen Rubel auf den Tisch schlägst, so erscheint ein zweiter Rubel daneben, nimm ihn weg und schlage wieder, so erscheint ein neuer Rubel, und das geschieht, solange du Lust dazu hast. Das ist deine Arbeit. Ich werde erst nach dir sehen kommen, wenn drei Jahre vergangen sind.«

So zog der Herr mit seinem Wagen weg. Risto blieb dort und verrichtete seine Arbeit, und es kam ein solcher Berg von Geld zusammen, daß man ihn kaum noch sehen konnte. In der Nähe befand sich ein großer Hof, der sehr verschuldet war, und dort lebten drei Töchter. Der Hofherr sagte zu seinen drei Töchtern: »Wer geht

69

hin und leiht von dem Rotz-Risto Geld? Ich habe gehört, daß er mehr als genug davon hat.«

Die älteste Tochter antwortete: »Ich werde gehen!«

Sie nahm ein Pferd und eine Kutsche und fuhr zu Rotz-Risto. Der fragte das Mädchen: »Was führt dich hierher?«

Das Mädchen antwortete: »Ich wollte dich bitten, mir Geld zu leihen.«

»Du mußt mir erst einen Kuß geben«, sagte Rotz-Risto.

»Nein«, sagte das Mädchen.

»Dann bekommst du kein Geld«, sagte Rotz-Risto.

Als das Mädchen nach Hause kam, fragte der Vater: »Hat Risto dir nichts gegeben?«

»Das hätte er schon getan, aber ich habe ihm keinen Kuß gegeben, denn er stinkt so sehr, das ganze Zimmer stinkt«, antwortete die Tochter.

Der Mann sagte: »Nächste Woche kommt der Schuldner, und dann wird unser Hof verkauft, und wir müssen alle betteln gehen.«

Die mittlere Schwester sagte: »Du bist aber schlecht! Ich werde hingehen.«

Sie nahm warmes Wasser mit und ging zu Risto, aber es erging ihr ähnlich wie der ältesten Schwester, auch sie kam nach Hause zurück.

Die jüngste Tochter weinte und sagte: »Ihr seid aber wirklich komisch! Jetzt werde ich es probieren!«

Sie ging los, nahm warmes Wasser und Seife mit und kam in die Stube zu Rotz-Risto. Der fragte: »Was willst du?«

»Ich möchte Geld ausleihen«, antwortete das Mädchen.

»Das wirst du bekommen, aber erst mußt du mir einen Kuß geben«, antwortete Risto.

Das Mädchen ging zu Risto und drückte sich ein Taschentuch auf Mund und Nase. Risto sagte: »Hab keine Angst!«

Das Mädchen faßte sich ein Herz, schlang ihre Hände um den Hals des Risto und gab ihm einen Kuß. Dann ging sie auf den Hof und übergab sich und wusch sich den Mund mit Wasser. Sie nahm einen Sack aus der Kutsche und ging hinein. Risto sagte: »Nimm von dem Geld, soviel du nur willst. Ich werde in der nächsten Woche kommen und um dich freien, aber in anderen Kleidern und ganz sauber.«

Das Mädchen füllte den Sack mit Geld, brachte ihn in die Kutsche, fuhr nach Hause und sagte ihrem Vater: »Jetzt haben wir so viel Geld, daß wir die Schulden bezahlen können und es bleibt auch noch etwas übrig!« Der Mann bezahlte alle seine Schulden.

Als die nächste Woche kam, waren auch die drei Jahre für Risto um. Sein Herr kam nach Hause und sagte: »Du bist aber wirklich sehr treu gewesen! Geh jetzt in den Fluß dort und spül dich ab und komm dann zu mir, ich wasche dich dann noch mit Seife.«

Risto ging in den Fluß und entfernte dort den schlimmsten Schmutz und kam zurück. Der Hausherr hatte auf dem Hof eine Wanne voll Wasser und eine große Menge Seife, und damit wusch er den Risto in der Wanne ganz sauber. Dann brachte der Herr ihn in die Kleiderkammer und kleidete ihn in feines Tuch, das feinste, was es gibt, und gab ihm noch einen Seidenhut und eine goldene Uhr und Stiefel. Nun war Rotz-Risto wirklich fein. Der Herr gab ihm auch noch eine Kutsche, die glänzte von Gold und Silber, und einen großen schwarzen Hengst davor und sagte: »Ich habe gehört, daß du auf Freiersfüßen gehst, aber vergiß nicht, daß du in der nächsten Woche herkommst und das Geld abholst und die Zimmer in Ordnung bringst. Und außerdem: Wenn du Hochzeit feierst, dann mußt du auf dem Hof des Hochzeitshauses einen Zuber mit Rum und einen anderen mit Schnaps haben, damit die Zaungäste etwas zu trinken kriegen, und du mußt mich Vater nennen. Wenn ich doch wenigstens eine Seele als Lohn erhielte! – Jetzt kannst du freien gehen!«

Rotz-Risto fuhr los und hielt am Hoftor. Die älteste Tochter kam ihn begrüßen, aber Risto sagte: »Geh weg, du stinkst!«

Das Mädchen schämte sich, ging zu ihrer Mutter und fragte: »Mutter, stinke ich?«

Dann wollte die zweite Schwester ihm die Hand geben, aber Risto sagte: »Geh weg, du stinkst!«

Schließlich kam die jüngste Schwester, und Risto sagte zu ihr: »Jetzt stehe ich auf, dir gebe ich meine Hand, du stinkst nicht!«

Die jüngste Schwester führte ihn in ihre eigene Kammer. Hier erhielt Risto, was sie für ihn vorbereitet hatten, und alle behandelten ihn sehr gut. Die jüngste Tochter sagte zu ihrem Vater: »Das ist nun der Rotz-Risto!«

»Ihm gebe ich meinen Hof. Mit seinem Geld sind die Schulden bezahlt worden«, sagte der Vater.

Als die nächste Woche gekommen war, nahm Risto vier Frauen und drei Pferde vom Hof und fuhr an seinen alten Ort. Er steckte alles Geld in Säcke und brachte sie auf die Wagen. Die Frauen putzten die Zimmer, und der Junge gab ihnen jeweils einen Silberrubel als Lohn. Der Rotz-Risto brachte drei Fuhren voll Geld auf den Hof.

Dann wurde Hochzeit gefeiert. Zuerst traute der Pfarrer Risto und die jüngste Tochter. Dann wurde gegessen.

Als sie zu tanzen begannen, kam der Vater von Risto zur Hochzeit, er hatte eine schöne Kutsche mit Kutscher und Dienern dabei. Er blieb nicht in der Stube, sondern setzte sich auf die Veranda und ließ die Zaungäste Rum und Schnaps trinken, so viel sie nur konnten.

Als es Mitternacht wurde, kam der Vater des Risto an die Tür der Hochzeitsstube und sagte: »Ich gehe jetzt weg. Leb wohl, Sohn, und vielen Dank! Eine habe ich gewünscht, zwei habe ich bekommen!«

Dann fuhr er mit seiner Kutsche weg. Niemand verstand, was der Vater des Jungen gemeint hatte, als er sagte: »Eine habe ich gewünscht, zwei habe ich bekommen.«

Dann vermißte man die älteren Töchter des Hofes, da sie nirgends zu sehen waren. Am Morgen erst fand man sie an der Decke der Hochzeitsstube. Sie hatten sich erhängt, die eine an der einen Stange und die andere an der anderen. Die Hochzeit wurde aber zu Ende gefeiert.

Der Hof wurde so reich, daß dort nie das Geld ausging, sondern daß es auch noch für andere reichte.

So wird in Finnland erzählt.

Die Reise ins Totenreich

*E*s lebte einmal ein armer Zigeunerbursche, dem Vater, Mutter und auch die Geliebte im Laufe einer Woche gestorben waren. Trüben Herzens begrub er sie, konnte aber kein Totenmahl abhalten; denn er war so arm, daß er kaum von einem Tag auf den anderen leben konnte. Eine Woche nach dem Leichenbegängnis erwachte er in der Nacht, und es war ihm, als ob jemand an seinem Zelte rüttelte. Er fragte: »Wer ist da?« Darauf hörte er seinen Vater sagen: »Du hast mich begraben und mir keine Milch gegeben!« Die darauf folgende Nacht erwachte der Bursche wieder, und es war ihm, als ob jemand an seinem Zelte rüttelte. Er fragte: »Wer ist da?« Darauf hörte er seine Mutter sagen: »Du hast mich begraben und mir keine Milch gegeben!« Die nächste Nacht hörte er wieder jemanden an seinem Zelte rütteln, und er fragte abermals: »Wer ist da?« Darauf hörte er seine Geliebte sagen: »Du hast mich begraben und mir keine Milch gegeben!« Da wurde ihm gar schwer ums Herz, und er trat vor sein Zelt hinaus. Die Nacht war dunkel, und er konnte gar nichts sehen; doch hörte er seine Geliebte also sprechen: »Wenn du uns zur Ruhe bringen willst, so gehe hinauf ins Gebirge, dort findest du in einer Höhle drei Eier, diese nimm und öffne sie, wenn du es kannst; doch schwer wirst du dahin gelangen!« Darauf verschwand die tote Maid. Am anderen Tage zeitig in der Frühe machte sich der arme Bursche auf den Weg. Hoch oben im Gebirge traf er eine alte Frau an, die einen großen Sack mühsam auf dem Rücken trug. Der Bursche bedauerte sie und sprach: »Gebt her den Sack, ich will ihn Euch tragen!« Die alte Frau übergab ihm den Sack, der Bursche nahm ihn auf seine Schulter und fragte die Alte, was sie darin bewahre, da ihm der Sack so leicht vorkomme. »Die Seelen totgeborener Kinder«, sagte die Alte, »ich pflege dieselben hinauf in das Reich der Toten zu tragen.« Kaum daß sie einige Schritte getan hatten, blieb die Alte vor einer Höhle stehen und sagte: »Wir sind angelangt!« – »Wieso?« fragte der Bursche. »So schnell?« – »Dir scheint es schnell«, sagte das alte Mütterchen, »obwohl du den Sack bereits seit neun Jahren auf deiner Schulter trägst.« Darauf erschrak der Bursche, die Alte aber fuhr fort: »Im Reiche der Toten vergeht die Zeit gar schnell, und, Freundchen, da befinden wir uns! Wenn wir auch nicht im eigentlichen Reiche der Toten sind, so haben wir doch schon seine Grenze überschritten. Ich weiß auch, warum du dich herbegeben hast! Hier gebe ich dir ein Stück Fleisch, einen Krug voll Milch, einen Schlüssel und einen Strick; mit diesen Sachen kannst du deinen Weg fortsetzen, und bald wirst du die Höhle erreichen, in die du zu kommen wünschest!« Hierauf übergab ihm die Alte ein Säckchen und verschwand. Der Bursche setzte seinen Weg fort und erreichte gar bald den Schlund einer dunklen Höhle. Er trat ein, und kaum war er vorwärts geschritten, als es ringsum hell wurde und er ein großes Haus vor sich stehen sah. Er öffnete das Tor und trat in den Hof, aber neun weiße Hunde stürzten sich wütend auf ihn. Er nahm aus dem Säckchen das Fleisch hervor und warf es den Hunden hin. Darauf ging er vorwärts und sah einen Brunnen, aus dem eine Frau Wasser schöpfte, indem sie einen an ihre Zöpfe gebundenen Eimer heraufzog und wieder in den Brunnen hinabließ. Er warf ihr den Strick hin, damit sie den Eimer an denselben binde, und fragte sie, wozu sie das viele Wasser schöpfe. »Für die Toten«, antwortete das Weib, »die von ihren Verwandten ungewaschen begraben wurden.« Darauf ging er weiter und öffnete mit dem Schlüssel die Tür des Hauses und trat in ein Zimmer, wo er drei Eier fand. Er brach das eine auf. Da schwebte Nebel ins Zimmer, und sein Vater trat vor ihn und sprach: »Oh, ich bin hungrig und durstig!« – »Komm in den Hof«, sagte der Bursche, »vor der Tür steht ein Krug voll Milch!« – »Ich danke dir«, antwortete der Vater, »aber jetzt ist es schon zu spät; wenigstens habe ich jetzt Ruhe und kann weiter ins Reich der Toten gelangen!« Mit diesen Worten verschwand er. Der Bursche öffnete nun das zweite Ei, und nun trat seine Mutter hervor und sprach: »Oh, ich bin hungrig und durstig!« – »Komm in den Hof«, sagte der Bursche, »vor der Tür, da steht ein Krug voll Milch!« – »Ich danke dir«, antwortete die Mutter, »aber jetzt ist es schon zu spät; wenigstens habe ich jetzt Ruhe und kann weiter ins Reich der Toten gelangen!« Mit diesen Worten verschwand sie. Da nahm der Bursche das dritte Ei in die Hand und ging hinaus in den Hof, wo er es neben dem Kruge zerbrach. Jetzt erschien seine Geliebte und sprach: »Oh, ich bin hungrig und durstig!« – »Hier ist Milch, mein Lieb«, sagte der Bursche und überreichte ihr schnell den Krug. Die Maid trank und wurde so schön wie die schönste Tochter des Sonnenkönigs. Als sie die Milch ausgetrunken hatte, sprach sie also: »Geliebter, du hast mich vom Tod erlöst, nun kehre ich mit dir zurück ins Leben und werde dein!« Und so geschah's. Sie kehrten vom schrecklichen Gebirge heim und lebten nun in Glück und Zufriedenheit miteinander, bis auch sie für ewige Zeiten ins Reich der Toten übersiedeln mußten.

So wird bei den Roma erzählt.

Die eingeschlossenen Wilden

Alexander stieß auf seinen Eroberungszügen auf einen Volksstamm, dessen Äußeres Grauen und Entsetzen erweckte. Das waren Menschen, denen alles Lebendige als Speise diente: so aßen sie Fliegen und Mäuse und allerlei Gewürm, und starb einer von ihnen, so wurde die Leiche nicht verscharrt, sondern gleichfalls verzehrt. Alexander gedachte die schreckliche Menschengattung durch sein Schwert auszurotten, aber er ging mit sich zu Rate und überlegte, daß Reste sich doch noch immer retten könnten und der Stamm also nicht ganz vertilgt würde. So trieb er sie aus dem Lande, in dem sie wohnten, nordwärts nach einem entlegenen Weltwinkel und brachte sie in ein weites Tal, das sich zwischen zwei Bergen, Promunktorium und Boreum, befand. Und Alexander betete zu Gott und sprach: Vernimm mein Flehen, o Herr, und schließe dies Volk hier ein, auf daß es die Welt nicht verderbe. Da erhörte Gott das Gebet und ließ die zwei Berge nahe aneinanderrücken, so daß nur ein Durchgang von zwölf Handbreit übrigblieb. Alexander aber befahl, Eisen, Blei und Kupfer zusammenzutragen und mit dem geschmolzenen Metall den Ritz bis oben hinauf auszufüllen. Also wurden die Berge durch eine Masse verbunden, die keine Flamme zu sprengen vermochte und kein Feuer weich machen konnte; und die seltsame Menschenart wurde für ewig eingesperrt.

Bis auf den heutigen Tag stehen die zusammengewachsenen Berge da; man nennt sie den Alexanderfelsen; es kann kein Mensch da hinein, und es kommt keiner von da heraus.

So erzählt uns Micha Josef bin Gorion.

Im Erdenreich

*E*s war einmal ein kleiner Knabe, der von seiner Mutter und seinem Vater über alles verhätschelt wurde. Eines Morgens wachte er auf, und er rief, wie er es gewohnt war, nach seiner Mutter. Als diese keine Antwort gab und auch nicht erschien, rief er nach seinem Vater, aber auch dieser kam nicht. Da stand der Knabe von seinem Bett auf und suchte nach seinen Kleidern, die schön geordnet über der Stuhllehne hingen. Er fand in der Küche kein Brot, und die Milch war nicht an ihrem Platz. Da weinte der Knabe und begab sich vor das Haus. Die Straße war menschenleer, er klopfte an die Tür vom Nachbarhaus, aber niemand öffnete ihm. Wo er auch hinkam, fand er keine Menschenseele. Er sah Steine und wußte von seinem Vater, daß sie atmen können, aber nur im Mondschein. Er sah Bäume und wußte, daß sie weinen können, aber was nützte ihm das, es machte ihn nur noch trauriger.

Da sah er Käfer über die Straße kriechen, auch Würmer und Schnecken waren darunter. Weil er nichts anderes wußte und sich nicht auskannte, folgte er den Tieren. Es ging sehr langsam voran. Sie kamen zu einem großen Acker, da versammelten sich die Tiere. Der Knabe weinte nach seiner Mutter und seinem Vater. Auf einem Stein saß eine Eidechse und das machte dem Knaben Mut. Seine Mutter hatte ihn nämlich gelehrt, daß Eidechsen mit ihren klugen Schwänzchen sprechen können.

Sie sagte: »Laß die Käfer, die Würmer und die Schnecken für dich arbeiten. Es braucht Geduld, aber am Ende wirst du wieder froh werden.«

Der Knabe setzte sich zu der Eidechse auf den Stein. Es wurde Mittag und Abend, der Mondschein schien durch die Bäume, und die Eidechse sagte: »Hörst du, wie sie weinen? Hörst du unter dir den Stein atmen?«

Die Tiere arbeiteten derweil fleißig an einem Punkt und trugen Erde ab, immer weiter zogen sie ihre Kreise. Sie arbeiteten die ganze Nacht. Der Knabe war neben der Eidechse eingeschlafen.

Am Morgen weckte sie ihn. Sie zeigte auf eine blanke Stelle: »Siehst du die Tür?«, fragte sie. »Versuch, sie zu öffnen.«

Der Knabe gab alle Kraft, die er hatte, aber die Tür bewegte sich nicht. Er war schon verzweifelt und voller Zorn. Käfer, Würmer und Schnecken waren verschwunden. Er hob den Arm, und es sah aus, als wollte er die Eidechse erschlagen.

»Mach dich nicht noch unglücklicher«, sagte die Eidechse. »Sammle dich und hol das Gute aus dir.«

Der Knabe befolgte den Rat.

Da hörte er einen dumpfen Schlag aus dem Erdenreich und bald darauf ein Trommeln. Auf einmal öffnete sich die Tür, und der Knabe sah Hände und Arme. Bald darauf sah er Leiber und Beine und Füße, und er erkannte die Bundhose seines Vaters und die weiße Schürze seiner Mutter. Männer und Frauen erschienen, der Fleischer mit seiner Frau, der Schneider und der Leinenweber, der Totengräber wischte sich die Erde von seinem schwarzen Hemd. Er sah Bauernkinder, die er kannte. Sie alle kletterten aus dem Erdenreich und gingen dann, als sei es blanker Sonntag, ihrer Wege. Die Mutter und der Vater an der Seite des Knaben, so als wäre nichts geschehen.

Am nächsten Morgen wieder rief der Knabe nach seiner Mutter. Er suchte seine Kleider, und sie lagen tatsächlich nicht über der Stuhllehne. Der Vater hatte keine Zeit mehr für Geschichten, und als der Knabe ihn bat, wieder von den atmenden Steinen zu erzählen und von der Tür im Erdenreich, sagte er nur: »Glaubst du das?«

Da war es, als sei die Kindheit zu Ende.

So wird im Erdenreich erzählt.

Bruder und Schwester

Die Brüder haben »aus ihren beiden Leben ein einziges gemacht«, sagte Carl Zuckmayer über Wilhelm und Jacob Grimm. In einem Zimmer haben sie viele Jahre gelebt und gearbeitet; Wissen und Gedächtnis des einen standen jederzeit dem anderen zur Verfügung. Keine Bitte und kein Dank waren nötig, ihr Einssein war ihnen eine Selbstverständlichkeit – ihrer Liebe aber waren sie sich immer bewusst. Wilhelm schrieb, auf der Liebe zu Jacob allein ruhe sein ganzes Leben. Sie gingen jeden Tag spazieren, meistens getrennt; Wilhelm schlenderte gemächlich dahin, wie es seine Art war, Jacob marschierte im Schnellschritt. Wenn sich ihre Wege zufällig kreuzten, nickten sie einander stumm zu und lächelten.

Für ihre Zeitgenossen waren die beiden ein wunderliches Gespann, schon deshalb, weil niemand von einem gröberen Streit zwischen ihnen zu berichten wusste, sich aber auch niemand vorstellen konnte, wie solch enges Beisammensein ohne das Ventil gelegentlicher Knüffe und Bitterkeit zu ertragen wäre. Für die Romantikerfreunde waren sie ein lebender Beweis für die propagierte Weltanschauung (ein Wort, das zu dieser Zeit von Immanuel Kant erfunden wurde, zum ersten Mal zu lesen in seiner *Kritik der Urteilskraft* von 1790), an die sie selbst nur halb glaubten, denn zur romantischen Seele gehörte nicht nur der rationale Zweifel an der angebeteten Irrationalität, sondern auch der Zweifel an sich selbst. Als wären die beiden Brüder aus den Märchen entstiegen, die sie

79

mit Eifer sammelten und sich zurechtdichteten, traten sie fast nur gemeinsam auf (außer bei Spaziergängen), schienen zu allem die gleiche Meinung zu haben, verströmten die Aura der Überbegabung und des Exklusiven; neben Novalis waren sie die einzigen unter den Romantikern, die aus ihrem Sein heraus und nicht nur aus ihrem Bewusstsein romantisch waren. Bis heute werden die Brüder idealisiert. Vielleicht ist das der Grund, warum so lange Zeit keine handfeste Biografie der beiden vorlag. Eine solche hätte sie ins wirkliche Leben gestellt. Man fürchtete wohl, damit den Zauber der *Brüder Grimm* zu brechen – wie wenn einer versuchte, herauszubringen, wer Rotkäppchen in Wirklichkeit war. (Inzwischen liegt eine Biografie vor, eine besonders schöne obendrein: Steffen Martus, *Die Brüder Grimm*, Berlin 2009)

Der Romantiker weiß um die banale Beschaffenheit des realen Himmels und macht sich deshalb seinen Himmel selbst; die Natur ist ihm Natur kraft innerer Zustimmung, die Naivität ist eine gespielte, weil ersehnte. Das Buch ist das wahre Symbol der Romantik und nicht die blaue Blume – diese existiert außerhalb des Buches gar nicht. In der Nacht vom 24. auf den 25. November 1811, die Brüder waren fünfundzwanzig und sechsundzwanzig Jahre alt, brach ein Brand im Stadtschloss von Kassel aus. Die Flammen griffen auf die Bibliothek über. Zehntausende Bände drohten zu verbrennen. Jacob, der als Hofbibliothekar tätig ist, läuft mitten in der Nacht seinen geliebten Büchern zu Hilfe. Er wird Zeuge, wie Leibgardisten die Regale mit Wasser besprühen und die Bände mit Mistgabeln in nasse Leintücher schaufeln und sie draußen auf den Schlossplatz schütten. Die meisten Bücher werden auf diese Weise gerettet – aber ein demütigender Anblick: So bewahrt man Papier vor der Vernichtung, aber nicht den Geist. Jacob missachtet die Warnungen, stürzt in die brennende Bibliothek, verirrt sich beinahe im Chaos, hastet an den leeren Wänden und brennenden Regalen entlang. Die Feuerwehrleute glauben schon, er sei in den Flammen umgekommen, da erscheint er, die Kleidung versengt und verrußt, in der Hand ein Buch. Papier mag man getrost nach Masse bemessen, der Geist ist nie Quantität, ist immer Qualität, und er ist in einem einzigen Buch ebenso präsent wie in einer ganzen Bibliothek. Wilhelm war zu Hause geblieben, das war nicht weit von dem wütenden Feuer entfernt. Es bestand Gefahr, dass der Brand auf ihr Haus, auf ihr Zimmer übergreift. Wilhelm hat alle Eimer und Kannen und Töpfe mit Wasser gefüllt; er ist bereit, seine und seines Bruders Lebensgrundlage zu verteidigen, wie Jacob bereits bereit war, den Materie gewordenen Sinn ihres Lebens, das Buch, zu verteidigen. Bücher und ein Zimmer, in dem man sitzen und lesen kann – was braucht der Mensch mehr? Blaise Pascal war der Meinung, dieses Angebot nicht zu nutzen, sei der Grund allen Unglücks in der Welt.

Die wilden Schwäne

*W*eit von hier, da, wohin die Schwalben fliegen, wenn wir Winter haben, wohnte ein König, der elf Söhne und eine Tochter, Elisa, hatte. Die elf Brüder waren Prinzen, sie gingen mit dem Stern auf der Brust und dem Säbel an der Seite in die Schule; sie schrieben mit Diamantgriffeln auf Goldtafeln und lernten ebenso gut auswendig, als sie lasen; man konnte sogleich hören, daß sie Prinzen waren. Die Schwester Elisa saß auf einem kleinen Schemel von Spiegelglas und hatte ein Bilderbuch, welches für das halbe Königreich erkauft war.

Oh, die Kinder hatten es gut, aber so sollte es nicht immer bleiben!

Ihr Vater, der König über das ganze Land war, verheiratete sich mit einer bösen Königin, die den Kindern gar nicht gut war. Schon am ersten Tage konnten sie es recht gut merken; in dem ganzen Schlosse war große Pracht, und da spielten die Kinder »Besuch«; aber anstatt sie sonst all' den Kuchen und die gebratenen Äpfel erhielten, die nur zu haben waren, gab die neue Königin ihnen nur Sand in einer Teetasse und sagte, sie könnten tun, als ob es etwas wäre.

Die Woche darauf brachte sie die kleine Elisa auf das Land zu einem Bauernpaar, und lange währte es nicht, da redete sie dem König so viel von den Prinzen vor, daß er sich gar nicht um sie bekümmerte.

»Fliegt hinaus in die Welt und helft euch selbst!« sagte die böse Königin. »Fliegt als große Vögel ohne Stimme!« Aber sie konnte es doch nicht so schlimm machen, wie sie gern wollte; sie wurden elf herrliche Schwäne. Mit einem sonderbaren Schrei flogen sie aus den Schloßfenstern hinaus über den Park und den Wald dahin.

Es war noch ganz früh am Morgen, als sie da vorbeikamen, wo die Schwester Elisa in der Stube des Landmanns lag und schlief; hier schwebten sie über dem Dache, drehten ihre langen Hälse und schlugen mit den Flügeln, aber niemand hörte oder sah es. Sie mußten wieder weiter, hoch gegen die Wolken empor, hinaus in die weite Welt; da flogen sie nach einem großen Wald, der sich gerade bis an den Strand des Meeres erstreckte.

Die kleine Elisa stand in der Stube des Landmanns und spielte mit einem grünen Blatte, anderes Spielzeug hatte sie nicht; sie stach ein Loch in das grüne Blatt, sah da hindurch gegen die Sonne empor, und da war es gerade, als sähe sie ihrer Brüder klare Augen, und jedesmal, wenn die warmen Sonnenstrahlen auf ihre Wangen schienen, gedachte sie aller ihrer Küsse.

Der eine Tag verging ebenso wie der andere. Strich der Wind durch die großen Rosenhecken draußen vor dem Hause, so flüsterte er den Rosen zu: »Wer kann schöner sein als ihr?« Aber die Rosen schüttelten das Haupt und sagten: »Elisa ist es!« Wenn die alte Frau am Sonntag an der Tür saß und in ihrem Gesangbuch las, so wendete der Wind die Blätter um und sagte zum Buch: »Wer kann frömmer sein als du?« –»Elisa ist es!« sagte das Gesangbuch, und das war die reine Wahrheit, was die Rosen und das Gesangbuch sagten.

Als sie fünfzehn Jahre alt war, sollte sie nach Hause kommen; da aber die Königin sah, wie schön sie war, wurde sie ihr gram und voll Haß und hätte gern auch sie in einen wilden Schwan verwandelt wie die Brüder, aber das wagte sie nicht sogleich, weil ja der König seine Tochter sehen wollte.

Früh des Morgens ging die Königin in das Bad, welches von Marmor erbaut und mit weichen Kissen und den prächtigsten Decken geschmückt war, nahm drei Kröten, küßte sie und sagte zu der einen: »Setze dich auf Elisas Kopf, wenn sie in das Bad kommt, damit sie dumm wird wie du! – Setze dich auf ihre Stirn«, sagte sie zur andern, »damit sie häßlich wird wie du, so daß ihr Vater sie nicht kennt! – Ruhe an ihrem Herzen«, flüsterte sie der dritten zu, »laß sie einen bösen Sinn erhalten, damit sie Schmerzen davon habe!« Dann setzte sie die Kröten in das klare Wasser, welches sogleich eine grüne Farbe erhielt, rief Elisa, zog sie aus und ließ sie in das Wasser hinabsteigen, und indem sie untertauchte, setzte sich eine Kröte ihr in das Haar, die andere auf ihre Stirn und die dritte auf die Brust; aber Elisa schien es gar nicht zu merken; sobald sie sich emporrichtete, da schwammen drei rote Mohnblumen auf dem Wasser. Wären die Tiere nicht giftig gewesen und von der Hexe geküßt worden, so wären sie in rote Rosen verwandelt worden, aber Blumen wurden sie doch, weil sie auf ihrem Haupte und an ihrem Herzen geruht hatten; sie war zu fromm und unschuldig, als daß die Zauberei Macht über sie haben konnte.

Als die böse Königin das sah, rieb sie das Mädchen mit Walnußsaft, so daß sie ganz schwarzbraun wurde, bestrich das hübsche Antlitz mit einer stinkenden Salbe und ließ das herrliche Haar sich verwirren; es war unmöglich, die schöne Elisa wiederzuerkennen.

Daher erschrak ihr Vater sehr, als er sie erblickte, und sagte, es sei nicht seine Tochter; niemand wollte sie wiedererkennen, außer dem Kettenhunde und den Schwalben, aber das waren arme Tiere, die nichts zu sagen hatten.

Da weinte die arme Elisa und dachte an ihre elf Brüder, die alle weg waren. Betrübt verließ sie das Schloß und ging den ganzen Tag über Feld und Moor bis in den großen Wald hinein. Sie wußte gar nicht, wohin sie wollte, aber sie fühlte sich sehr betrübt und sehnte sich nach ihren Brüdern, die sicher auch, gleich ihr, in die Welt hinausgejagt waren, diese wollte sie suchen und finden.

Nur kurze Zeit war sie im Walde gewesen, als die Nacht einbrach; sie war ganz von Weg und Steg gekommen. Da legte sie sich auf das weiche Moos nieder, betete ihr Abendgebet und lehnte ihr Haupt an einen Baumstumpf. Es war da ganz still, die Luft war mild und ringsumher im Grase und im Moose leuchteten, einem grünen Feuer gleich, viele hundert Johanniswürmchen; als sie einen der Zweige mit der Hand berührte, fielen die leuchtenden Insekten wie Sternschnuppen zu ihr nieder.

Die ganze Nacht träumte sie von ihren Brüdern; sie spielten wieder als Kinder, schrieben mit dem Diamantgriffel auf die Goldtafeln und betrachteten das herrliche Bilderbuch, welches das halbe Reich gekostet hatte, aber auf die Tafel schrieben sie nicht wie früher Nullen und Striche, sondern die mutigen Taten, die sie vollführt, alles, was sie erlebt und gesehen hatten; und im Bilderbuch war alles lebendig, die Vögel sangen und die Menschen gingen aus dem Buch heraus und sprachen mit Elisa und ihren Brüdern, aber wenn sie das Blatt umwandte, sprangen sie sogleich wieder hinein, damit keine Verwirrung in den Bildern entstehen möchte.

Als sie erwachte, stand die Sonne schon hoch; Elisa konnte sie freilich nicht sehen, die hohen Bäume breiteten ihre Zweige dicht und fest aus, aber die Strahlen spielten dort oben gerade wie ein wehender Goldflor. Da war ein Duft von dem Grünen, und die Vögel setzten sich fast auf ihre Schultern. Sie hörte das Wasser plätschern, das waren Quellen, die alle in einen See fielen, in dem der herrlichste Sandboden war; freilich wuchsen hier dichte Büsche ringsherum, aber an einer Stelle hatten die Hirsche eine große Öffnung gemacht, und hier ging Elisa zum Wasser hin. Das war so klar, daß, hätte der Wind nicht die Zweige und die Büsche berührt, so daß sie sich bewegten, sie hätte glauben müssen, daß sie auf dem Boden abgemalt seien, so deutlich spiegelte sich jedes Blatt, sowohl das von der Sonne beschienene als das, welches im Schatten war.

Sobald sie ihr eigenes Antlitz erblickte, erschrak sie gewaltig, so braun und häßlich war es; doch als sie ihre kleine Hand benetzte und Augen und Stirn rieb, glänzte die weiße Haut wieder vor; da entkleidete sie sich und ging in das frische Wasser hinein; ein schöneres Königskind, als sie war, gab es nicht in dieser Welt.

Als sie wieder angekleidet war und ihr langes Haar geflochten hatte, ging sie zur sprudelnden Quelle, trank aus der hohlen Hand und wanderte tiefer in den Wald hinein, ohne selbst zu wissen, wohin. Sie dachte an ihre Brüder, dachte an den lieben Gott, der sie sicher nicht verlassen werde; er ließ ja die wilden Waldäpfel wachsen, um den Hungrigen zu sättigen; und er zeigte ihr einen solchen Baum, dessen Zweige sich unter der Last der Früchte beugten. Hier hielt sie ihre Mittagsmahlzeit, setzte Stützen unter dessen Zweige und ging dann in den dunkelsten Teil des Waldes hinein. Da war es so still, daß sie ihre eigenen Fußtritte hörte wie jedes kleine, vertrocknete Blatt, welches sich unter ihrem Fuße bog; nicht ein Vogel war da zu sehen, nicht ein Sonnenstrahl konnte durch die großen, dichten Baumzweige dringen; die hohen Stämme standen so nahe beisammen, daß, wenn sie geradeaus sah, ein Balkengitter sie zu umschließen schien. Oh, hier war eine Einsamkeit, wie sie solche früher noch nie gekannt!

Die Nacht wurde sehr dunkel; nicht ein einziger kleiner Johanniswurm leuchtete aus dem Moose; betrübt legte sie sich nieder, um zu schlafen; da schien es ihr, als ob die Baumzweige über ihr sich zur Seite bewegten und der liebe Gott mit milden Augen auf sie niederblickte, und kleine Engel sahen über seinen Kopf und unter seinen Armen hervor.

Als sie am Morgen erwachte, wußte sie nicht, ob sie geträumt habe oder ob es wirklich so gewesen.

Sie ging einige Schritte vorwärts, da begegnete sie einer alten Frau mit Beeren in dem Korbe. Die Alte gab ihr einige davon. Elisa fragte, ob sie nicht elf Prinzen durch den Wald habe reiten sehen.

»Nein«, sagte die Alte, »aber ich sah gestern elf Schwäne mit goldenen Kronen auf dem Haupte in der Nähe schwimmen.«

Sie führte Elisa ein Stück weiter vor zu einem Abhange, an dessen Fuß sich ein kleiner Fluß schlängelte; die Bäume an seinen Ufern streckten ihre langen, blattreichen Zweige einander entgegen, und wo sie ihrem natürlichen Wuchse nach nicht zusammenreichen konnten, da hatten sie die Wurzeln aus der Erde losgerissen und hingen, mit den Zweigen ineinander verflochten, über das Wasser hinaus.

Elisa sagte der Alten Lebewohl und ging längs dem Flusse hin, bis dieser in den großen, offenen Strand hinausfloß.

Das ganze herrliche Meer lag vor dem jungen Mädchen; aber nicht ein Segel zeigte sich darauf, nicht ein Boot war da zu sehen, wie sollte sie nun weiter fortkommen? Sie betrachtete die unzähligen, kleinen Steine am Ufer; das Wasser hatte sie alle rund geschliffen. Glas, Eisen, Steine, alles, was da zusammengespült lag, hatte die Gestalt des Wassers angenommen, welches doch viel weicher war als ihre feine Hand. »Das rollt unermüdlich fort, und so ebnet sich das Harte, ich will eben so unermüdlich sein. Dank für eure Lehre, ihr kleinen, rollenden Wogen; einst, das sagt mir mein Herz, werdet ihr mich zu meinen lieben Brüdern tragen!«

Auf dem angespülten Seegrase lagen elf weiße Schwanenfedern; sie sammelte dieselben, es lagen Wassertropfen darauf; ob es Tränen waren, konnte man nicht sehen. Einsam war es dort am Strande, aber sie fühlte es nicht; denn das Meer bot eine ewige

Abwechselung dar, ja in wenigen Stunden mehr, als die süßen Landseen in einem ganzen Jahr aufweisen können. Kam da eine große, schwarze Wolke, so war es, als ob die See sagen wollte: ich kann auch finster aussehen, und dann blies der Wind, und die Wogen kehrten das Weiße nach außen; schienen aber die Wolken rot und schliefen die Winde, so war das Meer einem Rosenblatte gleich; bald wurde es grün, bald weiß, aber wie still es auch ruhte, am Ufer war doch eine leise Bewegung; das Wasser hob sich schwach wie die Brust eines schlafenden Kindes.

Als die Sonne im Begriff war, unterzugehen, sah Elisa elf wilde Schwäne mit Goldkronen auf dem Kopfe dem Lande zufliegen, sie schwebten der eine hinter dem andern; es sah aus wie ein langes, weißes Band; da stieg Elisa den Abhang hinauf und verbarg sich hinter einem Busche; die Schwäne ließen sich nahe bei ihr nieder und schlugen mit ihren großen, weißen Schwingen.

Sowie die Sonne unter dem Wasser war, fielen plötzlich die Schwanenhäute, und elf schöne Prinzen, Elisas Brüder, standen da. Sie stieß einen lauten Schrei aus; denn obwohl die Brüder sich sehr verändert hatten, so wußte Elisa doch, daß sie es waren, fühlte, daß sie es sein mußten; sie sprang in ihre Arme, nannte sie beim Namen, und die Brüder waren ganz glücklich, als sie ihre Schwester sahen und erkannten, die nun groß und schön war. Sie lachten und weinten, und bald hatten sie einander erzählt, wie grausam ihre Stiefmutter gegen sie alle gewesen war.

»Wir Brüder«, sagte der Älteste, »fliegen als wilde Schwäne, solange die Sonne am Himmel steht; sobald sie untergegangen ist, erhalten wir unsere menschliche Gestalt wieder; deshalb müssen wir immer dafür sorgen, daß wir beim Sonnenuntergang eine Ruhestätte für die Füße haben; denn fliegen wir dann gegen die Wolken an, so müssen wir als Menschen in die Tiefe hinunterstürzen. Hier wohnen wir nicht; es liegt ein eben so schönes Land wie dieses jenseits der See, aber der Weg dahin ist weit, wir müssen über das große Meer, und es findet sich keine Insel auf unserm Wege, wo wir übernachten können, nur eine einsame kleine Klippe ragt in der Mitte daraus hervor, sie ist nicht größer, als daß wir Seite an Seite darauf ruhen können; ist die See stark bewegt, so spritzt das

Wasser hoch über uns, aber doch danken wir Gott für dieselbe. Da übernachten wir in unsrer Menschengestalt; ohne diese Klippe könnten wir nie unser liebes Vaterland besuchen, denn zwei der längsten Tage des Jahres brauchen wir zu unserm Fluge. Nur einmal im Jahre ist es uns vergönnt, unsere Heimat zu besuchen, elf Tage können wir hierbleiben, über den großen Wald hinfliegen, von wo wir das Schloß erblicken können, wo wir geboren wurden und wo unser Vater wohnt, den hohen Kirchturm sehen, wo die Mutter begraben ist. – Hier kommt es uns vor, als wären Bäume und Büsche mit uns verwandt, hier laufen die wilden Pferde über die Steppen hin, wie wir es in unserer Kindheit gesehen, hier singt der alte Kohlenbrenner die alten Lieder, nach welchen wir als Kinder tanzten, hier ist unser Vaterland, hierher zieht es uns und hier haben wir dich, du liebe Schwester, gefunden! Zwei Tage können wir noch hierbleiben, dann müssen wir fort über das Meer nach einem herrlichen Lande, welches aber nicht unser Vaterland ist. Wie nehmen wir dich mit? Wir haben weder Schiff noch Boot!«

»Auf welche Art kann ich euch erlösen?« fragte die Schwester.

Sie unterhielten sich fast die ganze Nacht, es wurde nur einige Stunden geschlummert.

Elisa erwachte durch den Schall der Schwanenflügel, welche über ihr sausten. Die Brüder waren wieder verwandelt und flogen in großen Kreisen und zuletzt weit weg, aber der eine von ihnen, der jüngste, blieb zurück, der Schwan legte seinen Kopf in ihren Schoß und sie streichelte seine Flügel; den ganzen Tag waren sie beisammen. Gegen Abend kamen die anderen zurück, und als die Sonne untergegangen war, standen sie in ihrer natürlichen Gestalt da.

»Morgen fliegen wir von hier weg und können nicht vor Verlauf eines Jahres zurückkehren, aber dich können wir nicht so verlassen! Hast du Mut, mitzukommen? Mein Arm ist stark genug, dich durch den Wald zu tragen, sollten wir da nicht alle so starke Flügel haben, um mit dir über das Meer zu fliegen?«

»Ja, nehmt mich mit!« sagte Elisa.

Die ganze Nacht brachten sie damit zu, ein großes und starkes Netz aus der geschmeidigen Weidenrinde und dem zähen Schilf zu flechten. Auf dieses legte sich Elisa, und als die Sonne hervortrat und die Brüder in wilde Schwäne verwandelt wurden, ergriffen sie das Netz mit ihren Schnäbeln und flogen mit ihrer lieben Schwester, die noch schlief, hoch gegen die Wolken an. Die Sonnenstrahlen fielen ihr gerade auf das Antlitz, deswegen flog einer der Schwäne über ihr Haupt, damit seine breiten Schwingen sie beschatten möchten.

Sie waren weit vom Lande entfernt, als Elisa erwachte; sie glaubte noch zu träumen, so sonderbar kam es ihr vor, hoch durch die Luft, über das Meer getragen zu werden. An ihrer Seite lag ein Zweig mit herrlichen reifen Beeren und ein Bund wohlschmeckender Wurzeln; diese hatte der jüngste der Brüder gesammelt und ihr hingelegt; sie lächelte ihn dankbar an, denn sie erkannte ihn, er war es, der über ihrem Haupte flog und sie mit den Schwingen beschattete.

Sie waren so hoch, daß das erste Schiff, welches sie unter sich erblickten, eine weiße Möwe zu sein schien, die auf dem Wasser lag. Eine große Wolke stand hinter ihnen, das war ein Berg, und auf diesem sah Elisa ihren eigenen Schatten und den der elf Schwäne, so riesengroß flogen sie davon; das war ein Gemälde, prächtiger als sie früher je eins gesehen; doch als die Sonne höher stieg und die Wolke weiter zurückblieb, verschwand das Schattenbild.

Den ganzen Tag flogen sie fort, gleich einem sausenden Pfeil durch die Luft, aber es ging doch langsamer als sonst, sie hatten ja die Schwester zu tragen. Es zog ein böses Wetter auf, der Abend näherte sich; ängstlich sah Elisa die Sonne sinken, und noch war die einsame Klippe im Meer nicht zu erblicken; es kam ihr vor, als machten die Schwäne stärkere Schläge mit den Flügeln. Ach! Sie war schuld daran, daß sie nicht rasch genug fortkamen; wenn die Sonne untergegangen war, so wurden sie Menschen, mußten in das Meer stürzen und ertrinken. Da betete sie aus dem Innersten des Herzens ein Gebet zum lieben Gott, aber noch erblickte sie keine Klippe; die schwarze Wolke kam immer näher, die starken Windstöße verkündeten einen Sturm; die Wolken standen in einer einzigen großen, drohenden Welle da, welche fast wie Blei vorwärts schoß, Blitz leuchtete auf Blitz.

Jetzt war die Sonne gerade am Rande des Meeres. Elisas Herz bebte; da schossen die Schwäne hinab, so schnell, daß sie zu fallen glaubte; aber nun schwebten sie wieder. Die Sonne war halb unter dem Wasser, da erblickte sie erst die kleine Klippe unter sich, sie sah nicht größer aus, als ob sie ein Seehund wäre, der den Kopf aus dem Wasser steckte. Die Sonne sank schnell; jetzt erschien sie nur noch wie ein Stern, da berührte ihr Fuß den festen Grund, die Sonne erlosch gleich dem letzten Funken im brennenden Papier. Arm in Arm sah sie die Brüder um sich stehen, aber mehr Platz als gerade für diese und für sie war auch nicht da. Die See schlug gegen die Klippe und ging wie Staubregen über sie hin; der Himmel leuchtete in einem fortwährenden Feuer und Schlag auf Schlag rollte der Donner, aber Schwester und Brüder hielten einander an den Händen und sangen Psalmen, woraus sie Trost und Mut schöpften.

In der Morgendämmerung war die Luft rein und still; sobald die Sonne emporstieg, flogen die Schwäne mit Elisa von der Insel fort. Das Meer ging noch hoch, es sah aus, wie sie hoch in der Luft waren, als ob der weiße Schaum auf der schwarzgrünen See Millionen Schwäne wären, die auf dem Wasser schwammen.

Als die Sonne höher stieg, sah Elisa vor sich, halb in der Luft schwimmend, ein Bergland mit glänzenden Eismassen auf den Felsen, und mitten darauf erstreckte sich ein sicher meilenlanges Schloß mit einem kühnen Säulengange über dem andern; unten wogten Palmenwälder und Prachtblumen, so groß wie Mühlräder. Sie fragte, ob dies das Land sei, wohin sie wollten, aber die Schwäne schüttelten mit dem Kopfe, denn das, was sie sah, war der Fata Morgana herrliches, alle Zeit abwechselndes Wolkenschloß; da durften sie keinen Menschen hineinbringen. Elisa starrte es an, da stürzten Berge, Wälder und Schloß zusammen, und zwanzig stolze Kirchen, alle einander gleich, mit hohen Türmen und spitzen Fenstern standen da. Sie glaubte die Orgel ertönen zu hören, aber es war das Meer, welches sie hörte. Nun war sie den Kirchen ganz nahe; da wurden diese zu einer ganzen Flotte, die unter ihr dahinsegelte; sie sah nieder und es waren nur Meernebel, die über dem Wasser hinglitten. Ja, eine ewige Abwechselung hatte sie vor Augen, und nun sah sie das wirkliche Land, nach dem sie hin wollte. Da erhoben sich die herrlichen, blauen Berge mit Zedernwäldern, Städten und Schlössern. Lange bevor die Sonne unterging, saß sie auf dem Felsen vor einer großen Höhle, die mit feinen, grünen Schlingpflanzen bewachsen war; es sah aus, als wären es gestickte Teppiche.

»Nun wollen wir sehen, was du diese Nacht hier träumst!« sagte der jüngere Bruder und zeigte ihr ihre Schlafkammer.

»Gebe der Himmel, daß ich träumen möge, wie ich euch erretten kann!« sagte sie, und dieser Gedanke beschäftigte sie dann lebhaft; sie betete inbrünstig zu Gott um seine Hilfe, ja selbst im Schlafe betete sie fort; da kam es ihr vor, als ob sie hoch in die Luft fliege, zu Fata Morganas Wolkenschloß, und die Fee kam ihr entgegen, schön und glänzend, und doch glich sie ganz der alten Frau, die ihr Beeren im Walde gegeben und ihr von den Schwänen mit Goldkronen auf dem Kopfe erzählt hatte.

»Deine Brüder können erlöst werden!« sagte sie. »Aber hast du Mut und Ausdauer? Wohl ist das Wasser weicher als deine feinen Hände und formt doch die Steine um, aber es fühlt nicht die Schmerzen, die deine Finger fühlen werden, es hat kein Herz, leidet nicht die Angst und Qual, die du aushalten mußt. Siehst du die Brennessel, die ich in meiner Hand halte? Von derselben Art wachsen viele rings um die Höhle, wo du schläfst, nur die dort und die, welche auf des Kirchhofs Gräbern wachsen, sind tauglich, merke dir das. Diese mußt du pflücken, obgleich sie deine Haut voll Blasen brennen werden; brich die Nesseln mit deinen Füßen, so erhältst du Flachs, mit diesem mußt du elf Panzerhemden mit langen Ärmeln flechten und binden, wirf diese über die elf Schwäne, so ist der Zauber gelöst. Aber bedenke wohl, daß du von dem Augenblicke, wo du diese Arbeit beginnst, bis sie vollendet ist, wenn auch Jahre darüber vergehen, nicht sprechen darfst; das erste Wort, welches du sprichst, fährt wie ein tötender Dolch in deiner Brüder Herz; an deiner Zunge hängt ihr Leben. Merke dir das alles!«

Die Fee berührte zugleich ihre Hand mit der Nessel; es war einem brennenden Feuer gleich, Elisa erwachte dadurch. Es war heller Tag und dicht daneben, wo sie geschlafen hatte, lag eine

Nessel wie die, welche sie im Traume gesehen hatte. Da fiel sie auf ihre Knie, dankte dem lieben Gott und ging aus der Höhle hinaus, um ihre Arbeit zu beginnen.

Mit den feinen Händen griff sie hinunter in die häßlichen Nesseln, sie waren wie Feuer; große Blasen brannten sie an ihren Händen und Armen, aber gern wollte sie es leiden, wenn sie die lieben Brüder befreien konnte. Sie brach jede Nessel mit ihren bloßen Füßen und flocht den grünen Flachs.

Als die Sonne untergegangen war, kamen die Brüder, die sehr erschraken, Elisa stumm zu finden; sie glaubten, es sei ein neuer Zauber der bösen Stiefmutter; aber als sie ihre Hände erblickten, begriffen sie, was ihre Schwester ihrethalben tue, und der jüngste Bruder weinte, und wohin seine Tränen fielen, da fühlte sie keine Schmerzen, da verschwanden die brennenden Blasen.

Die Nacht brachte sie bei ihrer Arbeit zu, denn sie hatte keine Ruhe, bevor sie die lieben Brüder erlöst hatte; den ganzen folgenden Tag, während die Schwäne fort waren, saß sie in ihrer Einsamkeit, aber nie war die Zeit so eilig entflohen. Ein Panzerhemd war schon fertig, nun fing sie das zweite an.

Da ertönte ein Jagdhorn zwischen den Bergen; sie wurde von Furcht ergriffen, der Ton kam immer näher, sie hörte Hunde bellen, erschrocken floh sie in die Höhle, band die Nesseln, die sie gesammelt und gehechelt hatte, in einen Bund zusammen und setzte sich darauf.

Zugleich kam ein großer Hund aus der Schlucht hervorgesprungen und gleich darauf wieder einer und noch einer; sie bellten laut, liefen zurück und kamen wieder vor. Es währte nicht lange, so standen alle Jäger vor der Höhle, und der schönste unter ihnen war der König des Landes; dieser trat auf Elisa zu, nie hatte er ein schöneres Mädchen gesehen.

»Wie bist du hierhergekommen, du herrliches Kind?« sagte er. Elisa schüttelte das Haupt, sie durfte ja nicht sprechen, es galt ihrer Brüder Erlösung und Leben; und sie verbarg ihre Hände unter der Schürze, damit der König nicht sehe, was sie leiden müsse.

»Komm mit mir!« sagte er. »Hier darfst du nicht bleiben! Bist du so gut, wie du schön bist, so will ich dich in Seide und Sammet kleiden, die Goldkrone dir auf das Haupt setzen, und du sollst in meinem schönsten Schlosse wohnen!« – Und dann hob er sie auf sein Pferd. Sie weinte, rang ihre Hände, aber der König sagte: »Ich will nur dein Glück! Einst wirst du mir dafür danken.« Dann jagte er fort durch die Berge und hielt sie vorn auf dem Pferde, und die Jäger jagten hinterher.

Als die Sonne unterging, lag die schöne Königsstadt mit Kirchen und Kuppeln vor ihnen, der König führte sie in das Schloß, wo große Springbrunnen in den hohen Marmorsälen plätscherten, wo Wände und Decke von Gemälden prangten, aber Elisa hatte keine Augen dafür, sie weinte und trauerte; willig ließ sie die Frauen ihr königliche Kleider anlegen, Perlen in ihre Haare flechten und feine Handschuhe über die verbrannten Finger ziehen.

Als sie in all' ihrer Pracht dastand, war sie so blendend schön, daß der Hof sich noch tiefer vor ihr verneigte, und der König erkor sie zu seiner Braut, obgleich der Geistliche mit dem Kopf schüttelte und flüsterte, daß das schöne Waldmädchen sicher eine Hexe sei; sie blende die Augen und betöre das Herz des Königs.

Aber der König hörte nicht darauf, ließ die Musik ertönen, die köstlichsten Gerichte auftragen, die lieblichsten Mädchen um sie tanzen, und sie wurde durch duftende Gärten in prächtige Säle geführt; aber nicht ein Lächeln kam auf ihre Lippen oder sprach aus ihren Augen, die voll Trauer waren. Nun öffnete der König eine kleine Kammer, dicht daneben, wo sie schlafen sollte; sie war mit köstlichen, grünen Teppichen geschmückt und glich ganz der Höhle, in der sie gewesen war; auf dem Fußboden lag das Bund Flachs, welches sie aus den Nesseln gesponnen hatte, und unter der Decke hing das Panzerhemd, welches fertig gestrickt war; alles dieses hatte einer der Jäger als eine Seltenheit mitgenommen.

»Hier kannst du dich in deine frühere Heimat zurückträumen!« sagte der König. »Hier ist die Arbeit, die dich dort beschäftigte; nun, mitten in all' deiner Pracht, wird es dich belustigen, an jene Zeit zurückzudenken.«

Als Elisa das sah, was ihr am Herzen lag, spielte ein Lächeln um ihren Mund, und das Blut kehrte in die Wangen zurück; sie dachte an die Erlösung ihrer Brüder, küßte des Königs Hand, er drückte

sie an sein Herz und ließ durch alle Kirchenglocken das Hochzeitsfest verkünden. Das schöne, stumme Mädchen aus dem Walde war
des Landes Königin.

Da flüsterte der Geistliche böse Worte in des Königs Ohr, aber
sie drangen nicht bis zu seinem Herzen, die Hochzeit sollte sein,
der Geistliche selbst mußte ihr die Krone auf das Haupt setzen, und
er drückte in seinem Unwillen den engen Ring fest auf ihre Stirne
nieder, so daß er wehe tat; doch es lag ein schwererer Ring um ihr
Herz, die Trauer um ihre Brüder; sie fühlte nicht die körperlichen
Leiden. Ihr Mund war stumm, ein einziges Wort würde ja ihren
Brüdern das Leben kosten, aber in ihren Augen sprach sich eine
innige Liebe zu dem guten, hübschen Könige aus, der alles tat, um
sie zu erfreuen. Sie gewann ihn von Tag zu Tag lieber und wünschte
nur, daß sie sich ihm vertrauen, ihm ihre Leiden klagen dürfte!
Aber stumm mußte sie sein, stumm mußte sie ihr Werk vollbrin-
gen. Deshalb schlich sie nachts von seiner Seite, ging in die kleine
Kammer, welche wie die Höhle geschmückt war, und strickte ein
Panzerhemd nach dem andern fertig; aber als sie das siebente begann, hatte sie keinen Flachs mehr.

Auf dem Kirchhof, das wußte sie, wuchsen die Nesseln, die sie
brauchen konnte, aber selbst mußte sie diese pflücken; wie sollte sie
das tun, wie sollte sie da hinaus gelangen?

»Oh, was ist der Schmerz in meinen Fingern gegen die Qual,
die mein Herz erduldet!« dachte sie. »Ich muß es wagen! Der Herr
wird seine Hand nicht von mir zurückziehen!« Mit einer Herzens-
angst, als sei es eine böse Tat, die sie vorhabe, schlich sie sich in der
mondhellen Nacht in den Garten hinunter, ging durch die langen
Alleen in die einsamen Straßen nach dem Kirchhofe hinaus.

Nur ein einziger Mensch hatte sie gesehen, der Geistliche; er
war wach, wenn andere schliefen; nun hatte er doch recht gehabt,
wie er meinte, daß es mit der Königin nicht sei, wie es sein sollte;
sie war eine Hexe, deshalb hatte sie den König und das ganze Volk
betört.

Er erzählte dem König, was er gesehen und was er fürchtete, und
als die harten Worte seiner Zunge entströmten, rollten zwei schwere
Tränen über des Königs Wangen herab, er ging nach Hause mit

Zweifel in seinem Herzen. Er stellte sich, als ob er in der Nacht schlafe, aber es kam kein ruhiger Schlaf in seine Augen, er merkte, wie Elisa aufstand, jede Nacht wiederholte sie dieses, und jedesmal folgte er sachte nach und sah, wie sie in ihre Kammer verschwand.

Tag für Tag wurde seine Miene finsterer; Elisa sah es, begriff aber nicht, warum, es ängstigte sie, und noch mehr litt sie in ihrem Herzen für ihre Brüder. Auf den königlichen Samt und Purpur flossen ihre heißen Tränen, sie lagen da wie schwimmende Diamanten und alle, welche die reiche Pracht sahen, wünschten Königin zu sein. Sie war nun bald mit ihrer Arbeit fertig, nur ein Panzerhemd fehlte noch; aber Flachs hatte sie auch nicht mehr und nicht eine einzige Nessel. Einmal noch, nur dieses letzte Mal, mußte sie deswegen nach dem Kirchhof und einige Hände voll pflücken. Sie dachte mit Angst an diese einsame Wanderung und an die schrecklichen Hexen; aber ihr Wille stand fest wie ihr Vertrauen auf den Herrn.

Elisa ging, aber der König und der Geistliche folgten nach; sie sahen dieselbe bei der Gitterpforte hineinverschwinden, und als sie sich derselben näherten, saßen die Hexen auf dem Grabsteine, wie Elisa sie gesehen hatte, und der König wendete sich ab; denn unter diesen dachte er sich die, deren Haupt noch diesen Abend an seiner Brust geruht hatte.

»Das Volk muß sie verurteilen!« sagte er, und das Volk urteilte, sie solle verbrannt werden.

Aus den prächtigen Königssälen wurde sie in ein dunkles, feuchtes Loch geführt, wo der Wind durch das Gitter hineinpfiff; anstatt Samt und Seide gab man ihr das Bund Nesseln, welches sie gesammelt hatte, darauf konnte sie ihr Haupt legen; die harten, brennenden Panzerhemden, die sie gestrickt hatte, sollten ihre Decke sein, aber nichts Lieberes konnten sie ihr geben, sie nahm wieder ihre Arbeit auf und betete zu ihrem Gott. Draußen sangen die Straßenbuben Spottlieder auf sie, keine Seele tröstete sie mit einem freundlichen Worte.

Da sauste gegen Abend dicht beim Gitter ein Schwanenflügel; es war der jüngste der Brüder, der die Schwester gefunden hatte, und sie schluchzte laut vor Freude, obgleich sie dachte, daß die

Nacht, die da kam, wahrscheinlich die letzte sein werde, die sie zu leben habe; aber nun war ja auch die Arbeit fast beendet, und ihre Brüder waren hier.

Der Geistliche kam nun, um die letzte Stunde bei ihr zu sein, das hatte er dem König versprochen; aber sie schüttelte mit dem Haupte, bat mit Blick und Miene, er möge gehen; in dieser Nacht mußte sie ja ihre Arbeit vollenden, sonst war alles unnütz, alles, Schmerz, Tränen und die schlaflosen Nächte. Der Geistliche entfernte sich mit bösen Worten gegen sie, aber die arme Elisa wußte, daß sie unschuldig war, und fuhr in ihrer Arbeit fort.

Die kleinen Mäuse liefen auf dem Fußboden, sie schleppten Nesseln zu ihren Füßen hin, um doch etwas zu helfen, und die Drossel setzte sich an das Gitter des Fensters und sang die ganze Nacht, so munter sie konnte, damit Elisa den Mut nicht verliere.

Es war nicht mehr als Morgendämmerung, erst nach einer Stunde konnte die Sonne aufgehen, da standen die elf Brüder an der Pforte des Schlosses und verlangten, vor den König geführt zu werden. Das könne nicht geschehen, wurde geantwortet, es sei ja noch Nacht, der König schlafe und dürfe nicht geweckt werden. Sie baten, sie drohten, die Wache kam, ja selbst der König trat heraus und fragte, was das bedeute; da ging die Sonne auf, und es waren keine Brüder mehr zu sehen, aber über das Schloß flogen elf wilde Schwäne hin.

Aus dem Stadttore strömte das Volk, es wollte die Hexe verbrennen sehen. Ein alter Gaul zog den Karren, auf dem sie saß; man hatte ihr einen Kittel von grobem Sackleinen angetan, ihr herrliches Haar hing lose um das schöne Haupt, ihre Wangen waren totenbleich, ihre Lippen bewegten sich leise, während die Finger den grünen Flachs flochten; selbst auf dem Wege zu ihrem Tode unterbrach sie die angefangene Arbeit nicht, die zehn Panzerhemden lagen zu ihren Füßen, an dem elften strickte sie. Der Pöbel verhöhnte sie: »Sieh die Hexe, wie sie murmelt! Kein Gesangbuch hat sie in der Hand, nein, mit ihrer häßlichen Gaukelei sitzt sie da. Reißt sie ihr in tausend Stücke!«

Man drängte auf sie ein und wollte die Panzerhemden zerreißen; da kamen elf weiße Schwäne geflogen, die setzten sich rings um sie auf den Karren und schlugen mit ihren großen Schwingen. Da wich der Haufen erschrocken zur Seite.

»Das ist ein Zeichen des Himmels! Sie ist sicher unschuldig!« flüsterten viele, aber sie wagten nicht, es laut zu sagen.

Nun ergriff sie der Büttel bei der Hand, da warf sie hastig die elf Panzerhemden über die Schwäne und alsbald standen elf schöne Prinzen da; aber der jüngste hatte einen Schwanenflügel anstatt des einen Armes, denn es fehlte ein Ärmel in seinem Panzerhemde, den hatte sie nicht fertig bekommen.

»Nun darf ich sprechen!« sagte sie. »Ich bin unschuldig.«

Das Volk, welches sah, was geschehen war, neigte sich vor ihr wie vor einer Heiligen; aber sie sank ohnmächtig in der Brüder Arme, so hatten die Spannung, Angst und Schmerz auf sie gewirkt.

»Ja, unschuldig ist sie!« sagte der älteste Bruder, und nun erzählte er alles, was da geschehen war, und während er sprach, verbreitete sich ein Duft wie von Millionen Rosen, denn jedes Stück Brennholz im Scheiterhaufen hatte Wurzel geschlagen und trieb Zweige; da stand eine duftende Hecke, hoch und groß mit roten Rosen; ganz oben saß eine Blume, weiß und glänzend, sie leuchtete wie ein Stern, die brach der König und steckte sie an Elisas Brust; da erwachte sie mit Frieden und Glückseligkeit im Herzen.

Alle Kirchenglocken läuteten von selbst, und die Vögel kamen in großen Zügen; es wurde ein Hochzeitszug zurück zum Schlosse, wie ihn noch kein König gesehen hatte.

So erzählt uns Hans Christian Andersen.

Yamasachi und Umisachi

Zur Zeit, als es auf Erden noch Halbgötter gab, die nach Belieben zwischen Himmel und Erde verkehrten, erlauchte Enkel der himmlischen Gottheiten, erhabene Prinzen des Luftraumes, lebten einmal zwei Brüder. Der ältere Bruder, Umisachihiko, war ein Fischer und fing mit seiner Zauberangel die breitflossigen und schmalflossigen Fische des Meeres; der jüngere Bruder war ein Jäger und erlegte mit seinem Zauberbogen die hartfelligen und die weichfelligen Tiere des Waldes. »Wenn nun der Wind blies und der Regen fiel, dann hatte der ältere Bruder auf dem Fischfang kein Glück, der jüngere Bruder aber ließ sich weder durch Regen noch durch Wind schrecken und brachte immer Beute heim. Da sagte Umisachihiko zu seinem Bruder: »Laß uns tauschen, nimm du die Angel und gib mir den Bogen.« Yamasachihiko war damit einverstanden, sie tauschten die Geräte, und jeder versuchte sein Glück. Umisachihiko nahm Pfeil und Bogen und ging in die Berge, die wilden Tiere zu jagen, aber unerfahren im Gebrauch der Jagdwaffen, machte er keine Beute und kam mit leeren Händen heim. Yamasachihiko versuchte sich im Fischfang, aber da er keine Erfahrung hatte, fing er nicht nur nichts, sondern verlor auch überdies noch den Angelhaken. Da sprach Umisachihiko: »Das Jagen will gelernt sein, und das Fischen will andererseits auch gelernt sein, nimm deinen Bogen und deine Pfeile und gib mir meine Angel zurück.« Yamasachihiko antwortete: »Mit deiner Angel habe ich nicht einen einzigen Fisch gefangen und dazu habe ich auch leider noch deinen Angelhaken verloren. Hier habe ich dir einen neuen angefertigt.« Der Bruder aber wollte diesen nicht annehmen, sondern forderte seinen alten Haken zurück. Da nahm Yamasachihiko sein Schwert, zerbrach es und schmiedete fünfhundert Angelhaken und bot sie seinem Bruder auf einem Getreideworfler an. Der aber wollte sie nicht annehmen, sondern forderte ungestüm seinen alten Haken zurück. Auch als ihm Yamasachihiko tausend neue Angelhaken anbot, wollte er sie nicht annehmen und sagte: »Ich will dazu

noch meinen ursprünglichen Angelhaken haben.« Da er nicht ab-
ließ, den Haken von ihm zu fordern, ging Yamasachihiko betrübt
zum Meeresstrand. Als er dort weinend und klagend umherging,
sah er eine Flußwildgans, die sich dort in einer Schlinge gefangen
hatte. Er hatte Mitleid mit ihr und befreite sie. Kurz darauf kam ein
Greis gegangen und sprach zu ihm: »Diese Wildgans, der du das
Leben gerettet hast, war mein Kind. Vor wenigen Augenblicken
kam dieses Kind zu mir und berichtete mir, daß der himmlische
erlauchte Enkel am Ufer des Meeres in Betrübnis weile, ich weiß
nicht, ob dies nun wirklich der Fall ist, aber ich nehme an, daß es
sich wirklich so verhält. Mein Name ist Altehrwürden Shiozuchi.
Wer bist du und aus welchem Grunde sitzest du hier und weinst
und jammerst? Vielleicht kann ich dir helfen.« Yamasachihiko erzählte ihm: »Mein älterer Bruder und ich hatten unsere Jagdgerät-
schaften getauscht. Er bekam von mir Pfeil und Bogen, und ich
bekam seine Angel. Als er mir, da er kein Glück auf der Jagd gehabt
hatte, meine Jagdgeräte zurückgab und seinen Angelhaken wieder-
verlangte, bot ich ihm, da ich den Haken verloren hatte, viele neue
Haken als Ersatz, aber er verlangt trotzdem dazu noch seinen ursprünglichen Angelhaken von mir zurück. Das ist der Grund meiner Betrübnis.« Da sagte der Alte: »Sei nicht länger traurig, ich will
dir behilflich sein, den Haken wiederzuerlangen.« Er nahm einen
Beutel, zog aus diesem einen schwarzen Kamm und warf ihn auf
die Erde. Kaum hatte der Kamm die Erde berührt, da wuchs dort
ein dichtes Bambusgestrüpp hervor. Nun fertigte der Alte aus dem
Bambus einen großen, feinmaschigen Korb, setzte den Yamasachihiko hinein und sagte zu ihm: »Ich werde dich nun in diesem Korb
ins Meer versenken. Habe deshalb keine Angst. Nach einiger Zeit
wirst du dann auf dem Meeresgrund einen Strand erblicken. Das
ist der ›wonnevolle Strand‹. Von dort führt ein Weg bis zu einem
Palast, der aussieht, als sei er aus Fischschuppen erbaut. Das ist der
Palast des Königs des Meeres. Gehe also diesen Weg entlang, bis du
zum Tor des Palastes kommst. Neben dem Tor wirst du einen
Brunnen sehen, der von einem Katsurabaum überschattet ist. Verstecke dich in den Zweigen und warte, bis die Tochter des Königs
des Meeres zum Brunnen kommt, und bitte sie dann um ihre

Hilfe.« Mit diesen Worten versenkte der Alte den Korb ins Meer. Ehe er sich dessen versah, befand sich Yamasachihiko plötzlich an dem ›wonnevollen Strand‹. Als er den Korb verlassen hatte und auf einem Pfad, der vom Strande abzweigte, dahinging, kam er auch zum Palast der Gottheit Watatsumi, des Königs der Meere. Dieser Palast war mit Umzäunungen und Brustwehren ausgerüstet und prangte herrlich mit hohen Türmen. Vor dem Tor war ein Brunnen, und über diesem breitete ein Katsurabaum seine dichten Zweige aus. Yamasachihiko stieg auf den Baum und verbarg sich in den Zweigen. Als er dort eine Weile gewartet hatte, um zu sehen, was sich ereignen würde, kamen die Mägde von Watatsumis Tochter, der Prinzessin Toyotama, mit Gefäßen aus Edelstein in den Händen, um Wasser zu schöpfen. Als die erste der Mägde den Eimer aus dem Brunnen zog, war dieser nicht voll. Sie blickte deshalb in den Brunnen und sah darin das Spiegelbild eines Mannes. Als sie und ihre Gefährtinnen dann hinauf in den Baum blickten, sahen sie Yamasachihiko in den Zweigen sitzen. Nun bat Yamasachihiko die Mägde um einen Trunk Wasser. Doch als sie ihm dann einen Edelsteinkrug reichten, trank er nicht daraus, sondern löste das Magatamajuwel, das ihm an einer Kette im Nacken hing, von der Kette, nahm es in den Mund und spie es in den Krug. Dort blieb es hängen und die Mägde konnten es nicht loslösen. Sie nahmen daher das Gefäß mit dem daran haftenden Juwel und überbrachten es der Prinzessin Toyotama. Diese betrachtete den Krug und fragte: »Ist da jemand außerhalb des Tores?« Die Mägde antworteten: »In den Ästen des Katsurabaumes über dem Brunnen sitzt einer, ein schöner, junger Mann von so edler Gestalt, daß er an Schönheit und Adel selbst unsern Herrn übertrifft. Als er uns um einen Trunk bat und wir ihm diesen Krug reichten, spie er dies Juwel hinein, und weil wir nicht vermögen, es vom Krug zu lösen, brachten wir ihn dir, um ihn dir zu überreichen.« Prinzessin Toyotama wunderte sich über das, was sie hörte, ging hinaus und war von dem Anblick des jungen Mannes, den sie dort sah, bezaubert. Nachdem sie beide Blicke getauscht hatten, ging sie hinein und erzählte ihrem Vater: »Draußen auf dem Baum über dem Brunnen am Tor sitzt ein fremder Mann, schön von Gesicht und zierlich von Gestalt.

Er sieht nicht aus wie ein gewöhnlicher Mensch. Da er nichts rein Himmlisches und auch nichts rein Irdisches an sich hat, wird es wohl Soratsuhiko, der erhabene Prinz des Luftraumes, sein. Bisher war ich der Meinung, daß du allein überaus schön seiest, aber der Fremde vor dem Tor übertrifft dich noch an Schönheit.« Da sagte die Gottheit Watatsumi zu der Prinzessin Toyotama: »Stellen wir ihn auf die Probe!« Er richtete drei Räume zum Empfang des Gastes her und ging dann hinaus und lud ihn ein, den Palast zu betreten. Im ersten Raum wischte sich Yamasachihiko seine Füße ab, im mittleren Raum verbeugte er sich vor dem Gastherrn und im dritten Raum setzte er sich in majestätischer Haltung mit gekreuzten Beinen wie auf einem Thron auf der Decke, die auf dem Schlaflager lag, nieder. Als die Gottheit Watatsumi dies sah, erkannte er, daß jener wirklich der Sprößling einer himmlischen Gottheit war, und sagte: »Ja, dies ist sicherlich Soratsuhiko, des Amatsuhidaka erlauchter Sohn.« Er breitete für ihn acht Sealfelle und darüber acht seidene Polster zum Sitzen auf den Boden, ließ vor ihm auf hundert Tischen die erlesensten Speisen auftragen und gab ihm bei dem nun folgenden Festschmaus seine Tochter, die Prinzessin Toyotama, zur Frau. Drei Jahre vergingen für die beiden Gatten in herzlicher Liebe, da fiel dem Yamasachihiko eines Nachts, während er mit seiner Frau auf dem gemeinsamen Lager ruhte, der Grund für seine Reise zu Watatsuminokamis Palast ein, und da ihm bei diesem Gedanken schwer ums Herz wurde, ließ er einen lauten Seufzer hören. Am nächsten Morgen ging Prinzessin Toyotama zu ihrem Vater und sagte: »Während der drei Jahre, die wir nun beieinander wohnen, habe ich noch niemals irgendwelche Traurigkeit bei meinem Mann bemerkt, heut nacht aber hat er einen tiefen Seufzer getan. Was mag der Grund dafür sein?« Da fragte die Gottheit Watatsumi seinen Schwiegersohn: »Heute morgen hörte ich von meiner Tochter, daß du nachts im Schlaf tief geseufzt hast. Wahrend der drei Jahre, die du nun bei uns wohnst, haben wir noch niemals eine Spur von Traurigkeit an dir bemerkt. Was hat nun dieser Seufzer für einen Grund und in welcher Absicht bist du überhaupt hierher in das Land im Meer gekommen?« Da erzählte Yamasachihiko seinem Schwiegervater alles. Er erzählte ihm, wie er von seinem älteren Bruder wegen des verlorenen Angelhakens so sehr bedrängt worden war und daß er den Wunsch habe, wieder in sein Land zurückzukehren, daß er aber aus Furcht vor seinem Bruder sich nicht getraue, diesen Wunsch auszuführen. Als Yamasachihiko auf der achtfachen Sitzmatte sitzend der Gottheit Watatsumi dies erzählt hatte, da ließ diese alle schmalflossigen und alle breitflossigen Wesen, die das Meer bevölkern, zusammenrufen und fragte sie nach dem Haken. Aber keiner der Fische vermochte ihm darüber Auskunft zu geben. Schließlich kam noch ein Fisch geschwommen, der sagte: »Seit einiger Zeit klagt Kuchime, die Mundfrau, daß ihr eine Fischgräte im Halse stecke und daß sie deshalb nicht richtig essen könne, sicherlich hat sie den Haken verschluckt.« Da ließ die Gottheit Watatsumi die Kuchime rufen und ließ ihren Hals durch Akame, die rote Frau, untersuchen. Wirklich fand diese den gesuchten Haken in Kuchimes Kehle stecken und nahm ihn heraus. Da sprach die Gottheit Watatsumi zur Kuchime: »Höre, Kuchime, von nun ab darfst du nie wieder Köder verschlingen und niemals in aller Zukunft sollst du als Speise auf dem Tisch des himmlischen erlauchten Enkels und seiner Nachkommen aufgetragen werden!« Dann nahm er den Haken und überreichte ihn Yamasachihiko mit den Worten: »Geh hin und bringe den Haken deinem Bruder. Wenn du ihn ihm aber überreichst, dann tu dies mit abgewendetem Antlitz und sprich dabei nach dreimaligem Ausspucken: ›Trübseliger Haken, elender Haken, armer Haken, dummer Haken, Ursprung der Armut, Anfang des Hungers, Wurzel des Elends!‹ So wird der Haken ihm und seinen Nachkommen für achtzig Generationen Armut und Unglück bringen.« Dann gab er dem Yamasachihiko noch zwei Zauberjuwelen und belehrte ihn darüber: »Legt dein Bruder seine Reisfelder an einem hochgelegenen Platz an, so baue du deinen Reis an tiefgelegenen Orten, baut dein Bruder seine Felder an tiefen Stellen, so lege du deine Felder auf den Bergen an. Durch Spenden des Wassers für die Felder will ich es so einrichten, daß dein Bruder infolge von Mißernten innerhalb dreier Jahre völlig verarmt. Wenn dann dein Bruder auf das Meer hinausfährt, um dort seine Nahrung zu suchen, dann nimm dies eine Juwel hier, das ein Flutsteigejuwel ist, in die Hand und pfeife dazu. Ich will dann einen Wirbelwind und hohe Wellen erregen, so daß dein Bruder in Gefahr zu ertrinken gerät. Bittet er dich dann um Gnade, so nimm das andere Juwel, das ein Ebbejuwel ist, zur Hand und höre mit dem Pfeifen auf. Dann wird sich der Wind legen und er wird gerettet werden. Rette ihn aber nicht früher aus der Lebensgefahr, bis er dir versprochen hat, daß er und seine Nachkommen für achtzig Generationen dir und deinen Nachkommen zu dienen bereit sind.« Dann rief die Gottheit Watatsumi nochmals alle Fische herbei und fragte sie: »Wer ist unter euch am schnellsten und kann den erlauchten Enkel in kürzester Zeit an das Land bringen?« Da antwortete das Seeungeheuer, auf dem der König des Meeres, die Gottheit Watatsumi Toyotamahiko, zu reiten pflegte: »Ich, das schnellste Roß, auf dem unser Herr zu reiten pflegt, bin acht Faden lang und kann die Reise in acht Tagen zurücklegen, aber in der Meerenge von Tachibana hält sich ein Seeungeheuer, das dort mit aufgerichteter Rückenflosse im Strudel steht, auf, das ist nur einen Faden lang und könnte den erlauchten Enkel in einem einzigen Tag in sein Heimatland bringen.« Da ließ die Gottheit Watatsumi dieses Tier aus der Tachibana-Meerenge rufen und sandte Yamasachihiko auf seinem Rücken in sein Heimatland. Als dieser dort angekommen war, tat er so, wie es ihn die Gottheit Watatsumi gelehrt hatte, und der Bruder wurde in drei Jahren ein armer Mann. Als dieser nun auf das Meer hinausfuhr, um dort zu angeln, nahm Yamasachihiko das Flutsteigejuwel in die Hand und begann zu pfeifen. Sofort erhoben sich die Winde der Tiefsee und die Winde der Küste, quälten den Umisachihiko mit Sturm und Wellen und brachten ihn in die Gefahr des Ertrinkens. Schließlich rief er in seiner Not: »Du, Bruder, hast lange in Meeresgefilden gewohnt und verstehst gewisse treffliche Künste, die du dort erlernt hast. Wenn du mich errettest, so will ich dein Diener sein und dich als meinen Herrn anerkennen!« Da hörte Yamasachihiko mit Pfeifen auf und nahm das Ebbejuwel in die Hand, und sofort legte sich der Wind und die Wellen glätteten sich. Als nun Umisachihiko sah, daß sich die Wellen beruhigten, sagte er: »Ich bin der ältere Bruder, wie könnte jemals ein älterer Bruder dem jüngeren dienen?« Als nun Yamasachihiko wieder das Flutsteigejuwel zur Hand nahm und zu pfeifen begann, stieg die Flut wieder, und Umisachihiko floh erschreckt vor ihr auf einen Berg. Aber die Flut folgte ihm auch dorthin und selbst als er einen hohen Baum erkletterte, drohte die Flut diesen zu überschwemmen, so daß er erneut in die Gefahr des Ertrinkens geriet. In seiner Angst rief da Umisachihiko: »Ich habe gefehlt, von jetzt ab sollen ich und meine Kinder und Kindeskinder für achtzig Generationen dir und deinen Nachkommen zur Unterhaltung in deinem Palaste dienen, als Wächter und als deine Untertanen.« Als darauf Yamasachihiko das Pfeifen einstellte und das Ebbejuwel in die Hand nahm, wich die Flut wieder zurück, aber er wollte dem Bruder noch keinen Glauben schenken und sprach im Zorn kein Wort zu ihm. Da entkleidete sich Umisachihiko bis auf sein Schamtuch, beschmierte Gesicht und Hände mit roter Erde und sagte: »Auf solche Weise beschmutze ich meinen Körper und mache mich so zu deinem Possenreißer.« Dann hob er die Füße im Tanzschritt und ahmte tanzend die Qualen des Ertrinkens nach, indem er das Steigen der Flut erst bis zu den Füßen, dann bis zu den Knien und bis zu den Oberschenkeln darstellte. Im Kreise herumlaufend zeigte er das weitere Steigen der Flut bis zu den Lenden. Indem er die Hände bis zur Brust hob, zeigte er das Steigen der Flut bis zu den Achselhöhlen, dann bis zum Hals, und zuletzt streckte er die Hände über seinen Kopf und fuhr wie ein Ertrinkender mit den Handflächen hin und her. Nun erst schenkte Yamasachihiko dem Bruder Glauben, und seit jener Zeit sind die Nachkommen des älteren Bruders Umisachihiko den Nachkommen des jüngeren Bruders Yamasachihiko untertan.

So wird in Japan erzählt.

Die zwei Brüder

*E*s waren einmal zwei Brüder, ein reicher und ein armer. Der reiche war ein Goldschmied und bös von Herzen; der arme nährte sich davon, daß er Besen band, und war gut und redlich. Der arme hatte zwei Kinder, das waren Zwillingsbrüder und sich so ähnlich wie ein Tropfen Wasser dem andern. Die zwei Knaben gingen in des Reichen Haus ab und zu und erhielten von dem Abfall manchmal etwas zu essen.

Es trug sich zu, daß der arme Mann, als er in den Wald ging, Reisig zu holen, einen Vogel sah, der ganz golden war und so schön, wie ihm noch niemals einer vor Augen gekommen war. Da hob er ein Steinchen auf, warf nach ihm und traf ihn auch glücklich; es fiel aber nur eine goldene Feder herab, und der Vogel flog fort. Der Mann nahm die Feder und brachte sie seinem Bruder, der sah sie an und sprach: »Es ist eitel Gold«, und gab ihm viel Geld dafür.

Am andern Tag stieg der Mann auf einen Birkenbaum und wollte ein paar Äste abhauen; da flog derselbe Vogel heraus, und als der Mann nachsuchte, fand er ein Nest, und ein Ei lag darin, das war von Gold. Er nahm das Ei mit heim und brachte es seinem Bruder, der sprach wiederum: »Es ist eitel Gold«, und gab ihm, was es wert war. Zuletzt sagte der Goldschmied: »Den Vogel selber möcht ich wohl haben.«

Der Arme ging zum drittenmal in den Wald und sah den Goldvogel wieder auf dem Baum sitzen; da nahm er einen Stein und warf ihn herunter und brachte ihn seinem Bruder, der gab ihm einen großen Haufen Gold dafür. »Nun kann ich mir forthelfen«, dachte er und ging zufrieden nach Haus.

Der Goldschmied war klug und listig und wußte wohl, was das für ein Vogel war. Er rief seine Frau und sprach: »Brat mir den Goldvogel und sorge, daß nichts davon wegkommt: ich habe Lust, ihn ganz allein zu essen.« Der Vogel war aber kein gewöhnlicher, sondern so wunderbarer Art, daß, wer Herz und Leber von ihm aß, jeden Morgen ein Goldstück unter seinem Kopfkissen fand. Die

Frau machte den Vogel zurecht, steckte ihn an einen Spieß und ließ ihn braten.

Nun geschah es, daß, während er am Feuer stand und die Frau anderer Arbeiten wegen notwendig aus der Küche gehen mußte, die zwei Kinder des armen Besenbinders hereinliefen, sich vor den Spieß stellten und ihn ein paarmal herumdrehten. Und als da gerade zwei Stücklein aus dem Vogel in die Pfanne herabfielen, sprach der eine: »Die paar Bißchen wollen wir essen, ich bin so hungrig, es wird's ja niemand daran merken.« Da aßen sie beide die Stückchen auf; die Frau kam aber dazu, sah, daß sie etwas aßen, und sprach: »Was habt ihr gegessen?«

»Ein paar Stückchen, die aus dem Vogel herausgefallen sind«, antworteten sie.

»Das ist Herz und Leber gewesen«, sprach die Frau ganz erschrocken, und damit ihr Mann nichts vermißte und nicht böse ward, schlachtete sie geschwind ein Hähnchen, nahm Herz und Leber heraus und legte es zu dem Goldvogel. Als er gar war, trug sie ihn dem Goldschmied auf, der ihn ganz allein verzehrte und nichts übrigließ.

Am andern Morgen aber, als er unter sein Kopfkissen griff und dachte, das Goldstück hervorzuholen, war so wenig wie sonst eins zu finden. Die beiden Kinder aber wußten nicht, was ihnen für ein Glück zuteil geworden war.

Am andern Morgen, wie sie aufstanden, fiel etwas auf die Erde und klingelte, und als sie es aufhoben, da waren's zwei Goldstücke. Sie brachten sie ihrem Vater, der wunderte sich und sprach: »Wie sollte das zugegangen sein?« Als sie aber am andern Morgen wieder zwei fanden und so jeden Tag, da ging er zu seinem Bruder und erzählte ihm die seltsame Geschichte.

Der Goldschmied merkte gleich, wie es gekommen war und daß die Kinder Herz und Leber von dem Goldvogel gegessen hatten, und um sich zu rächen und weil er neidisch und hartherzig war, sprach er zu dem Vater: »Deine Kinder sind mit dem Bösen im Spiel, nimm das Gold nicht und dulde sie nicht länger in deinem Haus, denn er hat Macht über sie und kann dich selbst noch ins Verderben bringen.« Der Vater fürchtete den Bösen, und so schwer es ihm ankam, führte er doch die Zwillinge hinaus in den Wald und verließ sie da mit traurigem Herzen.

Nun liefen die zwei Kinder im Wald umher und suchten den Weg nach Haus, konnten ihn aber nicht finden, sondern verirrten sich immer weiter. Endlich begegneten sie einem Jäger, der fragte: »Wem gehört ihr Kinder?«

»Wir sind des armen Besenbinders Jungen«, antworteten sie und erzählten ihm, daß ihr Vater sie nicht länger im Hause hätte behalten wollen, weil alle Morgen ein Goldstück unter ihrem Kopfkissen läge. »Nun«, sagte der Jäger, »das ist gerade nichts Schlimmes, wenn ihr nur rechtschaffen dabei bleibt und euch nicht auf die faule Haut legt.« Der gute Mann, weil ihm die Kinder gefielen und er selbst keine hatte, so nahm er sie mit nach Haus und sprach: »Ich will euer Vater sein und euch großziehen.«

Sie lernten da bei ihm die Jägerei, und das Goldstück, das ein jeder beim Aufstehen fand, das hob er ihnen auf, wenn sie's in Zukunft nötig hätten. Als sie herangewachsen waren, nahm sie ihr Pflegevater eines Tages mit in den Wald und sprach: »Heute sollt ihr euern Probeschuß tun, damit ich euch freisprechen und zu Jägern machen kann.« Sie gingen mit ihm auf den Anstand und warteten lange, aber es kam kein Wild. Der Jäger sah über sich und sah eine Kette von Schneegänsen in der Gestalt eines Dreiecks fliegen, da sagte er zu dem einen: »Nun schieß von jeder Ecke eine herab.« Der tat's und vollbrachte damit seinen Probeschuß. Bald darauf kam noch eine Kette angeflogen und hatte die Gestalt der Ziffer Zwei; da hieß der Jäger den andern gleichfalls von jeder Ecke eine herunterholen, und dem gelang sein Probeschuß auch. Nun sagte der Pflegevater: »Ich spreche euch frei, ihr seid ausgelernte Jäger.«

Darauf gingen die zwei Brüder zusammen in den Wald, ratschlagten miteinander und verabredeten etwas. Und als sie abends sich zum Essen niedergesetzt hatten, sagten sie zu ihrem Pflegevater: »Wir rühren die Speise nicht an und nehmen keinen Bissen, bevor Ihr uns eine Bitte gewährt habt.« Sprach er: »Was ist denn eure Bitte?« Sie antworteten: »Wir haben nun ausgelernt, wir müssen uns auch in der Welt versuchen, so erlaubt, daß wir fortziehen und wandern.« Da sprach der Alte mit Freuden: »Ihr redet wie brave Jäger, was ihr begehrt, ist mein eigener Wunsch gewesen; zieht aus, es wird euch wohl ergehen.« Darauf aßen und tranken sie fröhlich zusammen.

Als der bestimmte Tag kam, schenkte der Pflegevater jedem eine gute Büchse und einen Hund und ließ jeden von seinen gesparten Goldstücken nehmen, soviel er wollte. Darauf begleitete er sie ein Stück Wegs, und beim Abschied gab er ihnen noch ein blankes Messer und sprach: »Wann ihr euch einmal trennt, so stoßt dies Messer am Scheideweg in einen Baum, daran kann einer, wenn er zurückkommt, sehen, wie es seinem abwesenden Bruder ergangen ist, denn die Seite, nach welcher dieser ausgezogen ist, rostet, wann er stirbt; solange er aber lebt, bleibt sie blank.«

Die zwei Brüder gingen immer weiter fort und kamen in einen Wald so groß, daß sie unmöglich in einem Tag heraus konnten. Also blieben sie die Nacht darin und aßen, was sie in die Jägertasche gesteckt hatten; sie gingen aber auch noch den zweiten Tag und kamen nicht heraus.

Da sie nichts zu essen hatten, so sprach der eine: »Wir müssen uns etwas schießen, sonst leiden wir Hunger«, lud seine Büchse und sah sich um. Und als ein alter Hase dahergelaufen kam, legte er an, aber der Hase rief: »Lieber Jäger, laß mich leben, ich will dir auch zwei Junge geben.« Sprang auch gleich ins Gebüsch und brachte zwei Junge, die Tierlein spielten aber so munter und waren so artig, daß die Jäger es nicht übers Herz bringen konnten, sie zu töten. Sie behielten sie also bei sich, und die kleinen Hasen folgten ihnen auf dem Fuße nach. Bald darauf schlich ein Fuchs vorbei, den wollten sie niederschießen, aber der Fuchs rief:

»Lieber Jäger, laß mich leben,
Ich will dir auch zwei Junge geben.«

Er brachte auch zwei Füchslein, und die Jäger mochten sie auch nicht töten, gaben sie den Hasen zur Gesellschaft, und sie folgten ihnen nach.

Nicht lange, so schritt ein Wolf aus dem Dickicht, die Jäger legten auf ihn an, aber der Wolf rief:

»Lieber Jäger, laß mich leben,
Ich will dir auch zwei Junge geben.«

Die zwei jungen Wölfe taten die Jäger zu den andern Tieren, und sie folgten ihnen nach.

Darauf kam ein Bär, der wollte gern noch länger herumtraben, und rief:

»Lieber Jäger, laß mich leben,
Ich will dir auch zwei Junge geben.«

Die zwei jungen Bären wurden zu den andern gesellt und waren ihrer schon acht.

Endlich, wer kam? Ein Löwe kam und schüttelte seine Mähne. Aber die Jäger ließen sich nicht schrecken und zielten auf ihn; aber der Löwe sprach gleichfalls:

»Lieber Jäger, laß mich leben,
Ich will dir auch zwei Junge geben.«

Er holte auch seine Jungen herbei, und nun hatten die Jäger zwei Löwen, zwei Bären, zwei Wölfe, zwei Füchse und zwei Hasen, die ihnen nachzogen und dienten.

Indessen war ihr Hunger damit nicht gestillt worden, da sprachen sie zu den Füchsen: »Hört, ihr Schleicher, schafft uns etwas zu essen, ihr seid ja listig und verschlagen.« Sie antworteten: »Nicht weit von hier liegt ein Dorf, wo wir schon manches Huhn geholt haben; den Weg dahin wollen wir euch zeigen.« Da gingen sie ins Dorf, kauften sich etwas zu essen und ließen auch ihren Tieren Futter geben und zogen dann weiter. Die Füchse aber wußten guten Bescheid in der Gegend, wo die Hühnerhöfe waren, und konnten die Jäger überall zurechtweisen.

Nun zogen sie eine Weile herum, konnten aber keinen Dienst finden, wo sie zusammengeblieben wären, da sprachen sie: »Es geht nicht anders, wir müssen uns trennen.« Sie teilten die Tiere, so daß jeder einen Löwen, einen Bären, einen Wolf, einen Fuchs und einen Hasen bekam; dann nahmen sie Abschied, versprachen sich brüderliche Liebe bis in den Tod und stießen das Messer, das ihnen ihr Pflegevater mitgegeben, in einen Baum; worauf der eine nach Osten, der andere nach Westen zog.

Der jüngste aber kam mit seinen Tieren in eine Stadt, die war ganz mit schwarzem Flor überzogen. Er ging in ein Wirtshaus und fragte den Wirt, ob er nicht seine Tiere beherbergen könnte. Der Wirt gab ihnen einen Stall, wo in der Wand ein Loch war: da kroch der Hase hinaus und holte sich ein Kohlhaupt, und der Fuchs holte sich ein Huhn, und als er das gefressen hatte, auch den Hahn dazu; der Wolf aber, der Bär und der Löwe, weil sie zu groß waren, konnten nicht hinaus. Da ließ sie der Wirt hinbringen, wo eben eine Kuh auf dem Rasen lag, daß sie sich satt fraßen. Und als der Jäger für seine Tiere gesorgt hatte, fragte er erst den Wirt, warum die Stadt so mit Trauerflor ausgehängt wäre.

Sprach der Wirt: »Weil morgen unseres Königs einzige Tochter sterben wird.«

Fragte der Jäger: »Ist sie sterbenskrank?«

»Nein«, antwortete der Wirt, »sie ist frisch und gesund, aber sie muß doch sterben.«

»Wie geht das zu?« fragte der Jäger. »Draußen vor der Stadt ist ein hoher Berg, darauf wohnt ein Drache, der muß alle Jahr eine reine Jungfrau haben, sonst verwüstet er das ganze Land. Nun sind schon alle Jungfrauen hingegeben und ist niemand mehr übrig als die Königstochter, dennoch ist keine Gnade, sie muß ihm überliefert werden; und das soll morgen geschehen.« Sprach der Jäger: »Warum wird der Drache nicht getötet?«

»Ach«, antwortete der Wirt, »so viele Ritter haben's versucht, aber allesamt ihr Leben eingebüßt; der König hat dem, der den Drachen besiegt, seine Tochter zur Frau versprochen, und er soll auch nach seinem Tode das Reich erben.«

Der Jäger sagte dazu weiter nichts, aber am andern Morgen nahm er seine Tiere und stieg mit ihnen auf den Drachenberg. Da stand oben eine kleine Kirche, und auf dem Altar standen drei gefüllte Becher, und dabei war die Schrift »Wer die Becher austrinkt, wird der stärkste Mann auf Erden und wird das Schwert führen, das vor der Türschwelle vergraben liegt«. Der Jäger trank da nicht, ging hinaus und suchte das Schwert in der Erde, vermochte aber nicht, es von der Stelle zu bewegen. Da ging er hin und trank die Becher aus und war nun stark genug, das Schwert aufzunehmen, und seine Hand konnte es ganz leicht führen. Als die Stunde kam, wo die Jungfrau dem Drachen sollte ausgeliefert werden, begleitete sie der König, der Marschall und die Hofleute hinaus.

Sie sah von weitem den Jäger oben auf dem Drachenberg und meinte, der Drache stände da und erwartete sie, und wollte nicht hinaufgehen, endlich aber, weil die ganze Stadt sonst wäre verloren gewesen, mußte sie den schweren Gang tun. Der König und die Hofleute kehrten voll großer Trauer heim, des Königs Marschall aber sollte stehenbleiben und aus der Ferne alles mit ansehen.

Als die Königstochter oben auf den Berg kam, stand da nicht der Drache, sondern der junge Jäger, der sprach ihr Trost ein und sagte, er wollte sie retten, führte sie in die Kirche und verschloß sie darin. Gar nicht lange, so kam mit großem Gebraus der siebenköpfige Drache dahergefahren. Als er den Jäger erblickte, verwunderte er sich und sprach: »Was hast du hier auf dem Berge zu schaffen?«

Der Jäger antwortete: »Ich will mit dir kämpfen.«

Sprach der Drache: »So mancher Rittersmann hat hier sein Leben gelassen, mit dir will ich auch fertigwerden«, und atmete Feuer aus sieben Rachen. Das Feuer sollte das trockne Gras anzünden, und der Jäger sollte in der Glut und dem Dampf ersticken, aber die Tiere kamen herbeigelaufen und traten das Feuer aus.

Da fuhr der Drache gegen den Jäger, aber er schwang sein Schwert, daß es in der Luft sang, und schlug ihm drei Köpfe ab. Da ward der Drache erst recht wütend, erhob sich in die Luft, spie die Feuerflammen über den Jäger aus und wollte sich auf ihn stürzen, aber der Jäger zückte nochmals sein Schwert und hieb ihm wieder drei Köpfe ab. Das Untier ward matt und sank nieder und wollte doch wieder auf den Jäger los, aber er schlug ihm mit der letzten Kraft den Schweif ab, und weil er nicht mehr kämpfen konnte, rief er seine Tiere herbei, die zerrissen es in Stücke. Als der Kampf zu Ende war, schloß der Jäger die Kirche auf und fand die Königstochter auf der Erde liegen, weil ihr die Sinne vor Angst und Schrecken während des Streites vergangen waren. Er trug sie heraus, und als sie wieder zu sich selbst kam und die Augen aufschlug, zeigte er ihr den zerrissenen Drachen und sagte ihr, daß sie nun erlöst wäre. Sie freute sich und sprach: »Nun wirst du mein liebster Gemahl werden, denn mein Vater hat mich demjenigen versprochen, der den Drachen tötet.«

Darauf hing sie ihr Halsband von Korallen ab und verteilte es unter die Tiere, um sie zu belohnen, und der Löwe erhielt das goldene Schlößchen davon. Ihr Taschentuch aber, in dem ihr Name stand, schenkte sie dem Jäger, der ging hin und schnitt aus den sieben Drachenköpfen die Zungen aus, wickelte sie in das Tuch und verwahrte sie wohl.

Als das geschehen war, weil er von dem Feuer und dem Kampf so matt und müde war, sprach er zur Jungfrau: »Wir sind beide so matt und müde, wir wollen ein wenig schlafen.« Da sagte sie ja, und sie ließen sich auf die Erde nieder, und der Jäger sprach zu dem Löwen: »Du sollst wachen, damit uns niemand im Schlaf überfällt«, und beide schliefen ein. Der Löwe legte sich neben sie, um zu wachen, aber er war vom Kampf auch müde, daß er den Bären rief und sprach: »Lege dich neben mich, ich muß ein wenig schlafen, und wenn was kommt, so wecke mich auf.« Da legte sich der Bär neben ihn, aber er war auch müde und rief den Wolf und sprach: »Lege dich neben mich, ich muß ein wenig schlafen, und wenn was kommt, so wecke mich auf.« Da legte sich der Wolf neben ihn, aber er war auch müde und rief den Fuchs und sprach: »Lege dich neben mich, ich muß ein wenig schlafen, und wenn was kommt, so wecke mich auf.« Da legte sich der Fuchs neben ihn, aber er war auch müde, rief den Hasen und sprach: »Lege dich neben mich, ich muß ein wenig schlafen, und wenn was kommt, so wecke mich auf.« Da setzte sich der Hase neben ihn, aber der arme Hase war auch müde und hatte niemand, den er zur Wache herbeirufen konnte, und schlief ein.

Da schlief nun die Königstochter, der Jäger, der Löwe, der Bär, der Wolf, der Fuchs und der Hase, und schliefen alle einen festen Schlaf. Der Marschall aber, der von weitem hatte zuschauen sollen, als er den Drachen nicht mit der Jungfrau fortfliegen sah und alles auf dem Berg ruhig ward, nahm sich ein Herz und stieg hinauf. Da lag der Drache zerstückt und zerrissen auf der Erde und nicht weit davon die Königstochter und ein Jäger mit seinen Tieren, die waren alle in tiefen Schlaf versunken. Und weil er bös und gottlos war, so nahm er sein Schwert und hieb dem Jäger das Haupt ab und faßte die Jungfrau auf den Arm und trug sie den Berg hinab. Da erwachte sie und erschrak, aber der Marschall sprach: »Du bist in meinen Händen, du sollst sagen, daß ich es gewesen bin, der den Drachen getötet hat.«

»Das kann ich nicht«, antwortete sie, »denn ein Jäger mit seinen Tieren hat's getan.« Da zog er sein Schwert und drohte sie zu töten, wo sie ihm nicht gehorchte, und zwang sie damit, daß sie es versprach.

Darauf brachte er sie vor den König, der sich vor Freuden nicht zu lassen wußte, als er sein liebes Kind wieder lebend erblickte, das er von dem Untier zerrissen glaubte. Der Marschall sprach zu ihm: »Ich habe den Drachen getötet und die Jungfrau und das ganze Reich befreit, darum fordere ich sie zur Gemahlin, so wie es zugesagt ist.« Der König fragte die Jungfrau: »Ist das wahr, was er spricht?«

»Ach ja«, antwortete sie, »es muß wohl wahr sein; aber ich halte mir aus, daß erst über Jahr und Tag die Hochzeit gefeiert wird«, denn sie dachte in der Zeit etwas von ihrem lieben Jäger zu hören.

Auf dem Drachenberg aber lagen noch die Tiere neben ihrem toten Herrn und schliefen, da kam eine große Hummel und setzte sich dem Hasen auf die Nase, aber der Hase wischte sie mit der Pfote ab und schlief weiter. Die Hummel kam zum zweitenmal, aber der Hase wischte sie wieder ab und schlief fort. Da kam sie zum drittenmal und stach ihm in die Nase, daß er aufwachte. Sobald der Hase wach war, weckte er den Fuchs und der Fuchs den Wolf und der Wolf den Bär und der Bär den Löwen.

Und als der Löwe aufwachte und sah, daß die Jungfrau fort war und sein Herr tot, fing er an, fürchterlich zu brüllen, und rief: »Wer hat das vollbracht? Bär, warum hast du mich nicht geweckt?«

Der Bär fragte den Wolf: »Warum hast du mich nicht geweckt?« Und der Wolf den Fuchs: »Warum hast du mich nicht geweckt?« Und der Fuchs den Hasen: »Warum hast du mich nicht geweckt?« Der arme Hase wußte allein nichts zu antworten, und die Schuld blieb auf ihm hängen. Da wollten sie über ihn herfallen, aber er bat und sprach: »Bringt mich nicht um, ich will unsern Herrn wieder lebendig machen. Ich weiß einen Berg, da wächst eine Wurzel, wer die im Mund hat, der wird von aller Krankheit und allen Wunden geheilt. Aber der Berg liegt zweihundert Stunden von hier.« Sprach der Löwe: »In vierundzwanzig Stunden mußt du hin und her gelaufen sein und die Wurzel mitbringen.« Da sprang der Hase fort, und in vierundzwanzig Stunden war er zurück und brachte die Wurzel mit.

Der Löwe setzte dem Jäger den Kopf wieder an, und der Hase steckte ihm die Wurzel in den Mund, alsbald fügte sich alles wieder zusammen, und das Herz schlug, und das Leben kehrte zurück. Da erwachte der Jäger und erschrak, als er die Jungfrau nicht mehr sah, und dachte: »Sie ist wohl fortgegangen, während ich schlief, um mich loszuwerden.« Der Löwe hatte in der großen Eile seinem Herrn den Kopf verkehrt aufgesetzt, der aber merkte es nicht bei seinen traurigen Gedanken an die Königstochter; erst zu Mittag, als er etwas essen wollte, da sah er, daß ihm der Kopf nach dem Rücken zu stand, konnte es nicht begreifen und fragte die Tiere, was ihm im Schlaf widerfahren wäre.

Da erzählte ihm der Löwe, daß sie auch alle aus Müdigkeit eingeschlafen wären, und beim Erwachen hätten sie ihn tot gefunden mit abgeschlagenem Haupte, der Hase hätte die Lebenswurzel geholt, er aber in der Eile den Kopf verkehrt gehalten; doch wollte er seinen Fehler wiedergutmachen. Dann riß er dem Jäger den Kopf wieder ab, drehte ihn herum, und der Hase heilte ihn mit der Wurzel fest.

Der Jäger aber war traurig, zog in der Welt herum und ließ seine Tiere vor den Leuten tanzen. Es trug sich zu, daß er gerade nach Verlauf eines Jahres wieder in dieselbe Stadt kam, wo er die Königstochter vom Drachen erlöst hatte, und die Stadt war diesmal ganz mit rotem Scharlach ausgehängt. Da sprach er zum Wirt: »Was will das sagen? Vorm Jahr war die Stadt mit schwarzem Flor überzogen, was soll heute der rote Scharlach?« Der Wirt antwortete: »Vorm Jahr sollte unsers Königs Tochter dem Drachen ausgeliefert werden, aber der Marschall hat mit ihm gekämpft und ihn getötet, und da soll morgen ihre Vermählung gefeiert werden; darum war die Stadt damals mit schwarzem Flor zur Trauer und ist heute mit rotem Scharlach zur Freude ausgehängt.« Am andern Tag, wo die Hochzeit sein sollte, sprach der Jäger um die Mittagszeit zum Wirt: »Glaubt Er wohl, Herr Wirt, daß ich heut Brot von des Königs Tisch hier bei Ihm essen will?«

»Ja«, sprach der Wirt, »da wollt ich doch noch hundert Goldstücke dransetzen, daß das nicht wahr ist.« Der Jäger nahm die Wette an und setzte einen Beutel mit ebensoviel Goldstücken dagegen. Dann rief er den Hasen und sprach: »Geh hin, lieber Springer, und hol mir von dem Brot, das der König ißt.« Nun war das Häslein das geringste und konnte es keinem andern wieder auftragen, sondern mußte sich selbst auf die Beine machen. »Ei«, dachte es, »wann ich so allein durch die Straßen springe, da werden die Metzgerhunde hinter mir drein sein.« Wie es dachte, so geschah es auch, und die Hunde kamen hinter ihm drein und wollten ihm sein gutes Fell flicken. Es sprang aber, hast du nicht gesehen! und flüchtete sich in ein Schilderhaus, ohne daß es der Soldat gewahr wurde. Da kamen die Hunde und wollten es heraus haben, aber der Soldat verstand keinen Spaß und schlug mit dem Kolben drein, daß sie schreiend und heulend fortliefen.

Als der Hase merkte, daß die Luft rein war, sprang er zum Schloß hinein und gerade zur Königstochter, setzte sich unter ihren Stuhl und kratzte sie am Fuß. Da sagte sie: »Willst du fort!«, und meinte, es wäre ihr Hund. Der Hase kratzte zum zweitenmal am Fuß, da sagte sie wieder: »Willst du fort!«, und meinte, es wäre ihr Hund. Aber der Hase ließ sich nicht irremachen und kratzte zum drittenmal, da guckte sie herab und erkannte den Hasen an seinem Halsband.

Nun nahm sie ihn auf ihren Schoß, trug ihn in ihre Kammer und sprach: »Lieber Hase, was willst du?«

Antwortete er: »Mein Herr, der den Drachen getötet hat, ist hier und schickt mich, ich soll um ein Brot bitten, wie es der König ißt.« Da war sie voll Freude und ließ den Bäcker kommen und befahl ihm, ein Brot zu bringen, wie es der König aß. Sprach das Häslein: »Aber der Bäcker muß mirs auch hintragen, damit mir die Metzgerhunde nichts tun.« Der Bäcker trug es ihm bis an die Türe der Wirtsstube, da stellte sich der Hase auf die Hinterbeine, nahm alsbald das Brot in die Vorderpfoten und brachte es seinem Herrn.

Da sprach der Jäger: »Sieht Er, Herr Wirt, die hundert Gold-stücke sind mein.« Der Wirt wunderte sich, aber der Jäger sagte weiter: »Ja, Herr Wirt, das Brot hätt ich, nun will ich aber auch von des Königs Braten essen.«

Der Wirt sagte: »Das möcht ich sehen«, aber wetten wollte er nicht mehr. Rief der Jäger den Fuchs und sprach: »Mein Füchslein, geh hin und hol mir Braten, wie ihn der König ißt.« Der Rotfuchs wußte die Schliche besser, ging an den Ecken und durch die Win-kel, ohne daß ihn ein Hund sah, setzte sich unter der Königstochter Stuhl und kratzte an ihrem Fuß.

Da sah sie herab und erkannte den Fuchs am Halsband, nahm ihn mit in ihre Kammer und sprach: »Lieber Fuchs, was willst du?«

Antwortete er: »Mein Herr, der den Drachen getötet hat, ist hier und schickt mich, ich soll bitten um einen Braten, wie ihn der König ißt.« Da ließ sie den Koch kommen, der mußte einen Braten, wie ihn der König aß, anrichten und dem Fuchs bis an die Türe tragen; da nahm ihm der Fuchs die Schüssel ab, wedelte mit seinem Schwanz erst die Fliegen weg, die sich auf den Braten gesetzt hat-ten, und brachte ihn dann seinem Herrn.

»Sieht Er, Herr Wirt«, sprach der Jäger, »Brot und Fleisch ist da, nun will ich auch Zugemüs essen, wie es der König ißt.«

Da rief er den Wolf und sprach: »Lieber Wolf, geh hin und hol mir Zugemüs, wie's der König ißt.« Da ging der Wolf geradezu ins Schloß, weil er sich vor niemand fürchtete, und als er in der Königstochter Zimmer kam, da zupfte er sie hinten am Kleid, daß sie sich umschauen mußte. Sie erkannte ihn am Halsband und nahm ihn mit in ihre Kammer und sprach: »Lieber Wolf, was willst du?«

Antwortete er: »Mein Herr, der den Drachen getötet hat, ist hier, ich soll bitten um ein Zugemüs, wie es der König ißt.« Da ließ sie den Koch kommen, der mußte ein Zugemüs bereiten, wie es der König aß, und mußte es dem Wolf bis vor die Türe tragen, da nahm ihm der Wolf die Schüssel ab und brachte sie seinem Herrn.

»Sieht Er, Herr Wirt«, sprach der Jäger, »nun hab ich Brot, Fleisch und Zugemüs, aber ich will auch Zuckerwerk essen, wie es der König ißt.«

Rief er den Bären und sprach: »Lieber Bär, du leckst doch gern etwas Süßes, geh hin und hol mir Zuckerwerk, wie's der König ißt.« Da trabte der Bär nach dem Schlosse und ging ihm jedermann aus dem Wege; als er aber zu der Wache kam, hielt sie die Flinten vor und wollte ihn nicht ins königliche Schloß lassen. Aber er hob sich in die Höhe und gab mit seinen Tatzen links und rechts ein paar Ohrfeigen, daß die ganze Wache zusammenfiel, und darauf ging er geradeswegs zu der Königstochter, stellte sich hinter sie und brummte ein wenig. Da schaute sie rückwärts und erkannte den Bären und hieß ihn mitgehn in ihre Kammer und sprach: »Lieber Bär, was willst du?«

Antwortete er: »Mein Herr, der den Drachen getötet hat, ist hier, ich soll bitten um Zuckerwerk, wie's der König ißt.« Da ließ sie den Zuckerbäcker kommen, der mußte Zuckerwerk backen, wie's der König aß, und dem Bären vor die Türe tragen; da leckte der Bär erst die Zuckererbsen auf, die heruntergerollt waren, dann stellte er sich aufrecht, nahm die Schüssel und brachte sie seinem Herrn.

»Sieht Er, Herr Wirt«, sprach der Jäger, »nun habe ich Brot, Fleisch, Zugemüs und Zuckerwerk, aber ich will auch Wein trinken, wie ihn der König trinkt.«

Er rief seinen Löwen herbei und sprach: »Lieber Löwe, du trinkst dir doch gerne einen Rausch, geh und hol mir Wein, wie ihn der König trinkt.«

Da schritt der Löwe über die Straße, und die Leute liefen vor ihm, und als er an die Wache kam, wollte sie den Weg sperren, aber er brüllte nur einmal, so sprang alles fort. Nun ging der Löwe vor das königliche Zimmer und klopfte mit seinem Schweif an die Türe. Da kam die Königstochter heraus und wäre fast über den Löwen erschrocken, aber sie erkannte ihn an dem goldenen Schloß von ihrem Halsbande und hieß ihn mit in ihre Kammer gehen und sprach: »Lieber Löwe, was willst du?«

Antwortete er: »Mein Herr, der den Drachen getötet hat, ist hier, ich soll bitten um Wein, wie ihn der König trinkt.« Da ließ sie den Mundschenk kommen, der sollte dem Löwen Wein geben, wie ihn der König tränke. Sprach der Löwe: »Ich will mitgehen und sehen, daß ich den rechten kriege.« Da ging er mit dem Mundschenk hinab, und als sie unten hinkamen, wollte ihm dieser von dem gewöhnlichen Wein zapfen, wie ihn des Königs Diener tranken, aber der Löwe sprach: »Halt! Ich will den Wein erst versuchen«, zapfte sich ein halbes Maß und schluckte es auf einmal hinab. »Nein«, sagte er, »das ist nicht der rechte.« Der Mundschenk sah ihn schief an, ging aber und wollte ihm aus einem andern Faß geben, das für des Königs Marschall war. Sprach der Löwe: »Halt! Erst will ich den Wein versuchen«, zapfte sich ein halbes Maß und trank es, »der ist besser, aber noch nicht der rechte.« Da ward der Mundschenk bös und sprach: »Was so ein dummes Vieh vom Wein verstehen will!« Aber der Löwe gab ihm einen Schlag hinter die Ohren, daß er unsanft zur Erde fiel, und als er sich wieder aufgemacht hatte, führte er den Löwen ganz Stillschweigens in einen kleinen, besonderen Keller, wo des Königs Wein lag, von dem sonst kein Mensch zu trinken bekam. Der Löwe zapfte sich erst ein halbes Maß und versuchte den Wein, dann sprach er: »Das kann von dem rechten sein«, und hieß den Mundschenk sechs Flaschen füllen.

Nun stiegen sie herauf, wie der Löwe aber aus dem Keller ins Freie kam, schwankte er hin und her und war ein wenig trunken, und der Mundschenk mußte ihm den Wein bis vor die Türe tragen, da nahm der Löwe den Henkelkorb in das Maul und brachte ihn seinem Herrn.

Sprach der Jäger: »Sieht Er, Herr Wirt, da hab ich Brot, Fleisch, Zugemüs, Zuckerwerk und Wein, wie es der König hat, nun will ich mit meinen Tieren Mahlzeit halten«, und setzte sich hin, aß und trank und gab dem Hasen, dem Fuchs, dem Wolf, dem Bär und dem Löwen auch davon zu essen und zu trinken und war guter Dinge, denn er sah, daß ihn die Königstochter noch liebhatte. Und als er Mahlzeit gehalten hatte, sprach er: »Herr Wirt, nun hab ich gegessen und getrunken, wie der König ißt und trinkt, jetzt will ich an des Königs Hof gehen und die Königstochter heiraten.«

Fragte der Wirt: »Wie soll das zugehen, da sie schon einen Bräutigam hat und heute die Vermählung gefeiert wird?« Da zog der Jäger das Taschentuch heraus, das ihm die Königstochter auf dem Drachenberg gegeben hatte und worin die sieben Zungen des Untiers eingewickelt waren, und sprach: »Dazu soll mir helfen, was ich da in der Hand halte.« Da sah der Wirt das Tuch an und sprach: »Wenn ich alles glaube, so glaube ich das nicht und will wohl Haus und Hof dransetzen.« Der Jäger aber nahm einen Beutel mit tausend Goldstücken, stellte ihn auf den Tisch und sagte: »Das setze ich dagegen.«

Nun sprach der König an der königlichen Tafel zu seiner Tochter: »Was haben die wilden Tiere alle gewollt, die zu dir gekommen und in mein Schloß ein und aus gegangen sind?« Da antwortete sie: »Ich darf's nicht sagen, aber schickt hin und laßt den Herrn dieser Tiere holen, so werdet Ihr wohl tun.« Der König schickte einen Diener ins Wirtshaus und ließ den fremden Mann einladen, und der Diener kam gerade, wie der Jäger mit dem Wirt gewettet hatte. Da sprach er: »Sieht Er, Herr Wirt, da schickt der König einen Diener und läßt mich einladen, aber ich gehe so noch nicht.« Und zu dem Diener sagte er: »Ich lasse den Herrn König bitten, daß er mir königliche Kleider schickt, einen Wagen mit sechs Pferden und Diener, die mir aufwarten.«

Als der König die Antwort hörte, sprach er zu seiner Tochter: »Was soll ich tun?«

Sagte sie: »Laßt ihn holen, wie er's verlangt, so werdet Ihr wohl tun.«

Da schickte der König königliche Kleider, einen Wagen mit sechs Pferden und Diener, die ihm aufwarten sollten. Als der Jäger sie kommen sah, sprach er: »Sieht Er, Herr Wirt, nun werde ich abgeholt, wie ich es verlangt habe«, und zog die königlichen Kleider an, nahm das Tuch mit den Drachenzungen und fuhr zum König. Als ihn der König kommen sah, sprach er zu seiner Tochter: »Wie soll ich ihn empfangen?« Antwortete sie: »Geht ihm entgegen, so werdet Ihr wohl tun.«

Da ging ihm der König entgegen und führte ihn herauf, und seine Tiere folgten ihm nach. Der König wies ihm einen Platz an neben sich und seiner Tochter, der Marschall saß auf der andern Seite als Bräutigam, aber der kannte ihn nicht mehr. Nun wurden gerade die sieben Häupter des Drachen zur Schau aufgetragen, und der König sprach: »Die sieben Häupter hat der Marschall dem Drachen abgeschlagen, darum geb ich ihm heute meine Tochter zur Gemahlin.«

Da stand der Jäger auf, öffnete die sieben Rachen und sprach: »Wo sind die sieben Zungen des Drachen?« Da erschrak der Marschall, war bleich und wußte nicht, was er antworten sollte, endlich sagte er in der Angst: »Drachen haben keine Zungen.«

Sprach der Jäger: »Die Lügner sollten keine haben, aber die Drachenzungen sind das Wahrzeichen des Siegers«, und wickelte das Tuch auf, da lagen sie alle siebene darin, und dann steckte er jede Zunge in den Rachen, in den sie gehörte, und sie paßte genau. Darauf nahm er das Tuch, in welches der Name der Königstochter gestickt war, und zeigte es der Jungfrau und fragte sie, wem sie es gegeben hätte, da antwortete sie: »Dem, der den Drachen getötet hat.« Und dann rief er sein Getier, nahm jedem das Halsband und dem Löwen das goldene Schloß ab und zeigte es der Jungfrau und fragte, wem es angehörte. Antwortete sie: »Das Halsband und das goldene Schloß waren mein, ich habe es unter die Tiere verteilt, die den Drachen besiegen halfen.«

Da sprach der Jäger: »Als ich müde von dem Kampf geruht und geschlafen habe, da ist der Marschall gekommen und hat mir den Kopf abgehauen. Dann hat er die Königstochter fortgetragen und vorgegeben, er sei es gewesen, der den Drachen getötet habe; und daß er gelogen hat, beweise ich mit den Zungen, dem Tuch und dem Halsband.« Und dann erzählte er, wie ihn seine Tiere durch eine wunderbare Wurzel geheilt hätten und daß er ein Jahr lang mit ihnen herumgezogen und endlich wieder hierhergekommen wäre, wo er den Betrug des Marschalls durch die Erzählung des Wirtes erfahren hätte.

Da fragte der König seine Tochter: »Ist es wahr, daß dieser den Drachen getötet hat?«

Da antwortete sie: »Ja, es ist wahr; jetzt darf ich die Schandtat des Marschalls offenbaren, weil sie ohne mein Zutun an den Tag gekommen ist, denn er hat mir das Versprechen zu schweigen abgezwungen. Darum aber habe ich mir ausgehalten, daß erst in Jahr und Tag die Hochzeit sollte gefeiert werden.«

Da ließ der König zwölf Ratsherren rufen, die sollten über den Marschall Urteil sprechen, und die urteilten, daß er müßte von vier Ochsen zerrissen werden. Also ward der Marschall gerichtet, der König aber übergab seine Tochter dem Jäger und ernannte ihn zu seinem Statthalter im ganzen Reich. Die Hochzeit ward mit großen Freuden gefeiert, und der junge König ließ seinen Vater und Pflegevater holen und überhäufte sie mit Schätzen. Den Wirt vergaß er auch nicht und ließ ihn kommen und sprach zu ihm: »Sieht Er, Herr Wirt, die Königstochter habe ich geheiratet, und sein Haus und Hof sind mein.« Sprach der Wirt: »Ja, das wäre nach den Rechten.« Der junge König aber sagte: »Es soll nach Gnaden gehen: Haus und Hof soll Er behalten, und die tausend Goldstücke schenke ich Ihm noch dazu.«

Nun waren der junge König und die junge Königin guter Dinge und lebten vergnügt zusammen. Er zog oft hinaus auf die Jagd, weil das seine Freude war, und die treuen Tiere mußten ihn begleiten.

Es lag aber in der Nähe ein Wald, von dem hieß es, er wäre nicht geheuer, und wäre einer erst darin, so käm er nicht leicht wieder heraus. Der junge König hatte aber große Lust, darin zu jagen, und ließ dem alten König keine Ruhe, bis er es ihm erlaubte. Nun ritt er mit einer großen Begleitung aus, und als er zu dem Wald kam, sah er eine schneeweiße Hirschkuh darin und sprach zu seinen Leuten: »Haltet hier, bis ich zurückkomme, ich will das schöne Wild jagen«, und ritt ihm nach in den Wald hinein, und nur seine Tiere folgten ihm. Die Leute hielten und warteten bis Abend, aber er kam nicht wieder; da ritten sie heim und erzählten der jungen Königin: »Der junge König ist im Zauberwald einer weißen Hirschkuh nachgejagt und ist nicht wiedergekommen.« Da war sie in großer Besorgnis um ihn.

Er war aber dem schönen Wild immer nachgeritten und konnte es niemals einholen; wenn er meinte, es wäre schußrecht, so sah er es gleich wieder in weiter Ferne dahinspringen, und endlich verschwand es ganz. Nun merkte er, daß er tief in den Wald hineingeraten war, nahm sein Horn und blies, aber er bekam keine Antwort, denn seine Leute konnten's nicht hören. Und da auch die

Nacht einbrach, sah er, daß er diesen Tag nicht heimkommen könnte, stieg ab, machte sich bei einem Baum ein Feuer an und wollte dabei übernachten.

Als er bei dem Feuer saß und seine Tiere sich auch neben ihn gelegt hatten, däuchte ihn, als hörte er eine menschliche Stimme; er schaute umher, konnte aber nichts bemerken. Bald darauf hörte er wieder ein Ächzen wie von oben her, da blickte er in die Höhe und sah ein altes Weib auf dem Baum sitzen, das jammerte in einem fort: »Hu, hu, hu, was mich friert!«

Sprach er: »Steig herab und wärme dich, wenn dich friert.« Sie aber sagte: »Nein, deine Tiere beißen mich.«

Antwortete er: »Sie tun dir nichts, altes Mütterchen, komm nur herunter.« Sie war aber eine Hexe und sprach: »Ich will dir eine Rute von dem Baum herabwerfen, wenn du sie damit auf den Rükken schlägst, tun sie mir nichts.« Da warf sie ihm ein Rütlein herab, und er schlug sie damit, alsbald lagen sie still und waren in Stein verwandelt. Und als die Hexe vor den Tieren sicher war, sprang sie herunter und rührte auch ihn mit einer Rute an und verwandelte ihn in Stein. Darauf lachte sie und schleppte ihn und die Tiere in einen Graben, wo schon mehr solcher Steine lagen.

Als aber der junge König gar nicht wiederkam, ward die Angst und Sorge der Königin immer größer. Nun trug sich zu, daß gerade in dieser Zeit der andere Bruder, der bei der Trennung gen Osten gewandelt war, in das Königreich kam. Er hatte einen Dienst gesucht und keinen gefunden, war dann herumgezogen hin und her und hatte seine Tiere tanzen lassen. Da fiel ihm ein, er wollte einmal nach dem Messer sehen, das sie bei ihrer Trennung in einen Baumstamm gestoßen hatten, um zu erfahren, wie es seinem Bruder ginge. Wie er dahin kam, war seines Bruders Seite halb verrostet, und halb war sie noch blank. Da erschrak er und dachte: »Meinem Bruder muß ein großes Unglück zugestoßen sein, doch kann ich ihn vielleicht noch retten, denn die Hälfte des Messers ist hoch blank.«

Er zog mit seinen Tieren gen Westen, und als er in das Stadttor kam, trat ihm die Wache entgegen und fragte, ob sie ihn bei seiner Gemahlin melden sollte: die junge Königin wäre schon seit ein paar

Tagen in großer Angst über sein Ausbleiben und fürchtete, er wäre im Zauberwald umgekommen. Die Wache nämlich glaubte nicht anders, als er wäre der junge König selbst, so ähnlich sah er ihn, und hatte auch die wilden Tiere hinter sich laufen.

Da merkte er, daß von seinem Bruder die Rede war, und dachte: »Es ist das beste, ich gebe mich für ihn aus, so kann ich ihn wohl leichter erretten.« Also ließ er sich von der Wache ins Schloß begleiten und ward mit großen Freuden empfangen. Die junge Königin meinte nicht anders, als es wäre ihr Gemahl, und fragte ihn, warum er so lange ausgeblieben wäre. Er antwortete: »Ich hatte mich in einem Walde verirrt und konnte mich nicht eher wieder herausfinden.« Abends ward er in das königliche Bette gebracht, aber er legte ein zweischneidiges Schwert zwischen sich und die junge Königin; sie wußte nicht, was das heißen sollte, getraute sich aber nicht zu fragen. Da blieb er ein paar Tage und erforschte derweil alles, wie es mit dem Zauberwald beschaffen war, endlich sprach er: »Ich muß noch einmal dort jagen.«

Der König und die junge Königin wollten es ihm ausreden, aber er bestand darauf und zog mit großer Begleitung hinaus. Als er in den Wald gekommen war, erging es ihm wie seinem Bruder, er sah eine weiße Hirschkuh und sprach zu seinen Leuten: »Bleibt hier und wartet, bis ich wiederkomme, ich will das schöne Wild jagen«, ritt in den Wald hinein, und seine Tiere liefen ihm nach. Aber er konnte die Hirschkuh nicht einholen und geriet so tief in den Wald, daß er darin übernachten mußte. Und als er ein Feuer angemacht hatte, hörte er über sich ächzen: »Hu, hu, hu, wie mich friert!« Da schaute er hinauf, und es saß dieselbe Hexe oben im Baum.

Sprach er: »Wenn dich friert, so komm herab, altes Mütterchen, und wärme dich.«

Antwortete sie: »Nein, deine Tiere beißen mich.« Er aber sprach: »Sie tun dir nichts.« Da rief sie: »Ich will dir eine Rute hinabwerfen, wenn du sie damit schlägst, so tun sie mir nichts.«

Wie der Jäger das hörte, traute er der Alten nicht und sprach: »Meine Tiere schlag’ ich nicht, komm du herunter, oder ich hol’ dich.«

Da rief sie: »Was willst du wohl? Du tust mir noch nichts.«

Er aber antwortete: »Kommst du nicht, so schieß' ich dich herunter.«

Sprach sie: »Schieß nur zu, vor deinen Kugeln fürchte ich mich nicht.« Da legte er an und schoß nach ihr, aber die Hexe war fest gegen alle Bleikugeln, lachte, daß es gellte, und rief: »Du sollst mich noch nicht treffen.« Der Jäger wußte Bescheid, riß sich drei silberne Knöpfe vom Rock und lud sie in die Büchse, denn dagegen war ihre Kunst umsonst, und als er losdrückte, stürzte sie gleich mit Geschrei herab. Da stellte er den Fuß auf sie und sprach: »Alte Hexe, wenn du nicht gleich gestehst, wo mein Bruder ist, so pack ich dich auf mit beiden Händen und werfe dich ins Feuer.« Sie war in großer Angst, bat um Gnade und sagte: »Er liegt mit seinen Tieren versteinert in einem Graben.« Da zwang er sie, mit hinzugehen, drohte ihr und sprach: »Alte Meerkatze, jetzt machst du meinen Bruder und alle Geschöpfe, die hier liegen, lebendig, oder du kommst ins Feuer.«

Sie nahm eine Rute und rührte die Steine an, da wurde sein Bruder mit den Tieren wieder lebendig, und viele andere, Kaufleute, Handwerker, Hirten, standen auf, dankten für ihre Befreiung und zogen heim.

Die Zwillingsbrüder aber, als sie sich wiedersahen, küßten sich und freuten sich von Herzen. Dann griffen sie die Hexe, banden sie und legten sie ins Feuer, und als sie verbrannt war, da tat sich der Wald von selbst auf und war licht und hell, und man konnte das königliche Schloß auf drei Stunden Wegs sehen. Nun gingen die zwei Brüder zusammen nach Haus und erzählten einander auf dem Weg ihre Schicksale. Und als der jüngste sagte, er wäre an des Königs statt Herr im ganzen Lande, sprach der andere: »Das hab' ich wohl gemerkt, denn als ich in die Stadt kam und für dich angesehen ward, da geschah mir alle königliche Ehre: die junge Königin hielt mich für ihren Gemahl, und ich mußte an ihrer Seite essen und in deinem Bett schlafen.«

Wie das der andere hörte, ward er so eifersüchtig und zornig, daß er sein Schwert zog und seinem Bruder den Kopf abschlug. Als dieser aber tot dalag und er sein rotes Blut fließen sah, reute es ihn gewaltig: »Mein Bruder hat mich erlöst«, rief er aus, »und ich habe ihn dafür getötet!« Und jammerte laut.

Da kam sein Hase und erbot sich, von der Lebenswurzel zu holen, sprang fort und brachte sie noch zu rechter Zeit: und der Tote ward wieder ins Leben gebracht und merkte gar nichts von der Wunde. Darauf zogen sie weiter, und der jüngste sprach: »Du siehst aus wie ich, hast königliche Kleider an wie ich, und die Tiere folgen dir nach wie mir: wir wollen zu den entgegengesetzten Toren eingehen und von zwei Seiten zugleich beim alten König anlangen.« Also trennten sie sich, und bei dem alten König kam zu gleicher Zeit die Wache von dem einen und dem andern Tore und meldete, der junge König mit den Tieren wäre von der Jagd angelangt.

Sprach der König: »Es ist nicht möglich, die Tore liegen eine Stunde weit auseinander.« Indem aber kamen von zwei Seiten die beiden Brüder in den Schloßhof hinein und stiegen beide herauf. Da sprach der König zu seiner Tochter: »Sag an, welcher ist dein Gemahl? Es sieht einer aus wie der andere, ich kann's nicht wissen.«

Sie war da in großer Angst und konnte es nicht sagen, endlich fiel ihr das Halsband ein, das sie den Tieren gegeben hatte, suchte und fand an dem einen Löwen ihr goldenes Schlößchen; da rief sie vergnügt: »Der, dem dieser Löwe nachfolgt, der ist mein rechter Gemahl.«

Da lachte der junge König und sagte: »Ja, das ist der rechte«, und sie setzten sich zusammen zu Tisch, aßen und tranken und waren fröhlich. Abends, als der junge König zu Bett ging, sprach seine Frau: »Warum hast du die vorigen Nächte immer ein zweischneidiges Schwert in unser Bett gelegt, ich habe geglaubt, du wolltest mich totschlagen.« Da erkannte er, wie treu sein Bruder gewesen war.

So erzählen uns die Brüder Grimm.

Die Schwäger der Sonne

*E*inmal war's, keinmal war's, jenseits von siebenmal sieben Ländern und eine krumme Spanne noch darüber, da war einmal ein armer Mann. Dieser arme Mann hatte drei Söhne und eine Tochter. Als der arme Mann auf dem Totenbett lag, berief er seine Söhne zu sich und tat ihnen seinen letzten Willen kund: »Nun, meine Söhne, ich sterbe. Für euch selber vermögt ihr wohl Sorge zu tragen und auf der weiten Welt zu bestehen. Aber eure Schwester ... gebt sie dem allerersten Freier zum Weibe, komme er bei Nacht oder bei Tag.« Sie begruben den Alten, und noch ehe drei Tage verflossen waren, pochte es nachts Schlag zehn an die Türe.

»Nun, Burschen«, sagte der Fremdling, »ich bin gekommen, daß ihr mir eure Schwester zum Weibe gebt, wie es euer Vater vermacht hat.«

»Wir geben sie dir gerne«, sagte der älteste Bursche. »Komm nur herein, wenn du sie fortführen willst, damit auch wir dich sehen.«

»Gebt sie her! Ich kann nicht hinein, denn ich bin der Sonnenball.«

»Na, wenn du nicht hereinkommst, geben wir sie auch nicht her«, entgegnete der älteste Bursche.

»Morgen abend komme ich wieder. Wenn ihr sie auch dann nicht gebt, bleibt sie hier«, sagte der Sonnenball und entfernte sich.

Am nächsten Tag Schlag elf des Nachts hörte man es wieder an die Türe pochen.

»Schlaft ihr, Burschen?« fragte der Sonnenball.

Da sagte der mittlere Bursche zu seinen Brüdern: »Laßt mich ihm antworten.« Sie willigten ein.

»Ja und nein, wir schlafen und schlafen auch nicht«, sagte der mittlere Bursche.

»Nun, gebt ihr das Mädchen, wie es euer Vater vermacht hat?« fragte der Sonnenball.

»Ja und nein, wir geben sie und geben sie auch nicht«, erwiderte der Bursche. »Wenn du hereinkommst, geben wir sie; wenn du nicht hereinkommst, geben wir sie nicht.«

»Ich sagte ja schon, ich kann nicht hinein. Wenn ihr sie jetzt nicht hergebt, komme ich morgen abend noch ein letztes Mal. Aber gebt ihr sie auch dann nicht, so bleibt das Mädchen hier.«

Als er sich entfernt hatte, sagte der jüngste Bursche: »Morgen abend, wenn der Freier kommt, laßt mich ihm antworten, meine Brüder!« Auch darin willigten sie ein.

Der Bursche nahm am dritten Abend einen Doppelsack hervor und sagte zu seiner Schwester: »Na, Schwester, klaub deine Siebensachen zusammen, denn heute abend mußt du das Haus verlassen.«

Die Schwester grämte sich sehr, gleichwohl machte sie sich bereit. Um Mitternacht pochte es an die Tür. »Nun, Jungens, schlaft ihr?« fragte der Sonnenball.

»Ach woher! Wir schlafen gewiß nicht!« erwiderte der jüngste Bruder.

»Nun, gebt ihr das Mädchen?«

»Gewiß, gewiß, wir geben sie ja schon; komm nur, stell dich daher, näher zur Türe!«

Der Sonnenball stellte sich dahin, die Türe öffnete sich, und im gleichen Augenblick war das Mädchen verschwunden, als hätte sie der Erdboden verschlungen. Nicht einmal Abschied konnten sie von ihr nehmen.

»Das ist ja allerhand!« dachten sich die Burschen.

»Wer mag sie wohl geholt haben?« fragte der eine.

»Wo mag sie wohl wohnen?« dachte der andere.

Sie kamen freilich nicht darauf, wie lange sie auch herumrieten.

Nach drei Tagen rüstete sich der älteste Bursche zum Aufbruch und machte sich auf die Suche nach seiner Schwester. Kaum hatte er den hohen Berg neben dem Dorf erreicht, tauchte plötzlich, wie vom Himmel gefallen, ein großes weißes Pferd vor ihm auf, schon gezäumt und gesattelt, in jedem Ohr eine brennende Kerze. Das Pferd begann zu sprechen und fragte ihn: »Wo gehst du hin, du armer Bursche?«

»Gut wär's, wenn ich's wüßte«, sagte der Bursche. »Fürwahr ich weiß es selber nicht!«

Sodann erzählte er, daß sie ihre Schwester verheiratet hätten, doch weder hätten sie sehen noch fragen können, wer der Mann sei, denn plötzlich waren sie beide verschwunden.

»Sei nicht traurig, mein lieber Herr«, sagte der Zauberhengst – das weiße Pferd war nämlich ein Zauberhengst, müßt ihr wissen! – »setz dich nur auf meinen Rücken, aber mach die Augen gut zu, und daß du sie nicht eher öffnest, als bis ich's sage! Wenn du sie öffnest, ist dein Leben verloren.«

»Ei, ich öffne sie schon nicht«, sagte der Bursche und schwang sich auf den Zauberhengst.

»Können wir losziehen, mein lieber Herr?« fragte der Zauberhengst.

»Wir können schon losziehen, mein liebes Pferd«, erwiderte der Bursche.

Der Zauberhengst tat einen Sprung, sprang zweimal und – siehe ein Wunder! – sie landeten auf dem Hof der Sonne. Der Bursche ging hinein; freundlich grüßte er seinen Schwager wie auch die Schwester. Das war ein Jubel im Hause! Sie umarmten und küßten sich, sie deckten den Tisch und bewirteten den Burschen so reichlich, daß er die vielen leckeren Speisen kaum aufzuessen vermochte.

Nach dem Mittagessen sagte er zu dem Sonnenball: »Schwager, erlaube mir, morgen die Sonne zu sein und deine Arbeit zu verrichten.«

»Sehr gerne, Schwager«, sagte der Sonnenball, »bloß gib gut acht auf dich!«

Am nächsten Tag füllten sie seinen Ranzen mit Brot und Speck. Die Schwester steckte ihm noch eine Flasche Wein, zwei Zwiebeln und Salz zu, und er bestieg ein Pferd und brach auf, die Arbeit des Sonnenschwagers zu verrichten.

Nun zog er dahin und wanderte lange, bis er zu einer großen Brücke kam. Er wollte hinüberreiten, da merkte er, daß an der Brücke ein Brett fehlte. Er stieg vom Pferd und richtete es aufs genaueste. Plötzlich schlug irgendein Lärm und Geplapper an sein Ohr. Er guckte unter die Brücke, da tauchten gerade einige alte Weiber aus dem Wasser auf, frisch-fröhlich fingen sie zu baden an und planschten im Wasser herum.

Sie luden auch den Burschen dazu ein: »Komm, bade mit uns!« rief die eine.

»Ach, wie ist das Wasser so fein warm!« rühmte die andere.

»Wenn du in diesem Wasser badest, verjüngst du dich mit eins!« lockte die dritte.

Sie riefen und lockten den Burschen so lange, daß er schließlich vom Pferde stieg, ins Wasser hineinging und ebenfalls zu baden anfing. Als er genug gebadet hatte, stieg er aus dem Wasser, kleidete sich wieder an, setzte sich aufs Pferd und wollte weiterziehen. Allein das Pferd rührte sich keinen Schritt von der Stelle. Was konnte er tun? Er kehrte einfach um und ging nach Hause. Zu Hause fragte ihn der Sonnenball: »Nun, Schwager, hast du meine Arbeit verrichtet?«

»Gewiß, Schwager!«

»Ei, woher denn, Schwager! Du hast sie keineswegs verrichtet, ich hab’ sie statt deiner getan. Hätte ich mich auf dich verlassen, so wär’ bei den Taglöhnern auf den Feldern des Fluchens kein Ende gewesen. Nun, weil du meine Arbeit nicht gut verrichtet hast, sollst du zur Strafe stumm und taub nach Hause gehen.«

Der älteste Bursche kam nach Hause. Hei! Wie freuten sich die andern zwei auf die Nachrichten von ihrer Schwester. Allein sie fragten ihn – er antwortete nicht; sie redeten zu ihm – er redete nicht. Wie sie es auch versuchten, sie konnten kein Wort aus ihm herausholen.

»Nun denn«, sagte der mittlere Bursche, »jetzt gehe ich, ich werde Nachricht von unserer Schwester bringen.«

Ranzen um die Schulter, Stab in der Hand, so zog er in die Welt hinaus. Aber kaum hatte er die Dorfgrenze hinter sich, stand auf einmal der Zauberhengst vor ihm, genau so aufgezäumt wie damals, als er den Bruder erwartet hatte. Er fragte auch ihn: »Wo gehst du hin, mein lieber Herr?«

»Dorthin und dorthin«, sagte der Bursche.

»Setz dich nur auf meinen Rücken und mach die Augen zu.«

Der Bursche folgte aufs Wort, setzte sich auf den Zauberhengst und machte die Augen zu. Das Pferd tat einen Sprung, sprang zweimal und landete auf dem Hof der Sonne. Wieder herrschte große Freude und wieder gab’s ein großes Essen.

Nach dem Mittagsmahl sagte auch der mittlere Bursche: »Schwager, erlaube mir, daß ich morgen deine Arbeit verrichte.«

»Herzlich gerne, Schwager, bloß gib acht auf dich!« warnte ihn der Sonnenball.

»Sorg dich nicht«, entgegnete der Bursche.

Am andern Tag, mit wohlgefülltem Ranzen, machte auch er sich auf den Weg. Er kam zu jener Brücke, wo die alten Weiber badeten, und da war wieder ein Brett entzwei. Er stieg ab, richtete es und ging weiter. Die alten Weiber lockten ihn immerzu, er solle doch ein wenig baden, aber er hörte nicht auf sie, sondern ging weiter seiner Arbeit nach. Bald darauf gelangte er zu einer zweiten Brücke, unter dieser badeten hübsche junge Frauenzimmer. Aber – daß ich nicht durcheinanderrede! – auch an dieser Brücke war ein Brett entzwei. Er richtete es, um hinübergehen zu können. Wär' sicher auch hinübergegangen, wenn ihn die hübschen jungen Frauenzimmer nicht so bestürmt hätten, daß er sich schließlich zu ihnen gesellte und mit ihnen badete. Als er genug gebadet hatte, wollte er weitergehen. Ei gewiß, wenn nur das Pferd gegangen wäre! Allein dieses rührte sich nicht von der Stelle. So kehrte auch er um und ging nach Hause.

»Na, Schwager, hast du meine Arbeit verrichtet?« fragte ihn der Sonnenball.

»Gewiß, ich hab' sie verrichtet«, antwortete der Bursche.

»Ei, woher denn! Hast sie keineswegs verrichtet! Hätte ich mich auf dich verlassen, so wären die Mäher noch jetzt auf den Feldern. Nun, weil du meine Arbeit nicht verrichtet hast, sollst du blind und taub nach Hause gehen.«

So war es auch. Der jüngste Bursche konnte aus diesem Bruder auch nichts herausholen.

»Jetzt gehe ich«, dachte er bei sich. »Vielleicht hab' ich mehr Glück.«

Kaum trat er durchs Tor hinaus, stand der Zauberhengst vor ihm und brachte ihn, wie vordem seine Brüder, in einem Augenblick zu dem Sonnenschwager. Hei! Ob vordem Freude herrschte oder nicht – diesmal bestimmt! Wahrlich, der Bursche hatte sein Lebtag nicht, so geschwelgt wie damals. Was er sich dabei dachte, was nicht – das weiß ich nicht, wie dem auch sei, anderntags bat auch er seinen Schwager, den Sonnenschwager, seine Arbeit verrichten zu dürfen. Der Schwager gestattete es ihm ebenfalls.

So brach er denn auf, gleich seinen Brüdern, erreichte die beiden Brücken, wo die alten Weiber und die jungen Frauenzimmer badeten. Sie riefen auch ihn, doch er beachtete sie nicht und ging weiter. Er erreichte noch eine dritte Brücke und richtete auch hier das zerbrochene Brett. Als er aber durchs Loch guckte – du lieber Herrgott! –, da sah er unter der Brücke eine Schar wunderschöner Mädchen baden, so wunderschöne, daß schon das bloße Schauen eine Lust war. Die Mädchen bestürmten ihn und luden ihn ein mitzubaden, lockten mit diesem und lockten mit jenem, doch er hörte nicht auf sie. Er schritt über die Brücke und – hört und staunt! – plötzlich stand die ganze Brücke in Flammen, brannte lichterloh, beinahe versengte es auch ihn. Unter der Brücke aber sah er jetzt eine Schar goldlockiger Lämmchen hin und her rennen; sie begossen die brennende Brücke, doch die brannte nur noch mehr.

Jenseits der Brücke kam er auf eine schöne grüne Weide. Das Gras reichte ihm bis zum Knie, dennoch waren die Kühe, die da weideten, jede einzelne so mager wie ein Holzbrett. Er ging weiter und stieß mitten im dichten Wald auf einen gedeckten Tisch. Es gab da Speisen und Getränke im Überfluß, und in den Gläsern füllte sich der Wein von selber. Wohl lockte es ihn zu essen und zu trinken, doch er ging nicht hin, sondern setzte seinen Weg fort.

Jenseits des Waldes kam er auf eine schöne Blumenwiese, wo ihn die Blumen geradezu einluden, sie zu pflücken. Er pflückte eine und steckte sie sich an den Hut.

Als er weiterging, fand er einen Brunnen. Er stieg vom Pferde, um einen Tropfen zu trinken und auch das Pferd zu tränken. Auf einmal stand ein alter Mann vor ihm und fing an zu schimpfen und zu drohen, weil er es gewagt hatte, eine seiner Blumen zu pflücken. Aber ein anderer alter Mann trat herzu und bat seinen Kameraden, den Burschen in Frieden zu lassen und ihm nichts zuleide zu tun. Er bat so lange, bis der zornige alte Mann den Burschen begnadigte und ihn nicht weiter behelligte.

Nun bestieg der Bursche wieder sein Pferd und war im Augenblick daheim.

»Gott gebe dir einen guten Abend, Sonnenschwager!« grüßte er, als er das Haus betrat.

»Willkommen mit Gott, lieber Schwager!« empfing ihn der Sonnenball. »Nun, hast du meine Arbeit verrichtet?«

»Gewiß, ich hab' sie verrichtet.«

»Also gut, wie hast du sie denn verrichtet, was hast du gesehen? Erzähle!«

Der Bursche erzählte nun, daß er unter der Brücke eine Menge goldlockige Lämmchen gesehen habe.

»Na siehst du, das sind jene Lämmchen, welche die Taufeltern den Kindern schenken, aber nicht eben von Herzen gern.«

»Weiter sah ich auf einer fetten Weide ganz magere Kühe.«

»Das sind Geschenkrinder, auch Geschenke, die den Schenkenden reuen.«

»Dann fand ich mitten im Wald einen großen gedeckten Tisch. Es lockte mich zu essen und zu trinken, doch ich bin nicht hingegangen.«

»Siehst du, da hättest du getrost hingehen sollen, denn für dich war der Tisch gedeckt.«

»Später kam ich auf eine Blumenwiese. Ich pflückte mir eine Blume, sie steckt noch jetzt an meinem Hut. Ein alter Mann wollte mir deshalb den Hals abschneiden. Hab' noch Glück gehabt, daß ein anderer alter Mann hinzukam und ihn so lange bat, bis er mich begnadigte.«

»Der alte Mann, der dir den Hals abschneiden wollte, war der König der Blumen; der dir das Leben rettete, war ich! Jetzt aber seh' ich, Schwager, daß du nach Hause gehen möchtest. Da nimm dieses Rundbrot und zerschneide es in zwei Hälften; die eine Hälfte gib dem einen Bruder, die andere Hälfte dem andern Bruder. Davon werden beide sogleich geheilt.«

Der Bursche verabschiedete sich und bestieg den Zauberhengst. Das Pferd sprang einmal, sprang zweimal, und schon waren sie vor ihrem Haustor. Er wollte es nun in den Stall führen, doch da war es verschwunden, als hätte es die Erde verschlungen. Der Bursche ging ins Haus, schnitt das Rundbrot entzwei und gab es seinen Brüdern. Sofort kam ihnen die Sprache wieder. Sie leben noch heute, wenn sie nicht gestorben sind.

So wird in Ungarn erzählt.

Das Zaubergeweih

*E*s waren einmal zwei Brüder, deren Vater starb; sie erbten von ihm Zauberdinge, die ihm einst eine befreundete Fee geschenkt hatte: es waren ein Mantel, der höher stieg als die Wolken und einen mit Windeseile an den gewünschten Ort brachte, ein Tischtuch, welches im Nu alle Gerichte und Liköre, die man sich nur wünschte, auftischte, und zwei Börsen, von denen jede immer fünfzig Taler enthielt. Die Brüder teilten sich die Erbschaft, und der älteste nahm als seinen Teil den Mantel, der durch die Luft flog; er machte viele Reisen und besuchte in kurzer Zeit viele Länder, wo es ihm an nichts fehlte, weil er immer fünfzig Taler in der Tasche hatte.

Der, welchem das Zaubertischtuch zufiel, blieb im Lande und verheiratete sich. Seine Frau, die geizig und habsüchtig war, wußte, daß ihr Schwager einen Mantel besaß, der einen dorthin brachte, wohin man wollte, und so faßte sie den Plan, sich des Mantels zu bemächtigen.

Eines Tages, als ihr Mann nicht zu Hause war und sie sich mit ihrem Schwager allein befand, begann sie mit ihm über seine Reisen zu sprechen.

»Ihr habt wirklich Glück«, sagte sie zu ihm, »dank Eurem Mantel könnt Ihr ohne Mühe die Welt sehen, während ich zu Hause bleiben muß. Ihr solltet mich einmal mitnehmen und mir Länder zeigen, die ich nicht kenne.«

»Wenn es Euch Vergnügen macht, liebe Schwägerin, nichts ist leichter als das, und wenn Ihr Lust habt, werde ich Euch gleich heute an den Ort bringen, den Ihr Euch wünscht.«

»Gut! Da Ihr so freundlich seid, würde ich gern das Land besuchen, welches zehn Meilen jenseits des Roten Meeres liegt.«

Er nahm seine Schwägerin bei der Hand, hieß sie sich neben ihn auf den Mantel setzen und sprach die Zauberworte, welche ihn wie einen Vogel fliegen ließen. Die Frau hörte aufmerksam zu und prägte sich die Worte genau ein.

Der Mantel erhob sich vom Erdboden und stieg über die Wolken, so hoch, daß die größten Städte nicht ansehnlicher erschienen als kleine Dörfer; die höchsten Berge glichen Maulwurfshügeln, und die Schiffe, die auf dem Meere kreuzten, sahen aus wie Nußschalen.

In kurzer Zeit gelangten sie an den Ort, welchen die Frau sich gewünscht hatte, und der Mantel setzte sich ganz sanft auf den Boden. Sie befanden sich mitten auf einer großen Ebene; ganz in der Ferne gewahrte man eine ziemlich ausgedehnte Stadt. Die Bäume waren von seltsamer Gestalt, und der Erdboden war mit wunderschönen Blumen übersät. Nie hätte die Frau geglaubt, daß es so etwas gäbe.

»Bruder«, sagte sie, »welch schönes Land! Und diese Blumen in so strahlenden Farben! Würdet Ihr wohl so liebenswürdig sein, mir einen Strauß zu pflücken, zum Andenken an meine Reise?«

Sie blieb auf dem Mantel sitzen, und während ihr Schwager sich vertrauensvoll entfernte und damit beschäftigt war, die schönsten Blumen für sie zu suchen, sprach sie die Zauberworte, und sofort erhob sich der Mantel in die Lüfte und trug sie in wenigen Augenblicken an den Ort, von dem sie gekommen war.

Als der Unglückliche die falsche Frau verschwinden sah, die ihn um seinen Mantel brachte und ihn so ganz allein und hilflos zurückließ, war er untröstlich.

»Ach!« sagte er zu sich selbst. »Jetzt werde ich wohl weder meinen Bruder noch meine Freunde noch meine Heimat wiedersehen und vielleicht gezwungen sein, meine Tage hier zu beschließen, vorausgesetzt, daß die Bewohner dieses Landes mein Leben schonen.«

Indessen faßte er wieder ein wenig Mut beim Gedanken daran, daß er noch eine Börse besaß, welche immer fünfzig Taler enthielt, und er machte sich auf den Weg in die Stadt, die er in der Ferne liegen sah.

Es war eine große und weite Stadt, von hohen Mauern umgeben, auch sah man Tore mit Wachttürmen darüber; aber als er näher kam, sah er niemanden, der sie bewachte, und in den Straßen begegnete ihm kein Bewohner. Er ging in die Häuser hinein; dort waren Tische mit Tellern und Gläsern gedeckt, aber es stand nichts zu essen und zu trinken darauf. Nachdem er mehrere Häuser besucht hatte, ohne einen Menschen noch irgendwelche Nahrung zu finden, gewahrte er einen schönen Garten, in welchem hohe Bäume wuchsen, die ganz mit Früchten bedeckt waren.

Er brauchte nur eine Tür aufzustoßen, um in den Garten hineinzukommen, und so pflückte er einen Apfel, welcher reif zu sein schien, schnitt ihn in Stücke und begann ihn mit Appetit zu essen; denn er hatte seit dem Morgen nichts zu sich genommen. Sofort beschwerte sich sein Haupt mit zwei Hörnern von einem solchen Ausmaß, daß sie bald den ganzen Garten mit ihren Sprossen bedeckten.

»Ach!« sagte er. »Es wird mit Recht behauptet, daß ein Unglück nie allein kommt: heute morgen war ich unbesorgt und im Besitz eines Mantels, der seinesgleichen nicht in der Welt hat; ich habe ihn verloren, und um das Unglück voll zu machen, ist mein Haupt mit einem so schweren Geweih beladen, daß ich es kaum zu tragen vermag. Ach! Wie sehr bedarf ich der Hilfe der wohltätigen Fee, welche die Freundin meines Vaters war!«

Als er diese Worte gesprochen hatte, sah er eine schöne Dame erscheinen, die war gekleidet wie eine Prinzessin, und er flehte sie an, Mitleid mit ihm zu haben. Sie tröstete ihn mit sanften Worten; dann gab sie ihm Äpfel einer anderen Art zu essen, welche sie im Garten pflückte: alsbald wurde er von der Last befreit, welche sein Haupt beschwerte. Sie gab ihm ein Dutzend Äpfel von jeder Sorte und verschwand, nachdem sie ihm gezeigt hatte, wie er in seine Heimat zurückkehren könne.

Er war mehrere Jahre unterwegs, und als er schließlich den Ort erreichte, in dem das Haus seines Bruders stand, war er so verändert, daß selbst seine Freunde ihn nicht mehr erkannten. Er legte Kaufmannskleider an und bot seiner Schwägerin Äpfel zum Verkauf, welche, wie er sagte, aus einem fernen Lande kämen und ganz herrlich schmeckten. Die Frau kaufte ein halbes Dutzend davon. Als sie sich mit ihrem Mann zu Tisch setzte, erzählte sie ihm von ihrem Einkauf und nahm einen Apfel, von dem sie zwei Stücke aß: sofort wuchsen ihr Hörner von solchem Ausmaß, daß sie die Decke berührten. Als ihr Mann diesen Spuk erblickte, war er so entsetzt, daß er das Bewußtsein verlor.

Als er wieder zu sich kam, versuchte er seine Frau von dem lästigen Geweih zu befreien, welches ihr Haupt beschwerte: Handwerker kamen und begannen, die Hörner abzuschlagen und abzusägen, aber sie wurden dadurch nicht geringer; sobald ein Stück abgeschlagen war, wuchs es sofort wieder nach. Und doch ließen sich die Handwerker keine Mühe verdrießen, da man ganze zehn Karren mit abgeschlagenen Geweihstücken beladen konnte.

Nachdem eine Zeit vergangen war, kehrte der ursprüngliche Besitzer des Mantels, der fortgezogen war, ins Land zurück und gab sich für einen Arzt aus fremdem Lande aus. Jedermann erzählte ihm von dem erstaunlichen Abenteuer der Frau, welcher plötzlich Hörner gewachsen waren, und er ließ sich zu ihr führen und sagte, daß er sie vielleicht von dem Zauber erlösen könne, der sie so sehr behinderte.

So wird in der Bretagne erzählt.

Marlu und Yaba, die Geckobrüder

Vor langer Zeit lebten zwei Geckobrüder in einem Land im Westen. Der ältere Bruder hieß Marlu, der jüngere Yaba. Eines Tages befand sich Yaba auf Wallabyjagd, als er die Fußspuren von zwei Frauen entdeckte. Er vermutete, daß diese Spuren von zwei jungen Schwestern Cananda und Kudjeri stammten, die dafür bekannt waren, daß sie an dieser Stelle auf Jagd gingen und damit gegen ein Stammesgesetz verstießen. Yaba hatte gehört, daß Cananda, die dem Totem der Schwarzen Kakadus angehörte, sehr hübsch war und daß alle Männer, die sie je gesehen hatten, von ihrer Schönheit so bezaubert waren, daß sie den Rest ihres Lebens damit verbrachten, einen magischen Gesang zu finden, der Cananda an ihr Lagerfeuer locken würde.

Da sah Yaba die beiden Schwestern über eine Flußebene und in die nahegelegenen Berge eilen. Geschwind wie der Wind eilte Yaba ihnen hinterher, aber sie flüchteten rechtzeitig in eine Höhle mit einem sehr engen Eingang, und Yaba konnte sie nicht erreichen. Er versuchte, sie mit schmeichelhaften Worten hervorzulocken, aber sie lachten ihn nur aus. Dann versuchte er, sie mit einem langen dünnen Stock herauszuscheuchen, aber sie spuckten auf das Ende des Stockes und lachten ihn um so mehr aus. Beschämt und erfolglos kehrte Yaba zu seinem Bruder zurück.

Marlu röstete einen fetten saftigen Emu. »Bruder«, sagte Yaba zu ihm, »wenn du mir ein fettes Stück Fleisch gibst, erzähle ich dir etwas Wissenswertes.« Marlu gab seinem jüngeren Bruder ein saftiges Stück Emufleisch, und dieser erzählte ihm daraufhin von dem Erlebnis mit den beiden Schwestern. Da ging auch Marlu zu der Höhle, wo sich Cananda und Kudjeri aufhielten, und auch er mußte sich Spott und Hohn gefallen lassen. Da kehrte er zu seinem Bruder zurück und behauptete, er habe nichts Besonderes gesehen oder erlebt. Er warf Yaba vor, daß er ihn für ein gutes Stück Fleisch angeschwindelt hatte, und befahl ihm, am folgenden Tag die beiden Schwestern zu fangen und zu beweisen, daß er die Wahrheit sprach.

Frühmorgens machte sich Marlu auf den Weg zum Höhleneingang. Die beiden Schwestern hatten ihre Höhle bereits verlassen, als Marlu eintraf. Darauf hatte Marlu auch gehofft, denn Yaba würde nun die beiden Schwestern bei der Jagd überraschen und sie in seine Richtung treiben.

Und so geschah es. Yaba fand die beiden jungen Frauen im Tal, und als sie ihren Verfolger entdeckten, flohen sie hinauf zu ihrer Höhle. Da sprang Marlu hervor und packte jede Schwester beim Handgelenk. Sosehr sie sich wehrten und schrien, sie konnten sich nicht von Marlu befreien. Als Yaba ankam und sah, daß Marlu die jungen Frauen bereits gefangen hielt, forderte er die schöne Cananda als seinen Preis, da er ihre Fußspur als erster entdeckt hatte. Aber Marlu verwarf diese Forderung mit dem Hinweis, daß sein jüngerer Bruder nicht alt genug war, um sich eine Frau zu nehmen, und daß er, Marlu, beide Schwestern als seine eigenen Frauen heimführen würde. Da entzweiten sich die Brüder, und Yaba lebte und jagte von nun an allein. Eines Tages traf er einen alten Mann. Yaba erzählte ihm, wie Marlu ihn um Cananda betrogen hatte. Der Alte sprach: »Ich bin Badju, der weise Yerindimann. Meine Yerindi-Zaubergesänge vermögen abgestorbene Bäume und Steine mit Schattenwesen zum Leben zu erwecken, und dann gehorchen sie meinem Befehl. Ich besitze den Yerindi-Zauberstein, der an meinem Haargürtel befestigt ist. Wenn ich ihn schleudere und mit meinen Zaubergesängen leite, verfolgt und tötet er als fallender Stern die jungen Mädchen, die ihren Eltern ausreißen.

Und ich habe die Zauberkraft, ein ungeborenes Kind im Leib seiner Mutter in einen Stein zu verwandeln und so Mutter und Kind zum Sterben zu bringen.« Nachdem der alte Zauberer seine Rede beendet hatte, kroch eine Giftschlange aus seinem Mund.

Yaba fürchtete sich sehr vor dem Alten, doch versuchte er, sich seine Furcht nicht anmerken zu lassen. Dann bat er den Yerindimann um Hilfe, da er sich an Marlu rächen und Cananda für sich gewinnen wollte. Badju gab dem jungen Mann einen kleinen Stein, den er mit einem seiner Gesänge verzaubert hatte. Er gab Yaba den Auftrag, diesen Stein in die Astgabel eines Casuarinabaumes zu legen, der am Fluß stand. Yaba tat wie ihm geheißen, und der Stein verwandelte sich auf der Stelle in ein Adlernest, in dem sich einige hübsche fette Adlerjunge befanden.

Yaba war begeistert über diese Entdeckung, denn nun wußte er, daß Badju ihm einen starken Zauber gegen Marlu vermacht hatte. Yaba ging zu Marius Lager. Dort erfuhr er, daß Kudjeri seinem älteren Bruder ausgerissen war, doch Cananda lebte immer noch bei ihm.

Yaba bat Marlu wieder um ein fettes Stück Fleisch im Austausch für eine gute Nachricht. Yaba erhielt das Fleisch und führte daraufhin Marlu und Cananda zu seinem verzauberten Baum mit dem Adlernest. Er bot Marlu die Adlerjungen als Geschenk an. Marlu stieg auf den Baum und wollte das Nest ausheben, als der Baum rasch zu wachsen begann, bis seine Zweige die Wolken berührten. Marlu rief Yaba um Hilfe, doch dieser lachte nur schadenfroh und lief mit Cananda auf und davon.

Viele Tage saß Marlu auf dem Riesenbaum und hielt sich voller Furcht vor einem tiefen Fall an den Ästen der schwankenden Baumkrone fest. Er wurde schwächer und schwächer, und in seiner Not und Verzweiflung flehte er schließlich seine Totems um Hilfe an. Da kam ein gewaltiger Sturm auf, der den Baum ergriff und dessen schlanken Stamm bog, bis die Baumkrone fast die Erde berührte. Da fiel der geschwächte Marlu aus dem Baum, doch der Fall wurde durch einen dichten Busch gemildert, der wunderbarerweise aus dem Boden emporgeschossen war.

Einige Tage lang war Marlu so schwach, daß er nur umherkriechen konnte und sich von Grillen, Raupen und kleinen Eidechsen ernähren mußte. Als er zu Kräften kam, begann er größere Tiere zu jagen, bis er wieder völlig genesen war. Dann begab er sich auf die Suche nach den beiden Flüchtigen. Er ging zu dem großen Baum zurück, um ihre Spur aufzunehmen, doch der Sturm, der ihn gerettet hatte, hatte zu seiner großen Enttäuschung auch die Spuren verweht. Da rief eine krächzende Stimme seinen Namen. Erstaunt blickte er um sich und entdeckte einen Raben auf einem abgestorbenen Baum. Der Rabe sprach zu ihm: »Das Paar, das du suchst, ging an meinem Nistplatz in den Bergen vorbei und wanderte nach Osten weiter. Ich hörte, wie dein Bruder ein Zauberlied sang. Folge den beiden nicht in die Berge, denn dort droht dir große Gefahr.« Da begab sich Marlu in die Ebene, wo er einem Känguruh begegnete, das ihn beim Namen rief: »Fürchte dich nicht vor mir«, sprach das Känguruh, »ich bin Wolajaru. Einst war auch ich ein Mensch. Ich war es, der die Bumerangs herstellte, welche die Bäume fällten, die früher in dieser Ebene standen. Ich bin unsterblich.« Dann bückte sich das Känguruh und hob einen Bumerang aus dem Gras. Wolajaru reichte Marlu den Bumerang und sagte: »Dir ist ein Unrecht widerfahren, deshalb will ich dir helfen. Nimm diesen Bumerang und gehe in die Richtung des Sonnenaufgangs. Wirf diesen Bumerang stets vor dir her, wenn du dich durch Buschwerk und Gestrüpp schlagen mußt.«

Marlu nahm den Zauberbumerang entgegen, rieb sich rote Okkerfarbe auf die Stirn, wie ihm Wolajaru geboten hatte, und sang ein neues Lied, als er über die weite Ebene nach Osten zog. Als er am Buschland angekommen war, begann er seinen Bumerang über die Sträucher und Bäume zu werfen, die unter dessen Flugbahn zur Erde stürzten und einen Weg für Marlu bahnten. Lauter und lauter sang Marlu, als er über die neuen Ebenen schritt, die sein Bumerang für ihn freilegte. So gelangte Marlu in das Land der Blauzungenechse Karee. Karee beklagte sich bitter über den Lärm, den die fallenden Bäume und Büsche verursachten, und über Marlus lautes Singen. Marlu erklärte Karee, daß er seinen Bruder Yaba suche, der ihm mit seiner Frau Cananda durchgebrannt sei. Karee warnte ihn: »Yaba besitzt den Yerindi-Zauber. Er befindet sich auf dem Weg ins Regenland der Froschleute, das bedeckt ist mit dichtem Nebel und Regenwolken. Kehre um, du Narr, denn dort erwartet dich Unheil!« Marlu lachte und erwiderte: »Yaba besitzt den Yerindi-Zauber, doch ich besitze den Zauberbumerang, der Yaba finden und töten wird.« Dann ließ Marlu seinen Bumerang in einem weiten Kreis um sich herfliegen. Alle Bäume im Umkreis stürzten zur Erde, und erschreckt von dem ohrenbetäubenden Lärm flüchtete sich Karee in eine Erdspalte. Nachdem der Lärm verebbt war, kam Karee wieder zum Vorschein und rief erregt: »Dein Zauberbumerang mag zwar Leute ausfindig machen und dir Wege bereiten, aber gegen den Yerindi-Zauber wird er machtlos sein. Hier, nimm diesen Schild, er ist verzaubert und wird dich beschützen, wenn Yabas Zauber deinen Bumerang gegen dich selbst wendet.« Marlu nahm den Zauberschild dankend entgegen und machte sich singend auf den Weg. Nun besaß er sowohl eine Angriffs- als auch eine Verteidigungswaffe. Sein Bumerang wies ihm den Weg, den Yaba und Cananda eingeschlagen hatten. Sie hatten ihre Wegrichtung häufig geändert, um Marlu zu verwirren. Schließlich führte der Weg nach Norden in das Land der Froschleute, Wahdohi, wo Yaba und Cananda Zuflucht gefunden hatten. Marlu betrat das wolkenverhangene Land, und seine Erregung wuchs mit jedem Schritt, da er spürte, daß er sich nun in den Bereich der höchsten Gefahr begeben hatte. Marlu wußte, daß er am Ende seiner Suche angelangt war. Laut sang er den Geckogesang und hämmerte dabei seinen Bumerang gegen seinen Schild. Als Antwort tönte ihm der Gesang der Froschleute entgegen, der sich wie das Zischen und Rauschen eines Monsungewittersturmes anhörte.

Langsam hob sich der Regenschleier vor seinen Augen, und Marlu sah sich seinem Bruder Yaba gegenüber, der umgeben war von seinen Verbündeten, den Froschleuten. Yaba forderte seinen Bruder mit Hohn und Spott heraus. Da schleuderte Marlu seinen Zauberbumerang gegen Yaba. Wie ein Blitz jagte der Bumerang durch die Lüfte, er flog hinauf in die Wolkensteine der Froschleute, auf denen der Regengeist reist und Wasser auf die Erde schüttet. Der Bumerang flog hierhin und dorthin und mähte die übelgesinnten Froschleute nieder. Dann erhob sich der Zauberbumerang, und begleitet vom Laut des Donners schwirrte er auf Yaba zu und hieb ihm den Kopf ab. Daraufhin erhob sich der Bumerang zum letzten Mal und flog hinauf in die Regenwolken. Yabas Kopf verwandelte sich in einen Stein, und die erschlagenen Froschleute verwandelten sich in einen Felsenhügel.

So wird in Australien erzählt.

Die Taube

*E*s waren einmal ein Mann und eine Frau, die hatten zwei Kinder: einen Sohn und eine Tochter. Die Tochter liebten sie, den Sohn aber nicht. Und als der Hunger zu ihnen kam, da hatten sie kein Krümchen Brot mehr und kein Stäubchen Mehl. Was sollten sie nun beginnen? »Wir wollen unseren Sohn schlachten«, sagten sie, »er ist uns zu nichts nütze!« Da nahmen sie ihn und schlachteten ihn, doch das Fleisch stellten sie in die Vorratskammer, damit die Tochter es nicht sehen sollte.

Die beiden aber, Sohn und Tochter, hatten sich sehr lieb gehabt: das eine aß nie etwas ohne das andere und ging auch nirgends hin ohne das andere; immer, immer waren sie beisammen! Mit einem Wort, sie waren wie Bruder und Schwester. Als die Eltern den Bruder geschlachtet hatten, fragte die Tochter: »Vater, wo ist mein Brüderchen?« Der Alte antwortete: »Ach, es ist irgendwohin spielen gegangen.« Da wartete sie und wartete, aber es kam nicht; dann fragte sie die Mutter: »Mutter, Mutter! Wo ist denn mein Brüderchen, daß es so lange fortbleibt? Seit es fortging, ist es auch verschwunden!« – »Lauf ich denn hinter ihm her? Laß mich zufrieden!« antwortete die Mutter. Die Tochter aber merkte bereits etwas und war schon fast von Sinnen. Doch gegen Abend machte es sich so, daß der Alte und sein Weib für eine Weile fortgingen, da fing die Tochter sofort an zu suchen. Sie suchte lange, lange und guckte in alle Winkel. Als sie aber in die Vorratskammer hineinschaute – da fand sie ihn. Wie flossen ihr die Tränen über das Gesicht!

Am andern Tage wirtschaftete die Frau herum, kochte das Mittagessen und briet das Fleisch. Sie setzten sich zu Tisch, und die Alte rief: »Komm essen, Töchterchen!« Die Tochter aber sah sich vor und kam nicht. »Eßt ihr nur, ich bin nicht hungrig, ich mag nicht«, sagte sie. »So komm nur«, redeten ihr die Alten zu, »iß wenigstens ein Stückchen Fleisch.« – »Nein, ich will nicht!« Und so ging sie denn auch nicht hin zu ihnen. Als sie mit dem Mittagessen fertig waren, wusch die Tochter die Löffel ab; die Knochen aber sammelte sie auf, vergrub sie unter dem Tisch und begoß sie mit Wasser. Und so tat sie es jeden Morgen und jeden Abend.

War es lang nachher oder nicht? – Da flog eine Taube aus den Knochen hervor, und so schön war diese Taube! Graublau mit dichtem Federkleid. Die Alte fragte: »Wie ist diese Taube zu uns gekommen? Sicherlich hat sie sich verflogen und ihren Schlag verlassen.« – »Vielleicht hat sie sich aber auch vor dem Habicht versteckt, Mutter!« sagte die Tochter, doch verriet sie nicht, was sie getan hatte. Als sich aber die Alten zum Mittagessen hinsetzten, flog die Taube auf die Kleiderstange und sang:

»Geschlachtet hat Väterchen die Seele mein! Gebraten hat Mütterchen die Seele mein! Schwesterchen war hilfsbereit, hat die Knöchelchen betreut; unterm Tisch begrub sie mich, früh und spät begoß sie mich, Kukuru, Kukuru!«

Wie die Alten das hörten, überlief sie's ganz kalt, so daß sie kein Wort herausbrachten. Dann hatten sie fertig gegessen, wie sollten sie auch noch viel an das Mittagessen denken, und der Alte fragte: »Was sollen wir jetzt tun, Frau?« – »Nun, was denn? Wir müssen die Taube schlachten!« Die Tochter aber hatte sie belauscht, und als sich die Alten schlafen gelegt hatten, ließ sie die Taube frei.

Die Alte erwachte und wollte die Taube schlachten, da war sie aber nicht mehr dort. »Töchterchen, wo ist unsere Taube?« – »Ich weiß nicht, Mutter; sie war mitten unter den Hühnern.« – »Jetzt ist sie nicht mehr dort; vielleicht haben die Kinder irgendeines Lumpen sie gesehen und gestohlen.« Die Tochter aber verriet nicht, daß sie es getan hatte. Kaum hatten sich jedoch die Alten zum Mittagessen hingesetzt, da flatterte die Taube gegen die Scheibe, ließ sich am Fenster nieder und sang:

»Geschlachtet hat Väterchen die Seele mein! Gebraten hat Mütterchen die Seele mein! Schwesterchen war hilfsbereit, hat die Knöchelchen betreut; unterm Tisch begrub sie mich, früh und spät begoß sie mich, Kukuru, Kukuru!«

Der Alte und sein Weib erschraken gewaltig! »Wie könnten wir wohl diese Taube fangen?« – »Mach eine Schlinge, Alter, dann wirst du den verdammten Vogel schon fangen!« sagte die Frau. Da fertigte er eine Schlinge an, streute Lockfutter drauf und legte sie aus. Die Taube aber ging immer nur um die Schlinge herum; fangen ließ sie sich nicht. Und immer, immer saß sie auf der Hütte; trieb man sie fort, so setzte sie sich später wieder hin. Wenn aber das Mittagessen kam, flog sie zum Fenster und fing an:

»Geschlachtet hat Väterchen die Seele mein! Gebraten hat Mütterchen die Seele mein! Schwesterchen war hilfsbereit, hat die Knöchelchen betreut; unterm Tisch begrub sie mich, früh und spät begoß sie mich, Kukuru, Kukuru!«

Da wurden die Leute im Dorf aufmerksam: »Was ist das für eine Taube, die dort immer auf der Hütte sitzt?« Der Alte hatte mit Erdklumpen nach ihr geworfen, aber kaum hatte er sie verjagt, kehrte sie zurück. Nun geschah es eines Tages, daß die Nachbarn auf der Tenne draschen. Zur Mittagszeit aber hörten sie irgend etwas singen:

»Geschlachtet hat Väterchen die Seele mein! Gebraten hat Mütterchen die Seele mein! Schwesterchen war hilfsbereit, hat die Knöchelchen betreut; unterm Tisch begrub sie mich, früh und spät begoß sie mich, Kukuru, Kukuru!«

Die Drescher eilten hin – da war es die Taube. Dann ging's zum Alten in die Hütte. Der war aber kaum noch lebendig; und nun gab es kein Ausweichen, er gestand es ein. Da packten sie ihn und banden ihn an einen Pferdeschweif und die Alte an einen andern, und fort damit ins Feld, dort wurden sie zu Tode geschleift. Die Tochter aber machte eine gute Heirat und lebte glücklich und zufrieden.

So wird in Russland erzählt.

Das Schwalbenbein

*I*n alten Tagen lebte dort auf dem Lande, man nennt es die Kyóng-sang-Provinz, ein Mann mit Namen Húngbu, der hatte ein gutes Herz. Sein älterer Bruder, Nolbu geheißen, der war ein unausstehlicher habgieriger Kerl. Nolbu war unsagbar reich, sein Bruder Húngbu dagegen, der lebte in großer Armut.

Schon als Nolbu noch ein Kind war, teilte er niemals das, was er zu essen bekam, mit anderen. Wie schlecht sein Herz war – wenn er seinen Teil nicht aufessen konnte, schlug er mit der Hand auf das, was übrig war, damit es ja niemand sonst essen wollte. Oft nahm er den Rest sogar mit hinaus und warf ihn in den Bach. Solche Gewohnheiten hatte er. Auch als er aufgewachsen war, kam es nie vor, daß er mal Reiskuchen an die Nachbarn verteilte, eher sollten sie schlecht werden. Wenn er sah, daß jemand besser lebte als er, richtete er schlimme Dinge an. Wenn aber einem anderen ein Unglück widerfuhr, war er froh, so froh, daß er herumtanzte.

Sein Bruder Húngbu dagegen, der hatte ein aufrechtes Herz. Gern teilte er aus, auch wenn er selbst noch hungrig war. Wenn er nur bemerkte, ein anderer war in Not geraten, versuchte er immer, gleich zu helfen. Deshalb mochte jeder Húngbu gern.

Als die Eltern gestorben waren, hatte Nolbu das Erbe allein für sich behalten, Húngbu gab er nicht mal eine zerbrochene Schöpfkelle, und der jüngere Bruder grollte ihm kein bißchen. Er begehrte gar nichts vom Erbe der Eltern, lebte weiterhin arm.

Húngbu stieg am Tag in die Berge, holte Holz, das verkaufte er; nachts flocht er Strohschuhe, auch die konnte man verkaufen. Manchmal arbeitete er auch für andere Leute, verdingte sich in einem Hof. So konnte er sich und seine Familie durchbringen.

Doch einmal kam ein schlechtes Jahr. Für Húngbu, dessen Leben schon schwer genug war, wurde alles noch schwerer. Bevor das Jahr zu Ende ging, waren die kärglichen Vorräte an Getreide alle aufgegessen. Húngbu und die Seinen waren nahe daran zu verhungern. Einen schneereichen Winter gab es, nicht einmal Blätter konnte er sammeln im Wald, weil die vom Schnee zugedeckt waren, geschweige denn Bäume fällen. Auch gab es bei anderen Leuten keine Arbeit für ihn. Die Kinder hatten großen Hunger, wie quälten sie sich alle. Der Neujahrstag stand vor der Tür. Húngbu konnte es nicht mehr ertragen, er machte sich auf den Weg zum Haus seines Bruders, um von dem Reis zu borgen. Vor dem Hoftor blieb er stehen – sollte er hineingehen oder nicht? Da sah Nolbu ihn. »Was stehst du denn vorm Hoftor herum?« schrie er ihn an. Húngbu preßte heraus, was nicht herauswollte: »Bruder, das Wetter ist kalt, es gibt keine Arbeit, aber was zu essen muß doch da sein. Und die Kleinen, die heulen in einem fort, weil sie Hunger haben. Und morgen, ist da nicht Neujahrstag? Bruder, bitte, gebt mir nur einen Korb voll Reis, auch Hirse kann es sein«, bat er. Wie schwer fiel ihm das! Die Schwägerin spitzte ihren Mund. »Was willst du? Du nichtsnutziger Kerl! Selbst wenn ich Reis und Hirse übrig hätte, lieber würde ich es einem Bettler geben als dir, du nichtswürdiger Kerl du!« Nur schwer konnte Húngbu die Tränen zurückhalten. »Bruder, gebt mir doch, nur ein wenig!«, wie oft wiederholte er seine Bitte, aber er stieß auf taube Ohren. Der Bruder setzte sich auf den Boden. »Da, nimm das!« und legte ihm gerade ein Hirsekorn auf die Hand. »Verschwinde schnell damit, auch ein Vogel, der nur ein Korn aufpickt, kann fliegen!« sagte er nur und schlug das Tor zu. »Der Kerl hat doch kein Ehrgefühl, so ein Benehmen!« Húngbu konnte es nicht mehr ertragen, die Tränen liefen ihm nur so über die Wangen.

Mit dem Hirsekorn in der Hand unterwegs nach Hause dachte er bei sich: ›Der Bruder hat doch ein kaltes Herz. Was gibt er mir denn ein Hirsekorn? Was soll ich denn mit einem Hirsekorn nur anfangen?‹, und er betrachtete sich das Korn nachdenklich – da waren aus dem einen Korn zwei geworden! »Seltsam, wie ist das nur geschehen?« – Da rollten vier Hirsekörner in seiner Hand. »Ja, was ist denn das? Was hat das nur zu bedeuten?« Am Wegrand blieb er stehen. Die vier Körner rollten auf seiner Hand herum, und plötzlich waren es acht. Und so ging es weiter, bis die ganze Hand voll war. Es war zu wunderbar, Húngbu freute sich. »Ein Hirsekorn hab ich nur gehabt und soviel ist daraus geworden, es ist zu schön. Ich will mich beeilen, die Frau soll Brei kochen damit.« Mit einem

Mal hatte er es eilig, er rannte nach Hause. Seiner Frau gab er die Hirse, sie sollte schnell Brei kochen. Die aber war zu verblüfft. »Hirse ist das, was Ihr da mitbringt? Wie soll ich denn damit Brei kochen? Das wollt Ihr essen, sagt Ihr?« – »Es ist nicht viel, aber zuerst hatte ich nur ein einziges Korn, mit dem mich der Bruder weggeschickt hat, das eine Korn hat mich nicht mal in der Hand gekitzelt. Als ich dann unterwegs wieder in die Hand gesehen habe, waren aus dem einen Korn zwei geworden, die sind hin und her gerollt, und plötzlich waren's vier. Bin ich verrückt – das hab' ich gedacht und dagestanden. Und wie ich dastehe und zugucke, werden es doch immer mehr, bis die ganze Hand voll war. Schnell, koch Brei, wir wollen essen!« – »Wenn das so kostbare und seltsame Hirse ist, will ich keinen Brei kochen, sondern Kuchen machen!«

In einen Mörser tat sie die Hirse, stampfte sie zu Mehl, knetete Teig daraus, den formte sie zu einem runden Kuchen und dämpfte ihn in einem Kessel. Wie sich die Kinder freuten, daß die Mutter Kuchen machte! »Schnell, gib uns ein Stück!« verlangten sie alle. Als der Hirsekuchen endlich gar gedampft war, wollte ihn die Mutter aufteilen. »Mutter, gib mir ein Stück!« – »Mutter, gib erst mir ein Stück!«, bettelten sie. »Wartet ab, wir wollen mit Vater zusammen essen, ich schneide ganz gleiche Stücke für jeden«, und um ein Messer zu holen, ging sie hinaus in die Küche.

Kaum war die Mutter aus der Stube, wurden die Kinder unruhig, lachten. »Schwester, sieh doch, der Kuchen macht Purzelbäume!« – »Wo, laß sehen! Was ist denn das?« – »Eben waren es zwei, jetzt sind es drei!« – »Haha, das ist lustig – gerade sind es vier geworden!« – »Oh, das ist gut! Mutter, du, komm schnell, sieh dir das doch auch mal an!« – »Die Kuchen können zaubern.« – »Fünf sind es schon.« – »Schnell, Mutter, es sind fünf geworden, ei, ist das lustig!« lachten und schrien die Kinder durcheinander. »Was redet ihr da für einen Unsinn?« schimpfte die Mutter und kam herein – aber tatsächlich, fünf Kuchen lagen auf dem Teller. »Mutter, Mutter, der Kuchen hat Purzelbaum geschlagen, dabei ist immer ein neuer Kuchen herausgekommen!«

Wie sehr sich die Kinder freuten, sie wußten gar nicht, was sie noch alles anstellen sollten. »Das ist wirklich Wunderkuchen. Wenn der Vater kommt, wollen wir ihm alles erzählen und zusammen die Kuchen aufessen.« Gerade kam der Vater herein. »Warum lacht ihr denn so, macht solchen Lärm?«, und sie erzählten ihm, wie der Kuchen Purzelbäume geschlagen hatte und nach und nach aus einem Kuchen fünf geworden waren. Auch Húngbu war glücklich, fünf hungrige Bäuche gab es im Haus, fünf Kuchen waren da, jeder verspeiste einen, wie das schmeckte!

Irgendwie ging der kalte Winter vorüber, der freundliche Frühling kam ins Land, der Frühling, der die vertrockneten Bäume und Wiesen grün färbte, über den Feldern die Lerchen jubilieren ließ. Húngbu ging mit den Kindern aufs Feld hinaus, um ihrem Gesang zu lauschen. Die Kinder sammelten Kräuter, wilden Knoblauch, spielten miteinander. Da hörten sie vom Himmel chiji baebae. Hinauf schauten sie, eine Schwalbe mit weißem Hals flog hin und her, auf und nieder – chiji baebae, chiji baebae. Auch Húngbu ließ seine Arbeit Arbeit sein und bewunderte den Flug der Schwalbe. »Richtig! Heute ist ja schon der dritte Tag des dritten Monats! Die Schwalbe ist aus dem warmen Süden zurückgekommen, den Sommer über bei uns hier zu leben. Kinder, der Vogel dort, das ist eine Schwalbe. Die Schwalben lieben die Wärme, deshalb fliegen sie, wenn es Winter wird, weit nach Süden in ein Land, das China heißt. Dort bleiben sie, bis auch dahin der Winter kommt, zu der Zeit kehren sie wieder zu uns zurück. Und wenn die Schwalben kommen, ist der Sommer nicht mehr weit«, erklärte der Vater den Kindern.

»Vater, wäre das nicht schön, wenn die Schwalbe bei uns ihr Nest baut?« – »Unser Haus ist schmutzig, fällt auch bald zusammen. Sicher wird sie ihr Nest an einem schönen Haus bauen, einem Haus, wie der Onkel eins hat.« – »Vater, wir wollen ihr sagen, sie kann daheim im Kleiderschrank ihr Nest bauen«, traurig schauten die Kinder zum Himmel auf. Doch am Abend, die Feldarbeit war getan, sie kamen nach Hause – was sahen sie da? Ein Schwalbenpärchen hatte begonnen, Erde und Strohhalme zu vermischen, Schnabel für Schnabel trugen sie das zum Dach hinauf und bauten ein Nest. So froh waren die Kinder, sie vergaßen ihren Hunger, schauten nur den Schwalben zu, wie die ihr Nest bauten. Húngbu aber machte sich Gedanken: ›Unser Haus ist alt und nicht besonders gut. Was wird denn, wenn eine Schlange oder so was sich an das Schwalbennest heranmacht? Was in der Welt müssen die Schwalben ausgerechnet an unserem Haus bauen? Wär's nicht besser, wenn sie ihr Nest an einem Haus wie dem meines Bruders hätten?‹

Drei Tage bauten die Schwalben, das Nest wurde prächtig. Dann zerrten sie Strohhalme hinein, breiteten sie auf dem Boden des Nestes aus und legten darauf ihre Eier. Die Mutterschwalbe brütete, die andere flog herum, sammelte dies und das und fütterte sie damit. Nach wenigen Tagen konnten es alle hören: chiji baebae, chik chik chik, das Zwitschern der jungen Schwalben. Fünf waren aus den Eiern geschlüpft. Húngbu und die Seinen freuten sich daran, wie die Schwalben zu fressen suchten und die hungrigen Schnäbel der Jungen stopften. Spaß hatten sie auch daran, wie die fünf Jungen und die Alten, sieben Schwalben insgesamt, Tag für Tag ihr chiji baebae, chiji baebae zwitscherten.

»Ja, es wird Zeit, daß ihr fliegen lernt«, hieß es eines Tages, »es geht nicht mehr, daß ihr immer nur im Nest sitzt und euch von Vater und Mutter füttern laßt. Heute sollt ihr alle üben, und morgen fliegen wir dort auf das weite Feld!«, so mahnte die Schwalbenmutter ihre Jungen, und gleich begannen sie alle mit den Flügeln zu flattern. »Ich kann noch höher fliegen!« »Ich werde auch morgen versuchen, auf das weite Feld zu kommen!« – »Fein, macht das Fliegen Spaß!« – »Chiji baebae, chiji baebae!« – Die Jungen zwitscherten schon ganz wie die Alten.

Am nächsten Morgen aber geschah das Schreckliche. Plötzlich war ein fremdes Geräusch zu hören, ssururu machte es, und eine riesige Schlange tauchte vor dem Schwalbennest auf, züngelte hinein. Was sollten die Schwalben anstellen! Sie wollten wegfliegen, aber die Jungen, die konnten noch nicht gut genug fliegen. Die Mutter Schwalbe, die wollte ihre Jungen nicht im Stich lassen – die Schlange fing sie allesamt, fraß sie auf.

Nur die allerkleinste Schwalbe entkam, sie flog in die Höhe, aber bald verließen sie die Kräfte, sie stürzte zu Boden und brach sich eines ihrer Beinchen. Gerade kam Húngbu dazu, er mußte mit ansehen, wie die kleine Schwalbe vom Himmel fiel, Blut tropfte an ihrem Bein. »Ach, schlimm, hast du dein Bein gebrochen?«, er rieb einen Balsam ein, wickelte ein Läppchen darum und setzte die Schwalbe in das Nest. Bis sie wieder ganz gesund war, fütterte er sie.

Der neunte Tag des neunten Monats war vorüber, endlich heilte auch das Bein der Schwalbe ganz aus. Wie um sich zu bedanken, zwitscherte sie noch einmal chiji baebae und flog davon in Richtung Süden. Dort angekommen, wurde sie vom König des südlichen China ausgeschimpft: »Was kommst du denn so spät? Du weißt doch, alle sollen bis zum neunten Tag des neunten Monats hier sein! Warum kommst du zu spät ? Auf der Stelle lege Rechenschaft ab, sonst wirst du schwer bestraft!« – »Ich will Euch alles berichten. Es ist nichts anderes, nur – eines Tages ist eine riesige Schlange vor unserem Nest aufgetaucht. Mutter, Vater und alle Geschwister hat sie aufgefressen, ich allein konnte entkommen. Aber weil ich damals noch nicht so gut fliegen konnte, bin ich aus der Höhe zu Boden gestürzt und habe mir ein Bein gebrochen. Gerade da kam der Hausherr dort, Húngbu heißt er, zurück. Er sah mich am Boden liegen, gleich hat er Balsam auf meine Wunde gestrichen, hat mich behandelt. Es hat lange gedauert, bis mein Bein verheilt war, deshalb habe ich mich verspätet. Aber wenn Húngbu mir nicht geholfen hätte, wäre ich sicher längst nicht mehr am Leben.«

Der König hatte aufmerksam zugehört. »Wirklich, du hast allerhand Schweres mitmachen müssen. Daß du mit Hilfe dieses Húngbu am Leben geblieben bist, das ist ein großes Glück. Im nächsten Frühjahr, wenn du dorthin zurückfliegst, mußt du ein Geschenk für ihn mitnehmen«, und er gab der Schwalbe einen Kürbiskern.

»Dieser Kürbiskern ist sehr kostbar. Wenn du im nächsten Frühling am dritten Tag des dritten Monats dorthin zurückfliegst, nimmst du ihn mit und gibst ihn Húngbu!« Die Schwalbe nahm den Kern entgegen, packte ihn ein und bewahrte ihn gut auf. Der Winter verging, der Frühling kam, und die Schwalbe flog nach Norden.

Zu Húngbus Haus kam sie geflogen, zwitscherte chiji baebae, und als Húngbu das hörte, dachte er gleich an die Schwalbe, die im letzten Jahr ihr Bein gebrochen und so lange schwer gelitten hatte. Zum Himmel sah er auf, gerade da ließ die Schwalbe ihren Kürbiskern fallen, genau vor Húngbus Füße. Chiji baebae – und weiter flog sie.

Húngbu hob den Kern auf, pflanzte ihn am Zaun in die Erde. Als er am nächsten Morgen aus dem Haus sah, lugte schon grün ein Sproß aus der Erde. »Gestern erst hab ich den Kern gesteckt, heute schon kommt der Sproß aus der Erde, das ist wundersam!«, und als er wieder hinsah, war der Sproß gewachsen, die Ranken des Kürbis reichten den Zaun hoch, schon übers Dach, und noch während Húngbu zuschaute, fingen sie an zu blühen. »Nein! Frau, was ist mit dem Kürbis los? Wirklich seltsam, eben erst gewachsen, blüht er schon! Ja, eigenartig ist das!« Und wie er noch sprach, waren die Blüten schon verwelkt, fünf Kürbisse hingen an ihrer Stelle. »So geschwind hab ich noch keine Kürbisse wachsen sehen. Das kann ich nicht begreifen. Wir wollen die Früchte pflücken, sie gleich aufschneiden, mal sehen, was dabei herauskommt.« Er stellte eine Leiter an, kletterte aufs Dach, schnitt mit einem Messer die Früchte ab und brachte sie herunter. »Ja, wollen wir sie gleich aufschneiden, bring mal eine Säge her!« Die Kürbisse legte er auf den Boden, hockte sich mit seiner Frau daneben, und zu zweit machten sie sich daran zu sägen. »Langsam sägen, vorsichtig sägen, wer weiß, was da drin ist.« Der erste Kürbis fiel auseinander – Reis quoll hervor. Wieviel herauskam – fünf große Wasserkrüge füllten sie damit, immer noch war Reis übrig, alles in allem mögen es drei Sack Reis gewesen sein. Den nächsten Kürbis sägten sie an. »Langsam sägen, vorsichtig sägen, wer weiß, was drin ist«, diesmal kam ein Haufen Geld heraus. »Frau, jetzt sind wir auch reich geworden. Reis haben wir, Geld haben wir, worum brauchen wir uns jetzt noch Sorgen zu machen? Der Himmel hat uns geholfen«, vor Freude tanzte Húngbu herum.

Den nächsten Kürbis nahmen sie sich vor. »Langsam sägen, vorsichtig sägen, wer weiß, was da drin ist!« – Eine wunderschöne Fee kam heraus, die sah sich die übrigen beiden Kürbisse an. »Komm raus, rote Zauberflasche! Komm raus, blaue Zauberflasche!« befahl sie. Ein Kürbis rollte über den Boden, platzte auf, und eine rote Flasche war darin. »Habt Ihr mich gerufen?« Der allerletzte Kürbis teilte sich, eine blaue Flasche kam heraus. »Habt Ihr mich gerufen ?« – »Ihr zwei, schnell an die Arbeit, baut ein neues Haus!« Und aus der roten Flasche kamen viele Handwerker hervor, aus der blauen aber Holz und Steine. Ttukttak ttukttak schallte es weithin – und im Handumdrehen hatten sie ein prächtiges Haus aufgebaut und verschwanden wieder in ihrer Flasche. Die Fee folgte ihnen. Für Húngbu und die Seinen gab es nun Reis und Geld in Hülle und Fülle, dazu ein neues Haus, was wollten sie noch mehr? Sie waren reich, konnten gut und sorglos leben. Auch der habgierige Nolbu hörte davon, eilig lief er herbei. »He, Húngbu, Wie ist denn das so schnell gegangen? Ist das ein Traum, ist es Wirklichkeit? Seltsam ist es ja. Das mußt du mir ganz genau erzählen!« – Wie ein Feuer loderte in ihm der Neid. Der arglose Húngbu erzählte ihm alles, wie die Schwalben ihr Nest gebaut, Junge ausgebrütet hatten und wie dann eines von ihnen sein Bein gebrochen. »Bruder, die rote und die blaue Flasche, die hab' ich im Wandschrank gut aufbewahrt.« – »Gib die mal mir, wir wollen auch ein größeres Haus haben!« Und Húngbu überließ die beiden Flaschen seinem Bruder. Der rannte, was er konnte; zu Hause angekommen, befahl er den Flaschen: »He, ihr Flaschen! Unser Haus ist zu klein, schnell, baut ein neues, größeres Haus für mich!«, und aus den Flaschen kamen Männer mit Hacken und Hämmern und Beilen heraus. Nolbus Haus schlugen sie kurz und klein, bauten an seiner Stelle ein kleineres Haus, das noch dazu wacklig war, bald zusammenzufallen drohte. »Das ist jetzt dein Haus!« erklärten sie und verschwanden in den beiden Flaschen. »Diese Kerle! Nennt man so was ein besseres Haus bauen? Der Drecksskerl von Húngbu hat mich angeschmiert! Dem werd' ich's geben!«, kochend vor Wut lief er zu Húngbu. »Du Kerl du, sag die Wahrheit, wo kommt dein Haus her? Alles, was du erzählt hast, ist Lug und Trug!« – Solche Worte sagte er zu seinem eigenen Bruder!

Zurück lief er, baute an seinem Haus mit eigenen Händen ein Schwalbennest. Jeden Tag wartete er nur auf das eine – daß endlich Schwalben dort einziehen und Junge ausbrüten würden. Und wirklich, eines Tages kam ein Schwalbenpärchen, legte Eier in das Nest und brütete sie aus. »Das trifft sich gut! Jetzt werde ich auch

endlich ein reicher Mann!« Zum Nest kletterte Nolbu hinauf, griff
sich eines der Jungen, brach ihm ein Bein, ganz absichtlich. Dann
strich er ein bißchen Lehm darüber und legte die junge Schwalbe
wieder ins Nest hinein.

Lange, lange hatte das Junge zu leiden, zum Glück ist das Bein
wieder zusammengeheilt, aber die junge Schwalbe konnte nie richtig laufen, immer hinkte sie. Als sie im Herbst nach Süden flog,
berichtete sie dem König dort, was ihr widerfahren, und der wurde
ganz wütend. »Der muß bestraft werden, wo gibt's denn so was,
einer Schwalbe absichtlich ein Bein zu brechen!« Und er gab der
Schwalbe einen Kürbiskern. »Den heb gut auf, und im Frühling
nimmst du ihn dorthin mit.« –»Ja, das will ich tun.«

Im nächsten Frühjahr flog die Schwalbe gen Norden, den Kürbiskern im Schnabel. Nolbu freute sich, rieb sich die Hände.
»Du, Schwalbe, hast du mir einen Kürbiskern mitgebracht?« Die
Schwalbe ließ den Kern fallen, flog davon. Nolbu steckte den Kern
gleich neben der Mauer in die Erde, setzte sich dazu, er wollte warten, bis der Sproß aus der Erde käme. Der schoß auch gleich aus
dem Boden, die Ranken wuchsen über das ganze Haus, blühten
auf. »Ja, das blüht ja schon, wer sagt es denn – ich werde reich!«,
schon hingen zehn Kürbisse an den Ranken. Alle zehn pflückte
Nolbu und fing an zu sägen. »Langsam sägen, vorsichtig sägen, ich
will den Kürbis teilen. Was für ein Schatz wird wohl herauskommen? Gold, Silber, Korallen? Was sonst kann es sein?« – Von selbst
fielen alle zehn Kürbisse auseinander: T'ang, t'ang, t'ang machte
das, alle sprangen auf und heraus kamen Unholde, fürchterlich anzusehen. »Du, Schuft Nolbu, Schuft! Den Hieb kriegst du, und den
und den! Kerl du!« Und sie schlugen auf ihn ein. »Hilfe, zu Hilfe,
helft mir doch!« wimmerte er, aber die Unholde: »Schlagt nur zu,
schlagt feste zu, auch das Haus schlagt in Trümmer, alles!« feuerten
sie sich gegenseitig an. Erde und Wasser vermischten sie, der
Schlamm überschwemmte das Haus. Dann wehte Wind, Sturm
blies das hinweg, was vom Haus übriggeblieben war. Ein Unhold
blies eine Flöte, alle lösten sich in nichts auf.

Was konnte Nolbu nun tun? Nichts blieb ihm übrig, als mit
Frau und Kindern zu Húngbus Haus zu ziehen. »Ach, Húngbu, ich

hab' dich aus meinem Haus gejagt, wie gemein war ich zu dir. Gibt es so einen schlechten Burschen wie mich noch einmal auf der Welt? Ach, Bruder, vergib mir!« – »Mein Bruder, sagt das nicht. Bleibt nur bei mir, lebt in meinem Haus.«

Húngbu war seinem Bruder kein bißchen böse. Zusammen mit dem Bruder und seiner Familie lebte er hinfort ganz glücklich.

So wird in Korea erzählt.

Der böswillige Bruder

*E*s war einmal eine Frau, die verdingte sich als Wäscherin. Und jeden Tag mußte sie, sobald sie Wasser holen ging, sehen, daß all die anderen Wäscherinnen Söhne und Töchter hatten, die ihnen das Wasser brachten. Sie ging nach Hause und sie betete zu Gott, er möge ihr einen Sohn schenken. Eines Tages, als sie gerade bügelte, gebar sie einen Sohn, der hatte einen Stern auf der Stirn. Sie sprach: »Mein Sohn, deine Mutter ist so glücklich, weil du gekommen bist; und da ich gerade beim Bügeln bin, nimm diesen Milchbecher und fülle ihn mir bitte mit Wasser.« Der kleine Knabe sprach: »Tut mir leid, aber deshalb bin ich nicht hierhergekommen.« Die Mutter sprach: »Gut, mein Sohn.« Sie nahm den Becher und ging selbst, um ihn zu füllen. Der Kleine aber schnappte sich die Schachtel mit den Zündhölzern, das Haus fing Feuer, und er lief davon. Er lief sehr weit weg. Er begegnete einer alten Frau und sprach: »Mutter, ich habe weder Mutter noch Vater, kannst du mich bei dir behalten?« Sie sprach: »Ja, mein Sohn. Du darfst mich Mutter und meinen Sohn Bruder nennen.« Drei oder vier Tage danach ging die alte Frau in den Garten. Sie fing eine Krabbe und sprach: »Mein Sohn, komm und nimm die Krabbe, brate sie und gib deinem Stiefbruder ein Stück davon.« Der Kleine nahm die Krabbe, versetzte seinem Stiefbruder einen Stoß und sprach: »He! Junge, die Mama hat mir befohlen, dich zu braten und der Krabbe ein Stück davon zu geben.« Der kleine Bub sprach: »Nein, das kann dir meine Mama nicht befohlen haben.« Der Kleine fragte: »Mutter, hast du mir nicht befohlen, den Knaben zu braten und der Krabbe ein Stück davon zu geben?« Die alte Frau dachte, er wolle sagen: die Krabbe braten und dem Knaben ein Stück davon geben, und deshalb sagte sie ja. Da schnappte er sich den Stiefbruder, briet ihn und gab der Krabbe ein Stück davon. Die alte Frau rief: »O mein Gott! Was für ein Kummer!«

Der Knabe lief davon. Er legte ein gutes Stück Weg zurück. Er gelangte zur Werkstatt eines Schmieds. Er grüßte: »Guten Morgen, mein Herr.« Er sprach: »Ich habe keine Mutter und keinen Vater mehr, kann ich nicht hierbleiben?« Der Schmied sprach: »Ich brauche einen Lehrling, und wenn dir das Schmiedehandwerk gefällt, will ich dich behalten.« Der Kleine sprach: »In Ordnung, mein Herr.« Er arbeitete einen Tag lang und verbrannte gleich ein Stück Eisen. Der Schmied wurde zornig und versetzte ihm einen Klaps. Der Kleine schüttelte den Kopf, sagte aber nichts.

Am darauffolgenden Tag saß der Schmied auf dem Amboß und war ein wenig eingenickt. Der kleine Knabe packte sein Stück Eisen, das rot glühte, und stieß es ihm in die Nase. Der Knabe lief davon. Da er aber viele Meilen hätte laufen müssen, um zum nächsten Haus zu gelangen, blieb er dort und trieb sich in der Nähe der Schmiede umher. Der Schmied kaufte einen Sack Erdnüsse und verkündete: »Jedem Schulkind, das mir seine Sünden beichtet, werde ich zwei Erdnüsse geben.« Der Kleine kam: »Guten Morgen, Herr Schmied. Ich habe meiner Mutter Zucker gestohlen.« Er bekam zwei Erdnüsse. Tags darauf kam er abermals vorüber: »Herr Schmied, ich habe meiner Mutter einen Cent gestohlen.« Er bekam zwei Erdnüsse. Der Knabe kam wieder, er sprach: »Herr Schmied, ich bin der Mann, der das Haus meiner Mutter niederbrannte.« Der Schmied sprach: »Das ist Sünde, Junge, schau, zwei Erdnüsse.« Darauf sprach der Knabe: »Herr Schmied, ich habe den Sohn einer Frau gebraten und der Krabbe ein Stück davon gegeben.« Der Herr Schmied sagte: »Das ist Sünde, Junge, schau, zwei Erdnüsse.« Der Knabe sprach: »Herr Schmied, gebt mir zwei Erdnüsse mehr.« Er sagte: »Gebt mir zwei Erdnüsse, Herr Schmied, ich bin der Kerl, der Euch das Eisen in die Nase stieß.« Der Schmied rief: »Du bist der Mann, den ich suche.« Er packte ihn, steckte ihn in den Erdnußsack und hängte ihn unter das Dach des Hauses. Er rief seine Kinder und befahl ihnen, Brombeerreisig zu sammeln und unter den Sack zu legen. Dieses wollte er anzünden, um den Knaben fühlen zu lassen, wie weh die Hitze des Feuers tut. Der kleine Knabe füllte seine Tasche mit Erdnüssen, riß ein Loch in den Sack und ließ ein paar von ihnen zu Boden fallen. Während der Schmied im Garten war, hoben seine Kinder die Erdnüsse vom Boden auf. Der Knabe im Sack sprach: »Wie seid ihr doch alle dumm! Laßt

mich hinunter, dann will ich euch allen noch eine Chance geben.«
Sie taten es. Der Knabe steckte sie alle in den Sack und stellte sich
hinter die Tür. Der Schmied kam und zündete das Brombeerreisig
an. Da sprach der Knabe: »Nun schau dir doch diesen Mann an!
Verbrennt seine eigenen Kinder!« Und er lief davon.

Er lief nicht allzu weit, nur ein paar Meilen. Hierauf gelangte
er zu dem Haus eines Königs. Sogleich, als er dort ankam, verliebte
sich die Tochter des Königs in ihn. Indessen hatte seine Mutter
noch einen Sohn geboren, der ebenfalls einen Stern auf der Stirn
trug; und dieser arbeitete im Hause des Königs. Die Königstochter
bat ihren Vater: »Bitte, vermähle mich mit diesem Knaben.« Der
König tat es. Der Diener erkannte, daß dieser Knabe sein Bruder
war, denn er hatte auf der Stirn den gleichen Stern wie er. Er
sprach: »Von nun an werde ich in Glück und Freuden leben, mein
Bruder hat die Tochter des Königs geheiratet.« Der Tag verging, es
wurde Nacht. Die Königstochter war sehr froh, da sie nun einen
Gemahl hatte, und spielte mit ihm. Der Knabe sprach: »He! Hör
auf! Ich will nicht spielen, ich zerschneide dich sonst mit meinem
großen Klappmesser.« Sie glaubte nicht an das, was er sagte, und
spielte weiter. Er schnitt sie durch und durch, holte seinen Bruder
und sprach: »Bruder, dieses Mädchen hat ihren Schabernack mit
mir getrieben, und ich habe es getötet.« Der Bruder sprach: »Mein
Gott, wie unangenehm für uns«; und beide liefen auf und davon.

Sie wanderten durch den Hochwald und kletterten auf den
Wipfel eines großen Baumes. Am Morgen fand der König seine
tote Tochter, und die beiden Knaben waren nirgends zu sehen. Er
sandte Männer aus, die nach ihnen suchen sollten, aber sie konnten
sie nicht finden. Einige Tage später wanderte der König in seinem
Kummer allein durch den Hochwald. Und als er zu einer Bank
kam, die unter einem Baum stand, setzte er sich nieder. Er hörte
eine Stimme, die sprach: »Gib acht, Bruder, sei ganz still, der König
könnte uns hören.« Eine andere erwiderte: »Was kümmert's mich,
ob er uns hört oder nicht?« Der König sah nach oben und erblickte
die beiden. Er holte Männer, die den Baum umsägen sollten. Als
der Baum umfiel, flog ein Adler vorüber und fing die beiden Knaben auf.

Sie flogen weit fort. Der Bruder aber nahm sein Klappmesser und erstach damit den Adler. Der Adler fiel mit den beiden Knaben tot zu Boden. Doktor Moricoy (die Landschildkröte) kam vorüber, verarztete den Adler, und der Adler flog davon. Er verarztete auch einen der beiden Knaben, und der Knabe erhob sich. Er sprach: »Doktor, höre auf meinen Rat, mache den anderen Mann nicht gesund, er wird dich töten.« Der Doktor erwiderte: »Ihr Menschen seid nur auf euer eigenes Wohl bedacht.« Und er erweckte auch den anderen Knaben zum Leben. Kaum hatte sich der Knabe erhoben, sprach er: »Bruder, wir haben etwas Gutes zu essen: Moricoy, der wird uns schmecken!« Hierauf befahl er: »Du, Bruder, hältst ihn fest! Ich gehe und suche seine Eier.« Der Bruder sprach zu dem Moricoy: »Du siehst, ich habe dir die Wahrheit gesagt. Ich lasse dich gehen und werde meinem Bruder sagen, du seist mir entwischt.« Als der Bruder zurückkehrte, wurde er sehr zornig, weil sein Bruder den Moricoy hatte entkommen lassen.

Sie wanderten jedenfalls die Straße entlang und fanden ein Getreidekorn. Sie überlegten, ob sie es einpflanzen sollten; und sie pflanzten es ein. Am Morgen fanden sie einen lieblichen Getreidebaum, der dreimal im Jahr Korn hervorbrachte. Sie gingen und luden jedermann ein, mit ihnen in den Himmel zu gehen. Sie nahmen das Getreide und sie nahmen das Laub und drehten Garn daraus, und sie nähten die Körner aneinander. Und bei jedem Schritt, den sie machten, nähten sie weiter, und die Leute folgten ihnen. Und als sie oben im Himmel angelangt waren, öffneten sie die Wolke und gingen hinein. Sie sägten das obere Ende der Leiter ab, und die Leiter fiel um; deshalb sind die Menschen heute über die ganze Welt verstreut. (Die Leiter war so lang, sie fiel von Barbados, das ist hier, bis nach New York.) Und wenn du zum Himmel emporblickst, wirst du immer zwei Sterne sehen, die beieinanderstehen; das sind die beiden Knaben mit dem Stern auf ihrer Stirn. Die Geschichte ist aus.

So wird in der Karibik erzählt.

Brüderchen und Schwesterchen

*B*rüderchen nahm sein Schwesterchen an der Hand und sprach: »Seit die Mutter tot ist, haben wir keine gute Stunde mehr; die Stiefmutter schlägt uns alle Tage, und wenn wir zu ihr kommen, stößt sie uns mit den Füßen fort. Die harten Brotkrusten, die übrigbleiben, sind unsere Speise, und dem Hündlein unter dem Tisch geht's besser: dem wirft sie doch manchmal einen guten Bissen zu. Daß Gott erbarm, wenn das unsere Mutter wüßte! Komm, wir wollen miteinander in die weite Welt gehen.«

Sie gingen den ganzen Tag über Wiesen, Felder und Steine, und wenn es regnete, sprach das Schwesterchen: »Gott und unsere Herzen, die weinen zusammen!« Abends kamen sie in einen großen Wald und waren so müde von Jammer, Hunger und dem langen Weg, daß sie sich in einen hohlen Baum setzten und einschliefen.

Am andern Morgen, als sie aufwachten, stand die Sonne schon hoch am Himmel und schien heiß in den Baum hinein. Da sprach das Brüderchen: »Schwesterchen, mich dürstet, wenn ich ein Brünnlein wüßte, ich ging und tränk einmal; ich mein', ich hört' eins rauschen.«

Brüderchen stand auf, nahm Schwesterchen an der Hand, und sie wollten das Brünnlein suchen. Die böse Stiefmutter aber war eine Hexe und hatte wohl gesehen, wie die beiden Kinder fortgegangen waren, war ihnen nachgeschlichen, heimlich, wie die Hexen schleichen, und hatte alle Brunnen im Walde verwünscht. Als sie nun ein Brünnlein fanden, das so glitzerig über die Steine sprang, wollte das Brüderchen daraus trinken; aber das Schwesterchen hörte, wie es im Rauschen sprach: »Wer aus mir trinkt, wird ein Tiger; wer aus mir trinkt, wird ein Tiger.« Da rief das Schwesterchen: »Ich bitte dich, Brüderchen, trink nicht, sonst wirst du ein wildes Tier und zerreißest mich.« Das Brüderchen trank nicht, ob es gleich so großen Durst hatte, und sprach: »Ich will warten bis zur nächsten Quelle.« Als sie zum zweiten Brünnlein kamen, hörte das

Schwesterchen, wie auch dieses sprach: »Wer aus mir trinkt, wird ein Wolf; wer aus mir trinkt, wird ein Wolf.« Da rief das Schwesterchen: »Brüderchen, ich bitte dich, trink nicht, sonst wirst du ein Wolf und frissest mich.« Das Brüderchen trank nicht und sprach: »Ich will warten, bis wir zur nächsten Quelle kommen, aber dann muß ich trinken, du magst sagen, was du willst: mein Durst ist gar zu groß.« Und als sie zum dritten Brünnlein kamen, hörte das Schwesterlein, wie es im Rauschen sprach: »Wer aus mir trinkt, wird ein Reh; wer aus mir trinkt, wird ein Reh.« Das Schwesterchen sprach: »Ach Brüderchen, ich bitte dich, trink nicht, sonst wirst du ein Reh und läufst mir fort.«

Aber das Brüderchen hatte sich gleich beim Brünnlein niedergekniet, hinabgebeugt und von dem Wasser getrunken, und wie die ersten Tropfen auf seine Lippen gekommen waren, lag es da als ein Rehkälbchen. Nun weinte das Schwesterchen über das arme, verwünschte Brüderchen, und das Rehchen weinte auch und saß so traurig neben ihm.

Da sprach das Mädchen endlich: »Sei still, liebes Rehchen, ich will dich ja nimmermehr verlassen.« Dann band es sein goldenes Strumpfband ab und tat es dem Rehchen um den Hals und rupfte Binsen und flocht ein weiches Seil daraus. Daran band es das Tierchen und führte es weiter und ging immer tiefer in den tiefen Wald hinein. Und als sie lange, lange gegangen waren, kamen sie endlich an ein kleines Haus, und das Mädchen schaute hinein, und weil es leer war, dachte es: »Hier können wir bleiben und wohnen.« Da suchte es dem Rehchen Laub und Moos zu einem weichen Lager, und jeden Morgen ging es aus und sammelte sich Wurzeln, Beeren und Nüsse, und für das Rehchen brachte es zartes Gras mit, das fraß es ihm aus der Hand, war vergnügt und spielte vor ihm herum.

Abends, wenn Schwesterchen müde war und sein Gebet gesagt hatte, legte es seinen Kopf auf den Rücken des Rehkälbchens, das war sein Kissen, darauf es sanft einschlief. Und hätte das Brüderchen nur seine menschliche Gestalt gehabt, es wäre ein herrliches Leben gewesen. Das dauerte eine Zeitlang, daß sie so allein in der Wildnis waren.

Es trug sich aber zu, daß der König des Landes eine große Jagd in dem Wald hielt. Da schallte das Hörnerblasen, Hundegebell und das lustige Geschrei der Jäger durch die Bäume, und das Rehlein hörte es und wäre gar zu gerne dabei gewesen. »Ach«, sprach es zum Schwesterlein, »laß mich hinaus in die Jagd, ich kann's nicht länger mehr aushalten«, und bat so lange, bis es einwilligte. »Aber«, sprach es zu ihm, »komm mir ja abends wieder, vor den wilden Jägern schließ' ich mein Türlein; und damit ich dich kenne, so klopf und sprich: Mein Schwesterlein, laß mich herein; und wenn du nicht so sprichst, so schließ' ich mein Türlein nicht auf.«

Nun sprang das Rehchen hinaus und war ihm so wohl und war so lustig in freier Luft. Der König und seine Jäger sahen das schöne Tier und setzten ihm nach, aber sie konnten es nicht einholen, und wenn sie meinten, sie hätten es gewiß, da sprang es über das Gebüsch weg und war verschwunden. Als es dunkel ward, lief es zu dem Häuschen, klopfte und sprach: »Mein Schwesterlein, laß mich herein.« Da ward ihm die kleine Tür aufgetan, es sprang hinein und ruhete sich die ganze Nacht auf seinem weichen Lager aus.

Am andern Morgen ging die Jagd von neuem an, und als das Rehlein wieder das Hüfthorn hörte und das Hoho! der Jäger, da hatte es keine Ruhe und sprach: »Schwesterchen, mach mir auf, ich muß hinaus.« Das Schwesterchen öffnete ihm die Türe und sprach: »Aber zu Abend mußt du wieder da sein und dein Sprüchlein sagen.«

Als der König und seine Jäger das Rehlein mit dem goldenen Halsband wieder sahen, jagten sie ihm alle nach, aber es war ihnen zu schnell und behend. Das währte den ganzen Tag, endlich aber hatten es die Jäger abends umzingelt, und einer verwundete es ein wenig am Fuß, so daß es hinken mußte und langsam fortlief. Da schlich ihm ein Jäger nach bis zu dem Häuschen und hörte, wie es rief: »Mein Schwesterlein, laß mich herein«, und sah, daß die Tür ihm aufgetan und alsbald wieder zugeschlossen ward. Der Jäger behielt das alles wohl im Sinn, ging zum König und erzählte ihm, was er gesehen und gehört hatte. Da sprach der König: »Morgen soll noch einmal gejagt werden.« Das Schwesterchen aber erschrak gewaltig, als es sah, daß sein Rehkälbchen verwundet war. Es wusch ihm das Blut ab, legte Kräuter auf und sprach: »Geh auf dein

Lager, lieb Rehchen, daß du wieder heil wirst.« Die Wunde aber war so gering, daß das Rehchen am Morgen nichts mehr davon spürte. Und als es die Jagdlust wieder draußen hörte, sprach es: »Ich kann es nicht aushalten, ich muß dabei sein; so bald soll mich keiner kriegen.« Das Schwesterchen weinte und sprach: »Nun werden sie dich töten, und ich bin hier allein im Wald und bin verlassen von aller Welt: ich lass' dich nicht hinaus.«

»So sterb' ich dir hier vor Betrübnis«, antwortete das Rehchen, »wenn ich das Hüfthorn höre, so mein' ich, ich müßt' aus den Schuhen springen!« Da konnte das Schwesterchen nicht anders und schloß ihm mit schwerem Herzen die Tür auf, und das Rehchen sprang gesund und fröhlich in den Wald. Als es der König erblickte, sprach er zu seinen Jägern: »Nun jagt ihm nach den ganzen Tag bis in die Nacht, aber daß ihm keiner etwas zuleide tut.«

Sobald die Sonne untergegangen war, sprach der König zum Jäger: »Nun komm und zeige mir das Waldhäuschen.« Und als er vor dem Türlein war, klopfte er an und rief: »Lieb Schwesterlein, laß mich herein.« Da ging die Tür auf, und der König trat herein, und da stand ein Mädchen, das war so schön, wie er noch keins gesehen hatte. Das Mädchen erschrak, als es sah, daß nicht sein Rehlein, sondern ein Mann hereinkam, der eine goldene Krone auf dem Haupt hatte. Aber der König sah es freundlich an, reichte ihm die Hand und sprach: »Willst du mit mir gehen auf mein Schloß und meine liebe Frau sein?«

»Ach ja«, antwortete das Mädchen, »aber das Rehchen muß auch mit, das verlass' ich nicht.« Sprach der König: »Es soll bei dir bleiben, solange du lebst, und soll ihm an nichts fehlen.« Indem kam es hereingesprungen, da band es das Schwesterchen wieder an das Binsenseil, nahm es selbst in die Hand und ging mit ihm aus dem Waldhäuschen fort.

Der König nahm das schöne Mädchen auf sein Pferd und führte es in sein Schloß, wo die Hochzeit mit großer Pracht gefeiert wurde, und war es nun die Frau Königin und lebten sie lange Zeit vergnügt zusammen; das Rehlein ward gehegt und gepflegt und sprang in dem Schloßgarten herum. Die böse Stiefmutter aber, um derentwillen die Kinder in die Welt hineingegangen waren, die meinte nicht anders, als Schwesterchen wäre von den wilden Tieren im Walde zerrissen worden und Brüderchen als ein Rehkalb von den Jägern totgeschossen. Als sie nun hörte, daß sie so glücklich waren und es ihnen so wohl ging, da wurden Neid und Mißgunst in ihrem Herzen rege und ließen ihr keine Ruhe, und sie hatte keinen andern Gedanken, als wie sie die beiden doch noch ins Unglück bringen könnte. Ihre rechte Tochter, die häßlich war wie die Nacht und nur ein Auge hatte, die machte ihr Vorwürfe und sprach: »Eine Königin zu werden, das Glück hätte mir gebührt.«

»Sei nur still«, sagte die Alte und sprach zufrieden: »Wenn's Zeit ist, will ich schon bei der Hand sein.«

Als nun die Zeit herangerückt war und die Königin ein schönes Knäblein zur Welt gebracht hatte und der König gerade auf der Jagd war, nahm die alte Hexe die Gestalt der Kammerfrau an, trat in die Stube, wo die Königin lag, und sprach zu der Kranken: »Kommt, das Bad ist fertig, das wird Euch wohltun und frische Kräfte geben: geschwind, eh es kalt wird.« Ihre Tochter war auch bei der Hand, sie trugen die schwache Königin in die Badstube und legten sie in die Wanne; dann schlossen sie die Tür ab und liefen davon.

In der Badstube aber hatten sie ein rechtes Höllenfeuer angemacht, daß die schöne junge Königin bald ersticken mußte. Als das vollbracht war, nahm die Alte ihre Tochter, setzte ihr eine Haube auf und legte sie ins Bett an der Königin Stelle. Sie gab ihr auch die Gestalt und das Ansehen der Königin, nur das verlorene Auge konnte sie ihr nicht wiedergeben. Damit es aber der König nicht merkte, mußte sie sich auf die Seite legen, wo sie kein Auge hatte.

Am Abend, als er heimkam und hörte, daß ihm ein Söhnlein geboren war, freute er sich herzlich und wollte ans Bett seiner lieben Frau gehen und sehen, was sie machte. Da rief die Alte geschwind: »Beileibe, laßt die Vorhänge zu, die Königin darf noch nicht ins Licht sehen und muß Ruhe haben.« Der König ging zurück und wußte nicht, daß eine falsche Königin im Bette lag.

Als es aber Mitternacht war und alles schlief, da sah die Kinderfrau, die in der Kinderstube neben der Wiege saß und allein noch wachte, wie die Türe aufging und die rechte Königin hereintrat. Sie nahm das Kind aus der Wiege, legte es in ihren Arm und gab ihm zu trinken. Dann schüttelte sie ihm sein Kißchen, legte es wieder hinein und deckte es mit dem Deckbettchen zu. Sie vergaß aber auch das Rehchen nicht, ging in die Ecke, wo es lag, und streichelte ihm über den Rücken. Darauf ging sie ganz stillschweigend wieder zur Türe hinaus, und die Kinderfrau fragte am andern Morgen die Wächter, ob jemand während der Nacht ins Schloß gegangen wäre, aber sie antworteten: »Nein, wir haben niemand gesehen.«

So kam sie viele Nächte und sprach niemals ein Wort dabei; die Kinderfrau sah sie immer, aber sie getraute sich nicht, jemand etwas davon zu sagen. Als nun so eine Zeit verflossen war, da hub die Königin in der Nacht an zu reden und sprach:

»Was macht mein Kind? Was macht mein Reh?
Nun komm ich noch zweimal und dann nimmermehr.«

Die Kinderfrau antwortete ihr nicht, aber als sie wieder verschwunden war, ging sie zum König und erzählte ihm alles. Sprach der König: »Ach Gott, was ist das! Ich will in der nächsten Nacht bei dem Kinde wachen.«

Abends ging er in die Kinderstube, aber um Mitternacht erschien die Königin wieder und sprach:

»Was macht mein Kind? Was macht mein Reh?
Nun komm ich noch einmal und dann nimmermehr.«

Und pflegte dann des Kindes, wie sie gewöhnlich tat, ehe sie verschwand. Der König getraute sich nicht, sie anzureden, aber er wachte auch in der folgenden Nacht. Sie sprach abermals:

»Was macht mein Kind? Was macht mein Reh?
Nun komm ich noch diesmal und dann nimmermehr.«

Da konnte sich der König nicht zurückhalten, sprang zu ihr und sprach: »Du kannst niemand anders sein als meine liebe Frau.«

Da antwortete sie: »Ja, ich bin deine liebe Frau«, und hatte in dem Augenblick durch Gottes Gnade das Leben wiedererhalten,

165

war frisch, rot und gesund. Darauf erzählte sie dem König den Fre-
vel, den die böse Hexe und ihre Tochter an ihr verübt hatten. Der
König ließ beide vor Gericht führen, und es ward ihnen das Urteil
gesprochen.

Die Tochter ward in den Wald geführt, wo sie die wilden Tiere
zerrissen, die Hexe aber ward ins Feuer gelegt und mußte jammervoll verbrennen. Und wie sie zu Asche verbrannt war, verwandelte
sich das Rehkälbchen und erhielt seine menschliche Gestalt wieder;
Schwesterchen und Brüderchen aber lebten glücklich zusammen bis
an ihr Ende.

So erzählen uns die Brüder Grimm.

Drei

Es war an einem Samstag; wenn ich mich recht erinnere, im Frühling Mitte der Achtzigerjahre; es war morgens um neun, ich saß in der Küche, machte Frühstück und hörte Radio. Ein Feature wurde gesendet, über eine Expedition durch Grönland wurde erzählt. Drei Südtiroler Bergsteiger hatten zu Fuß Grönland an der breitesten Stelle durchquert, sie hatten die Schlitten, die sie selber gebaut hatten, selber gezogen, unvorstellbare Strapazen hatten sie auf sich genommen, um der Welt zu beweisen, was der Mensch alles kann.

Das war aber nicht die eigentliche Geschichte. Diese erzählte von einem Streit, so archaisch, wie er sich nur auf der *tabula rasa* des Grönländischen Inlandeises abspielen kann. Zwei der Teilnehmer erzählten, der dritte, so erfuhr ich aus dem Vorspann des Features, habe abgelehnt, man solle ihn in Ruhe lassen, er habe zu der Angelegenheit nichts zu sagen, absolut nichts. Und noch etwas: Die beiden Erzähler wollten nicht gemeinsam vor dem Mikrofon sitzen. Sie wollten einander nicht begegnen, nicht im Studio und sonst auch nirgendwo. Sie wohnten nur wenige Kilometer voneinander entfernt; wenn sie einander zufällig in Bozen trafen, grüßten sie sich nicht, schauten aneinander vorbei, und wenn sie mit anderen Menschen über ihre Geschichte sprachen, nannte einer den Namen des anderen nicht – sie sagten: »Er«, das musste genügen.

In der letzten Viertelstunde der Sendung kam meine Frau in die Küche, und wir hörten gemeinsam zu. Ich sagte, ich würde gern ein Buch über diese Expedition schreiben.

»Dann besuch die drei«, sagte sie.

Und das tat ich.

Mit Robert Peroni, dem Leiter der Expedition, habe ich mich befreundet. Er hat mir ausführlich von diesem fatalen Abenteuer erzählt. Er war der Meinung, dass man so eine gefährliche Reise nur zu dritt überleben kann. Und dass man sie nur überleben kann, wenn man streitet. Und je gefährlicher und strapaziöser das Unternehmen ist, desto heftiger und radikaler muss der Streit sein, soll die Reise nicht mit dem Tod aller enden.

Er hat es mir erklärt: »Wenn ihr zu zweit seid«, sagte er, »bleibt euch nur Hass oder Liebe. Entweder Hass oder Liebe. Irgendetwas in euch wird sich für das eine oder das andere entscheiden. Unter solch extremen Bedingungen – Sturm, Kälte, Einsamkeit, Stille, Nebel – müsst ihr euch auf eine Rolle festlegen. Entweder bist du der Liebende oder der Hassende. Du wirst das eine oder andere bis ans Ende der Reise bleiben. Eine Rolle zu wechseln, ist nur möglich, wenn Ablenkung möglich ist. Wenn du einen Abend mit jemand anderem verbringen kannst oder wenn du dich für einen Tag zurückziehen kannst – wie es zum Beispiel in einer Ehe üblich und möglich ist. Das geht dort oben aber nicht. Du bist immer, Tag und Nacht, mit dem anderen zusammen. Angenommen, ihr entscheidet euch für die Liebe, dann werdet ihr aufgeben, sobald die Strapazen unüberwindlich erscheinen. Ihr werdet euch ins Zelt legen und sagen: Sterben wir gemeinsam. Wenn ihr euch für den Hass entscheidet, was wahrscheinlich ist, denn ihr wollt ja überleben, werden Mühe und Gefahr zur Herausforderung. Dabei geht es aber nicht darum, sich selbst siegen zu sehen. Die Niederlage des anderen bringt Befriedigung, nur sie. Einer ist immer der Schwächere. Es dauert nicht lange, bis sich herausstellt, wer von euch beiden der Schwächere ist. Was dann? Dann bist du der Sieger, und er ist der Verlierer. Oder umgekehrt. So wird es bleiben. Damit ist eurer Beziehung jede Dynamik genommen. Euer Zusammenleben stagniert, eure Kräfte stagnieren. Die Langeweile kommt. Die lässt sich weder von einem Sturm noch vom Hunger noch von der Kälte vertreiben. Die Langeweile sagt: Warum das Ganze? Je mehr du leidest, desto hämischer wird die Langeweile. Und ist der Tod vor deinen Augen, wirst du dir eingestehen: Er wird sinnlos sein. Deshalb muss man eine solche Reise zu dritt unternehmen. Und der Streit muss recht bald beginnen. Bei uns fing er an, gleich nachdem uns der Helikopter an der Ostküste abgesetzt hat. Das war gut so. Zwei streiten, der Dritte ist der Verbündete, der wird gebraucht, um sich über den anderen lustig zu machen, um sich bestätigen zu lassen, dass man selber Recht hat. Wenn es opportun ist, kann man dem Dritten die Schuld am Streit geben. Der Dritte ist der wahre Held der Expedition. Er muss ein Lügner sein, er muss ein Psychologe sein, er muss ein Gefühl für Timing haben, er muss voll Niedertracht und zugleich voll Menschenliebe sein, er muss den Menschen verachten und ihn zugleich in seiner Schwäche und Hinfälligkeit verstehen. Der Erste und der Zweite sind ganz in sich und in ihren Streit versponnen, sie nehmen nichts anderes mehr wahr. Der Dritte repräsentiert die Welt, er hat Erwartungen an die Zukunft, er erinnert sich an die Vergangenheit; er führt durch den Sturm, durch die Nacht, durch die Kälte. In ihm seht ihr euch gespiegelt, sowohl, wie ihr seid, als auch, wie ihr gern sein wollt. Dem Dritten ist es zu verdanken, wenn ihr überlebt.«

Als ich aus Südtirol zurückkam, fragte mich meine Frau: »Wie war's?«

Und ich sagte: »Es war wie im Märchen. Alles habe ich dreimal gemacht. Ich habe dreimal gefrühstückt, mit dem Ersten, mit dem Zweiten und mit dem Dritten; ich habe dreimal zu Mittag gegessen, ich habe dreimal die gleichen Fragen gestellt; am Abend habe ich dreimal den Mond angeheult, und in der Nacht bin ich nach drei Träumen dreimal aufgewacht.«

»Und jeder hat dir seine Version erzählt?«, fragte sie.

»Ja«, sagte ich.

»Dann hast du also dreimal ihre Reise gemacht.«

»Ja«, sagte ich.

Drei Königskinder

Es war einst ein König, der hatte Befehl gegeben, daß in seinem Reiche abends nach zehn Uhr keiner mehr arbeiten sollte, und wer das doch täte, der sollte schwerer Strafe gewärtig sein. Nun saßen noch spät abends bei Licht drei arme Mädchen und arbeiteten. Da sprach die erste: »Ich wollte, ich kriegte des Königs Koch zum Mann«, die zweite: »Ich wollte, ich kriegte dem König seinen Minister«, die dritte und jüngste aber sprach: »Ich wollte, daß ich den König selber zum Mann kriegte«. Das hatte der König alles mit angehört, denn er stand hinter dem Fenster und horchte, und es kam ihm so drollig vor, daß er beschloß, den drei Mädchen ihre Wünsche zu erfüllen.

Den Tag darauf ließ er die älteste zu sich rufen, die sich den Koch zum Manne gewünscht hatte, und sprach zu ihr: »Ich habe gestern deinen Wunsch vernommen und

weil du den Koch begehrt,
so bist des Koches wert«

und gab ihr den Koch zum Manne. Darauf ließ er die zweite kommen und sagte: »Ich habe gestern deinen Wunsch vernommen und

weil du den Minister begehrt,
so bist du seiner auch wert«

und gab ihr seinen Minister zum Manne. Nach dem so mußte die dritte und jüngste Schwester vor ihn kommen, die ihn selber zum Manne gewünscht hatte, zu der sprach er auch: »Ich habe gestern deinen Wunsch vernommen und

weil du meiner begehrt,
so bist du meiner auch wert«

und heiratete sie und machte sie zur Königin.

Über eine Zeit, so wurde die Königin schwanger; da fragte sie der König, wen sie denn am liebsten zu ihrer Pflege bei sich haben wollte. Da verlangte sie nach ihrer ältesten Schwester, die des Königs Koch zum Manne hatte. Die Königin brachte aber einen hübschen Knaben zur Welt, der trug an seiner Stirn einen goldenen Stern. Weil nun die älteste Schwester neidisch war, daß die jüngste den König zum Mann gekriegt hatte, sie selber aber nur des Königs Koch, so legte sie der Königin einen jungen Hund ins Bett, nahm das Kind, klebte ihm ein Pechpflaster auf die Stirn, daß der goldene Stern nicht zu sehen war, und tat es in einen Kasten; den Kasten mit dem Kinde setzte sie heimlich auf den Strom, der dicht an des Königs Schloß vorbeifloß, und da trieben ihn die Wellen immer weiter hinab in das Land hinein. Der König, da er vernahm, daß seine Frau einen Hund geboren hätte, ward erst ganz zornig, aber doch, aus großer Liebe zu ihr, gab er sich zufrieden und war freundlich und gut mit ihr wie zuvor.

Zu derselben Zeit wohnte weiter den Strom hinab ein Gärtner, der hatte drei Kinder und dicht an dem Strom einen schönen Garten. Da nun einst die Kinder, wie sie immer taten, in dem Garten dicht am Wasser ihre Spiele trieben, so kam ein Kästchen den Strom herab geschwommen, und wie es die drei Gärtnerskinder auffischten und ans Ufer zogen, so lag ein kleiner hübscher Knabe darin, dem saß auf der Stirn ein Pechpflaster. Da liefen die Gärtnerskinder mit dem Kästchen und dem Kinde darin voller Freuden zu ihrem Vater und zeigten es ihm, und der Gärtner, da er das arme hilflose Kind sah, erbarmte sich seiner und behielt es bei sich und behandelte es, als ob es sein eigenes Kind gewesen wäre, und die drei Gärtnerskinder warteten es und spielten damit.

Über ein Jahr kriegte die Königin wieder ein kleines Kind und das war wieder ein Knabe und trug vor seiner Stirn auch so einen goldenen Stern, genau wie das erste Kind. Die neidische Schwester aber, welche die Königin wieder zur Pflege bei sich hatte, nahm das Kind, sobald es geboren war, heimlich weg, legte ein Pechpflaster auf seine Stirn und setzte es in einem Kästchen auf den Strom, daß es die Wellen hinunter trieben. An seiner statt legte sie der Königin einen jungen Hund ins Bett und ging hin und sagte dem Könige, seine Gemahlin hätte diesmal wieder einen Hund zur Welt gebracht. Darüber geriet der König in heftigen Zorn, versammelte seine Räte und fragte sie, was sie meinten, daß er in der Sache tun solle? Da hielten sie einen Rat und sprachen: diesmal sollte der König noch verzeihen; wenn aber so was noch einmal wieder vorkäme, so hätte die Königin verdient, daß sie in einem Turme lebendig vermauert würde und kein Essen und kein Trinken kriegte und so des Todes stürbe. Damit war der König zufrieden.

Es begab sich aber, daß zu derselben Zeit des Gärtners drei Kinder wieder in dem Garten waren und an dem Wasser spielten, da kam das Kästchen mit des Königs zweitem Kinde auf dem Strome dahergeschwommen, das zogen die drei Kinder auch ans Ufer und brachten es voller Freuden zu ihrem Vater, und weil der ein mitleidiger Mann war, so behielt er das arme hilflose Ding bei sich, und die drei Gärtnerskinder warteten es und spielten damit.

Nach dem, da ein Jahr vergangen war, wurde die Königin zum dritten Male schwanger und hatte wieder ihre Schwester bei sich, und als sie nun ein kleines Mädchen kriegte, da legte ihr das boshafte Weib eine Katze ins Bett und setzte das Kind in einem Kasten auf den Strom, daß es die Wellen hinaustrugen in das weite Land hinein. Aber die drei Gärtnerskinder fingen es auf und brachten es ihrem Vater, der erbarmte sich seiner und behielt es bei sich.

Der König, da er vernahm, daß seine Frau zum dritten Male ein Tier zur Welt gebracht hatte, ward seines Zornes nicht mehr Meister, ließ die arme Königin greifen und sie in einem Turm lebendig vermauern, so daß sie vor Hunger bald umkommen mußte.

Eine Zeit darnach begab es sich, daß die drei Gärtnerskinder krank wurden und starben, die Königskinder aber wuchsen und wurden schön und stark, und der Gärtner setzte sie zu seinen Erben ein. Da sie nun einstmals in ihrem Garten spazieren gingen, so kam ein alter Mann vorbei, der redete sie an und sprach: »Wißt ihr, was euch zu eurem Glücke noch fehlt?« – »Nein!«, sprachen die Kinder. »Was sollte uns noch fehlen; wir haben es ja hier so gut.« Da sprach der alte Mann: »Drei Dinge fehlen euch noch:

der Vogel der Wahrheit,
das Wasser des Lebens
und der Apfel Sina;

die sind es, die euch noch fehlen, daß ihr ganz glücklich seid, und zu finden sind sie auf einem hohen Berge; wenn da einer hinaufkommt, so fängt es an zu donnern und zu blitzen und die Erde bebt, und wenn der, welcher die drei Dinge holen will, sich umsieht, so wird er in einen Stein verwandelt.«

Da hub der älteste Knabe an und sprach: »Nun habe ich nicht her weder Ruhe noch Rast, bis ich den Vogel der Wahrheit, das Wasser des Lebens und den Apfel Sina gefunden und erlangt habe. Hier in diesen Baum stoß' ich mein Messer, wenn das rostig wird, so bin ich tot und komme nie mehr zurück.« Damit nahm er Abschied von Bruder und Schwester, stieß sein Messer in den Baum und zog fort in die weite Welt hinein.

Lange Zeit warteten die Kinder, daß ihr Bruder wiederkomme, aber er kam und kam nicht, und als sie nach dem Messer sahen, so war es rostig geworden und da konnten sie sich wohl denken, daß ihr Bruder in einen Stein verwandelt war. Da sprach der zweite Knabe: »Ich lasse meinen Bruder nicht im Stiche, es mag kommen, wie es will.« Damit nahm er Abschied von seiner Schwester, stieß auch ein Messer in den Baum, daß sie daran erkennen könnte, ob er lebendig wäre oder tot, und zog aus, seinen Bruder aufzusuchen.

Das Mädchen wartete lange Zeit vergeblich, daß ihr Bruder wiederkäme, aber er kam und kam nicht, und als sie einmal nach dem Messer sah, so war es auch rostig geworden wie ihrem ältesten Bruder seins. Da fing sie bitterlich zu weinen an und sprach: »Nun sind doch meine beiden Brüder gewiß in Steine verwandelt; aber ich lasse sie nicht im Stich, es mag kommen, wie es will«, und machte sich auf den Weg, ihre Brüder aufzusuchen.

Sie mußte erst viele Meilen gehen, bis sie endlich an den Berg kam, wo der Vogel der Wahrheit, das Wasser des Lebens und der Apfel Sina zu finden waren. Da faltete sie ihre Hände und betete erst, und da sie nun den Berg hinanstieg, fing es plötzlich an zu donnern und zu wetterleuchten und die Erde bebte, doch stieg sie getrost, ohne hinter sich zu schauen, bis zum Gipfel, wo der Baum stand mit dem Apfel Sina, und ein Brunnen floß, daraus das Wasser des Lebens quoll. Nachdem sie den Apfel gepflückt und von dem Wasser geschöpft hatte, wollte sie wieder fortgehen, da rief der Vogel der Wahrheit: »Vergiß meiner nicht! Vergiß meiner nicht!« Da nahm sie den Vogel auch mit sich, den sie beinahe ganz vergessen hätte.

Auf dem Berge lagen aber viele, viele Steine, die begoß das Mädchen mit dem Wasser des Lebens, und da wurden sie auf einmal lebendig und waren auch des Mädchens Brüder dabei, und es entstand da, als das Mädchen noch immer mehr Steine mit dem Wasser begoß, ein groß Gewühl von Menschen, die zogen nun alle in Scharen singend den Berg hinab.

Die beiden Brüder und ihre Schwester gingen nun wieder miteinander in ihre Heimat, und als sie zu Hause angekommen waren, sprach der Vogel der Wahrheit, sie sollten ein Mahl bereiten und den König zu Gaste laden. Da sagten die Kinder: »Wie können wir den König zu Gaste bitten und haben doch keine Speise, die für einen König schicklich ist?« Sprach der Vogel: wenn sie in jede Schüssel ein Stückchen von dem Apfel Sina legten, so würden die Speisen von selber kommen. Da taten die Kinder, wie der Vogel gesagt hatte, und luden den König zu Gaste, und als er kam und die Schüsseln aufgedeckt wurden, da waren die köstlichsten Speisen darin.

Während dem, daß sie zu Tische saßen, fing der Vogel zu sprechen an und fragte den König, ob er denn wohl wüßte, mit wem er da zu Tische säße? Sprach der König: »Es sind die Kinder eines Gärtners.« – »Nein«, sagte der Vogel, »es sind deine eigenen Kinder.« Und da erzählte er dem Könige, wie sich alles so zugetragen hatte und daß die Königin unschuldig zum Tode verurteilt wäre, daß ihr die neidische Schwester die beiden ersten Male zwei kleine Welpen und das dritte Mal eine Katze ins Bett gelegt hätte und daß die Kinder vor der Stirn einen goldenen Stern trügen. Als ihnen der König nun die Pechpflaster vor dem Kopfe wegnehmen ließ, so kamen die Sterne zum Vorschein. Da war die Freude groß und tat es dem Könige nur leid, daß die arme Königin das alles nicht auch miterleben konnte. Da sprach der Vogel der Wahrheit, sie sollten ihr nur von dem Wasser des Lebens bringen, so würde sie wieder lebendig werden. Das taten sie, und von dem Wasser kam sie auch wieder ins Leben zurück, und da hielt der König zum zweiten Male Hochzeit mit ihr.

So erzählt uns Wilhelm Busch.

Die Geschichte von den
drei kleinen Schweinchen

*E*s war einmal eine alte Sau, die hatte drei kleine Schweinchen. Und weil sie nicht genug besaß, um sie zu ernähren, schickte sie die Schweinchen aus, damit sie selbst ihr Glück suchten. Das erste ging fort und traf einen Mann mit einem Strohbündel. Es sagte zu ihm: »Mann, bitte gib mir dieses Stroh, damit ich mir ein Haus bauen kann.« Der Mann gab es ihm, und das kleine Schweinchen baute sich daraus ein Haus. Gleich kam ein Wolf daher, klopfte an die Tür und sagte: »Schweinchen klein, Schweinchen klein, laß mich hinein.« Darauf antwortete das Schweinchen: »Beim Haar an meinem Schnäuzchen, o nein, nein, nein.«

Da sagte der Wolf: »Dann will ich husten und will pusten und blas' dir dein Haus ein.« Und er hustete und er pustete und blies das Haus ein und fraß das kleine Schweinchen auf.

Das zweite kleine Schweinchen traf einen Mann mit einem Ginsterbündel, und es sagte: »Mann, bitte gib mir dies Ginsterbündel, damit ich mir ein Haus bauen kann.« Der Mann gab es ihm, und das Schweinchen baute sich ein Haus. Dann kam der Wolf daher und sagte: »Schweinchen klein, Schweinchen klein, laß mich hinein.« – »Beim Haar an meinem Schnäuzchen, o nein, nein, nein.« – »Dann will ich husten und will pusten und blas' dir dein Haus ein.«

Und er hustete und pustete und hustete und pustete, und schließlich blies er das Haus nieder und fraß das kleine Schweinchen auf.

Das dritte kleine Schweinchen traf einen Mann mit einer Fuhre Ziegel, und es sagte: »Mann, bitte gib mir diese Ziegel, damit ich mir ein Haus bauen kann.« Da gab ihm der Mann die Ziegel, und es baute sich daraus ein Haus. Wie er es bei den anderen kleinen Schweinchen getan hatte, kam der Wolf daher und sagte: »Schweinchen klein, Schweinchen klein, laß mich hinein.« – »Beim Haar an meinem Schnäuzchen, o nein, nein, nein.« – »Dann will ich husten und will pusten und blas dir dein Haus ein.«

Nun also, er hustete und pustete, und er hustete und pustete, und er hustete und pustete, aber er konnte einfach das Haus nicht niederblasen. Als er erkannte, daß er mit all seinem Husten und Pusten das Haus nicht niederblasen konnte, sagte er: »Kleines Schweinchen, ich weiß, wo es ein schönes Rübenfeld gibt.« – »Wo?« sagte das kleine Schweinchen. »Oh, in Mister Smith' Hausgarten, und wenn du morgen früh bereit bist, komme ich vorbei, wir gehen zusammen hin und holen etwas für das Mittagessen.«

»Sehr schön«, sagte das kleine Schweinchen. »Ich werde bereit sein. Um welche Zeit wolltest du gehen?« – »Ach, um sechs Uhr.«

Flun, das kleine Schweinchen, stand um fünf Uhr auf und holte die Rüben, noch ehe der Wolf kam. Um sechs Uhr kam der und sagte: »Kleines Schweinchen, bist du bereit?« Das kleine Schweinchen sagte: »Bereit? Ich war dort und bin schon wieder zurück, und ich habe einen schönen Topf voll Rüben fürs Mittagessen.«

Der Wolf war darüber sehr ärgerlich, aber er meinte, so oder so würde er schon an das kleine Schweinchen herankommen, und so sagte er: »Kleines Schweinchen, ich weiß, wo es einen schönen Apfelbaum gibt.« – »Wo?« sagte das kleine Schweinchen. »Drunten in Merrygarden«, antwortete der Wolf, »und wenn du mich nicht betrügst, komme ich morgen um fünf Uhr bei dir vorbei, und wir gehen zusammen und holen uns Äpfel.« Nun, das kleine Schweinchen stand am andern Morgen um vier Uhr eilig auf und ging fort um die Äpfel, und es hoffte, es könnte zurückkehren, ehe der Wolf käme. Aber es mußte diesmal weiter gehen, und es mußte auf den Baum klettern. Und gerade beim Herunterklettern sah es den Wolf daherkommen, und wie ihr euch denken könnt, erschrak es da sehr. Als er herankam, sagte der Wolf: »Kleines Schweinchen, wie das? Du bist vor mir da? Sind die Äpfel schön?« – »Ja, sehr schön«, sagte das kleine Schweinchen. »Ich werfe dir einen herunter.« Und es warf ihn so weit, daß das kleine Schweinchen herunterspringen und heimlaufen konnte, während der Wolf gegangen war, um den Apfel aufzuheben. Am nächsten Tag kam der Wolf wieder, und er sagte zu dem kleinen Schweinchen: »Kleines Schweinchen, in

Shanklin ist heute nachmittag Jahrmarkt, gehst du hin?« – »O ja«, sagte das Schweinchen, »ich gehe hin. Wann brichst du auf?« – »Um drei Uhr«, sagte der Wolf. Da ging das kleine Schweinchen wie gewöhnlich vor der Zeit fort, und es kam auf den Jahrmarkt und kaufte da ein Butterfaß. Damit wollte es sich auf den Heimweg machen, da sah es den Wolf daherkommen. Nun wußte es nicht, was tun. So kroch es in das Faß, um sich zu verstecken, und als es das tat, kippte es das Faß um, und das rollte den Hügel hinunter mitsamt dem Schweinchen innen drin. Darüber erschrak der Wolf so sehr, daß er nach Hause rannte und nicht auf den Jahrmarkt ging. Er kam zum Haus des kleinen Schweinchens und erzählte ihm, wie ihn ein mächtiges rundes Ding erschreckt habe, das den Hügel herunter an ihm vorübergerollt war. Da sagte das kleine Schweinchen: »Ha, dann habe ich dich erschreckt. Ich war auf dem Jahrmarkt und habe ein Butterfaß gekauft, und als ich dich sah, kroch ich hinein und rollte den Hügel hinunter.«

Darauf ärgerte sich der Wolf wirklich sehr, und er erklärte, er würde das kleine Schweinchen ganz gewiß auffressen, und er wolle durch den Kamin zu dem Schweinchen hinuntergelangen. Als das kleine Schweinchen merkte, was er vorhatte, hing es den Kessel mit Wasser auf, schürte ein loderndes Feuer darunter an, und gerade als der Wolf herunterrutschte, nahm es den Deckel ab, und der Wolf fiel hinein. Da tat das kleine Schweinchen im Nu den Deckel wieder auf den Kessel, kochte den Wolf gar und aß ihn zum Abendbrot. Und fortan lebte es allezeit glücklich.

So wird in England erzählt.

Der Teufel mit den
drei goldenen Haaren

*E*s war einmal eine arme Frau, die gebar ein Söhnlein, und weil es eine Glückshaut umhatte, als es zur Welt kam, so ward ihm geweissagt, es werde im vierzehnten Jahr die Tochter des Königs zur Frau haben.

Es trug sich zu, daß der König bald darauf ins Dorf kam, und niemand wußte, daß es der König war, und als er die Leute fragte, was es Neues gäbe, so antworteten sie: »Es ist in diesen Tagen ein Kind mit einer Glückshaut geboren: was so einer unternimmt, das schlägt ihm zum Glück aus. Es ist ihm auch vorausgesagt, in seinem vierzehnten Jahre solle er die Tochter des Königs zur Frau haben.«

Der König, der ein böses Herz hatte und über die Weissagung sich ärgerte, ging zu den Eltern, tat ganz freundlich und sagte: »Ihr armen Leute, überlaßt mir euer Kind, ich will es versorgen.« Anfangs weigerten sie sich, da aber der fremde Mann schweres Gold dafür bot und sie dachten: »Es ist ein Glückskind, es muß doch zu seinem Besten ausschlagen«, so willigten sie endlich ein und gaben ihm das Kind.

Der König legte es in eine Schachtel und ritt damit weiter, bis er zu einem tiefen Wasser kam; da warf er die Schachtel hinein und dachte: »Von dem unerwarteten Freier habe ich meine Tochter geholfen.«

Die Schachtel aber ging nicht unter, sondern schwamm wie ein Schiffchen, und es drang auch kein Tröpfchen Wasser hinein. So schwamm sie bis zwei Meilen von des Königs Hauptstadt, wo eine Mühle war, an dessen Wehr sie hängen blieb. Ein Mahlbursche, der glücklicherweise da stand und sie bemerkte, zog sie mit einem Haken heran und meinte große Schätze zu finden, als er sie aber aufmachte, lag ein schöner Knabe darin, der ganz frisch und munter war. Er brachte ihn zu den Müllersleuten, und weil diese keine Kinder hatten, freuten sie sich und sprachen: »Gott hat es uns beschert.« Sie pflegten den Findling wohl, und er wuchs in allen Tugenden heran.

Es trug sich zu, daß der König einmal bei einem Gewitter in die Mühle trat und die Müllersleute fragte, ob der große Junge ihr Sohn wäre. »Nein«, antworteten sie, »es ist ein Findling, er ist vor vierzehn Jahren in einer Schachtel ans Wehr gesch[w]ommen, und der Mahlbursche hat ihn aus dem Wasser gezogen.« Da merkte der König, daß es niemand anders als das Glückskind war, das er ins Wasser geworfen hatte, und sprach: »Ihr guten Leute, könnte der Junge nicht einen Brief an die Frau Königin bringen, ich will ihm zwei Goldstücke zum Lohn geben?«

»Wie der Herr König gebietet«, antworteten die Leute und hießen den Jungen sich bereithalten. Da schrieb der König einen Brief an die Königin, worin stand: »Sobald der Knabe mit diesem Schreiben angelangt ist, soll er getötet und begraben werden, und das alles soll geschehen sein, ehe ich zurückkomme.«

Der Knabe machte sich mit diesem Briefe auf den Weg, verirrte sich aber und kam abends in einen großen Wald. In der Dunkelheit sah er ein kleines Licht, ging darauf zu und gelangte zu einem Häuschen. Als er hineintrat, saß eine alte Frau beim Feuer ganz allein. Sie erschrak, als sie den Knaben erblickte, und sprach: »Wo kommst du her, und wo willst du hin?«

»Ich komme von der Mühle«, antwortete er, »und will zur Frau Königin, der ich einen Brief bringen soll; weil ich mich aber in dem Walde verirrt habe, so wollte ich hier gerne übernachten.«

»Du armer Junge«, sprach die Frau, »du bist in ein Räuberhaus geraten, und wenn sie heimkommen, so bringen sie dich um.«

»Mag kommen, wer will«, sagte der Junge, »ich fürchte mich nicht; ich bin aber so müde, daß ich nicht weiterkann«, streckte sich auf eine Bank und schlief ein.

Bald hernach kamen die Räuber und fragten zornig, was da für ein fremder Knabe läge. »Ach«, sagte die Alte, »es ist ein unschuldiges Kind, es hat sich im Walde verirrt, und ich habe ihn aus Barmherzigkeit aufgenommen: er soll einen Brief an die Frau Königin bringen.« Die Räuber erbrachen den Brief und lasen ihn, und es stand darin, daß der Knabe sogleich, wie er ankäme, sollte ums

Leben gebracht werden. Da empfanden die hartherzigen Räuber Mitleid, und der Anführer zerriß den Brief und schrieb einen andern, und es stand darin, sowie der Knabe ankäme, sollte er sogleich mit der Königstochter vermählt werden. Sie ließen ihn dann ruhig bis zum andern Morgen auf der Bank liegen, und als er aufgewacht war, gaben sie ihm den Brief und zeigten ihm den rechten Weg.

Die Königin aber, als sie den Brief empfangen und gelesen hatte, tat, wie darin stand, hieß ein prächtiges Hochzeitsfest anstellen, und die Königstochter war mit dem Glückskind vermählt; und da der Jüngling schön und freundlich war, so lebte sie vergnügt und zufrieden mit ihm.

Nach einiger Zeit kam der König wieder in sein Schloß und sah, daß die Weissagung erfüllt und das Glückskind mit seiner Tochter vermählt war. »Wie ist das zugegangen?« sprach er. »Ich habe in meinem Brief einen ganz andern Befehl erteilt.« Da reichte ihm die Königin den Brief und sagte, er möchte selbst sehen, was darin stände. Der König las den Brief und merkte wohl, daß er mit einem andern war vertauscht worden. Er fragte den Jüngling, wie es mit dem anvertrauten Briefe zugegangen wäre, warum er einen andern dafür gebracht hätte. »Ich weiß von nichts«, antwortete er, »er muß mir in der Nacht vertauscht sein, als ich im Walde geschlafen habe.«

Voll Zorn sprach der König: »So leicht soll es dir nicht werden, wer meine Tochter haben will, der muß mir aus der Hölle drei goldene Haare von dem Haupte des Teufels holen; bringst du mir, was ich verlange, so sollst du meine Tochter behalten.« Damit hoffte der König, ihn auf immer loszuwerden. Das Glückskind aber antwortete: »Die goldenen Haare will ich wohl holen, ich fürchte mich vor dem Teufel nicht.«

Darauf nahm er Abschied und begann seine Wanderschaft. Der Weg führte ihn zu einer großen Stadt, wo ihn der Wächter an dem Tore ausfragte, was für ein Gewerbe er verstände und was er wüßte. »Ich weiß alles«, antwortete das Glückskind. »So kannst du uns einen Gefallen tun«, sagte der Wächter, »wenn du uns sagst, warum unser Marktbrunnen, aus dem sonst Wein quoll, trocken geworden ist und nicht einmal mehr Wasser gibt.«

»Das sollt ihr erfahren«, antwortete er, »wartet nur, bis ich wiederkomme.«

Da ging er weiter und kam vor eine andere Stadt, da fragte der Torwächter wiederum, was für ein Gewerbe er verstünde und was er wüßte. »Ich weiß alles«, antwortete er. »So kannst du uns einen Gefallen tun und uns sagen, warum ein Baum in unserer Stadt, der sonst goldene Äpfel trug, jetzt nicht einmal Blätter hervortreibt.«

»Das sollt ihr erfahren«, antwortete er, »wartet nur, bis ich wiederkomme.«

Da ging er weiter und kam an ein großes Wasser, über das er hinüber mußte. Der Fährmann fragte ihn, was er für ein Gewerbe verstände und was er wüßte. »Ich weiß alles«, antwortete er. »So kannst du mir einen Gefallen tun«, sprach der Fährmann, »und mir sagen, warum ich immer hin und her fahren muß und niemals abgelöst werde.«

»Das sollst du erfahren«, antwortete er, »warte nur, bis ich wiederkomme.«

Als er über das Wasser hinüber war, so fand er den Eingang zur Hölle. Es war schwarz und rußig darin, und der Teufel war nicht zu Haus, aber seine Ellermutter saß da in einem breiten Sorgenstuhl. »Was willst du?« sprach sie zu ihm, sah aber gar nicht so böse aus. »Ich wollte gerne drei goldene Haare von des Teufels Kopf«, antwortete er, »sonst kann ich meine Frau nicht behalten.«

»Das ist viel verlangt«, sagte sie, »wenn der Teufel heimkommt und findet dich, so geht dir's an den Kragen; aber du dauerst mich, ich will sehen, ob ich dir helfen kann.« Sie verwandelte ihn in eine Ameise und sprach: »Kriech in meine Rockfalten, da bist du sicher.«

»Ja«, antwortete er, »das ist schon gut, aber drei Dinge möcht' ich gerne noch wissen: warum ein Brunnen, aus dem sonst Wein quoll, trocken geworden ist, jetzt nicht einmal mehr Wasser gibt; warum ein Baum, der sonst goldene Äpfel trug, nicht einmal mehr Laub treibt; und warum ein Fährmann immer herüber- und hinüberfahren muß und nicht abgelöst wird.«

»Das sind schwere Fragen«, antwortete sie, »aber halte dich nur still und ruhig und hab acht, was der Teufel spricht, wann ich ihm die drei goldenen Haare ausziehe.«

Als der Abend einbrach, kam der Teufel nach Haus. Kaum war er eingetreten, so merkte er, daß die Luft nicht rein war. »Ich rieche, rieche Menschenfleisch«, sagte er, »es ist hier nicht richtig.« Dann guckte er in alle Ecken und suchte, konnte aber nichts finden. Die Ellermutter schalt ihn aus: »Eben ist erst gekehrt«, sprach sie, »und alles in Ordnung gebracht, nun wirfst du mir's wieder untereinander; immer hast du Menschenfleisch in der Nase! Setze dich nieder und iß dein Abendbrot.«

Als er gegessen und getrunken hatte, war er müde, legte der Ellermutter seinen Kopf in den Schoß und sagte, sie sollte ihn ein wenig lausen. Es dauerte nicht lange, so schlummerte er ein, blies und schnarchte. Da faßte die Alte ein goldenes Haar, riß es aus und legte es neben sich. »Autsch!« schrie der Teufel. »Was hast du vor?«

»Ich habe einen schweren Traum gehabt«, antwortete die Ellermutter, »da hab ich dir in die Haare gefaßt.«

»Was hat dir denn geträumt?« fragte der Teufel.

»Mir hat geträumt, ein Marktbrunnen, aus dem sonst Wein quoll, sei versiegt, und es habe nicht einmal Wasser daraus quellen wollen, was ist wohl schuld daran?«

»He, wenn sie's wüßten!« antwortete der Teufel. »Es sitzt eine Kröte unter einem Stein im Brunnen, wenn sie die töten, so wird der Wein schon wieder fließen.«

Die Ellermutter lauste ihn wieder, bis er einschlief und schnarchte, daß die Fenster zitterten. Da riß sie ihm das zweite Haar aus. »Hu! Was machst du?« schrie der Teufel zornig.

»Nimm's nicht übel«, antwortete sie, »ich habe es im Traum getan.«

»Was hat dir wieder geträumt?« fragte er.

»Mir hat geträumt, in einem Königreiche ständ ein Obstbaum, der hätte sonst goldene Äpfel getragen und wollte jetzt nicht einmal Laub treiben. Was war wohl die Ursache davon?«

»He, wenn sie's wüßten!« antwortete der Teufel. »An der Wurzel nagt eine Maus, wenn sie die töten, so wird er schon wieder goldene Äpfel tragen, nagt sie aber noch länger, so verdorrt der Baum gänzlich. Aber laß mich mit deinen Träumen in Ruhe, wenn du mich noch einmal im Schlafe störst, so kriegst du eine Ohrfeige.« Die Ellermutter sprach ihm gut zu und lauste ihn wieder, bis er eingeschlafen war und schnarchte. Da faßte sie das dritte goldene Haar und riß es ihm aus. Der Teufel fuhr in die Höhe, schrie und wollte übel mit ihr wirtschaften, aber sie besänftigte ihn nochmals und sprach: »Wer kann für böse Träume!«

»Was hat dir denn geträumt?« fragte er und war doch neugierig.

»Mir hat von einem Fährmann geträumt, der sich beklagte, daß er immer hin und her fahren müßte und nicht abgelöst würde. Was ist wohl schuld?«

»He, der Dummbart!« antwortete der Teufel. »Wenn einer kommt und will überfahren, so muß er ihm die Stange in die Hand geben, dann muß der andere überfahren, und er ist frei.« Da die Ellermutter ihm die drei goldenen Haare ausgerissen hatte und die drei Fragen beantwortet waren, so ließ sie den alten Drachen in Ruhe, und er schlief, bis der Tag anbrach. Als der Teufel wieder fortgezogen war, holte die Alte die Ameise aus der Rockfalte und gab dem Glückskind die menschliche Gestalt zurück.

»Da hast du die drei goldenen Haare«, sprach sie, »was der Teufel zu deinen drei Fragen gesagt hat, wirst du wohl gehört haben.«

»Ja«, antwortete er, »ich habe es gehört und will's wohl behalten.«

»So ist dir geholfen«, sagte sie, »und nun kannst du deiner Wege ziehen.« Er bedankte sich bei der Alten für die Hilfe in der Not, verließ die Hölle und war vergnügt, daß ihm alles so wohl geglückt war. Als er zu dem Fährmann kam, sollte er ihm die versprochene Antwort geben. »Fahr mich erst hinüber«, sprach das Glückskind, »so will ich dir sagen, wie du erlöst wirst«, und als er auf dem jenseitigen Ufer angelangt war, gab er ihm des Teufels Rat: »Wenn wieder einer kommt und will übergefahren sein, so gib ihm nur die Stange in die Hand.«

Er ging weiter und kam zu der Stadt, worin der unfruchtbare Baum stand und wo der Wächter auch Antwort haben wollte. Da sagte er ihm, wie er vom Teufel gehört hatte: »Tötet die Maus, die an seiner Wurzel nagt, so wird er wieder goldene Äpfel tragen.« Da dankte ihm der Wächter und gab ihm zur Belohnung zwei mit Gold beladene Esel, die mußten ihm nachfolgen.

Zuletzt kam er zu der Stadt, deren Brunnen versiegt war. Da

sprach er zu dem Wächter, wie der Teufel gesprochen hatte: »Es sitzt eine Kröte im Brunnen unter einem Stein, die müßt ihr aufsuchen und töten, so wird er wieder reichlich Wein geben.« Der Wächter dankte und gab ihm ebenfalls zwei mit Gold beladene Esel.

Endlich langte das Glückskind daheim bei seiner Frau an, die sich herzlich freute, als sie ihn wiedersah und hörte, wie wohl ihm alles gelungen war. Dem König brachte er, was er verlangt hatte, die drei goldenen Haare des Teufels, und als dieser die vier Esel mit dem Golde sah, ward er ganz vergnügt und sprach: »Nun sind alle Bedingungen erfüllt, und du kannst meine Tochter behalten. Aber, lieber Schwiegersohn, sage mir doch, woher ist das viele Gold? Das sind ja gewaltige Schätze!«

»Ich bin über einen Fluß gefahren«, antwortete er, »und da habe ich es mitgenommen, es liegt dort statt des Sandes am Ufer.«

»Kann ich mir auch davon holen?« sprach der König und war ganz begierig.

»Soviel Ihr nur wollt«, antwortete er, »es ist ein Fährmann auf dem Fluß, von dem laßt Euch überfahren, so könnt Ihr drüben Eure Säcke füllen.«

Der habsüchtige König machte sich in aller Eile auf den Weg, und als er zu dem Fluß kam, so winkte er dem Fährmann, der sollte ihn übersetzen. Der Fährmann kam und hieß ihn einsteigen, und als sie an das jenseitige Ufer kamen, gab er ihm die Ruderstange in die Hand und sprang davon. Der König aber mußte von nun an fahren zur Strafe für seine Sünden. »Fährt er wohl noch?«

»Was denn? Es wird ihm niemand die Stange abgenommen haben.«

So erzählen uns die Brüder Grimm.

Der wilde Mann und der Königssohn

Es war einmal ein König, der hatte einen großen Garten, in dem alle Kräuter gepflanzt wurden, die Krankheiten heilen konnten. Der Garten war von einer großen Mauer umgeben, und davor stand ein Posten, damit niemand in den Garten hineinkommen und stehlen könne. Jetzt, als es nachts zwölf Uhr war, sah der Posten auf einmal einen wilden Mann in dem Garten herumgehen. Der säte Grassamen. Er wußte aber nicht, wie der Mann hereingekommen war. Am anderen Morgen machte der Posten dem König Meldung, daß ein wilder Mann im Garten gewesen war und ihn veruntreuen wollte. Da schickte der König für die nächste Nacht einen Zug Soldaten mit einem Offizier. Die bekamen den Auftrag, den wilden Mann zu holen und ihn dem König zu überliefern. Sollte er aber nicht mitgehen, so sollten sie ihn mit Gewalt mitnehmen.

Nachts um zwölf Uhr kam der Mann wieder, und niemand sah, wie er hereingekommen war. Nun ging der Offizier hin, redete ihn an und forderte ihn auf, mit zum König zu gehen. Der wilde Mann sagte: »Ich gehe nicht mit.« Da gebrauchte der Offizier Gewalt und holte die Soldaten. Aber der wilde Mann machte seinen Gürtel los und sagte, sie sollten alle sterben, außer dem Oberhaupt, das solle stehenbleiben, und dann schwenkte er den Gürtel. Da fielen die Soldaten alle um und waren tot. Der Offizier stand noch allein. Da mußte der Offizier selber Wache halten, weil sonst kein Soldat mehr da war, um am andern Morgen Meldung zu machen.

Als am nächsten Morgen keine Meldung kam, schickte der König andere Soldaten hin, und es war niemand mehr da als der Offizier. Als die Soldaten ankamen, übernahmen sie die Wache, der Offizier aber ging zum König und machte Meldung, wie alles hergegangen war. Da sagte der Offizier, wenn der König noch viele Soldaten opfern wolle, solle er sie nur dahin bringen, der wilde Mann werde doch fertig mit ihnen. Da ging der König hin, nahm ein ganzes Bataillon, umzingelte den Garten und wollte wissen, wie der Mann hineinkam. Wenn der Mann wiederkäme, sagte er, sollten sie ihn selbst rufen.

Nachts um zwölf Uhr ging der wilde Mann wieder im Garten umher, aber kein Soldat hatte gesehen, wie er hineingekommen war. Da erhielt der König Meldung und kam selbst an den Platz. Mit einem freundlichen Wort redete er den wilden Mann an und bat ihn, er solle gutwillig mit ihm gehen. Der König wollte ihn mit List fangen und seinen Leuten vorstellen. Der wilde Mann ging mit, und der König führte ihn in einen großen Keller, in dem ein paar Sorten feiner Weine lagerten. Von jedem Faß gab er ihm eine Probe. Wie er am hintersten Ende war, dachte er, jetzt müsse er sich fortmachen, und ging, machte die Tür zu und hatte so den wilden Mann gefangen. Da schickte er Boten aus und ging auch selber fort, um Gäste einzuladen, seiner Frau aber gab er den Schlüssel des Gewölbes und den Auftrag, daß sie den wilden Mann nicht herauslassen sollte.

Der König hatte einen Sohn, der zehn bis elf Jahre alt war. Der spielte gern im Schloßhof mit einem neuen Ball, er wußte aber, daß der wilde Mann im Keller war. Wie nun das Kind spielte, sprang der Ball in den Keller hinein. Da ging das Bübchen an das Kellerloch und rief in einem fort: »Wilder Mann, gib mir meinen Ball! Wilder Mann, gib mir meinen Ball!« Da sagte der wilde Mann, es solle hinaufgehen, seine Mutter hielte gerade Mittagsruhe und hätte alle Schlüssel vom ganzen Schloß an einem Bund hängen. Den ersten Schlüssel solle es holen, der paßte. Es solle die Mutter aber nicht wecken. Da holte das Bübchen den Schlüssel, ging wieder hinunter, schloß den Keller auf und ließ den wilden Mann heraus. Da sagte er zu dem Knaben, er käme noch in große Lebensgefahr. Aber kein Mensch könne ihm etwas anhaben, er solle nur an ihn denken. Dann ging der wilde Mann fort, und das Bübchen tat den Kellerschlüssel wieder in den Bund, damit niemand gewahr würde, daß es den Schlüssel geholt hatte.

Nach acht Tagen kam der König zurück mit seinen Leuten und ließ ein großartiges Mahl anrichten; danach wollte er den wilden Mann vorstellen. Als sie gut getrunken hatten und aufgemuntert waren, ging der König mit zwei, drei Mann in den Keller, um den wilden Mann zu holen. Wie er aber die Kellertür aufmachte, war der wilde Mann fort. Der König aber hatte einen Schwur getan, daß er ein Wort, das er gegeben hatte, halten müsse. Das wäre beim König Herodes auch so gewesen. Und nun sagte er: »Wer den wilden Mann herausläßt, muß sterben, oder er bekommt die Augen ausgestochen!« Nun gingen sie zu der Königin: Weil sie die Schlüssel gehabt hatte, sollte sie umgebracht werden. Da fing sie an zu weinen und zu jammern und rief, sie sei unschuldig, sie sei es nicht gewesen. Das Bübchen aber hörte dem zu. Dann sagte es dem König, daß es den wilden Mann herausgelassen hätte, und erzählte den ganzen Hergang. Da sagte der König, weil es das gemacht habe, bekäme es jetzt die Augen ausgestochen.

Es wurden zwei Henkersknechte bestellt, die sollten das Bübchen am Schopf fassen, in die ärgste Wildnis hinausführen und ihm die Augen ausstechen. Da lief zufällig ein Hündchen mit; den einen Mann aber dauerte das Kind, und er sagte: »Wie wäre es denn, wenn wir dem Hündchen die Augen ausstächen und sie dem König brächten?«

Der andere sagte: »Du weißt, daß unser König ein sehr strenger Mann ist. Wenn er merkt, daß dies keine Augen von einem Menschen sind, ist unser Leben verloren.«

Unterdessen kamen sie in die Wildnis hinein und banden das Kind an einen Baum. Dann stachen sie ihm die Augen aus, machten es wieder los, gingen zurück und brachten dem König die Augen.

Dann ging das Kind zum Wald hinaus, schlug da mal an einen Baum und dort mal in eine Kluft, wie es eben geht, wenn man nicht sieht! Dann kam eine Kluft, da brach der Erdboden unter ihm herunter, und es fiel in den Abgrund. Als es da unten ankam, war ihm gar nichts passiert. Aber es kam ihm der Gedanke, daß es nun in der Wildnis herumlaufen müsse und so viel Schmerzen habe nur durch die grausamen Eltern und den wilden Mann. Und wie es das Wort von dem wilden Mann gesagt hatte, stand der auch gleich da und sagte: »Hättest du an mich gedacht, dann hättest du die Augen nicht ausgestochen bekommen. Aber es macht nichts.«

Da setzte der wilde Mann ihm andere Augen ein, denn er hatte große Macht. Dann holte er den Bub aus der Kluft heraus an die

Luft. Er sagte, er führe ihn jetzt in ein anderes Land, heim dürfe er nicht mehr kommen, sonst werde er nochmals gepeinigt. Er bringe es aber noch so weit, daß er auch wieder ein Königssohn werde, und damit er sich später helfen könne, gebe er ihm jetzt den Gürtel, den er im Garten hatte, und wenn eine Macht gegen ihn käme, solle er den Gürtel so schwenken, daß sie alle eines jähen Todes sterben müßten. Dann gab er ihm noch eine Pfeife und sagte: »Wenn du später in einer Wildnis bist und auf der Pfeife pfeifst, dann müssen alle wilden Tiere sich auf die Hinterbeine stellen und tanzen und dir nachgehen.«

Dann verließ ihn der wilde Mann. Das Bübchen aber ging fort in das fremde Land, bis es abends in der Dämmerung zu einem Schafpferch kam. Der Schäfer war schon in der Karre und die Schafe im Pferch. Es klopfte an der Schäferkarre an und fragte den Schäfer, ob er es nicht in Schutz nehmen wolle. Es käme aus einem fernen Land und wäre obdachlos. Das erste, was es verlangte, war Brot, es sei hungrig und durstig. Da gab ihm der alte Schäfer das Brot und den Käse, den er in seiner Tasche hatte, denn er hatte Mitleid mit dem Kind. Er sagte, es könne bei ihm bleiben und ihm helfen, die Schafe zu hüten.

Den andern Morgen gingen sie miteinander fort. Der alte Schäfer hatte keine Kinder und war sehr stolz, daß er das Bübchen bekommen hatte. Er nahm es jeden Tag mit und lernte es an. Wie er den Kleinen so ein Vierteljahr angelernt hatte, konnte dieser alles so gut, daß er ihn allein mit den Schafen schickte. Jetzt, am ersten Tag, als der Knabe allein war, fiel ihm ein, daß er doch ein Königskind sei und nur durch den wilden Mann in Not und Armut gekommen war und daß er doch den Gürtel habe, und mit dem müsse es etwas auf sich haben.

Es war ein stürmischer Tag, und man konnte die Schafe nicht in den Pferch tun. Wie er auf dem Weg war, um heimzufahren, nahm er die Pfeife und pfiff hinein. Da stellten sich alle Schafe auf die Hinterbeine und fingen an zu tanzen. Und das wilde Vieh, das die Pfeife hörte, schloß sich an und mußte auch auf den Hinterbeinen hüpfen. Da dachte er, das könnte einen Aufzug geben im Dorf, wenn er so hinkomme. Er ging gegen das Dorf zu, und die Pfeife pfiff so laut, daß alle Leute im Dorfe die Fenster aufrissen und die Schafe und das wilde Vieh auf den Hinterbeinen sahen. Auch der alte Schäfer hörte, daß der junge mehr Vieh heimbringe, als er mitgenommen hatte, und daß alles Vieh auf den Hinterbeinen liefe. Weil das Kind konnte, was noch kein Schäfer vermocht hatte, bekam der Schäfer großen Ruhm, und der kam bis zu den Ohren des Königs. Der ließ seine Kutsche einrichten und reiste nach dem Dorf. Dort kam er zu dem alten Schäfer und fragte, ob er wirklich einen Sohn hätte, der mehr Vieh hereinbringe, als er mitnehme, und ob alles Vieh auf zwei Beinen liefe? Er fragte den Schäfer, ob es sein eigen Kind wäre. Der Schäfer sagte, wie alles zugegangen war, und der König fragte ihn, ob er ihm nicht das Kind geben wolle. Er werde ihn gut bezahlen. Der Schäfer war's zufrieden, und der König nahm den Bub mit und fuhr fort.

Als sie in dem Schloß ankamen, bekam er ein eigenes Zimmer. Dann sagte der König, er bekäme jeden Tag sein Essen wie am Hof. Am anderen Morgen wies er ihn an, wo er mit dem Vieh hinfahren sollte auf die Weide. Der König ging selbst mit ihm fort. Dann sagte er zu ihm: »Bis dahin geht die Grenze. Auf die Berge darfst du nicht fahren. Da wohnt ein Riese. Der ist stärker als du. Und dort auf dem Berg wohnt der eine Sohn und auf dem anderen der zweite.« Der Schäfer horchte gut auf seine Worte.

Den anderen Tag, als der Schäfer ausgefahren war, fand er keine Weide. Da war alles kahl. Nur wo die Riesen wohnten, war alles voll Gras. Da dachte er, er könnte mit den Schafen doch nicht hungrig heimfahren, und ging an den Berg des jüngsten Riesen. Der wohnte oben auf dem Berge in einem Schloß. Als der Riese sah, daß der Schäfer mit seiner Herde auf seinen Wiesen weidete, kam er von seinem Schloß herunter mit einem großen Schwert und einer langen Stange. Er fragte den Schäfer, wie er sich unterstehe, auf sein Gebiet zu kommen. Der Schäfer sagte, er wolle mit ihm den Zweikampf aufnehmen. Dann stellten sich beide zurecht, und der Riese holte die große Stange, um auf den Schäfer einzuschlagen. Der Schäfer aber wich dem Schlag aus, und die Stange fuhr zehn Klafter tief in den Boden hinein. Dann holte der Schäfer seinen Gürtel, schwenkte ihn über dem Riesen und sagte, er solle des jähen Todes sterben. Der Riese fiel hin, streckte die Beine in die Höh' und war tot.

Da trieb der Schäfer die Schafe den Berg hinauf und ging in das Riesenschloß. An dem Schlosse war alles aus Kupfer. Er kam in das Schlafzimmer, in dem der Riese schlief. Da war eine eiserne Bettstatt, und über dem Bett hing ein großes Schwert mit einem Fläschchen dran. In dem Glas war ein Mittel, und es stand darauf: »Wer aus diesem Glas trinkt, der kann das Schwert regieren. Und wer das Schwert regieren kann, der kann mit dem Schwert Krieg führen und verliert niemals.«

Da holte der Hirt das Schwert und das Glas und sonst nichts. Daran sieht man schon, daß er Königsblut in sich hatte. Wie er den Berg hinunterging, war es Zeit, heimzufahren. Es fing an zu dämmern, und seine Schafe waren gedrungen vollgefressen. Weil sich sonst niemand an den Berg getraute, kein König und kein Wilddieb, so war viel Wild da, Hasen, Rehe und Hirsche. Da holte er die Pfeife heraus, und es tanzten die Schafe und das ganze Vieh auf den Hinterbeinen in die Stadt hinein.

Als er in die Stadt hineinkam, eilten alle ans Fenster, auch die Königstochter tat es und rief dann: »Das ist ja unser Schäfer!« Dann sprangen der König und die Königin auch ans Fenster; denn das war etwas Wunderbares. Da sah der König ein, daß es ein Wunderschäfer war. Er rief ihn zu sich und ließ die Schafe durch andere Leute in den Stall tun. Alsdann nahm er ihn ins Verhör und fragte, wo er die Macht herhätte, das alles zu tun, und woher die Schafe so fett zu fressen bekämen. Der Schäfer sagte, er hätte dem königlichen Befehl nicht gefolgt. Er hätte sich vor dem Riesen nicht gefürchtet und wäre auf dessen Berg gewesen. Woher er seine Macht hätte, wäre aber sein Geheimnis. Dann zeigte er ihm das Schwert und das Glas, und der König las die Inschrift. Und als er die gelesen hatte, dachte er, das könnte ein Mittel für ihn sein, weil er mit seinen Nachbarn in Streit lebte. Er war gespannt, wie es mit dem anderen Riesen ausgehen könnte, weil er dem eine besondere Macht zutraute. Da sagte er dem Schäfer, er solle auch einmal nach den zwei anderen Riesen sehen. Das tat der Schäfer. Der älteste Sohn des Riesen hatte alles so von Silber, wie der jüngste Sohn es von Kupfer hatte, und der Vater hatte es ebenso von Gold. Der Schäfer nahm aber nichts mit als das Schwert des Sohnes und des Vaters und das Glas, das über dem Bett hing. Dann brachte er dem König die Schwerter und die Gläser. Der König dachte sich, daß er mit den Schwertern und den Gläsern und der Kunst, die der Schäfer sonst noch hatte, seine Feinde schon besiegen könnte, und sagte, wenn er ihm hülfe, die Feinde zu besiegen, dann solle er seine Tochter zur Frau haben. Damit war der Schäfer einverstanden. Der Schäfer wurde auf einen ganz wilden Hengst gebunden, weil er noch nicht reiten konnte, und an die Spitze einer Armee gestellt. Als er an einem Feldweg vorbeiritt, war da ein Holzkreuz. Das war zum Teil morsch. An dem blieb er im Vorbeireiten hängen, und das Kreuz hing auf der Schulter und sprengte in die Schweden hinein, denn er hatte viel Mut. Da meinten die Schweden, es sei Christus selber, der in die Schlacht gekommen war, und sie liefen fort. Der Schäfer aber schwenkte seinen Gürtel, und alle Soldaten waren jählings tot. Nur der König blieb stehen. Den nahmen sie gefangen. Dann ritten sie in das Königsschloß, der Schäfer bekam die Königstochter zur Frau, und so war er wieder ein Königssohn.

Der das erzählt, war zur Hochzeit auch geladen. Da war er noch ein kleiner Bub. In der Stube hatte er nicht genug zu essen bekommen, darum ist er in die Küche geschlichen. Der Koch aber hat ihm den Schopflottel hinterwider geschlagen, daß er bis unter die Eichen geflogen ist. Er ist sogar in den Berg hineingeflogen. Dann aber ist er nach Hause, hat eine Hacke geholt und sich selbst ausgegraben. Danach lief er zu seiner Mutter und war wieder daheim.

So wird in Lothringen erzählt.

Die drei Lügner

*E*s waren einmal drei Freunde, die nur vom Lügen lebten. Einst beschlossen sie, einmal so gut und reichlich zu essen wie auf einem Gastmahl, aber alle drei hatten keinen roten Heller. Sie dachten nach und überlegten, wie sie ohne Geld zu einem guten Mittagessen kommen könnten. Schließlich ließen sie sich folgendes einfallen: Der eine sollte einen Fisch herbeischaffen, der zweite Fett und der dritte Brot.

Da ging der erste zu einem Fischer, kaufte für fünfundzwanzig Groschen einen Fisch aus Ochrid und bat ihn, seinen Gehilfen mit dem Fisch in das Haus des Arztes zu schicken, wo er ihm Geld und Botenlohn geben wolle.

Der Fischer gab ihm den Gehilfen mit, und als sie zu dem Haus des Arztes kamen, ging der Lügner zuerst hinein und sagte zu dem Arzt, daß er seinem Sohn ein Klistier geben solle, damit ihm etwas leichter werde, denn das Kind sei ganz wirr im Kopf und sage in einem fort: »Gib mir das Geld, treib keine Scherze mit mir, rede nicht so, denn es ist eine Schande.« Schon oft hatte es so verworren geredet. Nachdem man ihm aber ein Klistier gegeben hatte, sei es ihm immer gleich viel besser gegangen. Er würde auch bezahlen, was es koste, nur wolle er selbst nicht dabeisein, wenn er ihm das Klistier gebe, denn er habe großes Mitleid und könne das Weinen seines Sohnes nicht hören. Er würde bezahlen, was es koste, und sogar noch mehr.

Nachdem der Lügner den Arzt hereingelegt hatte, ging er wieder nach draußen, nahm dem Gehilfen den Fisch ab, brachte ihn dann bis zur Tür und schickte ihn zu dem Arzt, der ihm das Geld geben würde.

»Komm her, Bursche, komm her«, rief ihm der Arzt zu, »gehe hinter das Regal und zieh dir die Hosen aus, ich will dir ein Klistier geben, damit dir etwas leichter wird.«

»Ach, gib mir das Geld für den Fisch, großer Arzt, es gehört sich nicht, daß du so zu mir sprichst, noch dazu in deinem Alter!«

Der Arzt wiederholte seine Worte, doch der Bursche widersprach ihm. Schließlich wurde der Bursche zornig und ging zu seinem Meister zurück. Nachdem er ihm alles erzählt und ihm die Worte des Arztes wiederholt hatte, ging der Fischer zusammen mit seinem Gehilfen dorthin.

»Warum, großer Arzt, hast du dem Burschen das Geld für den Fisch nicht gegeben, und warum hast du ihm solch schändliche Worte gesagt, wie sie sich für jemanden wie dich nicht gehören? Gib mir jetzt die fünfundzwanzig Groschen für den Fisch, den dein Diener bei mir gekauft hat.«

»Ach, Bruder«, antwortete ihm der Arzt, »ich habe weder einen Diener noch habe ich einen Fisch erhalten, im Gegenteil, der Mann, der den Fisch hat, hat sowohl dich als auch mich hereingelegt. Nun geh und bleib gesund: Du hast deinen Schaden mit dem Fisch, ich aber mit dem Salzwasser, das ich für das Klistier vorbereitet habe.«

Nachdem der Fischer und der Arzt übereingekommen waren, daß irgendein Lügner sie hereingelegt haben mußte, ging der Fischer wieder weg.

Der zweite Lügner nahm sich einen kleinen Topf, legte einen Schwamm hinein und ging zu einem Krämer. Dort kaufte er Fett und ließ es in den Topf füllen. Beim Bezahlen begann sich der Lügner mit dem Krämer zu streiten. Er tat so, als hätte der Krämer nur die Hälfte verlangt und wollte ihm nur halb soviel bezahlen. Schließlich schüttete er den Topf wieder aus und ging weg. Dann holte er den Schwamm heraus und drückte das Fett aus.

Der dritte Lügner hatte das Brot auch durch Lügerei von einem Bäcker bekommen. Er ließ ihn an der Tür eines Bades zurück, wo er auf ihn warten sollte, bis er das Geld von zu Hause geholt hätte, und ging zur anderen Tür wieder hinaus. Der Bäcker aber wartet vielleicht immer noch, daß ihm der Lügner das Geld bringt.

Nachdem der dritte Lügner das Brot gebracht hatte, gingen sie alle drei zu einem Gastwirt, gaben ihm den Fisch und ließen sich daraus die verschiedensten Speisen zubereiten. Sie bestellten sich die teuersten Schnäpse zum Trinken, die teuersten Speisen zum Essen und verlangten den besten Wein; sie aßen und tranken, bis sie genug hatten, und dachten gar nicht daran, daß keiner von ihnen Geld besaß. »He, Wirt«, riefen sie dem Gastwirt zu, »bitte, schicke sofort deinen Gehilfen zu uns, er soll uns die Rechnung bringen!«

Ganz schnell schickte ihnen der Gastwirt den Gehilfen mit der Rechnung in das Zimmer hinauf. Als sie die Rechnung sahen, griff der erste in die Brusttasche und tat so, als wolle er den Geldbeutel herausholen, um die Rechnung zu bezahlen. Aber der zweite faßte ihn bei der Hand und tat so, als wolle er ihn nicht bezahlen lassen. »Warum, Freund, willst du bezahlen? Warte, laß mich bezahlen«, sagte er zu ihm.

Kaum hatte der zweite in die Brusttasche gegriffen, als ob er bezahlen wolle, da faßte ihn der dritte bei der Hand. Auch er wollte den anderen nicht bezahlen lassen, sondern es selbst tun.

So ließ keiner den anderen bezahlen. Schließlich kamen sie überein, dem Gehilfen die Augen zu verbinden, und wen er ergreife, der solle bezahlen.

»Ja«, riefen sie, »genauso soll es sein!«

Nachdem sie dem Gehilfen die Augen verbunden hatten, stiegen sie die Treppe hinab und sagten zu dem Wirt: »Gott mit dir!«

»Bleibt gesund, Freunde, ich danke euch«, antwortete der Wirt, »bleibt gesund und kommt bald wieder, bitte schön!«

Nachdem der Wirt eine ganze Weile gewartet hatte, daß der Gehilfe wieder herunterkomme, rief er ihm zu: »He, Gehilfe, komm herunter, was machst du denn dort oben den ganzen Tag?«

»Ja, Meister, ich werde herunterkommen, sobald ich einen ergriffen habe, damit er mir die Rechnung bezahlt.«

Als der Gastwirt das hörte, fraß ihn die Schlange, denn er hatte bemerkt, daß man ihn hereingelegt hatte. Er stieg in das Zimmer hinauf, und da sah er, wie der Gehilfe mit verbundenen Augen an den Wänden entlangtastete.

Als der Gastwirt in das Zimmer getreten war, hatte er etwas mit dem Fuß aufgestampft. Das hatte der Gehilfe gehört; er stürzte sich auf seinen Meister, hielt ihn mit beiden Händen fest und rief: »Ha, dich habe ich gefaßt, du mußt jetzt bezahlen!«

»Ja, wegen deiner Dummheit muß ich bezahlen, wer denn sonst?! Du hast dich ja hereinlegen lassen von diesen drei Lügnern, die dir die Augen verbunden haben und geflohen sind!«

Inzwischen waren die Gäste aus der Gaststube und andere Leute von der Straße herbeigeeilt, um sich mit anzusehen, wie der Gehilfe mit verbundenen Augen versuchte, jemanden zu fassen, der bezahlen sollte. Sie hörten sich alles mit an, und alle lachten und wunderten sich über den Teufelsstreich der drei Lügner. Nur der Gastwirt und der Gehilfe lachten nicht. Dafür stritten sie sich, weil die Lügner sie hereingelegt und um das Geld für die Mahlzeit betrogen hatten.

So wird in Mazedonien erzählt.

Das kalte Herz

*W*er durch Schwaben reist, der sollte nie vergessen, auch ein wenig in den Schwarzwald hineinzuschauen; nicht der Bäume wegen, obgleich man nicht überall solch unermeßliche Menge herrlich aufgeschossener Tannen findet, sondern wegen der Leute, die sich von den andern Menschen ringsumher merkwürdig unterscheiden. Sie sind größer als gewöhnliche Menschen, breitschultrig, von starken Gliedern, und es ist, als ob der stärkende Duft, der morgens durch die Tannen strömt, ihnen von Jugend auf einen freieren Atem, ein klareres Auge und einen festeren, wenn auch rauheren Mut als den Bewohnern der Stromtäler und Ebenen gegeben hätte. Und nicht nur durch Haltung und Wuchs, auch durch ihre Sitten und Trachten sondern sie sich von den Leuten, die außerhalb des Waldes wohnen, streng ab. Am schönsten kleiden sich die Bewohner des badenschen Schwarzwaldes; die Männer lassen den Bart wachsen, wie er von Natur dem Mann ums Kinn gegeben ist; ihre schwarzen Wämser, ihre ungeheuren, enggefalteten Pluderhosen, ihre roten Strümpfe und die spitzen Hüte, von einer weiten Scheibe umgeben, verleihen ihnen etwas Fremdartiges, aber etwas Ernstes, Ehrwürdiges.

Dort beschäftigen sich die Leute gewöhnlich mit Glasmachen; auch verfertigen sie Uhren und tragen sie in der halben Welt umher. Auf der andern Seite des Waldes wohnt ein Teil desselben Stammes, aber ihre Arbeiten haben ihnen andere Sitten und Gewohnheiten gegeben als den Glasmachern. Sie handeln mit ihrem Wald; sie fällen und behauen ihre Tannen, flößen sie durch die Nagold in den Neckar und von dem oberen Neckar den Rhein hinab, bis weit hinein nach Holland, und am Meer kennt man die Schwarzwälder und ihre langen Flöße; sie halten an jeder Stadt, die am Strom liegt, an und erwarten stolz, ob man ihnen Balken und Bretter abkaufen werde; ihre stärksten und längsten Balken aber verhandeln sie um schweres Geld an die Mynheers, welche Schiffe daraus bauen. Diese Menschen nun sind an ein rauhes, wanderndes Leben gewöhnt. Ihre Freude ist, auf ihrem Holz die Ströme hinabzufahren, ihr Leid, am Ufer wieder heraufzuwandeln. Darum ist auch ihr Prachtanzug so verschieden von dem der Glasmänner im andern Teil des Schwarzwaldes. Sie tragen Wämser von dunkler Leinwand, einen handbreiten grünen Hosenträger über die breite Brust, Beinkleider von schwarzem Leder, aus deren Tasche ein Zollstab von Messing wie ein Ehrenzeichen hervorschaut; ihr Stolz und ihre Freude aber sind ihre Stiefel, die größten wahrscheinlich, welche auf irgendeinem Teil der Erde Mode sind; denn sie können zwei Spannen weit über das Knie hinaufgezogen werden, und die »Flözer« können damit in drei Schuh tiefem Wasser umherwandeln, ohne sich die Füße naß zu machen.

Noch vor kurzer Zeit glaubten die Bewohner dieses Waldes an Waldgeister, und erst in neuerer Zeit hat man ihnen diesen törichten Aberglauben benehmen können. Sonderbar ist es aber, daß auch die Waldgeister, die der Sage nach im Schwarzwalde hausen, in diese verschiedenen Trachten sich geteilt haben. So hat man versichert, daß das »Glasmännlein«, ein gutes Geistchen von dreieinhalb Fuß Höhe, sich nie anders zeige als in einem spitzen Hütlein mit großem Rand, mit Wams und Pluderhöschen und roten Strümpfchen. Der Holländer-Michel aber, der auf der anderen Seite des Waldes umgeht, soll ein riesengroßer, breitschultriger Kerl in der Kleidung der Flözer sein, und mehrere, die ihn gesehen haben wollen, versichern, daß sie die Kälber nicht aus ihrem Beutel bezahlen möchten, deren Felle man zu seinen Stiefeln brauchen würde. »So groß, daß ein gewöhnlicher Mann bis an den Hals hineinstehen könnte«, sagten sie und wollten nichts übertrieben haben. Mit diesen Waldgeistern soll einmal ein junger Schwarzwälder eine sonderbare Geschichte gehabt haben, die ich erzählen will. Es lebte nämlich im Schwarzwald eine Witwe, Frau Barbara Munkin; ihr Gatte war Kohlenbrenner gewesen, und nach seinem Tode hielt sie ihren sechzehnjährigen Knaben nach und nach zu demselben Geschäft an. Der junge Peter Munk, ein schlanker Bursche, ließ es sich gefallen, weil er es bei seinem Vater auch nicht anders gesehen hatte, die ganze Woche über am rauchenden Meiler zu sitzen oder schwarz und berußt und den Leuten ein Abscheu, hinab in die Städte zu fahren und seine Kohlen zu verkaufen. Aber ein Köhler

hat viel Zeit zum Nachdenken über sich und andere, und wenn
Peter Munk an seinem Meiler saß, stimmten die dunklen Bäume
umher und die tiefe Waldesstille sein Herz zu Tränen und unbe-
wußter Sehnsucht. Es betrübte ihn etwas, es ärgerte ihn etwas, er
wußte nicht recht, was. Endlich merkte er sich ab, was ihn ärgerte,
und das war – sein Stand. »Ein schwarzer, einsamer Kohlenbrenner!« sagte er sich. »Es ist ein elend Leben. Wie angesehen sind die
Glasmänner, die Uhrmacher, selbst die Musikanten am Sonntag
abends! Und wenn Peter Munk, rein gewaschen und geputzt, in
des Vaters Ehrenwams mit silbernen Knöpfen und mit nagelneuen
roten Strümpfen erscheint, und wenn dann einer hinter mir her-
geht und denkt, wer ist wohl der schlanke Bursche, und lobt bei
sich die Strümpfe und meinen stattlichen Gang – sieh, wenn er
vorübergeht und schaut sich um, sagt er gewiß: ›Ach, es ist nur der
Kohlenmunk-Peter.‹«

Auch die Flözer auf der andern Seite waren ein Gegenstand seines Neides. Wenn diese Waldriesen herüberkamen, mit stattlichen
Kleidern, und an Knöpfen, Schnallen und Ketten einen halben
Zentner Silber auf dem Leib trugen, wenn sie mit ausgespreizten
Beinen und vornehmen Gesichtern dem Tanz zuschauten, hollän-
disch fluchten und wie die vornehmsten Mynheers aus ellenlangen
kölnischen Pfeifen rauchten, da stellte er sich als das vollendetste
Bild eines glücklichen Menschen solch einen Flözer vor. Und wenn
diese Glücklichen dann erst in die Taschen fuhren, ganze Hände
voll großer Taler herauslangten und um Sechsbätzner würfelten,
fünf Gulden hin, zehn her, so wollten ihm die Sinne vergehen, und
er schlich trübselig nach seiner Hütte; denn an manchem Feiertag-
abend hatte er einen oder den andern dieser »Holzherren« mehr
verspielen sehen, als der arme Vater Munk in einem Jahr verdiente.
Es waren vorzüglich drei dieser Männer, von welchen er nicht
wußte, welchen er am meisten bewundern sollte. Der eine war ein
dicker, großer Mann mit rotem Gesicht und galt für den reichsten
Mann in der Runde. Man hieß ihn den dicken Ezechiel. Er reiste
alle Jahre zweimal mit Bauholz nach Amsterdam und hatte das
Glück, es immer um so viel teurer als andere zu verkaufen, daß er,
wenn die übrigen zu Fuß heimgingen, stattlich herauffahren konnte.

Der andere war der längste und magerste Mensch im ganzen Wald, man nannte ihn den langen Schlurker, und diesen beneidete Munk wegen seiner ausnehmenden Kühnheit; er widersprach den angesehensten Leuten, brauchte, wenn man noch so gedrängt im Wirtshaus saß, mehr Platz als vier der Dicksten; denn er stützte entweder beide Ellbogen auf den Tisch oder zog eines seiner langen Beine zu sich auf die Bank, und doch wagte ihm keiner zu widersprechen, denn er hatte unmenschlich viel Geld.

Der dritte war ein schöner junger Mann, der am besten tanzte weit und breit und daher den Namen Tanzbodenkönig hatte. Er war ein armer Mensch gewesen und hatte bei einem Holzherrn als Knecht gedient; da wurde er auf einmal steinreich; die einen sagten, er habe unter einer alten Tanne einen Topf voll Geld gefunden, die andern behaupteten, er habe unweit Bingen im Rhein mit der Stechstange, womit die Flözer zuweilen nach den Fischen stechen, einen Pack mit Goldstücken heraufgefischt, und der Pack gehöre zu dem großen Nibelungenhort, der dort vergraben liegt; kurz, er war auf einmal reich geworden und wurde von jung und alt angesehen wie ein Prinz. An diese drei Männer dachte Kohlenmunk-Peter oft, wenn er einsam im Tannenwald saß. Zwar hatten alle drei einen Hauptfehler, der sie bei den Leuten verhaßt machte, es war dies ihr unmenschlicher Geiz, ihre Gefühllosigkeit gegen Schuldner und Arme; denn die Schwarzwälder sind ein gutmütiges Völklein; aber man weiß, wie es mit solchen Dingen geht; waren sie auch wegen ihres Geizes verhaßt, so standen sie doch wegen ihres Geldes in Ansehen; denn wer konnte Taler wegwerfen wie sie, als ob man das Geld von den Tannen schüttelte?

»So geht es nicht mehr weiter«, sagte Peter eines Tages schmerzlich betrübt zu sich, denn tags zuvor war Feiertag gewesen und alles Volk in der Schenke, »wenn ich nicht bald auf den grünen Zweig komme, so tu ich mir etwas zuleid; wär' ich doch nur so angesehen und reich wie der dicke Ezechiel oder so kühn und so gewaltig wie der lange Schlurker oder so berühmt und könnte den Musikanten Taler statt Kreuzer zuwerfen wie der Tanzbodenkönig! Wo nur der Bursche das Geld herhat?« Allerlei Mittel ging er durch, wie man sich Geld erwerben könne, aber keines wollte ihm gefallen; endlich fielen ihm auch die Sagen von Leuten ein, die vor alten Zeiten durch den Holländer-Michel und durch das Glasmännlein reich geworden waren. Solang' sein Vater noch lebte, kamen oft andere arme Leute zu Besuch, und da wurde oft lang und breit von reichen Menschen gesprochen und wie sie reich geworden; da spielte nun oft das Glasmännlein eine Rolle; ja, wenn er recht nachsann, konnte er sich beinahe noch des Versleins erinnern, das man am Tannenbühl in der Mitte des Waldes sprechen mußte, wenn es erscheinen sollte. Es fing an: »Schatzhauser im grünen Tannenwald, bist schon viel hundert Jahre alt, dir gehört all' Land, wo Tannen stehn —«

Aber er mochte sein Gedächtnis anstrengen, wie er wollte, weiter konnte er sich keines Verses mehr entsinnen. Er dachte oft, ob er nicht diesen oder jenen alten Mann fragen sollte, wie das Sprüchlein heiße; aber immer hielt ihn eine gewisse Scheu, seine Gedanken zu verraten, ab, auch schloß er, es müsse die Sage vom Glasmännlein nicht sehr bekannt sein und den Spruch müssen nur wenige wissen; denn es gab nicht viele reiche Leute im Wald, und – warum hatten denn nicht sein Vater und die andern armen Leute ihr Glück versucht? Er brachte endlich einmal seine Mutter auf das Männlein zu sprechen, und diese erzählte ihm, was er schon wußte, kannte auch nur noch die erste Zeile von dem Spruch und sagte ihm endlich, nur Leuten, die an einem Sonntag zwischen elf und zwei Uhr geboren seien, zeige sich das Geistchen. Er selbst würde wohl dazu passen, wenn er nur das Sprüchlein wüßte; denn er sei Sonntag mittags zwölf Uhr geboren.

Als dies der Kohlenmunk-Peter hörte, war er vor Freude und vor Begierde, dies Abenteuer zu unternehmen, beinahe außer sich. Es schien ihm hinlänglich, einen Teil des Sprüchleins zu wissen und am Sonntag geboren zu sein, und Glasmännlein mußten sich ihm zeigen. Als er daher eines Tages seine Kohlen verkauft hatte, zündete er keinen neuen Meiler an, sondern zog seines Vaters Staatswams und neue rote Strümpfe an, setzte den Sonntagshut auf, faßte seinen fünf Fuß hohen Schwarzdornstock in die Hand und nahm von der Mutter Abschied: »Ich muß aufs Amt in die Stadt, denn wir werden bald spielen müssen, wer Soldat wird, und da will

ich dem Amtmann nur noch einmal einschärfen, daß Ihr Witwe
seid und ich Euer einziger Sohn.« Die Mutter lobte seinen Entschluß, er aber machte sich auf nach dem Tannenbühl. Der Tannenbühl liegt auf der höchsten Höhe des Schwarzwaldes, und auf
zwei Stunden im Umkreis stand damals kein Dorf, ja nicht einmal
eine Hütte; denn die abergläubischen Leute meinten, es sei dort
unsicher. Man schlug auch, so hoch und prachtvoll dort die Tannen
standen, ungern Holz in jenem Revier; denn oft waren den Holz-
hauern, wenn sie dort arbeiteten, die Äxte vom Stiel gesprungen
und in den Fuß gefahren, oder die Bäume waren schnell umge-
stürzt und hatten die Männer mit umgerissen und beschädigt oder
gar getötet; auch hätte man die schönsten Bäume von dorther nur
zu Brennholz brauchen können, denn die Floßherren nahmen nie
einen Stamm aus dem Tannenbühl unter ein Floß auf, weil die Sage
ging, daß Mann und Holz verunglücke, wenn ein Tannenbühler
mit im Wasser sei. Daher kam es, daß im Tannenbühl die Bäume
so dicht und so hoch standen, daß es am hellen Tag beinahe Nacht
war, und Peter Munk wurde es ganz schaurig dort zumute; denn
er hörte keine Stimme, keinen Tritt als den seinigen, keine Axt;
selbst die Vögel schienen diese dichte Tannennacht zu vermeiden.

Kohlenmunk-Peter hatte jetzt den höchsten Punkt des Tannenbühls erreicht und stand vor einer Tanne von ungeheurem Umfang,
um die ein holländischer Schiffsherr an Ort und Stelle viele hundert
Gulden gegeben hätte. »Hier«, dachte er, »wird wohl der Schatzhauser wohnen«, zog seinen großen Sonntagshut, machte vor dem
Baum eine tiefe Verbeugung, räusperte sich und sprach mit zitternder Stimme: »Wünsche glückseligen Abend, Herr Glasmann.« Aber
es erfolgte keine Antwort, und alles umher war so still wie zuvor.
»Vielleicht muß ich doch das Verslein sprechen«, dachte er weiter
und murmelte: »Schatzhauser im grünen Tannenwald, bist schon
viel hundert Jahre alt, dir gehört all' Land, wo Tannen stehn –« Indem er diese Worte sprach, sah er zu seinem großen Schrecken eine
ganz kleine, sonderbare Gestalt hinter der dicken Tanne hervor-
schauen; es war ihm, als habe er das Glasmännlein gesehen, wie
man es beschrieben, das schwarze Wämschen, die roten Strümpfchen, das Hütchen, alles war so, selbst das blasse, aber feine und

kluge Gesichtchen, wovon man erzählte, glaubte er gesehen zu haben. Aber ach, so schnell es hervorgeschaut hatte, das Glasmännlein, so schnell war es auch wieder verschwunden! »Herr Glasmann«, rief nach einigem Zögern Peter Munk, »seid so gütig und haltet mich nicht zum Narren. – Herr Glasmann, wenn Ihr meint, ich habe Euch nicht gesehen, so täuschet Ihr Euch sehr, ich sah Euch wohl hinter dem Baum hervorgucken.« Immer keine Antwort, nur zuweilen glaubte er ein leises, heiseres Kichern hinter dem Baum zu vernehmen. Endlich überwand seine Ungeduld die Furcht, die ihn bis jetzt noch abgehalten hatte. »Warte, du kleiner Bursche«, rief er, »dich will ich bald haben!«, sprang mit einem Satz hinter die Tanne, aber da war kein Schatzhauser im grünen Tannenwald, und nur ein kleines, zierliches Eichhörnchen jagte an dem Baum hinauf.

Peter Munk schüttelte den Kopf; er sah ein, daß er die Beschwörung bis auf einen gewissen Grad gebracht habe und daß ihm vielleicht nur noch ein Reim zu dem Sprüchlein fehle, so könne er das Glasmännlein hervorlocken; aber er sann hin, er sann her und fand nichts. Das Eichhörnchen zeigte sich an den untersten Ästen der Tanne und schien ihn aufzumuntern oder zu verspotten. Es putzte sich, es rollte den schönen Schweif, es schaute ihn mit klugen Augen an, aber endlich fürchtete er sich doch beinahe, mit diesem Tier allein zu sein; denn bald schien das Eichhörnchen einen Menschenkopf zu haben und einen dreispitzigen Hut zu tragen, bald war es ganz wie ein anderes Eichhörnchen und hatte nur an den Hinterfüßen rote Strümpfe und schwarze Schuhe. Kurz, es war ein lustiges Tier; aber dennoch graute Kohlenpeter; denn er meinte, es gehe nicht mit rechten Dingen zu. Mit schnelleren Schritten, als er gekommen war, zog Peter wieder ab. Das Dunkel des Tannenwaldes schien immer schwärzer zu werden, die Bäume standen immer dichter, und ihm fing an so zu grauen, daß er im Trab davonjagte, und erst als er in der Ferne Hunde bellen hörte und bald darauf den Rauch einer Hütte erblickte, wurde er wieder ruhiger. Aber als er näher kam und die Tracht der Leute in der Hütte erblickte, fand er, daß er aus Angst gerade die entgegengesetzte Richtung genommen und statt zu den Glasleuten zu den Flözern gekommen sei.

Die Leute, die in der Hütte wohnten, waren Holzfäller; ein alter Mann, sein Sohn, der Hauswirt und einige erwachsene Enkel. Sie nahmen Kohlenmunk-Peter, der um ein Nachtlager bat, gut auf, ohne nach seinem Namen und Wohnort zu fragen, gaben ihm Apfelwein zu trinken, und abends wurde ein großer Auerhahn aufgesetzt. Nach dem Nachtessen setzten sich die Hausfrau und ihre Töchter mit ihren Kunkeln um den großen Lichtspan, den die Jungen mit dem feinsten Tannenharz unterhielten, der Großvater, der Gast und der Hauswirt rauchten und schauten den Weibern zu, die Burschen aber waren beschäftigt, Löffel und Gabeln aus Holz zu schnitzeln. Draußen im Wald heulte der Sturm und raste in den Tannen, man hörte da und dort sehr heftige Schläge, und es schien oft, als ob ganze Bäume abgeknickt würden und zusammenkrachten. Die furchtlosen Jungen wollten hinaus in den Wald laufen und dieses furchtbar schöne Schauspiel mit ansehen, ihr Großvater aber hielt sie mit strengem Wort und Blick zurück. »Ich will keinem raten, daß er jetzt vor die Tür geht«, rief er ihnen zu, »bei Gott, der kommt nimmermehr wieder; denn der Holländer-Michel haut sich heute nacht ein neues G'stair (Floßgelenke) im Wald.« Die Kleinen staunten ihn an; sie mochten von dem Holländer-Michel schon gehört haben, aber sie baten jetzt den Ehni, einmal recht schön von jenem zu erzählen.

Auch Peter Munk, der vom Holländer-Michel auf der anderen Seite des Waldes nur undeutlich hatte sprechen hören, stimmte mit ein und fragte den Alten, wer und wo er sei. »Er ist der Herr dieses Waldes, und nach dem zu schließen, daß Ihr in Eurem Alter dies noch nicht erfahren, müßt Ihr drüben über dem Tannenbühl oder wohl gar noch weiter zu Hause sein. Vom Holländer-Michel will ich Euch aber erzählen, was ich weiß und wie die Sage von ihm geht. Vor etwa hundert Jahren, so erzählte es wenigstens mein Ehni, war weit und breit kein ehrlicheres Volk auf Erden als die Schwarzwälder. Jetzt, seit so viel Geld im Land ist, sind die Menschen unredlich und schlecht. Die jungen Burschen tanzen und johlen am Sonntag und fluchen, daß es ein Schrecken ist; damals war es aber anders, und wenn er jetzt zum Fenster dort hereinschaute, so sag' ich's und hab' es oft gesagt, der Holländer-Michel ist schuld an all dieser Verderbnis. Es lebte also vor hundert Jahren und drüber ein reicher Holzherr, der viel Gesind hatte; er handelte bis weit in den Rhein hinab, und sein Geschäft war gesegnet, denn er war ein frommer Mann. Kommt eines Abends ein Mann an seine Türe, dergleichen er noch nie gesehen. Seine Kleidung war wie die der Schwarzwälder Burschen, aber er war einen guten Kopf höher als alle, und man hatte noch nie geglaubt, daß es einen solchen Riesen geben könne. Dieser bittet um Arbeit bei dem Holzherrn, und der Holzherr, der ihm ansah, daß er stark und zu großen Lasten tüchtig sei, rechnet mit ihm seinen Lohn, und sie schlagen ein. Der Michel war ein Arbeiter, wie selbiger Holzherr noch keinen gehabt. Beim Baumschlagen galt er für drei, und wenn sechs an einem Ende schleppten, trug er allein das andere. Als er aber ein halb Jahr Holz geschlagen, trat er eines Tages vor seinen Herrn und begehrte von ihm: »Hab' jetzt lang genug hier Holz gehackt, und so möcht' ich auch sehen, wohin meine Stämme kommen, und wie wär' es, wenn Ihr mich auch 'nmal auf das Floß ließet?«

Der Holzherr antwortete: »Ich will dir nicht im Weg sein, Michel, wenn du ein wenig hinaus willst in die Welt, und zwar beim Holzfällen brauche ich starke Leute, wie du bist, auf dem Floß aber kommt es auf Geschicklichkeit an, aber es sei für diesmal.« Und so war es; das Floß, mit dem er abgehen sollte, hatte acht Glaich (Glieder) und waren im letzten von den größten Zimmerbalken. Aber was geschah? Am Abend zuvor bringt der lange Michel noch acht Balken ans Wasser, so dick und lang, als man keinen je sah, und jeden trug er so leicht auf der Schulter wie eine Flözerstange, so daß sich alles entsetzte. Wo er sie gehauen, weiß bis heute noch niemand. Dem Holzherrn lachte das Herz, als er dies sah; denn er berechnete, was diese Balken kosten könnten; Michel aber sagte: »So, die sind für mich zum Fahren; auf den kleinen Spänen dort kann ich nicht fortkommen.« Sein Herr wollte ihm zum Dank ein paar Flözerstiefel schenken; aber er warf sie auf die Seite und brachte ein Paar hervor, wie es sonst keine gab; mein Großvater hat versichert, sie haben hundert Pfund gewogen und seien fünf Fuß lang gewesen.

Das Floß fuhr ab, und hatte der Michel früher die Holzhauer in Verwunderung gesetzt, so staunten jetzt die Flözer; denn statt daß das Floß, wie man wegen der ungeheuern Balken geglaubt hatte, langsamer auf dem Fluß ging, flog es, sobald sie in den Neckar kamen, wie ein Pfeil; machte der Neckar eine Wendung und hatten sonst die Flözer Mühe gehabt, das Floß in der Mitte zu halten, um nicht auf Kies oder Sand zu stoßen, so sprang jetzt Michel allemal ins Wasser, rückte mit einem Zug das Floß links oder rechts, so daß es ohne Gefahr vorüberglitt, und kam dann eine gerade Stelle, so lief er aufs erste G'stair (Gelenk) vor, ließ alle ihre Stangen beisetzen, steckte seinen ungeheuren Weberbaum in den Kies, und mit einem Druck flog das Floß dahin, daß das Land und Bäume und Dörfer vorbeizujagen schienen. So waren sie in der Hälfte der Zeit, die man sonst brauchte, nach Köln am Rhein gekommen, wo sie sonst ihre Ladung verkauft hatten; aber hier sprach Michel: »Ihr seid mir rechte Kaufleute und versteht euren Nutzen! Meinet ihr denn, die Kölner brauchen all dies Holz, das aus dem Schwarzwald kommt, für sich? Nein, um den halben Wert kaufen sie es euch ab und verhandeln es teuer nach Holland. Lasset uns die kleinen Balken hier verkaufen und mit den großen nach Holland gehen; was wir über den gewöhnlichen Preis lösen, ist unser eigener Profit.«

So sprach der arglistige Michel, und die anderen waren es zufrieden; die einen, weil sie gerne nach Holland gezogen wären, es zu sehen, die anderen des Geldes wegen. Nur ein einziger war redlich und mahnte sie ab, das Gut ihres Herrn der Gefahr auszusetzen oder ihn um den höheren Preis zu betrügen, aber sie hörten nicht auf ihn und vergaßen seine Worte, aber der Holländer-Michel vergaß sie nicht. Sie fuhren auch mit dem Holz den Rhein hinab, und Michel leitete das Floß und brachte sie schnell bis nach Rotterdam. Dort bot man ihnen das Vierfache von dem früheren Preis, und besonders die ungeheuren Balken des Michel wurden mit schwerem Geld bezahlt. Als die Schwarzwälder so viel Geld sahen, wußten sie sich vor Freude nicht zu fassen. Michel teilte ab, einen Teil dem Holzherrn, die drei anderen unter die Männer. Und nun setzten sie sich mit Matrosen und anderem schlechten Gesindel in die Wirtshäuser, verschlemmten und verspielten ihr Geld; den braven Mann aber, der ihnen abgeraten, verkaufte der Holländer-Michel an einen Seelenverkäufer, und man hat nichts mehr von ihm gehört. Von da an war den Burschen im Schwarzwald Holland das Paradies und Holländer-Michel ihr König; die Holzherren erfuhren lange nichts von dem Handel, und unvermerkt kamen Geld, Flüche, schlechte Sitten, Trunk und Spiel aus Holland herauf.

Der Holländer-Michel war, als die Geschichte herauskam, nirgends zu finden, aber tot ist er auch nicht; seit hundert Jahren treibt er seinen Spuk im Wald, und man sagt, daß er schon vielen behilflich gewesen sei, reich zu werden, aber – auf Kosten ihrer armen Seele, und mehr will ich nicht sagen. Aber so viel ist gewiß, daß er noch jetzt in solchen Sturmnächten im Tannenbühl, wo man nicht hauen soll, überall die schönsten Tannen aussucht, und mein Vater hat ihn eine vier Schuh dicke umbrechen sehen wie ein Rohr. Mit diesen beschenkt er die, welche sich vom Rechten abwenden und zu ihm gehen; um Mitternacht bringen sie dann die G'stair ins Wasser, und er rudert mit ihnen nach Holland. Aber wäre ich Herr und König in Holland, ich ließe ihn mit Kartätschen in den Boden schmettern; denn alle Schiffe, die von dem Holländer-Michel auch nur einen Balken haben, müssen untergehen. Daher kommt es, daß man von so vielen Schiffbrüchigen hört; wie könnte denn sonst ein schönes, starkes Schiff, so groß als eine Kirche, zugrund gehen auf dem Wasser? Aber so oft Holländer-Michel in einer Sturmnacht im Schwarzwald eine Tanne fällt, springt eine seiner alten aus den Fugen des Schiffes; das Wasser dringt ein, und das Schiff ist mit Mann und Maus verloren. Das ist die Sage vom Holländer-Michel, und wahr ist es, alles Böse im Schwarzwald schreibt sich von ihm her; oh! Er kann einen reich machen«, setzte der Greis geheimnisvoll hinzu, »aber ich möchte nichts von ihm haben; ich möchte um keinen Preis in der Haut des dicken Ezechiel und des langen Schlurkers stecken; auch der Tanzbodenkönig soll sich ihm ergeben haben!« Der Sturm hatte sich während der Erzählung des Alten gelegt; die Mädchen zündeten schüchtern die Lampen an und gingen weg; die Männer aber legten Peter Munk einen Sack voll Laub als Kopfkissen auf die Ofenbank und wünschten ihm gute Nacht.

Kohlenmunk-Peter hatte noch nie so schwere Träume gehabt wie in dieser Nacht; bald glaubte er, der finstere, riesige Holländer-

Michel reiße die Stubenfenster auf und reiche mit seinem ungeheuer langen Arm einen Beutel voll Goldstücke herein, die er untereinander schüttelte, daß es hell und lieblich klang; bald sah er
wieder das kleine, freundliche Glasmännchen auf einer ungeheuren
grünen Flasche im Zimmer umherreiten, und er meinte das heisere
Lachen wiederzuhören wie im Tannenbühl; dann brummte es ihm
wieder ins linke Ohr: »In Holland gibt's Gold! Könnet's haben,
wenn Ihr wollt. Um geringen Sold Gold, Gold!« Dann hörte er
wieder in sein rechtes Ohr das Liedchen vom Schatzhauser im grünen Tannenwald, und eine zarte Stimme flüsterte: »Dummer Kohlenpeter, dummer Peter Munk, kannst kein Sprüchlein reimen auf
stehen und bist doch am Sonntag geboren Schlag zwölf Uhr.
Reime, dummer Peter, reime!« Er ächzte, er stöhnte im Schlaf, er
mühte sich ab, einen Reim zu finden, aber da er in seinem Leben
noch keinen gemacht hatte, war seine Mühe im Traume vergebens.
Als er aber mit dem ersten Frührot erwachte, kam ihm doch sein
Traum sonderbar vor; er setzte sich mit verschränkten Armen hinter den Tisch und dachte über die Einflüsterungen nach, die ihm
noch immer im Ohr lagen; »reime, dummer Kohlenmunk-Peter,
reime«, sprach er zu sich und pochte mit dem Finger an seine Stirn,
aber es wollte kein Reim hervorkommen. Als er noch so dasaß und
trübe vor sich hin schaute und an den Reim auf stehen dachte, da
zogen drei Burschen vor dem Hause vorbei in den Wald, und einer
sang im Vorübergehen: »Am Berge tat ich stehen, und schaute in
das Tal, da hab' ich sie gesehen, zum allerletzten Mal.«

Das fuhr wie ein leuchtender Blitz durch Peters Ohr, und hastig
raffte er sich auf, stürzte aus dem Haus, weil er meinte, nicht recht
gehört zu haben, sprang den drei Burschen nach und packte den
Sänger hastig und unsanft beim Arm. »Halt, Freund!« rief er. »Was
habt Ihr da auf stehen gereimt, tut mir die Liebe und sprecht, was
Ihr gesungen.« – »Was ficht's dich an, Bursche?« entgegnete der
Schwarzwälder. »Ich kann singen, was ich will, und laß gleich meinen Arm los, oder …« – »Nein, sagen sollst du, was du gesungen
hast!« schrie Peter beinahe außer sich und packte ihn noch fester
an; die zwei anderen aber, als sie dies sahen, zögerten nicht lange,
sondern fielen mit derben Fäusten über den armen Peter her und

walkten ihn derb, bis er vor Schmerzen das Gewand des dritten ließ und erschöpft in die Knie sank. »Jetzt hast du dein Teil«, sprachen sie lachend, »und merk dir, toller Bursche, daß du Leute, wie wir sind, nimmer anfällst auf offenem Wege.« – »Ach, ich will mir es gewißlich merken!« erwiderte Kohlenpeter seufzend. »Aber so ich die Schläge habe, seid so gut und saget deutlich, was jener gesungen!« Da lachten sie aufs neue und spotteten ihn aus; aber der das Lied gesungen, sagte es ihm vor, und lachend und singend zogen sie weiter. »Also sehen«, sprach der arme Geschlagene, indem er sich mühsam aufrichtete, »sehen auf stehen – jetzt, Glasmännlein, wollen wir wieder ein Wort zusammen sprechen.« Er ging in die Hütte, holte seinen Hut und den langen Stock, nahm Abschied von den Bewohnern der Hütte und trat seinen Rückweg nach dem Tannenbühl an.

Er ging langsam und sinnend seine Straße, denn er mußte ja einen Vers ersinnen; endlich, als er schon in dem Bereich des Tannenbühls ging und die Tannen höher und dichter wurden, hatte er auch seinen Vers gefunden und machte vor Freude einen Sprung in die Höhe. Da trat ein riesengroßer Mann in Flözerkleidung und eine Stange so lang wie ein Mastbaum in der Hand hinter den Tannen hervor. Peter Munk sank beinahe in die Knie, als er jenen langsamen Schrittes neben sich wandeln sah; denn er dachte, das ist der Holländer-Michel und kein anderer. Noch immer schwieg die furchtbare Gestalt, und Peter schielte zuweilen furchtsam nach ihm hin. Er war wohl einen Kopf größer als der längste Mann, den Peter je gesehen; sein Gesicht war nicht mehr jung, doch auch nicht alt, aber voll Furchen und Falten; er trug ein Wams von Leinwand, und die ungeheuren Stiefel, über die Lederbeinkleider heraufgezogen, waren Peter aus der Sage wohlbekannt. »Peter Munk, was tust du im Tannenbühl?« fragte der Waldkönig endlich mit tiefer, dröhnender Stimme. »Guten Morgen, Landsmann«, antwortete Peter, indem er sich unerschrocken zeigen wollte, aber heftig zitterte, »ich will durch den Tannenbühl nach Haus zurück.« – »Peter Munk«, erwiderte jener und warf einen stechenden, furchtbaren Blick nach ihm herüber, »dein Weg geht nicht durch diesen Hain.« – »Nun, so gerade just nicht«, sagte jener, »aber es macht heute warm, da dachte

ich, es wird hier kühler sein.« – »Lüge nicht, du, Kohlenpeter!« rief
Holländer-Michel mit donnernder Stimme. »Oder ich schlag' dich
mit der Stange zu Boden; meinst, ich hab' dich nicht betteln sehen
bei dem Kleinen?« setzte er sanft hinzu. »Geh, geh, das war ein
dummer Streich, und gut ist es, daß du das Sprüchlein nicht wußtest; er ist ein Knauser, der kleine Kerl, und gibt nicht viel, und
wem er gibt, der wird seines Lebens nicht froh. Peter, du bist ein
armer Tropf und dauerst mich in der Seele; so ein munterer, schöner Bursche, der in der Welt was anfangen könnte, und sollst Kohlen brennen! Wenn andere große Taler oder Dukaten aus dem Ärmel schütteln, kannst du kaum ein paar Sechser aufwenden; 's ist
ein ärmlich Leben.«

»Wahr ist's, und recht habt Ihr, ein elendes Leben.« – »Na, mir
soll's nicht drauf ankommen«, fuhr der schreckliche Michel fort,
»hab' schon manchem braven Kerl aus der Not geholfen, und du
wärest nicht der erste. Sag einmal, wieviel hundert Taler brauchst
du fürs erste?« Bei diesen Worten schüttelte er das Geld in seiner
ungeheuren Tasche untereinander, und es klang wieder wie diese
Nacht im Traum. Aber Peters Herz zuckte ängstlich und schmerzhaft bei diesen Worten, es wurde ihm kalt und warm, und der
Holländer-Michel sah nicht aus, wie wenn er aus Mitleid Geld
wegschenkte, ohne etwas dafür zu verlangen. Es fielen ihm die
geheimnisvollen Worte des alten Mannes über die reichen Menschen ein, und von unerklärlicher Angst und Bangigkeit gejagt, rief
er: »Schönen Dank, Herr! Aber mit Euch will ich nichts zu schaffen
haben, und ich kenn' Euch schon«, und lief, was er laufen konnte.
Aber der Waldgeist schritt mit ungeheuren Schritten neben ihm her
und murmelte dumpf und drohend: »Wirst's noch bereuen, Peter,
auf deiner Stirne steht's geschrieben, in deinem Auge ist's zu lesen;
du entgehst mir nicht. Lauf nicht so schnell, höre nur noch ein ver-
nünftges Wort, dort ist schon meine Grenze!«

Aber als Peter dies hörte und unweit vor ihm einen kleinen
Graben sah, beeilte er sich nur noch mehr, über die Grenze zu
kommen, so daß Michel am Ende schneller laufen mußte und unter
Flüchen und Drohungen ihn verfolgte. Der junge Mann setzte mit
einem verzweifelten Sprung über den Graben; denn er sah, wie der

Waldgeist mit seiner Stange ausholte und sie auf ihn niederschmet-
tern lassen wollte; er kam glücklich jenseits an, und die Stange
zersplitterte in der Luft wie an einer unsichtbaren Mauer, und ein
langes Stück fiel zu Peter herüber. Triumphierend hob er es auf, um
es dem groben Holländer-Michel zuzuwerfen; aber in diesem Augenblick fühlte er das Stück Holz in seiner Hand sich bewegen, und
zu seinem Entsetzen sah er, daß es eine ungeheure Schlange sei, was
er in der Hand hielt, die sich schon mit geifernder Zunge und mit
blitzenden Augen an ihm hinaufbäumte. Er ließ sie los; aber sie
hatte sich schon fest um seinen Arm gewickelt und kam mit schwan-
kendem Kopfe seinem Gesicht immer näher; da rauschte auf einmal
ein ungeheurer Auerhahn nieder, packte den Kopf der Schlange
mit dem Schnabel, erhob sich mit ihr in die Lüfte, und Holländer-
Michel, der dies alles von dem Graben aus gesehen hatte, heulte
und schrie und raste, als die Schlange von einem Gewaltigeren
entführt ward. Erschöpft und zitternd setzte Peter seinen Weg fort;
der Pfad wurde steiler, die Gegend wilder, und bald befand er sich
an der ungeheuren Tanne.

Er machte wieder seine Verbeugungen gegen das unsichtbare
Glasmännlein und hub dann an: »Schatzhauser im grünen Tannenwald, bist schon viel hundert Jahre alt, dein ist all Land, wo Tannen
stehn, läßt dich nur Sonntagskindern sehn.« – »Hast's zwar nicht
ganz getroffen; aber weil du es bist, Kohlenmunk-Peter, so soll es
hingehen«, sprach eine zarte, feine Stimme neben ihm. Erstaunt sah
er sich um, und unter einer schönen Tanne saß ein kleines, altes
Männlein in schwarzem Wams und roten Strümpfen und den großen Hut auf dem Kopf. Er hatte ein feines, freundliches Gesichtchen und ein Bärtchen so zart wie aus Spinnweben; er rauchte, was
sonderbar anzusehen war, aus einer Pfeife von blauem Glas, und als
Peter näher trat, sah er zu seinem Erstaunen, daß auch Kleider,
Schuhe und Hut des Kleinen aus gefärbtem Glas bestanden; aber es
war geschmeidig, als ob es noch heiß wäre; denn es schmiegte sich
wie Tuch nach jeder Bewegung des Männleins. »Du bist dem Fle-
gel begegnet, dem Holländer-Michel?« sagte der Kleine, indem er
zwischen jedem Wort sonderbar hüstelte. »Er hat dich recht ängsti-
gen wollen, aber seinen Kunstprügel habe ich ihm abgejagt, den

soll er nimmer wiederkriegen.« – »Ja, Herr Schatzhauser«, erwiderte Peter mit einer tiefen Verbeugung, »es war mir recht bange. Aber Ihr seid wohl der Herr Auerhahn gewesen, der die Schlange totgebissen; da bedanke ich mich schönstens. Ich komme aber, um mir Rat zu holen bei Euch; es geht mir gar schlecht und hinderlich; ein Kohlenbrenner bringt es nicht weit, und da ich noch jung bin, dächte ich doch, es könnte noch was Besseres aus mir werden; und wenn ich oft andere sehe, wie weit die es in kurzer Zeit gebracht haben; wenn ich nur den Ezechiel nehme und den Tanzbodenkönig, die haben Geld wie Heu.«

»Peter«, sagte der Kleine sehr ernst und blies den Rauch aus seiner Pfeife weit hinweg, »Peter, sag mir nichts von diesen. Was haben sie davon, wenn sie hier ein paar Jahre dem Schein nach glücklich und dann nachher desto unglücklicher sind? Du mußt dein Handwerk nicht verachten; dein Vater und Großvater waren Ehrenleute und haben es auch getrieben, Peter Munk! Ich will nicht hoffen, daß es Liebe zum Müßiggang ist, was dich zu mir führt.« Peter erschrak vor dem Ernst des Männleins und errötete. »Nein«, sagte er, »Müßiggang ist aller Laster Anfang, aber das könnet Ihr mir nicht übelnehmen, wenn mir ein anderer Stand besser gefällt als der meinige. Ein Kohlenbrenner ist halt so gar etwas Geringes auf der Welt, und die Glasleute und Flözer und Uhrmacher und alle sind angesehener.« –
»Hochmut kommt oft vor dem Fall«, erwiderte der kleine Herr vom Tannenwald etwas freundlicher. »Ihr seid ein sonderbar Geschlecht, ihr Menschen! Selten ist einer mit dem Stand ganz zufrieden, in dem er geboren und erzogen ist, und was gilt's, wenn du ein Glasmann wärest, möchtest du gern ein Holzherr sein, und wärest du Holzherr, so stünde dir des Försters Dienst oder des Amtmanns Wohnung an. Aber es sei: Wenn du versprichst, brav zu arbeiten, so will ich dir zu etwas Besserem verhelfen, Peter. Ich pflege jedem Sonntagskind, das sich zu mir zu finden weiß, drei Wünsche zu gewähren. Die ersten zwei sind frei; den dritten kann ich verweigern, wenn er töricht ist. So wünsche dir also jetzt etwas; aber – Peter, etwas Gutes und Nützliches!«

»Heisa! Ihr seid ein treffliches Glasmännlein, und mit Recht nennt man Euch Schatzhauser, denn bei Euch sind die Schätze zu

Hause. Nu – und also darf ich wünschen, wonach mein Herz begehrt, so will ich denn fürs erste, daß ich noch besser tanzen könne als der Tanzbodenkönig; und jedesmal noch einmal so viel Geld ins Wirtshaus bringe als er.« – »Du Tor!« erwiderte der Kleine zürnend. »Welch ein erbärmlicher Wunsch ist dies, gut tanzen zu können und Geld zum Spiel zu haben! Schämst du dich nicht, dummer Peter, dich selbst so um dein Glück zu betrügen? Was nützt es dir und deiner armen Mutter, wenn du tanzen kannst? Was nützt dir dein Geld, das nach deinem Wunsch nur für das Wirtshaus ist und wie das des elenden Tanzbodenkönigs dort bleibt? Dann hast du wieder die ganze Woche nichts und darbst wie zuvor. Noch einen Wunsch gebe ich dir frei; aber sieh dich vor, daß du vernünftiger wünschest!« Peter kratzte sich hinter den Ohren und sprach nach einigem Zögern: »Nun, so wünsche ich mir die schönste und reichste Glashütte im ganzen Schwarzwald mit allem Zubehör und Geld, sie zu leiten.« – »Sonst nichts?« fragte der Kleine mit besorglicher Miene. »Peter, sonst nichts?« »Nun – Ihr könnet noch ein Pferd dazutun und ein Wägelchen ...«– »Oh, du dummer Kohlenmunk-Peter!« rief der Kleine und warf seine gläserne Pfeife im Unmut an eine dicke Tanne, daß sie in hundert Stücke sprang. »Pferde? Wägelchen? Verstand, sag' ich dir, Verstand, gesunden Menschenverstand und Einsicht hättest du wünschen sollen, aber nicht Pferdchen und Wägelchen. Nun, werde nur nicht so traurig, wir wollen sehen, daß es auch so nicht zu deinem Schaden ist; denn der zweite Wunsch war im ganzen nicht töricht. Eine gute Glashütte nährt auch ihren Mann und Meister; nur hättest du Einsicht und Verstand dazu mitnehmen können, Wagen und Pferde wären dann wohl von selbst gekommen.«

»Aber, Herr Schatzhauser«, erwiderte Peter, »ich habe ja noch einen Wunsch übrig; da könnte ich ja Verstand wünschen, wenn er mir so nötig ist, wie Ihr meinet.« – »Nichts da; du wirst noch in manche Verlegenheit kommen, wo du froh sein wirst, wenn du noch einen Wunsch frei hast; und nun mache dich auf den Weg nach Hause. Hier sind«, sprach der kleine Tannengeist, indem er ein kleines Beutelein aus der Tasche zog, »hier sind zweitausend Gulden und damit genug, und komm mir nicht wieder, um Geld

zu fordern, denn dann müßte ich dich an die höchste Tanne auf-
hängen! So hab' ich's gehalten, seit ich in dem Wald wohne. Vor
drei Tagen aber ist der alte Winkfritz gestorben, der die große
Glashütte gehabt hat im Unterwald. Dorthin gehe morgen frühe
und mach ein Bot auf das Gewerbe, wie es recht ist! Halt dich
wohl, sei fleißig, und ich will dich zuweilen besuchen und dir mit
Rat und Tat an die Hand gehen, weil du dir doch keinen Verstand
erbeten. Aber, das sag' ich dir ernstlich, dein erster Wunsch war
böse. Nimm dich in Acht vor dem Wirtshauslaufen, Peter! 's hat
noch bei keinem lange gutgetan.«

Das Männlein hatte, während es dies sprach, eine neue Pfeife
vom schönsten Beinglas hervorgezogen, sie mit gedörrten Tannenzapfen gestopft und in den kleinen, zahnlosen Mund gesteckt.
Dann zog es ein ungeheures Brennglas hervor, trat in die Sonne
und zündete seine Pfeife an. Als er damit fertig war, bot er dem
Peter freundlich die Hand, gab ihm noch ein paar gute Lehren auf
den Weg, rauchte und blies immer schneller und verschwand endlich in einer Rauchwolke, die nach echtem holländischem Tabak
roch und, langsam sich kräuselnd, in den Tannenwipfeln vor-
schwebte. Als Peter nach Hause kam, fand er seine Mutter sehr in
Sorgen um ihn; denn die gute Frau glaubte nicht anders, als ihr
Sohn sei zum Soldaten ausgehoben worden. Er aber war fröhlich
und guter Dinge und erzählte ihr, wie er im Walde einen guten
Freund getroffen, der ihm Geld vorgeschossen habe, um ein anderes Geschäft als Kohlenbrennen anzufangen. Obgleich seine Mutter
schon seit dreißig Jahren in der Köhlerhütte wohnte und an den
Anblick berußter Leute so gewöhnt war als jede Müllerin an das
Mehlgesicht ihres Mannes, so war sie doch eitel genug, sobald ihr
Peter ein glänzenderes Los zeigte, ihren früheren Stand zu verachten und sprach: »Ja, als Mutter eines Mannes, der eine Glashütte
besitzt, bin ich doch was anderes als Nachbarin Grete und Bete und
setze mich in Zukunft vornehin in der Kirche, wo rechte Leute
sitzen.« Ihr Sohn aber wurde mit den Erben der Glashütte bald
handelseinig; er behielt die Arbeiter, die er vorfand, bei sich und
ließ nun Tag und Nacht Glas machen. Anfangs gefiel ihm das
Handwerk wohl; er pflegte gemächlich in die Glashütte hinabzu-

steigen, ging dort mit vornehmen Schritten, die Hände in die Taschen gesteckt, hin und her, guckte dahin, guckte dorthin, sprach dies und jenes, worüber seine Arbeiter oft nicht wenig lachten, und seine größte Freude war, das Glas blasen zu sehen, und oft machte er sich selbst an die Arbeit und formte aus der noch weichen Masse die sonderbarsten Figuren. Bald aber war ihm die Arbeit entleidet, und er kam zuerst nur noch eine Stunde des Tages in die Hütte, dann nur alle zwei Tage, endlich die Woche nur einmal, und seine Gesellen machten, was sie wollten. Das alles kam aber nur vom Wirtshauslaufen.

Den Sonntag, nachdem er vom Tannenbühl zurückgekommen war, ging er ins Wirtshaus, und wer schon auf dem Tanzboden sprang, war der Tanzbodenkönig, und der dicke Ezechiel saß auch schon hinter der Maßkanne und knöchelte um Kronentaler. Da fuhr Peter schnell in die Tasche, zu sehen, ob ihm das Glasmännlein Wort gehalten, und siehe, seine Tasche strotzte von Silber und Gold. Auch in seinen Beinen zuckte und drückte es, wie wenn sie tanzen und springen wollten, und als der erste Tanz zu Ende war, stellte er sich mit seiner Tänzerin oben an neben den Tanzbodenkönig, und sprang dieser drei Schuh hoch, so flog Peter vier, und machte dieser wunderliche und zierliche Schritte, so verschlang und drehte Peter seine Füße, daß alle Zuschauer vor Lust und Verwunderung beinahe außer sich kamen. Als man aber auf dem Tanzboden vernahm, daß Peter eine Glashütte gekauft habe, als man sah, daß er, sooft er an den Musikanten vorbeitanzte, ihnen einen Sechsbätzner zuwarf, da war des Staunens kein Ende. Die einen glaubten, er habe einen Schatz im Walde gefunden, die anderen meinten, er habe eine Erbschaft getan, aber alle verehrten ihn jetzt und hielten ihn für einen gemachten Mann, nur weil er Geld hatte. Verspielte er doch noch an demselben Abend zwanzig Gulden, und nichtsdestominder rasselte und klang es in seiner Tasche, wie wenn noch hundert Taler darin wären. Als Peter sah, wie angesehen er war, wußte er sich vor Freude und Stolz nicht zu fassen. Er warf das Geld mit vollen Händen weg und teilte es den Armen reichlich mit, wußte er doch, wie ihn selbst einst die Armut gedrückt hatte. Des Tanzbodenkönigs Künste wurden vor den übernatürlichen

Künsten des neuen Tänzers zuschanden, und Peter führte jetzt den Namen Tanz-Kaiser. Die unternehmendsten Spieler am Sonntag wagten nicht so viel wie er, aber sie verloren auch nicht so viel. Und je mehr er verlor, desto mehr gewann er. Das verhielt sich aber ganz so, wie er es vom kleinen Glasmännlein verlangt hatte. Er hatte sich gewünscht, immer so viel Geld in der Tasche zu haben wie der dicke Ezechiel. Und gerade dieser war es, an welchen er sein Geld verspielte. Und wenn er zwanzig, dreißig Gulden auf einmal verlor, so hatte er sie alsbald wieder in der Tasche, wenn sie Ezechiel einstrich.

Nach und nach brachte er es aber im Schlemmen und Spielen weiter als die schlechtesten Gesellen im Schwarzwald, und man nannte ihn öfter Spielpeter als Tanzkaiser; denn er spielte jetzt auch beinahe an allen Werktagen. Darüber kam aber seine Glashütte nach und nach in Verfall, und daran war Peters Unverstand schuld. Glas ließ er machen, so viel man immer machen konnte; aber er hatte mit der Hütte nicht zugleich das Geheimnis gekauft, wohin man es am besten verschleißen könne. Er wußte am Ende mit der Menge Glas nichts anzufangen und verkaufte es um den halben Preis an herumziehende Händler, nur um seine Arbeiter bezahlen zu können. Eines Abends ging er auch wieder vom Wirtshaus heim und dachte trotz des vielen Weines, den er getrunken, um sich fröhlich zu machen, mit Schrecken und Gram an den Verfall seines Vermögens. Da bemerkte er auf einmal, daß jemand neben ihm gehe; er sah sich um, und siehe da – es war das Glasmännlein. Da geriet er in Zorn und Eifer, vermaß sich hoch und teuer und schwur, der Kleine sei an all seinem Unglück schuld. »Was tu' ich nun mit Pferd und Wägelchen?« rief er. »Was nutzt mir die Hütte und all mein Glas? Selbst als ich noch ein elender Köhlersbursch war, lebte ich froher und hatte keine Sorgen. Jetzt weiß ich nicht, wann der Amtmann kommt und meine Habe schätzt und versteigert, der Schulden wegen!« – »So?« entgegnete das Glasmännlein. »So? Ich also soll schuld daran sein, wenn du unglücklich bist? Ist dies der Dank für meine Wohltaten? Wer hieß dich so töricht wünschen? Ein Glasmann wolltest du sein und wußtest nicht, wohin dein Glas verkaufen? Sagte ich dir nicht, du solltest behutsam wünschen? Verstand, Peter, Klugheit hat dir gefehlt.« – »Was, Verstand und Klugheit!« rief jener. »Ich bin ein so kluger Bursche als irgendeiner und will es dir zeigen, Glasmännlein«, und bei diesen Worten faßte er das Männlein unsanft am Kragen und schrie: »Hab' ich dich jetzt, Schatzhauser im grünen Tannenwald? Und den dritten Wunsch will ich jetzt tun, den sollst du mir gewähren. Und so will ich hier auf der Stelle zweimal hunderttausend harte Taler und ein Haus und o weh!« schrie er und schüttelte die Hand; denn das Waldmännlein hatte sich in glühendes Glas verwandelt und brannte in seiner Hand wie sprühendes Feuer. Aber von dem Männlein war nichts mehr zu sehen.

Mehrere Tage lang erinnerte ihn seine geschwollene Hand an seine Undankbarkeit und Torheit. Dann aber übertäubte er sein Gewissen und sprach: »Und wenn sie mir die Glashütte und alles verkaufen, so bleibt mir doch immer der dicke Ezechiel. So lange der Geld hat am Sonntag, kann es mir nicht fehlen.« Ja, Peter! Aber wenn er keines hat? – Und so geschah es eines Tages und war ein wunderliches Rechenexempel. Denn eines Sonntags kam er angefahren ans Wirtshaus, und die Leute streckten die Köpfe durch die Fenster, und der eine sagte, da kommt der Spielpeter, und der andere, ja, der Tanzkaiser, der reiche Glasmann, und ein dritter schüttelte den Kopf und sprach: »Mit dem Reichtum kann man es machen, man sagt allerlei von seinen Schulden, und in der Stadt hat einer gesagt, der Amtmann werde nicht mehr lange säumen zum Auspfänden.« Indessen grüßte der reiche Peter die Gäste am Fenster vornehm und gravitätisch, stieg vom Wagen und schrie: »Sonnenwirt, guten Abend, ist der dicke Ezechiel schon da?« Und eine tiefe Stimme rief: »Nur herein, Peter! Dein Platz ist dir aufbehalten, wir sind schon da und bei den Karten.« So trat Peter Munk in die Wirtsstube, fuhr gleich in die Tasche und merkte, daß Ezechiel gut versehen sein müsse; denn seine Tasche war bis oben angefüllt. Er setzte sich hinter den Tisch zu den anderen und gewann und verlor hin und her, und so spielten sie, bis andere ehrliche Leute nach Hause gingen, und spielten bei Licht, bis zwei andere Spieler sagten: »Jetzt ist's genug, und wir müssen heim zu Frau und Kind.« Aber Spielpeter forderte den dicken Ezechiel auf zu bleiben. Dieser wollte lange nicht, endlich aber rief er: »Gut, jetzt will ich mein Geld zählen, und dann wollen wir knöchern, den Satz um fünf Gulden; denn niederer ist es doch nur Kinderspiel.«

Er zog den Beutel und zählte und fand hundert Gulden bar, und Spielpeter wußte nun, wieviel er selbst habe, und brauchte es nicht erst zu zählen. Aber hatte Ezechiel vorher gewonnen, so verlor er jetzt Satz für Satz und fluchte greulich dabei. Warf er einen Pasch, gleich warf Spielpeter auch einen und immer zwei Augen höher. Da setzte er endlich die letzten fünf Gulden auf den Tisch und rief: »Noch einmal, und wenn ich auch den noch verliere, so höre ich doch nicht auf; dann leihst du mir von deinem Gewinn, Peter! Ein ehrlicher Kerl hilft dem anderen.« – »Soviel du willst, und wenn es hundert Gulden sein sollten«, sprach der Tanzkaiser, fröhlich über seinen Gewinn, und der dicke Ezechiel schüttelte die Würfel und warf fünfzehn. »Pasch!« rief er. »Jetzt wollen wir sehen!« Peter aber warf achtzehn, und eine heisere bekannte Stimme hinter ihm sprach: »So, das war der letzte.« Er sah sich um, und riesengroß stand der Holländer-Michel hinter ihm. Erschrocken ließ er das Geld fallen, das er schon eingezogen hatte. Aber der dicke Ezechiel sah den Waldmann nicht, sondern verlangte, der Spielpeter sollte ihm zehn Gulden vorstrecken zum Spiel; halb im Traum fuhr dieser mit der Hand in die Tasche, aber da war kein Geld, er suchte in der anderen Tasche, aber auch da fand sich nichts, er kehrte den Rock um, aber es fiel kein roter Heller heraus, und jetzt erst gedachte er seines eigenen ersten Wunsches, immer soviel Geld zu haben als der dicke Ezechiel. Wie Rauch war alles verschwunden.

Der Wirt und Ezechiel sahen ihn staunend an, als er immer suchte und sein Geld nicht finden konnte, sie wollten ihm nicht glauben, daß er keines mehr habe, aber als sie endlich selbst in seinen Taschen suchten, wurden sie zornig und schwuren, der Spielpeter sei ein böser Zauberer und habe all das gewonnene Geld und sein eigenes nach Hause gewünscht. Peter verteidigte sich standhaft; aber der Schein war gegen ihn. Ezechiel sagte, er wolle die schreckliche Geschichte allen Leuten im Schwarzwald erzählen, und der Wirt versprach ihm, morgen mit dem frühesten in die Stadt zu gehen und Peter Munk als Zauberer anzuklagen, und er wolle es erleben, setzte er hinzu, daß man ihn verbrenne. Dann fielen sie wütend über ihn her, rissen ihm das Wams vom Leib und warfen ihn zur Tür hinaus. Kein Stern schien am Himmel, als Peter trübselig seiner Wohnung zuschlich; aber dennoch konnte er eine dunkle Gestalt erkennen, die neben ihm herschritt und endlich sprach: »Mit dir ist's aus, Peter Munk, all deine Herrlichkeit ist zu Ende, und das hätt' ich dir schon damals sagen können, als du nichts von mir hören wolltest und zu dem dummen Glaszwerg liefst. Da siehst du jetzt, was man davon hat, wenn man meinen Rat verachtet. Aber versuch es einmal mit mir, ich habe Mitleiden mit deinem Schicksal. Noch keinen hat es gereut, der sich an mich wandte, und wenn du den Weg nicht scheust, morgen den ganzen Tag bin ich am Tannenbühl zu sprechen, wenn du mich rufst.«

Peter merkte wohl, wer so zu ihm spreche; aber es kam ihn ein Grauen an. Er antwortete nichts, sondern lief seinem Haus zu.

Als Peter am Montagmorgen in seine Glashütte ging, da waren nicht nur seine Arbeiter da, sondern auch andere Leute, die man nicht gerne sieht, nämlich der Amtmann und drei Gerichtsdiener. Der Amtmann wünschte Peter einen guten Morgen, fragte, wie er geschlafen, und zog dann ein langes Register heraus, und darauf waren Peters Gläubiger verzeichnet. »Könnt Ihr zahlen oder nicht?« fragte der Amtmann mit strengem Blick. »Und macht es nur kurz, denn ich habe nicht viel Zeit zu versäumen, und in den Turm ist es drei gute Stunden.« Da verzagte Peter, gestand, daß er nichts mehr habe, und überließ es dem Amtmann, Haus und Hof, Hütte und Stall, Wagen und Pferde zu schätzen; und als die Gerichtsdiener und der Amtmann umhergingen und prüften und schätzten, dachte er, bis zum Tannenbühl ist's nicht weit, hat mir der Kleine nicht geholfen, so will ich es einmal mit dem Großen versuchen. Er lief dem Tannenbühl zu, so schnell, als ob die Gerichtsdiener ihm auf den Fersen wären, es war ihm, als er an dem Platz vorbeirannte, wo er das Glasmännlein zuerst gesprochen, als halte ihn eine unsichtbare Hand auf, aber er riß sich los und lief weiter bis an die Grenze, und kaum hatte er »Holländer-Michel, Herr Holländer-Nüchel!« gerufen, als auch schon der riesengroße Flözer mit seiner Stange vor ihm stand.

»Kommst du?« sprach dieser lachend. »Haben sie dir die Haut abziehen und deinen Gläubigern verkaufen wollen? Nu, sei ruhig! Dein ganzer Jammer kommt, wie gesagt, von dem kleinen Glasmännlein, von dem Separatisten und Frömmler her. Wenn man schenkt, muß man gleich recht schenken, und nicht wie dieser Knauser. Doch komm, folge mir in mein Haus; dort wollen wir sehen, ob wir handelseinig werden.«

»Handelseinig?« dachte Peter. »Was kann er denn von mir verlangen, was kann ich an ihn verhandeln? Soll ich ihm etwa dienen, oder was will er?« Sie gingen zuerst über einen steilen Waldsteig hinan und standen dann mit einemmal an einer dunklen, tiefen, abschüssigen Schlucht; Holländer-Michel sprang den Felsen hinab, wie wenn es eine sanfte Marmortreppe wäre; aber bald wäre Peter in Ohnmacht gesunken, denn als jener unten angekommen war, machte er sich so groß wie ein Kirchturm und reichte ihm einen Arm, so lang als ein Weberbaum, und eine Hand daran, so breit als der Tisch im Wirtshaus, und rief mit einer Stimme, die heraufschallte wie eine tiefe Totenglocke: »Setz dich nur auf meine Hand und halte dich an den Fingern, so wirst du nicht fallen!« Peter tat zitternd wie jener befohlen, nahm Platz auf der Hand und hielt sich am Daumen des Riesen.

Es ging weit und tief hinab, aber dennoch ward es zu Peters Verwunderung nicht dunkler, im Gegenteil, die Tageshelle schien sogar zuzunehmen in der Schlucht, aber er konnte sie lange in den Augen nicht ertragen. Der Holländer-Michel hatte sich, je weiter Peter herabkam, wieder kleiner gemacht und stand nun in seiner früheren Gestalt vor einem Haus, so gering oder gut, als es reiche Bauern auf dem Schwarzwald haben. Die Stube, worein Peter geführt wurde, unterschied sich durch nichts von den Stuben anderer Leute als dadurch, daß sie einsam schien.

Die hölzerne Wanduhr, der ungeheure Kachelofen, die breiten Bänke, die Gerätschaften auf den Gesimsen waren hier wie überall. Michel wies ihm einen Platz hinter dem großen Tisch an, ging dann hinaus und kam bald mit einem Krug Wein und Gläsern wieder. Er goß ein, und nun schwatzten sie, und Holländer-Michel erzählte von den Freuden der Welt, von fremden Ländern, schönen

Städten und Flüssen, daß Peter, am Ende große Sehnsucht danach bekommend, dies auch offen dem Holländer sagte.

»Wenn du im ganzen Körper Mut und Kraft, etwas zu unternehmen, hattest, da konnten ein paar Schläge des dummen Herzens dich zittern machen; und dann die Kränkungen der Ehre, das Unglück, wozu soll sich ein vernünftiger Kerl um dergleichen bekümmern? Hast du's im Kopfe empfunden, als dich letzthin einer einen Betrüger und schlechten Kerl nannte? Hat es dir im Magen wehe getan, als der Amtmann kam, dich aus dem Haus zu werfen? Was, sag an, was hat dir wehe getan?«

»Mein Herz«, sprach Peter, indem er die Hand auf die pochende Brust preßte, denn es war ihm, als ob sein Herz sich ängstlich hin und her wendete.

»Du hast, nimm es mir nicht übel, hundert Gulden an schlechte Bettler und anderes Gesindel weggeworfen; was hat es dir genützt? Sie haben dir dafür Segen und einen gesunden Leib gewünscht; ja, bist du deswegen gesünder geworden? Um die Hälfte des verschleuderten Geldes hättest du einen Arzt gehalten. Segen, ja ein schöner Segen, wenn man ausgepfändet und ausgestoßen wird! Und was war es, das dich getrieben, in die Tasche zu fahren, sooft ein Bettelmann seinen zerlumpten Hut hinstreckte? – Dein Herz, auch wieder dein Herz, und weder deine Augen noch deine Zunge, deine Arme noch deine Beine, sondern dein Herz; du hast dir es, wie man richtig sagt, zu sehr zu Herzen genommen.«

»Aber wie kann man sich denn angewöhnen, daß es nicht mehr so ist? Ich gebe mir jetzt alle Mühe, es zu unterdrücken, und dennoch pocht mein Herz und tut mir wehe.«

»Du freilich«, rief jener mit Lachen, »du armer Schelm, kannst nichts dagegen tun; aber gib mir das kaum pochende Ding, und du wirst sehen, wie gut du es dann hast.«

»Euch, mein Herz?« schrie Peter mit Entsetzen. »Da müßte ich ja sterben auf der Stelle! Nimmermehr!«

»Ja, wenn dir einer eurer Herren Chirurgen das Herz aus dem Leibe operieren wollte, da müßtest du wohl sterben; bei mir ist dies ein anderes Ding; doch komm herein und überzeuge dich selbst!« Er stand bei diesen Worten auf, öffnete eine Kammertüre und führte Peter hinein. Sein Herz zog sich krampfhaft zusammen, als er über die Schwelle trat; aber er achtete es nicht; denn der Anblick, der sich ihm bot, war sonderbar und überraschend. Auf mehreren Gesimsen von Holz standen Gläser mit durchsichtiger Flüssigkeit gefüllt, und in jedem dieser Gläser lag ein Herz; auch waren an den Gläsern Zettel angeklebt und Namen darauf geschrieben, die Peter neugierig las; da war das Herz des Amtmanns in E, das Herz des dicken Ezechiel, das Herz des Tanzbodenkönigs, das Herz des Oberförsters; da waren sechs Herzen von Kornwucherern, acht von Werbeoffizieren, drei von Geldmaklern – kurz, es war eine Sammlung der angesehensten Herzen in der Umgebung von zwanzig Stunden.

»Schau!« sprach Holländer-Michel. »Diese alle haben des Lebens Ängste und Sorgen weggeworfen, keines dieser Herzen schlägt mehr ängstlich und besorgt, und ihre ehemaligen Besitzer befinden sich wohl dabei, daß sie den unruhigen Gast aus dem Hause haben.«

»Aber was tragen sie denn jetzt dafür in der Brust?« fragte Peter, den dies alles, was er gesehen, beinahe schwindeln machte.

»Dies«, antwortete jener und reichte ihm aus einem Schubfach – ein steinernes Herz.

»So?« erwiderte er und konnte sich eines Schauers, der ihm über die Haut ging, nicht erwehren. »Ein Herz von Marmelstein? Aber horch einmal, Herr Holländer-Michel, das muß doch gar kalt sein in der Brust.«

»Freilich, aber ganz angenehm kühl. Warum soll denn ein Herz warm sein? Im Winter nützt dir die Wärme nichts, da hilft ein guter Kirschgeist mehr als ein warmes Herz, und im Sommer, wenn alles schwül und heiß ist – du glaubst nicht, wie dann ein solches Herz abkühlt. Und wie gesagt, weder Angst noch Schrekken, weder törichtes Mitleiden noch anderer Jammer pocht an solch ein Herz.«

»Und das ist alles, was Ihr mir geben könnet?« fragte Peter unmutig. »Ich hoff' auf Geld, und Ihr wollet mir einen Stein geben!«

»Nun, ich denke, an hunderttausend Gulden hättest du fürs erste genug. Wenn du es geschickt umtreibst, kannst du bald ein Millionär werden.«

»Hunderttausend?« rief der arme Köhler freudig. »Nun, so poche doch nicht so ungestüm in meiner Brust! Wir werden bald fertig sein miteinander. Gut, Michel; gebt mir den Stein und das Geld, und die Unruh könnet Ihr aus dem Gehäuse nehmen!«

»Ich dachte es doch, daß du ein vernünftiger Bursche seiest«, antwortete der Holländer, freundlich lächelnd, »komm, laß uns noch eins trinken, und dann will ich das Geld auszahlen.« So setzten sie sich wieder in die Stube zum Wein, tranken und tranken wieder, bis Peter in einen tiefen Schlaf verfiel.

Kohlenmunk-Peter erwachte beim fröhlichen Schmettern eines Posthorns, und siehe da, er saß in einem schönen Wagen, fuhr auf einer breiten Straße dahin, und als er sich aus dem Wagen bog, sah er in blauer Ferne hinter sich den Schwarzwald liegen. Anfänglich wollte er gar nicht glauben, daß er es selbst sei, der in diesem Wagen sitze; denn auch seine Kleider waren gar nicht mehr dieselben, die er gestern getragen; aber er erinnerte sich doch an alles so deutlich, daß er endlich sein Nachsinnen aufgab und rief: »Der Kohlenmunk-Peter bin ich, das ist ausgemacht, und kein anderer.«

Er wunderte sich über sich selbst, daß er gar nicht wehmütig werden konnte, als er jetzt zum ersten Mal aus der stillen Heimat, aus den Wäldern, wo er so lange gelebt, auszog; selbst nicht, als er an seine Mutter dachte, die jetzt wohl hilflos und im Elend saß, konnte er eine Träne aus dem Auge pressen oder nur seufzen; denn es war ihm alles so gleichgültig. »Ach, freilich«, sagte er dann, »Tränen und Seufzer, Heimweh und Wehmut kommen ja aus dem Herzen, und dank dem Holländer-Michel – das meine ist kalt und von Stein.«

Er legte seine Hand auf die Brust, und es war ganz ruhig dort und rührte sich nichts. »Wenn er mit den Hunderttausenden so gut Wort hielt wie mit dem Herz, so soll es mich freuen«, sprach er und fing an, seinen Wagen zu untersuchen. Er fand Kleidungsstücke von aller Art, wie er sie nur wünschen konnte, aber kein Geld. Endlich stieß er auf eine Tasche und fand viele tausend Taler in Gold und Scheinen auf Handlungshäuser in allen großen Städten. »Jetzt hab' ich's, wie ich's wollte«, dachte er, setzte sich bequem in die Ecke des Wagens und fuhr in die weite Welt.

Er fuhr zwei Jahre in der Welt umher und schaute aus seinem Wagen links und rechts an den Häusern hinauf, schaute, wenn er anhielt, nichts als das Schild seines Wirtshauses an, lief dann in der Stadt umher und ließ sich die schönsten Merkwürdigkeiten zeigen. Aber es freute ihn nichts, kein Bild, kein Haus, keine Musik, kein Tanz; sein Herz von Stein nahm an nichts Anteil, und seine Augen, seine Ohren waren abgestumpft für alles Schöne. Nichts war ihm mehr geblieben als die Freude an Essen und Trinken und der Schlaf, und so lebte er, indem er ohne Zweck durch die Welt reiste, zu seiner Unterhaltung speiste und aus Langeweile schlief. Hier und da erinnerte er sich zwar, daß er fröhlicher, glücklicher gewesen sei, als er noch arm war und arbeiten mußte, um sein Leben zu fristen. Da hatte ihn jede schöne Aussicht ins Tal, Musik und Gesang hatten ihn ergötzt, da hatte er sich stundenlang auf die einfache Kost, die ihm die Mutter zu dem Meiler bringen sollte, gefreut. Wenn er so über die Vergangenheit nachdachte, so kam es ihm ganz sonderbar vor, daß er jetzt nicht einmal lachen konnte, und sonst hatte er über den kleinsten Scherz gelacht. Wenn andere lachten, so verzog er nur aus Höflichkeit den Mund, aber sein Herz – lächelte nicht mit. Er fühlte dann, daß er zwar überaus ruhig sei; aber zufrieden fühlte er sich doch nicht. Es war nicht Heimweh oder Wehmut, sondern Öde, Überdruß, freudenloses Leben, was ihn endlich wieder zur Heimat trieb. Als er von Straßburg herüberfuhr und den dunklen Wald seiner Heimat erblickte, als er zum ersten Mal wieder jene kräftigen Gestalten, jene freundlichen, treuen Gesichter der Schwarzwälder sah, als sein Ohr die heimatlichen Klänge, stark, tief, aber wohltönend vernahm, da fühlte er schnell an sein Herz; denn sein Blut wallte stärker, und er glaubte, er müsse sich freuen und müsse weinen zugleich, aber – wie konnte er nur so töricht sein, er hatte ja ein Herz von Stein; und Steine sind tot und lächeln und weinen nicht.

Sein erster Gang war zum Holländer-Michel, der ihn mit alter Freundlichkeit aufnahm. »Michel«, sagte er zu ihm, »gereist bin ich nun und habe alles gesehen, ist aber alles dummes Zeug, und ich hatte nur Langeweile. Überhaupt, Euer steinernes Ding, das ich in der Brust trage, schützt mich zwar vor manchem; ich erzürne mich nie, bin nie traurig; aber ich freue mich auch nie, und es ist mir, als wenn ich nur halb lebe. Könnet Ihr das Steinherz nicht ein wenig beweglicher machen? Oder – gebt mir lieber mein altes Herz; ich hatte mich in fünfundzwanzig Jahren daran gewöhnt, und wenn es zuweilen auch einen dummen Streich machte, so war es doch munter und ein fröhliches Herz.«

Der Waldgeist lachte grimmig und bitter: »Wenn du einmal tot bist, Peter Munk«, antwortete er, »dann soll es dir nicht fehlen, dann sollst du dein weiches, rührbares Herz wiederhaben, und du kannst dann fühlen, was kommt, Freud' oder Leid; aber hier oben kann es nicht mehr dein werden! Doch, Peter, gereist bist du wohl, aber, so wie du lebtest, konnte es dir nichts nützen. – Setze dich jetzt hier irgendwo im Wald, bau ein Haus, heirate, treibe dein Vermögen um, es hat dir nur an Arbeit gefehlt, weil du müßig warst, hattest du Langeweile, und schiebst jetzt alles auf dieses unschuldige Herz.« Peter sah ein, daß Michel recht habe, was den Müßiggang beträfe, und nahm sich vor, reich und immer reicher zu werden. Michel schenkte ihm noch einmal hunderttausend Gulden und entließ ihn als seinen guten Freund.

Bald vernahm man im Schwarzwald die Märe, der Kohlenmunk-Peter oder Spielpeter sei wieder da und noch viel reicher als zuvor. Es ging auch jetzt wie immer; als er am Bettelstab war, wurde er in der Sonne zur Türe hinausgeworfen, und als er jetzt an einem Sonntagnachmittag seinen ersten Einzug dort hielt, schüttelten sie ihm die Hand, lobten sein Pferd, fragten nach seiner Reise, und als er wieder mit dem dicken Ezechiel um harte Taler spielte, stand er in der Achtung so hoch als je.

Er trieb jetzt aber nicht mehr das Glashandwerk, sondern den Holzhandel, aber nur zum Schein. Sein Hauptgeschäft war, mit Korn und Geld zu handeln. Der halbe Schwarzwald wurde ihm nach und nach schuldig; aber er lieh Geld nur auf zehn Prozent aus oder verkaufte Korn an die Armen, die nicht gleich zahlen konnten, um den dreifachen Wert. Mit dem Amtmann stand er jetzt in enger Freundschaft, und wenn einer Herrn Peter Munk nicht auf den Tag bezahlte, so ritt der Amtmann mit seinen Schergen hinaus, schätzte Haus und Hof, verkaufte flugs und trieb Vater,

Mutter und Kind in den Wald. Anfangs machte dies dem reichen Peter einige Unlust; denn die armen Ausgepfändeten belagerten dann haufenweise seine Türe, die Männer flehten um Nachsicht, die Weiber suchten das steinerne Herz zu erweichen, und die Kinder winselten um ein Stücklein Brot; aber als er sich ein paar tüchtige Fleischerhunde angeschafft hatte, hörte diese Katzenmusik, wie er es nannte, bald auf; er pfiff und hetzte, und die Bettelleute flogen schreiend auseinander. Am meisten Beschwerde machte ihm das »alte Weib«. Das war aber niemand anders als Frau Munkin, Peters Mutter. Sie war in Not und Elend geraten, als man ihr Haus und Hof verkauft hatte, und ihr Sohn, als er reich zurückgekehrt war, hatte sich nicht mehr nach ihr umgesehen. Da kam sie nun zuweilen, alt, schwach und gebrechlich, an einem Stock vor das Haus. Hinein wagte sie sich nimmer, denn er hatte sie einmal weggejagt; aber es tat ihr wehe, von den Guttaten anderer Menschen leben zu müssen, da der eigene Sohn ihr ein sorgenloses Alter hätte bereiten können. Aber das kalte Herz wurde nimmer gerührt von dem Anblicke der bleichen, wohlbekannten Züge, von den bittenden Blicken, von der welken, ausgestreckten Hand, von der hinfälligen Gestalt; mürrisch zog er, wenn sie sonnabends an die Türe pochte, einen Sechsbätzner hervor, schlug ihn in ein Papier und ließ ihn hinausreichen durch einen Knecht. Er vernahm ihre zitternde Stimme, wenn sie dankte und wünschte, es möge ihm wohl gehen auf Erden, er hörte sie hüstelnd von der Türe schleichen, aber er dachte weiter nicht mehr daran, als daß er wieder sechs Batzen umsonst ausgegeben.

Endlich kam Peter auch auf den Gedanken zu heiraten. Er wußte, daß im ganzen Schwarzwald jeder Vater ihm gerne seine Tochter geben werde; aber er war schwierig in seiner Wahl; denn er wollte, daß man auch hierin sein Glück und seinen Verstand preisen sollte; daher ritt er umher im ganzen Wald, schaute hier, schaute dort, und keine der schönen Schwarzwälderinnen deuchte ihm schön genug. Endlich, nachdem er auf allen Tanzböden umsonst nach der Schönsten ausgeschaut hatte, hörte er eines Tages, die Schöne und Tugendsamste im ganzen Wald sei eines armen Holzbauers Tochter. Sie lebe still und für sich, besorge geschickt und emsig ihres Vaters Haus und lasse sich nie auf dem Tanzboden sehen, nicht einmal zu Pfingsten oder Kirmes. Als Peter von diesem Wunder des Schwarzwaldes hörte, beschloß er, um sie zu werben, und ritt nach der Hütte, die man ihm bezeichnet hatte. Der Vater der schönen Lisbeth empfing den vornehmen Herrn mit Staunen und erstaunte noch mehr, als er hörte, es sei dies der reiche Herr Peter und er wolle sein Schwiegersohn werden. Er besann sich auch nicht lange, denn er meinte, all seine Sorge und Armut werde nun ein Ende haben, sagte zu, ohne die schöne Lisbeth zu fragen, und das gute Kind war so folgsam, daß sie ohne Widerrede Frau Peter Munkin wurde.

Aber es wurde der Armen nicht so gut, als sie sich geträumt hatte. Sie glaubte ihr Hauswesen wohl zu verstehen, aber sie konnte Herrn Peter nichts zu Dank machen; sie hatte Mitleiden mit armen Leuten, und da ihr Eheherr reich war, dachte sie, es sei keine Sünde, einem armen Bettelweib einen Pfennig oder einem alten Mann einen Schnaps zu reichen; aber als Herr Peter dies eines Tages merkte, sprach er mit zürnenden Blicken und rauher Stimme: »Warum verschleuderst du mein Vermögen an Lumpen und Straßenläufer? Hast du was mitgebracht ins Haus, das du wegschenken könntest? Mit deines Vaters Bettelstab kann man keine Suppe wärmen, und wirfst das Geld aus wie eine Fürstin? Noch einmal laß dich betreten, so sollst du meine Hand fühlen!« Die schöne Lisbeth weinte in ihrer Kammer über den harten Sinn ihres Mannes, und sie wünschte oft, lieber heim zu sein in ihres Vaters ärmlicher Hütte, als bei dem reichen, aber geizigen, hartherzigen Peter zu hausen. Ach, hätte sie gewußt, daß er ein Herz von Marmor habe und weder sie noch irgendeinen Menschen lieben könne, so hätte sie sich wohl nicht gewundert. Sooft sie aber jetzt unter der Türe saß, und es ging ein Bettelmann vorüber und zog den Hut und hub an seinen Spruch, so drückte sie die Augen zu, das Elend nicht zu schauen, sie ballte die Hand fester, damit sie nicht unwillkürlich in die Tasche fahre, ein Kreuzerlein herauszulangen. So kam es, daß die schöne Lisbeth im ganzen Wald verschrien wurde und es hieß, sie sei noch geiziger als Peter Munk. Aber eines Tages saß Frau Lisbeth wieder vor dem Haus und spann und murmelte ein Lied-

chen dazu; denn sie war munter, weil es schönes Wetter und Herr
Peter ausgeritten war über Feld. Da kommt ein altes Männlein des
Weges daher, das trägt einen großen, schweren Sack, und sie hört
es schon von weitem keuchen. Teilnehmend sieht ihm Frau Lisbeth
zu und denkt, einem so alten, kleinen Mann sollte man nicht mehr
so schwer aufladen.

Indes keucht und wankt das Männlein heran, und als es gegenüber von Frau Lisbeth war, brach es unter dem Sacke beinahe zusammen. »Ach, habt die Barmherzigkeit, Frau, und reichet mir nur
einen Trunk Wasser!« sprach das Männlein. »Ich kam nicht weiter,
muß elend verschmachten.«

»Aber Ihr solltet in Eurem Alter nicht mehr so schwer tragen«,
sagte Frau Lisbeth.

»Ja, wenn ich nicht Boten gehen müßte, der Armut halber und
um mein Leben zu fristen«, antwortete er, »ach, so eine reiche Frau
wie Ihr weiß nicht, wie wehe Armut tut und wie wohl ein frischer
Trunk bei solcher Hitze.«

Als sie dies hörte, eilte sie in das Haus, nahm einen Krug vom
Gesims und füllte ihn mit Wasser; doch als sie zurückkehrte und
nur noch wenige Schritte von ihm war und das Männlein sah, wie
es so elend und verkümmert auf dem Sack saß, da fühlte sie inniges
Mitleid, bedachte, daß ja ihr Mann nicht zu Hause sei, und so stellte
sie den Wasserkrug beiseite, nahm einen Becher und füllte ihn mit
Wein, legte ein gutes Roggenbrot darauf und brachte es dem Alten.
»So, und ein Schluck Wein mag Euch besser frommen als Wasser,
da Ihr schon so gar alt seid«, sprach sie, »aber trinket nicht so hastig
und esset auch Brot dazu!«

Das Männlein sah sie staunend an, bis große Tränen in seinen
alten Augen standen; es trank und sprach dann: »Ich bin alt geworden, aber ich hab' wenige Menschen gesehen, die so mitleidig wären und ihre Gaben so schön und herzlich zu spenden wüßten wie
Ihr, Frau Lisbeth. Aber es wird Euch dafür auch recht wohl gehen
auf Erden; solch ein Herz bleibt nicht unbelohnt.«

»Nein, und den Lohn soll sie zur Stelle haben«, schrie eine
schreckliche Stimme, und als sie sich umsahen, war es Herr Peter
mit blutrotem Gesicht.

»Und sogar meinen Ehrenwein gießest du aus an Bettelleute, und meinen Mundbecher gibst du an die Lippen der Straßenläufer? Da, nimm deinen Lohn!« Frau Lisbeth stürzte zu seinen Füßen und bat um Verzeihung; aber das steinerne Herz kannte kein Mitleid, er drehte die Peitsche um, die er in der Hand hielt, und schlug sie mit dem Handgriff von Ebenholz so heftig vor die schöne Stirne, daß sie leblos dem alten Mann in die Arme sank. Als er dies sah, war es doch, als reute ihn die Tat auf der Stelle; er bückte sich herab, zu schauen, ob noch Leben in ihr sei, aber das Männlein sprach mit wohlbekannter Stimme: »Gib dir keine Mühe, Kohlenpeter; es war die schönste und lieblichste Blume im Schwarzwald, aber du hast sie zertreten, und nie mehr wird sie wieder blühen.«

Da wich alles Blut aus Peters Wangen, und er sprach: »Also Ihr seid es, Herr Schatzhauser? Nun, was geschehen ist, ist geschehen, und es hat wohl so kommen müssen. Ich hoffe aber, Ihr werdet mich nicht bei dem Gericht anzeigen als Mörder.«

»Elender!« erwiderte das Glasmännlein. »Was würde es mir frommen, wenn ich deine sterbliche Hülle an den Galgen brächte? Nicht irdische Gerichte sind es, die du zu fürchten hast, sondern andere und strengere; denn du hast deine Seele an den Bösen verkauft.«

»Und hab' ich mein Herz verkauft«, schrie Peter, »so ist niemand daran schuld als du und deine betrügerischen Schätze; du tückischer Geist hast mich ins Verderben geführt, mich getrieben, daß ich bei einem anderen Hilfe suchte, und auf dir liegt die ganze Verantwortung.«

Aber kaum hatte er dies gesagt, so wuchs und schwoll das Glasmännlein und wurde hoch und breit, und seine Augen sollen so groß gewesen sein wie Suppenteller, und sein Mund war wie ein geheizter Backofen, und Flammen blitzten daraus hervor. Peter warf sich auf die Knie, und sein steinernes Herz schützte ihn nicht, daß nicht seine Glieder zitterten wie eine Espe. Mit Geierskrallen packte ihn der Waldgeist im Nacken, drehte ihn um wie ein Wirbelwind dürres Laub und warf ihn dann zu Boden, daß ihm alle Rippen knackten. »Erdenwurm!« rief er mit einer Stimme, die wie der Donner rollte. »Ich könnte dich zerschmettern, wenn ich wollte;

denn du hast gegen den Herrn des Waldes gefrevelt. Aber um dieses toten Weibes willen, die mich gespeist und getränkt hat, gebe ich dir acht Tage Frist. Bekehrst du dich nicht zum Guten, so komme ich und zermalme dein Gebein, und du fährst hin in deinen Sünden.«

Es war schon Abend, als einige Männer, die vorbeigingen, den reichen Peter Munk an der Erde liegen sahen. Sie wandten ihn hin und her und suchten, ob noch Atem in ihm sei; aber lange war ihr Suchen vergebens. Endlich ging einer in das Haus und brachte Wasser herbei und besprengte ihn. Da holte Peter tief Atem, stöhnte und schlug die Augen auf, schaute lange um sich her und fragte dann nach Frau Lisbeth; aber keiner hatte sie gesehen. Er dankte den Männern für ihre Hilfe, schlich sich in sein Haus und suchte überall; aber Frau Lisbeth war weder im Keller noch auf dem Boden, und das, was er für einen schrecklichen Traum gehalten, war bittere Wahrheit. Wie er nun so ganz allein war, da kamen ihm sonderbare Gedanken; er fürchtete sich vor nichts, denn sein Herz war ja kalt; aber wenn er an den Tod seiner Frau dachte – kam ihm sein eigenes Hinscheiden in den Sinn, und wie belastet er dahinfahren werde, schwer belastet mit Tränen der Armen, mit tausend ihrer Flüche, die sein Herz nicht erweichen konnten, mit dem Jammer der Elenden, auf die er seine Hunde gehetzt, belastet mit der stillen Verzweiflung seiner Mutter, mit dem Blute der schönen, guten Lisbeth; und konnte er doch nicht einmal dem alten Mann, ihrem Vater, Rechenschaft geben, wenn er käme und fragte: »Wo ist meine Tochter, dein Weib?« Wie wollte er einem anderen Frage stehen, dem alle Wälder, alle Seen, alle Berge gehören und die Leben der Menschen?

Es quälte ihn auch nachts im Traume, und alle Augenblicke wachte er auf an einer süßen Stimme, die ihm zurief: »Peter, schaff dir ein wärmeres Herz!« Und wenn er erwacht war, schloß er doch schnell wieder die Augen, denn der Stimme nach mußte es Frau Lisbeth sein, die ihm leise diese Warnung zurief.

Den anderen Tag ging er ins Wirtshaus, um seine Gedanken zu zerstreuen, und dort traf er den dicken Ezechiel. Er setzte sich zu ihm, sie sprachen dies und jenes, vom schönen Wetter, vom Krieg, von den Steuern und endlich auch vom Tod und wie da und dort einer so schnell gestorben sei. Da fragte Peter den Dicken, was er denn vom Tod halte und wie es nachher sein werde. Ezechiel antwortete ihm, daß man den Leib begrabe, die Seele aber fahre entweder auf zum Himmel oder hinab in die Hölle.

»Also begräbt man das Herz auch?« fragte der Peter gespannt.

»Ei freilich, das wird auch begraben.«

»Wenn aber einer sein Herz nicht mehr hat?« fuhr Peter fort.

Ezechiel sah ihn bei diesen Worten schrecklich an. »Was willst du damit sagen? Willst du mich foppen? Meinst du, ich habe kein Herz?«

»Oh, Herz genug, so fest wie Stein«, erwiderte Peter. Ezechiel sah ihn verwundert an, schaute sich um, ob es niemand gehört habe, und sprach dann: »Woher weißt du es? Oder pocht vielleicht das deinige auch nicht mehr?«

»Pocht nicht mehr, wenigstens nicht hier in meiner Brust!« antwortete Peter Munk. »Aber sag mir, da du jetzt weißt, was ich meine, wie wird es gehen mit unseren Herzen?«

»Was kümmert dich dies, Gesell?« fragte Ezechiel lachend. »Hast ja auf Erden vollauf zu leben und damit genug. Das ist ja gerade das Bequeme in unseren kalten Herzen, daß uns keine Furcht befällt vor solchen Gedanken.« – »Wohl wahr, aber man denkt doch daran, und wenn ich auch jetzt keine Furcht mehr kenne, so weiß ich doch wohl noch, wie sehr ich mich vor der Hölle gefürchtet, als ich noch ein kleiner, unschuldiger Knabe war.«

»Nun – gut wird es uns gerade nicht gehen«, sagte Ezechiel. »Hab' mal einen Schulmeister darüber gefragt, der sagte mir, daß nach dem Tod die Herzen gewogen werden, wie schwer sie sich versündigt hätten. Die leichten steigen auf, die schweren sinken hinab, und ich denke, unsere Steine werden ein gutes Gewicht haben.«

»Ach, freilich«, erwiderte Peter, »und es ist mir oft selbst unbequem, daß mein Herz so teilnahmslos und ganz gleichgültig ist, wenn ich an solche Dinge denke.«

So sprachen sie; aber in der nächsten Nacht hörte er fünf- oder sechsmal die bekannte Stimme in sein Ohr lispeln: »Peter, schaff dir ein wärmeres Herz!«

Er empfand keine Reue, daß er sie getötet, aber wenn er dem Gesinde sagte, seine Frau sei verreist, so dachte er immer dabei: »Wohin mag sie wohl gereist sein?« Sechs Tage hatte er es so getrieben, und immer hörte er nachts diese Stimme, und immer dachte er an den Waldgeist und seine schreckliche Drohung; aber am siebenten Morgen sprang er auf von seinem Lager und rief: »Nun ja, will sehen, ob ich mir ein wärmeres schaffen kann; denn der gleichgültige Stein in meiner Brust macht mir das Leben nur langweilig und öde.« Er zog schnell seinen Sonntagsstaat an und setzte sich auf sein Pferd und ritt dem Tannenbühl zu.

Im Tannenbühl, wo die Bäume dichter standen, saß er ab, band sein Pferd an und ging schnellen Schrittes dem Gipfel des Hügels zu, und als er vor der dicken Tanne stand, hub er seinen Spruch an:

»*Schatzhauser im grünen Tannenwald,*
Bist viele hundert Jahre alt,
Dein ist all' Land, wo Tannen stehen,
Läßt dich nur Sonntagskindern sehen.«

Da kam das Glasmännlein hervor, aber nicht freundlich und traulich wie sonst, sondern düster und traurig; es hatte ein Röcklein an von schwarzem Glas, und ein langer Trauerflor flatterte herab vom Hut, und Peter wußte wohl, um wen er trauerte.

»Was willst du von mir, Peter Munk?« fragte es mit dumpfer Stimme.

»Ich hab' noch einen Wunsch, Herr Schatzhauser«, antwortete Peter mit niedergeschlagenen Augen.

»Können Steinherzen noch wünschen?« sagte jener. »Du hast alles, was du für deinen schlechten Sinn bedarfst, und ich werde schwerlich deinen Wunsch erfüllen.«

»Aber Ihr habt mir doch drei Wünsche zugesagt; einen hab' ich immer noch übrig.«

»Doch kann ich ihn versagen, wenn er töricht ist«, fuhr der Waldgeist fort, »aber wohlan, ich will hören, was du willst.«

»So nehmet mir den toten Stein heraus und gebet mir mein lebendiges Herz«, sprach Peter.

»Hab' ich den Handel mit dir gemacht?« fragte das Glasmännlein. »Bin ich der Holländer-Michel, der Reichtum und kalte Herzen schenkt? Dort, bei ihm mußt du dein Herz suchen.«

»Ach, er gibt es nimmer zurück«, antwortete Peter.

»Du dauerst mich, so schlecht du auch bist«, sprach das Männlein nach einigem Nachdenken. »Aber weil dein Wunsch nicht
töricht ist, so kann ich dir wenigstens meine Hilfe nicht versagen.
So höre. Dein Herz kannst du mit keiner Gewalt mehr bekommen,
wohl aber durch List, und es wird vielleicht nicht schwerhalten;
denn Michel bleibt doch nur der dumme Michel, obgleich er sich
ungemein klug dünkt. So gehe denn geradewegs zu ihm hin und
tue, wie ich dich heiße!« Und nun unterrichtete er ihn in allem und
gab ihm ein Kreuzlein aus reinem Glas: »Am Leben kann er dir
nicht schaden, und er wird dich frei lassen, wenn du ihm dies vorhalten und dazu beten wirst. Und hast du denn, was du verlangt
hast, erhalten, so komm wieder zu mir an diesen Ort!«

Peter Munk nahm das Kreuzlein, prägte sich alle Worte ins
Gedächtnis und ging weiter nach Holländer-Michels Behausung.
Er rief dreimal seinen Namen, und alsobald stand der Riese vor
ihm. »Du hast dein Weib erschlagen?« fragte er ihn mit schreckli-
chem Lachen. »Hätt' es auch so gemacht; sie hat dein Vermögen an
das Bettelvolk gebracht. Aber du wirst auf einige Zeit außer Landes
gehen müssen, denn es wird Lärm machen, wenn man sie nicht
findet; und du brauchst wohl Geld und kommst, um es zu holen?«

»Du hast's erraten«, erwiderte Peter, »und nur recht viel diesmal, denn nach Amerika ist's weit.«

Michel ging voran und brachte ihn in seine Hütte; dort schloß
er eine Truhe auf, worin viel Geld lag, und langte ganze Rollen
Gold heraus. Während er es so auf den Tisch hinzählte, sprach Peter: »Du bist ein loser Vogel, Michel, daß du mich belogen hast, ich
hätte einen Stein in der Brust und du habest mein Herz!«

»Und ist es denn nicht so?« fragte Michel staunend. »Fühlst du
denn dein Herz? Ist es nicht kalt wie Eis? Hast du Furcht oder
Gram, kann dich etwas reuen?«

»Du hast mein Herz nur stillstehen lassen, aber ich hab' es noch
wie sonst in meiner Brust, und Ezechiel auch, der hat es mir gesagt,

daß du uns angelogen hast; du bist nicht der Mann dazu, der einem das Herz so unbemerkt und ohne Gefahr aus der Brust reißen könnte; da müßtest du zaubern können.«

»Aber ich versichere dir«, rief Michel unmutig, »du und Ezechiel und alle reichen Leute, die es mit mir gehalten, haben solche kalten Herzen wie du, und ihre rechten Herzen habe ich hier in meiner Kammer.«

»Ei, wie dir das Lügen von der Zunge geht!« lachte Peter. »Das mach du einem anderen weis! Meinst du, ich hab' auf meinen Reisen nicht solche Kunststücke zu Dutzenden gesehen? Aus Wachs nachgeahmt sind deine Herzen hier in der Kammer. Du bist ein reicher Kerl, das geb' ich zu; aber zaubern kannst du nicht.«

Da ergrimmte der Riese und riß die Kammertüre auf. »Komm herein und lies die Zettel alle, und jenes dort, schau, das ist Peter Munks Herz; siehst du, wie es zuckt? Kann man das auch aus Wachs machen?«

»Und doch ist es aus Wachs«, antwortete Peter. »So schlägt ein rechtes Herz nicht; ich habe das meinige noch in der Brust. Nein, zaubern kannst du nicht!«

»Aber ich will es dir beweisen!« rief jener ärgerlich. »Du sollst es selbst fühlen, daß dies dein Herz ist.« Er nahm es, riß Peters Wams auf und nahm einen Stein aus seiner Brust und zeigte ihn vor. Dann nahm er das Herz, hauchte es an und setzte es behutsam an seine Stelle, und alsobald fühlte Peter, wie es pochte, und er konnte sich wieder darüber freuen.

»Wie ist es dir jetzt?« fragte Michel lächelnd.

»Wahrhaftig, du hast doch recht gehabt«, antwortete Peter, indem er behutsam sein Kreuzlein aus der Tasche zog. »Hätt' ich doch nicht geglaubt, daß man dergleichen tun könne!« – »Nicht wahr? Und zaubern kann ich, das siehst du; aber komm, jetzt will ich dir den Stein wieder hineinsetzen.«

»Gemach, Herr Michel!« rief Peter, trat einen Schritt zurück und hielt ihm das Kreuzlein entgegen. »Mit Speck fängt man Mäuse, und diesmal bist du der Betrogene.« Und zugleich fing er an zu beten, was ihm nur beifiel. Da wurde Michel kleiner und immer kleiner, fiel nieder und wand sich hin und her wie ein

Wurm und ächzte und stöhnte, und alle Herzen umher fingen an
zu zucken und zu pochen, daß es tönte wie in der Werkstatt eines
Uhrmachers. Peter aber fürchtete sich, und es wurde ihm ganz unheimlich zumut, er rannte zur Kammer und zum Haus hinaus und
klimmte, von Angst getrieben, die Felsenwand hinan; denn er hörte,
daß Michel sich aufraffte, stampfte und tobte und ihm schreckliche
Flüche nachschickte. Als er oben war, lief er dem Tannenbühl zu;
ein schreckliches Gewitter zog auf, Blitze fielen links und rechts an
ihm nieder und zerschmetterten die Bäume, aber er kam wohlbehalten in dem Revier des Glasmännleins an.

Sein Herz pochte freudig, und nur darum, weil es pochte. Dann
aber sah er mit Entsetzen auf sein Leben zurück wie auf das Gewitter, das hinter ihm rechts und links den schönen Wald zersplitterte. .
Er dachte an Frau Lisbeth, sein schönes, gutes Weib, das er aus Geiz
gemordet, er kam sich selbst wie der Auswurf der Menschen vor,
und er weinte heftig, als er an Glasmännleins Hügel kam.

Schatzhauser saß schon unter dem Tannenbaum und rauchte
aus einer kleinen Pfeife; doch sah er munterer aus als zuvor. »Warum weinst du, Kohlenpeter?« fragte er. »Hast du dein Herz nicht
erhalten? Liegt noch das kalte in deiner Brust?«

»Ach, Herr!« seufzte Peter. »Als ich noch das kalte Steinherz
trug, da weinte ich nie, meine Augen waren so trocken wie das
Land im Juli; jetzt aber will es mir beinahe das alte Herz zerbre-
chen, was ich getan! Meine Schuldner habe ich ins Elend gejagt,
auf Arme und Kranke die Hunde gehetzt, und Ihr wißt es ja selbst –
wie meine Peitsche auf ihre schöne Stirne fiel!« – »Peter! Du warst
ein großer Sünder!« sprach das Männlein. »Das Geld und der Müßiggang haben dich verdorben, bis dein Herz zu Stein wurde, nicht
Freud', nicht Leid, keine Reue, kein Mitleid mehr kannte. Aber
Reue versöhnt, und wenn ich nur wüßte, daß dir dein Leben recht
leid tut, so könnte ich schon noch was für dich tun.«

»Will nichts mehr«, antwortete Peter und ließ traurig sein Haupt
sinken. »Mit mir ist es aus, kann mich mein Lebtag nicht mehr
freuen; was soll ich so allein auf der Welt tun? Meine Mutter ver-
zeiht mir nimmer, was ich ihr getan, und vielleicht hab' ich sie
unter den Boden gebracht, ich Ungeheuer! Und Lisbeth, meine

Frau! Schlaget mich lieber auch tot, Herr Schatzhauser; dann hat mein elend Leben mit einmal ein Ende.«

»Gut«, erwiderte das Männlein, »wenn du nicht anders willst, so kannst du es haben; meine Axt habe ich bei der Hand.« Er nahm ganz ruhig sein Pfeiflein aus dem Mund, klopfte es aus und steckte es ein. Dann stand er langsam auf und ging hinter die Tannen. Peter aber setzte sich weinend ins Gras, sein Leben war ihm nichts mehr, und er erwartete geduldig den Todesstreich. Nach einiger Zeit hörte er leise Tritte hinter sich und dachte: »Jetzt wird er kommen.«

»Schau dich noch einmal um, Peter Munk!« rief das Männlein. Er wischte sich die Tränen aus den Augen und schaute sich um und sah – seine Mutter und Lisbeth, seine Frau, die ihn freundlich anblickten.

Da sprang er freudig auf: »So bist du nicht tot, Lisbeth; und auch Ihr seid da, Mutter, und habt mir vergeben?«

»Sie wollen dir verzeihen«, sprach das Glasmännlein, »weil du wahre Reue fühlst, und alles soll vergessen sein. Zieh jetzt heim in deines Vaters Hütte und sei ein Köhler wie zuvor; bist du brav und bieder, so wirst du dein Handwerk ehren, und deine Nachbarn werden dich mehr lieben und achten, als wenn du zehn Tonnen Goldes hättest.« So sprach das Glasmännlein und nahm Abschied von ihnen.

Die drei lobten und segneten es und gingen heim.

Das prachtvolle Haus des reichen Peters stand nicht mehr; der Blitz hatte es angezündet und mit all seinen Schätzen niedergebrannt; aber nach der väterlichen Hütte war es nicht weit; dorthin ging jetzt ihr Weg, und der große Verlust bekümmerte sie nicht.

Aber wie staunten sie, als sie an die Hütte kamen! Sie war zu einem schönen Bauernhaus geworden, und alles darin war einfach, aber gut und reinlich.

»Das hat das gute Glasmännlein getan!« rief Peter.

»Wie schön!« sagte Frau Lisbeth. »Und hier ist mir viel heimischer als in dem großen Haus mit dem vielen Gesinde.«

Von jetzt an wurde Peter Munk ein fleißiger und wackerer Mann. Er war zufrieden mit dem, was er hatte, trieb sein Handwerk unverdrossen, und so kam es, daß er durch eigene Kraft wohlhabend wurde und angesehen und beliebt im ganzen Wald. Er zankte nie mehr mit Frau Lisbeth, ehrte seine Mutter und gab den Armen, die an seine Türe pochten. Als nach Jahr und Tag Frau Lisbeth von einem schönen Knaben genas, ging Peter nach dem Tannenbühl und sagte sein Sprüchlein. Aber das Glasmännlein zeigte sich nicht. »Herr Schatzhauser!« rief er laut. »Hört mich doch; ich will ja nichts anderes, als Euch zu Gevatter bitten bei meinem Söhnlein!« Aber es gab keine Antwort; nur ein kurzer Windstoß sauste durch die Tannen und warf einige Tannenzapfen herab ins Gras. »So will ich dies zum Andenken mitnehmen, weil Ihr Euch doch nicht sehen lassen wollet«, rief Peter, steckte die Zapfen in die Tasche und ging nach Hause; aber als er zu Hause das Sonntagswams auszog und seine Mutter die Taschen umwandte und das Wams in den Kasten legen wollte, da fielen vier stattliche Geldrollen heraus, und als man sie öffnete, waren es lauter gute, neue badische Taler und kein einziger falscher darunter. Und das war das Patengeschenk des Männleins im Tannenwald für den kleinen Peter.

So lebten sie still und unverdrossen fort, und noch oft nachher, als Peter Munk schon graue Haare hatte, sagte er: »Es ist doch besser, zufrieden zu sein mit wenigem, als Gold und Güter haben und ein kaltes Herz.«

So erzählt uns Wilhelm Hauff.

Dem fehlt nichts,
in den alle Weiber verliebt sind

Es waren einmal drei Brüder; ich weiß nicht genau, wie das zugegangen war, aber jeder von ihnen hatte einen Wunsch frei; die zwei
ältesten bedachten sich nicht lange, sondern wünschten sich, daß,
sooft sie in die Tasche langten, diese voll Geld sei. »Denn wenn man
Geld hat, soviel man will, so kommt man leicht durch die Welt«,
sagten sie. Aber der jüngste wußte noch einen besseren Wunsch zu
tun: Er wünschte sich, daß alle Frauen sich in ihn verlieben sollten,
sobald sie ihn zu sehen bekämen. Und das war viel besser als Geld
und Gut, wie ihr gleich hören werdet. Als sich nun jeder sein Teil
gewünscht hatte, wollten die beiden ältesten hinaus in die Welt, und
der jüngste, der dumme Hans, bat, ob er nicht auch mitdürfe; aber
sie wollten ihn durchaus nicht mitnehmen. »Wo wir hinkommen,
werden wir wie Grafen und Prinzen aufgenommen«, sagten sie, »aber
du Habenichts, wer wird sich denn um dich kümmern!« – »Aber ihr
könnt mich doch als Diener mitnehmen«, sagte Hans, »es wird schon
überall ein Bissen für mich abfallen, wenn ich bei so vornehmen
Herrschaften bin!« Schließlich nahmen sie ihn als Diener mit. Sonst
wollten sie nichts mit ihm zu tun haben.

Als sie nun ungefähr eine Tagereise weit waren, kamen sie an ein
Gasthaus; die zwei kehrten ein und bestellten Braten und Fisch,
Branntwein und Met und alle guten Dinge, aber der arme Hans
mußte auf ihre Sachen aufpassen. Wie er nun aber im Hofe auf und
ab ging, sah ihn die Wirtin durch das Fenster, und einen so schönen
Burschen meinte sie noch nie gesehen zu haben. »Was, Teufel, hast
du denn da draußen anzuglotzen!« schrie ihr Mann. »Ich meine, es
wäre besser, du kümmertest dich darum, daß das Spanferkel gut gebraten wird, als daß du dastehst und Maulaffen feilhältst! Du weißt
ja, was für vornehme Gäste wir heute haben!« – »Ach, was kümmre
ich mich um das vornehme Pack! Wenn es ihnen nicht gefällt, so
können sie gehen, woher sie gekommen sind! Aber komm mal her

und schau, was für einer da im Hof spaziert! So einen schönen Burschen hab' ich mein Lebtag nicht gesehen! Wenn dir's recht ist, so
laden wir ihn ein und traktieren ihn; der arme Kerl hat wohl nicht
viel übrig.« – »Hast du denn dein bißchen Verstand ganz und gar
verloren, Frau!« schrie der Mann im hellsten Zorn. »Marsch hinaus
in die Küche und an den Herd! Das Äugeln nach fremden Burschen
will ich dir schon vertreiben!« Der Frau blieb nichts übrig, als in die
Küche zu gehen und sich ums Essen zu kümmern; den Burschen
durfte sie nicht einmal ansehen, geschweige denn einladen. Aber
mitten unter dem Kochen machte sie sich im Hof zu schaffen und
gab Hans eine Schere, die hatte die Eigenschaft, daß man nur mit ihr
zu klappern brauchte, so schnitt sie die wunderbarsten Kleider aus
Seide und Samt und allen schönen Stoffen. »Die will ich dir schenken, weil du so hübsch bist!« sagte die Frau.

Als nun die beiden Brüder das Spanferkel und alles Gesottene
und Gebratene verzehrt hatten, wollten sie wieder weiter, und Hans
stand wieder hinten auf dem Wagen als ihr Diener. So fuhren sie
wieder ein gutes Stück, bis sie abermals an ein Wirtshaus kamen. Da
wollten die Brüder einkehren, aber den Hans, der gar kein Geld
hatte, wollten sie nicht mitnehmen. Er mußte wieder auf ihr Gepäck
achtgeben. »Und wenn dich jemand fragt, wer deine Herrschaft ist,
so sag, es seien zwei fremde Prinzen«, sagten sie. Dann ging es aber
wieder wie das vorige Mal. Während Hans außen im Hof stand, sah
ihn die Wirtin vom Fenster aus und verliebte sich stracks in ihn, genauso wie die erste Wirtin. Sie stand da und sah hinaus und konnte
sich nicht satt an ihm sehen. Da kam ihr Mann herbeigerannt mit
einem Auftrag von den beiden Prinzen. »Steh doch nicht da und
glotz wie die Kuh vorm neuen Scheunentor, geh hinaus in die Küche
und hinter deine Fischpfanne!« sagte der Mann. »Du weißt ja, was
für vornehme Gäste wir heute haben!« – »Mir liegt nichts an dem
vornehmen Pack!« sagte die Frau. »Wenn ihnen unser Essen nicht
schmeckt, so sollen sie essen, was sie bei sich haben. Komm nur einmal her und schau! Einen so schmucken Menschen wie den da draußen im Hof habe ich meiner Lebtag noch nicht gesehen! Wenn es dir
recht ist, so wollen wir ihn hereinbitten und gut bewirten, denn er
hat es wohl nötig, der arme Kerl! Und gar so hübsch ist er!« – »Viel

Verstand hast du ja nie gehabt, und das bißchen, das du noch hattest, das ist dir nun offenbar auch abhanden gekommen!« schrie der Mann. Er war noch viel zorniger als der erste Wirt und zerrte die Wirtin hinaus in die Küche. »Hinaus mit dir in die Küche und bleib nicht stehen und mach Augen nach jungen Burschen!« sagte er. Da mußte sie an ihre Fischpfanne, und traktieren durfte sie den armen Hans nicht, weil sie Angst vor ihrem Mann hatte. Aber während sie kochte, machte sie sich im Hof zu schaffen und steckte dem armen Hans ein Tuch zu, das hatte die Eigenschaft, daß es sich mit den allerbesten Gerichten deckte, wenn man es nur ausbreitete. »Das sollst du haben, weil du so schmuck bist«, sagte sie zu ihm.

Als nun die zwei Brüder gegessen und getrunken hatten und teuer bezahlt, reisten sie wieder weiter, und der arme Hans mußte hinten auf dem Wagen stehen. Wie sie so lange unterwegs waren, daß sie wieder Hunger spürten, kehrten sie abermals in einem Gasthaus ein und verlangten das Allerteuerste und Beste. »Denn wir sind zwei reisende Könige und haben Geld wie Heu!« sagten sie. Als der Wirt das hörte, ging ein Backen und Braten an, daß man es bis zum nächsten Nachbardorf riechen konnte, und der Wirt wußte kaum, was er seinen vornehmen Gästen alles vorsetzen sollte; aber der arme Hans stand wieder draußen und mußte auf Gepäck und Wagen achtgeben. Da ging es wieder genauso wie die beiden ersten Male. Die Wirtin schaute zum Fenster hinaus und erblickte den Burschen, der draußen beim Wagen stand; einen so hübschen Burschen hatte sie noch niemals gesehen; sie schaute und schaute, und je länger sie ihn ansah, desto schöner kam er ihr vor. Der Wirt kam hereingestürzt mit einer Platte, die die zwei reisenden Könige verlangt hatten, und er war gar nicht zufrieden, daß seine Frau am Fenster stand und hinausstarrte. »Hast du nichts Besseres zu tun, als hier zu stehen und zu glotzen, wenn wir so vornehme Gäste haben?« sagte er zu ihr. »Marsch hinaus in die Küche an deinen Kessel und ohne langes Besinnen!« – »Ach, das ist doch nicht so gefährlich; wenn sie nicht warten mögen, bis die Grütze gekocht ist, können sie ja wieder gehen«, gab die Frau zur Antwort. »Komm nur hierher und schau einmal! Einen so schmucken Burschen wie den, der da draußen steht, habe ich noch nie mit Augen gesehen. Wenn es dir recht ist, so wollen wir ihn hereinbitten und tüchtig traktieren, denn er kann es wohl brauchen, er sieht danach aus. Und wie schmuck er ist!« – »Du bist schon immer verrückt gewesen, und das bist du auch jetzt noch«, sagte der Mann. Er war so wütend, daß er nicht aus und ein wußte. »Aber wenn du nicht schaust, daß du an deine Grützepfanne kommst, so werde ich dir Beine machen!« Da mußte die Frau eiligst in die Küche, denn sie wußte, daß mit ihrem Mann nicht zu spaßen war. Aber sie schlüpfte rasch in den Hof hinunter und steckte dem armen Hans einen Zapfhahn zu. »Wenn du bloß den Hahn umdrehst«, sagte sie, »so bekommst du die besten Getränke, die du willst, Met und Wein und Branntwein. Das sollst du haben, weil du ein so hübscher Bursch bist«, sagte sie.

Als nun die beiden Brüder nach Herzenslust gegessen und getrunken hatten, reisten sie weiter, und Hans stand hinten auf dem Wagen als ihr Diener. So fuhren sie lange und kamen schließlich an ein Königsschloß, und da gaben die älteren Brüder sich für Kaisersöhne aus, und da sie Geld genug hatten und so stattlich geputzt waren, daß man sie weithin glänzen sah, wurden sie auch sehr gut aufgenommen; sie sollten im Schloß wohnen, und der König wußte nicht, was für Ehren er ihnen alle antun sollte. Aber den armen Hans, der immer noch in seinen alten Lumpen daherkam und keinen Pfennig in der Tasche hatte, den packte die Polizei und setzte ihn auf eine Insel; dahin ruderte man nämlich alle Bettler und Vagabunden, die in das Schloß kamen, denn der König wollte nicht, daß sie die allgemeine Lustigkeit stören sollten, wenn sie so zerlumpt und traurig herumliefen; auf der Insel bekamen sie aber nur gerade so viel zu essen, daß sie nicht verhungerten. Die Brüder des armen Hans sahen wohl, daß die Wache mit ihm nach der Insel ruderte, aber sie waren froh, daß sie ihn los waren, und kümmerten sich nicht im mindesten darum. Aber als nun der arme Hans auf die Insel kam, klapperte er nur mit seiner Schere; da schnitt sie die schönsten Kleider, die man sich nur wünschen konnte, aus Samt und Seide, so daß die Vagabunden draußen auf der Insel viel prächtiger daherkamen als der König und sein ganzer Hofstaat. Dann nahm der arme Hans sein Tuch heraus und breitete es aus, und da hatten die armen Vagabunden auf einmal zu essen; eine solche

Mahlzeit war vor dem König noch nicht aufgetragen worden, wie sie diesen Tag vor den armen Bettelleuten stand.

»Durstig werdet ihr wohl auch sein?« sagte Hans, zog seinen Zapfhahn heraus und drehte ihn ein wenig; solches Bier und solchen Met hatte der König sein Lebtag noch nicht bekommen.

Als nun die, die das Essen auf die Bettlerinsel zu schaffen hatten, mit ihrer kalten Grütze und ihren sauern Molken ankamen – denn diese Kost gab es für die Vagabunden –, so wollten die auf der Insel es nicht einmal versuchen. Die vom Schloß wunderten sich sehr, aber noch mehr mußten sie sich wundern, als sie sich die Bettler ansahen, denn die waren so stattlich gekleidet, als ob sie lauter Kaiser und Päpste wären, so daß sie glaubten, sie wären auf die falsche Insel gerudert. Aber schließlich kannten sie sich doch aus. Nun dachten sie sich schon, daß der, den sie gestern hinausgerudert hatten, den Bettlern die ganze Herrlichkeit verschafft habe, und als sie wieder ins Schloß kamen, erzählten sie gleich, daß der, den sie gestern hinausgerudert hätten, die Bettler so prächtig ausstaffiert habe, daß sie von Gold nur so strotzten. »Unsere Grütze und die Molken haben sie nicht einmal angerührt«, sagten sie, »so hochmütig sind sie geworden.« Einer von ihnen hatte sogar herausgeschnüffelt, daß der Bursche eine Schere besitze, mit der er die Kleider zugeschnitten habe. »Wenn er die Schere nur in die Luft streckt und damit klappert, so schneidet sie lauter Seide und Samt«, sagte er. Als die Prinzessin das hörte, hatte sie weder Rast noch Ruhe mehr, bis sie den Burschen und die Schere zu Gesicht bekam, die Seide und Samt aus der Luft schnitt. Die Schere hätte sie wohl gern, dachte sie bei sich, denn damit konnte sie allen Putz bekommen, den sie sich wünschte. Da bat sie den König so lange, bis er wirklich nach dem Burschen mit der Schere schickte, und als er ins Schloß kam, fragte die Prinzessin, ob es wirklich wahr sei, daß er eine Schere mit den und den Eigenschaften hätte und ob sie ihm feil sei? Ja, er habe wohl eine solche Schere, sagte der Bursche, aber verkaufen wollte er sie nicht. Damit nahm er die Schere aus der Tasche, klappte mit ihr in der Luft, daß die Seiden- und Samtstücke nur so flogen. »Du mußt mir sie aber doch verkaufen!« sagte die Prinzessin. »Du kannst verlangen, was du willst, aber haben muß ich sie!«

Nein, verkaufen wolle er sie nicht, durchaus nicht, denn eine solche Schere bekomme er niemals wieder, sagte er. Und während sie so standen und um die Schere disputierten, schaute die Prinzessin den armen Hans genauer an, und ihr ging es wie den Wirtinnen, sie glaubte noch nie einen so schönen Burschen gesehen zu haben. Da begann sie wieder um die Schere zu feilschen und bat und bestürmte den Burschen, er möge ihr doch die Schere lassen! Wenn er auch hundert Taler dafür verlange, es sei einerlei, sie müsse sie haben! »Nein, verkaufen tu ich sie nicht«, sagte Hans, »aber wenn's denn sein muß, so will ich heute nacht in der Kammer der Prinzessin dicht bei der Tür auf dem Boden schlafen. Dann kann sie die Schere haben. Ich werde ihr nichts tun«, fügte er bei, »aber wenn die Prinzessin Angst hat, so kann sie ja zwei Mann als Wache hinstellen!«

Das erlaubte ihm die Prinzessin gerne, wenn er ihr nur die Schere überlassen wollte, und in der Nacht lag der arme Hans auf der Erde in der Prinzessin Schlafgemach, und zwei Mann standen Wache. Aber die Prinzessin schlief nicht viel in dieser Nacht, immer wenn sie gerade am Einschlafen war, kam ihr in den Sinn, die Augen zu öffnen und nach Hans zu sehen, und so ging es die ganze Nacht fort; kaum hatte sie die Augen zugemacht, so mußte sie wieder nach ihm hinsehen, so gut gefiel er ihr.

Am Morgen wurde der arme Hans wieder auf die Bettlerinsel hinausgerudert, aber als man die Grütze und die Molken vom Königsschloß herüberbrachte, wollte auch diesmal keiner davon auch nur versuchen, und die Leute, die es brachten, verwunderten sich noch mehr. Einer von ihnen brachte auch heraus, daß der Bursche, der die Schere hatte, auch ein Tuch besitze, und wenn er das nur ausbreite, so tische es die beste Mahlzeit auf. Als er wieder ins Schloß kam, so dauerte es nicht lange, bis er diese Neuigkeit erzählte: »So guten Braten und so feine Rahmgrütze hat es im Schloß noch niemals gegeben«, sagte er. Als die Prinzessin das hörte, sagte sie es dem König und bat und bettelte so lange, bis der König den Besitzer des Tuches von der Bettlerinsel holen ließ; so kam der arme Hans wieder ins Schloß. Die Prinzessin wollte ihm durchaus das Tuch abkaufen und bot ihm goldene Berge dafür, aber Hans wollte es um keinen Preis verkaufen. »Wenn ich aber heute nacht in der Schlafkammer der Prinzessin vor ihrem Bett schlafen darf, so kann die Prinzessin mein Tuch haben; zuleide werde ich ihr nichts tun, aber wenn sie sich fürchtet, so kann sie ja vier Mann Wache hinstellen«, sagte der Bursche. Darauf ging die Prinzessin ein. Der arme Hans lag vor ihrem Bett, und vier Mann standen Wache. Aber hatte die Prinzessin schon in der letzten Nacht nicht viel geschlafen, so schlief sie diese Nacht noch weniger; sie konnte kaum die Augen schließen, sondern mußte immer wach liegen und nach dem hübschen Burschen hinüberschauen, und doch kam ihr die Nacht kurz vor.

Am Morgen wurde der arme Hans wieder auf die Bettlerinsel hinausgerudert. Es war der Prinzessin gar nicht recht, so verliebt war sie in ihn; aber es war nichts zu machen, er mußte hinüber. Als die Leute aus dem Schloß mit der Grütze und den Molken kamen, wollte keiner von den Vagabunden das Essen auch nur ansehen, und die Leute verwunderten sich schon nicht mehr darüber; aber erstaunlich schien es ihnen, daß keiner von allen Durst hatte. Doch einer von den Leuten des Königs brachte heraus, daß der mit der Schere und dem Tuch auch einen Zapfhahn habe, den er bloß ein bißchen zu drehen brauche, um alle Arten Getränke zu bekommen, Bier und Met und Wein. Als er wieder ins Schloß kam, schwieg er ebensowenig wie die beiden ersten Male, sondern erzählte weit und breit von dem Zapfhahn und wie leicht man sich damit die schönsten Getränke verschaffen könne. »So gutes Bier und so guten Met hat man im Schloß überhaupt noch nicht versucht«, sagte er, »es ist süßer als Honig und Sirup.« Als die Prinzessin das hörte, wollte sie gleich den Zapfhahn auch haben und hatte auch nichts dagegen, bei Gelegenheit dieses Geschäfts wieder mit seinem Besitzer zusammenzukommen. Da ging sie wieder zum König und bat ihn, er möchte doch den Burschen mit dem Tuch und der Schere noch einmal von der Bettlerinsel kommen lassen, denn er besitze noch ein Ding, das sie gern haben wollte; und als der König vernahm, daß es ein Zapfhahn war, aus dem man mit Leichtigkeit das beste Bier und den besten Wein zapfen könnte, entschloß er sich gewiß schnell, den Burschen holen zu lassen.

Als der arme Hans ins Schloß kam, fragte die Prinzessin, ob es wahr sei, daß er einen Zapfhahn mit diesen Eigenschaften habe; ja, er habe ihn in der Tasche, sagte er. Aber als ihn die Prinzessin durchaus kaufen wollte, ging er unter keiner Bedingung darauf ein, selbst wenn sie ihm das halbe Reich dafür geben wollte. »Aber meinetwegen!« sagte er schließlich. »Wenn die Prinzessin mich heute nacht vorn in ihrem Bett schlafen lassen will, so kann sie meinen Zapfhahn haben; ich werde ihr nichts zuleide tun, aber wenn sie Angst hat, so kann sie ja acht Mann Wache hinstellen.« Ach, das sei nicht nötig, sagte die Prinzessin, sie kenne ihn jetzt schon gut genug; und so schlief der arme Hans die Nacht vorn im Bett der Prinzessin. Aber hatte sie die beiden vorigen Nächte nicht viel Schlaf in die Augen bekommen, so schlief sie diesmal noch weniger; sie konnte kein Auge schließen, sondern mußte die ganze Zeit nach dem Burschen sehen, der vor ihr an der Bettkante lag.

Als sie am Morgen aufstand und der arme Hans wieder auf die Bettlerinsel hinaus sollte, sagte sie, er solle ein wenig warten, und sprang hinein zum König und bat ihn recht von Herzen, er möge ihr doch den Burschen zum Mann geben, sie könne gar nicht leben ohne ihn. »Freilich kannst du ihn haben, wenn du durchaus willst«, sagte der König, »wenn er solche Zaubersachen hat, ist er ja ebenso reich wie du.« Da bekam der arme Hans die Prinzessin und das halbe Reich – die andere Hälfte sollten sie nach dem Tod des Königs bekommen, und alles war gut und recht. Aber seine Brüder, die immer so böse gegen ihn gewesen waren, ließ er auf die Bettlerinsel hinausbringen. »Da sollen sie bleiben und merken, wer am besten daran ist, der, der immer volle Taschen hat, oder der, in den alle Weiber verliebt sind«, sagte Hans. Ihre vollen Taschen werden ihnen auf der Bettlerinsel kaum genützt haben, und wenn Hans sie nicht hat holen lassen, so sitzen sie noch dort und essen kalte Grütze und saure Molken.

So wird in Norwegen erzählt.

Die drei Musikanten

*E*s zogen einmal drei junge Musikanten aus ihrer Heimat in die Fremde, sie hatten alle drei bei einem Meister die Musik gelernt und wollten nun auch vereint bleiben und ihr Glück in fremden Landen versuchen. Von Ort zu Ort wanderten sie fröhlich dahin, spielten auf zu Kirmes- und Festtagstänzen und gewannen durch ihre lustigen Musikstücklein gar manchen schweren Batzen, neben dem stillen und lauten Beifall. So kamen sie denn auch einmal in ein Städtchen und belustigten am Abend die Gesellschaft mit schöner Musik. Endlich hörten sie auf aufzuspielen, sondern tranken eines, taten manchem Bescheid und gaben auch zum Gespräch der Gäste ihren Teil. Da ward mancherlei Verwunderliches durcheinandergeplaudert und erzählt. Zunächst ging die Rede von einem Zauberschloß, welches sich in der Nähe des Städtchens befände und von welchem ebenso viel Wunderschönes als Wunderbares erzählt wurde. Bald hieß es: ja, dort sind ungeheure Schätze, dort ist stets Überfluss an den köstlichsten Lebensmitteln, obgleich keine Menschenseele darinnen wohnt – bald hieß es wieder: aber dort ist ein schrecklicher Gespensterspuk. Wer seinen Buckel weiß hineinträgt, bringt ihn braun und blau gefärbt wieder heraus, ohne die Schätze gehoben oder den Zauber gelöst zu haben. Dies und vieles andere wurde hin und her geredet über das verzauberte Schloß. Die drei Musikanten waren nicht sobald allein in ihrem Schlafkämmerlein, als sie sich lange unterredeten und zugleich den Gedanken erfaßten, das rätselhafte Schloß sich näher zu besehen, ja, sogar sich hineinzuwagen, um möglicherweise die dort verborgenen und verzauberten Schätze zu heben. Nun wurden sie einig unter sich, daß ein jeder einzeln, einer nach dem andern, sich hineinwagen sollte, je nach dem Alter, und daß einem jeden ein ganzer Tag dazu vergönnt sein sollte, sein Abenteuer zu bestehen. Der erste Glücksversuch fiel dem Geiger zu. Der machte sich mutvoll und ohne Säumen auf das Schloß und fand, als er dort anlangte, die Eingangspforten schon offen, als ob man seiner geharrt hätte; doch als er

über die Schwelle geschritten war, schlug hinter ihm die schwere
Türe zu, und es sprang ein riesiger Eisenriegel vor, obgleich kein
lebendes Wesen zu erblicken war, doch als wenn ein strenger Pfört-
ner hier sein Amt verrichte und Wache halte – und dem Geiger
kam ein Grausen an, so daß sein Haar sich auf dem Wirbel sträubte.
Aber er konnte weder umkehren noch verweilen, und es kräftigte
ihn wieder der Gedanke an das zu hoffende Glück, an Gold und
Schätze. Treppe auf, Treppe ab wanderte der Jüngling, durch herrliche Zimmer, kostbare Säle, trauliche Kabinettchen – alles prachtvoll ausgestattet und in der schönsten Sauberkeit erhalten. Aber
überall war eine Totenstille, auch nicht das kleinste Mückchen lebte
und wohnte hier. Doch dem Jüngling wuchs der Mut aufs Neue,
zumal als er den untern Räumen, Küche und Gewölben sich zuwandte, wo in Fülle die seltensten und köstlichsten Speisevorräte
vorhanden waren, in den Gewölben die Weinflaschen hoch aufgespeichert lagen und alle Sorten süßer eingemachten Früchte in großen Gläsern nach der Reihe standen. In der schönen blanken Küche
knisterte vertraulich ein helles Feuerlein, und darüber ward von
unsichtbarer Hand ein Bratrost gesetzt, und ein ausgesuchtes Wild-
bretfleisch tanzte aus dem Gewölbe herein in die Küche und auf
den Rost; und viele andre Speisen, feine Gemüse und Pasteten und
köstliches Backwerk wurden ebenso schnell als kostbar von unsichtbaren Händen zubereitet und dann in eins der schönsten Zimmer, wohin sich der Jüngling begeben hatte, ihm nachgetragen und
auf einer gedeckten Tafel vor ihm ausgesetzt. Der Jüngling ergriff
zuerst sein Instrument und ließ klangvoll seine schönen Melodien
durch die stillen Räume schallen, worauf er sich dann ohne Zaudern zur einladenden Tafel setzte und zu schmausen anfing. Doch
nicht lange, so öffnete sich die Türe, und es trat ein Männlein herein, etwa drei Ellenbogen hoch, mit einem Scharlachröcklein angetan, mit verwelktem Gesichtlein und einem grauen Bart, der bis
auf die großen silbernen Schuhschnallen reichte. Und das Männlein setzte sich schweigend neben den Geiger und schmauste mit.
Als nun die Reihe an den schönen Wildbretbraten kam, nahm der
Geiger die Schüssel und nickte dem Männlein zu, doch zuerst zu-
zulangen, und dieses spießte lächelnd ein Stück Fleisch an die Ga-

bel und nickte wieder und ließ dabei das Bratenstückchen unter den Tisch fallen. Gefällig bückte sich da gleich der gute Geiger, um es wieder aufzuheben; aber im Nu saß ihm schon das Bartmännlein auf dem Rücken und bläute so unbarmherzig auf ihn los, als ob es ihm das Lebenslicht ausblasen wolle. Und auch des Geigers Mund wurde zugehalten, bis unter unaufhörlichem Prügeln derselbe endlich zur großen Eingangspforte hinausgeschoben ward. Draußen schöpfte der halbtote Geiger frischen Odem und schlich dann ächzend dem Gasthof zu, wo die Kameraden geblieben waren. Es war schon Nacht, als er ihn erreichte, und jene beiden schliefen bereits. Am andern Morgen sahen sie ganz erstaunt den Geiger ebenfalls im Bette liegen und bestürmten ihn bald mit vielen Fragen; doch er kraute sich Kopf und Rücken, gab sehr kurze Antworten und sprach: »Gehet hin und sehet selber zu! Es ist eine kitzlige Sache.«

Der zweite Musiker, ein Trompeter, trat nun den Gang nach dem Zauberschloß an, fand alles ebenso wie das gebläute Geigerlein und wurde auch ebenso bewirtet mit Pasteten und Prügeln, so daß er am folgenden Morgen ebenfalls wie ein geprellter Fuchs auf seinem Lager lag und klagte, es sei ihm absonderlich aufgespielt worden aus grober Tonart. Dennoch hatte der dritte, ein Flötenbläser, noch Mut genug, um sein Heil im Zauberschloß zu versuchen. Er war der pfiffigste. Furchtlos durchwanderte er das ganze Schloß, es deuchte ihm recht angenehm, diese schönen Räume für immer zu besitzen; in Küche und Keller war ja Vorrat an Lebensmitteln die Hülle und Fülle. Bald ward auch für ihn eine kostbare Tafel gedeckt, und als er lange genug fröhlich singend und flöteblasend herumgewandert war, nahm er Platz und ließ es sich behagen. Da trat wieder das Bartmännlein herein und setzte sich neben den Gast. Und der unerschrockene Musikant ließ sich mit ihm in ein Gespräch ein und tat gerade, als ob er ihn schon hundertmal hier getroffen, doch war das Männlein nicht sehr redselig. Endlich kam es wieder an den Braten, und das Männlein ließ wieder mit Absicht ein Stück fallen; gutmütig war eben der Flötenbläser im Begriff, es aufzunehmen, als er gewahrte, daß das Zwerglein flugs auf seinen Rücken springen wollte. Da wandte er sich alsbald rasch um, riß es von sich und packte und schüttelte das Männlein an seinem Bart so derb, bis er denselben zuletzt ganz herausriß und der kleine Alte ächzend niederstürzte. Aber sowie der Jüngling den Bart in seinen Händen hatte, überkam ihn eine außerordentliche Kraft, und er erschaute im Schloß noch viel wunderbarere Dinge als vorher; dagegen hatte das Männlein fast alles Leben verloren; es winselte und flehte: »Gib, o gib mir meinen Bart wieder, so will ich dir allen Zauber, der dieses Schloß umfaßt, kundtun und dir dazu verhelfen, den Zauber zu lösen, so daß du dadurch reich und ewig glücklich werden wirst.« Der kluge Flötenbläser aber sprach: »Deinen Bart sollst du wiederhaben, doch mußt du mir zuvor alles dies kundtun, sonst bist du ein Schalk. Und eher gebe ich den Bart nicht aus meinen Händen.« Da mußte der Alte sich bequemen, erst sein Versprechen zu erfüllen, ob er es gleich nicht willens gewesen war, sondern nur mit List seinen Bart wieder an sich bringen wollte. Der Jüngling mußte ihm nun folgen durch dunkle geheime Gänge, unterirdische Gewölbe und gräuliche Felsklüfte, bis sie endlich auf ein freies Gefilde kamen, das gänzlich aussah wie eine viel schönere Welt als die unsrige. Und an einen Strom kamen sie, der brauste wild; doch das Männlein zog einen kleinen Stab hervor und schlug ins Wasser, worauf alsbald die Flut auseinander trat und stille stand, bis beide trockenen Fußes hinüber waren. Drüben war es eine Pracht! – Da ging es weiter durch grüne, herrliche Laubgänge, überall Blumen, Vöglein mit Silber- und Goldfedern, die sangen wundersam, und glänzende Käfer und Schmetterlinge gaukelten und tanzten herum, und andere niedliche Tiere schäkerten in Büschen und Hecken; und der Himmel über ihnen sah nicht blau, sondern wie pure Goldstrahlen, und die Sterne waren viel größer und kreisten wie in verschlungenen Tänzen durcheinander.

Der Jüngling staunte; und staunte noch mehr, als er von dem grauen Zwerglein in ein noch weit prachtvolleres Gebäude als das Wunderschloß geführt wurde. Auch hier herrschte neben aller Herrlichkeit die tiefste Stille in den Gemächern, und als sie deren viele durchwandert, kamen sie in eins, welches ganz mit Schleiern behangen war, wo in der Mitte des Zimmers ein dicht verhülltes Bette stand, darüber ein schöner Vogelbauer hing mit einem Vöglein, das gar helle Lieder durch die einsame Stille schmetterte. Das graue Männlein hob die Schleier und Hüllen vom Bette und führte den Jüngling näher; dieser sah hier auf weichen seidenen Kissen, die reich mit Goldtroddeln behangen waren, ein gar liebliches Mädchen schlafend daliegen, das war so schön wie ein Engel, hatte ein weißes Kleidchen an, und über ihre Brust und Schultern wallten die goldnen Locken herab, und auf dem Haupte blitzte eine demantne Krone; aber ein tiefer totenähnlicher Schlaf hielt die sanften Züge gefangen, und kein Geräusch vermochte die holde Schläferin zu erwecken. Da sprach das Männlein zu dem verwunderten Jüngling: »Siehe hier dieses schlafende Kind! Es ist eine hohe Prinzessin. Dieses schöne Schloß und dieses gesegnete Land ist ihr Erbgut, wann sie erlöset ist; aber seit Jahrhunderten schläft sie den festen Zauberschlaf, und auch seit Jahrhunderten fand noch keine menschliche Seele den Weg, der hierher führt, den nur ich täglich zurücklegte, um dort im Schloß, welches meine Wohnung ist, zu speisen und etwa die goldbegierigen Menschen, die sich einfanden, mit einem Gericht Prügel zu bedienen. Ich bin der Wächter über diese Schläferin und mußte sorgfältig verhüten, daß kein Fremder hier eindringe, und dazu ward mir mein Bart, in welchem solche übermäßigen Kräfte wohnen, daß auch ich ebenfalls seit Jahrhunderten diesen Zauber zu üben vermag. Doch nun, wo mir der Bart entrissen, bin ich kraftlos und muß dieses überschwängliche Glück, welches mit der holden Prinzessin erwacht, dir entdecken und überlassen. Und so schicke dich rasch zur Ausführung des Erlösungswunders. Nimm diesen Vogel, der über der Prinzessin hängt und der sie einst in den Zauberschlummer gesungen hat und seitdem jene Melodien auch immerfort singen mußte – nimm ihn, schlachte ihn und schneide ihm das kleine Herz aus, brenne es dann zu Pulver und gib dieses der Prinzessin in den Mund, alsbald wird sie davon erwachen und wird dich beglücken mit Hand und Herz, mit Land und Schloß und allen ihren Schätzen.« Das Männlein schwieg erschöpft, und der Jüngling säumte nicht, an das Werk der Erlösung zu gehen. Schnell und gut wurde alles getreu nach der Angabe des kleinen Alten ausgeführt und das Pülverlein bereitet. Nach wenigen Minuten, als es der Prinzessin gegeben war, schlug sie frisch und lächelnd die Augen auf und hob sich vom Lager empor und sank dem glücklichen Jüngling an die Brust, liebkoste und dankte ihm und nahm ihn zu ihrem Gemahl an. Und in demselben Moment zog ein Donnern und Krachen durch das Schloß, auf allen Treppen wurde es laut, und in allen Zimmern wurde es geräuschvoll. Und endlich kam eine Schar Diener und Dienerinnen mit freundlichen Gesichtern in das Zimmer getreten, in welchem das glückliche Paar weilte, und alle freuten sich und flogen dann flink und froh in die Küchen und Kellerräume, in Zimmer und Säle und Gänge an ihre Arbeit und waren alle wie neugeboren.

Das graue Zwerglein aber heischte nun streng seinen Bart von dem Jüngling und gedachte immer noch in seinem boshaften Herzen, dem Glücklichen einen Possen zu spielen. Denn wenn ihm der Bart erst wieder am Kinn saß, hatte er Macht, alle Sterblichen zu überwältigen. Allein der kluge Flötenbläser gebrauchte noch immer Vorsicht mit dem tückischen Männlein, er sprach: »Oh, deinen Bart sollst du wiederhaben, sei nicht bange, ich will ihn dir zum Abschied überreichen, aber erlaube, daß wir beide, meine holde Braut und ich, dich eine kleine Strecke begleiten dürfen.« Das konnte das Männlein nicht verweigern. Sie gingen nun weit durch schöne Laubgänge und Blumenbeete mit dem Zwerg und kamen endlich an das ungeheuer tiefe, rauschende Wasser, das viele, viele Meilen weit in der Runde um das Land der Prinzessin strömte und gleichsam die Grenzscheidung bildete. Keine Brücke und kein Nachen war rings vorhanden, worauf Menschen das jenseitige Ufer erreichen konnten; auch kein kühner Schwimmer hätte es errungen, denn die Wellenflut war zu tosend und wild. Da sprach der Jüngling zu dem Männlein: »Gib mir deinen Stab, auf daß ich dir diesmal noch zur Ehre das Wasser auseinander scheide.« Und das Männlein mußte gehorchen, weil es seine Bartkräfte noch nicht wiederhatte, und dachte auch im Stillen noch in hämischer Freude: Wenn er mir drüben über dem Wasser den Bart überreicht, so bekomme ich ihn doch in meine Gewalt, nehme ihm dann den Stab wieder ab, und beide können ihr wunderschönes Land nie betreten. Aber nicht also gingen des Zwerges boshafte Gedanken aus. Der kluge, glückliche Jüngling schlug mit dem Stab ins Wasser, es teilte sich behände und stand stille, und der Zwerg ging voran und ging hinüber, und schnell hinter ihm brauste die Flut zusammen; aber der Jüngling war mit seiner lieben Braut am andern Ufer zurückgeblieben, er behielt den Zauberstab und schleuderte nur den Bart übers Wasser hinüber, so daß ihn der Zwerg drüben auffing und sich ihn wieder ansetzte; und so ward der Alte doch um seinen Zauberstab betrogen und durfte hinfort nimmer wieder das herrliche Gebiet betreten. Und der glückliche Jüngling kehrte zurück ins Schloß mit seiner Holden, zu steter Freude und Glückseligkeit; und keine Sehnsucht kam ihm in sein Herz, je wieder zu seinen Kameraden zurückzukehren. Die saßen lange im Wirtshaus, und als jener nicht wiederkam, sprachen sie: »Der ist flöten gegangen« – und das ist hernach zum Sprichwort geworden, wenn einer oder eine Sache abhanden und nicht wiederkommt.

So erzählt uns Ludwig Bechstein.

Die Zarentochter Frosch

*I*rgendwo in einem Zarenreich, in einem fernen Reich, lebten einst ein Zar und eine Zarin, und sie hatten drei Söhne, die waren wie die Falken. Sie wuchsen heran und wurden so schmucke Burschen, daß es weder zu sagen noch zu denken, nur im Märchen zu erzählen ist! Und sie kamen in die Jahre, da es Zeit für sie war zu heiraten. Der Zar hatte sich mit seiner Frau gründlich beraten, rief die Söhne zu sich und sprach zu ihnen: »Meine Söhne, meine Falken! Ihr seid nun in die Jahre gekommen, und es ist an der Zeit, euch Frauen zu suchen.« – »Es ist Zeit, Väterchen«, antworteten sie, »es ist Zeit.« – »So nehmt, Kinder, eure silbernen Bogen zur Hand, legt kupferne Pfeile auf und laßt sie fliegen in fremde, ferne Lande: und von dem Hof, in dem sie niederfallen werden, soll jeder seine Braut holen.«

Sie traten hinaus auf den Hof, spannten die Bogen und schossen ab. Der Älteste schoß, und der Pfeil flog schwirrend unter dem Himmel dahin und fiel dann in einem anderen Zarenreich in den Garten des Zaren. Zu dieser Stunde erging sich die Zarentochter im Garten, hob den Pfeil auf und freute sich an ihm. Sie ging zu ihrem Vater und rühmte sich: »Schau, was für einen wunderhübschen Pfeil ich gefunden hab, Väterchen!« – »Gib ihn keinem«, sagte der Zar, »außer demjenigen, der dich zur Gattin nehmen wird.« Und richtig, nach einiger Zeit geschah es, daß der älteste Zarensohn angeritten kam und sie um seinen Pfeil bat. »Ich gebe keinem andern den Pfeil, nur dem, der mich zur Gattin nimmt.« – »Ich will dich zur Gattin nehmen«, sagte der Zarensohn. Und sie versprachen sich, und dann ritt er wieder fort.

Der zweite Bruder schoß, und der Pfeil flog tiefer als die Wolken, aber höher als der Wald und fiel in einen Fürstenhof. Zu der Zeit saß die Fürstentochter auf der Freitreppe, erblickte den Pfeil, hob ihn auf und brachte ihn dem Vater: »Schau, was für einen wunderhübschen Pfeil ich gefunden hab, Väterchen!« – »Gib ihn keinem«, sagte der Fürst, »außer demjenigen, der dich zur Gattin nehmen wird.« Da kam auch der zweite Zarensohn an und bat um seinen Pfeil. Die Fürstentochter gab die gleiche Antwort wie die Zarentochter. Und jener sagte: »Ich will dich zur Gattin nehmen.« Sie versprachen sich, und er ritt davon.

Dann kam die Reihe zu schießen an den dritten Zarensohn. Und als Iwan-Zarewitsch, so wurde er genannt, den Pfeil abschoß, flog er nicht hoch und nicht niedrig, doch höher als die Häuser, und fiel nicht weit und nicht nah zu Boden: beim Dorf in den Sumpf. Auf einem Mooshügelchen aber saß ein Frosch und nahm den Pfeil an sich. Iwan-Zarewitsch kam und bat: »Gib mir den Pfeil wieder!« – »Den Pfeil geb ich keinem«, sagte der Frosch, »außer demjenigen, der mich zur Gattin nimmt.« Iwan-Zarewitsch bedachte sich: »Wie sollt ich denn diesen grünen Frosch zur Gattin nehmen?« Er stand noch eine Weile am Sumpf herum, ward sehr betrübt und ging dann weinend nach Hause.

Es war schon Zeit für ihn, zum Vater zu gehn und zu erzählen, welche Braut er gefunden habe. Jene zwei, der älteste und der zweite Bruder, waren so froh, daß es nicht zu sagen war! Iwan-Zarewitsch aber kam daher und weinte. Der Vater sprach zu ihnen: »Nun erzählt nur, meine Söhne, meine Falken, welche Schwiegertöchter ihr gefunden habt!« Der älteste sagte: »Ich hab eine Zarentochter gefunden, Vater.« Und der zweite: »Ich – eine Fürstentochter.« Iwan-Zarewitsch aber stand da und brachte kein Wort heraus, er weinte nur und weinte! Der Vater fragte ihn: »Warum weinst du, Iwan-Zarewitsch?« – »Wie sollt ich nicht weinen, meine Brüder haben Frauen, wie sie sein sollen, aber ich muß mir einen grünen Frosch aus dem Sumpfe nehmen; paßt er denn zu mir?« – »Nimm ihn!« sagte der Zar. »Da ist nichts zu machen: das ist gewiß schon so dein Los!« Und die Zarensöhne heirateten: der älteste nahm die Zarentochter, der zweite die Fürstentochter, Iwan-Zarewitsch aber den grünen Frosch aus dem Sumpf.

Und sie heirateten und lebten so dahin. Eines Tages aber wollte der Zar sehen, welche von den Schwiegertöchtern die schönsten Tücher weben könne. Und er gab den Befehl: »Bis morgen in der Früh sollen Tücher gewebt und hierher gebracht werden, damit ich sehe, welche von euch am besten gewebt hat.« Iwan-Zarewitsch ging nach Hause, der Frosch aber kroch ihm entgegen und fragte: »Iwan-Zarewitsch, warum weinst du?« – »Wie sollt ich nicht weinen, da es doch so und so steht: unser Vater verlangt, daß bis morgen früh jede Schwiegertochter ihm ein Tuch webt.« – »Weine nicht! Alles wird bereit sein; leg dich hin und schlaf!« Er legte sich nieder und schlief ein. Doch sie warf ihre Haut ab, ging hinaus auf den Hof, schrie und rief und pfiff, und plötzlich erschienen ihre Mädchen, die Dienerinnen, webten Tücher, stickten gar kunstvoll Adler hinein und gaben ihr die Tücher. Sie nahm sie entgegen, legte sie neben Iwan-Zarewitsch hin, zog wieder ihre Haut an und ward zum Frosch, wie sie vorher gewesen. Als Iwan-Zarewitsch erwachte, da erblickte er Tücher, wie er sein Lebtag keine gesehen hatte! Er ward froh und brachte sie dem Zaren. Der Vater dankte ihm vielmals für die Tücher. Und die Tücher der anderen Schwiegertöchter gab er in die Küche, denn sie waren nur soso, ganz einfach, aber des Frosches Tücher hängte er am Heiligenbilde auf.

Und der Vater gab abermals einen Befehl: die Schwiegertöchter sollten Buchweizenfladen backen und sie ihm bringen, damit er sehe, wer's am besten verstünde. Iwan-Zarewitsch ging nach Hause und weinte wiederum. Der Frosch kroch ihm entgegen und quakte: »Iwan-Zarewitsch, warum weinst du?« – »Wie sollt ich nicht weinen, da der Vater befohlen hat, Buchweizenfladen zu backen, du das aber nicht verstehst!« – »Weine nicht, wir werden damit schon zurechtkommen! Leg dich hin und schlaf!« Er legte sich nieder und schlief ein. Die andern Schwiegertöchter aber standen unterm Fenster, um mit anzusehen, wie sie backen würde. Sie begann den Teig dünn einzurühren und arbeitete ihn so durch, daß er flüssig blieb, dann kletterte sie auf den Ofen, schlug ein Loch hinein, goß alles hinunter und der Kuchenteig zerfloß im Nu auf den heißen Steinen. Die Schwiegertöchter aber liefen schnell nach Hause und machten's ebenso. Und die buken solche Buchweizenfladen zusammen, daß man sie nur den Hunden vorwerfen konnte. Doch als sie fort waren, warf der Frosch die Haut ab, trat auf den Hof hinaus, schrie und rief und pfiff, und gleich waren auch die Mädchen, die Dienerinnen, da. Sie befahl ihnen, bis zum Morgengrauen die Buchweizenfladen fertigzumachen. Gar bald brachten sie die Fla-

den, wie die Sonne so schön waren sie geworden! Die Schwiegertochter nahm sie entgegen, legte sie neben Iwan-Zarewitsch, zog
dann die Haut an und ward wieder zum grünen Frosch, wie sie
vorher gewesen. Iwan-Zarewitsch erwachte und schaute – neben
ihm lagen Buchweizenfladen, einer schöner als der andere. Er freute
sich sehr und brachte sie dem Zaren. Der Vater aber war ihm sehr
dankbar. Die Buchweizenfladen der andern Schwiegertöchter ließ
er den Hunden vorwerfen, aber die des Frosches befahl er bei Tisch
zu reichen.

Und wieder gab der Zar den Söhnen etwas auf: »Kommt an
dem und dem Tage mit euren Frauen zum Festmahl.« Die älteren
Brüder freuten sich, Iwan-Zarewitsch aber ging nach Hause, ließ
den Kopf hängen und weinte. Der Frosch kroch ihm entgegen und
fragte: »Iwan-Zarewitsch, warum weinst du?« – »Wie sollt ich nicht
weinen«, sagte er, »da der Vater uns befohlen hat, mit unseren
Frauen zum Festmahl zu kommen. Wie soll ich aber dich hinbringen?« – »Weine nicht«, antwortete sie, »leg dich hin und schlaf, wir
fahren schon irgendwie hin!« Er legte sich nieder und schlief ein.
Und als der Tag kam, an dem das Festmahl sein sollte, wurde Iwan-
Zarewitsch wieder traurig. »Gräm dich nicht, Iwan-Zarewitsch«,
sagte der Frosch, »geh nur voran! Wenn aber der Regen anfängt zu
tröpfeln, so wisse, daß dein Weib sich mit Regentau wäscht; und
wenn ein Blitzstrahl aufzuckt, so wisse, daß dein Weib sich den
Staat anzieht für den Weg; doch wenn der Donner grollt, so kommt
sie gleich.« Iwan-Zarewitsch kleidete sich an, saß auf und ritt davon.

Und als er hinkam, waren die älteren Brüder mit ihren Frauen
schon da; sie selber waren reich gekleidet, ihre Frauen aber kamen
in Gold, in Seide und mit kostbarem Halsschmuck. Die Brüder
spotteten über ihn: »Warum bist du denn allein gekommen, Bruder? Hättest du sie doch in ein Tuch gebunden und hergebracht.« –
»Spottet nicht«, sagte er, »sie kommt schon nachher.« Als aber der
Regen anfing zu tröpfeln, sagte Iwan-Zarewitsch: »Jetzt wäscht sich
mein liebes Weib mit Regentau!« Die Brüder aber spotteten über
ihn: »Bist du denn toll geworden, daß du solchen Unsinn redest?«
Und als ein Blitzstrahl aufzuckte, sagte Iwan-Zarewitsch: »Jetzt legt
mein liebes Weib den Staat an für den Weg!« Die Brüder zuckten

bloß mit den Achseln: der Bruder war doch bisher ganz vernünftig, aber jetzt ist er von Sinnen gekommen! Doch plötzlich fing der Donner gewaltig an zu grollen, daß der Palast erbebte; der Zarensohn aber sprach: »Jetzt kommt mein Täubchen schon!« Und richtig, an der Freitreppe fuhr eine Kutsche mit sechs feurigen Rossen vor, und die Schwiegertochter stieg heraus und war so schön, daß alle ganz still und schüchtern wurden!

Dann setzten sie sich zum Mahl; und der Zar, die Zarin und die beiden älteren Brüder konnten sich nicht satt sehen an ihr, denn wirklich: sie war so schön, so schön, daß es nicht zu sagen war! Und nun wurde gegessen; sie steckte aber einen Bissen in den Mund, einen in den Ärmel, einen Löffel in den Mund, einen in den Ärmel. Die andern Schwiegertöchter achteten auf sie und machten's ebenso: einen Löffel in den Mund, einen in den Ärmel, einen Bissen in den Mund, einen in den Ärmel. Und als sie fertig waren, gingen sie auf den Hof; die Musik fing an zu spielen, und der Vater bat zum Tanz. Die zwei Schwiegertöchter wollten aber nicht und sagten: »Mag sie zuerst tanzen!« Doch als sie nun mit Iwan-Zarewitsch anfing zu tanzen, da berührte sie kaum den Boden, so leicht und schön tanzte sie! Und dann schwenkte sie den rechten Ärmel und warf einen Bissen hinaus, da ward daraus ein Garten, und in dem Garten war eine Säule, auf ihr ging ein Kater hinauf und hinab, ging er hinauf, sang er Lieder, kam er herunter, erzählte er Märchen. Sie tanzte und tanzte, schwenkte den linken Ärmel, und in dem Garten entstand ein Flüßchen, und in dem Flüßchen schwammen Schwäne. Alle staunten über das Wunder wie kleine Kinder! Sie tanzte bis zum Ende und setzte sich hin, um auszuruhen. Dann gingen auch die anderen Schwiegertöchter zum Tanz. Und wie sie den rechten Ärmel schwenkten, flogen die Knochen der Zarin an die Stirn, und als sie den linken Ärmel schwenkten, spritzten sie dem Zaren die Augen voll. Da rief der Zar ihnen zu: »Genug, genug, ihr Töchter von Hundesöhnen! Ihr schlagt mir ja die Augen aus.« Da ließen sie's bleiben. Sie setzten sich alle auf die Sockelbank hin, die Musik spielte, und nun tanzten die Hofbedienten.

Iwan-Zarewitsch aber schaute auf sein Weib und wunderte sich, wie aus dem grünen Frosch ein so wunderschönes Mädchen geworden war, daß man die Augen nicht mehr abwenden konnte! Da befahl er, ein Roß vorzuführen, und eilte nach Hause, um nachzuschauen, von wo sie das alles herhabe. Er kam an, ging in das Zimmer, in dem sie schlief, und fand dort die Froschhaut liegen. Im Kamin war Feuer; er warf die Haut hinein, und nichts als Rauch stieg in die Höhe. Dann kehrte er wieder zum Zaren zurück und kam noch zurecht zum Abendschmaus. Noch lange vergnügten sie sich dort, und erst als der Morgen graute, fuhren sie auseinander. Auch Iwan-Zarewitsch fuhr mit seiner Frau heim. Und als sie nach Hause kamen, ging sie in ihr Zimmer, schaute umher, aber die Froschhaut war nicht mehr da. Sie suchte und suchte und fragte schließlich: »Iwan-Zarewitsch, hast du nicht mein Kleid gesehen?« – »Welches denn?« – »Meine Haut«, sagte sie, »ich hab sie hier abgeworfen.« – »Und ich hab sie verbrannt!« sagte Iwan-Zarewitsch. »Ach, was hast du mir angetan, Iwan-Zarewitsch? Hättest du sie nicht angerührt, wäre ich ewig die Deine geblieben, jetzt aber müssen wir uns trennen, vielleicht für immer.« Sie weinte und weinte, mit blutigen Tränen weinte sie und sprach sodann: »Leb wohl! Such mich im dreißigsten Zarenreich, im dreißigsten fremden Reich bei der Baba-Jaga, dem Knochenbein.« Sie schwang ihre Händchen in die Höh und verwandelte sich in einen Kuckuck; das Fenster war geöffnet, und sie flog hinaus.

Lange grämte sich Iwan-Zarewitsch um sein Weib, lange weinte er bitterlich; er fragte alle Leute, was er machen solle, aber niemand konnte ihm raten. Da nahm er seinen silbernen Bogen, füllte einen Sack mit Brot, hängte sich die Kürbisflasche über die Schultern und ging auf die Suche. Er wanderte und wanderte und begegnete einem Alten; der war so weiß wie Milch und fragte den Zarensohn: »Guten Tag, Iwan-Zarewitsch! Wohin führt dich dein Weg?« – »Ich gehe, wohin die Augen schauen, meine Frau zu suchen: sie ist irgendwo im dreißigsten Zarenreich, im dreißigsten fremden Reich bei der Baba-Jaga, dem Knochenbein. So geh ich und weiß nicht, wohin. Wißt Ihr nicht, Alterchen, wo sie lebt?« – »Warum soll ich es nicht wissen? Gewiß weiß ich's.« – »Sagt es auch mir, Alterchen, seid so gut!« – »Ach, wozu soll ich dir's sagen, mein Sohn: es ist ja gleich, ob ich's tu oder nicht, du bringst ja doch nichts zustande.« – »Einerlei, ob ich's vollbring oder nicht, sagt mir's nur, ich werde mein Lebtag für Euch beten.« – »Na, wenn du's so notwendig wissen mußt, dann nimm hier das Knäuel, und roll es vor dir her, und wohin es läuft, dahin geh ihm nach, so kommst du geradeswegs zur Baba-Jaga, dem Knochenbein.« Iwan-Zarewitsch dankte dem Alten für das Knäuel und ließ es laufen: das Knäuel rollte dahin, und er ging ihm nach. Und er kam in einen so dichten Wald, daß es dunkel ward ringsum. Da begegnete ihm ein Bär. Er legte einen kupfernen Pfeil auf den silbernen Bogen und wollte schießen. Aber der Bär sprach zu ihm: »Iwan-Zarewitsch, töte mich nicht, ich werde dir noch von großem Nutzen sein!« Er verschonte ihn und tötete ihn nicht. Und ebenso geschah es mit einem Falken, auch den tötete er nicht.

Und er wanderte und wanderte; das Knäuel rollte vor ihm her, und er ging ihm nach, und so kam er schließlich an das blaue Meer. Da sah er am Ufer auf dem Trockenen einen Hecht, den Scharfzahn, liegen, der war in der Sonne an Todes Enden. Er wollte ihn aufheben und verspeisen, aber der Hecht bat ihn: »Iwan-Zarewitsch, iß mich nicht, wirf mich lieber in das Meer, ich werde dir noch von großem Nutzen sein!« Da warf er ihn ins Meer und ging weiter. Und endlich gelangte er in das dreißigste Zarenreich, in das dreißigste fremde Reich. Da stand ein Hüttchen auf einem Hühnerfüßchen, mit Rohrstäben gestützt, sonst wär' es zusammengefallen. Er trat in das Hüttchen, und dort lag auf dem Ofen die Baba-Jaga, das Knochenbein. Ihre Füße hingen bis zur Ofenpritsche hinunter, den Kopf aber hatte sie an den Rauchfang gelehnt. »Willkommen, Iwan-Zarewitsch! Bist du mit Willen oder wider Willen hierhergekommen?« – »Mit Willen und auch wider Willen«, sagte er. »Versteckst du dich vor jemand oder suchst du jemand?« – »Ich verstecke mich gar nicht, Mütterchen, sondern ich suche meine liebe Frau, den grünen Frosch.« – »Ich weiß, ich weiß!« sagte die Baba-Jaga. »Sie sucht mir die Läuse ab vom Kopf, wenn sie zu Gast kommt.« – »Wo ist sie denn, Mütterchen, sagt mir's!« – »Sie dient bei meinem Brüderchen als Tagelöhnerin.« Da bat er sie flehentlich, ihm zu sagen, wo ihr Bruder wohne. Sie antwortete: »Dort im Meer ist eine Insel, auf der steht seine Hütte. Aber sieh dich vor, daß dir kein Unglück zustößt! Sobald du deine Frau erblickst, pack sie rasch und flieh mit ihr, aber schau dich nicht um.« Er dankte der Baba-Jaga und wanderte von dannen.

Er ging und ging und gelangte ans Meer; er schaute und sah nur das endlose Meer, aber wo die Insel sein mochte, das wußte Gott weiß wer. Er ging am Meer entlang, ließ den Kopf hängen und grämte sich. Da schwamm der Hecht empor und fragte: »Iwan-Zarewitsch, warum grämst du dich?« – »So und so steht's«, antwortete er, »auf dem Meer ist eine Insel, und ich kann auf keine Art hinüber.« – »Sei nicht traurig!« sagte der Hecht. Und dann schlug er mit dem Schwanz aufs Wasser, und eine Brücke entstand, wie sie auch der Zar nicht hatte: die Pfähle waren aus Silber, die Geländer aus Gold, der Boden aber war mit Glas gedeckt; gingst du darauf, so war dir's wie auf einem Spiegel! Iwan-Zarewitsch ging nun über die Brücke und gelangte auf die Insel. Dort aber stand ein Wald, der war so dicht, daß man nicht durchgehen noch sich durchzwängen konnte, und dunkel war's, ganz dunkel. Iwan-Zarewitsch wanderte am Wald entlang und weinte und weinte. Auch war ihm das Brot ausgegangen, und er hatte nichts zu essen. Er setzte sich in den Sand, grämte sich und dachte: »Nun bin ich verloren!« Plötzlich lief ein Hase an ihm vorbei; der Falke stieß auf ihn herab und tötete ihn; Iwan-Zarewitsch nahm den Hasen, zog ihm das Fell ab, rieb Feuer aus zwei Hölzern, briet den Hasen am Spieß und aß ihn auf. Und als er satt war, fing er an zu überlegen, wie er in den Palast gelangen könnte. Und wieder ging er am Walde entlang, doch der Wald war wirklich so dicht, daß man nicht eindringen konnte. Plötzlich aber kam ihm der Bär entgegen. »Willkommen, Iwan-Zarewitsch! Warum läufst du hier herum?« – »Ich will in den Palast hinein, aber es geht nicht wegen des Waldes.« – »Ich werde dir helfen.« Und er fing an die Eichen zu brechen und schleuderte Stämme zur Seite, die ein Mann nicht umfassen konnte! So arbeitete er lange und ward müde; dann ging er hin und trank Wasser und fing wieder an, die Bäume zu brechen. Und schon hatte er einen schmalen Pfad gelichtet! Wieder ging er hin, um Wasser zu trinken, und brach sich dann weiter durch. Er machte bis zum Palast einen Pfad, den ging Iwan-Zarewitsch.

Und als er dahinschritt, kam er mitten im Walde in ein liebliches Tal, und in dem Tal stand ein Palast aus Glas. Er ging in den Palast hinein, öffnete eine eiserne Tür: niemand war zu sehen; er öffnete eine andere, die von Silber war: auch dort war niemand; als er aber die dritte von Gold öffnete, da saß hinter der goldenen Tür seine Frau, zählte Flachsgarne und war so vergrämt, daß schon der Anblick schrecklich war. Als sie aber Iwan-Zarewitsch erblickte, fiel sie ihm um den Hals: »Du mein blaues Täubchen, wie hab' ich mich nach dir gesehnt! Eine kurze Weile noch, nicht viel später, so hättest du mich vielleicht nie mehr wiedergesehen!« Und sie weinte vor Freude! Er aber wußte nicht: war er auf dieser Welt oder auf jener? Sie umarmten sich und küßten sich herzlich. Dann verwandelte sie sich wieder in einen Kuckuck, nahm Iwan-Zarewitsch unter die Flügel und flog davon. Und als sie in sein Zarenreich kamen, verwandelte sie sich wieder in menschliche Gestalt und sprach: »Es war mein Vater, der mich verwünscht hat und dem Drachen gab auf drei Jahre Dienst; jetzt aber hab' ich meine Strafe schon abgebüßt.« Sie kamen heim und lebten fortan glücklich miteinander und lobten Gott, der ihnen geholfen hatte.

So wird in Russland erzählt.

Drei Scheffel Reis,
drei Schwiegertöchter

*I*n alten Tagen lebte einmal ein Mann, der erfüllte sich keinen seiner Wünsche, ein schweres Leben führte er. Einmal wartete er auf einem Hügel, daß Reisähren angeflogen kämen, die sammelte er und nahm sie mit sich nach Hause. Er setzte sich hin, mit den Fingernägeln holte er die paar restlichen Körner heraus. Einen ganzen Berg Ähren hatte er – gerade drei Scheffel Körner kamen heraus dabei. »Was mach' ich denn jetzt mit den drei Scheffeln Reis?« überlegte er. »Ich will mal sehen, was meine Schwiegertöchter damit anfangen können.«

Drei Schwiegertöchter hatte er, die rief er zu sich. »Es gibt eigentlich nichts Besonderes. Warum ich euch gerufen habe – ich habe Reisähren gesammelt, drei Scheffel Reis sind dabei herausgekommen, jeder von euch will ich einen Scheffel davon geben. Bis zu meinem sechzigsten Geburtstag sind noch zehn Jahre geblieben. Mit dem Reis, den ich euch gebe, sollt ihr mir in zehn Jahren das Geburtstagsfest ausrichten!« Die älteste Schwiegertochter nahm den Reis entgegen, packte ihn ein, fing an zu lachen dabei und setzte sich nebenhin. Die zweite Schwiegertochter trat vor, bekam ihren Reis und setzte sich auch lachend hin. Die jüngste aber, die nahm vorsichtig mit zwei Händen den Reis entgegen, schürzte ihren Rock um, da hinein tat sie den Reis und ging nach draußen. Die anderen beiden folgten ihr, sie warfen den Reis achtlos in den Hof, die Hühner, die Vögel haben ihn aufgefressen.

Das war im Winter, es hatte viel geschneit. Die jüngste Schwiegertochter dachte nach, was sie anfangen konnte mit ihrem Reis. Im Hof kehrte sie den Schnee weg, dort streute sie die Reiskörner auf den Boden und fing ein paar Vögel, die kamen, den Reis aufzupicken. Die Beine hat sie ihnen festgebunden, dann die ganze Vogelschar vorm Haus festgemacht. Die Nachbarskinder sahen ihr dabei zu. »Tante, gebt mir doch einen von den Vögeln!« – »Mir gebt auch einen!« – »Mir auch!« – »Warum soll ich euch keinen Vogel geben? Aber ihr müßt nach Hause gehen und mir dafür ein Hühnerei bringen, gelt?« Die Kinder liefen nach Hause, jedes holte ein Ei, das tauschten sie gegen einen Vogel.

Weil es in ihrem Haus keine Henne gab, konnte die Schwiegertochter dort die Eier nicht ausbrüten lassen. Da hörte sie aus einem Hof das Glucken einer Henne, die wohl auf ihren Eiern saß und sie ausbrütete. Dort ging sie hin und bat darum, ein Ei mit ausbrüten lassen zu dürfen. In ein zweites Haus ging sie mit der gleichen Bitte, in ein drittes, alle drei Eier wurden ausgebrütet. Später holte sie dann drei Küken ab, nahm sie mit nach Hause und zog sie groß. Als die Küken groß genug waren, um selbst Eier zu legen, begann die Schwiegertochter, mit Eiern zu handeln, und verdiente Geld damit. Das sparte sie sorgfältig, bis es genug war, ein kleines Schwein zu kaufen. Das fütterte sie, auch das Schwein wurde groß, bekam Junge, im Lauf der Zeit fünfzig an der Zahl. Ein paar davon gab sie anderen zum Aufziehen, die meisten behielt sie selbst, und als sie alle groß genug waren, hat sie die Tiere verkauft.

Vom Erlös kaufte sie eine Ziege. Die bekam Junge, die wurden groß, hatten selbst auch schon wieder Junge – die verkaufte sie, kaufte ein Kalb, auch das wurde groß. Und so besaß sie, zehn Jahre nachdem sie von ihrem Schwiegervater den Reis bekommen hatte, zehn Kühe!

Der sechzigste Geburtstag des Schwiegervaters kam, am Morgen rief sie den Kuhhirten. »Die Kühe, die treib zum Haus des Schwiegervaters, bis vor sein Zimmer!« Große Kühe gab es, kleine Kühe gab es, der ganze Hof stand voll davon, dichtgedrängt. »Was sind denn das für Kühe?« – »Ja, die hat die Schwiegertochter hierhertreiben lassen.« – »Woher hat denn die Schwiegertochter so viele Kühe?«, doch da kam schon die Schwiegertochter selbst herein. »Vater, aus dem einen Scheffel Reis, das Ihr mir damals gegeben habt, sind jetzt so viele Kühe geworden. Wenn Ihr ein paar davon für das Festmahl schlachten wollt, sagt nur, welche es sein sollen. Ich will schnell den Metzger holen, der soll sie auf der Stelle schlachten!«

Die fetteste Kuh hat der Schwiegervater ausgesucht und sie schlachten lassen, es wurde ein großartiges Geburtstagsfest. Die Schwiegertochter aber, die hat von da an mit ihrem Mann noch lange glücklich gelebt.

So wird in Korea erzählt.

In die weite Welt hinaus

Homer hat mit seiner *Odyssee* ein Beispiel raffinierter Erzählkunst geliefert, das bis heute seinesgleichen sucht. Neben allen anderen erzähleri-
schen Themen hat mich, spätestens seit ich eigene Kinder hatte, die Begegnung zwischen Odysseus und dessen Sohn Telemach besonders
interessiert; eine Begegnung, die lange vorbereitet wird und sich als eine
zweifache Heldenreise darstellt, besser: als eine Heldenreise und eine
Parodie auf dieselbe.

Telemach hat seinen Vater nie gesehen. Als der Krieg um Troja ausbrach, war er ein Säugling. Zehn Jahre dauerte der Krieg, zehn Jahre die
Irrfahrten des Odysseus. Penelope, Telemachs Mutter, wird von einer
großen Schar von Freiern umlagert, die sich im Palast des Odysseus
breitmachen und den Reichtum des Königs von Ithaka aufzehren. Als die
Geschichte einsetzt, ist Telemach in einem Alter, das ihn selbst zum König befähigt. Da beschließen die Freier, allen voran der aufbrausende
Antinoos, ihn zu töten. Die Göttin Pallas Athene erscheint Telemach im
Körper seines Lehrers Mentor und fordert ihn auf, die Stadt zu verlassen
und nach seinem Vater zu suchen.

Wo soll er ihn suchen? Überall. Für Telemach heißt das, er soll sein
Haus, seine Heimat, seine Freunde verlassen, er soll seine Gewohnheiten
ablegen, soll auf vermeintliche Sicherheiten verzichten; kurz: Er soll in
die weite Welt hinaus.

Joseph Campbell, der amerikanische Mythen- und Erzählforscher,
hat, in Berufung auf C. G. Jung, eine Theorie der Heldenreise entwickelt;

das heißt, er hat die verschiedenen Abenteuer und Lebensläufe von Helden aus verschiedenen Mythen- und Märchenkreisen miteinander verglichen und dabei Gemeinsamkeiten entdeckt, die ihn vermuten ließen, die meisten großen Heldengeschichten, wenn nicht sogar alle, folgten einem bestimmten Schema. Der Held wird aufgerufen, in die Welt hinauszuziehen, um eine bestimmte Aufgabe zu erfüllen. Telemach soll seinen Vater suchen; Herakles muss seine zwölf Arbeiten verrichten, um Sühne zu tun, weil er im Wahn seine Kinder ermordet hat; Theseus muss sich auf die Suche nach seinem Vater machen, um König von Athen zu werden; Jason soll das Goldene Vlies nach Iolkos holen; Äneas zieht mit den letzten Überlebenden Trojas durch die Welt, um eine neue Heimat zu finden. Auch die Geschichte von Jesus zeigt die Struktur einer klassischen Heldenreise, vielleicht sogar noch deutlicher und reiner als die genannten. Dem Helden werden Freund und Berater zur Seite gestellt – Telemach und Mentor, Gilgamesch und Enkidu, Herakles und Hylas, Theseus und Peirithoos, Jason und seine Argonauten, Jesus und Johannes der Täufer und später die Aposteln. In manchen Geschichten muss der Held in die Unterwelt hinabsteigen, um die Toten zu besuchen, aber er kehrt zurück – dies trifft auf Herakles, Theseus, Äneas, Gilgamesch und in ironisierter Form auch auf Odysseus zu, und folgt man dem katholischen Glaubensbekenntnis, auch auf Jesus. Der Höhepunkt jeder Heldenreise ist der Kampf gegen den Widersacher. Im Fall von Herakles, dem Prototypen der Gattung, sind es die Giganten, die zu besiegen er gemacht wurde, denn Gaia, die Mutter Erde, hat diese Unwesen so ausgestattet, dass sie von den unsterblichen Göttern nicht besiegt werden können. Siegfried trifft auf den Drachen, Odysseus plagt sich mit dem Meeresgott Poseidon, Jesus mit der römischen Besatzungsmacht und manchen Mitgliedern des Sanhedrin.

In mehr oder weniger abgewandelter Form läuft die Geschichte der genannten Helden nach einem ähnlichen Muster ab. Der Hollywood-Drehbuchautor Christopher Vogler kam auf die Idee, Campbells Theorie für seine Branche zu nutzen. Sein Buch *The Writer's Journey* gilt als Standardwerk der Filmerzählung.

Aber bleiben wir bei Homer. Er beginnt seine *Odyssee* mit der Heldenreise des Telemach. Von den vierundzwanzig Gesängen des Epos erzählen die ersten vier vom Sohn; der Vater kommt darin kaum vor –

und ist in seiner Abwesenheit präsenter, als er es in seiner Leibhaftigkeit sein könnte, denn alles dreht sich um ihn, alles geschieht seinetwegen.

Betrachten wir die sogenannten Irrfahrten des Odysseus genauer, so sehen wir, dass er von den zehn langen Jahren nur knapp eineinhalb in der Welt herumgeirrt ist; sieben Jahre verbringt er bei Kalypso, fast zwei Jahre war er bei Kirke, beiden ist er Bettgenosse. Seine Heldenreise führt ihn nicht in die weite Welt hinaus, sondern ihr Ziel ist es, endlich nach Hause zurückzukehren. Das allein macht seine Reise schon zur Parodie; außerdem dürfen wir zweifeln, ob er die Abenteuer, die ganz dem Muster der klassischen Heldenreise entsprechen, tatsächlich erlebt hat. Homer jedenfalls wechselt bei der Beschreibung derselben die Erzählperspektive. Für die Begegnung mit Polyphem und den Sirenen, mit Skylla und Charybdis, mit den Kikonen und den Lotophagen, mit dem Windgott Aiolos und den Laistrygonen wollte der Dichter nicht gerade stehen; er überlässt es dem Odysseus, diese Abenteuer vor den staunenden Phäaken selbst zu erzählen. Homer hat auf diese Art eine Sammlung der schönsten Märchen in der Handlung untergebracht und hat sich – so meine Meinung – zugleich über den klassischen Helden und seine Bewährungsreise ein bisschen lustig gemacht.

Die Heldenreise des Sohnes endet enttäuschend, das heißt realistisch. Telemach findet seinen Vater nicht. Die Welt ist zu groß, der Mensch zu klein. Auf Ithaka treffen die beiden zusammen. Der einst mutlose, verweichlichte Sohn steht dem von Krieg und Enttäuschung gezeichneten Vater gegenüber.

Wenn der Held im Märchen in die weite Welt hinauszieht, so ist sein Ziel, wieder nach Hause zurückzukehren.

Die Geschichte von Robin Hood, dem Hauptmann der lustigen Geächteten vom Sherwood-Wald

*R*obin Hood wurde in einem Dorf in Nottinghamshire geboren. Sein Vater war Förster, und er hatte einen reichen alten Onkel, den Gutsherrn Gamewell, der war ein Bruder seiner Mutter und wohnte etwa zwanzig Meilen weit weg. Als Robin Hood ungefähr dreizehn Jahre alt war, wurde beschlossen, daß er zu Weihnachten seinen Onkel besuchen sollte, und er machte sich zu Pferd auf, und seine Mutter saß hinter ihm. Als sie auf Gut Gamewell ankamen, hieß sie der Gutsherr herzlich willkommen. Er hatte eine große Gesellschaft in seinem Haus, und sie verbrachten den Tag mit viel lustiger Unterhaltung. Hier war es, wo sich Robin mit Klein John anfreundete, nach dem sein Onkel gesandt hatte, damit er sie mit seinen spaßigen Possen unterhalte. Aber die ganze Gesellschaft war erstaunt, als Robin aufstand und ihm alle Kniffe nachmachte und dazu noch besser als er. Der Gutsherr war von seinem Neffen so entzückt, daß er versprach, ihn zu seinem Erben einzusetzen, wenn er auf Gamewell bleiben wollte. Einmal war Robin fort, um seinen Vater zu besuchen, da wurde der Gutsherr plötzlich krank, und man sandte einen Boten, der ihn eiligst heimholen sollte. Inzwischen fühlte der Gutsherr, daß er sterben müsse, und schickte nach einem Mönch, damit er mit dem Himmel seinen Frieden machen könnte. Und dieser Mönch brachte ihn dazu, ein Dokument zu unterzeichnen, mit dem er alles, was er hatte, der Kirche übereignete. Als Robin auf dem Gut ankam, war sein Onkel tot, und die Mönche, die das Haus in Besitz genommen hatten, schlossen ihm die Tür vor der Nase und wollten ihm gar nichts geben. Das war ein schwerer Schlag für den armen Robin, denn er war als Edelmann erzogen worden und hatte kein Handwerk gelernt und war nicht imstande, sich seinen Unterhalt zu verdienen. Als er vom Gut ging, traf er Klein John, der auf ihn wartete. Sie waren entschlossen, ihr Glück gemeinsam zu suchen, und kamen überein, in den Sherwood-Wald zu gehen und dort von dem zu leben, was sie sich mit ihren Bogen beschaffen konnten. Bald zog sein Ruhm eine Anzahl junger Männer an, die sich seiner Bande anschlossen.

Obgleich der Wald reich war an Wild, meinte Robin doch, daß sie auch noch anderes brauchten, was ohne Geld nicht zu besorgen war; und weil er dachte, daß ihn die Mönche, die ihn seines Besitzes beraubt hatten, eigentlich damit versehen müßten, forderte er von jedem Priester eine Abgabe.

Eines Tages traf er am Rande des Waldes zwei wohlberittene Priester. Er brauchte ein Pferd und beschloß, die beiden Pater zu berauben. Er packte ihre Zügel und befahl ihnen abzusteigen. Aber der eine hieb wild mit dem Peitschengriff nach Robin, der fing den Schlag mit seinem Stock auf und brachte den Priester rasch zu Boden. Da baten die Priester um Gnade, aber sie sagten, sie hätten kein Geld. Robin war aber nicht damit zufrieden und befahl ihnen, sogleich auf die Knie zu fallen und um die Summe zu beten, die er brauche. Vor lauter Furcht konnten sie sich nicht weigern, das zu tun. Und als sie gebetet hatten und noch kein Geld zum Vorschein gekommen war, durchsuchte er beide und fand in ihren Taschen fünfzig Goldstücke.

Robin Hood liebte einen guten Spaß geradeso wie eine gute Beute; eines Tages traf er einen fröhlich dreinschauenden Metzger auf einem Pferd mit Tragkörben an jeder Seite, der war auf dem Weg zum Markt in Nottingham. Robin handelte ihm den Gaul und die Körbe ab, und sie tauschten ihre Kleider. Der Metzger hatte die schöne scharlachrote Uniform von Robin angezogen, und Robin, der wie ein Metzger gekleidet war und auch so zu Pferde saß, ritt stracks zum Markt in Nottingham. Dort mietete er einen Stand und begann sein Fleisch zu veräußern. Er gab für einen Penny mehr her, als die Metzger für fünf hergeben konnten, und so verkauften sie nichts. Die Metzger hielten ihn für einen Verschwender ohne Verstand und nahmen an, sie könnten mit ihm ein gutes Geschäft machen. Sie baten ihn daher, mit ihnen zu essen. Robin willigte ein, und nach dem Mahl bestand er darauf, die Rechnung zu bezahlen. Kaum hatte das der Friedensrichter beobachtet – ein schlauer alter Geizhals, der sowohl über den Markt als auch über das Wirtshaus gebot –, da beschloß er auch schon, einen Vorteil daraus zu ziehen, und er sagte zu ihm: »Mein guter Mann, habt Ihr irgendwelches Hornvieh zu verkaufen?« – »Ja, mein guter Herr Friedensrichter«, antwortete Robin Hood, »wenn es Euch gefällig ist, mitzukommen und es anzuschauen.« Der Friedensrichter befahl sogleich, sein Pferd herauszuführen, und ritt mit Robin Hood davon. Als sie in den Wald von Sherwood hineinritten, sahen sie eine Gruppe von feisten Hirschen hin und her springen. »Wie gefällt Euch mein Hornvieh, Herr Friedensrichter?« sagte Robin. »Dies ist das Vieh, von dem ich Euch erzählt habe.« – »Um die Wahrheit zu sagen«, antwortete der, »mir gefällt Eure Gesellschaft nicht sehr, und ich wollte, ich wäre wieder sicher in Nottingham.« Robin blies dreimal auf seinem Horn, und sogleich erschien Klein John mit einer Schar der lustigen Männer. »Hier, Kameraden«, sagte Robin, »habe ich den Friedensrichter von Nottingham mitgebracht, damit er heute mit euch speist, und ich hoffe, er wird für sein Mahl bezahlen.« Sehr gegen seine Neigung wurde der Friedensrichter gezwungen, mitzugehen und mit ihnen zu speisen. Nach der Bewirtung erleichterte ihn Robin um die dreihundert Pfund, die er im Beutel hatte, um den beabsichtigten Kauf zu bezahlen. Dann setzte er ihn auf sein Pferd, führte ihn aus dem Wald heraus und bat ihn, seiner Frau eine freundliche Empfehlung zu bestellen. Der Bischof von Hereford unternahm mehrere Fahrten in den Wald von Sherwood, um Robin gefangenzunehmen und ihn an den Galgen zu bringen. Eines Tages sah Robin, wie der Bischof mit sechs seiner Leute ihn verfolgte. Da er keine Zeit zu verlieren hatte, lief er weiter, bis er die Hütte einer armen alten Frau erreichte. Er stürzte hinein und bat sie, sein Leben zu retten. Sie tauschte sofort ihre Kleider mit ihm, und als der Bischof mit seinen Männern hereinkam, ging Robin an ihnen vorbei und entkam.

Als der Bischof die Hütte betreten hatte, ergriff er die alte Frau in Robins Kleidern und sagte: »Ich weiß, du bist einer von Robin Hoods Bande, deshalb bring' mich dorthin, wo er ist, dann soll dir dein Leben geschenkt werden.« Die alte Frau willigte ein, ihn hinzubringen, sie waren rasch aufgesessen und ritten zu einer Lichtung im Wald, dort waren alle Bogenschützen von Robin aufgestellt. Der Bischof wendete und wollte davonreiten, aber Robin holte ihn vom Pferd herunter und zwang ihn, mitzugehen und an ihrem fröhlichen Festmahl teilzunehmen. Nach dem Essen erleichterten sie ihn um fünfhundert Pfund als Bezahlung seiner Rechnung, dann führten sie ihn und sein Gefolge zur Landstraße. Dort ließen die Bogenschützen sie dreimal hochleben und kehrten in den Wald zurück.

Als Robin und seine lustigen Männer eines Tages so dahingingen, zog Klein John Bettlerkleider an, um seine Gefährten zu unterhalten. Er war noch nicht weit gegangen, da überholte er vier Bettler, von denen war einer taub, einer blind, und die beiden andern waren lahm. Kaum trafen sie zusammen, da fingen sie schon Streit an, denn Bettler sind sehr eifersüchtig auf andere, die sie auf ihren Wegen belästigen. Einer von ihnen schlug mit seiner Krücke nach Klein John, und der gab die Artigkeit unverzüglich zurück, auch wenn sie vier gegen einen waren.

John kniff den Stummen, da brüllte der,
und den Blinden, den ließ er sehn;
und der ein Krüppel seit sieben Jahrn,
der konnte schneller als John jetzt gehn.

Nach diesem Treffen durchsuchte er die Bündel der Bettler und fand dreihundert Pfund Gold in ihren Mänteln eingenäht. König Richard hatte oft von der wunderbaren Geschicklichkeit Robin Hoods und seiner Bande gehört und von ihren großmütigen Taten, und er begehrte sie zu sehen. Als Mönche verkleidet bestiegen der König und zwölf seiner Hofleute in seiner Begleitung die Pferde und machten sich auf zum Wald. König Richard ritt vornweg, Robin hielt ihn für den Abt und ergriff sein Pferd beim Zügel und sagte: »Bleibt stehen, Abt, und gebt Euer Geld heraus. Es war ein Mönch, der mich zugrunde gerichtet hat, und ich habe geschworen, keinen von Eurer Bruderschaft zu verschonen.« – »Wir sind aber Sendboten des Königs«, sagte Richard. Als Robin das hörte, ließ er den Zügel los und sagte: »Gott sei mit ihm! Und möge er all seine Feinde verderben!«

Der König sagte zu Robin Hood: »Nun, du wackerer Bursche, wenn ich Begnadigung für dich und deine Männer erwirken könnte, würdet ihr dann zu treuen Untertanen?« Dies war Robins größter Herzenswunsch, und so antwortete er: »Abt, ich bin diese Art Leben müde, und der König würde in uns die treuesten und friedvollsten Untertanen finden.« – »Sieh deinen König an!« sagte Richard und machte den Mönchsumhang ein wenig auf, so daß der Stern und andere königliche Abzeichen zu sehen waren. Sogleich fielen Robin und seine Bogenschützen auf die Knie vor ihm. »Steht auf, meine wackeren Burschen, euer Anführer ist nun Graf von Huntingdon, und das steht ihm mit Recht zu als dem nächsten Erben des letzten Grafen. Ich gebe euch der menschlichen Gesellschaft wieder zurück und verzeihe euch aus freien Stücken alle eure früheren Vergehen.«

So wird in England erzählt.

Hans im Glück

*H*ans hatte sieben Jahre bei seinem Herrn gedient, da sprach er zu ihm: »Herr, meine Zeit ist herum, nun wollte ich gern wieder heim zu meiner Mutter, gebt mir meinen Lohn.« Der Herr antwortete: »Du hast mir treu und ehrlich gedient, wie der Dienst so soll der Lohn sein«; und gab ihm ein Stück Gold, das so groß als Hansens Kopf war. Hans zog sein Tüchlein, wickelte den Klumpen hinein, setzte ihn auf die Schulter und machte sich auf den Weg nach Haus. Wie er so dahin ging und immer ein Bein vor das andere setzte, kam ihm ein Reiter in die Augen, der frisch und fröhlich auf einem muntern Pferd vorbeitrabte. »Ach«, sprach Hans ganz laut, »was das Reiten ein schönes Ding ist, da sitzt einer wie auf einem Stuhl, stößt sich an keinem Stein, spart die Schuh und kommt fort, er weiß nicht, wie!« Der Reiter, der das gehört hatte, rief ihm zu: »Ei, Hans, warum läufst du auch zu Fuß?« – »Ach, da muß ich den Klumpen heimtragen, es ist zwar Gold, aber ich kann den Kopf dabei nicht gerad halten, und es drückt mir auf die Schulter.« – »Weißt du was«, sagte der Reiter und hielt an, »wir wollen tauschen, ich geb' dir mein Pferd, und du gibst mir deinen Klumpen.« – »Von Herzen gern«, sprach Hans, »aber ich sag' Euch, Ihr müßt Euch damit schleppen.« Der Reiter stieg ab, nahm das Gold und half dem Hans hinauf, gab ihm die Zügel fest in die Hände und sprach: »Wenn's nun recht geschwind soll gehen, so mußt du mit der Zunge schnalzen und hopp, hopp! rufen.«

Hans war seelenfroh, als er auf dem Pferd saß und so frank und frei dahin ritt. Über ein Weilchen fiel's ihm ein, es sollte noch schneller gehen, und er fing an, mit der Zunge zu schnalzen und hopp, hopp! zu rufen. Das Pferd setzte sich in starken Trab, und eh' sich's Hans versah, war er abgeworfen und lag in einem Graben, der die Äcker von der Landstraße trennte. Das Pferd wär' auch durchgegangen, wenn es nicht ein Bauer aufgehalten hätte, der des Weges kam und eine Kuh vor sich trieb. Hans suchte seine Glieder zusammen und machte sich wieder auf die Beine. Er war aber verdrießlich und sprach zu dem Bauer: »Es ist ein schlechter Spaß das Reiten, dazu, wenn man auf so eine Mähre gerät wie diese, die stößt und einen herabwirft, daß man den Hals brechen kann; ich setze mich nun und nimmermehr wieder auf. Da lob' ich mir Eure Kuh, da kann einer mit Gemächlichkeit hinter hergehen und hat obendrein seine Milch, Butter und Käse jeden Tag gewiß. Was gäb' ich drum, wenn ich so eine Kuh hätte!« – »Nun«, sprach der Bauer, »geschieht Euch so ein großer Gefallen, so will ich Euch wohl die Kuh für das Pferd vertauschen.« Hans willigte mit tausend Freuden ein; der Bauer schwang sich aufs Pferd und ritt eilig davon.

Hans trieb nun seine Kuh ruhig vor sich her und bedachte den glücklichen Handel. »Hab' ich nur ein Stück Brot, und daran wird mir's doch nicht fehlen, so kann ich, sooft mir's beliebt, Butter und Käse dazu essen; hab' ich Durst, so melk' ich meine Kuh und trinke Milch: Herz, was verlangst du mehr?« Als er zu einem Wirtshaus kam, machte er halt, aß in der großen Freud alles, was er bei sich hatte, sein Mittags- und Abendbrot rein auf und ließ sich für seine letzten paar Heller ein halbes Glas Bier einschenken. Dann trieb er seine Kuh weiter, immer nach dem Dorfe seiner Mutter zu. Die Hitze wurde aber drückender, je näher der Mittag kam, und Hans befand sich in einer Heide, die wohl noch eine Stunde dauerte. Da ward es ihm ganz heiß, so daß ihm vor Durst die Zunge am Gaumen klebte. Dem Ding ist zu helfen, dachte Hans, jetzt will ich meine Kuh melken und mich an der Milch laben. Er band sie an einen dürren Baum und stellte seine Ledermütze unter, aber sosehr er sich auch abmühte, es kam kein Tropfen Milch zum Vorschein. Weil er sich aber ungeschickt dabei anstellte, so gab ihm das ungeduldige Tier endlich mit einem der Hinterfüße einen solchen Schlag vor den Kopf, daß er zu Boden taumelte und eine Zeitlang sich gar nicht besinnen konnte, wo er war. Glücklicherweise kam gerade ein Metzger des Weges, der auf einem Schubkarren ein junges Schwein liegen hatte. »Was sind das für Streiche?«, rief er und half dem guten Hans auf. Hans erzählte, was vorgefallen war. Der Metzger reichte ihm seine Flasche und sprach: »Da trinkt einmal und erholt Euch; die Kuh will Euch wohl keine Milch geben, das ist ein altes Tier, das höchstens noch zum Ziehen taugt oder zum

Schlachten.« – »Ei, ei«, sprach Hans und strich sich die Haare über den Kopf, »wer hätte das gedacht! Es ist freilich gut, wenn man so ein Tier ins Haus abschlachten kann, was gibt's für Fleisch! Aber ich mache mir aus dem Kuhfleisch nicht viel, es ist mir nicht saftig genug. Ja, wer so ein junges Schwein hätte, das schmeckt anders, dabei noch die Würste!« – »Hört, Hans«, sprach da der Metzger, »Euch zulieb will ich tauschen und will Euch das Schwein für die Kuh lassen.« – »Gott lohn Euch Eure Freundschaft«, sprach Hans, übergab ihm die Kuh und ließ sich das Schweinchen vom Karrn losmachen und den Strick, woran es gebunden war, in die Hand geben.

Hans zog weiter und überdachte, wie ihm doch alles nach Wunsch ginge; begegnete ihm je eine Verdrießlichkeit, so würde sie doch gleich wiedergutgemacht. Es gesellte sich darnach ein Bursch zu ihm, der trug eine schöne, weiße Gans unter dem Arm. Sie boten einander die Zeit und Hans fing an, ihm von seinem Glück zu erzählen und wie er immer so vorteilhaft getauscht hätte. Der Bursch sagte, daß er die Gans zu einem Kindtaufsschmaus bringe: »Hebt einmal«, fuhr er fort und packte sie bei den Flügeln, »wie sie schwer ist, sie ist aber auch acht Wochen lang genudelt worden. Wer in den Braten beißt, muß sich das Fett von beiden Seiten abwischen.« – »Ja«, sprach Hans und wog sie mit der einen Hand, »die hat ihr Gewicht, aber mein Schwein ist auch keine Sau.« Indessen sah sich der Bursch nach allen Seiten ganz bedenklich um, schüttelte auch wohl mit dem Kopf. »Hört«, fing er darauf an, »mit Eurem Schweine mag's nicht ganz richtig sein. In dem Dorfe, durch das ich gekommen bin, ist eben dem Schulzen eins aus dem Stall gestohlen worden. Ich fürchte, ich fürchte, Ihr habt's da in der Hand, es wäre ein schlimmer Handel, wenn sie Euch damit fänden, das geringste ist, daß Ihr ins finstere Loch gesteckt werdet.« Dem guten Hans ward bang: »Ach Gott«, sprach er, »helft mir aus der Not, Ihr wißt hier herum besser Bescheid, nehmt mein Schwein da und laßt mir Eure Gans.« – »Ich muß schon etwas aufs Spiel setzen«, antwortete der Bursche, »aber ich will doch nicht schuld sein, daß Ihr ins Unglück geratet.« Er nahm also das Seil in die Hand und trieb das Schwein schnell auf einem Seitenweg fort; der gute Hans aber ging seiner Sorgen entledigt mit der Gans unter dem Arm seiner Heimat zu. »Wenn ich's recht überlege«, sprach er mit sich selbst, »habe ich noch Vorteil bei dem Tausch, erstlich den guten Braten, hernach die Menge von Fett, die herausträufeln wird, das gibt Gänsfettbrot auf ein Viertel Jahr, und endlich die schönen weißen Federn, die lass' ich mir in mein Kopfkissen stopfen, und darauf will ich wohl ungewiegt einschlafen. Was wird meine Mutter eine Freude haben!«

Als er durch das letzte Dorf gekommen war, stand da ein Scherenschleifer mit seinem Karren und sang zu seiner schnurrenden Arbeit:

»Ich schleife die Schere und drehe geschwind,
und hänge mein Mäntelchen nach dem Wind!«

Hans blieb stehen und sah ihm zu; endlich redete er ihn an und sprach: »Euch geht's auch wohl, weil Ihr so lustig bei Eurem Schleifen seid.« – »Ja«, antwortete der Scherenschleifer, »das Handwerk hat einen güldenen Boden. Ein rechter Schleifer ist ein Mann, der, sooft er in die Tasche greift, auch Geld darin findet. Aber wo habt Ihr die schöne Gans gekauft?« – »Die hab' ich nicht gekauft, sondern für mein Schwein eingetauscht.« – »Und das Schwein?« – »Das hab' ich für eine Kuh gekriegt.« – »Und die Kuh?« – »Die hab' ich für ein Pferd bekommen.« – »Und das Pferd?« – »Dafür hab' ich einen Klumpen Gold so groß als mein Kopf gegeben.« – »Und das Gold?« – »Ei, das war mein Lohn für sieben Jahre Dienst.« – »Ihr habt Euch jederzeit zu helfen gewußt«, sprach der Schleifer, »könnt Ihr's nun dahin bringen, daß Ihr das Geld in der Tasche springen hört, wenn Ihr aufsteht, so habt Ihr Euer Glück gemacht.« – »Wie soll ich das anfangen?«, sprach Hans. »Ihr müßt ein Schleifer werden wie ich, dazu gehört eigentlich nichts als ein Wetzstein, das andere findet sich schon von selbst. Da hab' ich einen, der ist ein wenig schadhaft, dafür sollt Ihr mir aber auch weiter nichts als Eure Gans geben, wollt Ihr das?« – »Wie könnt Ihr noch fragen«, antwortete Hans, »ich werde ja zum glücklichsten Menschen auf Erden, hab' ich Geld, sooft ich in die Tasche greife, was brauche ich da zu sorgen!«, und reichte ihm die Gans hin. »Nun«, sprach der Schleifer und hob einen schweren, gewöhnlichen Feldstein, der neben ihm lag, auf, »da habt Ihr auch noch einen tüchtigen Stein dazu, auf dem sich's gut schlagen läßt und Ihr Eure alten Nägel gerad klopfen könnt. Nehmt ihn und hebt ihn ordentlich auf.«

Hans lud den Stein auf und ging mit vergnügtem Herzen weiter, seine Augen leuchteten vor Freude und er sprach für sich: »Ich muß in einer Glückshaut geboren sein, alles, was ich wünsche, trifft mir ein wie einem Sonntagskind.« Indessen, weil er seit Tagesanbruch auf den Beinen gewesen, begann er müd zu werden; auch plagte ihn der Hunger, da er allen Vorrat auf einmal in der Freude über die erhandelte Kuh aufgezehrt hatte. Er konnte endlich nur mit Mühe weitergehen und mußte jeden Augenblick haltmachen, dabei drückten ihn die Steine ganz erbärmlich. Da konnte er sich des Gedankens nicht erwehren, wie gut es wäre, wenn er sie gerade jetzt nicht zu tragen brauchte. Wie eine Schnecke kam er zu einem Feldbrunnen geschlichen, da wollte er ruhen und sich mit einem frischen Trunk laben; damit er aber die Steine im Niedersitzen nicht beschädigte, legte er sie bedächtig neben sich auf den Rand des Brunnens. Darauf drehte er sich um und wollte sich zum Trinken bücken, da versah er's, stieß ein klein wenig an, und beide Steine plumpsten hinab. Hans, als er sie mit seinen Augen in die Tiefe hatte versinken sehen, sprang vor Freuden auf, kniete dann nieder und dankte Gott mit Tränen in den Augen, daß er ihm auch diese Gnade erwiesen und auf eine so gute Art von den Steinen befreit, das sei das einzige, was ihm noch zu seinem Glück gefehlt. »So glücklich wie ich«, rief er aus, »gibt es keinen Menschen unter der Sonne.« Mit leichtem Herzen und frei von aller Last sprang er nun, bis er daheim bei seiner Mutter war.

So erzählen uns die Brüder Grimm.

Vom Knaben, der träumte

Zu der Zeit, als es noch keine richtigen Schulen gab, wurden einmal zwölf Kinder daheim unterrichtet. Am zweiten Tag des ersten Monats bekamen sie von ihrem Lehrer die Aufgabe gestellt, den ersten Traum im neuen Jahr, den sie geschaut hatten, zu erzählen. »Ich habe diesen Traum gehabt, ich habe jenen Traum gehabt!«, so riefen alle und erzählten. Ein Kind aber sprach· »Auch ich habe einen Traum gehabt, aber ich erzähle ihn nicht!«, und es wollte um keinen Preis sprechen. »Zu sagen, daß du ihn nicht erzählen willst, das ist ungezogen! Sprich!« – »Nein, ich rede auf keinen Fall!« – »Wenn du ihn nicht erzählst, setzen wir dich in einen ausgehöhlten Baumstamm und lassen dich forttreiben. Willst du trotzdem nichts sagen?« – »Nein, ich erzähle ihn nicht!« Da befestigten sie an einem viereckigen Fahrzeug an den vier Seiten Metallstangen, setzten ihn in diesen Bottich, den sie in die reißende Strömung wendeten, so daß er nie das Land erreichte; Früchte der Sagopalme gaben sie ihm zum Essen mit und ließen ihn forttreiben.

Der Traum aber, den der Knabe gesehen hatte, war ein Traum, in dem er, die Hände auf zwei Frauen gelegt, eine Brücke überquerte. Um die Geschichte kurz zu machen: Am sechzehnten Tag des ersten Monats trieb das Fahrzeug hin zu der Dämoneninsel. An ihrer Steilküste legte es polternd an. Als nun die Dämonen jenes Schifflein entdeckten und in Besitz nehmen wollten, stand am Bug des Bottichs geschrieben: »Wer diesem hilft, bringt Tod über seine ganze Familie und den ganzen Clan bis hin zu den Vettern!« Am Heck aber stand geschrieben: »Wer diesem hilft, bringt seiner ganzen Familie und dem ganzen Clan bis hin zu den Vettern ein Leben in Glück!« – »Schaut! Schaut!« riefen die Dämonen und zogen das Fahrzeug an Land. Da zerbrach das Schiff in zwei Teile, und weil aus ihrer Mitte der Knabe herauskam, beschlossen sie, ihn einzufangen. Dann aber sprach der erste Dämon: »Schade! Wenn wir ihn auffressen, werden wir von unserem Anführer gescholten!« Und so berichteten sie zuerst ihrem Anführer. »Das war recht getan! Bringt

ihn auf einem Schneidebrett und dazu ein Fischmesser!« befahl
dieser darauf. Der Knabe aber schrie: »Wartet! Wenn ich erst zer-
schnitten und zerteilt bin, ist es zu spät! Augenblicklich möchte ich
euren Anführer sprechen! Bringt mich zu ihm!« Da geleiteten die
Dämonen den Knaben zum Haus ihres Anführers. Als er nun zu
dessen Haus kam, sprach er: »Ich bin mit zwei anderen eine Wette
eingegangen: Wir haben abgemacht, daß der erste zum Palast des
Drachenkönigs geht, der zweite in die Hölle und ins Paradies und
ich eben hierher gehe. Wenn wir die Schatzstücke gesehen hatten,
wollten wir zurückkehren. Nun möchte ich vor meinem Tode gern
die Schätze sehen, dann will ich sterben. Denn wenn ich sterbe,
nachdem ich sie gesehen habe, kann ich im Jenseits davon berichten.« Daraufhin holte der Anführer drei Stäbe und zeigte sie ihm:
»Der erste wird ›Tausend-Meilen-Stab‹ genannt, denn sagt man:
Tausend Meilen, so fliegt man tausend Meilen. Der nächste wird
›Lebensstab‹ genannt, denn streicht man damit über den Körper
eines Toten, so kehrt er ins Leben zurück. Der letzte heißt ›Seh-
und Hörstab‹. Durch ihn versteht man die Sprache der Vögel und
Vierfüßler.« So belehrte er ihn. »Laß sie mich doch einmal mit den
Händen berühren! Als wir drei uns getroffen hatten, war nämlich
behauptet worden, daß du nicht einmal gestatten würdest, sie in
die Hand zu nehmen.« – »Du darfst sie anfassen, aber faß sie an,
ohne ein Wort zu sagen!« Der Knabe hatte sie aber kaum in die
Hand genommen, als er auch schon »Tausend Meilen! Tausend
Meilen!« rief und bis in seine Heimat Osaka zurückflog.

Als er nun am Tor seines Hauses in Osaka ankam, saßen da
zwei Raben. Er hielt den »Seh- und Hörstab« ans Ohr und lauschte.
»Die einzige Tochter des Edelmannes aus dem Westen liegt im
Sterben. Schnell! Eile! Eile!«, so sprachen sie.

Hurtig machte sich der Knabe auf den Weg zum Haus des Edelmannes aus dem Westen, und dort sah er, daß am Fluß etwa zehn
Frauen bereits den Reis für die Zeremonie des »Bootfortschickens«
wuschen. »Ich bin ein Wunderpriester und möchte die verstorbene
Tochter sehen!« forderte er. Da hörte eine Frau auf, Reis zu waschen, und geleitete den Knaben zu dem Haus des Edelmannes.
Dieser freute sich und bat: »Untersuche sogleich meine Tochter!«

Der Knabe antwortete: »Wenn sie es ist, die soeben verstorben ist, so will ich sie untersuchen.« Und er stellte rings um die Tote Wandschirme auf und strich mit dem Lebensstab über sie. Da schlug sie die Augen auf. »Wahrlich, so etwas gab es bis jetzt noch nie!« sprach er zu sich, und nachdem er dem ins Leben zurückgekehrten Mädchen die Abendmahlzeit zu essen gegeben hatte, war sie wieder ein Mensch wie zuvor. Der Edelmann aber rief: »Dieser Mann ist Herr über das Leben!«, machte den Jungen zum Mann seiner Tochter und alle führten ein Leben in Zufriedenheit.

In dieser Zeit starb auf einmal die einzige Tochter des Edelmannes aus dem Osten ganz plötzlich. »Der Schwiegersohn des Edelmannes aus dem Westen vermag Tote ins Leben zurückkehren zu lassen. Ich will ihn herbitten, damit er meine Tochter ins Leben zurückkehren läßt!« sprach jener und kam, um ihn zu bitten. Jedoch der Edelmann aus dem Westen erklärte ihm, das sei nicht möglich, und wies ihn ab. Denn schickte er ihn hinüber, würde er, da auch drüben nur eine Tochter da sei, ebenfalls zum Adoptivsohn erwählt werden. Als aber der Edelmann aus dem Osten beteuerte, daß er ihn gewiß nicht zum Schwiegersohn haben wolle, schickte er seinen Schwiegersohn zu Hilfe. Doch nachdem dieser mit seinem Lebensstab das Leben des Mädchens gerettet hatte, ließ ihn der Edelmann aus dem Osten gar nicht mehr heimkehren. Daraufhin verklagte der Edelmann aus dem Westen jenen beim Fürsten und erhielt folgendes Urteil: Die ersten fünfzehn Tage des Monats solle der Knabe Schwiegersohn im Osthaus, die restlichen fünfzehn Tage im Westhaus sein.

Der junge Mann erhielt also zwei Haushaltungen; und alle fünfzehn Tage begrüßte und verabschiedete er auf einer Brücke mitten auf seinem Weg seine beiden Frauen, so wie es sein erster Traum im neuen Jahr gesagt hatte: Es werde geschehen, daß er seine Hände auf die Schultern zweier Frauen legen werde.

So wird in Japan erzählt.

Kannitverstan

Der Mensch hat wohl täglich Gelegenheit, in Emmendingen und Gundelfingen so gut als in Amsterdam, Betrachtungen über den Unbestand aller irdischen Dinge anzustellen, wenn er will, und zufrieden zu werden mit seinem Schicksal, wenn auch nicht viel gebratene Tauben für ihn in der Luft herumfliegen. Aber auf dem seltsamsten Umweg kam ein deutscher Handwerksbursche in Amsterdam durch den Irrtum zur Wahrheit und zu ihrer Erkenntnis. Denn als er in diese große und reiche Handelsstadt voll prächtiger Häuser, wogender Schiffe und geschäftiger Menschen gekommen war, fiel ihm sogleich ein großes und schönes Haus in die Augen, wie er auf seiner ganzen Wanderschaft von Tuttlingen bis nach Amsterdam noch keines erlebt hatte. Lange betrachtete er mit Verwunderung dies kostbare Gebäude, die sechs Kamine auf dem Dach, die schönen Gesimse und die hohen Fenster, größer als an des Vaters Haus daheim die Tür. Endlich konnte er sich nicht entbrechen, einen Vorübergehenden anzureden. »Guter Freund«, redete er ihn an, »könnt Ihr mir nicht sagen, wie der Herr heißt, dem dieses wunderschöne Haus gehört mit den Fenstern voll Tulipanen, Sternenblumen und Levkojen?« – Der Mann aber, der vermutlich etwas Wichtigeres zu tun hatte und zum Unglück gerade soviel von der deutschen Sprache verstand als der Fragende von der holländischen, nämlich nichts, sagte kurz und schnauzig: »Kannitverstan« und schnurrte vorüber. Dies war nun ein holländisches Wort oder drei, wenn man's recht betrachtet, und heißt auf deutsch soviel als: Ich kann Euch nicht verstehen. Aber der gute Fremdling glaubte, es sei der Name des Mannes, nach dem er gefragt hatte. Das muß ein grundreicher Mann sein, der Herr Kannitverstan, dachte er und ging weiter. Gass' aus, Gass' ein, kam er endlich an den Meerbusen, der da heißt: Het Ey, oder auf deutsch: das Ypsilon.

Da stand nun Schiff an Schiff und Mastbaum an Mastbaum, und er wußte anfänglich nicht, wie er es mit seinen zwei einzigen Augen durchfechten werde, alle diese Merkwürdigkeiten genug zu

sehen und zu betrachten, bis endlich ein großes Schiff seine Aufmerksamkeit an sich zog, das vor kurzem aus Ostindien angelangt
war und jetzt eben ausgeladen wurde. Schon standen ganze Reihen
von Kisten und Ballen auf- und nebeneinander am Lande. Noch
immer wurden mehrere herausgewälzt, und Fässer voll Zucker und
Kaffee, voll Reis und Pfeffer und einigem Mausdreck darunter. Als
er aber lange zugesehen hatte, fragte er endlich einen, der eben eine
Kiste auf der Achsel heraustrug, wie der glückliche Mann heiße,
dem das Meer alle diese Waren an das Land bringe. »Kannitverstan«
war die Antwort. Da dachte er: Haha, schaut's da heraus? Kein
Wunder, wenn das Meer solche Reichtümer an das Land schwemmt,
der hat gut solche Häuser in die Welt stellen und solcherlei Tulipanen vor die Fenster in vergoldete Scherben. Jetzt ging er wieder
zurück und stellte eine recht traurige Betrachtung bei sich selbst an,
was er für ein armer Teufel sei unter soviel reichen Leuten in der
Welt.

Aber als er eben dachte: Wenn ich's doch nur auch einmal so
gut bekäme, wie dieser Herr Kannitverstan es hat, da kam er um
eine Ecke und erblickte einen großen Leichenzug.

Vier schwarz vermummte Pferde zogen einen ebenfalls schwarz
überzogenen Leichenwagen langsam und traurig, als ob sie wüßten, daß sie einen Toten in seine Ruhe führten. Ein langer Zug von
Freunden und Bekannten des Verstorbenen folgte nach, Paar und
Paar, verhüllt, in schwarze Mäntel und stumm. In der Ferne läutete
ein einsames Glöcklein. Jetzt ergriff unseren Fremdling ein weh-
mütiges Gefühl, das an keinem guten Menschen vorübergeht,
wenn er eine Leiche sieht, und blieb mit dem Hut in den Händen
andächtig stehen, bis alles vorüber war. Doch machte er sich an den
letzten vom Zug, der eben in der Stille ausrechnete, was er an seiner Baumwolle gewinnen könnte, wenn der Zentner um zehn
Gulden aufschlüge, ergriff ihn sachte am Mantel und bat ihn treuherzig um Verzeihung. »Das muß wohl auch ein guter Freund von
Euch gewesen sein«, sagte er, »dem das Glöcklein läutete, daß Ihr
so betrübt und nachdenklich mitgeht.« – »Kannitverstan« war die
Antwort. Da fielen unserem guten Tuttlinger ein paar große Tränen aus den Augen, und es ward ihm auf einmal schwer und wieder

leicht ums Herz. »Armer Kannitverstan«, rief er aus, »was hast du nun von allem deinem Reichtum? Was ich einst von meiner Armut auch bekomme: ein Totenkleid und ein Leintuch, und von all deinen schönen Blumen vielleicht einen Rosmarin auf die kalte Brust oder eine Raute.« Mit diesen Gedanken begleitete er die Leiche, als wenn er dazugehörte, bis ans Grab, sah den vermeinten Herrn Kannitverstan hinabsenken in seine Ruhestätte und ward von der holländischen Leichenpredigt, von der er kein Wort verstand, mehr gerührt als von mancher deutschen, auf die er nicht achtgab. Endlich ging er leichten Herzens mit den anderen wieder fort, verzehrte in einer Herberge, wo man Deutsch verstand, mit gutem Appetit ein Stück Limburger Käse, und wenn es ihm wieder einmal schwerfallen wollte, daß so viele Leute in der Welt so reich seien und er so arm, so dachte er nur an den Herrn Kannitverstan in Amsterdam, an sein großes Haus, an sein reiches Schiff und an sein enges Grab.

So erzählt uns Johann Peter Hebel.

Zweierlei Leben

*E*s lebte einmal ein Estanziero, der eine ansehnliche Familie besaß. Eines Abends, als sie gerade beim Nachtmahl saßen, rief jemand vor der Türe. »Geh hinaus und schau, was man will!« sagte der Estanziero zu einem der Knechte. »Herr, draußen ist ein Reiter, der Euch sprechen möchte«, brachte der Knecht die Antwort. Da stand der Herr auf und ging hinaus.

Wen sah er draußen? Im Dunkeln erkannte er einen großen Mann auf einem feurigen Pferd und mit silberbeschlagenem Zaumzeug. Der Reiter grüßte den Estanziero und sagte: »Es treibt sich wieder eine Bande von Strauchdieben in der Gegend herum. Sperrt alles ein! Oder noch besser: gebt mir einen tüchtigen Mann mit! Wir haben schon eine Gruppe von zuverlässigen Leuten gesammelt und wollen die Bande unschädlich machen.« – »Ich danke für die Warnung«, sagte der Estanziero, »und ich gebe Euch gern meinen Ältesten mit. Das ist der beste Reiter und Schütze. Wie lange wird er denn ausbleiben?« – »Herr, er wird morgen wieder heimkommen«, antwortete der unbekannte Reiter. – »Gut, so braucht er nicht viel mitzunehmen,«

Der Herr ließ seinem ältesten Sohn ein Pferd satteln, Pedro nahm sein Gewehr, verabschiedete sich flüchtig von den Eltern und den Geschwistern, schwang sich aufs Pferd und ritt mit dem Unbekannten davon.

Es war schon Mitternacht, als sie eine größere Gruppe von Reitern trafen und mit ihnen die Verfolgung der Bande aufnahmen. Der unbekannte Kavalier, der Pedro abgeholt hatte, erwies sich als ein kundiger Anführer, er ließ die Banditen umstellen und überfallen. Die meisten der Räuber wurden erschossen oder gefangengenommen; nur einem gelang es, zu fliehen. Pedro schwang sich auf sein Pferd und verfolgte ihn. Er ritt und ritt, und es dämmerte schon der Morgen, aber Pedro hatte den Banditen noch immer nicht erreicht. Der durchfurtete einen großen Fluß und war auf einmal verschwunden. Pedro war hinter dem Räuber durch den Fluß gekommen, und er sah sich nun in einer Gegend, die er gar nicht kannte. Er erblickte in der Ferne ein Haus und ritt darauf zu. Als er dort ankam, sah er, daß das Haus eine Herberge war und da ihn der lange Nachtritt ermüdet hatte, beschloß er, sich dort auszuruhen. Er rief den Wirt heraus und bat um ein Zimmer, das ihm auch bereitwillig zugewiesen wurde. Dann schlief er und als er aufwachte, war es schon wieder Abend. Er wollte den Wirt nach dem Heimweg fragen, aber er konnte sich nur schwer mit ihm verständigen, denn der sprach eine so seltsame Sprache, daß Pedro nur einzelne Worte verstand. Er glaubte aber, daß der Wirt ihm raten wolle, in die Stadt zu reiten. Und so blieb er noch über Nacht und ritt am nächsten Tag in die Stadt, die nicht sehr weit entfernt lag.

In der Stadt fragte er verschiedene Leute nach dem Weg in seinen Heimatort, aber niemand kannte ihn. Müde stieg er vom Pferd und wußte nicht, was er tun sollte, als ein Kavalier kam. Pedro hatte zwar den unbekannten Anführer im Dunkeln nicht recht erkannt, aber er erkannte das Pferd wieder. »Ach, da seid ihr ja!« rief Pedro aus. »Ich habe mich bei der Verfolgung des Banditen verritten und den Heimweg nicht mehr gefunden. Und nun bin ich ganz verwirrt, denn niemand von den guten Leuten hier kennt meine Heimat.« – »Aber das macht doch nichts«, sagte der Unbekannte, »du bist nun einmal hier, und es freut mich, wenn du als Gast in mein Haus kommst. Später dann werde ich dir einmal den Heimweg zeigen lassen. Ich bin dir Dank schuldig für deine Hilfe, und es soll dir bei uns gut ergehen.«

Er nahm also den Pedro mit sich nach Hause, in einen prächtigen Palast mitten in der Stadt, mit vielen schönen und reichen Zimmern und Sälen. Pedro fand Gefallen an dem Leben in der Stadt, und vor allem verliebte er sich in eine Tochter des unbekannten Herrn, von dem er nun erfuhr, daß er ein reicher Graf war.

Aber nach einigen Tagen wollte Pedro nach Hause zurückkehren, doch der Graf sagte zu ihm: »Pedro, bleibe noch etwas bei uns. Dein Vater weiß, wann du zurückkommst, und du wirst auch pünktlich daheim sein.« Da ließ sich Pedro überreden, und er blieb in der Stadt. Und es verging kaum ein Jahr, da heiratete er die

Tochter des Grafen, und der ließ dem jungen Paar einen anderen Palast bauen, der war nicht weniger prächtig als sein eigener.

Pedro, der nun ganz in jenem Lande heimisch geworden war, ging dort seinen Geschäften nach. Seine Frau gebar ihm Söhne und Töchter, und er lebte glücklich und zufrieden. Nur von Zeit zu Zeit hatte er Sehnsucht nach seinen Eltern und Geschwistern, aber immer vertröstete ihn sein Schwiegervater: »Es hat doch Zeit. Du kommst früh genug nach Hause.« So verstrichen die Jahre, und Pedro war bereits Großvater geworden, als er seine Sehnsucht nach daheim nicht mehr bezähmen konnte, und eines Abends sagte er zu seinem Schwiegervater, der nun schon ein gebrechlicher Greis war: »Vater, morgen will ich aufbrechen und meine Familie besuchen.« – »Willst du wirklich?« – »Ja. Ich fürchte zwar, meine Eltern werden längst im Grabe liegen, aber meine Brüder und Schwestern sollten noch am Leben sein, denn ich bin ja der Älteste.« – »Nun, so werde ich dir morgen jemand mitgeben, der dir den Weg zeigt«, sagte der Graf.

Am nächsten Tag ließ Pedro ein Packpferd mit Geschenken für seine Geschwister beladen und verabschiedete sich von seiner Frau und seinen Söhnen und Enkeln. Der Diener des Grafen ritt ihm voraus und brachte ihn so zu jenem Flusse, durch den er damals auf der Verfolgung des Banditen geritten war. »Ich werde hier umkehren«, sagte der Diener, »denn drüben werdet Ihr den Weg wieder ohne Mühe selber finden.« Und so war es. Kaum war Pedro auf der andern Seite des Flusses, da kam ihm alles wieder etwas bekannt vor. Er ritt den ganzen Tag und kam am Abend zum Hause seines Vaters. »He, holla«, rief er, »wer ist jetzt der Herr des Hauses?« Da kam sein Vater heraus und fragte: »Fremder, was wollt Ihr?«

»Ach, Vater«, sagte Pedro, »erkennst du mich nicht? Du hast dich aber gar nicht verändert.« – »Was schwatzt Ihr da, Alter?« sagte der Estanziero. »Ich habe Euch im Leben nie gesehen!« – »Aber Vater, ich bin doch dein Sohn Pedro.« Unterdessen war auch die Mutter mit einigen Geschwistern Pedros herausgekommen. Der Estanziero aber sagte: »Nun glaube ich, Ihr seid verrückt, Alter! Ihr mit dem weißen Bart wollt mein Sohn sein? Mein Pedro ritt gestern abend weg, um Banditen zu vertreiben, und wenn Ihr etwas wartet, könnt Ihr ihn bald selber sehen, denn er muß heute abend wieder heimkommen.« Da stieg Pedro vom Pferd, er war ganz verwirrt und sagte: »Was, gestern soll Euer Sohn fortgeritten sein?« – »Aber ja, zum Teufel, seid Ihr so schwer von Begriff?«

Der Estanziero dachte, der Alte hätte unter der großen Hitze gelitten, und er ließ ihn ins Haus führen, wo Pedro sich gleich auf seinen Platz setzte, der auch sonst immer sein Stammsitz war.

Er sah sich im Kreise um und sagte: »Das ist Juan, das ist Carlos, das ist Dolores, das ist Dorothea, das ist Mariana.« – »Herr«, sagte der Estanziero und betrachtete den vornehm gekleideten Alten, »woher kennt Ihr alle Namen meiner Kinder?« Pedro aber fuhr fort, alle Dinge aufzuzählen, die im Hause waren und die ein Fremder nicht wissen konnte. Und er überzeugte so nach und nach seine Eltern und seine Geschwister, daß er Pedro war, der am Abend vorher fortgeritten war. Und er erzählte ihnen, wie er über den Fluß geritten und in die Stadt gekommen sei, wie er beim Grafen Aufnahme gefunden und dessen Tochter geheiratet habe. Er erzählte von seinen Söhnen und Töchtern, von seinen Enkelkindern. Man hat von dieser Geschichte lang gesprochen. Es ist aber schon einige Zeit her. Das ist alles.

So wird in der Karibik erzählt.

Der hölzerne Adler

In einem kleinen Lande lag einmal ein Zarenreich von der Größe eines Siebes; und in diesem Reiche herrschte ein Zar, der hatte einen Sohn; das Volk aber war nur Säuferpack. Eines Tages fanden sich drei Männer in der Schenke zusammen, saßen da und tranken und redeten miteinander. Der eine sagte: »Wenn ich nur das Instrument hätte, so würd' ich, mag ich auch bloß ein Säufer sein, einen hölzernen Adler machen.« Der zweite sprach: »Ich würd' aber dazu eine Schraube anfertigen, damit er fliegen könnte; drehte man sie nach links, flög er nach unten, nach rechts, flög er nach oben.« Der dritte aber sagte: »Ich bin ein sehr geschickter Vergolder, ich könnt' ihn dann mit Gold überziehen.« Während sie aber so sprachen, war der Zarensohn in die Schenke gekommen, sah sich die drei an, fragte sie nach den Namen und kaufte ihnen eine Flasche Schnaps. Sie tranken sie aus, bedankten sich und gingen ihrer Wege.

Ein paar Tage vergingen, und dann wurden die drei Leute zum Zaren gerufen. Sie kamen hin; man fragte sie nach ihren Vornamen wie auch nach ihren Familiennamen. »Ihr wolltet einen hölzernen Adler bauen?« fragte der Zar. »Jawohl.« – »Was verlangt ihr dafür?« – »Tausend Rubel brauchen wir dazu.« Sie bekamen fünfhundert Rubel Anzahlung, vertranken das Geld, aber dachten nicht daran, den Adler zu bauen. Wieder vergingen ein paar Tage; sie kamen wieder zum Zaren und baten um Geld. »Gib uns, bitte, Geld, es hat nicht zum Vergolden gereicht.« Da gab ihnen der Zar die andern fünfhundert. Sie vertranken vierhundert, kauften für hundert Rubel das Instrument und machten sich daran, den Adler herzustellen. Sie bauten ihn, wie sich's gehört, und meldeten dem Zaren, daß der Adler fertig sei. Der Zarensohn belud den Adler mit Vorräten, schwang sich in die Höh' und flog davon, Gott weiß wohin. Fort war er, und länger als einen Monat schon sah man nichts von ihm. Da trauerte der Zar und dachte: »Sie haben eine Falle gestellt, um meinen Sohn zu fangen.« Er ließ die drei Kerle ergreifen und sperrte sie ein.

Der Zarensohn aber flog und flog und kam in ein anderes Reich. Er ging zu einer alten Frau und blieb bei ihr wohnen. Dort lebte er und erfuhr, daß in der Stadt ein Turm stünde. Die Alte aber erzählte ihm: »In dem Turm ist die Königstochter unschuldig eingesperrt und von ihrem Vater dorthin verbannt worden. Denn einstmals ist dem russischen Zaren ein Sohn und unserem König eine Tochter geboren worden, und da gaben sie einander das Wort, daß die Kinder Braut und Bräutigam werden sollten. Darum hat der König seine Tochter in den Turm gesetzt, damit sie dort bliebe, bis ihr Verlobter kommen würde.«

Der Zarensohn band den Adler in ein Bündel, man konnte ihn auseinandernehmen und wieder zusammenlegen, und ging zum Turm. Dann setzte er sich auf den Adler, schwang sich in die Höh' und ließ sich auf dem Dache nieder. Vom Dach aber führte ein Gang hinunter, denn von oben drohte ja keine Gefahr. Es war schon dunkel geworden, und die Ammen und Dienerinnen schliefen. Der Zarensohn ging nun in den Turm, doch überall waren kristallene Türen, und keine von ihnen vermochte er zu öffnen. Irgendwie gelang es ihm aber, bis zum Schlafgemach durchzudringen; er öffnete die Türe: da schlief die Königstochter und hatte sich entblößt. Er schaute sie lange, lange an und berührte sie mit der Hand. Sie erwachte, sah, daß ein Mann vor ihr stand, und sprach: »Geht fort von hier und laßt mich meine Kleider anlegen.« Er ging hinaus, und sie zog sich an und fragte ihn dann aus, wer er sei und was er wolle. Er erzählte ihr, wie er eingedrungen sei. Und sie saßen beieinander, schwatzten und unterhielten sich, und schließlich ging der Zarensohn wieder fort.

Am nächsten Tage kamen sie abermals zusammen, und er genoß ihrer. Sie ward davon schwanger und schrieb ihren Eltern in einem Brief, daß im Traum ihr Verlobter zu ihr gekommen sei und daß ihr Hemd die Spuren davon trage; das war aber alles in Wirklichkeit geschehen. Der Vater schmunzelte dazu und sagte: »Wie ist denn das möglich? Sie hat in ihrem Leben keinen Mann gesehen und will das im Traum erblickt haben! Ob nicht jemand in Wirklichkeit zu ihr kommt?« Und nächtlicherweile bestrich er das Dach mit Mennig. »Geht jemand zu ihr, so wird ein Stoffhärchen kleben bleiben oder auf dem Dach eine Spur zu sehen sein.« Doch der Zarensohn ahnte davon nichts, flog in der Nacht hin, ließ sich auf dem Dache nieder und ging hinein; er strich aber von der Farbe ab und beschmierte sich Mantel, Kleider und Galoschen. Er schlief die Nacht über bei der Königstochter, kehrte zur Alten zurück, als sei nichts geschehen, zog sich aus und legte sich schlafen. Am Morgen schaute der König auf dem Dache nach, er fand ein Stoffhärchen und Spuren an der Farbe; gleich ließ er in der ganzen Stadt Nachforschung halten. Polizei und Soldaten suchten überall, doch konnten sie keinen finden. Da ging ein Polizist bei jener Alten vorbei, wo der Zarensohn lebte, und rief: »Gevatterin, gebt mir, bitte, ein Zündholz zum Anrauchen!« Sie antwortete jedoch: »Ich kann nicht hinausgehn, kommt selbst hinein und raucht an.« Der Polizist ging hinein und erblickte den Mantel, der ganz mit Mennig beschmiert war. Da weckte er den Zarensohn und führte ihn vor den König zum Verhör. Der König fragte ihn: »Wie konntest du dort hineingelangen? Wer hat dich eingelassen?« – »Ich war nicht bei euch«, antwortete der Zarensohn. Sprach der König darauf zu ihm: »Bekennst du nicht deine Tat und sagst mir nicht, daß du es warst, so mache ich dir den Prozeß.« Der Zarensohn antwortete: »Richte mich, aber ich bin nicht zu ihr gegangen.« Und auch die Königstochter gestand nichts ein. Da verurteilte ihn der Zar zum Tode; und gegen Abend wurde das Urteil verlesen, und man brachte den Zarensohn auf den Richtplatz. Als man ihn auf das Schafott führte, sagte er: »Erlaubt mir, Königliche Hoheit, noch ein Wort zu sagen!« Der König erlaubte es. Und er sprach: »Laßt mich noch eine halbe Stunde leben, Königliche Hoheit!« Auch das wurde ihm gestattet. Da zog der Zarensohn seinen Adler hervor und breitete ihn aus, drehte nach rechts und schwang sich in die Höhe, dorthin, wo sich seine Braut befand. Er flog auf den Turm, nahm die Königstochter mit und machte sich auf und davon in sein eigenes Reich.

Jene drei Kerle aber saßen im Gefängnis; und es kamen die letzten Tage, die sie noch zu leben hatten. Als aber ihr letztes Stündlein herannahte, baten sie den Zaren um ein Fernglas und schauten aus, ob sie den Adler nicht erblicken könnten. Da sah einer von ihnen einen Vogel fliegen, und der schlug nicht mit den Flügeln. Sie warteten ein wenig: und richtig, der Adler kam geflogen! Der Zarensohn war zurückgekehrt, und der Zar gab den Dreien die Erlaubnis, in alle Schenken zu gehn und zu saufen, wieviel sie nur wollten. Der Zarensohn aber heiratete die Königstochter, die er mitgebracht hatte.

So wird in Russland erzählt.

Per Gynt

*I*n alten Zeiten lebte in Kvam ein Schütze, der hieß Per Gynt. Er lag beständig droben im Gebirge und schoß dort Bären und Elche, denn damals gab es noch mehr Wälder auf dem Fjäll, und in ihnen hielt sich derartiges Getier auf. Einmal, spät im Herbst, nachdem das Vieh schon längst von den Bergweiden herabgetrieben war, wollte Per Gynt wieder einmal hinauf in den Fjäll. Außer drei Sennerinnen hatten schon alle Hirtenleute das Gebirge verlassen. Als Per Gynt die Hövringalm erreichte, wo er in einer Sennhütte übernachten wollte, war es schon so dunkel, daß er die Hand nicht vor sich sehen konnte. Da fingen die Hunde plötzlich so fürchterlich zu bellen an, daß es ihm ganz unheimlich zumute wurde. Plötzlich stieß er mit dem Fuß an etwas an, und als er es anfaßte, war es kalt und groß und schlüpfrig, da er aber nicht vom Wege abgekommen zu sein meinte, konnte er sich gar nicht erklären, was das sein könnte; aber geheuer war es ihm nicht.

»Wer ist denn das?« fragte Per Gynt, denn er merkte, daß es sich bewegte.

»Ei, ich bin der Krumme«, lautete die Antwort. Damit war aber Per so klug wie vorher. Er ging nun daran entlang, »denn einmal muß ich doch daran vorbeikommen«, dachte er.

Im Weitergehen stieß er plötzlich wieder an etwas, und als er es anfühlte, war es wieder kalt und groß und schlüpfrig.

»Wer ist das?« fragte Per Gynt.

»Ich bin der Krumme«, lautete die Antwort wieder.

»Ei, ob du gerade oder krumm bist, du mußt mich doch weiterlassen«, sagte Per Gynt, denn er merkte, daß er im Kreise herumging und der Krumme sich um die Sennhütte herumgeschlängelt hatte. Bei diesen Worten schob sich der Krumme ein wenig auf die Seite, so daß Per Gynt an die Sennhütte hingelangen konnte. Als er hineinkam, war es da drinnen nicht heller als draußen; er stolperte und tastete an den Wänden umher, denn er wollte seine Flinte abstellen und seine Jagdtasche ablegen. Aber während er so suchend umhertappte, spürte er wieder das Kalte, Große und Schlüpfrige.

»Wer ist das denn jetzt?« rief Per Gynt.

»Ach, ich bin der große Krumme«, lautete die Antwort. Und wohin er auch faßte und wohin er den Fuß setzte, überall fühlte er den Ring des Krummen um sich gelegt.

»Hier ist nicht gut sein«, dachte Per Gynt, »denn dieser Krumme ist draußen und drinnen, aber ich werde diesen Querkopf bald gerademachen.« Er nahm seine Flinte, ging wieder hinaus und tastete den Krummen entlang, bis er den Kopf fand.

»Wer bist du denn eigentlich?« fragte er.

»Ach, ich bin der große Krumme von Etnedal«, sagte der große Troll. Da machte Per Gynt kurzen Prozeß und schoß ihm drei Kugeln mitten durch den Kopf.

»Schieß noch einmal!« rief der Krumme. Aber Per Gynt wußte es besser, denn wenn er noch einmal geschossen hätte, wäre die Kugel auf ihn selbst zurückgeprallt. Als dies getan war, faßten Per Gynt und die Hunde fest zu und zogen den großen Troll aus der Hütte heraus, damit sie es sich in der Hütte bequem machen könnten. Währenddessen lachte und höhnte es von allen Bergen ringsum.

»Per Gynt zog viel, aber die Hunde zogen mehr!« ertönte es.

Am Morgen wollte Per Gynt hinaus auf die Jagd. Als er tief in den Fjäll hineinkam, sah er ein Mädchen, das Schafe und Ziegen über einen Berggipfel trieb. Als er aber den Gipfel erreicht hatte, war das Mädchen fort und die Tiere auch, und Per Gynt sah nichts als ein großes Rudel Bären.

»Ich habe doch noch nie Bären in Rudeln beisammen gesehen«, dachte Per Gynt. Als er aber näher kam, waren alle bis auf einen verschwunden. Da klang es von einem Berge in der Nähe: »Nimm in Acht den Eber dein, Per Gynt steht draußen mit dem Stutzen sein!«

»Ach, dann geht es Per Gynt schlecht, nicht aber meinem Eber, denn er hat sich heute nicht gewaschen«, rief es aus dem Berge. Per Gynt wusch sich die Hände mit seinem eigenen Wasser und schoß den Bären tot. Im Berge erhob sich ein schallendes Gelächter.

»Du hättest auf deinen Eber achtgeben sollen«, rief die eine Stimme.

»Ich habe nicht daran gedacht, daß er die Waschschüssel in den Hosen hat«, erwiderte die andere.

Per Gynt zog dem Bären die Haut ab und vergrub den Körper im Geröll; aber den Kopf und das Fell nahm er mit. Auf dem Rückweg begegnete er einem Bergfuchs.

»Sieh, mein Lämmchen, wie fett du bist!« rief es von einem Hügel her. »Seht nur, wie hoch Per Gynt den Stutzen trägt!« tönte es von einem andern Hügel, als Per Gynt die Flinte zum Schießen an die Wange legte und den Fuchs erschoß. Er zog auch diesem den Balg ab und nahm ihn mit; und als er in der Sennhütte ankam, nagelte er die Köpfe mit aufgesperrten Rachen außen an die Wand. Darauf machte er Feuer und stellte einen Suppentopf darüber; aber es rauchte so fürchterlich, daß er kaum die Augen offenhalten konnte, und er mußte deshalb eine Luke aufmachen. Plötzlich kam ein Troll herbei und steckte seine Nase durch die Luke herein, aber die Nase war so lang, daß sie bis an den Herd reichte.

»Hier kannst du sehen ein Riechehorn«, sagte er.

»Hier kannst du schmecken ein Suppenkorn«, sagte Per Gynt und goß ihm den ganzen Topf Suppe über die Nase. Der Troll stürzte davon und jammerte laut; aber ringsum von allen Höhen lachte und spottete und rief es: »Gyri Suppenrüssel, Gyri Suppenrüssel!«

Hierauf war eine Weile alles still; doch dauerte es nicht lange, da erhob sich draußen wieder Lärm und Getöse. Per Gynt sah hinaus, und da erblickte er einen mit Bären bespannten Wagen; der große Troll wurde aufgeladen, und dann ging es hinauf in den Fjäll mit ihm. Plötzlich wurde ein Eimer Wasser durch den Schornstein herabgegossen und erstickte das Feuer, und Per Gynt saß im Dunkeln. Da begann es in allen Ecken zu lachen und zu spotten, und eine Stimme sagte: »Jetzt wird es Per Gynt nicht besser gehen wie den Sennerinnen in der Valhütte.«

Per Gynt zündete das Feuer wieder an, rief seine Hunde herbei, verschloß die Sennhütte und ging weiter nach Norden bis zu der Valhütte, in der die drei Sennerinnen waren. Als er eine Strecke zurückgelegt hatte, sah er ein Feuer, als wenn die ganze Valhütte in hellen Flammen stünde, und in demselben Augenblick stieß er auf ein Rudel Wölfe, von denen er einige niederschoß und die anderen erschlug. Als er die Valhütte erreicht hatte, war es da stockfinster und weit und breit kein Brand zu sehen, aber es waren vier fremde Männer in der Hütte, die es auf die Sennerinnen abgesehen hatten; das waren vier Bergtrolle, die hießen Gust i Väre, Tron Valfjeldet, Kjöstöl Aabakken und Rolf Eldförpungen. Gust i Väre stand vor der Tür und sollte Wache halten, während die anderen bei den Sennerinnen drinnen waren und zudringlich werden wollten. Per Gynt schoß auf Gust i Väre, verfehlte ihn aber, und da lief er davon. Als dann Per Gynt in die Stube kam, waren die Sennerinnen übel dran; zwei von ihnen waren ganz außer sich vor Schrecken und flehten zu Gott um Hilfe und Rettung, die dritte aber, die man die tolle Kari nannte, hatte keine Angst. Sie sagte, sie sollten nur kommen, sie hätte wirklich Lust zu sehen, ob solche Kerle auch Schneid hätten. Als aber die Trolle merkten, daß Per Gynt im Zimmer war, fingen sie zu jammern an und sagten zu Eldförpungen, er solle Feuer machen. In demselben Augenblick fielen die Hunde über Kjöstöl Aabakken her und warfen ihn kopfüber auf den Herd, daß Asche und Funken nur so umherstoben.

»Hast du meine Schlangen gesehen, Per Gynt?« fragte Tron Valfjeldet – so nannte er die Wölfe.

»Ja, und nun sollst du denselben Weg gehen wie deine Schlangen!« rief Per Gynt und erschoß ihn. Dann schlug er Aabakken mit dem Flintenkolben tot; aber Eldförpungen war durch den Schornstein entflohen. Nachdem Per Gynt dies getan hatte, begleitete er die Sennerinnen nach ihrem Dorfe, denn sie trauten sich nicht, länger in der Hütte zu bleiben.

Als nun die Weihnachtszeit herankam, war Per Gynt wieder unterwegs. Er hatte von einem Hof auf Dovre gehört, wo sich am Christabend so viele Trolle einfanden, daß die Bewohner flüchten und auf anderen Höfen Unterkunft suchen mußten; dieses Gehöft wollte Per Gynt aufsuchen, denn er hatte Lust, diese Trolle zu sehen. Er zog zerrissene Kleider an, nahm einen zahmen Bären, der ihm gehörte, sowie einen Pfriemen, Pech und Draht mit. Als er den Hof erreicht hatte, ging er ins Haus hinein und bat um Obdach.

»Gott steh uns bei!« sagte der Mann. »Wir können dir kein Obdach geben, wir müssen selbst den Hof verlassen, denn an jedem Heiligen Abend wimmelt es hier von Trollen.«

Aber Per Gynt meinte, er werde das Haus schon von den Trollen säubern. Da hieß man ihn dableiben, und er bekam noch obendrein eine Schweinshaut. Darauf legte sich der Bär hinter den Herd, Per holte Pech, Pfriemen und Draht hervor und machte sich daran, aus der ganzen Schweinshaut einen einzigen großen Schuh zu machen. Als Schnürband zog er einen dicken Strick hindurch, so daß er den Schuh rundherum zuschnüren konnte, und überdies hatte er noch zwei Handspeichen bereit. Plötzlich kamen die Trolle auch schon mit Fiedeln und Spielleuten dahergezogen, und die einen tanzten, die andern aßen von dem Weihnachtsessen, das auf dem Tisch stand, einige brieten Speck, andere brieten Frösche und Kröten und ähnliches ekelhaftes Zeug – dieses Weihnachtsessen hatten sie selber mitgebracht. Inzwischen bemerkten einige den von Per Gynt verfertigten Schuh. Da er offenbar für einen großen Fuß bestimmt zu sein schien, wollten die Trolle ihn anprobieren, und als jeder von ihnen einen Fuß hineingestellt hatte, zog Per Gynt den Schuh zu, zwängte eine Speiche hinein und schnürte ihn so stark zu, daß alle miteinander in dem Schuh festsaßen. Aber jetzt streckte der Bär die Nase vor und schnupperte nach dem Braten.

»Möchtest du Kuchen haben, mein weißes Kätzchen?« sagte einer der Trolle und warf dem Bären einen noch brennend heißen gebratenen Frosch in den Rachen.

»Schlag los, Meister Petz!« rief Per Gynt. Da wurde der Bär so zornig, daß er auf die Trolle losfuhr und nach allen Seiten Hiebe austeilte und sie kratzte. Und Per Gynt schlug mit der anderen Speiche in den Haufen hinein, wie wenn er allen den Schädel einschlagen wollte. Da mußten die Trolle die Flucht ergreifen; Per Gynt aber blieb da und schmauste die ganze Weihnachtszeit über von dem Weihnachtsessen, und nun hörte man viele Jahre lang nichts mehr von den Trollen. Der Bauer aber hatte eine weiße Stute; da gab ihm Per Gynt den Rat, von dieser Stute Füllen aufzuziehen, diese dann in den Bergen herumstreifen und da Junge kriegen zu lassen.

Nach vielen Jahren war die Weihnachtszeit wieder einmal vor der Tür. Der Bauer war im Walde und fällte Holz zum Feste. Da kam ein Troll herbei und rief ihm zu: »Hast du deine große weiße Katze noch?«

»Ja, sie liegt daheim hinter dem Ofen«, sagte der Mann, »und sie hat sieben Junge bekommen, die noch viel größer und böser sind als sie selbst.«

»Dann kommen wir nie mehr zu dir!« rief der Troll.

So wird in Norwegen erzählt.

Der kleine Häwelmann

*E*s war einmal ein kleiner Junge, der hieß Häwelmann. Des Nachts schlief er in einem Rollenbett und auch des Nachmittags, wenn er müde war; wenn er aber nicht müde war, so mußte seine Mutter ihn darin in der Stube umherfahren, und davon konnte er nie genug bekommen.

Nun lag der kleine Häwelmann eines Nachts in seinem Rollenbett und konnte nicht einschlafen; die Mutter aber schlief schon lange neben ihm in ihrem großen Himmelbett. »Mutter«, rief der kleine Häwelmann, »ich will fahren!« Und die Mutter langte im Schlaf mit dem Arm aus dem Bett und rollte die kleine Bettstelle hin und her, und wenn ihr der Arm müde werden wollte, so rief der kleine Häwelmann: »Mehr, mehr!«, und dann ging das Rollen wieder von vorne an. Endlich aber schlief sie gänzlich ein; und soviel Häwelmann auch schreien mochte, sie hörte es nicht; es war rein vorbei.

Da dauerte es nicht lange, so sah der Mond in die Fensterscheiben, der gute alte Mond, und was er da sah, war so possierlich, daß er sich erst mit seinem Pelzärmel über das Gesicht fuhr, um sich die Augen auszuwischen; so etwas hatte der alte Mond all sein Lebtag nicht gesehen. Da lag der kleine Häwelmann mit offenen Augen in seinem Rollenbett und hielt das eine Beinchen wie einen Mastbaum in die Höhe. Sein kleines Hemd hatte er ausgezogen und hing es wie ein Segel an seiner kleinen Zehe auf; dann nahm er ein Hemdzipfelchen in jede Hand und fing mit beiden Backen an zu blasen. Und allmählich, leise, leise, fing es an zu rollen, über den Fußboden, dann die Wand hinauf, dann kopfüber die Decke entlang und dann die andere Wand wieder hinunter. »Mehr, mehr!« schrie Häwelmann, als er wieder auf dem Boden war; und dann blies er wieder seine Backen auf, und dann ging es wieder kopfüber und kopfunter. Es war ein großes Glück für den kleinen Häwelmann, daß es gerade Nacht war und die Erde auf dem Kopf stand; sonst hätte er doch gar zu leicht den Hals brechen können.

Als er dreimal die Reise gemacht hatte, guckte der Mond ihm plötzlich ins Gesicht. »Junge«, sagte er, »hast du noch nicht genug?«

»Nein«, schrie Häwelmann, »mehr, mehr! Mach mir die Tür auf! Ich will durch die Stadt fahren; alle Menschen sollen mich fahren sehen.«

»Das kann ich nicht«, sagte der gute Mond; aber er ließ einen langen Strahl durch das Schlüsselloch fallen; und darauf fuhr der kleine Häwelmann zum Haus hinaus.

Auf der Straße war es ganz still und einsam. Die hohen Häuser standen im hellen Mondschein und glotzten mit ihren schwarzen Fenstern recht dumm in die Stadt hinaus; aber die Menschen waren nirgends zu sehen. Es rasselte recht, als der kleine Häwelmann in seinem Rollenbette über das Straßenpflaster fuhr; und der gute Mond ging immer neben ihm und leuchtete. So fuhren sie Straßen aus, Straßen ein; aber die Menschen waren nirgends zu sehen. Als sie bei der Kirche vorbeikamen, da krähte auf einmal der große goldene Hahn auf dem Glockenturm. Sie hielten still. »Was machst du da?« rief der kleine Häwelmann hinauf.

»Ich krähe zum ersten Mal!« rief der goldene Hahn herunter.

»Wo sind denn die Menschen?« rief der kleine Häwelmann hinauf.

»Die schlafen«, rief der goldene Hahn herunter, »wenn ich zum dritten Mal krähe, dann wacht der erste Mensch auf.«

»Das dauert mir zu lange«, sagte Häwelmann, »ich will in den Wald fahren, alle Tiere sollen mich fahren sehen!«

»Junge«, sagte der gute alte Mond, »hast du noch nicht genug?«

»Nein«, schrie Häwelmann, »mehr, mehr! Leuchte, alter Mond, leuchte!« Und damit blies er die Backen auf, und der gute alte Mond leuchtete, und so fuhren sie zum Stadttor hinaus und übers Feld und in den dunklen Wald hinein. Der gute Mond hatte große Mühe, zwischen den vielen Bäumen durchzukommen; mitunter war er ein ganzes Stück zurück, aber er holte den kleinen Häwelmann doch immer wieder ein.

Im Walde war es still und einsam; die Tiere waren nicht zu sehen; weder die Hirsche noch die Hasen, auch nicht die kleinen Mäuse. So fuhren sie immer weiter, durch Tannen und Buchenwälder, bergauf und bergab. Der gute Mond ging nebenher und leuchtete in alle Büsche; aber die Tiere waren nicht zu sehen; nur eine kleine Katze saß oben in einem Eichbaum und funkelte mit den Augen. Da hielten sie still. »Das ist der kleine Hinze!« sagte Häwelmann. »Ich kenne ihn wohl; er will die Sterne nachmachen.« Und als sie weiterfuhren, sprang die kleine Katze mit von Baum zu Baum. »Was machst du da?« rief der kleine Häwelmann hinauf.

»Ich illuminiere!« rief die kleine Katze herunter.

»Wo sind denn die andern Tiere?« rief der kleine Häwelmann hinauf.

»Die schlafen!« rief die kleine Katze herunter und sprang wieder einen Baum weiter. »Horch nur, wie sie schnarchen!«

»Junge«, sagte der gute alte Mond, »hast du noch nicht genug?«

»Nein«, schrie Häwelmann, »mehr, mehr! Leuchte, alter Mond, leuchte!«, und dann blies er die Backen auf, und der gute alte Mond leuchtete; und so fuhren sie zum Walde hinaus und dann über die Heide bis ans Ende der Welt und dann gerade in den Himmel hinein.

Hier war es lustig; alle Sterne waren wach und hatten die Augen auf und funkelten, daß der ganze Himmel blitzte. »Platz da!« schrie Häwelmann und fuhr in den hellen Haufen hinein, daß die Sterne links und rechts vor Angst vom Himmel fielen.

»Junge«, sagte der gute alte Mond, »hast du noch nicht genug?«

»Nein!« schrie der kleine Häwelmann. »Mehr, mehr!« und – hast du nicht gesehen! fuhr er dem alten guten Mond quer über die Nase, daß er ganz dunkelbraun im Gesicht wurde. »Pfui!« sagte der Mond und nieste dreimal. »Alles mit Maßen!« und damit putzte er seine Laterne aus, und alle Sterne machten die Augen zu. Da wurde es im ganzen Himmel auf einmal so dunkel, daß man es ordentlich mit Händen greifen konnte. »Leuchte, alter Mond, leuchtet!« schrie Häwelmann, aber der Mond war nirgends zu sehen und auch die Sterne nicht; sie waren schon alle zu Bett gegangen. Da fürchtete der kleine Häwelmann sich sehr, weil er so allein im Himmel war. Er nahm seine Hemdzipfelchen in die Hände und blies die Backen auf; aber er wußte weder aus noch ein, er fuhr kreuz und quer, hin und her, und niemand sah ihn fahren, weder die Menschen noch die Tiere noch auch die lieben Sterne. Da guckte endlich unten, ganz unten am Himmelsrande ein rotes rundes Gesicht zu ihm herauf, und der kleine Häwelmann meinte, der Mond sei wieder aufgegangen. »Leuchte, alter Mond, leuchte!« rief er, und dann blies er wieder die Backen auf und fuhr quer durch den ganzen Himmel und gerade darauf los. Es war aber die Sonne, die gerade aus dem Meere heraufkam. »Junge«, rief sie und sah ihm mit ihren glühenden Augen ins Gesicht, »was machst du hier in meinem Himmel?« Und – eins, zwei, drei! nahm sie den kleinen Häwelmann und warf ihn mitten in das große Wasser. Da konnte er schwimmen lernen.

Und dann?

Ja und dann? Weißt du nicht mehr? Wenn ich und du nicht gekommen wären und den kleinen Häwelmann in unser Boot genommen hätten, so hätte er doch leicht ertrinken können!

So erzählt uns Theodor Storm.

Der Ziegenbock auf Pilgerfahrt

Gevatter Bock hatte beschlossen, auf die Pilgerfahrt nach Mekka zu gehen. »Alle Tiere haben den Titel eines Heiligen erhalten, nur allein unsersgleichen ist noch nicht damit beehrt«, sagte er zu denen, die versuchten, ihm von einer so weiten Reise abzuraten.

»Bock, geh nicht nach Mekka, die Gegend ist gefährlich!« rieten ihm die andern. Aber der Bock antwortete: »Ich werde allein gehen.«

Und mit einem Pilgerstab in der einen und mit einem Krug Honig in der anderen Hand machte sich unser Bock auf den Weg. Er reiste am Tage, er reiste bei Nacht, durchquerte allein einen dichten Wald und sah sich eines schönen Abends einer Hyäne gegenüber, die sich ins Dorf begab, um Ziegen zu suchen.

»Wer bist du?« fragte ihn die Hungrige.

»Ich bin's, der Bock auf der Wallfahrt!«

»Ein Bock auf der Wallfahrt? Wirklich?« lachte die Hyäne laut. »Bist du denn keiner von der Sorte, die im Dorfe leben?«

»Sicherlich!«

»Der Stall ist nicht deine Wohnung?«

»Doch ist er das.«

»Und wohin gehst du denn?«

»Ich gehe auf die Pilgerfahrt nach Mekka«, antwortete der Bock.

»Das ist unmöglich! Gott selbst sorgt für mich. Schon öfter hat er mir so eine im Busch umherstreichende Ziege zukommen lassen, und nun hat er dich mir in den Weg geschickt. Aber ängstige dich nicht, ich werde dich nicht sofort verzehren, ich will nicht von irgendeinem Bettler dabei überrascht werden.«

Als sie dies gesagt hatte, trug die Hyäne den Bock mit sich fort durch den Wald, drang hindurch, stürzte sich in dichtes Gebüsch, aber als sie immer noch das Licht der Sterne über sich sah, verfolgte sie ihren Weg weiter auf der Suche nach einem sicheren Schlupfwinkel.

Eine tiefe Höhle öffnete sich vor ihrem Blick. Sie stürzte hinein und sah sich nach allen Seiten um. Es herrschte dort völlige Dunkelheit.

»Prächtig«, rief sie aus, »hier kann ein braver Bursche seine Beute verzehren, aber ich werde dich nicht eher fressen, bis ich den Ort genau untersucht habe. Dann werde ich sehen, wo ich dein Fleisch ablegen kann, um in Ruhe deine Eingeweide verschlingen zu können.«

Gleich darauf, als ihre Augen schärfer sahen, geriet sie in Bestürzung über die Gegenwart eines Löwen, der da bei seinen Jungen lag. Die Hyäne stotterte: »Du bist es – Bruder Löwe?«

»Ja«, antwortete der Löwe.

»Ich habe erfahren, daß du dich hier niedergelassen hast, eile herbei, um dich zu begrüßen und bringe dir diesen Bock als Geschenk.«

Darauf fing der Bock an zu schreien: »Sie lügt, Herr, an deiner Tür hat sie mich getroffen. Ich habe deinen Zustand erfahren, und wenn du auch der König der Tiere bist, so bin ich ein großer Gelehrter. Ich kam, um dir ein Mittel anzubieten, daß du über alle deine Brüder herrschen kannst.«

»Nun setzt euch beide!« sprach der Löwe zu ihnen. Dann wandte er sich an den Bock: »Du bist also ein Priester? Nun, was willst du für mich tun?«

»Ich werde für dich schreiben«, antwortete unser Pilger.

»Aber wo sind deine Papiere?« fragte der Löwe.

»Ich bediene mich dafür meistens einer Hyänenhaut«, gab der Bock zu verstehen.

»Du lügst«, schrie die Hyäne, »nichts als ein abscheulicher Heide bist du.«

»Hyäne, du bist närrisch«, sagte der Löwe, »wie kannst du meinen Priester beleidigen? Kaum haben wir uns begrüßt, ich bin noch nicht mit meiner Rede zu Ende, da beleidigst du ihn schon derartig vor mir.«

»Nein, Bruder, du hast nicht gehört«, sprach die Hyäne, »wie dieser Ungläubige lästert.«

Der Löwe sagte zum Bock: »Nun, Priester, schreibst du auf einer frischen oder auf einer trockenen Haut?«

»Wenn es gleich sein muß, würde ich eine frische Haut vorziehen«, meinte der Bock.

Die Hyäne sagte: »Ich möchte mich zurückziehen, mein Bruder!«

»Warte doch noch ein wenig«, antwortete der Löwe, »du siehst doch, daß mein Priester und ich noch beim Plaudern sind. Wir sind noch nicht mit unserer Unterhaltung zu Ende, und du sprichst schon vom Fortgehen.«

»Ach, Bruder, ich glaubte, es handelte sich um irgendeine Hyäne und daß von mir gar nicht die Rede wäre.«

»Du hast recht, es ist nur von einer Hyäne die Rede gewesen und nicht von dir, aber da wir eine Hyäne haben müssen und da du gerade hier bist, so warte nur noch ein wenig!«

»Nun denn, wie du wünschst«, sagte die Hyäne ergeben.

»Gib mir also ein Stück von deiner Haut, damit er es für mich beschreibt!«

»Ach, Bruder, das ist nicht möglich.«

»Beeile dich, zieh es dir selbst ab; du weißt, wenn ich es mir nehme, dann tue ich dir weh.«

Die Hyäne nahm ein Stück Haut von ihrer Seite und dachte: »Das könnte ich nehmen«, aber es schmerzte sie, und sie sagte: »Ach, Bruder, das tut mir weh!«

»Vorwärts, mach schnell, wenn ich mich erst damit befasse, tut es erst recht weh!« sagte der Löwe.

»Nun denn, du Bastard«, fluchte die Hyäne und warf dem Bock ein Stück Fell aus ihrer Seite hin, das sie sich herausgerissen hatte.

Der Pilger nahm es, tauchte es in seinen Honigkrug, drehte es darin um und reichte es dem Löwen, der es verschlang und rief: »Das ist also dein Amulett, Priester, das ist süß.«

»Jawohl, es ist gut, und es wird auch eine gute Wirkung haben.«

»Ach, es ist verbraucht. Hyäne, gib noch einmal!« rief der Löwe.

»Bruder, es ist doch keine Arznei«, winselte die Hyäne.

»Doch, doch«, brüllte der Löwe, »und wenn ich nicht genug davon bekomme, dann hilft es nicht. Es ist verbraucht, also gib mehr her!«

Die Hyäne riss sich noch ein Stück Haut heraus und gab es dem Bock. Dieser tauchte es in den Honig, wendete es nach allen Richtungen darin um und gab es dem Löwen, der es verschlang.

Der Löwe drehte sich um, sträubte seine Mähne, zeigte seine Krallen, funkelte mit den Augen und rief: »Gib mehr her! Ich fühle, daß ich anfange, wild zu werden.«

Die Hyäne riss sich wieder ein Stück Haut heraus, wo sie es noch erreichen konnte. Ohne lange eine Stelle auszusuchen, riss sie ein Stück ab, schleuderte es dem Bock zu, sprang zum Ausgang und rief: »Nun schnell fort!«

»He, Löwe, die Hyäne reißt aus«, schrie der Bock.

»Schreibe nur schnell, was du zu schreiben hast«, antwortete der Löwe. »Du könntest mir eine weite, große Ebene ohne Blatt und ohne Kraut geben, die nur mit Hyänen bedeckt ist, und ich würde sie dir alle bringen, wie vielmehr diese winselnde Hyäne!«

Der Bock tauchte nun also das Stück, das er noch in der Hand hatte, in den Honig und gab es dem Löwen. Der verschlang es und macht sich auf die Verfolgung der Hyäne, indem er ruft:

»Ich bin es! Halt, Hyäne! Ob du ein Bein gebrochen hast oder ob du kein Bein gebrochen hast, ich hole dich doch ein und ziehe dir die Haut vom Nacken bis zum Schwanz ab!«

»Das habe ich nicht bestritten«, antwortete die Hyäne, »aber niemand wird sehen, daß ich stehen bleibe!«

Sie legten die Ohren an und wirbelten den Boden auf in ihrem tollen Lauf. Der Löwe erreichte endlich die Hyäne, schlug sie nieder und zog ihr mit einem Tatzenschlag die Haut vom Nacken bis zum Schwanz ab. Dann warf er sich die Haut über die Schulter und kehrte in seine Höhle zurück.

Die Hyäne schleppte sich darauf in ein Gebüsch, in dem ein Hase sein Lager hatte. Als sie ihn bemerkte, rief sie: »Wer ist da?«

»Ich bin's, Bruder«, antwortete der Hase.

»Dein Leben ist in Gefahr«, antwortete ihm die Hyäne, »du nennst mich Bruder! So habe ich den Löwen auch genannt, und was hat es mir genützt als nur, daß er mir meine Haut abgezogen hat, ohne daß ich etwas gesagt oder getan hätte. Du willst nicht aufstehen? Komm her, klettere da herauf und brich mir kleine Zweige ab, die ich anzünden will, um meinen Rücken zu pflegen!«

»Ach, Bruder, was ist denn? Was habe ich denn getan?« fragte der Hase.

»Ha! Das ist, daß du dich von mir mußt verzehren lassen, auch ehe ich dich gebraten habe!«

Der Hase stand auf, kletterte in einen Strauch, brach einen Zweig davon ab, warf ihn an die Erde und sagte, als wenn er jemandem antwortete: »Ja!«

»Wer ruft dich?« fragte die Hyäne.

»Oh, es ist nichts«, antwortete der Hase, »es fragt mich nur jemand, ob ich nicht eine Hyäne gesehen hätte, deren Rücken zerfetzt sei.«

Die Hyäne machte: »Pst!«

Der Hase rief: »Paßt auf, sie läuft nach Osten!«

Sie kam zurück und lief nach Westen. Er rief: »Paßt auf, sie läuft nach Westen!«

Sie kehrte um und entfloh nach Norden.

Sie sprang über einen Baumstamm, um zu entkommen. Da stieg der Hase herab und sagte zu ihr: »Dein Leben ist in Gefahr, Verfluchte, du weißt ganz genau, daß du erbärmlich bist. Mich wolltest du verspeisen und damit deinen zerschundenen Rücken heilen, du Bastard!«

Und der Hase suchte sein Lager wieder auf. Während der Zeit war der Löwe in seine Höhle zurückgekommen. Als er dort eintrat, stellte er fest, daß der Bock verschwunden war. Der war mit seinem Honigkrug davongegangen. Darauf nahm der Löwe die Haut der Hyäne ins Maul, aber er fand sie nicht mehr süß.

»Also machte doch nur die Tinte des Priesters sie süß«, dachte der Löwe.

Unser Pilger aber sagte bei sich: »Deswegen also warnte man mich, auf die Pilgerfahrt nach Mekka zu gehen. Die Gegend ist gefährlich! Doch einerlei, ob ich nun in Mekka gewesen bin oder nicht, immerhin habe ich mir den Titel Pilger erworben.«

Klugheit ist mehr wert als Stärke.

So wird im Sudan erzählt.

Der Zauberhengst

*E*inmal war's, keinmal war's, siebenmal sieben Länder weiter war ein König. Dieser König hatte drei Töchter. Nun aber kam ein Befehl von einem andern Königreich, von einem mächtigeren Königreich kam ein Befehl, jeder König müsse einen Sohn hergeben, damit er dort ein Jahr lang diene.

Aber gelt? – Dieser König konnte niemanden schicken, weil er ja keinen Sohn, sondern drei Töchter hatte.

»Wen soll ich nur schicken?« Er spekulierte, verhandelte und beriet sich ununterbrochen, auch mit seiner Frau und seinen Töchtern besprach er sich.

»Wen soll ich jenem König schicken, ihm ein Jahr lang zu dienen?«

Sagte die größere Tochter: »Lieber Vater, laßt mich gehen.«

»Schweig still, mein Kind!«

»Ich geh' aber«, sagte sie.

»Gut, mein Kind, geh also! Wann bist du zur Reise bereit?«

»In drei Tagen! Drei Tage, und ich bin bereit.«

»Gut.«

Die Tochter rüstete sich zur Reise, sie wählte sich ein schönes Pferd aus, ein Schwert, ein Kleid – ein königliches Kleid und am Morgen des dritten Tages zog sie sich an und bestieg das Pferd.

»Na, Vater, Gott befohlen und auf Wiedersehen!« Damit brach sie auf. Nachdem sie aufgebrochen war, ging der Vater eilends ins Haus, nahm ein Bärenfell, rannte damit zu einer Brücke und kroch unter die Brücke. Kaum war er unter die Brücke gekrochen, kam die Tochter auf dem Pferd herangeritten. Jetzt kroch er im Bärenfell unter der Brücke hervor. Als er hervorkroch, erschrak das Pferd mit dem Mädchen, und das Mädchen lief heim mit dem Pferd. Der Vater war aber schon zu Hause, denn er hatte den kürzeren Weg genommen.

»Nun, meine Tochter, konntest nicht fort, nicht wahr?«

»Nein, mein lieber Vater, ich erschrak vor dem Bären.«

»Schon gut, meine Tochter, so gehst du eben nicht.«

Sagte die zweite, die mittlere Tochter: »Laßt mich gehen, lieber Vater.«

»Ist's deiner Schwester nicht gelungen, so dir noch weniger!«

»Ich geh' aber.«

»Gut, dann mach dich fertig!« sagte er.

So machte sich auch diese reisefertig, aber der Vater brach eine halbe Stunde früher auf und kroch wiederum im Bärenfell unter die Brücke. Als das Mädchen hinkam, kroch er unter der Brücke hervor und stellte sich dem Pferd in den Weg. Das Pferd machte kehrt und husch! – zurück nach Hause.

Na, als sie heimkam, war der Vater schon zu Hause.

»Du konntest nicht fort, nicht wahr, meine Tochter?«

»Nein, mein lieber Vater.«

Die jüngste Tochter aber saß da und sann und sann.

»Mein Vater«, sagte sie, »laßt mich fort, laßt mich gehen.«

»Du kannst nicht gehen, mein Kind!«

»Ich geh' aber doch, mein Vater.«

»Also gut.«

Das Mädchen machte sich für die Reise bereit. Wie sie sich da und dort umtat, an Haus und Stall vorbei hin und her ging, erschien plötzlich eine alte Frau vor ihr.

»Du Mädchen«, sagte sie, »du willst zu diesem und diesem König ziehen? Aber sieh dich vor! Nimm aus dem Stall das schlechteste Pferd und dieses Pferd füttere drei Tage lang mit süßer Milch. Dann nimm von deinem Vater die königlichen Gewänder und sein Schwert, das er noch als Bräutigam getragen hat.«

Gut. Das Mädchen tat so, ging in den Stall und besah sich die Pferde. Sie sagte: »Wie denn, diesen dürren Gaul soll ich nehmen, dieses Schindaas?«

Sie stieß es fort.

»Stoß mich nicht fort, du Mädchen«, sagte das Pferd, »ich werde dir noch gut zustatten kommen. Möchtest du nicht mit mir reisen?«

»Nun ja.«

Sagte das Pferd: »Dann gib mir drei Tage lang süße Milch zu trinken, und ich werde dir zeigen, wer ich bin.«

Sie fütterte es nun drei Tage lang mit süßer Milch und dann eines Tages sagte das Pferd zu ihr: »Hör zu, Mädchen«, sagte es, »jetzt führ mich hinaus.«

Sie nahm es und führte es hinaus. Draußen sagte das Pferd: »Sattle mich.«

Sie sattelte es.

»Setz dich auf mich.«

Sie saß auf.

»Wie soll's gehen, wie der Gedanke, wie der Wind oder wie's am besten ist?«

»Wie's am besten ist.«

Das Pferd erhob sich in die Luft, drehte sich oben dreimal herum und kam wieder herunter.

»Weißt du«, sagte es, »ich habe vierundzwanzig Flügel.«

»Das hab' ich nicht gewußt«, sagte das Mädchen. »Na, ich werde dein Reisegefährte sein; mach dich also morgen früh zum Aufbruch bereit!«

Am andern Tag in der Frühe war das Mädchen zum Aufbruch bereit. Sie kleidete sich in ein königliches Gewand und nahm das Schwert des Vaters, das er noch als Bräutigam getragen hatte. Sie nahm das Schwert und bestieg das Pferd. »Los denn!«

Sie verabschiedete sich von ihrem Vater, von der Mutter, von den Schwestern, von jedermann. Sprach das Pferd: »Bei der Brücke sieh dich vor, denn bei der Brücke stellt sich uns ein Bär in den Weg. Aber stoß ihm das Schwert nicht in den Hals oder gar in den Kopf! Schwing es bloß an ihm vorbei! Ich werde zur Seite springen, so kannst du das Schwert an ihm vorbeischwingen.«

Na, sie kamen an die Brücke, und da stellte sich ihnen ein Bär in den Weg. Wie sich ihnen der Bär in den Weg stellte, rannte das Pferd knapp an ihm vorbei, das Mädchen aber haute mit dem Schwert drein, haute drein und schnitt ihrem Vater den kleinen Finger ab. Da zog der Vater das Bärenfell vom Rücken und sagte: »Na, meine Tochter, ich sehe, du bist deiner Aufgabe gewachsen!«

Nun gut. Sie nahm Abschied von ihm und zog fort, zog dahin und fort und fort durch siebenmal sieben Länder. Einmal aber geriet sie in ein hohes Gebirge. Als sie an das hohe Gebirge herankamen, war zwischen den Bergen gerade eine Balgerei im Gange: je zwei Berge balgten sich Kopf gegen Kopf, und nur um zwölf Uhr hielten sie eine halbe Stunde Rast. Da sagte das Pferd: »Herrin, junge Herrin, bis zwölf Uhr müssen wir hier warten, um zwölf Uhr halten diese Berge eine halbe Stunde Rast, dann erst können wir das Gebirge überschreiten.«

So warteten sie denn. Um zwölf Uhr unterbrachen die Berge ihre Balgerei, und sie konnten nun das Gebirge überschreiten. Nachdem sie das Gebirge überschritten hatten, zogen sie wieder durch siebenmal sieben Länder. Da erblickten sie zwei Riesen, die rangen miteinander; sie waren schon ganz in Schweiß gebadet. Sagte der eine Riese zu dem Mädchen: »Du Königssohn, komm her und schneide meinem Widersacher den Hals ab! Dafür bekommst du Geld und Gold, soviel du nur brauchst.«

Der andere aber sagte: »Du Königssohn, komm, schlag jenem den Kopf ab! Dafür bekommst du von mir einen Schimmelhengst, der hat achtundzwanzig Flügel.«

Sie beriet sich mit ihrem Pferd.

»Sag, welchem von ihnen soll ich den Kopf abschlagen?«

Sagte das Pferd: »Dem, der Geld verspricht, und nicht dem andern! Der den Schimmelhengst verspricht, dem sollst du den Kopf nicht abschlagen, denn von ihm bekommen wir ein Pferd, und dieses Pferd ist mein jüngerer Bruder, wir sind Geschwister.«

Gut so. Der Königssohn ging auf sie zu, zog das Schwert und schlug jenem den Kopf ab, der Geld versprochen hatte.

»Na, jetzt kommt mit nach Hause!«

Sie gingen mit nach Hause, und wie sie daherkamen, hatte sie von ferne schon die Mutter des Riesen, das alte Weib, bemerkt.

»Huh, mein Söhnchen, bist deinem Widersacher entronnen? Huh, mein Söhnchen, wie bist du entkommen?«

Sagte der Riese: »Ach Mutter, seht, dieser Königssohn hat mich erlöst. Dieser Königssohn hat meinem Widersacher den Kopf abgeschlagen, ich hab' ihm dafür den Schimmelhengst mit den achtundzwanzig Flügeln versprochen.«

»Gut so, mein Sohn«, sagte sie, »das ist in Ordnung.«

Doch das alte Riesenweib, die Mutter des Riesen, merkte bald, daß dies kein Mann sein konnte, sondern ein Mädchen war.

Sie merkte es und sagte zu sich selbst: »Heute nacht mach' ich die Probe drauf.«

Sie richtete dem Mädchen ein Bett in der Kammer, und dem Sohn richtete sie in einer anderen Kammer ein anderes Bett. In der Nacht nahm sie zwei Blumen und legte sie dem Mädchen zu Häupten; ihrem Sohn legte sie ebenfalls zwei Blumen zu Häupten.

»So werde ich morgen wissen, ob es ein Junge oder ein Mädchen ist«, dachte sie bei sich.

Der Morgen kam; in der Morgendämmerung schaute das Mädchen auf das Kopfkissen neben sich, schaute aufs Kopfkissen und sah zwei Blumen darauf. Ei, nun merkte sie, was das alte Riesenweib vorhatte.

Gut. Sie nahm die Blumen, trug sie in die andere Kammer zu dem Riesen hinüber und legte sie dem Riesen aufs Kopfkissen, legte sie hin – und schon waren sie verwelkt.

Später kam die alte Frau nachschauen und sah, daß die Blumen zu Häupten ihres Sohnes verwelkt waren. Da sagte sie bei sich: »Ich weiß nicht recht, es scheint mir aber doch ein Mädchen zu sein.«

Das Mädchen ging zu ihrem Pferd in den Stall und fragte: »Liebes Pferdchen, wie wird das nun sein? Was sollen wir tun?«

Sagte das Pferd: »Warte noch, junge Herrin, sie werden dich im Blumengarten spazieren führen. Du aber schau die Blumen nicht an, sag ihnen, du brauchst keine Blumen.«

˙ Das Mädchen ging, und sie führten sie in den Garten, führten sie hin, und das alte Weib, die Riesenmutter, zeigte auf die Blumen: »Schau nur, wie schön diese Blumen sind! Schau die schönen Blumen an, meine Tochter!«

»Mir sollt ihr keine Blumen zeigen, ich brauche keine Blumen, brauch' bloß das, was mir gebührt. Zahlt mich aus, gebt mir das Pferd heraus, und wir ziehen weiter!«

Da ging die alte Frau zu ihrem Sohn und beriet sich mit ihm. Sie führten das Pferd heraus und gaben ihr das Pferd, das ihr versprochen ward, als sie den andern Riesen tötete.

Nun brachen sie auf, brachen auf und zogen fort – zwei Pferde und ein Mädchen.

Sie zogen dahin; erst nach einer guten Weile sprach ihr altes Pferd zu ihr und sagte: »Junge Herrin, von hier weiter wird dich mein Bruder tragen. Ich gehe jetzt zurück, woher ich gekommen bin. Du kannst dich ganz auf ihn verlassen, denn er wird alles für dich tun, so wie ich alles für dich getan habe.«

Nun gut. Sie nahm also Abschied von ihrem Pferd, und mit dem Pferd, das sie von dem Riesen bekommen hatte, setzte sie den Weg fort. Sie zogen weiter, zogen durch siebenmal sieben Länder. Da schaute einmal das Mädchen vom Rücken des Pferdes hinab und sah etwas auf der Erde schimmern.

»Wart mal, mein Pferdchen.«

»Was ist los?« fragte dieses.

»Warte, ich hab' hier was gesehen.«

»Ich weiß, was du gesehen hast«, sagte das Pferd, »ein Goldhaar hast du gesehen.«

»Ja«, sagte sie.

»Heb's auf! Zwar wenn du's aufhebst, wird es dich reuen, doch wenn du's nicht aufhebst, wird es dich ebenfalls reuen.«

Gut. Das Pferd hielt an. Das Mädchen stieg ab, hob das Goldhaar auf, wickelte es sorgfältig in ihr Taschentuch und tat es in ihre Tasche und sagte: »Nun können wir weiterziehen.«

Sie machten sich wieder auf und zogen durch siebenmal sieben Länder, zogen dahin, bis sie zu jenem König kamen, bei dem die Königssöhne aus aller Welt versammelt waren, um ihm ein Jahr zu dienen.

Als sie eintrat, richteten alle Königssöhne ihre Blicke auf sie. Sie reichte jedem die Hand, und alle betrachteten sie als Mann und nicht als Mädchen.

Dann ließ sie der König zu sich rufen: »Bist du nun auch gekommen, Sohn dieses und dieses Königs?«

»Ja«, sagte sie.

Und dann griff sie in die Tasche, nahm ihr Taschentuch heraus, faltete das Taschentuch auseinander und zeigte dem König das Goldhaar.

»Huh!« rief der König. »Du hast dies Goldhaar gefunden, so mußt du nun auch dessen Herrin herbringen.«

Na, das war eine schwierige Sache, allein das Pferd war ja so klug, daß sie von ihm Rat holen konnte. Sie ging in den Stall und fragte es: »Mein Pferdchen, wie wird das nun sein?«

»Das wird so sein: geh und sag dem König, der König soll dir von seinen schönsten Gewändern drei Kleider geben, ein goldenes Kleid, ein silbernes Kleid und ein seidenes Kleid. Auch ein kleines Schiff soll er dir geben, damit du hinfahren kannst, wo du hinfahren mußt.«

Also gut. Der König willigte ein. Sie setzte sich auf ihr Pferd, und nun zogen sie weit fort. Viele Länder ließen sie hinter sich, bis sie dort ankamen, wo sie ankommen sollten. Und wie sie dort ankamen, ist ein großes Wasser vor ihnen. Sagte das Pferd: »Na, meine Herrin, hier machen wir jetzt halt und rasten.«

Sie machten gleich dort halt und rasteten, und als sie gerastet hatten, sprach das Pferd: »Sag, wo hast du diese Kleider?«

»Die hab' ich hier«, sagte sie.

»Na, so nimm sie hervor!«

Sie nahm die drei Kleider hervor, und das Pferd sagte: »Jetzt geh in die Stadt und hol ein Schiff, ein kleines Schiff. Das goldhaarige Mädchen und ihr Riesengemahl wohnen jenseits des Wassers, auf Menschenfüßen kann man nicht hinüber.«

Na gut. Sie ging in die Stadt und verlangte ein Schiff; das brachte sie dahin, trug die drei Gewänder, die schönen Frauenkleider auf das Schiff, und dann fuhren sie mit dem Schiff hinüber an das jenseitige Ufer des Wassers. Drüben angekommen, ging sie mit den Kleidern auf dem Arm vor das Tor und rief aus: »Wer kauft schöne Gewänder, schöne Frauenkleider?«

Der Riesengemahl war nicht daheim, er war auf der Jagd. Kam die alte Frau herausgesprungen.

»He, wir wollen welche kaufen!« Und sie rief: »Schwiegertochter, geh und schau, was für Kleider da feilgeboten werden!«

Die ging hin und schaute sich die Kleider an.

»Ach Mutter!« rief sie. »Kommt nur her, seht, was für schöne Kleider da feilgeboten werden!«

Die ging nun auch hin, und wie beide auf dem Schiff waren und sich die Kleider anschauten, fuhr das Schiff langsam an. Als das goldhaarige Mädchen es wahrnahm, war das Schiff bereits am diesseitigen Ufer des Wassers angelangt.

Na, wie sie da angelangt waren, faßte sie das Mädchen sanft am Arm und sagte: »Kommst du mit mir, oder ... soll ich dir mit dem Schwert den Kopf abschlagen?«

Sie erwiderte: »Ich komme mit dir.«

Nun setzten sich beide auf das Pferd, und das Pferd erhob sich in die Luft – weiß Gott, wie hoch hinauf!

Zur selben Zeit, da sich das Pferd in die Luft erhob, schlug daheim im Stall der Hengst des Riesengemahls mit den Füßen aus, daß die Stallwände schier auseinanderbrachen. Da kam der Riesengemahl vom Felde gelaufen, rannte von der Jagd nach Hause.

»Was ist los, mein Pferd, was ist los?«

Sagte das Pferd: »Man hat die Herrin geraubt!«

»Welche Richtung haben sie genommen?«

»Die da!«

»Ereilen wir sie?«

»Das ist nicht sicher«, sagte das Pferd.

»Wir müssen sie ereilen, auch wenn ich dich zuschanden reite!«

Er sprang schnell aufs Pferd und setzte ihnen eilig nach – trab, trab, trab ...

Erst eine gute Weile später wieherte das Pferd des Riesen dem andern zu: »Halt an, lauf nicht so schnell! Der Riese reitet mich zu Schanden, er macht mich ganz kaputt!«

Und jenes erwiderte: »Trag ihn noch ein Stück höher hinauf, dann wirf ihn ab und komm mit uns!«

Das Pferd tat so, hob ihn recht hoch hinauf, und als es ihn abwarf, zerschellte er zu Staub. Gut. Es ließ sich dann niedergehen und zog mit den andern fort. Das goldhaarige Mädchen setzte sich auf diesen Hengst, die andere auf den ihren. So zogen sie dahin, bis sie zu dem König kamen. Als der König die schöne goldhaarige Frau erblickte, fiel er in Ohnmacht.

Er sagte: »Darauf hab' ich gewartet, nun hat's Gott erfüllt! Schon morgen halten wir Hochzeit.«

»Woher denn!« entgegnete das goldhaarige Mädchen. »Nein, morgen dürfen wir nicht Hochzeit halten. Der mich gestohlen und hergebracht, der muß vorher in die andere Welt ziehen und von dort die neunundneunzig Stuten holen. Diese neunundneunzig Stuten müssen gemolken werden – zwei Wannen voll. Dann setze ich mich in die eine Wanne Milch, du in die andere, und so halten wir Hochzeit!«

Wieder ließ er die Königstochter rufen: »Nun, mein Sohn«, sagte er, »du mußt jetzt in die andere Welt ziehen und von dort die neunundneunzig Stuten holen. Die mußt du dann melken, damit ich und das goldhaarige Mädchen in den zwei Wannen Milch baden und Hochzeit halten können.«

Das Mädchen ging zu ihrem Pferd, und dieses sagte: »Ei Mädchen«, sagte es, »das ist ein schwieriges Problem. Der König begehrt nicht Geringes, aber wir werden auch das vollbringen. Geh und sag ihm, er soll dir zwölf Büffelhäute geben, diese zwölf Büffelhäute werde ich auf den Rücken nehmen. Einen Spaten und eine Eisenschaufel nehmen wir auch noch mit.«

Gut. Sie ging hin und sagte es dem König. Der König gab sogleich den Befehl; man brachte die zwölf Büffelhäute und legte sie dem Pferd auf den Rücken. Nun saß das Mädchen auf, nahm noch eine Schaufel, eine Eisenschaufel, und einen Spaten mit, und fort ging's!

Sie machten sich auf den Weg und zogen lange dahin, bis sie in die andere Welt gelangten, wo sich die neunundneunzig Stuten befanden.

Sprach das Pferd: »Paß auf, Mädchen, wir sind angekommen! Du mußt hier eine Grube graben, so tief, daß meine Füße Platz drin haben. Mit dem Leib bleib' ich draußen, nur die Füße müssen in der Grube stehen. Wenn ich einmal wiehere, vernimmt es der Hengst bei den neunundneunzig Stuten und hält sofort im Laufen inne. Wenn ich abermals wiehere, antwortet er mir, und wenn ich ein drittes Mal wiehere, dann ist er schon hier. Drei Tage lang werden wir raufen, doch du bleib oben auf dem Baum, steig ja nicht herab, rühr dich nicht vom Fleck!«

Gut, so geschah's denn auch. Sie kamen an, und das Mädchen machte sich daran, eine Grube zu schaufeln. Das Pferd stieg hinein und wieherte einmal. Darauf blieb der Hengst gleich dort stehen, wo er weidete. Schon beim zweiten Wiehern kam er gerannt, und sie fingen an zu raufen. Das eine riß dem andern die Büffelhäute herunter, das andere riß diesem das Fleisch vom Leibe. Und als sämtliche Büffelhäute heruntergerissen und vom andern die Haut und das Fleisch, ja schon die Knochen herausgezerrt waren, da fiel der Hengst, der Hengst jener neunundneunzig Stuten, auf die Knie, fiel auf die Knie und sagte: »Ich bin dein, führ mich, wohin du willst, mach mit mir, was du willst!«

Jetzt kam das Mädchen vom Baum herunter.

»Kleine Herrin, setz dich auf meinen Rücken, los!« sagte ihr Pferd. Der Hengst wieherte, die neunundneunzig Stuten scharten sich um ihn, und so wurden alle zusammen zum Königshof geführt. Auf dem königlichen Hof angelangt, sollten nun die neunundneunzig Stuten bis zum Morgen gemolken sein. Zwei große Wannen voll Milch sollten es sein, damit in jeder Wanne ein Mensch baden könne. Nun gut. Sie fragte ihr Pferd: »Was tun wir jetzt, mein Pferdchen? Wie schaffen wir's, diese Stuten da zu melken?«

Sagte das Pferd: »Weißt du, wie du's machen sollst? Geh und flehe zum lieben Gott, Er möge uns einen kniehohen Regen bescheren. Den hauch' ich dann an, daß er zu Eis gefriert. So können sich die Stuten nicht fortbewegen, und du vermagst sie zu melken.«

Also betete das Mädchen zum lieben Gott, betete und flehte so lange, bis der liebe Gott – sie hat wohl auch sonst ihre Verdienste gehabt! – bis Er einen guten Regen bescherte, das Wasser reichte gerade bis zu den Knien. Jetzt kam das Pferd, hauchte das Regenwasser an und kühlte es so sehr ab, daß den Stuten die Füße bis an die Knie zufroren. Morgens waren die zwei Wannen Milch gemolken, in jeder Wanne konnte nun ein Mensch baden. Der König erhob sich am Morgen und fragte: »Ist alles in Ordnung?«

»Alles ist in Ordnung.«

»Wohlan denn«, sagte er, »so laß uns Hochzeit halten!«

»Nein, wir halten nicht Hochzeit«, sagte sie, »und so lange halten wir nicht Hochzeit, bis der, der mich gebracht und die Stuten aus der anderen Welt geholt hat, bis der nicht geht und die Goldkrone aus der Basilika stiehlt. Solange die Goldkrone nicht hier ist, halten wir nicht Hochzeit.«

Schön, da mußte also diese Krone hergeschafft werden. Jetzt sagte das Pferd: »Hör zu, junge Herrin, weißt du, wie wir's machen? Wir gehen bis zur Basilika, dort sind neunundneunzig Mönche mit ihrem Lehrer auf dem Vorplatz versammelt. Im Portal aber steht ein Wächter. So Gott hilft, hauche ich meinen warmen Atem über den Wächter, daß der sogleich einschläft. Du rennst dann hinein, reißt die Krone vom Altar herunter, nimmst sie und bringst sie heraus. Danach setzt du dich auf meinen Rücken, und wir fliegen durch die Luft davon.«

So war es auch. Sie gingen bis vor die Basilika. Und wirklich, dort auf dem Vorplatz der Basilika waren die Mönche mit ihrem Lehrer zum Unterricht versammelt, im Portal aber stand der Wächter. Das Pferd hauchte ihn leise an, ganz lauwarm, worauf der Wächter, an die Mauer gelehnt, sogleich einschlief. Nun ging das Mädchen hinein, riß die Krone an sich, dann kam sie heraus, setzte sich aufs Pferd und husch! – weg waren sie.

Da rennt der Wächter hin zu dem Lehrer und ruft: »Hochwürden, die Goldkrone aus der Basilika, man hat sie gestohlen!«

»Was? Wie ist das möglich? Wer hat sie gestohlen? Wie hat man sie gestohlen?«

Er blickte herum, doch auf der Erde sieht er nichts. Wie er hinaufschaute, sah er oben das Pferd im Fluge enteilen, und auf seinem Rücken war ein Mensch. Da sagte er: »Mein Fluch über dich, möge Gott ihn erfüllen! Bist du ein Mann, so werde zum Weibe! Bist du ein Weib, so werde zum Manne!«

Da spürte das Mädchen, daß es zum Manne geworden war.

Sie erreichten den Königshof, ließen sich nieder und trugen die Krone hinein. Als das goldhaarige Mädchen die Krone aus der Basilika erblickte, wußte sie bereits, daß das Mädchen zum Manne geworden war.

Der König sagte: »Na, morgen halten wir Hochzeit!«

Darauf sagte das goldhaarige Mädchen: »Es sei denn.«

Am Morgen aber sagte sie: »Der König setze sich in diese Wanne Milch, ich setze mich in die andere.«

Das goldhaarige Mädchen führte sodann ihr Pferd an die Wanne des Königs heran. Und als sich der König in die Stutenmilch setzte, um drin zu baden, blies das Pferd eine solche Siedehitze in die Milch, daß der König drin mit Haut und Haar zerkochte.

»So, jetzt klaub die Knochen heraus und setz dich hinein! Du sollst drin baden, du sollst mein Gemahl sein, nicht er! Du hast um mich gekämpft und gerungen, nicht er!«

Er setzte sich auch gleich hinein. Ein Priester kam, die Goldkrone war ja schon da, und so begingen sie die Hochzeit. Sie veranstalteten ein schönes Hochzeitsfest, an dem viele teilnahmen.

Hier ist's aus, geschwind lauf raus!

So wird in Ungarn erzählt.

Die Tiere

Irgendwann Mitte der Siebzigerjahre war ich mit dem Sohn meiner damaligen Lebensgefährtin im Frankfurter Zoo. Er war fünf. Wir schauten uns die Tiger an und den schwarzen Panther, die Schimpansen und die Gorillas. Er war ein ernstes Kind, das sich über viele Dinge Gedanken machte. Es war schön, ihm beim Denken zuzusehen. Auf dem Heimweg fragte er mich, ob ein Marsmensch, wenn es ihn gäbe, einen Löwen, einen Affen und einen Menschen im Gesicht voneinander unterscheiden könnte. Wir diskutierten die Frage und kamen zur Ansicht, nein, er könnte nicht.

Ich sagte: »Ich traue mich nicht zu behaupten, dass Tiere denken. Und ich traue mich nicht zu behaupten, dass sie nicht denken.«

Er sagte: »Ich glaube, sie denken.«

Da war ich mir klug und feig in einem vorgekommen. Wenn man etwas nicht weiß und nicht wissen kann, sollte man doch wenigstens den Mut zur Mutwilligkeit haben. Darin besteht schließlich die Poesie.

Ich erinnere mich gut, als ich zum ersten Mal über Tiere nachgedacht habe. Ich war in einem ähnlichen Alter gewesen. Meine Großmutter hat mir ein Exemplar von Dr. Heinrich Hoffmanns *Struwwelpeter* mitgebracht; ich saß dicht neben ihr, die eine Hälfte des Buches lag auf meinem Oberschenkel, die andere auf ihrem. Sie las mir *Die Geschichte vom wilden Jäger* vor. Ohne Zweifel war diese gerade einmal drei Seiten umfassende Bildergeschichte meine erste Begegnung mit dem Unheimlichen. Alles darin jagte mir Schrecken ein: der Jäger mit seinem etwas blöden Gesichtsausdruck, der mit Stampfschritt in die falsche Richtung geht; die viel zu große Flinte, die er geschultert hat; der Hase, den er erschießen will, den er aber nicht sieht, vielleicht, weil er kurzsichtig ist – meine Großmutter behauptete von sich, sie sei kurz-, weit- und stabsichtig. Der Hase sitzt in einem Kraut, das es nirgends auf der Welt gibt, und macht dem Jäger eine lange Nase, ein durch und durch unsympathisches Tier. Ein wilder Jäger? Ein unfähiger Jäger, fand ich. Kaum ist Mittag, legt er sich unter einen merkwürdigen Baum – auch so eine Pflanze gibt es auf der ganzen Welt keine – und schläft ein unter einer feist behäbigen Sonne. Als hätte sich in dieser Geschichte alles in eine hämische Gegenexistenz verwandelt; unheimlich war mir, und meine liebe Großmutter mit ihrer leisen, monotonen Stimme war drauf und dran, in diese andere Welt hinüberzuwechseln. Ich hätte ihr zugetraut, dass sie die Bilder beim Vorlesen aufs Papier zauberte: Der Hase stiehlt dem schlafenden Jäger das Schießgewehr und die Brille. Er legt an, und der kurz-, weit- und stabsichtige Jäger läuft vor ihm davon, wieder in diesem lächerlichen Stampfschritt.

Meine Großmutter ließ eine Pause, ehe sie umblätterte. Mir war, als sammelte sie in dieser Pause das Unheimliche in ihrem Kopf zusammen, um es in die nächste Seite zu stopfen. Ich machte mich auf etwas Schreckliches gefasst. Es kam schrecklicher, als ich es für möglich gehalten hatte:

Da kömmt der wilde Jägersmann
Zuletzt beim tiefen Brünnchen an,
Er springt hinein. Die Not ist groß;
Es schießt der Has die Flinte los.
Des Jägersfrau am Fenster saß
Und trank aus ihrer Kaffeetass'.
Die schoss das Häschen ganz entzwei;
Da rief die Frau: O wei! O wei!
Doch bei dem Brünnchen heimlich saß
Des Häschens Kind, der kleine Has.
Der hockte da im grünen Gras;
Dem floss der Kaffee auf die Nas'.
Er schrie: Wer hat mich da verbrannt?
Und hielt den Löffel in der Hand.

Ich hatte es nicht für möglich gehalten, dass die Welt in solche Unordnung gerät, wenn sich die Tiere entschließen, mit uns umzugehen wie
wir mit ihnen. Sie denken wie wir; aber nicht, wie wir bei Tag im lieben
Sonnenlicht denken, sondern wie wir träumen.

Ich fühlte mich auf eine unangenehme Weise vom Häschen ertappt.
Und wusste nicht, wobei. Ich begriff, der »wilde Jäger« in dieser Geschichte war nicht dieser Spießer im grünen Gewand, sondern der
Hase – ein erbarmungsloser, hämischer Jäger, der für seine Rache in Kauf
nimmt, sein eigenes Kind zu verbrühen.

Sie können sich in unseresgleichen verwandeln, die Tiere. Was für
eine Gewissheit hatte ich, dass meine sanfte Großmutter neben mir, die
so gut nach Kernseife roch, dass sie in Wahrheit nicht eine von ihnen
war?

Später erfuhr ich (über meinen Vater) die traurige Geschichte der
Hekabe, der alten Königin von Troja. Als ihr geliebter Sohn Polites vor
ihren Augen auf grausame Weise getötet wird, verwandelt sie sich in eine
Hündin. Da wusste ich: Auch wir können uns in ihresgleichen verwandeln. In der größten Not bietet die andere Existenz – für das Tier die
menschliche, für den Menschen die tierische – eine Zuflucht.

Der Geier

*E*s war ein Geier, der hackte in meine Füße. Stiefel und Strümpfe hatte er schon aufgerissen, nun hackte er schon in die Füße selbst. Immer schlug er zu, flog dann unruhig mehrmals um mich und setzte dann die Arbeit fort. Es kam ein Herr vorüber, sah ein Weilchen zu und fragte dann, warum ich den Geier dulde. »Ich bin ja wehrlos«, sagte ich, »er kam und fing zu hacken an, da wollte ich ihn natürlich wegtreiben, versuchte ihn sogar zu würgen, aber ein solches Tier hat große Kräfte, auch wollte er mir schon ins Gesicht springen, da opferte ich lieber die Füße. Nun sind sie schon fast zerrissen.« – »Daß Sie sich so quälen lassen«, sagte der Herr, »ein Schuss und der Geier ist erledigt.« – »Ist das so?« fragte ich. »Und wollen Sie das besorgen?« – »Gern«, sagte der Herr, »ich muß nur nach Hause gehn und mein Gewehr holen. Können Sie noch eine halbe Stunde warten?« – »Das weiß ich nicht«, sagte ich und stand eine Weile starr vor Schmerz, dann sagte ich: »Bitte, versuchen Sie es für jeden Fall.« – »Gut«, sagte der Herr, »ich werde mich beeilen.« Der Geier hatte während des Gespräches ruhig zugehört und die Blicke zwischen mir und dem Herrn wandern lassen. Jetzt sah ich, daß er alles verstanden hatte, er flog auf, weit beugte er sich zurück, um genug Schwung zu bekommen, und stieß dann wie ein Speerwerfer den Schnabel durch meinen Mund tief in mich. Zurückfallend fühlte ich befreit, wie er in meinem alle Tiefen füllenden, alle Ufer überfließenden Blut unrettbar ertrank.

So erzählt uns Franz Kafka.

Das Geheimnis der Schlange

*E*s war einmal in alten, alten Zeiten ein Mann, der besaß viele Ländereien und große Herden. Er hatte drei Söhne: sein Erstgeborener war stark und groß, der Vater war sehr stolz auf ihn. Der zweite war gerissen und schlau, auch den liebte der Vater sehr. Der dritte aber war ein Dummling, und deshalb schätzte ihn der Vater gering. Und als die Söhne erwachsen waren, da vermählte er den ältesten mit einer Prinzessin. Dem mittleren aber kaufte er ein Schiff und ließ ihn Kaufmann werden. Mit dem jüngsten hingegen wußte er nichts anzufangen, deshalb sagte er zu ihm: »Du kannst unsere Ziegen hüten.« Und also wurde der dritte Sohn ein Ziegenhirt.

Nun werdet ihr vielleicht denken, daß der Jüngste auf seine Brüder eifersüchtig oder neidisch gewesen wäre. Aber er hatte ein einfaches Herz und strebte weder nach hohen Ehren noch nach Geld, und das Hirtenleben behagte ihm recht wohl. An Brot und Käse fehlte es ihm nie, für warme Kleider sorgte sein Vater, und so war er den ganzen Sommer über mit den Geißen in den Bergen, und nur im Winter stieg er ins Tal in die Nähe des väterlichen Hauses.

Eines schönen Tages im Frühling, da er mit seiner Herde ebenwieder aufwärts zog, sah er im Schatten eines Baumes ein altes Weiblein sitzen, das rief ihn an: »He du da, Bürschlein!«

»Was willst du, Großmütterchen?«

»Würdest du mir wohl einen Gefallen tun? Ich würde dich auch gut belohnen.«

»Gern. Sag mir nur, was ich machen soll!« – »Siehst du diese Quelle da? Wenn du dem Wasser entlang aufwärts steigst, kommst du zu einer Höhle. Die ist so niedrig, daß du durch den Eingang kriechen mußt. Aber wenn du weiter drinnen bist, wird sie so hoch, daß du die Decke nicht mehr greifen kannst. Du wirst ein schwaches Licht sehen. Geh nur immer weiter, dann kommst du in eine Kammer, darin liegt eine Schlange, die mußt du totschlagen.

Wenn du sie getötet hast, wirst du in ihrem Munde einen goldenen Ring finden. Bring mir den Ring, und ich werde dir viele Goldstücke dafür geben!« Der junge Hirt ließ seine Herde zurück und stieg zur Quelle empor, die hoch im Felsen aus einem dunklen Loch sprudelte. Daneben gähnte die Öffnung einer Höhle. Der Jüngling besann sich nicht lange, sondern kroch mutig durch den Eingang hindurch, und bald konnte er sich aufrichten. Die Höhle wurde so hoch, daß man die Decke nicht mehr erreichen konnte. Aus der Tiefe der Höhle aber schien ein Licht zu schimmern, dem ging er nach, und bald kam er in eine Kammer, da sah er eine Schlange, die lag in einem Korbe. Als sich der Jüngling näherte, richtete sie sich auf und sprach: »Törichter! Willst du dich von einem Weibe verführen lassen? Weißt du nicht, daß sie auch dich töten würde, wenn du mich umbringst. Sie ist eine Hexe und will nur meinen Zauberring. Geh hinaus und töte sie mit deinem Hirtenstab, dann sollst du den Ring haben, und ich will dich seinen Zauber lehren!« Da besann sich der junge Hirte, und die Worte der Schlange klangen ihm gut. Er kehrte um, kroch wieder ans Tageslicht, erschlug die Hexe mit seinem Prügel, schnitt ihr mit dem Hirtenmesser den Kopf ab und brachte ihn der Schlange. »Da siehst du, daß ich gehandelt habe, wie du es gewünscht hast.«

»Du hast klug gehandelt, daß du mir gefolgt hast und nicht dem bösen Weibe«, sprach diese, »und nun setz dich her zu mir und höre, was ich dir zu sagen habe!« Da setzte sich der Jüngling nieder und die Schlange kroch ihm auf den Schoß. »Solange du den Ring hier trägst und solange du keinem Menschen das Geheimnis verrätst, wirst du der weiseste Mensch auf Erden sein. Du wirst mit allen Tieren sprechen können und du wirst die verborgenen Schätze in aller Welt sehen, in der Tiefe der Erde, in der Tiefe des Meeres und in der Höhe des Himmels. Wenn du aber davon sprichst, dann mußt du sterben, und der Mensch, zu dem du gesprochen hast, wird dein Erbe sein. Und nun öffne deinen Mund und empfange die Gabe der Unsterblichkeit!« Da machte der Jüngling den Mund auf und die Schlange spie ihm dreimal hinein. Da war dem Jüngling, als ringele sich in seinem eigenen Innern eine Schlange, aber er spürte keine Schmerzen dabei, sondern ihm war so wohl wie nie zuvor. Und ehe er sich umgesehen hatte, um der Schlange zu danken, war diese verschwunden.

Als der Jüngling aus der Höhle wieder ans Tageslicht gekommen war, hörte er eine Geiß zu einer andern sagen: »Hier der Busch, an dem ich knabbere, ist ein heiliger Strauch, wer von seinen Blättern einem Kranken gibt, der wird ihn wieder gesund machen.«

Da brach der Hirt einen Zweig ab und steckte ihn in seine Hirtentasche. Dann machte er sich mit der Herde auf den Heimweg.

»Herr, was ist das für eine Art?« fragte der Leithammel. »Willst du schon zu Tal ziehen, und ist doch eben erst der Sommer gekommen.«

»Du wirst dir einen anderen Herrn suchen müssen«, entgegnete der Jüngling, »denn ich werde euch bald verlassen.«

Sie waren noch nicht weit gekommen, da war dem Burschen, als sehe er es in der Tiefe der Erde glänzen. Er ließ die Herde sich im Schatten einiger Bäume lagern und fing an zu graben. Da kam sein Hund zu ihm und sagte: »Herr, was tust du denn da?«

»Ich glaube, ich habe einen Schatz entdeckt«, antwortete sein Herr.

»Ich sehe nichts, und ich rieche nichts, und auf meine Nase kann ich mich wahrscheinlich verlassen«, sprach der Hund. »Von diesen Dingen verstehst du nichts, gib lieber auf die Herde acht, daß sich kein Tier verläuft!«

Der Jüngling grub und grub, und plötzlich stieß er mit der Schaufel auf etwas. Vorsichtig wühlte er weiter, und siehe da: er hatte einen ledernen Sack gefunden, der war schon ganz zerschlissen, und in dem Sack war eine Urne mit alten Goldmünzen. Die leerte der Jüngling in seine Hirtentasche und nahm den Weg in seine Heimat wieder auf. Am andern Tag kam er in seinem Dorf an. »Sohn, bist du krank geworden?« fragte ihn sein Vater. »Es ist doch erst ein paar Wochen her, daß du ausgezogen bist, und nun kommst du bei der größten Hitze wieder mit dem Vieh ins Tal.« – »Vater, Ihr werdet Euch einen andern Hirten suchen müssen.« Und er zeigte ihm das Gold. Da war der Vater freilich sehr überrascht, und er hielt seinen Sohn nicht mehr zurück, sondern ließ ihn ziehen, damit er in der Fremde sein Glück suche. »Er wird es vielleicht doch auch noch zum Kaufmann bringen«, sagte der Vater bei sich, und er schenkte ihm noch sein einziges Pferd, denn sonst hatte er nur Esel und Maultiere im Stall. »Wohin willst du, daß ich dich trage?« sagte das Pferd. »Trage mich in die Stadt!« bat der Jüngling. Und er ritt, bis er vor das Tor kam. Über dem Tor aber saßen zwei Tauben, und die eine sagte zur andern: »Gerade war ich wieder im Palast des Königs. Seine Tochter ist immer noch krank. Es waren viele Ärzte da, aber keiner kann ihr helfen. Dabei wäre es ganz leicht: man müßte ihr nur ein paar Blätter von einem ganz bestimmten Zweig als Tee zu trinken geben, dann würde sie auf der Stelle gesund werden.« – »Trage mich zum Palast!« gebot der Jüngling seinem Pferd und ritt eilends dorthin.

Als der Jüngling vor dem Palast ankam, war da eben ein Ausrufer, der rief: »Wer die Prinzessin wieder gesundmachen kann, der soll sie zur Frau und ein halbes Königreich dazu haben. Wer es aber versucht, und er macht sie nicht gesund, der muß sterben.« So sagte er, weil schon viele Quacksalber gekommen waren. Unser Jüngling war frohen Mutes, er meldete sich: »Ich will die Prinzessin heilen!« – »Gut, dann komm nur gleich herein!«

Er ging hinein, ließ sich heißes Wasser bringen, da legte er die Blätter hinein, und von dem Sud gab er der Prinzessin zu trinken. Und ehe man sich besinnen kann, setzt sich die Prinzessin im Bett auf und sagt: »Ich bin gesund.« Da gab es eine große Freude bei Hofe, der König umarmte zuerst den Retter und dann seine Tochter und sagte zu ihr:

»Hier ist dein Gatte!« Die Prinzessin war damit zufrieden, aber die Königin sagte: »Ehe er meine Tochter heiratet, muß er zeigen, daß er kein Dummling ist, denn an den nächsten besten Dummkopf gebe ich meine Tochter nicht her.«

Der König wollte nicht, denn er hatte ja gesagt: »Wer meine Tochter gesundmacht, der soll sie zur Frau und ein halbes Königreich noch dazu haben.« Aber seine Frau gab nicht nach, und der Jüngling fragte: »Was soll ich denn tun?«

»Du sollst mir drei Rätsel lösen, und wenn du das nicht kannst, dann schlitze ich dir den Bauch auf!« – »Halt, das gibt es nicht«, unterbrach sie der König, »wenn er die Rätsel nicht lösen kann, dann soll er ungestört seines Weges ziehen.« Der Jüngling aber sprach: »Gut, ich bin bereit.«

»Nun«, begann die Königin, »was ist das süßeste, was das stärkste und was das schwächste Ding auf Erden?« Der Jüngling wußte keine Antwort darauf, und als das der König merkte, sagte er: »Du brauchst erst morgen zu antworten, und jetzt geh und ruh dich aus.« Und er ließ ihm eine Kammer herrichten und zu essen und zu trinken bringen.

Der Jüngling saß traurig am Fenster seiner Kammer und dachte nach – denk auch du nach und hol einen, der's kann! Da sah er ein Vöglein vorbeifliegen. Da rief es der Jüngling zu sich und sprach: »Weißt du wohl, welches Ding auf Erden das süßeste, das stärkste und das schwächste ist?«

»Da könnte man sich viele Antworten einfallen lassen. Wer hat dir denn diese Frage gestellt?«

Da berichtete der Jüngling alles, und das Vöglein versprach ihm zu helfen. Es flog ans Fenster des königlichen Schlafzimmers, und da hörte es, wie der König zu seiner Frau sagte: »Da hast du aber ein schweres Rätsel aufgegeben. Ich könnte es wenigstens nicht lösen.«

»Es ist nicht so schwer, wie du meinst: das süßeste Ding auf Erden ist die Liebe, das stärkste ist der Haß und das schwächste ist die Verschwiegenheit.« – »Darauf wäre ich nie gekommen«, sagte der König, »denn ich hätte gedacht, daß das süßeste Ding Honig oder Zucker sein müsse.«

»Ja, so seid ihr Dummköpfe von Männern.« Das Vöglein war sehr vergnügt und flog gleich zum Jüngling zurück.

»Hüte dich vor der Königin! Sie ist ein falsches Weib. Und das Süßeste ist die Liebe, das Stärkste der Haß und das Schwächste die Verschwiegenheit.«

Da dankte der Jüngling dem Tier und legte sich vergnügt zur Ruhe.

Am andern Tage aber ließ die Königin den Jüngling rufen und sagte: »Antworte mir auf meine Fragen!« – »Das Süßeste auf Erden ist die Liebe, das Stärkste der Haß und das Schwächste die Verschwiegenheit des Menschen.« Da wurde die Königin ganz blaß vor Wut, der König aber sprang in die Höhe und klatschte in die Hände vor Freude. »So, jetzt soll aber gleich die Hochzeit sein!« Und so wurde es gehalten.

Die Königin aber dachte bei sich: »Da ist irgendein Zauber dabei, denn der Jüngling hat zuerst nichts gesagt, und am andern Tag hat er es plötzlich gewußt.« Zu ihrer Tochter aber sagte sie: »Wenn du dich mit deinem Gatten zu Bett begibst, dann frage ihn, wie er die Lösung des Rätsels gefunden hat.« Sie hatte nämlich den Vogel am Fensterbrett sitzen sehen.

Am Abend also fragte die Prinzessin den Jüngling: »Liebster, wie bist du denn auf die Lösung des Rätsels gekommen? Sicher hat es dir jemand gesagt?«

»Nein, ich habe nur nachgedacht«, entgegnete der Jüngling, der sich recht wohl auf das besann, was ihm die Schlange gesagt hatte: »Wenn du das Geheimnis verrätst, dann mußt du sterben.«

Die Prinzessin ging also am nächsten Morgen zu ihrer Mutter und sagte: »Durch Nachdenken.«

»Du Schäfchen! Glaubst du, daß dein Mann so klug ist? Er mißtraut dir nur; und ich sage dir: du wirst nie glücklich werden, solange er es dir nicht sagt.«

Am Abend aber, als der Jüngling seine junge Gemahlin umarmen wollte, sagte die: »Nein, sage mir zuerst, wer dir das Geheimnis des Rätsels verraten hat! Alle Welt hätte anders geraten, und nur du hast gewußt, so zu reden, wie meine Mutter redet. Solange du mir nicht sagst, wer es dir verraten hat, werde ich dich nicht mehr küssen.« Da war der Jüngling sehr traurig, aber er sagte nichts. Am nächsten Abend aber ging es ihm ebenso und am dritten Abend auch wieder.

Am Morgen danach traf der König seinen Schwiegersohn, der sah, daß der Jüngling ganz traurig dreinsah, und sprach: »Warum machst du ein so betrübtes Gesicht?« Da erzählte ihm der Jüngling, daß die Prinzessin wissen wolle, wie er zur Lösung des Rätsels gekommen wäre. »Nun, so sage es ihr halt! Was ist da schon dabei?« Da wurde der Jüngling noch trauriger und dachte: »Nun muß ich heute abend sterben, denn noch länger halte ich es nicht aus, sie zu sehen und sie nicht zu küssen. Und die Königin hat schon recht: das schwächste Ding auf Erden ist die Verschwiegenheit des Menschen.«

Und er stieg hinab in den Stall, um von seinem treuen Pferde Abschied zu nehmen.

»Herr, was schaust du so niedergeschlagen?« – »Ach, ich muß heute abend sterben.« Und der Jüngling vertraute sich dem Pferde an.

»Ja, weißt du denn nicht, daß der Mann der Herrscher ist und die Frau gehorchen muß?« sagte das Pferd. »Du mußt ihr den Stock zu schmecken geben, dann wirst du Ruhe haben.« Als es dunkelte, schnitt sich der Jüngling eine Haselrute, dann stieg er hinauf ins Schlafgemach.

»Nun«, fragte ihn die Prinzessin, »willst du mir heute endlich sagen, wer dir die Lösung des Rätsels verraten hat?« – »Ja, das will ich: der da!« Und er zeigte ihr den Stock und prügelte sie damit ordentlich durch. Die Prinzessin bat ihn um Gnade und sagte: »Laß nur, jetzt glaube ich dir!«

Da ließ der Jüngling von ihr ab, und sie lebten von da an glücklich und vergnügt. Die Königin aber merkte, daß sie dem Jüngling nicht beikommen konnte, und sie ärgerte sich darüber zu Tode. Der Jüngling aber übernahm, nachdem auch der König gestorben war, die Herrschaft über das ganze Königreich, und indes seine Kinder und Enkel alterten und ins Grab sanken, konnte er nicht sterben. Er war vereinsamt, denn seine Frau war ihm auch gestorben, aber unter seinen Urenkeln hatte er einen, den liebte er vor allen.

Doch eines Tages wurde er des Lebens müde, und er dachte bei sich: »Nun will ich auch dorthin gehen, wo meine Frau und meine Kinder sind.« Und er ließ seinen Urenkel rufen, den er besonders liebte, und sagte zu ihm: »Willst du König sein?« – »Ja, ich möchte wohl, aber du bist ja noch am Leben, Großväterchen, und die Leute sagen, daß du nie sterben wirst.« – »Ja, mein Kind. Freilich: wenn ich wollte, könnte ich noch lange leben, denn wie du siehst, habe ich noch nicht einmal graue Haare. Aber ich bin müde geworden und möchte zu meiner Frau und zu meinen Kindern. Deshalb will ich dir ein Geheimnis anvertrauen: hier an meiner Hand ist ein goldener Ring. Wenn du dir den an den Finger steckst, wirst du die Sprache der Tiere verstehen, du wirst verborgene Schätze erkennen, und du wirst so lange nicht sterben, solange du das Geheimnis bewahrst. Wem du es aber anvertraust, der wird dein Erbe sein, so wie ich jetzt dich zum Erben einsetze.«

Damit zog er den Ring vom Finger und stülpte ihn seinem Liebling über den Finger. Alsbald sank er tot um, und bis ihn die Diener hinwegtragen konnten, zerfiel er zu Knochen, nur sein blondes Haar war unberührt geblieben.

Der Urenkel aber war König, und er verstand es wie sein Ahne, das Geheimnis vor der Neugier der Frauen zu wahren, und so wurde er weise und blieb jung bis in die hohen Tage seines Lebens hinein. Man sagt, daß er fortgezogen ist und heute noch in einem andern Lande lebt.

Das ist die Geschichte, und wer zuerst spricht, der ist ein Dummkopf!

So wird in Italien erzählt.

Selbstmord der Hasen

*E*ines Tages versammelten sich alle Hasen und sagten: »Auf der Welt gibt es kein feigeres Tier als wir. Wenn ein winziger Halm knirscht und ein bißchen Wind weht, sind wir zu Tode erschrokken. Wir sind noch niedriger als Wolf, Schakal, Bär und Fuchs. Wir wollen lieber sterben, als so feige und niedrig leben. Was soll ein Tier noch leben, das sich vor einem Zweig fürchtet, auf dem sich ein Käfer oder eine Ameise bewegt! Es soll sterben.«

Alle waren damit einverstanden und beschlossen, Selbstmord zu begehen. Sie wollten zu dem gegenüberliegenden Bach gehen und sich dort, einer nach dem andern, ins Wasser stürzen. So stiegen alle zusammen vom Berg ins Tal. Als sie zum Ufer des Baches gekommen waren, stürzten sich die am Ufer liegenden Frösche, sobald sie den Lärm hörten, alle schnell ins Wasser. Als die Hasen das sahen, riefen sie: »Oho, es gibt noch Feigere als uns auf dieser Welt. Weshalb sollen wir Selbstmord begehen?« Nach diesen Worten kehrten sie wieder um und gingen hochnäsig zu ihren Bergen und Nestern zurück.

So wird in der Türkei erzählt.

Die Bremer Stadtmusikanten

*E*s hatte ein Mann einen Esel, der ihm schon lange Jahre treu gedient, dessen Kräfte aber nun zu Ende gingen, so daß er zur Arbeit immer untauglicher ward. Da wollt ihn der Herr aus dem Futter schaffen, aber der Esel merkte, daß kein guter Wind wehte, lief fort und machte sich auf den Weg nach Bremen; dort, dachte er, kannst du ja Stadtmusikant werden.

Als er ein Weilchen fortgegangen war, fand er einen Jagdhund auf dem Wege liegen, der jappte wie einer, der sich müd gelaufen. »Nun, was japst du so?« sprach der Esel. »Ach«, sagte der Hund, »weil ich alt bin und jeden Tag schwächer werde und auf der Jagd nicht mehr fortkann, hat mich mein Herr wollen totschlagen, da habe ich Reißaus genommen; aber womit soll ich nun mein Brot verdienen?«

»Weißt du was«, sprach der Esel, »ich gehe nach Bremen, dort Stadtmusikant zu werden, geh mit und laß dich auch bei der Musik annehmen.« Der Hund war's zufrieden und sie gingen weiter. Es dauerte nicht lange, so saß da eine Katze auf dem Weg und machte ein gar trübselig Gesicht. »Nun, was ist dir denn in die Quere gekommen?« sprach der Esel.

»Ei«, antwortete die Katze, »wer kann da lustig sein, wenn's einem an den Kragen geht; weil ich nun zu Jahren komme, meine Zähne stumpf werden und ich lieber hinter dem Ofen sitze und spinne, als nach den Mäusen herumjage, hat mich meine Frau ersäufen wollen; ich hab' mich zwar noch fortgemacht, aber nun ist guter Rat teuer; wo soll ich hin?«

»Geh mit uns nach Bremen, du verstehst dich doch auf die Nachtmusik, da kannst du ein Stadtmusikant werden.« Die Katze war's zufrieden und ging mit. Darauf kamen die drei Landesflüchtigen an einem Hof vorbei, da saß auf dem Tor der Haushahn und schrie aus Leibeskräften. »Du schreist einem durch Mark und Bein«, sprach der Esel, »was hast du vor?«

»Da hab' ich gut Wetter prophezeit«, sprach der Hahn, »weil unserer lieben Frauen Tag ist, wo sie dem Christkindlein die Tücher gewaschen hat und sie trocknen will, aber weil morgen zum Sonntag Gäste kommen, so hat die Hausfrau doch kein Erbarmen und der Köchin gesagt, sie wollte mich morgen in der Suppe essen und da soll ich mir heut abend den Kopf abschneiden lassen. Nun schrei ich aus vollem Hals, so lang ich noch kann.«

»Ei was, du Rotkopf«, sagte der Esel, »zieh lieber mit uns fort, wir gehen nach Bremen, etwas Besseres als den Tod findest du überall; du hast eine gute Stimme, und wenn wir zusammen musizieren, so muß es eine Art haben.« Der Hahn ließ sich den Vorschlag gefallen, und sie gingen alle vier zusammen fort.

Sie konnten aber die Stadt Bremen in einem Tag nicht erreichen und kamen abends in einen Wald, wo sie übernachten wollten. Der Esel und der Hund legten sich unter einen großen Baum und die Katze und der Hahn machten sich hinauf, der Hahn flog bis in die Spitze, wo's am sichersten für ihn war, und sah sich, ehe er einschlief, noch einmal nach allen vier Winden um. Da däuchte ihn, er sah in der Ferne ein Fünkchen brennen und rief seinen Gesellen zu, es müßte nicht gar weit ein Haus sein, denn es scheine ein Licht. Sprach der Esel: »So müssen wir uns aufmachen und noch hingehen, denn hier ist die Herberge schlecht«, und der Hund sagte: »Ja, ein paar Knochen und etwas Fleisch daran täten mir auch gut!«

Nun machten sie sich auf den Weg nach der Gegend, wo das Licht war, und sahen es bald heller schimmern und es ward immer größer, bis sie vor ein hell erleuchtetes Räuberhaus kamen. Der Esel als der Größte machte sich ans Fenster und schaute hinein. »Was siehst du, Grauschimmel?« fragte der Hahn.

»Was ich sehe?« antwortete der Esel. »Einen gedeckten Tisch mit schönem Essen und Trinken, und Räuber sitzen daran und lassen's sich wohl sein.«

»Das wär' was für uns«, sprach der Hahn.

»Ia, Ia, ach wären wir da!« sagte der Esel.

Da ratschlagten die Tiere, wie's anzufangen wäre, um die Räuber fortzubringen, endlich fanden sie ein Mittel. Der Esel mußte sich mit den Vorderfüßen auf das Fenster stellen, der Hund auf des Esels Rücken, die Katze auf den Hund klettern, und endlich flog der Hahn hinauf und setzte sich der Katze auf den Kopf. Wie das geschehen war, fingen sie insgesamt auf ein Zeichen an, ihre Musik zu machen; der Esel schrie, der Hund bellte, die Katze miaute und der Hahn krähte, indem stürzten sie durch das Fenster in die Stube hinein, daß die Scheiben klirrend niederfielen. Die Räuber, die schon über das entsetzliche Geschrei erschrocken waren, meinten nicht anders, als ein Gespenst kam herein, und entflohn in größter Furcht in den Wald. Nun setzten sich die vier Gesellen an den Tisch, nahmen mit dem vorlieb, was übriggeblieben war, und aßen, als wenn sie vier Wochen hungern sollten.

Wie die vier Spielleute fertig waren, löschten sie das Licht aus und suchten sich eine Schlafstätte, jeder nach seiner Natur und Bequemlichkeit. Der Esel legte sich auf den Mist, der Hund hinter die Türe, die Katze auf den Herd bei die warme Asche und der Hahn setzte sich auf den Hahnenbalken, und weil sie müd waren von ihrem Weg, schliefen sie auch bald ein. Als Mitternacht vorbei war und die Räuber von weitem sahen, daß kein Licht mehr im Haus war, auch alles ruhig schien, sprach der Hauptmann: »Wir hätten uns doch nicht sollen ins Bockshorn jagen lassen«, und hieß einen hingehen und das Haus untersuchen. Der Abgeschickte fand alles still, ging in die Küche, wollte ein Licht anzünden und nahm ein Schwefelhölzchen, und weil er die glühenden, feurigen Augen der Katze für lebendige Kohlen ansah, hielt er es daran, daß es Feuer fangen sollte. Aber die Katze verstand keinen Spaß, sprang ihm ins Gesicht, spie und kratzte. Da erschrak er gewaltig, lief und wollte zur Hintertüre hinaus, aber der Hund, der da lag, sprang auf und biß ihm ins Bein, und als er über den Hof an der Miste vorbeirannte, gab ihm der Esel noch einen tüchtigen Schlag mit dem Hinterfuß, der Hahn aber, der vom Lärmen aus dem Schlaf geweckt und munter geworden war, rief vom Balken herab: »Kikeriki!«

Da lief der Räuber, was er konnte, zu seinem Hauptmann zurück und sprach: »Ach, in dem Haus sitzt eine gräuliche Hexe, die hat mich angehaucht und mit ihren langen Fingern mir das Gesicht zerkratzt, und vor der Türe steht ein Mann mit einem Messer, der hat mich ins Bein gestochen, und auf dem Hof liegt ein schwarzes

Ungetüm, das hat mit einer Holzkeule auf mich losgeschlagen, und oben auf dem Dache, da sitzt der Richter, der rief: ›Bringt mir den Schelm her!‹ Da machte ich, daß ich fortkam.«

Von nun an getrauten sich die Räuber nicht weiter in das Haus, den vier Bremer Musikanten gefiel's aber so wohl darin, daß sie nicht wieder heraus wollten und der das zuletzt erzählt hat, dem ist der Mund noch warm.

So erzählen uns die Brüder Grimm.

Whittington und seine Katze

*W*ährend der Herrschaft des berühmten Königs Eduard III. gab es einen kleinen Jungen, der hieß Dick Whittington. Sein Vater und seine Mutter waren gestorben, als er sehr klein war, so daß er sich überhaupt nicht an sie erinnerte, und er blieb als kleiner zerlumpter Kerl zurück, der sich in einem Dorf auf dem Land herumtrieb. Weil der arme Dick nicht groß genug war, um arbeiten zu können, war er übel dran; zum Mittagessen hatte er nur wenig und zum Frühstück manchmal gar nichts, denn die Leute, die in dem Dorf lebten, waren wirklich sehr arm und hatten für ihn nicht mehr übrig als Kartoffelschalen und ab und zu eine harte Brotkruste. Bei all dem war Dick Whittington ein sehr pfiffiger Junge, und immer paßte er auf, worüber die Leute redeten. Am Sonntag trachtete er danach, in die Nähe der Bauern zu kommen, wenn sie, bevor der Pfarrer kam, auf den Grabsteinen im Kirchhof saßen und sich unterhielten. Und einmal in der Woche konnte man den kleinen Dick am Wegweiser vor dem Dorfwirtshaus lehnen sehen, dort hielten die Leute an, um etwas zu trinken, wenn sie von der nächsten Marktstadt kamen. Und wenn die Ladentür des Barbiers offen war, lauschte Dick all den Neuigkeiten, die die Kunden einander erzählten.

Auf diese Art erfuhr Dick sehr viele höchst merkwürdige Dinge über die große Stadt, die man London nannte, denn die törichten Landleute jener Zeit meinten, die Menschen in London seien alle feine Herren und Damen, und den ganzen Tag lang gäbe es da nur Singen und Musizieren, und die Straßen seien alle mit Gold gepflastert.

Eines Tages, als Dick am Wegweiser stand, fuhr durch das Dorf ein großer Wagen mit acht Pferden davor, die hatten alle Schellen am Kopfgeschirr. Er dachte, dieser Wagen müsse zu der schönen Stadt London fahren, deshalb faßte er Mut und bat den Fuhrmann, ihn neben dem Wagen mitlaufen zu lassen. Sobald der Fuhrmann hörte, daß der arme Dick weder Vater noch Mutter hatte, und an seinen zerlumpten Kleidern sah, daß er gar nicht übler dran sein konnte, da sagte er ihm, er könne mitkommen, und so machten sie sich zusammen auf den Weg.

Ich konnte nicht herausfinden, wie der kleine Dick es fertigbrachte, unterwegs etwas zu essen und zu trinken zu bekommen, und auch nicht, wie er so weit gehen konnte, denn es war ein langer Weg. Und ich weiß auch nicht, wie er es am Abend mit dem Schlafplatz machte. Vielleicht gaben ihm gutmütige Leute in den Städten, durch die er kam, etwas zu essen, wenn sie sahen, daß er ein armer kleiner zerlumpter Junge war. Und vielleicht ließ ihn der Fuhrmann am Abend in den Wagen kriechen und auf einer der Kisten oder einem der großen Pakete im Wagen ein Schläfchen machen.

Jedenfalls gelangte Dick sicher nach London, und er hatte es so eilig, die schönen goldgepflasterten Straßen zu sehen, daß er sich, fürchte ich, nicht einmal lange genug aufhielt, um dem freundlichen Fuhrmann zu danken. Er lief weg, so schnell ihn die Beine tragen wollten, lief durch viele Straßen und meinte, jeden Augenblick müsse er in jene kommen, die mit Gold gepflastert waren. Dick hatte nämlich dreimal ein Goldstück in seinem eigenen kleinen Dorf gesehen, und er erinnerte sich daran, wieviel Geld das gab, wenn man es wechselte, darum dachte er, er habe nichts anderes zu tun, als einige kleine Stückchen vom Pflaster aufzunehmen, und dann hätte er so viel Geld, als er sich nur wünschen könne.

Der arme Dick lief, bis er müde war, und er hatte seinen Freund, den Fuhrmann, ganz vergessen. Schließlich merkte er aber, daß es dunkel wurde und daß überall, wohin er sich wandte, nur Schmutz anstelle von Gold zu sehen war. Da setzte er sich in einem dunklen Winkel nieder und weinte sich in den Schlaf. Der kleine Dick war die ganze Nacht auf der Straße. Und am andern Morgen stand er hungrig auf und ging umher, und wen er traf, den bat er, ihm einen Kupferpfennig zu geben, damit er nicht verhungern müsse. Aber niemand hielt sich mit ihm auf, und nur zwei oder drei Leute gaben ihm einen Kupferpfennig, und so war der arme Junge bald ganz matt und schwach, weil er nichts zu essen hatte.

Schließlich bemerkte ein gutmütig aussehender Herr, wie hungrig er dreinschaute. »Warum suchst du dir keine Arbeit, mein Junge?« sagte er zu Dick.

»Das möchte ich gern, aber ich weiß nicht, wie ich eine finden kann«, antwortete Dick.

»Wenn du willst, kannst du mit mir kommen«, sagte der Herr und nahm ihn mit zu einer Wiese, auf der Heu gemacht wurde, und da arbeitete Dick frisch drauflos, und es ging ihm gut, solange das Heuen dauerte.

Danach war er so übel dran wie zuvor, und als er wieder fast verhungert war, legte er sich an der Tür von Herrn Fitzwarren nieder, der war ein reicher Kaufmann. Da sah ihn bald die alte Küchenmagd, die war eine übellaunige Person, und sie war da zufällig gerade sehr damit beschäftigt, das Essen für ihre Herrschaft herzurichten. So schrie sie den armen Dick an: »Was hast du da zu suchen, du fauler Bengel? Nichts wie Bettler gibt's da. Wenn du dich nicht fortscherst, wollen wir doch sehen, wie dir ein Guß Spülwasser gefällt, ich hab' da welches, das ist heiß genug, um dich springen zu lassen.« Gerade in diesem Augenblick kam Herr Fitzwarren selbst nach Hause zum Essen, und als er da einen schmutzigen, zerlumpten Jungen vor der Tür liegen sah, sagte er zu ihm: »Junge, warum liegst du da? Du scheinst alt genug zu sein zum Arbeiten; ich fürchte, du hast es mit der Faulheit.« – »Nein, wirklich nicht, Herr«, sagte Dick zu ihm, »so ist es nicht, denn ich möchte von Herzen gern arbeiten, aber ich kenne niemanden und ich glaube, ich bin sehr krank, weil ich nichts zu essen hatte.«

»Steh auf, armer Kerl, laß sehen, was dir fehlt.« Nun versuchte Dick sich zu erheben, aber er mußte sich wieder legen, denn er war zu schwach zum Stehen, weil er seit drei Tagen gar nichts zu essen gehabt hatte, und er war nicht mehr imstande, umherzulaufen und von den Leuten auf der Straße einen Kupferpfennig zu erbitten. Da ließ ihn der freundliche Kaufmann ins Haus bringen und ihm ein gutes Essen geben. Und er behielt ihn für alle Schmutzarbeit, die er für die Köchin tun konnte. Dick hätte in dieser guten Familie recht glücklich leben können, wäre nicht die übellaunige Köchin gewesen, der konnte er nichts recht machen, und sie schalt ihn vom

Morgen bis zum Abend. Und außerdem klopfte sie sehr gern, und wenn sie kein Fleisch zu klopfen hatte, dann klopfte sie den Kopf und den Rücken des armen Dick mit dem Besen oder was immer ihr sonst zufällig in die Hände kam. Schließlich erzählte man Alice, der Tochter von Herrn Fitzwarren, wie schlecht sie Dick behandelte, und die sagte der Köchin, sie würde entlassen, wenn sie nicht freundlicher zu ihm wäre. Nun wurde die üble Laune der Köchin ein wenig gebessert, aber Dick mußte noch mit einem anderen Ungemach fertigwerden. Sein Bett stand in einer Dachkammer, und in der gab es so viele Löcher im Boden und in den Wänden, daß er in jeder Nacht von Ratten und Mäusen geplagt wurde. Fürs Schuheputzen hatte nun ein Herr Dick einen Groschen gegeben, und er dachte, damit könne er sich eine Katze kaufen. Am nächsten Tag sah er ein Mädchen mit einer Katze, die fragte er, ob sie ihm die Katze für einen Groschen überließe. Das Mädchen sagte, das wolle sie, und erzählte ihm auch, daß die Katze ein sehr guter Mausefänger sei.

Dick verbarg die Katze in der Dachkammer und trachtete immer danach, einen Teil seines Essens für sie mitzubringen. Und nach kurzer Zeit hatte er mit den Ratten und Mäusen keinen Ärger mehr und schlief jede Nacht fest und gut. Bald darauf hatte sein Herr ein Schiff segelfertig, und weil er es für richtig hielt, daß alle seine Diener so gut wie er selbst eine Gelegenheit haben sollten, ihr Glück zu versuchen, rief er sie alle in das Empfangszimmer und fragte sie, was sie auf die Fahrt mitsenden wollten.

Sie hatten alle etwas, das sie daran wagen wollten, nur der arme Dick nicht, der hatte weder Geld noch Güter und konnte darum nichts mitgeben.

Aus diesem Grund kam er nicht mit den anderen in das Empfangszimmer. Aber Fräulein Alice erriet, was los war, und befahl, er solle hereingerufen werden. Dann sagte sie, sie wolle aus ihrer eigenen Börse etwas für ihn auslegen, aber ihr Vater erklärte ihr, das ginge nicht, denn es müsse etwas von ihm selbst sein.

Als der arme Dick das hörte, sagte er, er habe nichts als eine Katze, die habe er vor einiger Zeit für einen Groschen von einem kleinen Mädchen gekauft.

»Dann hole deine Katze, mein guter Junge«, sagte Herr Fitz-warren, »und schicke sie mit.«

Dick ging hinauf und brachte die arme Mieze herunter. Er hatte Tränen in den Augen und gab sie dem Kapitän. Denn, so sagte er, nun werde er wieder die ganze Nacht lang von den Ratten und Mäusen wach gehalten werden. Die ganze Gesellschaft lachte über Dicks sonderbaren Einsatz, und Fräulein Alice, die Mitleid mit dem Jungen hatte, gab ihm ein wenig Geld, damit er sich eine andere Katze kaufe. Diese und viele andere Freundlichkeiten, die ihm Fräulein Alice erwies, ließen die übellaunige Köchin auf den armen Dick eifersüchtig werden, und sie begann ihn grausamer als je zu behandeln, und immer trieb sie ihren Spott mit ihm, weil er seine Katze auf die Seefahrt geschickt hatte. Sie fragte ihn, ob er meine, seine Katze würde so viel Geld einbringen, daß man einen Stock kaufen könne, um ihn damit zu schlagen. Schließlich konnte der arme Dick diese Behandlung nicht länger ertragen, und er dachte, er sollte von hier weglaufen. Er packte also seine Habseligkeiten ein und brach sehr zeitig am Morgen auf. Es war am ersten November, dem Allerheiligentag. Er ging bis Holloway, und dort setzte er sich auf einen Stein, der bis heute Whittingtons Stein heißt, und er fing an, darüber nachzudenken, welchen Weg er nun weiterhin einschlagen sollte.

Während er überlegte, was er tun sollte, fingen die Glocken von Bow Church an zu läuten – sechs hatte sie nur zu jener Zeit –, und ihr Klang schien ihm zu sagen: »Kehr um, Whittington, Bürgermeister von London.«

›Bürgermeister von London!‹ sagte er zu sich. ›Nun, ich würde gewiß jetzt fast alles auf mich nehmen, um Bürgermeister von London zu sein und in einer schönen Kutsche zu fahren, wenn ich ein erwachsener Mann bin. Ja, ich werde zurückgehen, und ich mache mir nichts aus dem Knuffen und Schelten der alten Köchin, wenn ich einmal Bürgermeister von London sein soll.‹

Dick ging zurück, und glücklicherweise gelangte er ins Haus und machte sich an die Arbeit, ehe die alte Köchin herunterkam.

Das Schiff mit der Katze an Bord war lange Zeit auf See. Und zuletzt wurde es von den Winden an einer Stelle des Barbarenlandes an die Küste getrieben, wo es nur das Volk der Mohren gab, das die Engländer vorher nicht gekannt hatten. Da kamen die Leute in großer Zahl, um die Seeleute zu sehen, die eine andere Farbe hatten als sie selbst, und sie behandelten sie sehr höflich. Und als sie besser miteinander bekannt wurden, waren sie sehr begierig, die schönen Sachen zu kaufen, mit denen das Schiff beladen war.

Als der Kapitän das sah, sandte er Muster der besten Sachen zu dem König des Landes. Die gefielen ihm so gut, daß er den Kapitän in den Palast holen ließ. Dort setzten sie sich nach dem Brauch des Landes auf kostbaren Teppichen nieder, die mit goldenen und silbernen Blumen bestickt waren. Der König und die Königin saßen am oberen Ende des Saales. Zum Mahl wurde eine Anzahl von Gerichten hereingebracht. Sie hatten sich noch nicht lange niedergesetzt, da stürzte eine große Menge von Ratten und Mäusen herein und machte sich fast über jedes Gericht her. Darüber wunderte sich der Kapitän und fragte, ob dieses Ungeziefer nicht sehr unangenehm sei. »O ja«, sagten sie, »es ist sehr widerlich. Und der König gäbe die Hälfte seiner Schätze, wenn er davon befreit würde, denn sie verderben nicht nur seine Mahlzeit, wie Ihr seht, sondern sie greifen ihn in seinem Schlafgemach an, sogar im Bett, und so muß er beim Schlafen bewacht werden aus Furcht vor ihnen.«

Der Kapitän machte einen Freudensprung, er erinnerte sich an den armen Whittington und seine Katze, und er erzählte dem König, er habe ein Geschöpf an Bord des Schiffes, das würde all dieses Ungeziefer sogleich erledigen. Über diese Nachricht hüpfte dem König das Herz so vor Freuden, daß ihm der Turban vom Kopf fiel.

»Bring mir dieses Geschöpf her«, sagte er, »solches Ungeziefer ist an einem Königshof schrecklich, und wenn das Geschöpf fertigbringt, was du sagst, dann will ich im Tausch dafür dein Schiff mit Gold und Edelsteinen beladen.« Der Kapitän verstand sein Geschäft und nahm die Gelegenheit wahr, die Verdienste der Mieze gebührend darzustellen. Er erklärte Seiner Majestät, es wäre sehr ungeschickt, sich von ihr zu trennen, denn wenn sie fort wäre, könnten die Ratten und Mäuse die Waren im Schiff vernichten. Aber um Seiner Majestät zu Diensten zu sein, wolle er das Geschöpf holen.

341

»Lauf, lauf!« sagte die Königin. »Ich kann es nicht erwarten, das liebe Geschöpf zu sehen.«

Während ein anderes Mahl bereitet wurde, ging der Kapitän fort zum Schiff. Er nahm die Mieze unter den Arm und war gerade zeitig genug zur Stelle, um die Tafel voll mit Ratten zu sehen.

Als die Katze sie sah, wartete sie nicht ab, bis sie geheißen wurde, sondern sprang dem Kapitän aus den Armen, und nach wenigen Augenblicken lagen ihr fast alle die Ratten und Mäuse tot zu Füßen. Der Rest sprang in der Angst fort zu seinen Löchern.

Der König und die Königin waren ganz entzückt darüber, daß sie diese Plage so leicht losgeworden waren, und begehrten, das Geschöpf solle ihnen zum Ansehen gebracht werden, das ihnen so einen großen Gefallen getan hatte. Darauf rief der Kapitän: »Miez, Miez, Miez!«, und sie kam zu ihm. Er überreichte sie dann der Königin. Die fuhr zurück und fürchtete sich, ein Geschöpf anzurühren, das eine solche Verheerung unter den Ratten und Mäusen angerichtet hatte. Als der Kapitän aber die Katze streichelte und sagte: »Miez, Miez«, da berührte sie die Königin auch und rief: »Miet, Miet«, denn sie hatte nicht Englisch gelernt. Er setzte sie dann auf den Schoß der Königin nieder, dort schnurrte sie, spielte mit Ihrer Majestät Hand und schnurrte sich in den Schlaf.

Als der König die Taten von Frau Mieze gesehen hatte und erfuhr, daß sie trächtig war und das ganze Land versorgen könnte, da handelte er mit dem Kapitän um die ganze Schiffsladung und gab ihm dann für die Katze zehnmal so viel, als alles übrige wert war.

Der Kapitän nahm dann Abschied von der königlichen Gesellschaft und segelte unter günstigem Wind nach England, und nach einer glücklichen Fahrt kam er gut und sicher in London an.

Eines Morgens, Herr Fitzwarren war gerade in sein Kontor gekommen und hatte sich ans Pult gesetzt, da kam jemand und klopfte tapptapptapp an die Tür. »Wer ist da?« sagte Herr Fitzwarren. »Ein Freund«, antwortete der andere, »ich bin gekommen, um Euch gute Nachrichten von Eurem Schiff ›Einhorn‹ zu bringen.« Der Kaufmann war sofort auf den Beinen, öffnete die Tür, und da wartete kein anderer als der Kapitän und Handelsbeauftragte mit einem Kasten voller Juwelen und einem Frachtzettel, der den Kaufmann die Augen aufreißen ließ und dem Himmel danken, daß er ihm eine so glückhafte Seefahrt beschieden hatte.

Sie erzählten dann die Geschichte mit der Katze und zeigten das reiche Geschenk, das der König und die Königin dem armen Dick dafür geschickt hatten. Sobald der Kaufmann dies hörte, rief er nach seinen Dienern:

> *»Geht, holt ihn – wir erzählen ihm davon,*
> *doch nennt ihn bitte Herrn Whittington.«*

Herr Fitzwarren zeigte nun, daß er ein guter Mensch war, denn als einige der Diener sagten, ein solch großer Schatz sei zuviel für ihn, da antwortete er: »Gott verhüte, daß ich ihn auch nur um den Wert eines einzigen Pfennigs brächte.« Er schickte nach Dick, der zu dieser Zeit für die Köchin Töpfe scheuerte und ziemlich schmutzig war.

Herr Fitzwarren befahl, ihm einen Sessel zurechtzustellen. Da glaubte er, sie wollten ihren Spott mit ihm treiben, und bat sie, einem armen einfachen Burschen doch nicht solche Streiche zu spielen, sondern ihn doch bitte wieder an seine Arbeit zurückgehen zu lassen.

»Aber wirklich, Herr Whittington«, sagte der Kaufmann, »es ist uns allen ganz ernst mit Euch, und ich freue mich von Herzen über die Nachrichten, die diese Herren für Euch gebracht haben. Der Kapitän hat nämlich Eure Katze an den König vom Barbarenland verkauft und Euch dafür größere Reichtümer zurückgebracht, als ich in der ganzen Welt besitze, und ich wünsche Euch, daß Ihr sie recht lange genießen könnt!« Herr Fitzwarren hieß dann die Männer den großen Schatz herzuzeigen, den sie mitgebracht hatten, und sagte: »Herr Whittington hat nichts weiter zu tun, als sie an einen sicheren Ort zu bringen.«

Der arme Dick konnte sich vor Freude kaum fassen. Er bat seinen Herrn, sich so viel davon zu nehmen, als ihm gefiele, da er alles ja doch seiner Freundlichkeit verdanke. »Nein«, antwortete Herr Fitzwarren, »dies gehört alles Euch, und ich zweifle nicht daran, daß Ihr es gut anwenden werdet.« Dick bat dann seine Herrin und dann Fräulein Alice, einen Teil von seinem Vermögen anzunehmen, aber sie wollten es nicht und sagten ihm dabei auch, wie sehr sie sich über seinen Erfolg freuten. Dieser arme Kerl war aber viel zu herzensgut, um alles selbst zu behalten, und so gab er dem Kapitän ein Geschenk, dem Maat und den andern Dienern von Herrn Fitzwarren und sogar der übellaunigen alten Köchin. Danach riet ihm Herr Fitzwarren, er solle nach einem passenden Händler schicken und sich wie ein Herr kleiden lassen, und er sagte ihm, er könne gern in seinem Haus wohnen, bis er sich selbst ein besseres beschafft habe.

Als Herr Whittington sein Gesicht gewaschen hatte, sein Haar gekräuselt, seinen Hut zurechtgesetzt und einen schönen Anzug anhatte, da war er geradeso hübsch und fein wie andere junge Männer, die Herrn Fitzwarren besuchten. Und Fräulein Alice, die früher so freundlich zu ihm gewesen war und mitleidig an ihn gedacht hatte, die meinte nun, er schicke sich als Herzallerliebster für sie, und das ohne Zweifel um so mehr, als Whittington nun immer überlegte, was er tun könnte, um ihr zu Gefallen zu sein, und ihr die allerhübschesten Geschenke brachte.

Herr Fitzwarren sah bald ihre Liebe und schlug vor, sie sollten heiraten, und da stimmten sie beide eifrig zu. Bald war der Hochzeitstag festgesetzt, und sie wurden zur Kirche geleitet von dem Bürgermeister, dem Ältestenrat, den Friedensrichtern und von einer großen Zahl der reichsten Kaufleute von London, und die alle luden sie nachher zu einem großen Festmahl ein. Die Geschichte berichtet, daß Herr Whittington und seine Gemahlin in Pracht und Herrlichkeit lebten und sehr glücklich waren. Sie hatten mehrere Kinder. Er wurde Friedensrichter von London, dann auch Bürgermeister, und durch Heinrich V. wurde er in den Adelsstand erhoben.

Die in Stein gehauene Gestalt von Sir Richard Whittington mit seiner Katze in den Armen konnte man bis zum Jahr 1780 über dem Bogengang des alten Gefängnisses von Newgate sehen, das gegenüber der Newgate Straße stand.

So wird in England erzählt.

Wie die Sonne gestohlen wurde

Vor vielen, vielen Jahren, lange bevor es an den Ufern des Großen Sklavensees Menschen gab, lebten alle Tiere friedlich zusammen, halfen einander und redeten eine gemeinsame Sprache. Damals gab es überall genug zu essen, und niemand brauchte Not zu leiden. In einem Winter jedoch blieb der Schnee länger als gewöhnlich liegen. Die Sonne wollte und wollte sich nicht sehen lassen, und in großen Flocken fiel das Schweigen vom Himmel. Bald deckte der Schnee die ganze Erde zu. Es gab so viel Schnee, daß selbst die höchsten Spitzen der Bäume unter der weißen Last begraben waren. Der Frühling ließ auf sich warten, und die Sonne schien gestorben zu sein, denn monatelang herrschte völlige Dunkelheit. Die Tiere hatten große Not zu leiden, und viele von ihnen verhungerten oder verirrten sich im Schnee, wo sie jämmerlich erfroren. Da beschlossen die Überlebenden, eine Abordnung in den Himmel zu schicken, die nachsehen sollte, wohin die Sonne wohl verschwunden war.

Mühsam stapften die Tiere nach Norden, denn dort, wo am Himmelseingang die Geister der Verstorbenen zu tanzen pflegten, daß der ganze Himmel leuchtete, dort mußte auch für sie ein Weg sein. Nach langer Suche fanden sie schließlich den Eingang zur oberen Welt und befanden sich bald darauf in einem Lande voller Sonnenschein und Wärme. Gras und Blumen gab es dort, und freundlich spiegelte sich die Sonne im Wasser eines Sees. Am Ufer aber stand das Zelt des schwarzen Bären, eines Tieres, das damals auf der Erde noch unbekannt war.

Neugierig traten die Tiere näher, betrachteten das Lederzelt aus Rentierhäuten und fanden drei kleine Schwarzbären, die ängstlich in einer Ecke saßen. Der alte Bär war zum See gegangen, um Rentiere zu erlegen. Dies war die Zeit der großen Wanderung, und täglich schwammen die Herden der Karibus über den See, dort, wo sich die beiden Ufer fast berührten. Eigentlich hatte der schwarze Bär die Aufgabe, den Eingang zur Oberwelt zu bewachen und ungebetene Gäste zu verscheuchen, aber manchmal ging der Jagdeifer mit ihm durch. Die drei kleinen Bären hatte er daheim gelassen, damit sie die heiligen Medizinbeutel im Zelt bewachen sollten, in denen ein großer Zauber verborgen war. Die Tiere wunderten sich, was wohl in den Beuteln sein mochte, aber die Bärlein blieben stumm, und selbst der Elch traute sich nicht, sie einfach aufzumachen und nachzuschauen.

Als die Tiere merkten, daß es ihren Brüdern, den Karibus, ans Leben gehen sollte, hatten sie großes Mitleid. Rasch sandten sie die Maus hinunter ans Ufer, damit sie die Paddel im Kanu des Bären zernagen sollte. Sogleich machte sich diese an die Arbeit, aber sie hatte kaum richtig begonnen, als der schwarze Bär erschien, um auf die Jagd zu gehen. Mit mächtigen Schlägen paddelte er auf den See hinaus, ängstlich drängten sich die Rentiere zusammen, als sie den Jäger nahen sahen, und enttäuscht standen die Tiere am Ufer. Mit einem Male, als sich der Jäger mitten auf dem See befand, zerbrach das angenagte Paddel in seiner Hand, das Kanu kenterte, und der schwarze Bär verschwand im Wasser.

Die Tiere hatten alles mit angesehen und machten sich sogleich über die heiligen Medizinbeutel her, um sie zu öffnen. Da fanden sie die Sonne, den Mond und die Sterne, die von der Erde verschwunden waren! Rasch warfen sie diese Beute hinunter auf die Welt, wo der Schnee sogleich zu schmelzen begann, als die Sonne plötzlich wieder schien.

Anschließend machte sich die Abordnung auf den beschwerlichen Rückweg, der allerdings nicht ohne Unfälle abging. Bison, seit jeher ein ungeschickter Geselle, der zudem noch äußerst kurzsichtig war, trat dem Biber aus Versehen auf den Schwanz. Das Blut spritzte über die Wildkatze, die neben dem Biber ging. Seit dieser Zeit hat die Wildkatze dunkle Streifen auf ihrem Fell, während der Biber mit einem platten Schwanz durchs Leben gehen muß. Der Elch stolperte über seine eigenen Beine und fiel auf die Nase; noch heute ist sie davon krumm und geschwollen. Die drei kleinen Bären aber folgten den übrigen Tieren aus reiner Neugierde.

Am Ende erreichten die Tiere die Erde; aber wie erstaunt waren sie, als sie nur eine riesige Wasserfläche vor sich sahen, aus der auch nicht ein einziger Baum ragte. Weit und breit war kein Land zu sehen, und niemand wußte sich einen Rat. Schließlich entdeckten die Fische, die bisher brav auf dem Lande gelebt hatten, daß sie schwimmen konnten. So nahmen sie ihre Gefährten auf den Rücken und schwammen davon, trockenes Land zu suchen. Die Enten aber bemühten sich vergeblich, das Land an die Oberfläche zu ziehen; ein Unterfangen, das sie seitdem noch nicht ganz aufgegeben haben, denn jedesmal, wenn sie im Wasser sind, versuchen sie es von neuem.

Als die Fische müde wurden, schickte man die Vögel aus, um nach dem Lande Umschau zu halten. Ein sehr bunter Vogel, der sich auf sein Gefieder viel einbildete, war der Rabe. Er war ebenfalls auf die Suche gegangen. Aber statt sich anzustrengen, fand er einen alten Knochen, den er abzunagen begann. Zur Strafe wurde er ganz schwarz und verlor zu allem Überfluß auch noch seine schöne Stimme. Obgleich er bisher nur Körner und Beeren gefressen hatte, darf er nun nichts wie Abfälle verzehren und muß von dem leben, was andere fortwerfen.

Nach langer Suche fand das Schneehuhn schließlich trockenes Land, und zur Belohnung darf es seit dieser Zeit zwei Kleider tragen, ein weißes im Winter und ein braunes im Sommer. Alle Tiere machten sich auf, um sich ein trockenes Plätzchen zu suchen, und als sie an Land stiegen, wurden sie von den Zurückgebliebenen freudig begrüßt. Langsam verlief sich das Wasser, aber das alte Leben wollte sich nicht wieder einstellen. Jedes Tier zog in eine Gegend, die ihm besonders gefiel. Die Fische blieben im Wasser, die Hirsche zogen in die Wälder, der Biber, der sich seines platten Schwanzes wegen nicht mehr in der Gesellschaft anderer wohl fühlte, ließ sich mitten im See nieder, wo ihn niemand besuchen konnte. Die Vögel flogen in alle Richtungen, und der Elch zog in den Sumpf, um seine Nase zu kühlen. Langsam vergaßen die Tiere ihre gemeinsame Sprache. Lange Zeit danach sind dann die ersten Menschen ins Land gekommen.

So wird bei den Yellowknife Indianern Kanadas erzählt.

Der Tausendkünstler der Ebene

*E*in Mann und eine Frau bekamen zuerst einen Jungen, darauf ein Mädchen. Als das Mädchen zur Heirat gekauft worden war, sagten die Eltern zum Sohne: »Nun haben wir eine Herde zu deiner Verfügung. Jetzt ist für dich der Augenblick gekommen, dir eine Frau zu nehmen. Wir werden dir eine hübsche Ehefrau aussuchen, deren Eltern ehrenwerte Leute sind.«

Doch er weigerte sich entschieden.

»Nein«, sagte er, »gebt euch nur keine Mühe. Die Mädchen, die es hier gibt, mag ich alle zusammen nicht leiden. Wenn ich durchaus heiraten soll, werde ich mir selbst aussuchen, was ich haben will.«

»Mach es, wie du willst«, sagten seine Eltern, »aber wenn du später Unglück hast, ist es nicht unsere Schuld.«

Er machte sich auf, verließ das Land und ging sehr, sehr weit in eine unbekannte Gegend. Als er in ein Dorf kam, sah er dort junge Mädchen, einige zerstampften Mais, andere kochten. Er traf im stillen eine Wahl und sprach bei sich: »Die da gefällt mir.«

Dann ging er zu den Männern des Dorfes.

»Guten Tag, Väter«, sagte er.

»Guten Tag, junger Mann, was wünschest du?«

»Ich möchte eure Töchter ansehen, denn ich will mir eine Frau nehmen.«

»Schön, schön, wir werden sie dir zeigen, und du kannst dann wählen!«

Man führte sie alle an ihm vorüber und er bezeichnete die, welche er haben wollte. Sie gab auch sofort ihre Zustimmung.

»Deine Eltern werden uns wohl noch besuchen und uns selbst den Brautschatz bringen?« sagten die Eltern des jungen Mädchens.

»Ganz und gar nicht«, antwortete er, »ich habe meinen Brautschatz bei mir. Nehmt ihn, hier ist er!«

»Dann«, fügten sie hinzu, »werden sie aber doch später kommen, um dir deine Gattin zuzuführen?«

»Nein, nein, ich fürchte, sie würden euch nur kränken mit ihren harten Ermahnungen für das Mädchen. Laßt sie mich nur gleich mitnehmen.«

Die Eltern der Jungverheirateten willigten denn auch darin ein und nahmen sie nur noch einmal in einer Hütte beiseite, um ihr Verhaltungsmaßregeln zu geben: »Sei gut gegen deine Schwiegereltern und pflege deinen Mann ordentlich!«

Dann boten sie den jungen Eheleuten noch eine jüngere Tochter an, die ihnen bei der Hausarbeit helfen sollte. Aber die Frau wies sie zurück. Darauf bot man ihr zwei an, zehn, zwanzig, die sie selbst wählen sollte.

»Nein«, beharrte sie, »ihr könnt mir den Büffel des Landes, unsern Büffel, geben, den Tausendkünstler der Ebene, der kann mir dienen.«

»Wieso denn«, sagten sie, »du weißt, daß unser aller Leben von ihm abhängt, hier wurde er gut genährt und gepflegt, aber was willst du im fremden Land mit ihm anfangen? Er wird hungern, sterben und wir alle werden dann mit ihm sterben.«

»Aber nein«, sagte sie, »ich werde ihn schon gut pflegen.«

Ehe sie ihre Eltern verließ, nahm sie noch einen Topf mit einem Päckchen medizinischer Wurzeln mit, ein Horn zum Schröpfen, ein kleines Messer zum Einschneiden und einen Flaschenkürbis voll Fett.

Dann brach sie auf mit ihrem Mann. Der Büffel folgte ihnen, er war aber nur ihr sichtbar. Der Mann sah ihn nicht, er hatte keine Ahnung, daß der Tausendkünstler der Ebene der Diener war, der seine Frau begleitete.

Als sie in das Dorf des Gatten zurückgekehrt waren, wurden sie mit Freudengeschrei empfangen: »Hojo, hojo, hojo!«

»Nun sieh mal«, sagten die Alten, »nun hast du also doch eine Frau gefunden! Du hast keine von denen gewollt, die wir dir vorgeschlagen haben, aber das macht ja nichts, es ist schon gut so. Du hast deinen Kopf durchgesetzt. Wenn du einmal Feinde hast, darfst du dich nicht beklagen.«

Der Mann begleitete seine Frau auf die Felder und zeigte ihr, welches die seinen wären und welches die seiner Mutter. Sie merkte sich alles und kehrte mit ihm zum Dorfe zurück. Unterwegs aber sagte sie: »Ich habe meine Perlen auf dem Felde verloren, ich muß umkehren, um sie zu suchen.«

In Wirklichkeit wollte sie nach dem Büffel sehen. Zu ihm sagte sie: »Hier ist die Grenze der Felder. Bleibe hier! Und dann ist hier noch ein Wald, in dem du dich verstecken kannst.«

»Es ist recht«, antwortete er.

Wenn sie Wasser haben wollte, ging sie nur über die bestellten Felder und setzte den Krug vor dem Büffel nieder. Dieser lief damit an den See, schöpfte ihn voll und brachte seiner Herrin das volle Gefäß wieder. Wenn sie Holz haben wollte, ging er ins Dickicht, brach mit seinen Hörnern Bäume ab und brachte ihr soviel, wie sie brauchte. Die Leute im Dorf verwunderten sich.

»Was hat sie für Kraft«, sagten sie, »sofort ist sie immer wieder vom Brunnen zurück und in einem Augenblick hat sie immer ihr Bündel trockenes Holz gesammelt.«

Aber niemand ahnte, daß ein Büffel ihr zur Seite stand wie ein kleiner Bedienter.

Nur zu essen brachte sie ihm nichts, denn sie hatte nur einen Teller für sich und ihren Mann. Ja, zu Hause, da hatte man für den Tausendkünstler besonders einen Teller gehabt und ernährte ihn sorgfältig. Hier hatte der Büffel Hunger. Sie brachte ihm ihren Krug und schickte ihn ans Wasser, er ging auch hin, aber den quälenden Schmerz des Hungers fühlte er doch.

Sie zeigte ihm eine Ecke im Gestrüpp, die er urbar machen sollte. In der Nacht nahm der Büffel eine Hacke und machte ein weites Feld daraus.

»Wie geschickt ist sie«, sagte jeder, »und wie schnell hat sie gearbeitet!«

Abends aber sagte er zu seiner Herrin: »Ich habe Hunger, und du gibst mir nichts zu essen, ich kann bald nicht mehr arbeiten!«

»Ach weh«, sagte sie, »was mache ich nur? Wir haben nur einen Teller im Hause. Die Leute hatten recht bei uns, wenn sie sagten, du müßtest anfangen zu stehlen; ja, stiehl doch! Gehe hier in mein Feld und nimm dir hier und da eine Bohne! Dann gehe wieder weiter! Raube nicht alle vom selben Fleck, dann werden die Besitzer es vielleicht gar nicht allzusehr gewahr und werden nicht gleich vor Schreck umfallen.«

Während der Nacht kam der Büffel. Er verschlang hier eine Bohne und da eine, sprang von einer Ecke in die andere und floh schließlich wieder in sein Versteck. Als die Frauen am nächsten Morgen auf die Felder kamen, trauten sie ihren Augen nicht: »He, heee, was ist hier los? So etwas haben wir noch nicht erlebt! Ein wildes Tier hat unsere Anpflanzungen vernichtet! Man kann seine Spuren verfolgen. Hö, das arme Land!«

Sie liefen zurück und erzählten im Dorf die Geschichte.

Abends sagte die junge Frau zum Büffel: »Sie waren ja sehr bestürzt, aber doch nicht allzusehr. Auf den Rücken gefallen sind sie nicht. Dann stiehl diese Nacht nur weiter!«

Und so geschah es. Die Besitzerinnen der verwüsteten Felder schrien laut, sie wandten sich an die Männer und baten sie, ihnen die Wächter mit Flinten zu holen.

Nun war der Mann der jungen Frau ein sehr guter Schütze. Er stellte sich in seinem Feld auf die Lauer und wartete. Der Büffel dachte, daß man ihm da, wo er den Abend vorher gestohlen hatte, vielleicht auflauern würde, und ging zu den Bohnen seiner Herrin, da wo er zuerst gegrast hatte.

»Halt«, sagte der Mann, »das ist ein Büffel. Den hat man hier noch nie gesehen, das ist ein fremdes Geschöpf.«

Er schoß. Die Kugel drang dicht beim Ohr in die Schläfe ein und kam auf der anderen Seite an der entsprechenden Stelle wieder heraus. Das »Wundertier der Ebene« überschlug sich und fiel tot nieder.

»Das war ein guter Schuß!« rief der Jäger und verkündete es im Dorf.

Nun fing die Frau an zu jammern und sich zu winden: »Oh, ich habe Leibschmerzen, oh, oh!«

»Beruhige dich«, sagte man ihr. Sie schien krank zu sein, aber in Wirklichkeit wollte sie nur erklären, warum sie so weinte und so bestürzt war, als sie von dem Tode des Büffels hörte. Man gab ihr Medizin, aber sie goß sie weg, ohne daß die anderen es sahen.

Alles machte sich auf, Frauen mit Körben, Männer mit Waffen, um den Büffel zu zerstückeln. Sie blieb allein im Dorf zurück. Aber bald ging sie ihnen nach, hielt sich den Leib, wimmerte und schrie.

»Was fällt dir ein, hierherzukommen«, sagte ihr Mann, »wenn du krank bist, bleibe doch zu Hause!«

»Nein, allein wollte ich nicht im Dorf bleiben.«

Ihre Schwiegermutter schalt und sagte, sie wisse gar nicht, was sie täte, den Tod könnte sie sich hiervon holen. Als sie die Körbe mit Fleisch gefüllt hatten, sagte sie: »Laßt mich den Kopf tragen!«

»Nein doch, du bist krank, der ist viel zu schwer für dich.«

»Nein«, sagte sie, »laßt mich nur!«

Sie lud ihn auf und trug ihn. Im Dorfe angelangt, ging sie, anstatt ins Haus zu treten, in den Verschlag, wo die Kochtöpfe standen, und legte hier den Kopf des Büffels ab. Hartnäckig blieb sie auch da. Ihr Mann suchte sie, um sie in die Hütte zu holen, er sagte, dort wäre sie besser aufgehoben. Aber sie entgegnete ihm nur hart: »Störe mich nicht!«

Dann kam ihre Schwiegermutter und sprach ihr sanft zu.

»Warum quält ihr mich?« sagte sie unfreundlich. »Wollt ihr mich denn gar nicht ein wenig schlafen lassen?«

Man brachte ihr Nahrung, aber sie stieß sie von sich. Die Nacht kam. Ihr Mann ging zur Ruhe, aber er schlief nicht, sondern horchte hinaus.

Sie holte sich Feuer, kochte in ihrem kleinen Topf Wasser und schüttete da hinein das Paket Medizin, das sie mitgebracht hatte. Dann nahm sie den Kopf des Büffels und machte mit ihrem Rasiermesser Einschnitte vor dem Ohr, an der Schläfe, da, wo die Kugel das Tier getroffen hatte. Dort setzte sie das Schröpfhorn an und sog, sog aus Leibeskräften und es gelang ihr, erst einige Stücke geronnenes Blut herauszuziehen und dann flüssiges Blut. Hierauf setzte sie die fragliche Stelle dem Wasserdampf aus, der aus dem Kochtopf kam, nachdem sie sie ganz und gar mit dem Fett, das sie im Flaschenkürbis aufbewahrte, eingerieben hatte. Das linderte. Dann sang sie so:

»Ach, mein Vater, Tausendkünstler der Ebene,
Wohl haben sie es mir gesagt, wohl haben sie es mir gesagt,
Tausendkünstler der Ebene,
Sie haben mir gesagt: Du wirst durch tiefe Finsternis gehen, nach allen
Seiten wirst du durch die Nacht irren, Tausendkünstler der Ebene;
Du bist die junge Wunderbaumpflanze, erwachsen aus Trümmern, die
vor der Zeit stirbt, aufgezehrt von einem nagenden Wurm...
Du ließest Blumen und Früchte auf deinen Weg fallen, Tausendkünst-
ler der Ebene!«

Als sie ihre Beschwörungsformel beendet hatte, rührte sich der Kopf, die Glieder wuchsen wieder, der Büffel fühlte sich wieder lebendig werden, schüttelte Ohren und Hörner, richtete sich auf und streckte seine Glieder.

Da aber trat ihr Mann heraus, der in der Hütte nicht schlafen konnte, und sagte: »Was hat nur meine Frau so lange zu weinen? Ich muß nachsehen, warum sie diese Seufzer ausstößt!« Er trat in den Verschlag und rief sie. Aber im höchsten Zorn antwortete sie: »Laß mich!«

Doch da fiel der Kopf des Büffels wieder zur Erde, tot, durchbohrt wie vorher.

Der Mann kehrte in die Hütte zurück, er hatte nichts von alledem verstanden und nichts gesehen. Darauf nahm sie von neuem den Kochtopf, kochte die Medizin, machte Einschnitte, setzte den Schröpfkopf an, setzte die Wunde dem Dampf aus und sang wie vorher:

»Ach, mein Vater, Tausendkünstler der Ebene,
Wohl haben sie es mir gesagt, wohl haben sie es mir gesagt,
Tausendkünstler der Ebene,
Sie haben mir gesagt: Du wirst durch tiefe Finsternis gehen, nach allen
Seiten wirst du durch die Nacht irren, Tausendkünstler der Ebene;
Du bist die junge Wunderbaumpflanze, erwachsen aus Trümmern, die
vor der Zeit stirbt, aufgezehrt von einem nagenden Wurm...
Du ließest Blumen und Früchte auf deinen Weg fallen, Tausendkünst-
ler der Ebene!«

Noch einmal wieder richtete sich der Büffel auf, seine Glieder wuchsen wieder, er fühlte sich wieder lebendig werden, schüttelte seine Ohren und Hörner, reckte sich – da kam wieder der Mann, beunruhigt, um nachzusehen, was seine Frau machte. Da wurde sie zornig gegen ihn. Er aber ließ sich in dem Verschlag nieder, um zu beobachten, was da vorging. Da aber nahm sie ihr Feuer, ihren Kochtopf, alle übrigen Gegenstände und ging hinaus. Dann riß sie Gras aus, um die Glut anzufachen, und begann ein drittes Mal, den Büffel vom Tode zu erwecken.

Der Morgen brach schon an, da kam ihre Schwiegermutter – und wieder fiel der Kopf zur Erde. Der Tag erschien, und die Wunde verschlimmerte sich.

Sie sagte zu ihnen: »Ich möchte ganz allein im See baden gehen.«

Man antwortete ihr: »Aber wie wirst du denn dort hinkommen, du bist doch krank.«

Sie machte sich trotzdem auf den Weg, kam wieder zurück und sprach: »Unterwegs habe ich einen von zu Hause getroffen, er sagte mir, daß meine Mutter sehr, sehr krank sei. Ich sagte ihm, er solle bis hierher zum Dorf kommen, er weigerte sich aber und sagte: ›Man wird mir Nahrung anbieten, und das würde mich nur aufhalten.‹ Er ist sofort weitergegangen und sagte mir noch, ich solle mich beeilen, aus Furcht, daß meine Mutter vor meiner Ankunft sterben könnte. Lebt also wohl, ich gehe fort!«

Das waren natürlich alles Lügen. Sie hatte den Gedanken, an den See zu gehen, gehabt, um diese Geschichte einzufädeln und einen Grund zu haben, um den Ihren die Nachricht vom Tode des Büffels zu bringen.

Sie ging fort, den Korb auf dem Kopf und auf dem ganzen Weg den Schlußvers des Tausendkünstlers der Ebene singend. Überall, wo sie vorüberkam, rotteten sich hinter ihr die Leute zusammen und begleiteten sie ins Dorf. Da tat sie ihnen kund, daß der Büffel nicht mehr lebte.

Da sandte man nach allen Richtungen Boten aus, um die Bewohner des Landes zu versammeln. Sie machten der jungen Frau schwere Vorwürfe und sagten: »Siehst du wohl? Wir hatten es dir gesagt. Du wiesest aber alle jungen Mädchen zurück und wolltest durchaus den Büffel haben. Jetzt hast du uns alle getötet!«

So weit waren sie, als der Mann, der seiner Frau in das Dorf gefolgt war, erschien. Er lehnte seine Flinte gegen einen Baumstamm und setzte sich. Sie begrüßten ihn, indem sie riefen: »Sei gegrüßt, Verbrecher, sei gegrüßt! Du hast uns alle getötet.«

Er verstand das nicht und fragte sich, wie man ihn Mörder und Verbrecher nennen könnte.

»Einen Büffel habe ich wohl getötet«, sagte er, »aber das ist auch alles.«

»Ja, aber dieser Büffel war der Beistand deiner Frau. Er schöpfte Wasser für sie, schnitt Holz, arbeitete im Felde.«

Ganz erstaunt sagte der Mann: »Warum habt ihr mich das nicht wissen lassen, dann hätte ich ihn nicht getötet.«

»So ist es nun einmal«, fügten sie hinzu, »unser aller Leben hing von ihm ab.«

Darauf begannen sie alle, sich den Hals abzuschneiden, als erste die junge Frau, indem sie rief: »Ach, mein Vater, Tausendkünstler der Ebene!«

Dann kamen ihre Eltern, Brüder, Schwestern, einer nach dem andern. Der eine sagte: »Du wirst durch Finsternis gehen!«

Der andere: »Du wirst nach allen Seiten durch die Nacht irren!«

Ein anderer: »Du bist die junge Wunderbaumpflanze, die vor der Zeit stirbt!«

Noch ein anderer: »Du ließest auf deinen Weg Blumen und Früchte fallen!«

Alle schnitten sich den Hals ab und richteten selbst die kleinen Kinder hin, die man noch in Fellen auf dem Rücken trug.

»Denn«, sagten sie, »warum sollen wir sie leben lassen, da sie doch nur den Verstand verlieren würden!«

Der Mann kehrte nach Hause zurück und erzählte den Seinen, wie er dadurch, daß er den Büffel erschossen, sie alle getötet hätte. Seine Eltern sagten ihm:

»Siehst du wohl, sagten wir dir nicht, daß Unglück über dich kommen würde? Als wir dir anboten, dir eine passende und kluge Frau auszusuchen, wolltest du nach deinem Kopf gehen. Jetzt hast du dein Vermögen verloren. Wer wird es dir wiedergeben, da doch alle tot sind, die ganzen Verwandten der Frau, denen du dein Geld gegeben hast!«

Das ist das Ende.

So wird in Südostafrika erzählt.

Die Nußdiebe

*E*s war einmal ein Tiger; der hatte auf seiner Besitzung einen außerordentlich großen Nußbaum, dessen Früchte ganz herrlich schmeckten. Da der Tiger etwas geizig war, so ließ er bei allen Tieren bekannt machen, daß bei Todesstrafe niemand von den Nüssen nehmen dürfte. Die Bekanntmachung vernahm auch die Schildkröte; aber da sie etwas dickfellig war, dachte sie: »Was geht's mich an?«

Als nun die Zeit kam, daß die Nüsse reif waren, da besuchte sie einst ihren guten Freund, den Hund. Nachdem sie sich ein Weilchen über das Wetter und die schlechten Zeiten unterhalten hatten, sagte die Schildkröte: »Lieber Freund, die Nüsse des Tigers sind reif, hättest du nicht einmal Lust, einige zu versuchen?«

»Ich will dir offen gestehen«, sagte der Hund, »daß ich längst Lust verspüre, und wenn du mitkommst, so bin ich jeden Augenblick bereit.«

»Gut«, sagte die Schildkröte, »so wollen wir gleich morgen hingehen, aber sehr früh müssen wir uns auf den Weg machen, und da das Frühaufstehen meine schwache Seite ist, so ist es wohl am besten, du kommst und weckst mich.«

Und damit ging sie nach Hause.

Am nächsten Morgen zur bestimmten Zeit pochte es an ihre Türe.

»Ich komme«, rief die Schildkröte, nahm ihre alte Tasche unter den Arm und ging. Ein Stückchen gingen sie schweigend nebeneinanderher, dann sagte die Schildkröte auf einmal: »Eins wollte ich noch bemerken, es kommt manchmal vor, daß einem eine Nuß auf den Kopf fällt, was einigermaßen weh tut. Da mußt du mir nun fest versprechen, nicht zu schreien, sondern den Schmerz zu verbeißen und nur vor dich hin zu sprechen: ›Hm! hm! hm! makekembe ma motu la motu ma!‹«

»Wie werde ich schreien! Denkst du denn, daß ich nicht weiß, daß der Tiger Ohren hat? Er würde wohl nicht lange auf sich warten lassen und uns beide töten.«

»Ja«, sagte die Schildkröte, »du könntest dich am Ende noch retten, weil du so tüchtig laufen kannst, aber ich Arme; mit meinen kurzen Beinen komme ich nicht so schnell vorwärts, mich würde er unfehlbar bekommen.«

»Sei ohne Sorge«, sagte der Hund, »ich schreie gewiß nicht.«

So waren sie unter dem Nußbaum angekommen. Da lagen nun viele schöne Nüsse, und die Schildkröte war emsig dahinter, sie in ihre Tasche zu sammeln. Auch der Hund sammelte und wußte sich vor Freuden kaum zu lassen, wenn er immer wieder welche fand. In den tollsten Sprüngen umkreiste er den Nußbaum; die Schildkröte hatte ihre liebe Not, ihn in Ordnung zu halten.

Eben kam er wieder auf sie zugestürzt, um ihr einen neuen Vorrat von Nüssen zu zeigen, da raschelte es in den Zweigen, und pick! – da fiel eine Nuß auf den Rücken der Schildkröte. Diese ließ sich nicht im Sammeln stören, sondern sagte gelassen ihr »hm! hm! hm! makekembe ma motu la motu ma«.

»Siehst du«, sprach sie danach zum Hund, »nun hast du's gehört, man kann es ganz gut aushalten.«

»Natürlich«, erwiderte der Hund. Nach einem Weilchen raschelte es wieder in den Zweigen, und wieder fiel eine Nuß vom Baum herab. Diesmal aber traf sie genau auf den Kopf des Hundes.

»Hai! hai! hai!« schrie der Hund, warf seine Tasche weit fort und lief spornstreichs nach Hause.

»Ach du liebe Zeit«, sagte die Schildkröte ganz erschrocken, denn schon hörte sie den Tiger kommen. Sie hatte zum Glück noch so viel Besinnung, sich unter dem trockenen Laub zu verbergen. Der Tiger kam und fand sogleich die Tasche des Hundes.

»Haha, also Nußdiebe«, sprach er zornig, »das sollt ihr büßen!«

Nun begann er zu suchen, aber er konnte nichts entdecken und wollte schon umkehren; da kam ein schwarzweißes Vögelein geflogen, setzte sich auf den Nußbaum und sang: »Unterm Laub, Tiger, unterm Laub!«

Der Tiger fing von neuem an zu suchen.

Der Schildkröte lief es immer ganz eiskalt über den Rücken, und tiefer und tiefer verkroch sie sich, aber immer lauter sang der Vogel: »Unterm Laub, Tiger, unterm Laub!«

Den Tiger verdroß sein vergebliches Suchen zu sehr, und er meinte, der Vogel wollte ihn nur anführen, darum nahm er in seinem Zorn ein Stück Holz und warf damit nach dem Vogel. Dieser hüpfte aber flink auf einen anderen Zweig, und das Stück Holz klopfte nur einige Nüsse aus ihren Hülsen und fiel dann wieder zu Boden.

Die Schildkröte war unterdessen unter die Wurzeln des Nußbaums gekrochen und glaubte sich schon ganz sicher, als der Vogel wieder zu singen begann: »Unterm Baumstamm, Tiger, unterm Baumstamm!«

Als das der Tiger hörte, kam er gerade auf den Nußbaum zu, nahm vorsichtig das trockene Laub weg und sah unter die hohlliegenden Wurzeln und gerade der Schildkröte ins Gesicht.

»Also du bist der Dieb«, schrie der Tiger sie an, nahm eine Tasche – er hatte deren zwei über der Schulter hängen – und wollte die Schildkröte eben hineinstecken, da sagte sie: »Lieber Freund, nicht in deine schöne neue Tasche stecke mich; nimm die andere, die ist älter und weniger schön; sieh doch nur, wie schmutzig ich bin, wie würde ich dir die Tasche doch gleich verderben.«

»Da hast du recht«, bemerkte der Tiger, damit steckte er sie in die alte Tasche hinein und lief mit ihr ab. Die Schildkröte aber hatte nur aus Schlauheit diesen Vorschlag gemacht; sie wußte recht gut, daß die alte Tasche an einer Ecke sehr schadhaft war und daß sie mit wenig Mühe die Bambusfäden auseinanderziehen könnte. Sie machte sich auch gleich an diese Arbeit und war sehr froh, als sie auf das weiche Gras niederfiel. Ihr Nußbeutel aber, und alles von Erde, Schmutz und Staub, was sie an sich gehabt hatte, war in der Tasche geblieben, »damit sie dem Tiger nicht auf einmal so leicht wird« sagte lachend die Schildkröte und ging heimwärts, ruhte sich ein Weilchen, um sich vom gehabten Schreck zu erholen, und ging dann zu ihrem Freund, um ihm ihre Meinung über sein Benehmen zu sagen.

Auch der Tiger war zu Hause angekommen und gab sofort den Befehl, Wasser aufs Feuer zu stellen. Einen seiner Söhne sandte er aus und ließ alle Freunde und Bekannte zu einem Feste laden: »Sag ihnen nur, ich habe die Schildkröte beim Nüssestehlen ertappt, und wir wollen sie nun gemeinsam verzehren.«

Der Sohn ging und die Gäste kamen. Als das Wasser brausend kochte, öffnete der Tiger mit vieler Würde seine Tasche. Aber wer beschreibt sein Entsetzen, die Schildkröte war nicht da, und in größter Verlegenheit durchwühlte er die Nüsse und das Laub. Da fielen die Nüsse prasselnd durch das Loch auf den Boden, und er wußte nun ganz genau, auf welche Art ihm sein Fang abhanden gekommen war. Keines der geladenen Tiere konnte sich des Lachens enthalten, ja, einige behaupteten sogar, der Tiger hätte nichts anderes gewollt, als sie zu betrügen. Und unter allerlei Spott- und Hohnreden entfernten sie sich. Dem Tiger war ganz abscheulich zumute, er kroch auf sein Lager, und seine Söhne dachten, daß er seinen Ärger verschliefe. Sie irrten sich aber, denn der Tiger hatte nur die Augen geschlossen, um erst ungestört auf Rache sinnen zu können.

Die Freundschaft des Hundes und der Schildkröte war durch dieses Ereignis nicht im geringsten gestört; sie besuchten sich nach wie vor und sprachen öfter von ihrem mißglückten Abenteuer. Der Hund hielt bei dieser Gelegenheit gern längere Reden über den »plötzlichen Schreck«, und einmal sagte er: »Wenn mir zum Beispiel heute eine Nuß auf den Kopf fiele, ich würde keinen Laut von mir geben und mich ebenso wie du mit einem »hm! hm! hm! makekembe ma motu la motu ma« beruhigen.«

»Wenn das ein Wort wäre«, sagte die Schildkröte, »so kann ich dir nur sagen, daß ich nicht übel Lust verspüre, einen zweiten Versuch zu wagen, aber wenn ich es nur ganz gewiß wüßte, daß du nicht wieder schreist; diesmal würde keine List helfen – der Tod wäre uns sicher.«

»Es ist hart, daß du mir keinen Glauben schenkst«, sagte der Hund und sah ganz bekümmert aus.

Dies tat der Schildkröte nun leid, sie reichte ihm die Hand und versprach ihm, gleich am nächsten Morgen den Gang mit ihm zu wagen. Und richtig, schon die ersten Sonnenstrahlen sahen die beiden zum Nußbaum wandern. Die Schildkröte hatte sich diesmal eine recht große Tasche von einer Bekannten geborgt, in diese wollten sie beide sammeln. Sie fanden auch Nüsse genug, und die Schildkröte machte eben eine kleine Pause im Sammeln, als das bekannte Surren im Nußbaum losging, und im selben Augenblick fiel die Nuß dem Hunde auch schon auf den Rücken. Mit lautem Geheul machte er sich aus dem Staube, und gleich darauf fühlte sich die Schildkröte vom Tiger ergriffen. Er war so außer sich vor Freude, daß er sie gar nicht zu Worte kommen ließ – er stürzte förmlich nach Hause und kam ganz außer Atem an. Der Hund war gerade nicht sehr weit gelaufen und sah aus der Ferne, wie der Tiger die Schildkröte in seine neue Tasche steckte. Er hatte ein sehr böses Gewissen und bedachte sich ernstlich, wie er seine Dummheit wiedergutmachen könnte. Er mußte die Schildkröte auf irgendeine Art retten, das war ihm klar, aber auf welche, das wollte ihm durchaus nicht einfallen.

»Ich will zu einem Zauberer gehen«, dachte er endlich und machte sich sogleich auf den Weg. Der Zauberer war zu Hause und wußte auch gleich guten Rat. Er holte mehrere lange Ketten, welche aus aufgezogenen Muscheln bestanden, auch eine Menge großer und kleiner Glocken legte er dazu und allerlei Geräte, die klirren und leicht Lärm verursachen. Mit all diesen Sachen behing er den Hund, so daß er nicht mehr zu erkennen war. Zuletzt band er ihm noch eine große Pauke um und gab ihm Paukenschlegel in die Hand. Als er ihn so ausgerüstet hatte, sprach er: »Nun setz dich und höre mir genau zu. Du gehst nun gleich, so wie du bist, zum Fluß hinunter und versteckst dich in demselben. Es wird nicht lange dauern, dann werden sie kommen, um Wasser zu holen; denn ich weiß, daß der Tiger keins im Hause hat. Sobald du sie nun von ferne erblickst, setzt du dich zum Sprunge bereit; kommen sie nun ganz nahe, so springst du los und bellst und schüttelst dich und gebärdest dich wie ein Unsinniger. Dann wird niemand wagen, selbst der Löwe nicht, Wasser zu schöpfen, und deine Freundin wird dadurch Gelegenheit finden zu entschlüpfen.«

Dies gefiel dem Hund ganz außerordentlich, ja, er war so sehr erfreut, daß er dem Zauberer um den Hals fallen wollte. Dieser aber wehrte ihn lachend ab und trieb ihn an, zum Fluß zu eilen.

Unterdessen war also der Tiger mit seiner Gefangenen zu Hause angekommen. Die arme Schildkröte hatte in großer Angst noch einmal versucht, den Tiger zu überlisten, indem sie ihn wieder bat, sie in die zerrissene Tasche zu stecken und die gute neue zu schonen.

»Binde das Loch fest zu«, so sagte sie zu ihm, »ich will gewiß an kein Entfliehen denken, mir ist so sehr schlecht zumute, daß ich für nichts aufkommen kann.«

»Tu, was du willst«, sagte der Tiger, »die neue ist mir sicher, und daß du nicht entfliehen willst, glaube ich dir nicht; aber daß du nicht kannst, dafür laß mich sorgen.«

So waren die Aussichten der Schildkröte sehr schlecht, und sie vernahm mit Grausen, daß der Tiger die Boten beauftragte, nunmehr alle Freunde zu laden und auch den Löwen und den Elefanten nicht zu vergessen. Der Tiger selbst bewachte die Schildkröte aufs sorgsamste, ja, er ging nicht einmal seinen Gästen entgegen, sondern wartete, bis sie alle beisammen waren. Nun erst stellte es sich heraus, daß kein Wasser in den Krügen sei.

»So müssen die Söhne schnell gehen und welches schöpfen«, sprach der Tiger. Auch sorgte er dafür, daß ein helles Feuer prasselte. Die Schildkröte ging von Hand zu Hand – jeder wollte sie sehen. Immer wieder wurde der Tiger um ihren Fang befragt. Eben war er wieder dabei, die Geschichte so breit als möglich zu erzählen, als seine Söhne mit lautem Geschrei ins Haus stürzten. Sie beruhigten sich auch gar nicht wieder, sondern schrien immer lauter, es sei etwas im Fluß gewesen, das wäre so schrecklich, daß sie vor Angst zu sterben glaubten.

»Welcher Unsinn«, sprach der Tiger, ließ die Söhne schreien und bat einige seiner nächsten Freunde, doch hinzugehen und Wasser zu schöpfen. Es währte aber gar nicht lange, da kamen auch diese ganz entsetzt zurück und bestätigten die Aussage der Söhne.

Da stand der Löwe auf und sprach stolz: »So werde ich dir Wasser holen!«

Darauf winkte er dem Hasen und ließ sich die Flaschen und Krüge von demselben anbinden. Aber in kurzer Zeit kam auch er bebend und mit gesträubter Mähne zurück. Als sie ihn so von weitem erblickten, befiel sie alle eine große Angst, welche noch größer wurde, als sie den Bericht des Löwen vernommen hatten.

»In meinem ganzen Leben ist mir so etwas noch nicht vorgekommen«, so erzählte der Löwe. »Es kann nur mit Zauberei zugehen, denn was ich sah und hörte, war kein Tier und nicht die

Stimme eines Tieres, nein, das war etwas Entsetzliches, das mit solcher Gewalt daherkam, daß ich vor Schreck zu Boden stürzte; aber ich raffte mich gleich wieder auf und entfloh glücklich, obgleich das Untier mich noch lange verfolgte.«

»Aber ich bitte dich«, sprach da der Elefant, »was soll das denn sein? Ich habe mich noch nie gefürchtet und tue es auch heute nicht, und keiner könnte mich bewegen, jetzt dem Fluß fernzubleiben.«

»So geh!« sprach zornig der Löwe, und der Hase sprang hinzu, um dem Elefanten die Krüge anzubinden. Als er sie nun vom Löwen forderte, wendete dieser ihm grollend den Rücken; denn er hatte sie alle auf der Flucht zerbrochen.

Der Elefant aber sprach lachend zum Hasen: »Wozu soll ich Krüge tragen, habe ich nicht meinen Rüssel?« Und damit trabte er gemächlich ab.

Die Zurückbleibenden erwarteten mit größter Spannung seine Rückkehr. Ja, er kam zurück, aber sein gewaltiges Trompeten kündete ihnen schon von ferne an, daß er außer sich vor Zorn war, und als er nun vor ihnen stand, da war er furchtbar anzusehen, daß sie jetzt alle fest davon überzeugt waren, daß ihnen Tod und Verderben am Flusse drohten, falls sie es noch wagen wollten, hinzugehen. Aber der Tiger war ganz rasend vor Wut. Alle sprachen jetzt untereinander von dem schrecklichen Ungeheuer; jeder beschrieb es, wie er es gesehen hatte – nur der Tiger ganz allein hatte nichts gesehen. Er beschloß bei sich, alles daranzusetzen, um auch zum Fluß zu kommen. Wenn er nur nicht so große Angst gehabt hätte! Aber da fiel ihm etwas ein. Er trat mitten unter seine Gäste und redete sie folgendermaßen an: »Liebe Freunde, ich danke euch, daß ihr gekommen seid und daß ihr alle bereit gewesen seid, mir zu helfen; auch glaube ich es euch ganz felsenfest, daß dort im Fluß ein uns unbekanntes Tier ist, welches schrecklich anzusehen ist und euch, meine Freunde, so sehr erschreckt hat. Aber ich denke, nun kennt ihr es alle und seid auf sein Erscheinen vorbereitet, darum möchte ich euch den Vorschlag machen, daß wir alle zusammen zum Fluß hinuntergehen und in Gemeinschaft versuchen, das Tier zu fangen und zu töten.«

Nach dieser langen Rede entstand ein Gemurmel unter den Tieren; sie überlegten es sich, ob sie den Gang nochmals wagen sollten; aber endlich entschieden sich einige für das Wagnis, die andern folgten zögernd, und bald sah man die ganze Gesellschaft dem Flusse zustreben; voran der Elefant und der Löwe, hinter diesen, sich möglichst verbergend, der Tiger. Vergessen war die Schildkröte und die neue Tasche. Nur ein Gedanke beherrschte sie alle, nämlich der: »Was werden wir am Flusse erleben!«

Als das letzte Tier zum Hause hinaus war, machte sich auch die Schildkröte auf den Weg, aber auf einen anderen – sie war nicht neugierig auf das Abenteuer, ahnte sie doch längst, daß der Hund sich eine List ersonnen hatte, um sie zu befreien. Als sie so gemächlich einherwandelte, gedachte sie mit rechter Sorge ihres Freundes, denn sie sagte sich mit Recht, daß es ihm gewiß ein Leichtes gewesen sein würde, jeden einzelnen zu erschrecken und fortzuscheuchen, daß es aber wohl seine Schwierigkeiten haben würde, den ganzen Zug anzuführen; und wehe ihm, wenn sie ihn erkannten. Aber diese Sorge war umsonst, denn als sie jetzt in den Waldweg zu ihrer Wohnung einbog, kam ihr der Hund schon entgegen. Er hatte sich, als er sie alle ankommen sah, eiligst fortgemacht, in der Hoffnung, daß die Schildkröte den rechten Augenblick zur Flucht wohl schon gefunden hätte.

Als sich die beiden so plötzlich gegenüberstanden, war ihre Freude sehr groß. Der Hund sprach leise: »Verzeih, gute Tante!« Sie aber wehrte ihm und antwortete: »Laß gut sein, du hast dich als treuer Freund bewiesen, aber Nüsse wollen wir nicht mehr zusammen stehlen.«

Der Tiger und seine Gesellschaft waren sehr erstaunt, als alles am Fluß ruhig blieb; sie kehrten sehr enttäuscht mit dem lachenden Tiger um. Dieser aber hörte auf zu lachen, als er zu Hause die leere Tasche fand. So ging die Gesellschaft sehr unmutig auseinander, und einer gestand es dem andern, nichts sollte ihn so leicht wieder bewegen, beim Tiger zu Gaste zu gehen.

So wird bei den Bantu Westafrikas erzählt.

Die Goldbörse

*E*s war einmal ein junger Hahn, der beim Kratzen auf dem Mist eine Börse fand, die voll schöner Goldstücke war. Stolz auf seinen Fund, ging er mit seiner Börse im Schnabel davon, als er an einem Bauernhof vorüberkam und von der Bäuerin angerufen wurde, die ihn fragte, was er denn da forttrüge.

»Eine Goldbörse«, erwiderte er.

»Willst du sie gegen eine gute Handvoll gelber Körner eintauschen?«

»Nein«, sagte der Hahn, »ich will sie behalten.«

»Zu dem Korn gebe ich dir noch einen schönen Fladen aus schwarzem Korn.«

»Nein, nein«, sagte der Hahn, obwohl er ein großer Feinschmecker war.

»Wie du willst. Ich hätte dir noch eine dicke Scheibe warmes Brot dazugegeben, welches gerade aus dem Ofen kommt.«

Da konnte der Hahn nicht länger widerstehen und willigte ein. Die Bäuerin gab ihm alles, was sie versprochen hatte, und bekam dafür die Börse.

Als der Hahn in den Hühnerstall zurückgekehrt war, erzählte er seiner Familie von dem reichlichen Essen, welches er dank dem gefundenen Golde genossen hatte.

»Dummkopf!« sagte sein Vater zu ihm. »Du hast ein Vermögen für einige Getreidekörner hergegeben! Eine Gans wäre weniger dumm gewesen als du. Geh, du bist unwürdig, ein Hahn zu sein. Komme mir nicht wieder vor die Augen ohne die Geldbörse, die du so dummerweise eingetauscht hast.«

Der kleine Hahn ging ganz beschämt fort, um seine Börse zurückzufordern, und er weinte sehr, weil er sich dachte, daß man sie ihm nicht wiedergeben würde.

Als er so seines Weges ging, traf er einen Wolf, dem er einmal bei Gelegenheit einen Dienst erwiesen hatte. Er erzählte ihm seine Geschichte und bat ihn, ihm zu helfen.

»Was muß ich denn machen?« fragte der Wolf.

»Krieche in meinen Bauch«, erwiderte der Hahn, der eine Idee hatte.

»Wie soll ich das machen?«

»Verwandle dich in ein Getreidekorn, und ich verschlucke dich.«

Der Wolf nahm die Gestalt eines Getreidekorns an, welches der Hahn alsbald in seinen Bauch beförderte.

Etwas weiter begegnete ihm ein Fuchs, der, als er vernahm, daß der Hahn einen Wolf im Leibe hatte, ihn nicht nur nicht fraß, sondern ihn sogar bat, mitmachen zu dürfen.

»Darauf soll es nicht ankommen«, sagte der Hahn, »verwandle dich in ein Hirsekorn.«

Der Fuchs verwandelte sich in ein Hirsekorn, und der Hahn fraß es.

Der Vogel ging weiter und kam an einem Fluß vorüber, welcher ganz leise murmelte: »Wohin gehst du, Meister Hahn? Wohin gehst du, Meister Hahn?«

»Ich will eine Goldbörse zurückfordern, die mir eine Bäuerin aus der Nachbarschaft weggenommen hat. Wenn du mit mir kommen willst, gebe ich dir einen schönen gelben Louisdor.«

»Was muß ich tun?«

»In meinen Bauch kriechen, und damit du das kannst, dich in ein Sandkorn verwandeln.«

Der Fluß willigte ein und gesellte sich bald zu dem Wolf und dem Fuchs.

Der so beschwerte Hahn gelangte an die Tür des Bauernhofes, stieg auf einen Holzklotz und fing an, aus Leibeskräften zu krähen: »Gebt mir meine Goldbörse wieder! Gebt mir meine Goldbörse wieder!«

Der Bauer, der ein ungeduldiges Temperament hatte, sagte zu seiner Frau: »Dieser Hahn verdrießt mich.«

»Sperre ihn in den Stall, und morgen ziehen wir ihn auf den Bratspieß.«

Der Hahn ließ sich einsperren; dann, als die Nacht gekommen war und sämtliches Vieh vor den Heuraufen stand, rief er: »Gevatter Wolf, komm heraus aus meinem Bauch und laß es dir gut schmecken.«

Der Wolf stürzte sich auf die Kühe, die Ochsen, die Ziegen, die Schafe und richtete ein fürchterliches Blutbad an. Nachdem er sich gründlich satt gegessen hatte, machte er sich vorsichtigerweise aus dem Staube.

Am folgenden Morgen, als der Bauer in seinen Stall kam, fand er kein einziges Tier mehr am Leben. Der Bauer war verzweifelt, und seine Schreie und seine Klagen weckten alle Bewohner des Bauernhofes. Seine Frau kam als erste herbeigelaufen und gab dem Hahn schuld an dem ganzen Unglück.

»Meinst du?« sagte der Mann. »Nun! Warte ein wenig; ich werde ihn zu unseren alten Hähnen in den Hühnerstall sperren; die werden es ihm schon geben und ihn nach Strich und Faden verdreschen.«

Kaum aber war der Hahn in dem Hühnerstall, da sagte er: »Gevatter Fuchs, komm heraus aus meinem Bauch und eile mir zu Hilfe.«

Der Fuchs kam heraus und schröpfte, rupfte und fraß das ganze Geflügel des Bauern. Dann machte er sich davon und lief dem Wolf nach.

Man stelle sich den Zorn der Bauersleute vor, als sie sahen, welch neues Unglück sich ereignet hatte.

»Die Börse voll Gold reicht nicht aus, um alle diese Verluste wiedergutzumachen«, sagte der Bauer wieder und wieder.

»Wir müssen diesem verfluchten Hahn so schnell wie möglich den Garaus machen«, antwortete die Frau, »und ihn, ohne länger zu zögern, in den Backofen stecken.«

»Ja, stecken wir ihn gleich hinein«, rief der Mann und warf flammende Holzscheite in den Backofen, »und wenn dir so zumute ist wie mir, Frau, dann stecken wir ihn lebendig hinein, um ihn für alle seine bösen Streiche zu bestrafen.«

Die Bäuerin, die noch wütender war als ihr Mann, ergriff den Vogel und warf ihn in den Backofen.

»Fluß, Fluß«, rief der Hahn ganz schnell, »zu Hilfe, ich verbrenne!«

Von allen Seiten kam der Fluß gefloßen. Er überschwemmte und überflutete nicht nur den Backofen, sondern den ganzen Bauernhof und seine Umgebung. Die Bewohner retteten sich eilends und suchten das Weite vor der immer weiter steigenden Flut, welche drohte, sie zu ertränken.

Der Hahn, der auf ein Dach geflogen war, lachte sich ins Fäustchen über diese ganze Verwirrung.

Durch die offenstehenden Fenster drang er in das Bauernhaus ein, durchwühlte alle Schränke und fand schließlich seine berühmte Börse. Er war außer sich vor Freude und krähte aus Leibeskräften: »Ich habe sie, meine Goldbörse!«

Dann flog er zu dem Hühnerstall seines Vaters und seiner Mutter zurück, übergab ihnen den Schatz und erzählte seine Abenteuer.

Die Hühner auf dem Mist bogen sich vor Lachen, als sie diese Geschichte hörten.

So wird in der Bretagne erzählt.

Das Klapperstorch-Märchen

*W*ovon die Beine der Teckel so kurz sind und daß sie sich dieselben abgelaufen haben, weiß jeder. Wie aber der Storch zu seinen langen Beinen gekommen ist, das ist eine ganz andere Geschichte. Drei Tage nämlich, ehe der Storch ein kleines Kind bringt, klopft er mit seinem roten Schnabel an das Fenster der Leute, welche es bekommen sollen, und ruft:

> *»Schafft eine Wiege,*
> *Ein' Schleier für Fliegen,*
> *Ein buntes Röcklein,*
> *Ein weißes Jäcklein,*
> *Mützchen und Windel:*
> *Bring ein klein Kindel!«*

Dann wissen die Leute, woran sie sind. Doch zuweilen, wenn er sehr viel zu tun hat, vergißt er es, und dann gibt's große Not, weil nichts fertig ist. Bei zwei armen Leuten, welche im Dorf in einer kleinen Hütte wohnten, hatte es der Storch auch vergessen. Als er mit dem Kinde kam, war niemand zu Hause. Mann und Frau waren auf Feldarbeit gegangen und Türe und Fenster verschlossen; auch war nicht einmal eine Treppe vor dem Hause, auf die er es hätte legen können. Da flog er aufs Dach und klapperte so lange, bis das ganze Dorf zusammenlief und eine alte Frau eilends aufs Feld hinaussprang, um die Leute zu holen. »Herr Nachbar, Frau Nachbarin! Herr Nachbar, Frau Nachbarin!« rief sie schon von weitem ganz außer Atem. »Um Gottes willen! Der Storch sitzt auf eurem Hause und will euch ein kleines Kind bringen. Niemand ist da, der ihm's Fenster aufmachen kann. Wenn ihr nicht bald kommt, läßt er's fallen, und 's gibt ein Unglück. Oben beim Müller hat er es vor drei Jahren auch fallen lassen, und das arme Wurm ist heute noch bucklig.« Da liefen die beiden Hals über Kopf nach Haus und nahmen dem Storche das Kind ab. Wie sie es besahen, war es ein wunderhübscher kleiner Junge, und Mann und Frau waren vor Freude außer sich. Doch der Storch hatte sich über das lange Warten so geärgert, daß er sich vornahm, ganz bestimmt den beiden Leuten nie wieder ein Kind zu bringen. Als sie endlich kamen, sah er sie schon ganz schief und ärgerlich an, und während er fortflog, sagte er noch: »Heute wird's auch wieder spät werden, ehe ich zu meiner Frau Storchen in den Sumpf komme. Ich habe noch zwölf Kinder auszutragen, und es ist schon spät. Das Leben wird einem doch recht sauer!« Doch die beiden Leute hatten in ihrer Herzensfreude es gar nicht bemerkt, daß sich der Storch so schwer geärgert. Eigentlich war er ja auch ganz allein daran schuld, daß er so lange hatte warten müssen, weil er es ihnen doch vergessen hatte, es ihnen vorher zu sagen. Wie nun das Kind wuchs und täglich hübscher wurde, sagte eines Tages die Frau: »Wenn wir dem guten Storch, der uns das wunderhübsche Kind gebracht hat, nur irgend etwas schenken könnten, was ihm Spaß macht! Weißt du nichts? Mir will gar nichts einfallen!« – »Das wird schwerhalten«, erwiderte der Mann, »er hat schon alles!« Am nächsten Morgen jedoch kam er zu seiner Frau und sagte zu ihr: »Was meinst du, wenn ich dem Storch beim Tischler ein paar recht schöne Stelzen machen ließe? Er muß doch immer in den Sumpf, um Frösche zu fangen, und dann wieder in den großen Teich hinterm Dorf, aus dem er die kleinen Knaben herausholt. Da muß er doch sehr oft nasse Füße bekommen! Ich dächte auch, er hätte damals, als er zu uns kam, ganz heiser geklappert.« – »Das ist ein herrlicher Einfall!« entgegnete die Frau. »Aber der Tischler muß die Stelzen recht schön rot lackieren, damit sie zu seinem Schnabel passen!« – »So?« sagte der Mann. »Meinst du wirklich rot? Ich hatte an Grün gedacht.« – »Aber bester Schatz!« fiel die Frau ein. »Wo denkst du hin? Ihr Männer wißt doch niemals, was zusammenpaßt und gut steht. Sie müssen unbedingt rot sein!« Da nun der Mann sehr verständig war und stets auf seine Frau hörte, so bestellte er denn wirklich rote Stelzen, und als sie fertig waren, ging er an den Sumpf und brachte sie dem Storch. Und der Storch war sehr erfreut, probierte sie gleich und sagte: »Eigentlich war ich auf euch recht böse, weil ihr mich damals so lange habt warten lassen. Weil ihr aber so gute Leute seid und mir die schönen roten Stelzen schenkt, so will ich euch auch noch ein kleines Mädchen bringen. Heute über vier Wochen werde ich kommen. Daß ihr mir dann aber auch hübsch zu Hause seid, und expreß es erst noch einmal ansagen werde ich nun nicht. Den Weg kann ich mir sparen! – Hörst du?« – »Nein, nein!« erwiderte der Mann. »Wir werden sicher zu Hause sein. Du sollst diesmal keinen Ärger davon haben.« Als die vier Wochen um waren, kam richtig der Storch geflogen und brachte ein kleines Mädchen; das war noch hübscher als der kleine Junge und war nun gerade das Pärchen voll. Auch blieben beide Kinder hübsch und gesund und die Eltern auch, so daß es eine rechte Freude war. – Nun wohnte aber im Dorf noch ein reicher Bauer, der besaß ebenfalls nur einen Knaben, und der war noch dazu ziemlich garstig, und der Bauer wünschte sich auch noch ein Mädchen dazu. Als er vernahm, wie es die armen Leute angefangen, dachte er bei sich, es könne ihm gar nicht fehlen. Er ging sofort zum Tischler und bestellte ebenfalls ein paar Stelzen, viel schöner wie die, welche die armen Leute hatten anfertigen lassen. Oben und unten mit goldenen Knöpfen und in der Mitte grün, gelb und blau geringelt. Als sie fertig waren, sahen sie in der Tat ungewöhnlich schön aus. Darauf zog er sich seinen besten Rock an, nahm die Stelzen unter den Arm und ging hinaus an den Sumpf, wo er auch gleich den Storch fand. »Ganz gehorsamer Diener, Euer Gnaden!« sagte er zu ihm und machte ein tiefes Kompliment. »Meinst du mich?« fragte der Storch, der auf seinen schönen roten Stelzen behaglich im Wasser stand. »Ich bin so frei!« erwiderte der Bauer. »Nun, was willst du?« – »Ich möchte gern ein kleines Mädchen haben, und da hat sich meine Frau erlaubt, Euer Gnaden ein kleines Geschenk zu schicken. Ein Paar ganz bescheidene Stelzen.« – »Da mach nur, daß du wieder nach Hause kommst!« entgegnete der Storch, indem er sich auf einem Bein umdrehte und den Bauer gar nicht wieder ansah. »Ein kleines Mädchen kannst du nicht bekommen; und deine Stelzen brauche ich auch nicht! Ich habe schon zwei sehr schöne rote, und da ich meist nur eine auf einmal benutze, so werden sie wohl sehr lange vorhalten. – Außerdem sind ja deine Stelzen ganz abscheulich häßlich. Pfui! Blau, grün und gelb geringelt wie ein Hanswurst! Mit denen dürfte ich ja der Frau Storchen gar nicht unter die Augen kommen.« Da mußte der Bauer mit seinen schönen Stelzen abziehen, und ein kleines Mädchen hat er sein Lebtag nicht bekommen.

So erzählt uns Richard von Volkmann-Leander.

Der Böse

Es war einmal ein Hühnchen und ein Hähnchen, die wollten zusammen eine Reise machen. Da baute das Hähnchen einen schönen Wagen, der vier rote Räder hatte, und spannte vier Mäuschen
davor. Das Hühnchen setzte sich mit dem Hähnchen auf, und sie
fuhren miteinander fort. Nicht lange, so begegnete ihnen eine
Katze, die sprach: »Wo wollt ihr hin?« Hähnchen antwortete:

»Als hinaus
nach des Herrn Korbes seinem Haus.«

»Nehmt mich mit«, sprach die Katze. Hähnchen antwortete: »Recht
gerne, setz dich hinten auf, daß du vornen nicht herabfällst.«

»Nehmt euch wohl in Acht,
daß ihr meine roten Räderchen nicht schmutzig macht.
Ihr Räderchen schweift,
ihr Mäuschen pfeift,
als hinaus
nach des Herrn Korbes seinem Haus.«

Danach kam ein Mühlstein, dann ein Ei, dann eine Ente, dann eine
Stecknadel und zuletzt eine Nähnadel, die setzten sich auch alle
auf den Wagen und fuhren mit. Wie sie aber zu des Herrn Korbes

Haus kamen, so war der Herr Korbes nicht da. Die Mäuschen fuhren den Wagen in die Scheune, das Hühnchen flog mit dem Hähnchen auf eine Stange, die Katze setzte sich ins Kamin, die Ente in die Bornstange, das Ei wickelte sich ins Handtuch, die Stecknadel steckte sich ins Stuhlkissen, die Nähnadel sprang aufs Bett mitten ins Kopfkissen, und der Mühlstein legte sich über die Türe. Da kam der Herr Korbes nach Haus, ging ans Kamin und wollte Feuer anmachen, da warf ihm die Katze das Gesicht voll Asche. Er lief geschwind in die Küche und wollte sich abwaschen, da spritzte ihm die Ente Wasser ins Gesicht. Er wollte sich an dem Handtuch abtrocknen, aber das Ei rollte ihm entgegen, zerbrach und klebte ihm die Augen zu. Er wollte sich ruhen und setzte sich auf den Stuhl, da stach ihn die Stecknadel. Er geriet in Zorn und warf sich aufs Bett, wie er aber den Kopf aufs Kissen niederlegte, stach ihn die Nähnadel, so daß er aufschrie und ganz wütend in die weite Welt laufen wollte. Wie er aber an die Haustür kam, sprang der Mühlstein herunter und schlug ihn tot.

Der Herr Korbes muß ein recht böser Mann gewesen sein.

Dies ist das kürzeste Märchen der Brüder Grimm. Sicher einmal pro Woche habe ich es meinen Kindern vorgelesen. Es hat sie beschäftigt und mich auch. Diese Fröhlichkeit, mit der hier ein Vernichtungswerk vorbereitet wird, hat uns entsetzt – aber eben auch fasziniert. Ich kenne kein anderes Märchen, in dem der Mensch dem Bösen so ausgeliefert ist, ohne Chance; wo das Böse auf den ersten Blick ja gar nicht als das Böse zu erkennen ist. Der abschließende Satz findet sich übrigens erst seit der 6. Ausgabe von 1850 in den *Kinder- und Hausmärchen*. Dem Wilhelm war es wohl nicht geheuer, Tiere und Dinge, in dieser tödlichen Allianz vereint, auftreten zu lassen, ohne einen Grund für die Tat anzugeben, die auf eine Weise strategisch geplant und konsequent durchgeführt wird, dass einem die Sprache wegbleibt.

Ich habe meine Kinder gefragt, ob sie mit mir über das Märchen sprechen wollen. Wollten sie nicht. Aber sie wollten es noch einmal hören. Ich hätte ihnen gern gesagt, dass ich Wilhelm Grimm nicht Recht gebe: Das Böse in dieser Geschichte verkörpern die Tiere und die Dinge und nicht der Herr Korbes. Er hätte sich den letzten Satz sparen sollen.

Das Böse benötigt keinen Anlass und keine Begründung. Wir können das Böse nicht überzeugen, wir können es nicht überreden; und am schlimmsten: Wir können es nicht abwehren, indem wir sein Begehren erfüllen. Der Brandstifter weicht nicht von seinem Plan ab, wenn ihn der Biedermann in sein Haus einlädt. War Hiob ein »recht böser Mann«? Nein. Im Gegenteil. Hiob war der gottesfürchtigste Mann von allen. Sein Unglück ist die Folge einer Wette zwischen Gott und dem Teufel. In allem Grauen, das die Welt zu bieten hat, ist es doch ein Trost zu wissen, dass das Böse geschickt wurde, um zu strafen oder zu rächen oder um etwas zu demonstrieren, wie es Gott in der Geschichte von Hiob tut. Ein Böses, das ausschließlich des Bösen willen böse ist – darüber kann man tatsächlich nichts sagen. Ich musste meinen Kindern zustimmen. Sagen konnten wir nichts, aber hinschauen wollten wir immer wieder. Darum habe ich dieses kleine Märchen auch so oft vorgelesen.

Odysseus – mein liebster Held, weil er in jedem Augenblick in zwei Welten lebt, der irrealen Traumwelt der Märchen und Mythen und in der realen Welt des Verstandes, und weil er sich konsequent und jederzeit auf beide Welten einlässt –, Odysseus schildert in seinen Erzählungen die Begegnung mit dem Bösen als Begegnung mit der Wildnis, als Konfrontation mit der ungezügelten Natur: Polyphem. Der einäugige Riese fängt den Helden und seine Begleiter, sperrt sie in seine Höhle und frisst einen nach dem anderen auf. Er ist von jeder Moral ebenso weit entfernt wie Hühnchen und Hähnchen, wie die Katze, der Mühlstein, das Ei, die Ente, die Nähnadel und die Stecknadel. Nur mit einer List und mit äußerster Brutalität kann Odysseus dem Kyklopen entkommen.

Das Märchen von dem menschenfressenden Riesen ist, unabhängig von der *Odyssee*, in ganz Europa und dem Mittelmeerraum verbreitet, wir begegnen ihm in vielen verschiedenen Varianten, finden es im dritten Gesang der *Äneis* des Vergil und auch in Gegenden, wo eine Homerrezeption ausgeschlossen werden kann, zum Beispiel in Japan. Besonders bemerkenswert erscheint mir eine Variante aus dem 15. Jahrhundert, auf die uns der Märchenforscher Lutz Röhrich aufmerksam gemacht hat. In ihr wird von einem Helden berichtet, dem es ähnlich ergangen ist wie dem Odysseus; er konnte dem Bösen als einziger entfliehen, nachdem er ihm das Auge ausgebrannt und ausgestochen hatte. Als er sich

in Sicherheit wähnt, verspottet er – ähnlich wie der homerische Protago-
nist – seinen Peiniger. In diesem Märchen aber ist der Böse nicht naiv wie
Polyphem, er ist verschlagen und verfügt über Zauberkraft. Er gibt sich
beeindruckt, sagt, er respektiere die Kraft und List seines Gegners, er
wolle ihm seine Bewunderung mit einem Geschenk beweisen. »Nimm
diesen goldenen Ring als Gabe von mir!« ruft er ihm zu. »Du hast ihn
wohl verdient. Es ziemt sich nicht, dass ein so listiger, behender Mann
unbeschenkt von mir gehe.« Der Riese wirft ihm den Ring zu, zum Zeichen, dass er ihm nichts Böses mehr wolle. Ein wunderschöner Ring. Ein
Zauberring. Der Held steckt ihn an seinen Finger, und von diesem Augenblick an ruft sein Mund ohne Unterlass und ohne dass der Held etwas dagegen tun könnte: »Hier bin ich! Hier bin ich!« Wir werden Zeuge
einer schaurig absurden Szene: Ein geblendetes Ungeheuer läuft hinter
einem Mann her, der in Todespanik flieht und dabei »Hier bin ich! Hier
bin ich!« ruft.

Dieses Märchen haben die Brüder Grimm in die 5. und 6. Auflage
ihrer Sammlung aufgenommen. Da heißt es am Anfang der Binnener-
zählung: »Ich will euch ein Ereignis erzählen, was mich mehr erschreckt
hat als Feuer und Wasser.« Ohne es zu begründen, haben sie das Märchen aus den folgenden Auflagen getilgt.

Das Mädchen ohne Hände

*E*in Müller war nach und nach in Armut geraten und hatte nichts mehr als seine Mühle und einen großen Apfelbaum dahinter.

Einmal war er in den Wald gegangen, Holz zu holen, da trat ein alter Mann zu ihm, den er noch niemals gesehen hatte, und sprach: »Was quälst du dich mit Holzhacken, ich will dich reich machen, wenn du mir versprichst, was hinter deiner Mühle steht.«

»Was kann das anders sein als mein Apfelbaum?« dachte der Müller, sagte »Ja« und verschrieb es dem fremden Manne. Der aber lachte höhnisch und sagte: »Nach drei Jahren will ich kommen und abholen, was mir gehört«, und ging fort.

Als der Müller nach Haus kam, trat ihm seine Frau entgegen und sprach: »Sage mir, Müller, woher kommt der plötzliche Reichtum in unser Haus? Auf einmal sind alle Kisten und Kasten voll, kein Mensch hat's hereingebracht, und ich weiß nicht, wie es zugegangen ist.«

Er antwortete: »Das kommt von einem fremden Manne, der mir im Walde begegnet ist und mir große Schätze verheißen hat; ich habe ihm dagegen verschrieben, was hinter der Mühle steht: den großen Apfelbaum können wir wohl dafür geben.«

»Ach, Mann«, sagte die Frau erschrocken, »das ist der Teufel gewesen: den Apfelbaum hat er nicht gemeint, sondern unsere Tochter, die stand hinter der Mühle und kehrte den Hof.«

Die Müllerstochter war ein schönes und frommes Mädchen und lebte die drei Jahre in Gottesfurcht und ohne Sünde. Als nun die Zeit herum war und der Tag kam, wo sie der Böse holen wollte, da wusch sie sich rein und machte mit Kreide einen Kranz um sich.

Der Teufel erschien ganz frühe, aber er konnte ihr nicht nahe kommen. Zornig sprach er zum Müller: »Tu ihr alles Wasser weg, damit sie sich nicht mehr waschen kann, denn sonst habe ich keine Gewalt über sie.« Der Müller fürchtete sich und tat es.

Am andern Morgen kam der Teufel wieder, aber sie hatte auf ihre Hände geweint, und sie waren ganz rein. Da konnte er ihr wiederum nicht nahen und sprach wütend zu dem Müller: »Hau ihr die Hände ab, sonst kann ich ihr nichts anhaben.« Der Müller entsetzte sich und antwortete: »Wie könnt ich meinem eigenen Kinde die Hände abhauen!« Da drohte ihm der Böse und sprach: »Wo du es nicht tust, so bist du mein, und ich hole dich selber.«

Dem Vater ward angst, und er versprach, ihm zu gehorchen. Da ging er zu dem Mädchen und sagte: »Mein Kind, wenn ich dir nicht beide Hände abhaue, so führt mich der Teufel fort, und in der Angst hab' ich es ihm versprochen. Hilf mir doch in meiner Not und verzeihe mir, was ich Böses an dir tue.«

Sie antwortete: »Lieber Vater, macht mit mir, was Ihr wollt, ich bin Euer Kind.« Darauf legte sie beide Hände hin und ließ sie sich abhauen.

Der Teufel kam zum dritten Mal, aber sie hatte so lange und so viel auf die Stümpfe geweint, daß sie doch ganz rein waren. Da mußte er weichen und hatte alles Recht auf sie verloren.

Der Müller sprach zu ihr: »Ich habe so großes Gut durch dich gewonnen, ich will dich zeitlebens aufs köstlichste halten.« Sie antwortete aber: »Hier kann ich nicht bleiben: ich will fortgehen; mitleidige Menschen werden mir schon so viel geben, als ich brauche.«

Darauf ließ sie sich die verstümmelten Arme auf den Rücken binden, und mit Sonnenaufgang machte sie sich auf den Weg und ging den ganzen Tag, bis es Nacht ward. Da kam sie zu einem königlichen Garten, und beim Mondschimmer sah sie, daß Bäume voll schöner Früchte darin standen; aber sie konnte nicht hinein, denn es war ein Wasser darum. Und weil sie den ganzen Tag gegangen war und keinen Bissen genossen hatte und der Hunger sie quälte, so dachte sie: »Ach, wäre ich darin, damit ich etwas von den Früchten äße, sonst muß ich verschmachten.«

Da kniete sie nieder, rief Gott den Herrn an und betete. Auf einmal kam ein Engel daher, der machte eine Schleuse in dem Wasser zu, so daß der Graben trocken ward und sie hindurchgehen konnte. Nun ging sie in den Garten, und der Engel ging mit ihr. Sie sah einen Baum mit Obst, das waren schöne Birnen, aber sie waren alle gezählt. Da trat sie hinzu und aß eine mit dem Munde vom Baume ab, ihren Hunger zu stillen, aber nicht mehr. Der

Gärtner sah es mit an, weil aber der Engel dabeistand, fürchtete er sich und meinte, das Mädchen wäre ein Geist, schwieg still und getraute nicht zu rufen oder den Geist anzureden. Als sie die Birne gegessen hatte, war sie gesättigt und ging und versteckte sich in das Gebüsch.

Der König, dem der Garten gehörte, kam am andern Morgen heran, da zählte er und sah, daß eine der Birnen fehlte, und fragte den Gärtner, wo sie hingekommen wäre: sie läge nicht unter dem Baume und wäre doch weg. Da antwortete der Gärtner: »Vorige Nacht kam ein Geist herein, der hatte keine Hände und aß eine mit dem Munde ab.« Der König sprach: »Wie ist der Geist über das Wasser hereingekommen? Und wo ist er hingegangen, nachdem er die Birne gegessen hatte?«

Der Gärtner antwortete: »Es kam jemand in schneeweißem Kleide vom Himmel, der hat die Schleuse zugemacht und das Wasser gehemmt, damit der Geist durch den Graben gehen konnte. Und weil es ein Engel muß gewesen sein, so habe ich mich gefürchtet, nicht gefragt und nicht gerufen. Als der Geist die Birne gegessen hatte, ist er wieder zurückgegangen.« Der König sprach: »Verhält es sich, wie du sagst, so will ich diese Nacht bei dir wachen.«

Als es dunkel ward, kam der König in den Garten und brachte einen Priester mit, der sollte den Geist anreden. Alle drei setzten sich unter den Baum und gaben acht. Um Mitternacht kam das Mädchen aus dem Gebüsch gekrochen, trat zu dem Baum und aß wieder mit dem Munde eine Birne ab; neben ihr aber stand der Engel im weißen Kleide. Da ging der Priester hervor und sprach: »Bist du von Gott gekommen oder von der Welt? Bist du ein Geist oder ein Mensch?« Sie antwortete: »Ich bin kein Geist, sondern ein armer Mensch, von allen verlassen, nur von Gott nicht.« Der König sprach: »Wenn du von aller Welt verlassen bist, so will ich dich nicht verlassen.« Er nahm sie mit sich in sein königliches Schloß, und weil sie so schön und fromm war, liebte er sie von Herzen, ließ ihr silberne Hände machen und nahm sie zu seiner Gemahlin.

Nach einem Jahre mußte der König über Feld ziehen, da befahl er die junge Königin seiner Mutter und sprach: »Wenn sie ins Kindbett kommt, so haltet und verpflegt sie wohl und schreibt mir's gleich in einem Briefe.«

Nun gebar sie einen schönen Sohn. Da schrieb es die alte Mutter eilig und meldete ihm die frohe Nachricht. Der Bote aber ruhte unterwegs an einem Bache, und da er von dem langen Wege ermüdet war, schlief er ein. Da kam der Teufel, welcher der frommen Königin immer zu schaden trachtete, und vertauschte den Brief mit einem andern, darin stand, daß die Königin einen Wechselbalg zur Welt gebracht hätte.

Als der König den Brief las, erschrak er und betrübte sich sehr, doch schrieb er zur Antwort, sie sollten die Königin wohl halten und pflegen bis zu seiner Ankunft. Der Bote ging mit dem Brief zurück, ruhte an der nämlichen Stelle und schlief wieder ein. Da kam der Teufel abermals und legte ihm einen andern Brief in die Tasche, darin stand, sie sollten die Königin mit ihrem Kinde töten.

Die alte Mutter erschrak heftig, als sie den Brief erhielt, konnte es nicht glauben und schrieb dem Könige noch einmal, aber sie bekam keine andere Antwort, weil der Teufel dem Boten jedesmal einen falschen Brief unterschob; und in dem letzten Briefe stand noch, sie sollten zum Wahrzeichen Zunge und Augen der Königin aufheben. Aber die alte Mutter weinte, daß so unschuldiges Blut sollte vergossen werden, ließ in der Nacht eine Hirschkuh holen, schnitt ihr Zunge und Augen aus und hob sie auf. Dann sprach sie zu der Königin: »Ich kann dich nicht töten lassen, wie der König befiehlt, aber länger darfst du nicht hierbleiben: geh mit deinem Kinde in die weite Welt hinein und komm nie wieder zurück.« Sie band ihr das Kind auf den Rücken, und die arme Frau ging mit weiniglichen Augen fort.

Sie kam in einen großen wilden Wald, da setzte sie sich auf ihre Knie und betete zu Gott, und der Engel des Herrn erschien ihr und führte sie zu einem kleinen Haus, daran war ein Schildchen mit den Worten »Hier wohnt ein jeder frei«.

Aus dem Häuschen kam eine schneeweiße Jungfrau, die sprach: »Willkommen, Frau Königin«, und führte sie hinein.

Da band sie ihr den kleinen Knaben von dem Rücken und hielt ihn an ihre Brust, damit er trank, und legte ihn dann auf ein schönes gemachtes Bettchen. Da sprach die arme Frau: »Woher weißt du, daß ich eine Königin war?«

Die weiße Jungfrau antwortete: »Ich bin ein Engel, von Gott gesandt, dich und dein Kind zu verpflegen.«

Da blieb sie in dem Hause sieben Jahre und war wohl verpflegt, und durch Gottes Gnade wegen ihrer Frömmigkeit wuchsen ihr die abgehauenen Hände wieder. Der König kam endlich aus dem Felde wieder nach Haus, und sein erstes war, daß er seine Frau mit dem Kinde sehen wollte. Da fing die alte Mutter an zu weinen und sprach: »Du böser Mann, was hast du mir geschrieben, daß ich zwei unschuldige Seelen ums Leben bringen sollte!«, und zeigte ihm die beiden Briefe, die der Böse verfälscht hatte, und sprach weiter: »Ich habe getan, wie du befohlen hast«, und wies ihm die Wahrzeichen, Zunge und Augen. Da fing der König an, noch viel bitterlicher zu weinen über seine arme Frau und sein Söhnlein, daß es die alte Mutter erbarmte und sie zu ihm sprach: »Gib dich zufrieden, sie lebt noch. Ich habe eine Hirschkuh heimlich schlachten lassen und von dieser die Wahrzeichen genommen, deiner Frau aber habe ich ihr Kind auf den Rücken gebunden und sie geheißen, in die weite Welt zu gehen, und sie hat versprechen müssen, nie wieder hierherzukommen, weil du so zornig über sie wärst.«

Da sprach der König: »Ich will gehen, so weit der Himmel blau ist, und nicht essen und nicht trinken, bis ich meine liebe Frau und mein Kind wiedergefunden habe, wenn sie nicht in der Zeit umgekommen oder Hungers gestorben sind.«

Darauf zog der König umher, an die sieben Jahre lang, und suchte sie in allen Steinklippen und Felsenhöhlen, aber er fand sie nicht und dachte, sie wäre verschmachtet. Er aß nicht und trank nicht während dieser ganzen Zeit, aber Gott erhielt ihn. Endlich kam er in einen großen Wald und fand darin das kleine Häuschen, daran das Schildchen war mit den Worten »Hier wohnt [ein] jeder frei«.

Da kam die weiße Jungfrau heraus, nahm ihn bei der Hand, führte ihn hinein und sprach: »Seid willkommen, Herr König«, und fragte ihn, wo er herkäme. Er antwortete: »Ich bin bald sieben Jahre umhergezogen und suche meine Frau mit ihrem Kinde, ich kann sie aber nicht finden.« Der Engel bot ihm Essen und Trinken an, er nahm es aber nicht und wollte nur ein wenig ruhen. Da legte er sich schlafen und deckte ein Tuch über sein Gesicht. Darauf ging der Engel in die Kammer, wo die Königin mit ihrem Sohne saß, den sie gewöhnlich Schmerzenreich nannte, und sprach zu ihr: »Geh heraus mitsamt deinem Kinde, dein Gemahl ist gekommen.« Da ging sie hin, wo er lag, und das Tuch fiel ihm vom Angesicht.

Da sprach sie: »Schmerzenreich, heb deinem Vater das Tuch auf und decke ihm sein Gesicht wieder zu.« Das Kind hob es auf und deckte es wieder über sein Gesicht. Das hörte der König im Schlummer und ließ das Tuch noch einmal gerne fallen. Da ward das Knäbchen ungeduldig und sagte: »Liebe Mutter, wie kann ich meinem Vater das Gesicht zudecken, ich habe ja keinen Vater auf der Welt? Ich habe das Beten gelernt, unser Vater, der du bist im Himmel; da hast du gesagt, mein Vater war im Himmel und wäre der liebe Gott: wie soll ich einen so wilden Mann kennen? Der ist mein Vater nicht.«

Wie der König das hörte, richtete er sich auf und fragte, wer sie wäre. Da sagte sie: »Ich bin deine Frau, und das ist dein Sohn Schmerzenreich.« Und er sah ihre lebendigen Hände und sprach: »Meine Frau hatte silberne Hände.« Sie antwortete: »Die natürlichen Hände hat mir der gnädige Gott wieder wachsen lassen«; und der Engel ging in die Kammer, holte die silbernen Hände und zeigte sie ihm. Da sah er erst gewiß, daß es seine liebe Frau und sein liebes Kind war, und küßte sie und war froh und sagte: »Ein schwerer Stein ist von meinem Herzen gefallen.« Da speiste sie der Engel Gottes noch einmal zusammen, und dann gingen sie nach Haus zu seiner alten Mutter. Da war große Freude überall, und der König und die Königin hielten noch einmal Hochzeit, und sie lebten vergnügt bis an ihr seliges Ende.

So erzählen uns die Brüder Grimm.

Es gibt keinen Teufel mehr

*E*s war einmal eine arme Familie: Vater, Mutter und Sohn, die sich kaum am Leben erhalten konnten. Eines Tages nahm der Vater die Mutter auf die Seite und sagte: »Höre einmal, jetzt ist unser Sohn schon aus den Kinderschuhen herausgewachsen, er ist stark wie ein Stier und schlau wie ein Fuchs. Er kann jetzt auch beginnen zu arbeiten und sich sein Leben verdienen. Morgen werde ich ihn in die nächste Stadt mitnehmen, und dort wird sich sicher eine gute Familie finden, wo er als Diener angenommen wird.« Seine Frau war damit zufrieden. Am nächsten Tag rief der Mann seinen Sohn und sagte ihm, was er mit ihm machen wolle; und dann machten sie sich auf den Weg in die Stadt. Als sie so dahinmarschierten, sahen sie von weitem einen Wagen kommen, der von zwei pechschwarzen Pferden gezogen wurde. Sowie der Wagen bei den beiden ist, hält er an. Und da steigt aus dem Wagen ein Herr heraus, ganz schwarz gekleidet, und er wendet sich an den Vater und sagt: »Wo geht Ihr hin, guter Mann, mit diesem Buben?« – Da antwortet der Vater: »Ich gehe in die Stadt, wo ich für meinen Sohn eine Stelle als Diener bei einer guten Familie suchen will. Wir sind nämlich arme Leute und man muß sich zu leben verschaffen.« – »Ich werde ihn gern für ein Jahr in Dienst nehmen«, sagte der Herr.

All sie sich über die Höhe des Lohnes geeinigt hatten, zahlte der Herr diesen im voraus dem Vater aus. Dann stieg der Sohn in den Wagen, und der Vater machte sich mit dem Geld davon. Er hatte aber erst wenige Schritte gemacht, wobei er das Geld nachzählte, und da fiel ihm auf, daß kein Geräusch des fahrenden Wagens mehr zu hören war. Er drehte sich um und sah nichts mehr. Ihr könnt euch vorstellen, wie verwundert der Mann war. Er meinte, er habe geträumt. Dann aber bildete er sich ein, daß seinem Sohn ein Unheil zugestoßen sei, und er bereute, daß er ihn dem Erstbesten überlassen hatte. Als er daheim angekommen war, erzählte er alles seiner Frau. Diese lief sofort zum Pfarrer, um ihn um Rat zu bitten. Und der Pfarrer meinte: »Meine Liebe, Euer Sohn ist in die Hände des Teufels gefallen. Aber regt Euch deshalb nicht auf, denn auch der Teufel hält sein Wort, wenn er es gegeben hat, und das viel besser als mancher Mensch. Nach einem Jahr werdet Ihr Euren Sohn wiedersehen, aber hütet Euch davor, daß Ihr nicht ein zweites Mal hereinfallt!«

Die Frau kehrte etwas getröstet zu ihrem Gatten zurück. Sie warten ein Jahr; eines Abends, als gerade der Mann und seine Frau an ihren Sohn dachten und daß er gerade an diesem Tage eigentlich zurückkehren sollte, hören sie ein Klopfen an der Türe, die zur Straße führt. Sie laufen hin, öffnen und umarmen den Sohn. Mit dem Geld, das der Bub nach Hause brachte, lebte die arme Familie einige Zeit recht gut; aber als der Zeitpunkt kam, da es ihnen an allem Möglichen fehlte, ging die alte Mühe und Plage wieder los. Aber der Sohn war nicht umsonst ein Jahr beim Teufel gewesen. Unter anderem hatte er gelernt, sich in was er wollte zu verwandeln. Er sagte deshalb zum Vater: »Hast du kein Geld mehr? Das ist nicht so schlimm. Schau: ich weiß Wege, davon genug zu bekommen. Ich werde mich in einen Jagdhund verwandeln, und ihr werdet mich um einen guten Preis verkaufen; dann werde ich wieder heimkommen.«

Der Vater, der von der Armut dazu gezwungen war, machte es so, wie es ihm der Sohn gesagt hatte. Jener verwandelte sich also in einen Jagdhund, den schönsten, den man je gesehen hatte, und der Vater führte ihn auf den Markt. Alle Leute, die diesen Jagdhund sahen, waren ganz begeistert von ihm. Sie fragten alle, was er koste, und als sie den hohen Preis hörten, gingen sie davon. Da näherte sich ein reicher Herr, sah den Hund, der ihm sehr gefiel, und kaufte ihn um den Preis, den ihm der Mann nannte. Eines Tages nun ruft der Herr einige seiner Freunde, weil er den Jagdhund ausprobieren will. Man geht auf die Jagd, und der Hund ist ein wahres Wunder, es scheint, daß er einen geradezu menschlichen Verstand hat. Aber mitten im schönsten Jagen sehen sie ihn nicht mehr. Sie laufen hierhin, sie laufen dorthin, aber alles ist umsonst. Sie hätten den Hund noch hundert Jahre suchen können und sie hätten ihn doch nicht gefunden, denn der hatte sich wieder in einen Buben verwandelt und war nach Hause zurückgekehrt, um es sich mit dem Geld gutgehen zu lassen, das der Vater durch den Verkauf gewonnen hatte. Als auch dieses Geld verbraucht war, sagte der Sohn zum Vater: »Jetzt werde ich mich in ein Pferd verwandeln, und Ihr werdet mich im nächsten Dorf verkaufen. Aber ich bitte Euch um eine Sache; wenn Ihr mich verkauft, nehmt mir den Zügel ab und tragt ihn heim.«

Nachdem er das gesagt hatte, verwandelte er sich in das schönste Pferd, das man je gesehen hatte. Der Vater aber führte ihn auf den Markt im nächsten Dorf. Alle bewunderten die große Schönheit des Pferdes, aber sobald sie den hohen Preis hörten, der dafür verlangt wurde, liefen sie davon und sagten, nur ein Verrückter würde so viel ausgeben.

Es versteht sich von selbst, daß auch der Teufel dorthin kam, und sofort erkannte er in dem Pferd seinen Diener. Und weil es ihm mißfallen hatte, daß der Bursche nicht mehr in Dienst zu ihm zurückgekehrt war und ihm sogar das Geheimnis, sich zu verwandeln, geraubt hatte, näherte er sich dem Mann und kaufte ihm das schöne Tier ab.

Er sprang so schnell auf das Pferd und ritt im Galopp weg, daß der Vater den Zügel nicht mehr abnehmen konnte. Traurig kehrte er nach Hause zurück. Der Teufel aber führte das Pferd in seinen Stall und befahl seinen Dienern, sie sollten ihm nichts zu trinken geben. Er wollte sich auf jede mögliche Weise rächen und das Pferd am Durst krepieren lassen. Das arme Vieh war in wenigen Tagen so heruntergekommen, daß es sich kaum mehr auf den Beinen halten konnte. Und fliehen konnte es auch nicht, denn es war mit dem Zügel festgebunden.

Die Diener aber hatten Mitleid mit dem schönen Tier, und sie warteten auf einen Augenblick, an dem der Teufel nicht da war, dann banden sie das Pferd los und führten es zu einer Quelle, und dort ließen sie es nach Herzenslust trinken. Als der Bursche sich frei fühlte, verwandelte er sich schnell in einen Fisch und entfloh im Wasser. Die Diener aber sahen ihn nicht mehr und standen wie verhext dort. Als der Teufel nach Hause zurückkam, fragte er nach dem Pferd. Die Diener erzählten ihm die Geschichte und daß das Pferd verschwunden sei. Der Teufel konnte sich sofort vorstellen, was passiert war, und er verwandelte sich schnell in einen Raubfisch und machte sich daran, den Burschen zu verfolgen. Der war knapp daran, erwischt zu werden, und als er sich schon verloren sah, verwandelte er sich schnell in einen Vogel und flog davon. Da verwandelte sich auch der Teufel in einen Vogel und flog wie ein Blitz hinter dem andern her. Der Verfolgte sah sich schon verloren, und er verwandelte sich schnell in einen Granatapfel und ließ sich in den Schoß eines schönen Mädchens fallen, das gerade an einem Fenster saß. Das Mädchen nahm den Granatapfel in die Hand, und dieser bat es, ihn doch zu retten, weil er vom Teufel verfolgt werde. Das Mädchen blieb wie betäubt sitzen und verstand nicht, in welches Abenteuer es geraten sei. Da erschien ein schöner junger Herr und bat es um die Hälfte des Granatapfels. Es war, wie man sich denken kann, der Teufel. Das Mädchen teilt den Granatapfel in zwei Hälften und siehe, da fallen eine Reihe Kerne zu Boden, und der Granatapfel ist verschwunden. Der Teufel verwandelt sich sofort in eine Henne und pickt wie wild die Körner auf. Ein einziges Korn entgeht ihm, denn es ist unter dem Fuß des Mädchens, und so ist der Bursche gerettet. Er verwandelt sich in einen Marder, packt die Henne beim Kragen und tötet sie.

Und das ist die Ursache dafür, daß es keinen Teufel mehr gibt.

So wird in Italien erzählt.

Vom Kater Mitzpuf

*E*ine arme Frau hatte nichts als eine Katze; das war ein Kater, den nannte sie Mitzpuf. Da sie ihm nun nichts mehr zu essen geben konnte, sprach sie: »Mein lieber Mitzpuf, es zerschneidet mir das Herz, wenn ich sehe, wie du so mager wirst, und ich kann dir nicht helfen; gehe du in den Wald und suche dir zu essen.«

Mitzpuf ließ sich das nicht zweimal sagen, denn er war sehr hungrig und wollte auch gerne einmal den Wald sehen. Als er nun in den Wald kam, lag da ein totes Pferd, und sogleich sprang er auf das Pferd und fing an zu reißen und zu beißen. Es währte nicht lange, siehe, da zeigte sich der Fuchs von weitem. Als er die Katze erblickte, entsetzte er sich sehr, kehrte still um, nahm den Zagel zwischen die Beine und ging zuerst langsam, und als er glaubte, daß man ihn nicht mehr sehe, lief er in einem fort wie der Wind, so daß er ganz außer Atem kam. Da begegnete ihm der Bär.

»Gevatter, was ist Euch? Warum macht Ihr so lange Beine?«

»Fraget nicht lange, kommt nur schnell mit«, rief der Fuchs, »wenn Euch Euer Leben lieb ist! Dort sitzt ein kleines Ungeheuer auf einem dreimal größeren Wesen, als Ihr seid, hat es umgebracht und frißt es!«

»Das muß ich doch sehen!« sprach der Bär neugierig, brummte sich Mut in den Bart und ging langsam näher; der Fuchs blieb jetzt stehen und sah zu. Bald kam der Bär in vollem Lauf zurück.

»Nur fort!« rief er zum Fuchs. »Es ist die höchste Gefahr!«

Beide liefen nun, daß ihnen Sehen und Hören verging. Da trafen sie auf den Wolf.

»Was gibt es denn, warum so eilig? Was zappt und schnappt ihr so ängstig?« fragte der Wolf.

Da sprachen der Fuchs und der Bär: »Unglücklicher, fraget nicht, rettet Euch mit uns, wenn Euch Euer Leben lieb ist. Dort sitzt ein kleines Ungeheuer auf einem fünfmal größeren Wesen, als Ihr seid, hat es umgebracht und frißt es!«

»Was, ich mich fürchten?« sprach trotzig der Wolf. »Das soll man von mir nicht sagen!« und lief nach der bezeichneten Gegend.

Der Fuchs und der Bär standen und sahen. Plötzlich kam der Wolf wie ein abgeschossener Pfeil hergerannt und hatte kein Leben. »Nur schnell, rettet euch, wie ihr wißt und könnt!« rief er.

Nun liefen alle drei wie in die Wette. Da stießen sie auf das Wildschwein.

»Was ist das? Was ist das? Habt ihr Feuer unterm Zagel?« fragte dieses.

»Fraget nicht lange, rettet Euch mit uns, wenn Euch Euer Leben lieb ist; dort sitzt ein kleines Ungeheuer auf einem fünfmal größeren Wesen, als Ihr seid, hat es umgebracht und frißt es!«

»Ihr feigen Memmen!« schrie das Wildschwein. »Gleich will ich es umbringen«, schnaubte fürchterlich ro, ro und rannte blindlings auf das tote Pferd los und stieß mit seinen Hauern ihm in den Bauch, noch ehe sich die Katze versehen konnte. Diese war nicht wenig erschreckt, machte einen großen Buckel, sträubte die Haare, schnurrte und sah mit wilden Augen das Schwein an. Dieses konnte nicht gleich mit seinen Hauern frei werden und glaubte jetzt, der Kater Mitzpuf habe es gepackt; endlich kam es los, kehrte um und schoss wie der Blitz von dannen. Die Katze war mutig geworden und lief ihm nach. Das Schwein war bald bei den andern: »Es kommt das grausige Ungeheuer, wehe uns, wir sind verloren, rette sich jedes, wie es kann!«

Da lag ein dicker Baumstamm, der war hohl; das Wildschwein rannte hinein und barg sich; nur die Zagelspitze reichte heraus; der Bär, Fuchs und Wolf hatten sich schnell auf je einen Baum geflüchtet.

Der Kater Mitzpuf kam lustig herbeigesprungen, hüpfte auf den Baumstamm und packte die hervorstehende Zagelspitze vom Wildschwein. »Jetzt frißt es dich!« dachte dieses und grunzte einmal in seiner Todesangst so fürchterlich, daß jene vor Schrecken vom Baum herunterplumpsten. Dem Fuchs war nichts geschehen; er lief leicht fort; der Bär hatte sich ein Bein gebrochen und hinkte nach; der Wolf aber war in ein spitzes Holz gefallen und hatte sich gespießt; sein Rachen stand weit offen und wies die Zähne. Das sah der Fuchs: »Ei, Gevatter, warum lacht Ihr uns aus? Das Laufen ist doch keine Schande, wenn es gilt, das Leben zu retten!«

Aber der Wolf antwortete nicht, denn er war schon steif und starr. Das Wildschwein getraute sich vor Angst nicht herauszukommen und verreckte in dem Baumstamm. Der Fuchs und der Bär aber laufen noch immer, und aus ist es auch mit ihnen, wenn der Kater Mitzpuf sie bekommt; er zerreißt und zerbeißt ihnen den Bauch wie dem toten Pferd.

So erzählt uns Josef Haltrich.

Von dem Affengott im Lande Hida, der sich Menschenopfer darbringen ließ

*H*eut ist es schon lange her. Da zog einst ein Priester, ohne ein festes Reiseziel im Auge zu haben, kreuz und quer durch das Reich. Auf seiner Wanderfahrt kam er auch in das Land Hida und verirrte sich dort tief in den Bergen. Vergebens versuchte er, das den Boden dicht bedeckende Laub mit dem Fuß beiseite schiebend, etwas wie einen Pfad zu finden. Als er schließlich einen Weg gefunden zu haben glaubte, führte dieser bald schon nicht weiter, sondern lief geradeswegs in einen Wasserfall hinein, der dort, breit wie ein Vorhang hoch oben vom Berge herabfiel. Er wollte umkehren, konnte aber auch den Weg, auf dem er gekommen war, nicht wiederfinden. Überall hemmten unübersteigbare Felswände wie abwehrend erhobene Handflächen, die ein- bis zweihundert Jo hoch in die Luft ragten, seine Schritte.

In seiner Not rief er schließlich unseren Herrn Buddha um Hilfe an. Da hörte er hinter sich Fußschritte, und als er sich umwandte, sah er einen Mann mit großem Reisehut, der eine Last auf dem Rücken trug, daherkommen. Froh, in dieser Einöde einen Menschen getroffen zu haben, schritt er auf ihn zu und fragte ihn: »Wer bist du? Woher kommst du? Wohin führt dieser Weg?«

Der aber gab ihm keine Antwort, ging, ohne rechts oder links zu schauen, auf den Wasserfall zu, sprang in diesen hinein und verschwand darin.

Nun war der Priester noch mehr erschrocken, da er glaubte, daß jener kein Mensch, sondern irgendein dämonisches Wesen sein müsse. Er dachte bei sich: »So hat mich ein böses Geschick ereilt, und es gibt kein Entkommen mehr aus dieser Gefahr. Ehe ich mich aber hier von Dämonen umbringen lasse, will ich lieber selbst meinem Leben ein Ende machen. Bin ich erst einmal tot, so sollen mich die Dämonen ruhig verschlingen.«

Er befahl also Buddha seine Seele und bat ihn um seine Hilfe in einem späteren Leben. Dann sprang er wie jener in den Wasserfall hinein. Für einen Augenblick hatte er das Gefühl, als würde ihm Wasser in das Gesicht geschüttet, dann aber schien es ihm, als ob der Wasserfall schon hinter ihm läge. Zuerst dachte er: »Jetzt bin ich also ertrunken«, dann aber kam es ihm zu Bewußtsein, daß er noch im vollen Besitz seiner Sinne war, und er blickte hinter sich. Da sah er, daß der Wasserfall, den er für so gefährlich gehalten hatte, nur einen ganz dünnen, einfachen Wasservorhang vor dem Berg bildete und daß ein Weg mitten durch ihn hindurchlief. Er schritt auf diesem Wege, der um den Fuß des Berges herumführte, weiter, und ihn bis zum Ende verfolgend, sah er bald vor sich ein großes Dorf liegen, wo er Menschen zu finden hoffte. Während er deshalb freudig die Straße entlangzog, kam der Mann, den er getroffen hatte, nachdem er seine Last ins Dorf getragen hatte, schnellen Schrittes wieder auf ihn zu, gefolgt von einem Mann im Amtsschulterkleid aus zartgrünem Hanf, der ihm ein Ortsvorsteher oder sonst irgendeine Amtsperson zu sein schien. Beide liefen so schnell auf ihn zu, als ob sie es sehr eilig hätten, ihn zu erreichen. Der Mann im Schulterkleid ergriff den Priester sofort am Arm und suchte ihn mit sich fortzuziehen. Erstaunt fragte dieser: »Was soll das bedeuten? Was habt ihr mit mir vor?« Der Mann im Schulterkleid antwortete ihm aber nur: »Mit mir mußt du gehen und mit keinem anderen!«

Inzwischen kamen von überall her, von hier und von dort andere Leute gelaufen, und jeder verlangte, daß er ihm in sein Haus folgen sollte, und wollte ihn mit sich ziehen. Der Priester aber konnte nicht verstehen, warum jeder ihn für sich beanspruchte. Schließlich, da die Leute sich nicht einig werden konnten, riefen sie: »Warum sollen wir uns streiten? Laßt uns ihn zum Kreisvorsteher führen. Der soll entscheiden, mit wem er zu gehen hat!« Mit diesen Worten führten sie ihn, der schon keinen eigenen Willen mehr hatte, zu einem großen Haus. Als sie dort angekommen waren, trat ein ehrwürdig aussehender Greis aus der Tür und fragte: »Was geht hier vor sich?« Der Mann, den er am Wasserfall mit der Last auf dem Rücken getroffen hatte, trat vor und sagte: »Diesen da habe ich aus dem Reich Nippon hierhergeführt und habe ihn diesem Mann hier geschenkt!« Damit deutete er auf den Mann mit dem Schulterkleid. Da sagte der Greis: »Demnach hat niemand als du ein Anrecht auf diesen Menschen«, und übergab ihn diesem. Die anderen Leute gingen, als sie das Urteil gehört hatten, wieder davon. Während der Priester nun dem Mann mit dem Schulterkleid folgte, dachte er bei sich: »Zweifellos sind alle diese Leute böse Dämonen. Wenn dieser da mich zu seinem Haus geführt haben wird, wird er mich sicherlich auffressen«, und die Tränen liefen ihm bei diesem Gedanken über die Backen. Das sah der Mann im Schulterkleid und erkannte so, daß jener vor irgend etwas Angst haben müsse. Als der Priester darauf zu ihm sagte: »Alle reden sie hier von Nippon, meinem Heimatland, wie von einer fernen Gegend. Wo bin ich jetzt?« Da beruhigte ihn der, der ihn führte: »Mach dir keine schlimmen und falschen Gedanken. Wir leben hier in einer glücklichen Welt. Hier braucht man sich nicht um die vielen Nöte des Lebens zu kümmern. Du kannst hier deine Tage sorglos und im Überfluß zubringen.«

Unterdessen waren sie schon zum Haus des Mannes gekommen. Als der Priester das Haus sah, schien es ihm zwar etwas kleiner als das Haus des Kreisvorstehers zu sein, aber trotzdem zeichnete es sich durch seine Bauart vor den anderen Häusern des Dorfes aus. Dort wurden die beiden bereits von zahlreicher männlicher und weiblicher Dienerschaft und den Familienangehörigen erwartet, die ihre Freude über die Ankömmlinge laut zu verstehen gaben. Der Mann im Schulterkleid wandte sich an den Priester und forderte ihn auf einzutreten und nötigte ihn, im Hausflur Platz zu nehmen. Dort nahm man ihm das Gepäck, Hut, Mantel und Schuhzeug ab und führte ihn in ein schön eingerichtetes Zimmer. »Bringt schnell Essen herbei«, rief nun der Hausherr, und schon trug man vor dem Priester die leckersten Gerichte, Fische und Geflügel, alles, was das Herz begehrt, auf. Der saß davor, schaute die schönen Speisen an und traute sich nicht, davon zu essen. Schon kam der Mann im Schulterkleid gelaufen und fragte ihn: »Warum langst du nicht zu?« – »Ich bin schon in jungen Jahren in den Priesterstand getreten, habe zeit meines Lebens derartige Dinge nie gegessen und gesehen. Deshalb schaue ich sie mir nur an«, erwiderte der Priester. »Dem mag wohl so sein, aber hier mußt du nach unseren Sitten leben. Wie willst du leben, ohne zu essen? Du mußt dein ganzes Leben ändern. Ich habe eine einzige Tochter, die ist noch ledig und im heiratsfähigen Alter, sie würde gut zu dir passen, und ich will sie dir zur Frau geben. Laß dir von heute an die Haare wachsen, sonst kannst du dich ja hierzulande nirgends sehen lassen. Ändere dein bisheriges Leben und lebe nach meinem Rat.«

Als der Mann im Schulterkleid so auf ihn einredete, dachte der Priester bei sich: »Widerspreche ich ihm oder befolge ich seine Ratschläge nicht, dann schlägt er mich am Ende gar noch tot. Ich fürchte mich wohl, ihm nachzugeben, aber andererseits ist da ja auch kein Ort vorhanden, wohin ich vor ihm entfliehen könnte. Bin ich es auch nicht gewohnt, dererlei Dinge zu essen, so ist es wohl besser, ich tu ihm in diesem Fall seinen Willen.«

Als der Priester seine Absicht dem Hausherrn mitteilte, war dieser hocherfreut darüber, brachte sofort auch sein eigenes Essen herbei, setzte sich dem Priester gegenüber hin, und beide nahmen das Mahl gemeinsam zu sich. Der dachte bei sich: »Was mag wohl Buddha dazu sagen?«, aß von allem, auch vom Fisch und vom Geflügel. Als es dann Abend wurde und der Priester sich zur Ruhe legen wollte, öffnete der Hausherr die Tür zu seinem Zimmer und schob ihm ein schönes junges Mädchen, das kaum zwanzig Jahre alt sein mochte und in prächtige Gewänder gekleidet war, ins Zimmer mit den Worten: »Hier, die schenke ich dir. Von heut ab soll sie dir gehören. Habe sie so lieb, wie ich selbst sie liebe, denn sie ist meine einzige Tochter. Wirst du nun glauben, daß meine Gefühle für dich nur freundschaftlicher Art sind?« Damit entfernte er sich wieder, ehe der Priester zu Wort kommen konnte. Er näherte sich nun dem Mädchen, fand an ihr Gefallen, und so lebten sie denn als Mann und Frau zusammen und verbrachten miteinander die folgenden Monate und Tage in vielen unvergleichlich schönen Stunden.

Er kleidete sich nun ganz nach seinem Belieben, aß, was ihm schmeckte und was er begehrte, und nahm an Körperumfang und Gewicht zu. Das Haar ließ er sich wachsen, ließ sich einen Knoten auf dem Scheitel binden, und wenn er die Zopfkappe, die Kopftracht der verheirateten Männer, dazu aufsetzte, so stand ihm dies recht gut, und er konnte sich als schöner Mann wohl sehen lassen. Deshalb nahm die Liebe seiner jungen Frau zu ihm auch von Tag zu Tag zu, und sie konnte sich schließlich kaum mehr für einen Augenblick von ihm trennen. Auch der Mann erwiderte die Gefühle seiner Frau, verliebte sich, da sie ihm täglich lieblicher und schöner zu sein schien, immer mehr in ihre Gestalt und in ihr Wesen und dachte nirgendwo anders glücklicher leben zu können als an diesem Ort. So verbrachten sie zusammen die Tage und die Nächte. Die Zeit verflog, und ehe sie es sich versahen, waren schon acht Monate ins Land gegangen.

Von dieser Zeit an fiel ihm eine Änderung im Aussehen seiner Frau auf. Irgend etwas schien sie schwer zu bedrücken. Das Benehmen des Hausherrn aber wurde von da an von Tag zu Tag liebenswürdiger und freundlicher. »Ein Mann sieht nach nichts aus, wenn er nicht gut beleibt ist, du mußt dich besser pflegen«, sagte er zu seinem Schwiegersohn und nötigte ihn, mehrmals am Tage kräftige Speisen zu sich zu nehmen. Je mehr sein eigener Körperumfang aber zunahm, desto mehr Tränen vergoß seine Frau. Das fand der Mann merkwürdig, und er fragte sie deshalb: »Woran denkst du? Was macht dir solchen Kummer? Ich kann dies alles nicht verstehen.« Statt ihm eine Antwort auf seine Frage zu geben, erwiderte die Frau nur: »Ach, ich habe nur manchmal so trübe Gedanken«, und weinte von da an nur noch mehr. So blieb ihr Benehmen dem Mann weiter unverständlich, und er fand es schließlich unheimlich, daß da niemand war, den er über das ihm rätselhafte Benehmen von Vater und Tochter befragen konnte. Als eines Tages ein Gast ins Haus kam, belauschte der Mann dann ein Gespräch zwischen dem Hausherrn und seinem Gast. Der sagte: »Klug hast du das angestellt. Hast dir da einen Stellvertreter besorgt, der von allem, was ihm bevorsteht, nichts ahnt. Du kannst wahrhaftig froh sein, so deiner Tochter das Leben erhalten zu haben.« Der Hausherr antwortete ihm: »Recht hast du mit dem, was du da sagst. Hätte ich den nicht gefunden, wie würde es wohl in Jahresfrist um mein Herz bestellt sein?« Dann ging der Gast und der Hausherr geleitete ihn bis zur Tür. Als er zurückkam, fragte er gleich seine Tochter: »Hast du ihm etwas zu essen gebracht?« Dann schickte er den Schwiegersohn dieser nach ins Zimmer und ermahnte ihn nochmals: »Und du, iß ordentlich.« War es diesem nun schon unverständlich, warum seine Frau jedesmal, wenn er aß, in Tränen ausbrach, so war er nun dazu noch beunruhigt wegen der Andeutungen, die der Gast dem Hausherrn gegenüber gemacht hatte. Vorsichtig versuchte er es, seine Frau zum Reden über dies alles zu bringen, aber wieder vermochte er nichts in Erfahrung zu bringen. Er merkte nur, daß sie ihm gern etwas gesagt hätte, daß da aber irgend etwas sein müßte, das sie daran hinderte, ihm offen ihr Herz auszuschütten.

Inzwischen verging wieder einige Zeit. Da kam plötzlich ungewohntes Leben in das Dorf. Alles Volk war geschäftig. In jedem Hause wurden geräuschvoll die Vorbereitungen für ein großes Festessen getroffen. Die Traurigkeit der Frau aber nahm in dieser Zeit von Tag zu Tag zu, und sie hörte fast nicht mehr auf zu weinen. Da wandte sich der Mann an sie und sagte: »Immer dachte ich, daß du nichts von dem, was dir Anlaß zum Lachen oder zum Weinen geben würde, vor mir verbergen würdest. Ist es nicht herzlos von dir, ein Geheimnis vor mir zu haben?« Als er sich so über sie beklagte und dabei seinerseits zu weinen begann, konnte die Frau das, was sie bedrückte, nicht mehr für sich behalten und sagte: »Gibt es denn etwas, das ich vor dir geheimhalten könnte? Ach, es ist uns ja nur noch kurze Zeit vergönnt, daß wir einander sehen und hören können. Das ist es, was mich so traurig macht. Warum mußten wir uns auch ineinander so sehr verlieben?« Nach diesen Worten brach sie von neuem in Tränen aus. Nun antwortete der Mann: »Daß das Menschenleben nicht ewig dauert und daß wir nur so kurze Zeit hier auf Erden leben, ist unser aller Schicksal. Daher ist es zwecklos, darüber zu trauern, aber deine Traurigkeit muß noch eine andere Ursache haben. Sage mir klar und deutlich, was dich in der letzten Zeit so schwer bedrückt.« Als er derart auf sie einsprach, verriet ihm schließlich die Frau unter neuen Tränenausbrüchen das bis dahin so sorgsam gehütete Geheimnis: »Hier im Lande haben wir allerlei seltsame Bräuche. In unserem Dorf gibt es einen Gott, der alljährlich ein Menschenopfer von uns verlangt.

Deshalb stritten sich, als du hierherkamst, die Leute um dich, da jeder dich als Stellvertreter für das Opfer für sich haben wollte. Denn Jahr um Jahr muß der Reihe nach immer eine Familie das Opfer stellen. Wer keinen Stellvertreter finden kann, muß sein eigenes Kind als Opfer geben. Wärst du nicht zur rechten Zeit erschienen, dann wäre ich in diesem Jahr das Opfer gewesen und der Gott hätte mich verspeist. Nun wird dich dies Los treffen.« Dies brachte sie, vielfach von Weinen unterbrochen, vor, der Mann aber zeigte gar keine Unruhe und fragte nur ruhig: »Was sollen die zwecklosen Klagen? Vielleicht läßt sich da Abhilfe schaffen. Zunächst möchte ich wissen, ob die Menschen das Opfer töten, als Opferspeise zubereiten und so dem Gott darbringen?« – »Nein, das geschieht nicht. Man legt das Opfer lebend, ganz nackt auf den Zuschneidetisch und setzt es so innerhalb der heiligen Umzäunung nieder. Wenn alle Menschen dann die Umzäunung verlassen haben und ins Dorf zurückgekehrt sind, bereitet sich der Gott selbst das Opfer zu und verspeist es. Bringt man ihm magere oder alte und gebrechliche Menschen zum Opfer, dann wird der Gott zornig und schickt uns Unheil. Die Ernte wird schlecht, Seuchen brechen aus und Unfrieden herrscht unter den Dorfleuten. Deshalb wird das Opfer, bevor man es darbringt, gut gemästet, um es für den Gott schmackhaft zu machen.« – »Ah, nun verstehe ich alles, was mir in den letzten Monaten so rätselhaft erschienen ist. Weiß man, was dieser menschenfressende Gott für eine Gestalt hat?« – »Ich habe gehört, daß die Gottheit die Gestalt einer großen Äffin haben soll«, meinte die Frau auf diese letzte Frage ihres Mannes. Der dachte eine Weile nach und gab ihr den Auftrag: »Verschaff mir ein gut schneidendes Schwert!« – »Das ist leicht getan«, antwortete jene und brachte ihm auch bald ein Schwert herbei. Der Mann nahm es, prüfte es sorgfältig und schliff es wieder und wieder. Dann versteckte er es an einem sicheren Ort. Nun, da er die ihm drohende Gefahr kannte, blickte er ihr mutig und entschlossen entgegen, aß gut und mit Genuß und wurde zur Freude des Hausherrn von Tag zu Tag kräftiger und nahm gut an Gewicht zu. Hausherr und Dorfleute aber sagten, als sie dies bemerkten: »Das wird ein fettes Opfer und wird dem Dorf Glück bringen.« Und alle freuten sich darüber.

Inzwischen war die Zeit für den Opfertag herangekommen. Schon sieben Tage vorher wurden geweihte Bannseile um das Haus gezogen und der zum Opfer Bestimmte mußte sich allerlei Reinigungszeremonien unterziehen. Auch um alle anderen Häuser spannte man Bannseile, und alle Leute enthielten sich aller Handlungen und Dinge, die während der Vorbereitung für die heilige Handlung untersagt waren. Die arme Frau aber war ganz untröstlich, zählte nur noch die Tage, die bis zum Opfergang blieben: »Heut' sind es nur noch soviel Tage, morgen nur noch soviel…« Dabei weinte sie unaufhörlich. Der Mann aber tröstete sie und tat ganz unbekümmert, als ginge ihn dies alles gar nichts an. Als die Frau ihn so zuversichtlich sah, faßte sie selbst auch wieder etwas Mut und zeigte sich weniger verzweifelt. Dann kam der Tag der Opferung. Man ließ den Mann ein Bad nehmen, zog ihm frische, neue Kleider an, kämmte sorgfältig sein Haar und band ihm den Scheitelknoten. Während man noch damit beschäftigt war, kamen verschiedentlich Boten zum Hause gelaufen und drängten zum Aufbruch mit den Worten: »Beeilt euch, beeilt euch!« Dann bestiegen der Mann und sein Schwiegervater bereitstehende Pferde, um sich zum Opferplatz zu begeben. Als sich die Frau von ihrem Mann wortlos, mit verhülltem Haupt verabschiedete, reichte sie ihm heimlich das Schwert, das er zwischen Sattel und Schenkel verbarg.

Am Opferplatz angelangt, sah der Mann auf einem Berge einige Götterspeicher stehen, die von einem heiligen Zaun umschlossen waren, einen Tempel konnte er nicht erblicken. Vor dem heiligen Zaun hatten sich die Dorfbewohner um reich gedeckte Tische niedergelassen. Das Opfer selbst wurde auf einen etwas erhöhten Platz gesetzt und dort von allen bewirtet. Nachdem der Tag unter Schmausen und Trinken mit Begleitung von Tanz und Gesang zu Ende gegangen war, rief man den Mann herbei, zog ihn splitterfasernackt aus und löste ihm die Haare. Dann hieß man ihn sich auf den Zuschneidetisch legen und vermahnte ihn: »Bleibe hier völlig unbeweglich liegen!« Die vier Ecken des Opfertisches wurden dann mit Sakakizweigen besteckt und mit geweihtem Baumwollstoff behängt. So trug man ihn mit anderen vorangetragenen Opfergaben in die heilige Umzäunung hinein, setzte den Opfertisch dort nieder und alle entfernten sich, nachdem sie die Türen des Zaunes wieder verschlossen hatten.

Der Mann aber hatte, ohne daß es jemand bemerkt hätte, das Schwert zwischen seinen ausgestreckten Schenkeln versteckt und wartete ruhig ab, was nun geschehen würde. Nach einiger Zeit wurde die Tür des ersten der in der Umzäunung stehenden Götterspeicher knarrend geöffnet, und ein borstiger, dick behaarter Kopf wurde sichtbar, der sich vorsichtig umschaute. Er machte sich daran, die Türen der anderen Speicher gleichfalls zu öffnen. Da trat aus dem Schatten neben einem der Speicher ein Affe, der wohl Menschengröße haben mochte, hervor, ließ laut seinen Schrei »Kiya-kiya!« hören und schritt auf den ersten Speicher zu. Als er dort angelangt war, hob er den Vorhang vor der Tür des Speichers empor und blickte hinein. Da trat ein Affe, größer noch als der andere, seine wie blankes Silber glänzenden Zähne fletschend, aus dem Speicher heraus. Als er sah, daß der Neuangekommene gleichfalls ein Affe war, beruhigte er sich aber. Nach und nach kamen nun aus all den Götterspeichern, die dort standen, Affen hervor und nahmen in einer langen Reihe Platz. Zuletzt setzte sich der Affe, der aus dem Schatten neben dem einen Speicher aufgetaucht war, als wolle er Befehle von ihm empfangen, vor dem großen Affen, der aus dem ersten Speicher gekommen war, nieder. Dieser stieß einige Schreie aus, und der andere erhob sich, trat an den Zuschneidetisch mit dem daraufliegenden Opfer heran, nahm die Tranchierstäbe und das Messer zur Hand und schickte sich an, das Opfer zu schlachten.

In diesem Augenblick aber sprang der Mann vom Opfertisch auf, riß das zwischen den Schenkeln verborgene Schwert aus der Scheide und stürzte sich auf den großen Affen aus dem ersten Götterspeicher. Der fiel in plötzlichem Schreck auf den Rücken, und der Mann ließ ihm keine Zeit, sich wieder zu erheben, sondern setzte ihm den Fuß auf die Brust. Dann fragte er ihn mit stichbereitem Schwert: »Bist du ein Gott?« Der Affe aber rieb nur, um sein Leben flehend, die Hände, und die anderen Affen alle flohen laut schreiend vor Angst auf die Bäume, um sich in Sicherheit zu bringen. Der Mann ergriff nun eine starke Ranke, die er mit der Hand erreichen konnte, und band damit den Affen an einen Pfosten des Speichers. Dann setzte er ihm die Spitze seines Schwertes auf den Bauch und schrie ihn an: »Du bist nur ein Affe, hast dich als Gott ausgegeben und hast so Jahr für Jahr Menschen gefressen! Du bist ein unverschämter Betrüger! Jetzt rufe sofort die Affen, die nach dir hier die Anführer sind und die sich den zweiten und den dritten Miko nennen, hierher! Tust du es nicht, so ersteche ich dich augenblicklich! Wenn du ein Gott bist, dann kann dir dies Schwert hier nichts anhaben. Ich werde es sehen, ob du Gott oder Betrüger bist, indem ich dir das Schwert in den Leib stoße!«

Mit diesen Worten tat er so, als wolle er zustoßen, als der Affe aber die Spitze auf seinem Leib fühlte, schrie er vor Schmerz laut auf und rieb wieder, um Gnade bittend, die Hände. Nun befahl ihm der Mann: »Wenn dir dein Leben lieb ist, dann rufe schnell den zweiten und den dritten Miko hierher!« Der Affe schrie laut »Kiya, kiya!«; und auf diesen Ruf kamen die beiden Affen, die sich den zweiten und den dritten Miko nannten, von den Bäumen herab. »Nun rufe den Affen her, der mich schlachten wollte!« befahl der Mann. Der große Affe schrie nochmals, und auch dieser Affe kam herbei. Der Mann befahl ihm, einige Ranken herbeizubringen, und als er den Befehl ausgeführt hatte, befahl er ihm weiter, den zweiten und den dritten Miko zu fesseln. Zuletzt fesselte der Mann dann selbst auch diesen mit den Worten: »Du wolltest mich schlachten, aber wenn du mir gehorsam sein willst, dann will ich dich diesmal verschonen. Solltest du es aber wagen, durch deinen Fluch nochmals Unglück über harmlose Menschen zu bringen oder Schlimmes anzustiften, dann bringe ich dich um!« Dann band er alle an Bäume innerhalb des geweihten Zaunes, holte sich Feuer von der Kochstelle, wo die Leute am Tag das Festessen zubereitet hatten, und setzte die Götterspeicher, einen nach dem anderen, in Brand.

Im Dorf ahnte man von allem, was da oben geschah, nichts, da es weit entfernt von der Opferstelle lag. Als die Leute aber Flammen und Rauch vom Berge aufsteigen sahen, wurden sie unruhig und ängstlich, weil sie nicht wußten, was dort vorging. Da es aber im Dorf ein streng eingehaltener Brauch war, drei Tage lang nach dem Opfertag bei verschlossenen Türen in den Häusern zu bleiben, so wagte auch niemand, dort hinaufzusteigen, um zu sehen, was dort geschehen sei. Ängstlich und unruhig blieben sie deshalb in ihren Häusern und besprachen untereinander die seltsamen Dinge, die sich da oben abspielen mochten. Auch der Mann im Schulterkleid, der den Stellvertreter als Opfer dargebracht hatte, war beunruhigt und dachte bei sich: »Was mag mit meinem Opfer wohl geschehen sein?« Die Frau des Geopferten aber dachte: »Er ließ sich von mir das Schwert geben und nahm es heimlich mit. Irgend etwas hatte er damit im Sinn, und ich glaube, er ist es, der den Brand dort angelegt hat.« Während alle so in Furcht und Bangen der kommenden Ereignisse harrten, kam der zum Opfer bestimmte Mann schon, die vier gefesselten Affen vor sich hertreibend, splitterfasernackt mit gelösten Haaren und nur mit einer Ranke um die Hüfte, in die er sein Schwert gesteckt hatte, einen tüchtigen Knüppel schwingend, ins Dorf herunter und sah in jedes Haustor hinein. Als er so alle Häuser besucht hatte, sagten die Dorfleute: »Was mag das nur bedeuten? Da kommt das Opfer und führt die Miko gefesselt vor sich her. Wir haben ein Opfer gestellt, das stärker als der Gott, dem wir es darbrachten, war. Er hat die Götter gefesselt, und nun wird er uns seinerseits fressen.«

So fürchteten sie sich alle vor dem Mann und wußten nicht, was sie tun sollten. Zuletzt ging der Mann zum Hause seines Schwiegervaters, pochte an die Tür und begehrte Einlaß. Als er keine Antwort erhielt, rief er: »Öffne mir die Tür. Wenn du mir aufmachst, so soll dir nichts Schlimmes geschehen, öffnest du nicht, dann wird es schlimm für dich werden, öffne also schnell!« Damit stieß er mit dem Fuß an das Tor. In seiner Angst rief der Schwiegervater seine Tochter und sagte zu ihr: »Er war stärker als der Gott. Dich, meine Tochter, wird er nicht hassen. Geh du deshalb hin und öffne die Tür und suche ihn zu besänftigen.« Halb voller Angst, aber auch halb freudig bewegt wegen des glücklichen Ausgangs, öffnete die Frau einen Spalt der Tür. Der Mann stieß die Tür weit auf, und als er seine Frau dastehen sah, rief er: »Schnell, bring mir meine Kleider!« Froh brachte da die Frau sein Staatskleid herbei, Kariginu, Hakama und Zopfbedeckung. Er band die Affen an die

Türpfosten, kleidete sich schnell im Hauseingang an, ließ sich Bogen und Köcher reichen, hängte sie sich um die Schultern und lief dann zu seinem Schwiegervater und sagte, indem er ihm die Affen zeigte: »Daß man den dort als Gott verehrt hat und ihm Jahr für Jahr Menschen zum Fressen lieferte, ist kaum zu glauben. Wie dumm ihr wart, euch von diesem betrügen zu lassen. Ohne euch zu überzeugen, ob er wirklich ein Gott sei, habt ihr ihm alljährlich Menschenopfer gebracht. Solange ich hier sein werde, werde ich dafür sorgen, daß alles beim Rechten bleibt.« Bei diesen Worten zwickte er die Affen schmerzhaft in die Ohren, und als sie ihn kläglich um Gnade anflehten, war dies ein so närrischer Anblick, daß alle, die es sahen, lachen mußten. Als nun der Schwiegervater und die Hausleute sahen, wie er mit den Affen umsprang und wie folgsam sie ihm waren, faßten sie Vertrauen zu ihm, gaben ihre Furcht auf und sagten: »Uns war von allem dem nichts bekannt, jetzt aber wollen wir dich als unseren Gott verehren und uns nur noch nach deinen Befehlen richten.« Damit erhoben sie ihre Hände, als ob sie ihn anbeten wollten. Der sagte nur: »Kommt mit mir zum Kreisvorsteher!«

So zogen also Schwiegervater und Schwiegersohn, gemeinsam die vier Affen vor sich hertreibend, vor das Haus des Kreisvorstehers und pochten dort an die Tür. Als man ihnen nicht öffnen wollte, da man davor den Mann mit seinem Schwiegersohn stehen sah, rief dieser: »Öffnet das Tor! Ich habe Euch eine Mitteilung zu machen, öffnet Ihr nicht, dann wird Schlimmes geschehen!« Ängstlich öffnete nun der Vorsteher die Tür und warf sich vor dem eintretenden Mann zu Boden. Der zerrte die Affen mit sich ins Haus hinein, blickte sie drohend an und sagte im Beisein des Kreisvorstehers, auf sie deutend: »Der dort hat sich seit Jahren für einen Gott ausgegeben und hat alljährlich einen Menschen gefressen. In diesem Jahr soll er nun zur Vergeltung selbst sterben.« Mit diesen Worten legte er einen Pfeil auf die Sehne und zielte auf den größten der Affen. Laut schreiend rieb dieser in seiner Todesangst die Hände, und als der Kreisvorsteher dies sah, fürchtete auch er sich vor dem Mann, trat zu dem Schwiegervater und sagte: »Er wird dann auch uns töten, rettet mich!« Der antwortete ihm: »Seid beruhigt, in meiner Gegenwart wird Euch nichts geschehen.« Das beruhigte den um sein Leben besorgten Kreisvorsteher. Der Mann aber, als er sah, wie seine entschlossene Haltung gewirkt hatte, sagte zu dem Affen: »Für diesmal soll es gut sein. Ich werde dir noch einmal das Leben schenken. Solltest du dich aber jemals wieder in dieser Gegend blicken lassen oder den Menschen Übles antun, dann werde ich dich erbarmungslos erschießen!« Dann gab er jedem der Affen zwanzig Hiebe mit seinem Knüppel, rief die Leute des Dorfes zusammen und führte sie auf den Berg zu der heiligen Umzäunung. Dort ließ er die Trümmer der Götterspeicher sammeln und auf einen Haufen zusammentragen, ließ nochmals Feuer daranlegen, bis alles verbrannt war. Zuletzt löste er die Fesseln der Affen und trieb sie davon. Hinkend verschwanden sie im Gebirge und wurden nie wieder gesehen. Den Mann aber machten die Leute später zum Herrn des Dorfes, und dort herrschte er dann gemeinsam mit seiner Frau über alle Bewohner.

Ganz heimlich aber kam er von Zeit zu Zeit nach Nippon hinüber, und so wurde diese Geschichte auch bei uns bekannt. Anfangs kannten die Leute dort im Dorf weder Pferde noch Rinder noch Hunde. Denn Hunde zu halten, erlaubten die Affen den Menschen nicht, da der Hund der geschworene Feind des Affen ist. Der Mann ließ Pferde, Rinder und Hunde dorthin kommen, die Junge bekamen und sich so vermehrten. Irgendwo im Lande Hida muß dieser Ort liegen, aber die Leute aus den Nachbarländern Shinano und Mino gehen niemals dorthin. Wohl kommen zuweilen Leute von dort ganz heimlich zu uns, von hier aus ist aber noch keiner dorthin gezogen. Denkt man über diese Geschichte nach, so ist dies wohl alles jenem Mann schon in einer früheren Existenz bestimmt gewesen, daß er als Priester in jene Gegend geriet, dort zum Opfer ausersehen wurde, daß er den üblen Brauch abschaffte und schließlich selbst der Herrscher dieses Platzes wurde.

So wird in Japan erzählt.

Der gelehrte Herr Nam

*D*er gelehrte Herr Nam hatte sieben Söhne. Doch das wurde für ihn ein Grund zur Sorge. Als die Söhne in ein Alter kamen, das zum Lesen- und Schreibenlernen gerade richtig war, gab es keine Bücher, nicht einmal Pinsel und Tusche. Das war der Grund seiner Sorge.

Viele Dinge überlegte er hin und her, um am Ende seiner Gedanken dann seine Frau herbeizurufen; ihr sagte er, er müsse wohl aufs Festland hinüberfahren, um Bücher, Pinsel und Tusche zu besorgen. Ohne noch etwas zu sagen, traf die Frau die nötigen Vorbereitungen und verabschiedete ihren Mann.

Als der Tag, für den der Mann seine Rückkehr versprochen hatte, verstrichen war und es auch keine Nachricht über ihn, geschweige denn von ihm gab, schaute die Frau wie jeden Tag vom Strand aus hinüber zum Horizont, wo ihr Mann verschwunden war. So wartete sie auf ihren Mann und dachte, wenn es nicht heute ist, dann ist es morgen. Aber ihr Mann kam nicht zurück, der Horizont schien ihn verschlungen zu haben, der Schmerz der Frau wurde groß und größer, und so vergingen drei Jahre.

Die Frau war nahe daran, verrückt zu werden, den Söhnen erschien das Verhalten der Mutter eigenartig. Nicht nur, daß sie am Morgen das Haus verließ und erst spät am Abend zurückkam, nein, wenn sie nach Hause zurückgekommen war, hatte sie sich angewöhnt, wie geistesabwesend nur dazusitzen. Sie beratschlagten, und schließlich entschieden sie, der Mutter einmal zu folgen. Nachdem die Mutter am Morgen das Haus verlassen hatte, lief sie den ganzen Tag, bis die Sonne unterging – ihre Strohschuhe waren ganz durchgelaufen-, am Strand umher und schrie laut: »Gelehrter Herr Nam! Seid Ihr noch am Leben? Schreibt mit bitte einen Brief! Solltet Ihr aber tot sein, dann, bitte, bitte, erscheint mir im Traum!« Kaum war spät am Abend die Mutter nach Hause zurückgekommen, bedrängten ihre Söhne sie und fragten, wie denn das mit ihrem Vater gekommen sei. Zuerst versuchte die ermüdete Mutter, ihnen die Wahrheit zu verbergen, doch dann erzählte sie alles. »Wenn er wirklich verstorben sein sollte, möge doch wenigstens das, was von ihm übrig ist, an Land gespült werden, darum habe ich den Drachenkönig gebeten, doch …« Die Mutter war jetzt so müde, ihr fehlte sogar die Kraft zum Weinen. Die Söhne hörten schweigend ihre Erzählung, dann trösteten sie die Mutter: »Mutter! Mutter! Wollt Ihr den Vater suchen gehen? Wir werden ein Schiff für Euch bauen.« So weit hatte die Mutter nicht vorausdenken können, sie hörte zu, was die Söhne ihr sagten, und meinte dann, so könne man es machen.

Am darauffolgenden Tag begannen die Söhne, am Aye-Berg, einem Geisterberg, fleißig Bäume zu fällen. Als fast alles Holz vorbereitet war, wollte die Mutter einen Zimmermann um Hilfe angehen, aber die Söhne bestanden darauf, alles allein zu machen.

Einige Tage vergingen, und das Schiff war fertig. Doch als sie dann tatsächlich das Schiff vom Stapel laufen lassen wollten, wußten sie nicht, wie denn das Schiff vorwärts ins Meer kommen könnte. Die Brüder waren ratlos, sie wußten nicht, wo denn ein Fehler entstanden sein könnte, als irgendwoher ein Adler herbeigeflogen kam, hoch in der Luft über dem Schiff rund und rund seine Kreise zog, der krächzte und krächzte so, als ob er etwas zu sagen habe. Und da erst bemerkten sie, daß das Steuerruder nicht festgemacht war. Kaum war das Steuerruder festgemacht, stach das Schiff, kaum zu glauben, schnell wie ein Pfeil in See, und in nicht mehr als drei Tagen erreichte es das Festland. Die Mutter – sie war vom Schiff gestiegen – machte es an einem sicheren Platz fest und begann aufs Geratewohl einen Weg entlangzugehen. Da, als sie gerade an einem Hirsefeld vorbeiging, verscheuchte ein junges Mädchen die Vögel und summte dieses Lied:

>»Huyói, huyói,
> Vogel, Vogel, tu nicht so klug!
> Der gelehrte Herr Nam,
> der tat auch so klug,
> und doch ist er hereingefallen,
> verführt hat ihn Noiljódae.

Ihre Tür ist nur eine Matte aus Stroh!
Um ihren Kochtopf,
da streicht er herum,
da soll er leben.«

Die Frau des gelehrten Herrn Nam bekam seltsame Gedanken, und so fragte sie das Mädchen, was das denn für ein Lied sei. »Wirklich, liebe Frau, Ihr seid komisch. Das ist nur ein Lied, mit dem man die Vögel verjagt.« – »Also, ich geb' dir eine hübsche Haarschleife und ein paar schöne Murmeln, aber bitte laß mich das Lied noch einmal hören.« Weil es die Murmeln haben wollte, sang das Mädchen das Lied noch einmal:

»Huyói, huyói,
Vogel, Vogel, tu nicht so klug!
Der gelehrte Herr Nam,
der tat auch so klug,
und doch ist er hereingefallen,
verführt hat ihn Noiljódae.
Ihre Tür ist nur eine Matte aus Stroh!
Um ihren Kochtopf,
da streicht er herum,
da soll er leben.«

Die Frau gab dem Mädchen wie versprochen die Haarschleife und die Murmeln, dann fragte sie, ob das Mädchen denn wisse, wo der gelehrte Herr Nam lebte. Das Mädchen hatte noch gelächelt, als es die Haarschleife und die Murmeln bekommen hatte, doch jetzt sagte es mit eigenartigem Gesichtsausdruck: »Liebe Frau! Warum sucht Ihr so einen Kerl? Der gelehrte Herr Nam lebt dort drüben hinter dem Paß, sagt man.« Die Frau folgte dem Weg, den ihr das Mädchen gezeigt hatte. Das Haus war leicht zu finden. Nach der langen Zeit, die verstrichen war, erkannte der gelehrte Herr Nam, so war es nun einmal, seine Frau nicht. Es hatte den Anschein – er hatte das Gesicht seiner Frau völlig vergessen! Die Frau hatte etwas anderes im Sinn. »Kann ich mich nicht ein wenig ausruhen, bevor ich weitergehe?« Der gelehrte Herr Nam verzog das Gesicht. »Unsere Frau wird schimpfen!« sagte er. »Ach du liebes bißchen! Kann denn jemand, der ausgeht, sein Haus mitnehmen?« tadelte sie ihn freundlich. »Das gerade nicht, aber…«, er mußte ihr zustimmen, da es wohl nicht anders ging.

Die Frau nahm draußen neben der Tür Platz. Wenig später kam Noiljódae, die derzeitige Frau des gelehrten Herrn Nam, zurück; in die Falten ihres Rockes hatte sie Reisspreu hineingepackt. Sie ging nicht hinein, nein; als sie die Frau draußen vor der Tür sitzen sah, fing sie sogleich an zu schimpfen: »Ich schufte mich fast tot, schleppe sogar Spreu herbei, nur damit ich dich am Leben erhalten kann, soviel Mühe mach' ich mir – und du, du läßt dieses Weibsstück bis in unser Haus hinein. So entschuldige dich!«

Der gelehrte Herr Nam war völlig fertig, aber er wagte zu bemerken: »Heißt das denn schon Haus, wenn jemand sich davor ein wenig ausruhen und dann weitergehen will? Kann man das denn verweigern?«

Noiljódae verschwand mit ärgerlichem Gesicht in der Küche, wusch die Spreu mit Wasser und brachte das dem gelehrten Herrn Nam. Und der trank es, gluck, gluck, in einem Zug aus. Als die eigentliche Frau des gelehrten Herrn Nam, die ganz wie ein Gast sitzen geblieben war, das mit ansah, tat ihr das Herz weh. Sie überlegte hin und her und kam zu dem Schluß, zu Noiljódae zu sagen, sie habe Hunger, und sie zu bitten, die Küche ein wenig benutzen zu dürfen. Und das, weil sie daran dachte, Reis zu kochen und den dann dem gelehrten Herrn Nam anzubieten.

Da stimmte Noiljódae ausnahmsweise einmal gleich zu. Die Frau ging in die Küche, und da war in einem Topf Reis ein paar Finger hoch angebrannt und in einem anderen Topf genauso viel Spreu. Die Frau wusch die beiden Töpfe achtmal aus, vielleicht noch häufiger, machte Reis und ein wenig Beikost fertig und stellte das auf den kleinen Tisch. Den brachte sie dem gelehrten Herrn Nam. »Es geht ja nicht, daß ich alleine esse. Bitte, speisen Sie am Tisch, den ich vorbereitet habe!« – »Das scheint ja der Tisch zu sein, den ich vorhin benutzt habe. Ja – als ich mit meinem früheren Weib zusammengelebt habe, da hab' ich immer so einen Tisch bekommen ...«, das murmelte er vor sich hin. Die Frau versuchte, seine Gedanken zu erraten. »Ist das wahr?« Sie faßte einen Entschluß. Der gelehrte Herr Nam nickte mit dem Kopf und meinte voll Bitterkeit, so sei das. Da standen der Frau die Tränen in den Augen. »Liebster! Erkennst du mich noch immer nicht? Mich, deine eigentliche Frau?« – »Liebste! Bist du das wirklich? Irgendwie ist mir dein Gesicht bekannt vorgekommen. Bist du wirklich bis hierher gekommen? Wie sehr mußt du gelitten haben!« Das sagte der gelehrte Herr Nam, gar nicht wie ein Mann, mit weinender Stimme. Bis jetzt war Noiljódae still geblieben, doch dann: »Daß ich Euch, ältere Schwester, von der ich nur gehört habe, nun auch treffen kann! Wirklich, ich bin ganz glücklich darüber«, sagte sie und machte dabei ein ehrlich erfreutes Gesicht.

Die Frau zog ihrem Mann neue Kleider an und setzte ihm den Hut auf. Es schien, als ob da ein ganz anderer Gelehrter zum Vorschein kam als der, der er noch kurz zuvor war. Jetzt gab es nur einen Gedanken – nach Hause zurückkehren. Noiljódae bat, als Dienerin arbeiten zu dürfen, sie wollte unbedingt mitgehen, durch nichts war sie davon abzubringen, und so kam es dazu, daß endlich alle drei aufbrachen. Sie hatten noch nicht die Küste erreicht, wo das Schiff festgemacht war. Als Noiljódae sah, daß es neben dem Weg einen großen Brunnen gab, schlug sie vor, da das Wetter doch heiß sei, erst ein Bad zu nehmen und dann weiterzugehen. Die Frau, völlig arglos, war einverstanden, doch Noiljódae wollte gar nicht baden. Sie stieß heftig in den Rücken der Frau und warf sie so mitten in den Brunnen hinein. Ein wenig entfernt hatte der gelehrte Herr Nam gewartet, zu ihm eilte sie und erzählte: »Noiljódae ist kopfüber in den Brunnen gefallen.« – »Gut hast du das gemacht. Das Weibsstück hat mich ganz schön fertiggemacht.« Denn er dachte, die Frau vor seinen Augen, die wäre seine eigentliche Frau – der gelehrte Herr Nam hatte keine Ahnung davon, daß Noiljódae die Kleider vertauscht hatte.

In der Heimat, da waren die Söhne zum Strand herausgekommen. »Vater ist zurückgekehrt!« schrien sie voller Freude durcheinander. Doch bald fanden sie heraus, daß sie, was ihre Mutter anging, einige Zweifel hatten. So stritten sie miteinander: »Es ist Mutter!« – »Nein, sie ist es nicht!«, indes sie nach Hause zurückgingen. Unter ihnen war es besonders Noktisaeng, der jüngste der Brüder, der stur darauf beharrte: »Auf keinen Fall, sie ist nicht unsere Mutter!« Noktisaengs Worte sollten sich bewahrheiten. Als Vorwand gab Noiljódae an, sie habe, als sie unterwegs gewesen sei, den Vater zu suchen, Wind und Regen, kalten Tau ertragen müssen, und deshalb habe sie überhaupt keine Kraft, jetzt auch noch Reis zu kochen. Doch dem Willen der Brüder konnte sie nichts entgegensetzen, und so mußte sie sich doch ans Kochen machen. Ja, und der Eßtisch, der geriet ihr völlig daneben. Was dem älteren Bruder gehörte, bekam der dritte, was dem jüngsten gehörte, bekam der älteste. Von Mahlzeit zu Mahlzeit, von Tag zu Tag geriet alles nur noch mehr durcheinander. Auch die anderen Brüder, die ganz verstört waren, sahen ein, daß das, was der jüngste Bruder gesagt hatte, nicht mehr anzuzweifeln war. Sie fingen an zu flüstern: »Es ist wahr, sie ist nicht unsere Mutter!« Noiljódae bekam schließlich mit, was die Brüder so flüsterten. Schwer überlegte sie hin und her, und was dabei herauskam, war der Gedanke, sich die Brüder auf jeden Fall vom Halse zu schaffen.

Noiljódae legte sich wie krank hin. »Oh! Oh!« begann sie zu stöhnen wie jemand, der schwer leidet. Der gelehrte Herr Nam machte sich Sorgen. Als er fragte, ob er nach Medizin schicken solle, da stöhnte Noiljódae absichtlich ganz besonders mitleiderregend: »Es wird wohl kaum eine Medizin geben, die meine Krankheit heilen kann.« Dem gelehrten Herrn Nam, der treuherzig weiterfragte: »Was soll denn das heißen?«, sagte sie, ganz so, als ob es die selbstverständlichste Sache der Welt wäre: »Wenn Ihr diesen und diesen Weg geht, wird da ein Mönch sitzen mit einem Sack über dem Kopf. Wenn Ihr zu dem kommt, bittet ihn, Euch die Zukunft vorauszusagen!« – »Das, das ist eine leichte Aufgabe!« Flugs machte sich der gelehrte Herr Nam auf den Weg. Kaum war er aus dem Haus, als schon Noiljódae auf einer Abkürzung dorthin rannte, sich einen Sack über den Kopf zog und darauf wartete, daß der gelehrte Herr Nam käme.

Wenig später tauchte der gelehrte Herr Nam auf und erzählte, daß seine Frau krank darniederliege und er selbst gekommen sei, sich die Zukunft voraussagen zu lassen. Der Mönch murmelte etwas, als ob er ein Orakel befragte, dann sagte er mit stockender Stimme: »Wenn sie die Galle der sieben Söhne herausschneidet und ißt, dann konnte ihr Zustand sich bessern …«

Gleich nach seiner Rückkehr ließ der gelehrte Herr Nam Noiljódae, die ja so überaus leidend war, das Ergebnis des Orakels wissen. »Oh, wenn ich sterben soll, muß ich wohl sterben, was kann man da machen? Liebster, du meinst wohl, alles ist in Ordnung, wenn ich allein sterbe?« Der gelehrte Herr Nam war sehr mitfühlend, er hatte wirklich Mitleid mit seiner Frau. Ob es keine andere Möglichkeit gebe, fragte der gelehrte Herr Nam voller Sorge, und zu seiner Freude bat Noiljódae, noch einmal das Orakel zu befragen.

Wieder suchte der gelehrte Herr Nam den Ort auf, den Noiljódae ihm genannt hatte, und vom gleichen Wahrsager wie beim letzten Mal kam er mit dem gleichen Ergebnis zurück. Wieder hieß es, die Galle seiner Söhne sei die Medizin. Auch diesmal hatte Noiljódae die Abkürzung genommen. Wie es nun einmal stand, bat er, noch einmal das Orakel zu befragen. Doch auch beim dritten Mal war das Ergebnis genau das gleiche. Wie vorher schon, konnte Noiljódae nichts anderes machen, als die gleiche Abkürzung zu benutzen, und wieder wurde bestätigt, daß die Galle der Söhne als Medizin zu benutzen sei. Wie es nun einmal stand – eine so sichere Sache durfte man kaum unterlassen: »Wenn meine Krankheit nur besser geworden ist, werde ich zwei Söhne auf einmal zur Welt bringen und sie sorgfältig großziehen.« Der gelehrte Herr Nam fing nun zu guter Letzt doch an, sein Messer zu wetzen. Die Großmutter aus dem Nachbarhaus, die gerade jetzt dazukam, weil sie glühende Kohlen brauchte, sah das mit an und fragte: »Wozu wetzt Ihr denn Euer Messer?« Sie hörte sich die Geschichte von Anfang bis Ende an, dann sagte die Großmutter: »Die Galle eines Menschen, das ist schon eine wunderbare Medizin!« und verabschiedete sich. Kaum hatte sie das Haus des gelehrten Herrn Nam verlassen, da traf sie die sieben Brüder. »Jetzt seid ihr ja noch alle am Leben. Man sagt, eurer Mutter wird es erst besser gehen, wenn sie eure Galle herausholt und verspeist.« Sie schnalzte mit der Zunge und verschwand.

Die Brüder waren völlig durcheinander. Aber der letztgeborene Noktisaeng schien es leichtzunehmen. »Ich gehe als erster rein, mal sehen, wie die Dinge stehen.« Als Noktisaeng ins Haus trat, hatte sich noch nichts getan, der Vater war noch immer dabei, Messer zu wetzen. »Vater, wozu wetzt Ihr denn die Messer?« Der Jüngste tat so, als ob er gar nichts wüßte.

»Um zu erfahren, wie denn Mutters Krankheit geheilt werden kann, habe ich das Orakel befragt, und dreimal war das Ergebnis das gleiche, ganz genau – es hieß, sie muß eure Galle essen, wenn sie gesund werden will« – und weiter wetzte er die Messer. »Vater, gebt mir das Messer da. Wie könnten wir denn durch die Hand unseres Vaters sterben? Ich werde den älteren Brüdern die Galle herausschneiden, und wenn das eine gute Wirkung zeigt, ist es dann nicht genug, wenn Ihr mich allein tötet?« Der gelehrte Herr Nam, der sich über die Worte Noktisaengs wunderte, meinte auch, man könne das so machen.

Noktisaeng, der das Messer entgegengenommen hatte, brach in Tränen aus. Gemeinsam mit seinen Brüdern bestieg er den Geisterberg. Da tauchte ein weißhaariger Alter auf, und der fragte sie, was sie denn bekümmere. Die Brüder erzählten ihm von Anfang bis Ende die ganze Geschichte. »Ich weiß, was da zu machen ist. Wenn ihr hier geradeaus weiter hinaufgeht, werdet ihr auf ein Wildschwein treffen, das sieben Junge bei sich hat. Das ist eine Wiedergeburt eurer Mutter. Eines von den Jungen laßt am Leben, sechs müßt ihr töten und ihnen die Galle herausschneiden.«

Wie der weißhaarige Alte gesagt hatte – tatsächlich konnten sie ein Wildschwein, das sieben Junge anführte, finden. Also töteten sie sechs, brieten das Fleisch auf einem Feuer und verzehrten es, die Gallen nahmen sie aber mit nach Hause. Die Brüder versteckten sich draußen vor der Tür, Noktisaeng ging allein ins Zimmer hinein und überreichte Noiljódae die Schweinegalle mit den Worten: »Hier sind die Gallen meiner Brüder!«

Noiljódae, mit betroffenem Gesicht, sagte: »Oh, wie soll ich das denn vor deinen Augen essen?« Noktisaeng sagte beim Hinausgehen mit einem Gesichtsausdruck, der verriet, er weiß alles: »Du mußt alles essen in der Zeit, bis ich zurückkomme!« Kaum war

Noktisaeng aus dem Zimmer, schon bohrte er ein Loch in das Papierfenster und beobachtete heimlich, was Noiljódae drinnen anstellte. So wie er es sich vorgestellt hatte, führte Noiljódae die Gallen an ihre Lippen, berührte sie, verschmierte sich das Gesicht mit Blut – und sofort versteckte sie alles unter ihrer Matratze.

Wenig später betrat der jüngste Bruder wieder das Zimmer und gab sich den Anschein, als ob er überhaupt nichts wisse. »Mutter, jetzt am Ende werde ich Euch beim Bettenmachen helfen, dann werde ich Vater rufen, er soll auch meine Galle herausschneiden.« Noiljódae war zu Tode erschrocken. »Ich bin schwer krank, wie soll ich da die Kraft haben, mich von der Stelle zu rühren?« – »Ja, dann werde ich Euch nur die Läuse vom Kopf fangen.« – »Wenn man schwer krank ist, soll man nicht einmal Läuse fangen.« Noktisaeng konnte sich nicht mehr länger zurückhalten, er krallte sich in Noiljódaes Haarsträhnen fest, zog sie so in den Hof hinunter und rief seine Brüder.

Daß dabei die Schweinegalle unter der Matratze zum Vorschein kam, ist wohl keine Frage. Voll Furcht ging Noiljódae geradewegs zum Abort und erhängte sich dort, und wenig später erhängte sich auch der Vater am Tor zum Hof. Die Söhne, tränenüberströmt, heulten und schrien: »Die Seele unseres Vaters wird nun mit einer Ahnentafel vor dem Tor leben müssen, und unsere zweite Mutter wird als Abortgeist weiterleben. Wenn der Gott unsere bedauernswerte richtige Mutter wenigstens in seiner Küche mit dem Anrichten der Opferspeisen betraut, dann wollen wir sieben Brüder zum Jadekaiser gehen und darum bitten, sieben Sterne werden zu dürfen.« – Man sagt, die sieben Sterne des Großen Bären seien eben diese sieben Brüder, die zum Himmel aufgestiegen sind.

So wird in Korea erzählt.

Die Szekler Frau und der Teufel

Es war einmal eine Frau, die machte aber auch alles in der Welt verkehrt. Einmal sagte ihr Mann, sie solle das Mittagessen zeitiger aufs Feld bringen. Aber sie brachte es just später als sonst. Ein andermal sagte er, sie möchte doch bessere Speisen bringen, doch sie brachte um so schlechtere. Einmal nun versucht es der Mann andersherum und sagt zu ihr: »Na, Frau, daß du mir das Essen ja nicht zu früh bringst! Und bring mir beileibe kein gefülltes Huhn und Palatschinken! Weißt du, auf dem Acker schickt sich so was nicht!«

Die Frau trug's aber just früher als sonst hinaus, noch dazu brachte sie diesmal gefülltes Huhn und Palatschinken. Am anderen Tag macht sich der Mann daran, am Rande des Ackerfeldes eine tiefe Grube zu graben, da kommt seine Frau mit dem Mittagessen. Sie setzen sich zum Essen neben der Grube hin.

Sagt der Mann zu der Frau: »He, Frau, geh nicht zu nahe an die Grube heran, sonst fällst du hinein!«

Just ging sie näher heran. »Nimm dich in Acht, Frau, daß du nicht in die Grube fällst!«

Die Frau fiel just hinein. Der Mann ließ sie freilich drin und ging nach Hause. Die Frau versucht nun herauszukommen, aber sie kann nicht. Da sagt sie bei sich: »Teufel! Wenn mich einer nur hier herausbrächte!«

Schon ist ein Teufel zur Stelle und sagt zu ihr: »No, bin gekommen, dich herauszuholen! Setz dich auf meinen Buckel!«

Die Frau sitzt auf, und der Teufel trägt sie heraus. Dann sagt er zu ihr: »No, jetzt steig ab!«

Sagt die Frau: »Fällt mir nicht ein!«

Sagt der Teufel: »Na wart nur, wirst schon heruntersteigen!« Er hetzt mit ihr im Galopp herum, von einem Berg zum andern. Allein bald wird der Teufel müde, setzt sich nieder und sagt zu ihr: »Steig mir vom Buckel herunter!« Die Frau sagt: »Fällt mir nicht ein!«

Abermals galoppiert der Teufel mit ihr herum, bis er ganz erschöpft ist. Und wieder sagt er: »Steig mir schon vom Buckel herunter!« Sagt die Frau: »Fällt mir nicht ein!«

Ganz trübselig wird's dem Teufel zumute, was soll er nur tun? Da sieht er einen Husaren kommen und ruft ihm zu: »He, mein Herr Husar, wenn Ihr mir diese Frau vom Buckel herunter jagt, mach' ich Euch zum König!«

Der Husar steigt gleich vom Pferd, zieht seinen Säbel, geht auf die Frau los und droht ihr fluchend, er werde sie entzweihauen, wenn sie nicht sofort herunterkomme. Aber die Frau sagt: »Fällt mir nicht ein!«

Der Soldat fuchtelt mit dem Säbel herum und sagt zu ihr: »Steig vom Buckel herunter, Frau, sonst mach' ich Schluß mit deinem Leben!« Sagt die Frau: »Fällt mir nicht ein!« Sagt der Soldat: »Du willst nicht? So bleib des Teufels!« Darauf die Frau: »Fällt mir nicht ein!« und springt herunter. Der Teufel rennt davon wie der Wind.

Anderntags kommt der Soldat dahergezogen, und der Teufel erwartet ihn unter einer Brücke, um ihn zum König zu machen. Wie der Teufel den Soldaten von ferne kommen sieht, guckt er unter der Brücke heraus und ruft ihm entgegen: »He, mein Herr Soldat, kommt die Frau auch?« Ruft der Soldat: »Sie kommt nicht, fürchte dich nicht!« Der Soldat kommt näher, und der Teufel sagt zu ihm: »No, ich mache dich zum König. Du mußt nur zu der Tochter des Königs gehen; bis du dort bist, ist sie bereits von mir besessen. Alles werden sie versprechen, daß man mich nur austreibe, aber außer dir wird mich da niemand austreiben können. Du mußt bloß sagen: ›Fahr heraus, Teufel, weil ich hineinfahren will!‹ Doch ich sage dir, ich fahr' dann in die Tochter eines andern Königs, von dort darfst du mich nicht austreiben, sonst – kannst mir's glauben! – sonst werde ich in dich fahren und ewig in dir bleiben.«

Nun geht der Soldat in die Stadt. Allerorten hört man davon reden, daß die Tochter des Königs vom Teufel besessen ist; wer ihn austreiben könne, dem gäbe der König die Tochter zur Frau und das halbe Königreich – nach seinem Tode das ganze!

Der Soldat freut sich, geht hin und erklärt, daß er imstande ist, sogar den Teufel auszutreiben. Und dann sagt er zum Teufel: »Fahr heraus, Teufel, weil ich hineinfahren will!« Schnurstracks fährt der Teufel heraus. Der Soldat wird König und bekommt die Tochter des Königs zur Gemahlin.

Einmal aber trifft die Nachricht ein, daß eine andere Königstochter vom Teufel besessen sei. Man schickt nach dem ehemaligen Soldaten, doch der hat keine Lust zu gehen, weil's ihm ja der Teufel verboten hatte. Doch sie versprachen ihm viele Schätze und Edelsteine, und so ging er denn hin. Sagt zum Teufel: »Teufel, fahr auch von hier heraus, weil ich hineinfahren will!« Wirklich fuhr der Teufel schnurstracks heraus und wollte schon in den ehemaligen Soldaten fahren. Aber der Soldat hielt ihn an und rief: »He, Teufel, die Frau kommt!«

Da erschrak der Teufel und machte sich so eilig aus dem Staube, daß seine Füße den Erdboden kaum berührten.

So wird in Ungarn erzählt.

Das versunkene Schloß

In der Stadt Rom herrschte einst Theobaldus, der ein Gesetz erließ, daß bei Todesstrafe niemand eine Frau ihrer Schönheit wegen, sondern nur nach ihrem Vermögen heiraten dürfe; und wenn der Mann arm, die Frau aber reich sei, dann solle er sie erst bekommen, wenn er ebensolchen Reichtum besäße wie sie. Nun lebte damals ein vornehmer, aber armer Ritter, der keine Frau besaß. Dieser durchzog alle möglichen Länder und Reiche, um eine Gemahlin für sich zu finden. Endlich machte er eine schöne und reizende Dame ausfindig; doch sie war unermeßlich reich. Da sprach der Ritter zu ihr: »Liebste Herrin, möchtest du mich wohl zum Manne haben?« Sie antwortete: »Mein lieber Freund, kennt Ihr das Gesetz nicht? Es gibt ein Gesetz, daß kein Mann eine Frau nehmen dürfe oder umgekehrt, wenn nicht beide gleich viel Besitz haben. Geht also hin und erwerbt Euch so viele Reichtümer, wie ich besitze; dann sollt Ihr mich zur Frau haben!«

Als jener das hörte, ging er betrübt von dannen. Nun sann er eifrig über Mittel und Wege nach, wie er zu solchem Besitztum gelangen könne. Schließlich erfuhr er, daß in einem fremden Lande ein Herzog lebe, der blind von Geburt an und ungeheuer reich sei. Als der Ritter das vernahm, machte er sich zum Schloß dieses Herzogs auf und sann darauf, wie er den blinden Fürsten umbringen könnte. Bei Tage standen stets bewaffnete Diener bereit, ihren Herzog zu beschützen; des Nachts aber hielt dieser sich ein Hündlein, das so kräftig bellte, daß sich niemand dem Bette nähern konnte; denn von dem Hundegebell wäre der Fürst geweckt worden und hätte sich vor seinen Feinden in Sicherheit gebracht. Als der Ritter das wahrnahm, sprach er bei sich: »Am Tage kann ich den Herzog wegen der bewaffneten Knappen nicht umbringen; so bleibt mir nichts anderes, als den Hund zu töten; erst dann kann ich mein Vorhaben ausführen.«

Eines Nachts nun geschah es, daß der Ritter heimlich in das Gemach des Grafen eindrang, und sogleich schlug das Hündlein an.

Da schoß der Ritter einen Pfeil nach ihm und tötete das Hündchen. Der Fürst aber, der den Hund nicht weiter bellen hörte, glaubte alles in bestem Frieden und schlief wieder ein. Als er nun im Schlafe lag, zog der Ritter sein Schwert und erschlug den Herzog; dann nahm er alle seine Reichtümer mit sich fort und begab sich zu der Dame und sprach: »Teuerste Herrin, nun sind unsere Güter gleich groß, und es bleibt dir keine Ausrede, meine Werbung auszuschlagen.«

Sie erwiderte: »Sage mir: Wie hast du in so kurzer Frist solchen Reichtum erworben?« Er antwortete: »Ich habe einen Herzog erschlagen und seine Reichtümer weggenommen.« Da sprach die Frau: »Ehe du mich zum Weibe nimmst, will ich dich um eines bitten: Begib dich zum Grabmal des Erschlagenen und setze dich neben das Grab; und was du dort hörst, das berichte mir der Wahrheit gemäß!« Der Ritter antwortete: »Ich will es tun.«

Darauf waffnete er sich, zog zum Grabmal des Toten und blieb daselbst die Nacht hindurch. Um Mitternacht aber drang von oben her eine Stimme herab, die sprach: »Herzog, was bittest du mich, das ich dir gewähren kann?« Der andere rief: »Du gerechter Richter Jesus Christus, stehe mir bei: nichts anderes erbitte ich von dir als die Sühne für mein Blut, denn ich bin zu Unrecht erschlagen worden um meiner Güter willen!« Da sprach die Stimme wiederum: »Heute in dreißig Jahren sollst du deine Sühne finden!«

Als der Ritter das gehört hatte, ward er sehr bestürzt, und er ging zu der Dame und berichtete ihr, was er vernommen hatte. Wie die Frau das erfuhr, sprach sie: »Dreißig Jahre sind eine lange Zeit.« Und sie willigte alsbald ein, und der Ritter nahm sie zur Frau, und sie lebten die ganze Zeit herrlich und in Freuden. Als nun die Zeit herankam, daß die dreißig Jahre um waren, ließ sich der Ritter eine feste Burg bauen und über das Tor die folgenden Worte einbauen: »Solange mich die Not beschwert, ist mir der Glaube lieb und wert; bin ich jedoch der Not ledig, gilt mir diese Wertschätzung wenig. Ach, da der Wolf krank gelegen, wollte er sich wie ein Lamm bewegen; aber nachdem er genesen war, blieb er so, wie er vorher war.«

Die Fürsten, die diese Worte lasen, verwunderten sich darüber und sprachen: »Wir bitten dich, erkläre uns den Grund für die Inschrift.« Er erwiderte: »Ich war einst arm, und durch meine Armut geriet ich in Not; deswegen verhielt ich mich in allem wie ein einfältiger Christ. Sowie ich aber von der Schwachheit der Armut genas, wich die Gottesfurcht von mir; infolge meiner Not und Armut zeigte ich mich meiner Frau wie ein frommes Lamm, als ich sie umwarb. Doch ich liebte sie so heftig, daß ich einen Herzog um seines Reichtums willen ehrlos erschlug. Nach der Bluttat hörte ich, wie von oben eine Stimme herabdrang und zu mir sprach: ›Heute in dreißig Jahren soll das Blut des Erschlagenen gesühnt werden.‹ Von der Stimme, die ich gehört hatte, erzählte ich meiner Frau; sie aber nahm mich dennoch zum Manne, und bisher lebten wir herrlich und in Freuden. Doch heute über acht Tage geht die Frist der dreißig Jahre zu Ende. Ich bitte euch alle zu mir zum Festschmaus.« Sie erwiderten: »Wir nehmen an und wollen die Wahrheit der Stimme erproben.«

Endlich war der Tag des Festmahles gekommen, und es war daselbst eine große Menge Volkes versammelt. Als alle zu Tisch saßen und sich bei der Mahlzeit an verschiedenerlei Weisen der Spielleute ergötzten, da flog zu einem Fenster ein buntgefiederter Vogel herein und hob gar wundersam zu singen an. Der Ritter und Herr des Schlosses hörte ihm aufmerksam zu und sprach: »Ich fürchte, dieser Vogel verkündet mir Böses.« Er griff nach Pfeil und Bogen und traf vor aller Augen den Vogel zu Tode. Da tat sich alsbald die Erde auf und verschlang das Schloß mit dem Ritter und seiner Frau und allen, die darin waren; und an demselben Ort liegt jetzt ein tiefer See, in dem sich nichts schwimmend halten kann, sondern sogleich in die Tiefe versinkt.

So wird uns in der *Gesta Romanorum* erzählt.

Das Strandgespenst

*A*uf der höchsten Stelle des Lok-irek, einer Landspitze, die sich ins Meer erstreckt, steht ein schwarzer Felsen, der alle anderen überragt. Es heißt, daß manchmal, an stürmischen Abenden, ein unheimlicher Schatten auf diesem schwarzen Felsen erscheint. Oben von dem Turm, dessen Ruinen noch stehen, war dieser Unglücksfels sichtbar, und man gewahrte sogar die Schaumkämme der Wogen, die sich dort brachen, wenn der Wind gegen die Küste wehte.

Es ist lange, sehr lange her, seit Bois-Eon keinen Herrn mehr hat; der letzte kam um, weil er einmal den Teuz ar drez, das Strandgespenst, vergessen hatte. Woher kam dieser böse Geist? Weder mein Vater noch Jolu, mein lieber Mann, haben es mir sagen können. Ich aber, da ich nachts zuviel nachdenke, um Schlaf zu finden, glaube, daß das Gespenst von Lok-irek eine Seele in Not ist, die Seele eines früheren Seeräubers, der bei einer gotteslästerlichen Plünderung ums Leben kam. Was mag er wohl auf diesem schwarzen Felsen erwarten? Das Austrocknen des Meeres oder den Tag des Jüngsten Gerichts?... Gott möge sich seiner Seele erbarmen! Ave Maria …

Der Herr von Bois-Eon hatte eine Frau; die war gut und gottesfürchtig wie eine Heilige des Paradieses, ein wahrer Schatz an Barmherzigkeit; unglücklicherweise aber war der Herr ein wilder Spieler und liebte den Fischfang mit erstaunlicher Leidenschaft. In einer kleinen Bucht des Lok-irek hatte er die besten Barken des Landes verankert, und es hieß, daß seine wunderbaren Fischzüge das Ergebnis eines Paktes waren, den er mit dem Teuz des Strandes geschlossen hatte: dieser gab ihm die Stellen an, wo er seine Netze werfen mußte. So fing er schöne Fische, kostbare Fische, deren Augen feine Perlen waren. Aber sobald der Fischzug beendet war, legte der Herr in eine Höhlung des schwarzen Felsens die Hälfte der Fische, die er gefangen hatte.

Eines Abends indessen war eine große, schöne Gesellschaft ins Schloß Bois-Eon geladen. Die jungen Herren und die jungen Damen plauderten, lachten und tanzten, während die Leute, welche das Alter vernünftig machen sollte, tranken oder spielten ... Die Versammlung war sehr lustig, als ein Fremder, den niemand kannte, in den Saal trat. Die Damen mit ihrem scharfen Blick konnten bei seinem Anblick einen Schauder nicht unterdrücken. Aber da der neue Ankömmling herrlich in roten Samt gekleidet war und da er eine dicke goldene Halskette trug, empfing ihn der Herr von Bois-Eon als Edelmann, und auf einen Platz weisend, den der letzte Spieler gerade verlassen hatte, rief er: »Gefällt es Euch, mit mir zu spielen, gnädiger Herr?«

»Alles, was Euch gefällt, Herr.«

»Dies ganze Gold, wenn Ihr wollt ...«

Ein furchtbares Spiel begann. Der Herr von Bois-Eon verlor.

Er wollte Revanche und verlor wieder.

»Du, Page«, rief er da, »hole mir die tausend Louisdors, die im Westturm in meinem Geldschrank liegen!«

Der Page brachte die tausend Louisdors, welche bald verspielt waren. Die Augen des Verlierers blitzten furchtbar wild, während die des Fremden Blitze schleuderten. Schon waren die entsetzten Damen geflüchtet und hatten die arme Schloßfrau mitgenommen, die bleich war wie eine Tote. Nur zwei, drei alte Spieler blieben noch in dem großen Saal zurück, Zeugen des Spiels der Verdammten ... Da rief der Herr von Bois-Eon mit furchtbarer Stimme: »Mein Schloß gegen das ganze Gold, das du mir abgenommen hast!«

Er verlor wieder und erbebte, als er sich mit dem Roten allein sah.

»Ich könnte dich hier hinausjagen«, sagte dieser Dämon zu ihm, »und ich werde es tun, es sei denn, du unterzeichnest dieses Pergament mit deinem Blut! Gut! In einem Jahr, genau an dem gleichen Tag, komme ich hierher, um die tausend feinen Perlen in Empfang zu nehmen, zu deren Zahlung du dich verpflichtest; und wenn die Zahl nicht voll ist, werde ich dich hinausjagen wie einen Bettler!«

Darauf verschwand der Rote durch den Kamin.

Indessen betete die Dame von Bois-Eon, die sich in ihr Betzimmer zurückgezogen hatte, zu Jesus und flehte ihn an, ihren Gatten zu erlösen. Das Fenster, das auf den großen Wald hinausging, war offen; da blieb eine arme Bettlerin am Fenster stehen und bat um ein Almosen. Die gute Dame legte ihr ein Goldstück in die Hand und sagte zu ihr: »Es kann eine Zeit kommen, arme Frau, da ich wie Ihr um Almosen betteln gehe.«

»Nein, nein«, antwortete die Bettlerin, »die Heiligen des Paradieses werden Euch nicht betteln lassen. Nehmt dieses Stück des Wahren Kreuzes; es ist ein Talisman gegen die Fallen des schwarzen Engels; und sollte ein großes Unglück Euch heimsuchen, dann legt es neben das Kruzifix, auf die Seite der Wunde, und Ihr werdet erlöst sein.«

Dann entfernte sich die Bettlerin, aber es schien der Schloßfrau, als ob dort, wo sie vorüberging, ein Licht den Wald erleuchtete. Schnell verfloß das Jahr. Der Herr von Bois-Eon sah aus wie ein Besessener und versäumte nie, an den Gewitterabenden auf den Fischfang zu gehen. Aber das Ende der Frist, mit Blut auf das Pergament geschrieben, nahte mit großen Schritten, und die Zahl der Perlen war erst zur Hälfte erreicht, denn der Herr hatte nie versäumt, mit dem Teuz ar drez zu teilen. Endlich, am Vorabend des verhängnisvollen Tages, nach einem guten Fang mit vollem, schwerem Netz, im Augenblick, da er auf den schwarzen Felsen steigen wollte, wo die Teilung gewöhnlich stattfand, rief unser Fischer: »Wehe mir! Tausendmal wehe mir! Warum teilen? Noch einen solchen Fang, und wenn ich alles behalte, ist meine Summe voll. Gespenst, mein Freund, morgen werden wir teilen!«

So sprach der Herr und stieg wieder in sein Boot, trotz des Unwetters, das noch heftiger tobte, hißte die Focksegel und zog die Segelleinen fest. Die Wogen waren furchtbar in diesem Augenblick.

»Es ist ganz gleich«, sagte der Herr, »ar mor pé ar perlez – das Meer oder die Perlen …«, und die Barke schoß davon wie eine entsetzte Seemöve.

Beim letzten Schlag der Mitternacht ließ ein gewaltiger Hammerschlag das Haus erzittern; die Dame von Bois-Eon, in Unruhe ihres Gatten wegen, betete voller Gottesfurcht in ihrem Betzimmer. Plötzlich erhellte ein Feuerschein den kleinen Raum, und die arme Dame sah den roten Mann persönlich vor sich.

»Was wollt Ihr?« fragte sie ihn mit leiser, zitternder Stimme.

Der Rote zeigte ihr auf dem Pergament die Unterschrift ihres Gatten, die aussah wie ein Blutfleck.

»Euer Herr ist tot!« sagte der Dämon zu ihr. »Tot und ertrunken auf dem Strand von Lok-irek; gebt mir die tausend Perlen, die er mir schuldet, oder verlaßt dieses Schloß, das mir gehört!«

Die unglückliche Frau warf sich ihm zu Füßen, flehte ihn weinend an, gab ihm Schmucksachen und das wenige Gold, das sie besaß. Dies aber reizte den Grausamen nur noch mehr. Da sah die verzweifelte Witwe, als sie die Augen zum Kruzifix erhob, das Stückchen des Wahren Kreuzes; sofort legte sie es neben Christus und sagte: »Va doue! Me sikouret! Mein Gott, hilf mir!«

Und im gleichen Augenblick erfüllten Wolken das Zimmer. Die Jungfrau Maria und zwei schöne Engel hoben die heilige Frau von Bois-Eon, die zu schlafen schien, in den Himmel.

Der Rote war nicht mehr da, wie ihr euch wohl denken könnt. Er war dorthin gegangen, woher er gekommen war: fünfhunderttausend Fuß unter die Erde, und alle, die am folgenden Morgen nach Bois-Eon kamen, fanden dort nur noch die Ruinen, wie ihr sie heute seht.

So wird in der Bretagne erzählt.

Die sieben wundertätigen Bergleute

*E*s war ein König, der hatte eine Tochter, und weil die Könige früher immer irgendeine Art und Weise suchten, um sie würdig zu verheiraten, so setzte dieser sie in den letzten Stock seines Schlosses, welcher der oberste war, und stellte draußen einen Tisch mit drei Apfelsinen hin und ein Schild, daß auf sein Königswort derjenige sich mit ihr vermählen würde, welcher sie mit der Apfelsine auf die Stirne träfe. Alle rissen sich um diese Aufgabe, aber bei der Höhe, in der die Prinzessin saß, konnte niemand sie treffen. Und eines schönen Tages kam ein Riese auf seinem Pferd angeritten und las die Bekanntmachung. Er stieg vom Pferd und nahm eine von den Apfelsinen, mit der er sogleich die Prinzessin auf die Stirne traf. Der König hielt sein Wort auf der Stelle. Sie vermählten sich, und der Riese setzte sie hinter sich auf das Pferd, und man sah und hörte nichts mehr von ihr.

Der Riese lebte auf einer Insel und besaß abseits davon ein Gebiet, in dem er seine Pferde hielt, zur Insel gelangte er zu Schiff. Bis dorthin also ritt er mit der Prinzessin. Er ließ sein Pferd zurück und schiffte sich mit ihr nach der Insel ein.

Der König konnte nichts über die Tochter und die Prinzessin nichts über den Vater erfahren. Eine lange Zeit verstrich, und jeden Tag litt die Prinzessin mehr. Wenn der Riese seiner Arbeit nachging, bewachte eine Schlange sie, die dem Riesen gehörte und die die einzige Gefährtin war, die er zuvor besessen hatte. Die Schlange hatte die Gewohnheit, nach zwölf Uhr auf dem Schoß der Prinzessin zu schlafen. Und wie sie so in ihrem Leid Gott um Nachricht vom Vater bat, kam eines Tages eine Taube angeflogen und sagte zu ihr: »Wenn du etwas von deinem Vater wissen oder aus dieser Verbannung herauskommen willst, so kannst du deinem Vater die Botschaft senden, daß die einzigen, die dich hier herausholen können, die sieben wundertätigen Bergleute sind.«

Da sie schreiben konnte, machte sie auf der Stelle einen Brief fertig, und die gleiche Taube flog und warf ihn über dem Schloß ab. Dort fanden nun die Dienerinnen am anderen Tage beim Fegen das Papier, und weil der König ihnen eingeschärft hatte, demjenigen, welcher ihnen Nachricht von seiner Tochter brächte, zu zahlen, was er auch verlangte, rannten sie mit der Botschaft zum König. Der König las sie und überzeugte sich, daß die sieben wundertätigen Bergleute die einzigen wären, welche die Prinzessin aus diesem Abgrund herausholen könnten. Darauf rief der König den Antreiber seiner Lasttiere zu sich.

»Morgen in aller Frühe rüstest du die Lasttiere mit Lebensmitteln aus und durchstreifst die ganze Welt, bis du die sieben wundertätigen Bergleute findest, welche sieben Söhne von einer einzigen Mutter sein müssen.«

Der Maultiertreiber führte es so aus. Er begann die Welt zu durchstreifen. Nachdem er einige Tage unterwegs gewesen war, erspähte er eines Tages bei Sonnenuntergang eine Hütte und sprach: »Laßt uns in jener Hütte nachfragen. Wenn es dort auch nicht ist, so dient sie uns doch zum Übernachten, denn es ist schon spät.«

Sie langten dort an. Eine alte Frau kam heraus.

»Guten Abend, gute Frau.«

Die Alte grüßte auf dieselbe Weise.

»Könnt Ihr uns Obdach geben?«

»Freilich, Herr!«

Sogleich wollten sie Wasser abkochen. Aber sie gab ihnen heißes Wasser und begann, ihnen zu essen und zu trinken aufzutragen. Der Maultiertreiber wunderte sich, daß in dieser Einöde nur ein Mensch im Hause leben sollte.

»Diese Frau kann nicht alleine leben.«

Gleich nachdem sie Tee getrunken hatten, begann er mit ihr ein Gespräch über die Angelegenheit, in der er unterwegs war.

»Mein König hat mich ausgesandt, um die sieben wundertätigen Bergleute, die von einer einzigen Mutter stammen sollen, ausfindig zu machen.«

»Zufällig«, sagte die Alte zu ihm, »habe ich sieben Söhne, und die sieben sind Bergleute, und sie werden gleich heimkommen.«

Die Worte waren kaum ausgesprochen, da kamen schon nach und nach die Söhne der Frau an, und hinterher kam der Jüngste mit dem Ältesten. Der Kleine plauderte mit dem Ältesten: »Mann, guck mal, morgen beginnt eine Reise für uns.«

»Wohin denn?« sagte der andere zu ihm.

»Unser König läßt uns holen, und hier zu Hause wartet man schon auf uns.«

Der ältere Bruder wunderte sich sehr, als er das vernahm.

»Woher der soviel weiß? Aber schließlich und endlich wird es seine besondere Gabe sein.«

Denn keiner von ihnen war sich über die wunderbaren Kräfte klar, über die jeder verfügte.

Sie kamen alle zu Hause an und fanden dort die Treiber vor. Sogleich begann der Anführer von der Angelegenheit, in der er unterwegs war, zu reden und daß der König sie sehr gut entlohnen würde, wenn sie kämen und das vollbrächten, was ihm am Herzen lag.

Früh am anderen Morgen traten sie die Reise an, denn sie brauchten mehrere Tage, um zum Schloß zu gelangen. Sie kamen im Schlosse an, und der König empfing sie mit großem Wohlwollen. Nach dem Mittagsmahl legte er ihnen dar, wofür er sie brauchte. Der Kleine war bereits über alles auf dem laufenden und war schon vorher zu den Brüdern gekommen und hatte ihnen erzählt, es handle sich um eine Prinzessin, die auf einer Insel sei. Darauf wollte der König wissen, welche wunderbaren Kräfte jeder von ihnen besaße. Darauf sprach der Älteste: »Ich bin ein Meister im Handwerk. Wenn es mir einfällt, baue ich ein Schiff in der Luft.«

»Gut, das ist etwas, was ich brauche. Und Ihr?« fragte er den nächsten.

»Ich, Herr, kann alles gut zusammensetzen. Und wenn Ihr einen Beweis wollt, könnt Ihr ein Ei in Stücke schlagen, und ich mache es wieder heil.«

Der König, welcher sichergehen wollte, machte ein Ei kaputt und ging so weit, daß er es ganz zerdrückte und auf einen Teller goß. Der Bergmann kam mit der allergrößten Geduld und begann, es zusammenzusetzen, bis es genauso war wie zuvor.

»Das ist gut«, sagte der König zu ihm. »Und der nächste?«

»Ich erwecke Tote zum Leben.«

»Auch das braucht man«, sagte der König. »Und Ihr?« fragte er den anderen, der danach kam.

»Ich treffe mit der Kugel, was ich ins Auge fasse.«

»Auch das ist gut.«

Der andere, der nun an die Reihe kam, sagte: »Ich bin mächtig stark, denn was ich packe, das kann sich nicht am Boden halten.«

»Und was richtet Ihr aus?« fragte er den, der vor dem Kleinsten stand.

»Ich bin ein ausgezeichneter Dieb. Mich merkt niemand.«

»Auch das ist notwendig.« Dann fragte er den Kleinsten: »Und was vermögt Ihr auszurichten?«

»Ich weiß immer über alles, was geschehen wird, Bescheid.«

»Das ist das Allerwichtigste.«

Am anderen Tage machten sie sich an die Arbeit. In kurzer Zeit hatte der eine ein Schiff in der Luft fertig. Und sie begaben sich auf die Reise. Zur Landung gingen sie in der Nähe der Insel auf dem Meer nieder. Sie kamen zu einer Stunde an, zu der die Schlange noch wach war. Der kleinste Bruder sagte ihnen: »Laßt uns einen Augenblick warten.«

Ein wenig später sprach er: »Jetzt ist es aber schon an der Zeit.«

Der mächtig Starke und der gute Dieb gingen los. Der Dieb schlich hinein und stahl die Schlange, und der mächtig Starke ergriff die Prinzessin mit einer Hand, und mit der anderen ergriff er noch einen Apfelsinenbaum voller Früchte, der draußen an der Seite des Hofes stand, wie um dem Riesen zu zeigen, daß sie dagewesen waren. Sie gelangten ans Schiff, brausten einen Augenblick durch das Meer und stiegen auf. Die Schlange brauchte keine fünf Minuten, um aufzuwachen, und stieß einen Pfiff aus, daß der Riese sogleich heimeilte und die Prinzessin nicht vorfand. Der Riese packte eine Schußwaffe und eilte an sein Schiff, erspähte sie sofort und begann das Gewehrfeuer. Der gute Schütze zielte so gut aus der Luft, daß der Riese hüpfen mußte, aber er konnte ihn nicht umbringen, und schließlich traf der Riese die Prinzessin auf die Stirn, wodurch er sie auf der Stelle tötete. Aber darauf machte der Zusammensetzer sie wieder heil, und der Totenerwecker erweckte sie zum Leben.

»Jetzt sind wir schon in Sicherheit!«

Darauf sagte der Kleine: »Mann, wir vergeuden schon die Zeit. Zielt auf den Absatz seines Schuhs, denn da drinnen sitzt seine Lebenskraft.«

So tat's der Schütze. Sogleich war der Riese tot. Und sie schifften glücklich weiter.

Und der König erwartete sie, außer sich vor Sorge um seine Tochter, bis sie in Sicht kamen. Sie kamen vor dem Schloß an, stiegen ab, und der König umarmte seine Tochter. Der König wußte nicht, wohin er die Bergleute erheben sollte, wie er so sah, daß sie ihn aus so großer Bedrängnis befreit hatten. Nach dem Festmahl, das sie erwartete und das nicht einen und nicht zwei, sondern viele Tage lang dauerte, dachten die Bergleute schon an die Rückkehr. Darauf fragte der König sie, wieviel sie von ihm haben wollten. Der Älteste sagte ihm, denn er bestimmte über die anderen, daß es gar nichts kostete.

»Wie soll das zugehen!« sprach der König. »Ich habe euch holen lassen, damit ihr mich aus dieser Bedrängnis befreit, und nun verlangt euren Preis.«

»Ich kann das nicht.«

»Mann, dann werde ich euch die Lasttiere mit Geld beladen mitgeben und euch dahin zurückbringen lassen, woher man euch geholt hat.«

Am anderen Tage ließ er die Karawane ausrüsten und mit zehn Frachten Geldes beladen. Und sie begaben sich auf den Weg, bis sie bei der Hütte ankamen, in der sie mit der Mutter lebten.

Natürlich arbeiteten sie nun nicht mehr im Bergwerk. Sie zogen in ein Dorf und lebten glücklich mit der Mutter, und wenn sie bis heute nicht gestorben sind, so freuen sie sich noch immer ihres Lebens.

So wird in Chile erzählt.

Imana und der habgierige Sebgugugu

*E*s war einmal ein Mann, der hieß Sebgugugu. Er hatte keine Brüder, weder vom Vater noch von der Mutter. Er war ein sehr armer Mann. Er nahm ein Weib, und sie gebar ihm Kinder. Sein Besitz war eine einzige weiße Kuh. Sie bekam ein Kalb. Die Frau ackerte, er selber nicht. Eines Tages kam ein Vögelchen, das setzte sich aufs Torholz. Sebgugugu saß gerade vor der Tür auf einem Schemel.

Der Vogel sprach: »Sebgugugu, schlachte die Weiße, so bekommst du hundert!«

Sebgugugu sah ihn an. Als seine Frau vom Ackern nach Hause gekommen war, sagte er ihr: »Imana war hier und befahl mir, ich sollte die Weiße schlachten und hundert wiederbekommen.«

Seine Frau antwortete: »Laß die Weiße am Leben, du ackerst nicht; die Weiße zieht mit ihrer Milch deine Kinder groß, schlachtest du sie, so werden sie sterben.«

Der Mann antwortete: »Geh!«

Da nahm er sein Beil und schlug die Kuh damit tot. Das Fleisch aßen sie, es ging zu Ende. Am folgenden Tag kam der Vogel wieder und sprach: »Sebgugugu, schlachte auch das Kalb, so bekommst du hundert andere.«

Sebgugugu schlachtete es, sie aßen das Fleisch. Drei Monate vergingen, da fingen sie an, Hunger zu leiden. Er sagte zu seiner Frau: »Nun tötet mir der Hunger die Kinder.«

Sie antwortete: »Sagte ich es nicht, du solltest die Weiße am Leben lassen? Aber du wolltest nicht hören und schlachtetest die, welche uns die Kinder groß gezogen hat.«

Er band die Kinder in Papyrusmatten ein, andere tat er in einen Korb, einige nahm die Frau auf den Kopf, andere er, so zogen sie fort. Bei einer Rast auf dem Wege sagte er: »Was soll ich machen mit meinen Kindern?«

Imana kam, der da heißt der Schöpfer, und sprach: »Sebgugugu, was ist es?«

Sebgugugu antwortete: »Wir sind des Todes, ich und meine Kinder, wir sterben Hungers.«

Imana sprach: »Höre, dort drüben ist ein Kraal, in dem Rinder übernachten. Geh dort hin! Die Rinder werden von einem Raben geweidet, trink ihre Milch und gib dem Raben davon. Schimpfe nicht auf ihn und schlage ihn nicht!«

Sebgugugu ging dort hin, fand Milch, trank sie und gab davon seinen Kindern und seiner Frau. Abends kehrten die Rinder heim, ein Rabe brachte sie nach Hause. Sebgugugu holte sich Feuer und zündete einen Reisighaufen für die Rinder an.

Er brachte einen Melkeimer, molk, gab dem Raben; die übrige Milch gab er Frau und Kindern. Zehn Tage vergingen. Sebgugugu sprach: »Ihr seht, ich habe Kinder, die für mich weiden können; wenn der Rabe nach Hause kommt, schlag ich ihn tot.«

Seine Frau sagte ihm: »Wie unvernünftig willst du handeln! Du siehst, Imana hat uns geholfen und gesagt, du solltest dem Raben nichts zuleide tun, nun willst du ihn töten.«

Sebgugugu erwiderte ihr: »Schweig still!«

Dann nahm er seinen Bogen, machte die Schnur fest und legte einen Pfeil auf die Sehne. Der Rabe trieb inzwischen die Herde heim. Der Mann sah ihn, er schoß auf ihn einen Pfeil ab. Der Rabe flog auf und ließ sich auf dem nahen Hügel nieder. Sebgugugu jagte hinter ihm her und schoß zum zweiten Male auf ihn. Der Rabe flog fort. Sebgugugu kehrte zurück. Die Kühe fand er nicht, die waren fort mit ihren Kälbern. Er fragte seine Frau: »Wo sind die Kühe?«

»Ich weiß es nicht.«

Nach drei Tagen war Sebgugugu in Verzweiflung und sprach: »Was soll ich machen?«

Seine Frau entgegnete: »Das kommt von deinem Übermut.«

Einige von seinen Kindern nahm er auf seinen Rücken, andere seine Frau, so zogen sie fort. Am Abend saß Sebgugugu am Wege und sagte: »Imana in Ruanda, was soll ich nun anfangen?«

»Sebgugugu, was willst du schon wieder?«

»Ach, du Gott Ruandas, was soll ich tun?«

»Höre, dort drüben ist eine Kürbispflanze, die hat viele Ranken. An einer Ranke reifen Kürbisse, an der anderen Melonen. An noch einer anderen sind Süßkartoffeln. Aber die Pflanze darf nicht beackert und nicht beschnitten werden. Sie steht im Walde. Ich bin Imana, der Schöpfer. Ich bin's, der die Kürbispflanze hat entstehen lassen. Iß, was daran ist. Wenn es zu Ende ist, wird sie neue Speise reifen lassen.«

Sebgugugu sprach: »Jawohl.«

Er ging, schnitt sich Stangen und baute sich dort eine Hütte. Seine Frau nahm die reifen Kürbisse und kochte sie, am folgenden Tage kochte sie Bohnen. Nach zehn Tagen schliff sich Sebgugugu sein Buschmesser und sprach zu seiner Frau: »Ich gehe, um die Kürbispflanze zu beschneiden.«

»Was hat dir Imana gesagt?«

»Sei still, ich will sie beschneiden, daß sie reichlicher trägt.«

Er ging hin, beschnitt sie, und sie vertrocknete. Drei Tage lang konnten sie noch etwas Gemüse von ihr holen, dann war es zu Ende. Sebgugugu sprach: »Was soll ich machen mit meinen Kindern?«

Er nahm einige von ihnen auf den Rücken, die anderen nahm die Frau auf den Rücken, so zogen sie davon. Am Abend legte Sebgugugu die Kinder am Wege nieder und sprach: »Vater, Imana Ruandas, was soll ich mit meinen Kindern machen? Sei mir noch einmal gnädig und dann nicht wieder.«

Imana kam und sprach: »Was sagst du?«

»Ich sage nichts.«

Er schämte sich. Imana sprach zu ihm: »Dort drüben ist ein Fels, der hat viele Spalten. Aus einer kommt Milch, aus einer anderen Bier, aus einer anderen Rispenhirse, aus einer anderen Kolbenhirse, aus einer anderen Bohnen.«

Sebgugugu ging, nahm Milch und Bier, trank und aß, was er wollte. Seine Frau kochte für die Kinder. Nach zehn Tagen sagte er zu seiner Frau: »Ich will mir Brechstangen am Feuer härten, um sie in die Felsspalten zu tun, damit mehr Speise herauskommt.«

Die Frau antwortete: »Steh ab davon, wir wollen uns von dem nähren, was da ist; so hat Imana es bestimmt.«

»Keineswegs.«

Er härtete sich Brechstangen und stemmte sie in die Felsspalten. Da verstopften sich die Spalten. Die Frau sprach: »Hab ich dir nicht gesagt von deinem Ungehorsam gegen Gott?«

Sie blieben zwei Tage noch da, dann band Sebgugugu die Kinder in die Matten, einige lud sich die Frau auf, andere er. Unterwegs konnten sie nicht weiter. Sebgugugu sprach: »Was soll ich tun? Ach, daß doch Imana noch einmal hülfe!«

Imana hörte es und sprach: »Sebgugugu, was belästigst du mich? Ich gebe dir immer wieder, aber du bringst dich selber darum. Geh dorthin zu dem Kraal! Dort drinnen lebt ein wildes Tier, es hat die Kraalbesitzer umgebracht. Geh in das Gehöft, bereite dir und den Deinen ein Lager unter dem Dach! Es sind Rinder im Kraal, die haben keinen Hirten, sie weiden sich selber und kehren von selber zurück. Wenn sie heimkehren, so melke sie und trink, koche am Tage! Wird es Abend, so steige hinauf auf den Boden! Das wilde Tier frißt nur Menschen, sprich nicht mit ihm, sondern verhalte dich schweigend!«

Sebgugugu sprach: »Jawohl.«

Er ging, molk, trank, kochte Bohnen und aß mit Frau und Kindern. Am Abend stiegen sie auf den Boden und schliefen. Noch waren nicht zehn Tage um, da kam das Tier und schleppte Leichen ins Gehöft. Es ging, um seine Lasten abzusetzen, und sagte bei sich: »Wer hilft mir und nimmt mir die Last ab!«

Sebgugugu sagte zur Frau: »Ich will sie ihm abnehmen.«

»Tue es nicht! Imana hat es verboten, mit ihm zu sprechen.«

Sebgugugu stieg vom Boden herunter, kam und nahm ihm die Last vom Kopf. Es fragte ihn: »Wo kommst du denn her?«

Sebgugugu antwortete: »Vom Dachboden.«

Das Raubtier sagte: »Bleib hier wohnen, ich will auch hierbleiben.«

Sebgugugu antwortete: »Jawohl.«

Das Raubtier brachte die Leichen ins Haus und sagte zu Sebgugugu: »Reinige den Kochtopf, um das Menschenfleisch darin zu kochen.«

Sebgugugu reinigte ihn, dann stellte er ihn auf die Herdsteine. Das Raubtier zerstückelte die Leichen, tat sie in den Topf und sagte zu Sebgugugu: »Steig hinauf, damit ich sehe, wie du auf den Boden hinaufkommst.«

Sebgugugu stieg auf die unterste Sprosse und wollte die zweite nehmen, da zerriß es ihn jäh in zwei Stücke, die fielen in den Topf. Es kochte ihn und aß ihn. Die Frau und seine Kinder flohen.

So wird bei den Bantu Ostafrikas erzählt.

Niemandes Kind

Kommt, ihr kleinen Krabben! – Es war einmal ein arm Kind und hatt' kein Vater und keine Mutter, war alles tot und war niemand mehr auf der Welt. Alles tot, und es is hingangen und hat gesucht Tag und Nacht. Und weil auf der Erde niemand mehr war, wollt's in Himmel gehn, und der Mond guckt es so freundlich an; und wie es endlich zum Mond kam, war's ein Stück faul Holz. Und da is es zur Sonn gangen, und wie es zur Sonn kam, war's ein verwelkt Sonneblum. Und wie's zu den Sternen kam, waren's kleine goldne Mücken, die waren angesteckt, wie der Neuntöter sie auf die Schlehen steckt. Und wie's wieder auf die Erde wollt, war die Erde ein umgestürzter Hafen. Und es war ganz allein. Und da hat sich's hingesetzt und geweint, und da sitzt es noch und is ganz allein.

So erzählt die Großmutter in Georg Büchners *Woyzeck*. Sie hat nicht gut ausgehen lassen, was in so vielen andern Märchen ähnlich begann. Vergleichbar in dieser brutalen Darstellung von Armut ist vielleicht nur noch Hans Christian Andersens *Mädchen mit den Schwefelhölzchen*. Andersen war kein Revolutionär wie Büchner, der sich mit der Realität von Unterdrückung und Ausbeutung nicht abfinden wollte; Andersen sagt uns, die wirkliche Welt, so böse und kalt sie auch sein mag, kann den Traum nicht zerstören; im Gegenteil, der Traum erwächst erst aus dem Hässlichen, aus der Einsamkeit. Das Mädchen sieht, wie sich der Himmel öffnet, sieht die geliebte Großmutter, sieht ihre offenen Arme. Aber das

433

Kind ist erfroren und verhungert, daran besteht kein Zweifel. Es ist, als würde uns der dänische Dichter am Ende zwingen, seine Geschichte aus den Augen des hessischen Dichters Büchner zu sehen.

Von so vielen verlorenen, verstoßenen Kindern berichten uns Märchen und Sagen! Wir erfahren von Moses, der von seiner Mutter Jochebed in einen Korb gelegt und dem Nil übergeben wurde, in der Hoffnung, jemand findet ihn und zieht ihn groß, denn der Pharao hatte entschieden, alle israelitischen Kinder unter fünf Jahren zu töten. In der *Gesta Romanorum* wird vom hl. Gregorius auf dem Stein erzählt, dessen Eltern Geschwister waren und die sich für die Frucht ihrer verbotenen Liebe schämten und ihr Kind nach dem Vorbild von Jochebed in ein Kästchen legten und an den Strand brachten, damit die Flut es hinaustrage.

Eine der bemerkenswertesten Geschichten aber ist die Geschichte von Judas Iskariot. Im 13. Jahrhundert trug der Erzbischof von Genua, Jacobus de Voragine, weit über hundert Geschichten über das Leben der Heiligen zusammen und gab dieser Sammlung den Namen *Legenda Aurea*. Darin wird auch von dem großen Verräter erzählt. Freilich wird ihm nicht ein eigenes Kapitel gewidmet, das wäre skandalös gewesen – was hat die Geschichte des Bösen bei den Geschichten der Heiligen zu suchen! Jacobus hat sie in der Legende vom hl. Matthias versteckt, dem sogenannten dreizehnten Apostel, der an die Stelle des Judas gerückt war, nachdem dieser Jesus verraten und sich das Leben genommen hatte.

Die Mutter des Judas, so wird erzählt, habe, als sie schwanger war, geträumt, sie bringe den Bösesten aller Menschen zur Welt. Sie und ihr Mann beschlossen daraufhin, das Kind, sobald es geboren ist, zu töten. Diese Sünde erschien ihnen geringer, als für das Böse verantwortlich zu sein, das ihr Sohn in seinem Leben eventuell begehen könnte – vorausgesetzt, der Traum hatte Recht. Aber dann war das Kind da, es war ein Kind wie alle Kinder, hilflos, reizend, unschuldig. Sie brachten es nicht übers Herz. Wie denn auch! Auch sie taten wie die Mutter von Moses, legten das Knäblein in einen Korb und stießen den Korb ins Meer. Ein Mann fand ihn und brachte ihn nach Hause, und er und seine Frau zogen das Kind groß. Sie hatten sich nach einem Kind gesehnt, hatten zu Gott gefleht, er möge ihnen eines schenken. Nun glaubten sie, Gott habe ihre Bitten erhört. Ihre ganze Liebe gaben sie dem Knaben, aber dann wurde die Frau doch schwanger, sie hatte geglaubt, sie sei unfruchtbar, und nun wuchs ein Kind in ihrem Bauch. Und als es zur Welt kam, ein Bub, galt der erste, der fremde nichts mehr. Er sollte der Diener des wahren Prinzen sein. »Du bist nicht unser Kind«, sagten sie, die bis dahin für ihn Mutter und Vater gewesen waren. Das Prinzchen wuchs zu einem überheblichen jungen Mann heran, der keine Gelegenheit ausließ, den falschen Bruder Judas zu demütigen und zu schlagen. Einmal kam es wieder zum Streit, diesmal wehrte sich Judas, er stieß den Jüngeren zurück, der fiel, fiel unglücklich, fiel auf den Kopf und war tot. Da floh Judas, heuerte auf einem Schiff an. So kam er nach Jerusalem. Er spürte, auf seiner Herkunft lastete ein Fluch. Er wollte sich von diesem Fluch befreien. Er hörte, dass in Jerusalem ein Mann lebte, der wurde Jesus von Nazareth genannt; der könne Kranke heilen. Vielleicht, dachte Judas, kann er auch mein krankes Herz heilen. Er suchte diesen Mann und fand ihn.

Für Niemandes Kind ist die Welt ein umgestürzter Hafen. Es ist ganz allein. Es setzt sich hin und weint. Wenn es dann aber doch aufsteht, was soll es dann tun? Es *muss* etwas tun!

Georg Büchner: »Das *muss* ist eins von den Verdammungsworten, womit der Mensch getauft worden. Der Ausspruch: es muss ja Ärgernis kommen, aber wehe dem, durch den es kommt – ist schauderhaft! Was ist das, was in uns lügt, mordet, stiehlt? Ich mag dem Gedanken nicht weiter nachgehen.«

Das kleine Mädchen
mit den Schwefelhölzern

Es war ganz furchtbar kalt, es schneite, und die Dunkelheit brach herein; es war auch der letzte Abend des Jahres, der Silvesterabend. In dieser Kälte und Finsternis ging auf der Straße ein kleines armes Mädchen, ohne Mütze und auf nackten Füßen. Als sie von zu Hause aufgebrochen war, da hatte sie zwar Pantoffeln gehabt, aber was half das jetzt noch! Sie waren sehr groß gewesen, so groß, daß ihre Mutter sie zuvor getragen hatte; doch als die Kleine dann über die Straße eilte, weil zwei Wagen in rasender Geschwindigkeit vorüberfuhren, da hatte sie ihre Pantoffeln verloren. Der eine war nicht mehr zu finden, und mit dem anderen lief ein Junge davon; er sagte, er könne ihn als Wiege gebrauchen, wenn er selbst einmal Kinder hätte.

So ging das Mädchen nun auf nackten Füßchen, die waren vor Kälte rot und blau. In einer alten Schürze trug sie viele Schwefelhölzchen und hielt ein Bund davon in der Hand. Den ganzen Tag lang hatte ihr niemand etwas abgekauft, niemand hatte ihr einen kleinen Schilling gegeben; hungrig und verfroren ging sie weiter und sah ganz verschüchtert aus, die arme Kleine! Die Schneeflocken fielen auf ihr langes blondes Haar, das sich so hübsch im Nacken kräuselte, aber an diese Pracht dachte sie gewiß nicht. Aus allen Fenstern fiel heller Lichtschein, und dann roch es in der Straße so herrlich nach Gänsebraten – es war ja Silvesterabend, ja, daran dachte sie.

In einem Winkel zwischen zwei Häusern, von denen eins etwas weiter als das andere in die Straße hineinragte, kauerte sie sich zusammen und zog die kleinen Beine dicht an den Körper, aber sie fror nur noch mehr. Nach Hause getraute sie sich nicht, denn sie hatte ja keine Schwefelhölzchen verkauft und keinen einzigen Schilling verdient. Der Vater würde sie schlagen, und kalt war es dort auch, über der Wohnung war nur das Dach, und obwohl die größten Ritzen mit Stroh und Lumpen zugestopft waren, pfiff der

Wind herein. Ihre Händchen waren vor Kälte fast abgestorben. Ach, ein kleines Schwefelhölzchen könnte guttun! Dürfte sie nur eins aus dem Bund nehmen, gegen die Wand streichen und sich die Finger daran wärmen! Sie zog eins heraus, ritsch! wie es sprühte, wie es aufloderte! Sie beschützte es mit der Hand, und es brannte mit einer warmen, hellen Flamme wie ein Lichtlein – es war ein seltsames Licht! Das kleine Mädchen glaubte vor einem großen eisernen Ofen mit blanken Messingkugeln und einer Messingtrommel zu sitzen; das Feuer brannte so wunderbar, wärmte so gut! Nein, was war das? – Die Kleine streckte schon die Füße aus, um sie auch aufzuwärmen – da erlosch die Flamme, der Ofen verschwand – und in der Hand hielt sie einen kleinen Rest des abgebrannten Schwefelhölzchens.

Ein neues wurde angestrichen, es brannte, es leuchtete, und wo sein Schein auf die Mauer fiel, da wurde sie durchsichtig wie Flor. Das Mädchen konnte direkt ins Zimmer schauen: Der Tisch war mit einem blendend weißen Tuch und feinem Porzellan gedeckt, und herrlich dampfte die gebratene Gans, gefüllt mit Backpflaumen und Äpfeln! Und es kam noch schöner: Die Gans sprang aus der Schüssel, watschelte mit Messer und Gabel im Rücken durch die Stube, direkt auf das arme Mädchen zu – da erlosch das Schwefelhölzchen, und nur die dicke, kalte Mauer war zu sehen.

Sie zündete ein neues an. Da saß sie unter dem herrlichsten Weihnachtsbaum; der war noch größer und prächtiger geputzt als jener, den sie beim letzten Weihnachtsfest durch die Glastür beim reichen Kaufmann gesehen hatte. Tausend Lichter brannten auf den grünen Zweigen, und bunte Bilder wie die, mit denen man die Schaufenster schmückte, blickten zu ihr herab. Die Kleine streckte beide Hände danach aus – da erlosch das Schwefelhölzchen. Die vielen Weihnachtslichter stiegen immer höher, sie verwandelten sich in helle Sterne, einer davon fiel herab und zog einen langen Feuerschweif über den Himmel.

»Jetzt stirbt ein Mensch!« sagte die Kleine, denn sie hatte von ihrer alten Großmutter gehört, die sie als einzige gut behandelt hatte, nun aber tot war: »Wenn ein Stern fällt, steigt eine Seele zu Gott hinauf.«

Wieder strich sie ein Schwefelhölzchen gegen die Mauer, es leuchtete ringsum auf, und in diesem Glanz stand die alte Großmutter, so hell, so schimmernd, so mild und freundlich.

»Großmutter!« rief die Kleine. »Ach, nimm mich mit! Ich weiß, wenn das Schwefelhölzchen ausgeht, dann bist du fort; genauso wie der warme Ofen, der herrliche Gänsebraten und der große, prächtige Weihnachtsbaum!« – Und rasch strich sie alle Schwefelhölzchen an, die noch im Bund waren, sie wollte die Großmutter recht festhalten; und die Schwefelhölzchen leuchteten mit einem solchen Glanz, daß es heller war als mitten am Tag. Nie zuvor war die Großmutter so schön, so groß gewesen; sie nahm das kleine Mädchen auf den Arm, und beide flogen in Glanz und Freude empor, empor; und da war keine Kälte, kein Hunger, keine Angst – sie waren bei Gott!

Doch in der kalten Morgenstunde saß im Winkel am Haus das kleine Mädchen mit roten Wangen, mit einem Lächeln um den Mund – tot, erfroren am letzten Abend des alten Jahres. Der Neujahrsmorgen ging über der kleinen Leiche auf, die ein Bund Schwefelhölzchen hielt, das fast abgebrannt war. »Sie wollte sich wärmen«, sagten die Leute. Niemand wußte, was sie an Schönem gesehen hatte, in welch einem Glanz sie mit ihrer alten Großmutter zur Neujahrsfreude eingegangen war!

So erzählt uns Hans Christian Andersen.

Das Mädchen ohne Hände (II)

Vor langer Zeit lebte einmal irgendwo in Eintracht ein glückliches Ehepaar. Es hatte ein entzückendes, einziges Töchterchen, doch als das Mädchen vier Jahre alt war, verstarb die Mutter. Zwar bekam es später eine neue Mutter, doch wurde dieser Mutter ihr Stiefkind mehr und mehr verhaßt. Sie plante, sie auf irgendeine Weise aus dem Hause zu vertreiben, aber jene war ein von Natur aus kluges Mädchen, und so fand sich niemals Gelegenheit dazu.

Während sie sich nun stets sagte: »Verhaßt ist sie mir, verhaßt!«, war das Mädchen fünfzehn Jahre alt geworden. Tag für Tag überlegte sich die Stiefmutter: »Dieses widerwärtige Mädchen! Dieses widerwärtige Mädchen! Wenn ich sie doch auf irgendeine Weise los wäre!«, und eines Tages sprach sie zu dem Vater: »Väterchen, Väterchen! Mir ist ein Leben zusammen mit diesem durchtriebenen Kind auf keinen Fall mehr möglich, deshalb, bitte, schickt mich fort!« Weil aber der Vater stets nur auf das hörte, was die Stiefmutter sagte, entgegnete er nun: »Nein, nein! Das ist kein Grund, sich Sorgen zu machen! Sogleich werde ich meine Tochter auf irgendeine Weise wegschicken!«, und obwohl sie ihm keinen Anlaß gegeben hatte, trug er sich von nun an mit dem Gedanken, die Tochter unverzüglich wegzujagen. Eines Tages sprach der Vater: »Wir wollen ein Fest besuchen!«, ließ seine Tochter ein wunderschönes Kleid, wie sie bisher noch keines getragen hatte, anlegen und dann brachen sie auf, das Fest zu besuchen.

Da an diesem Tag das Wetter schön und der Vater, ganz gegen seine sonstige Art, so freundlich war, sie mitzunehmen, machte sich die Tochter voller Freude auf den Weg. Da es hieß, sie gingen zu einem Festbesuch, sie jedoch über die Berge wanderten, kam das dem Mädchen nach einiger Zeit verdächtig vor und es fragte: »Väterchen! Väterchen, wo findet denn das Fest statt?« – »Über einem Berg, über einem zweiten Berg, am Fuße eines großen Abhanges, dort besuchen wir das Fest!« erklärte der Vater, ging voran und wanderte immer tiefer und tiefer ins Gebirge. Als sie zu einem Tal jenseits des zweiten Berges kamen, sprach er: »Tochter, wir wollen jetzt zu Mittag essen!« und holte die Reisklöße heraus, die sie mitgebracht hatten, worauf die beiden zu schmausen begannen. Während sie nun ihr Mittagsmahl einnahmen, fiel das Mädchen, ohne es zu merken, in Schlaf, denn vom allzu vielen Laufen war es ermattet. Sobald dies der Vater gewahrte, dachte er bei sich: »Dies ist der richtige Augenblick!« und schlug mit der Holzhackeraxt, die er an der Hüfte trug, unbarmherzig seiner Tochter den rechten Arm und dann auch noch den linken Arm ab, ließ das weinende Mädchen dort zurück und stieg allein den Berg hinunter. »Vater! Warte doch! Vater! Nimm mich doch mit!« so schrie das Mädchen und versuchte, blutüberströmt und immer wieder zu Boden stürzend, hinter ihm herzulaufen; der Vater aber rannte weiter, ohne auch nur einen Blick zurückzuwenden. »Weh, bin ich bejammernswert! Warum bin ich sogar von meinem leiblichen Vater so grausam behandelt worden?« so grübelte das Mädchen, und weil es nun keine Familie mehr hatte, zu der es hätte zurückkehren können, wusch es im Wasser des Flusses im Tal die Wunden seiner Armstümpfe, nährte sich von dem Samen der Gräser und den Früchten der Bäume und ähnlichem und blieb am Leben.

Eines Tages nun kam ein stattlicher junger Mann zu Pferde, begleitet von seinen Dienern, zufällig an jenem Ort vorbei. »Beim Himmel! Zwar von menschlichem Angesicht und menschlicher Gestalt, doch fehlen beide Hände – was für ein Wesen bist du?« so fragte er, nachdem er das Mädchen, das im Dickicht geraschelt hatte, entdeckt hatte. Da sprach das Mädchen: »Ich bin von meinem leiblichen Vater sogar im Stich gelassen worden; ich bin das Mädchen ohne Hände.« Und sie brach in Tränen aus. Hierauf erkundigte sich der junge Mann nach dem Grund hierfür und sie tat ihm aufrichtig leid.

»Auf alle Fälle ist es besser, du kommst in mein Haus!«, sprach's, hob das Mädchen aufs Pferd und ritt den Berg hinab. Nach Hause zurückgekehrt, berichtete der junge Mann seiner Mutter: »Mütterchen, heute habe ich auf der Jagd schlechte Beute gemacht, aber ich habe in den Bergen ein Mädchen ohne Hände gefunden und mit heimgebracht. Es ist wirklich ein bedauernswertes Mädchen, deshalb nimm es bitte im Hause auf!«, und er erzählte ihr das Geschick des Mädchens von Anfang bis zum Ende.

Die Mutter war ebenfalls ein Mensch mit einem weichen Herzen; daher ließ sie dem Mädchen das Gesicht waschen und das Haar aufbinden. Nachdem sie aber solcherart sie hatte zurechtmachen lassen, wurde das Mädchen ohne Hände wieder die liebliche Jungfrau, die sie eigentlich war. Auch die Mutter freute sich nun sehr und ließ sie verwöhnen, so als sei sie wahrhaftig ihre eigene Tochter. Nachdem dann eine Zeit verstrichen war, wandte sich der junge Mann an seine Mutter: »Mütterchen, Mütterchen, ich habe eine Bitte an dich: Bitte gib mir dieses Mädchen zur Frau!« – »Was dieses Mädchen anlangt, so paßt sie zur Frau für dich. Tatsache ist, daß auch ich als Mutter schon früher so gedacht habe!« erwiderte die Mutter und gab ihre Zustimmung, worauf man unverzüglich die Hochzeitsfeier ausrichtete.

Nach einiger Zeit dann war es soweit, daß von dem Mädchen ein Kind geboren werden sollte. Das Mädchen lebte zwar mit der Mutter in vertrauter Harmonie, doch traf es sich, daß der junge Mann nach Edo reisen sollte. »Mutter, wegen des Kindes, das geboren werden soll, habe ich eine Bitte«, sprach sie und ersuchte sie um Aufschub für den jungen Mann. Die Mutter aber entgegnete: »Du hast keinen Grund, dir Sorgen zu machen. Wenn das Kind geboren ist, schicken wir sofort einen Eilkurier!«, und gab darauf ihr ein Versprechen, worauf der junge Mann sich auf die Reise nach Edo begab.

Kurz darauf wurde ein entzückendes Knäblein geboren. »Tochter, laß uns im Augenblick sofort nach Edo Nachricht geben!« sprach die Mutter, schrieb in einem Brief, daß das Kind geboren sei, vertraute ihn einem Mann aus der Nachbarschaft, einem Botenläufer, an und schickte ihn als Eilkurier los. Wie nun der Eilkurierläufer über Berge und über Felder rannte, wurde ihm auf dem Weg die Kehle durstig; er machte also bei irgendeinem Haus halt, ließ sich Wasser geben und trank. Nun war gerade dieses Haus das Geburtshaus des Mädchens ohne Hände. Die Stiefmutter fragte den

Eilkurier: »Wohin geht es denn des Weges?« – »Ach, weil die junge Frau ohne Hände des Edelmannes in meiner Nachbarschaft ein Kind geboren hat, bringe ich schnell die Nachricht zu dem Haus des jungen Herrn, der gerade in Edo weilt.« So schwätzte er unbedacht.

»Das Stiefkind muß noch am Leben sein!« dachte sich da die Stiefmutter, und sogleich begann sie sich um den Eilkurier zu kümmern. »Daß Ihr trotz dieses heißen Wetters auf dem Weg bis nach Edo seid, ist bemerkenswert! Kommt, ruht Euch wenigstens ein Weilchen aus!« so sprach sie und ließ Reiswein und Fisch herausbringen und bewirtete ihn. In kurzer Zeit war der Bote betrunken. Da nahm die Stiefmutter den Brief aus seiner Briefschachtel heraus und sah ihn sich an. »Nicht einmal mit einem Edelstein, mit gar nichts vergleichbar wurde ein entzückendes Knäblein geboren!« stand da geschrieben. Als die Stiefmutter dies las, rief sie: »Ah, wie widerwärtig!« und schrieb statt dessen: »Weder als Dämon noch als Schlange erkennbar wurde ein Scheusal geboren!« Dann legte sie das Schreiben heimlich in die Briefschachtel zurück. »Ah, wunderbar bin ich bewirtet worden und habe ich geruht!« rief nun der Bote, schlug die Augen auf und war voller Unruhe, denn nachdem er den Wein getrunken hatte, hatte er die Zeit verschlafen. Mit einem Lächeln sprach dann die Stiefmutter voll heuchlerischer Freundlichkeit: »Ihr müßt auch auf dem Rückweg zukehren und Eure Erlebnisse von der Reise nach Edo erzählen!«

Als nun der junge Mann den Brief, den der Eilkurier mitgebracht hatte, las, erschrak er über die Maßen. Trotzdem aber schrieb er einen Antwortbrief, in dem es hieß: »Ob Dämon, ob Schlange ist mir gleichgültig, deshalb pflegt das Kind bis zu meiner Rückkehr mit Sorgfalt!« Er gab ihn dem Eilkurier mit und ließ ihn dann zurückkehren.

Der Bote nun hatte nicht vergessen können, wie ihn die Dame aus dem Haus, bei dem er auf der Reise nach Edo haltgemacht hatte, bewirtet hatte, und in der Hoffnung, wieder eine Bewirtung mit Reiswein zu erhalten, schaute er auch auf dem Rückweg vorbei. Da rief die Stiefmutter: »Nun, bei diesem heißen Wetter seid Ihr jetzt auf dem Rückweg! Ach kommt doch bitte herein!«, und sie führte den Boten ins Zimmer. »Trinkt doch dies! Bedient Euch doch mit jenem!« Mit diesen Worten gab sie ihm wieder Reiswein zu trinken und machte ihn schließlich schwer betrunken. Als sie dann gewahrte, daß der Bote schlief, schrieb sie den Brief um: ›Einem solchen Kind möchte ich nicht ins Gesicht sehen! Auch der Anblick des Mädchens ohne Hände ist mir zuwider geworden. Jagt sie zusammen mit dem Kind fort! Geschieht dies nicht, werde ich mein ganzes Leben lang nicht nach Hause zurückkehren, sondern in Edo leben !‹, und dann steckte sie ihn ihm wieder zu.

Als der Bote aus seinem Rausch erwachte, sprach er der Stiefmutter seinen Dank aus und über Felder und Berge kehrte er am Ende zu dem Haus des Edelmannes zurück. Als die Mutter des jungen Mannes aber fragte: »Habt Ihr eine Botschaft von meinem Sohn?« und den Brief öffnete und las, stand da nur etwas ganz Unerwartetes. »Das ist eine merkwürdige Sache! Ihr seid auf dem Weg doch nicht irgendwo eingekehrt?« forschte die Mutter; doch der Botenläufer log: »Was? Ich habe nirgendwo haltgemacht! Wie ein Pferd bin ich geradewegs hingelaufen und bin geradewegs zurückgekommen!«

Aus der Überlegung heraus: »Wenn mein Sohn aus Edo zurückkommt, wird er wohl seine Ansicht ändern; vielleicht kommt er heute zurück, vielleicht kommt er morgen zurück!«, wartete sie jedoch noch damit, der jungen Frau den Inhalt des Briefes mitzuteilen. Doch es schien nicht so, als wolle er zurückkehren. Da wußte sich die Mutter keinen Rat mehr, rief eines Tages das Mädchen zu sich und erzählte ihr, daß jener Brief von ihrem Sohn aus Edo gekommen war. Das Mädchen war zu Tode betrübt. Schließlich sprach sie dann: »Mutter, zwar ist es traurig für mich, daß ich gehen muß, ohne daß ich eine einzige der Wohltaten, die Ihr mir, diesem Krüppel, erwiesen habt, vergelten konnte; doch wenn es der Wille des jungen Herrn ist, gibt es keine andere Lösung. Ich gehe fort.« Die junge Frau ließ sich nun ihr Kind auf den Rücken binden, nahm Abschied von der Mutter und verließ schluchzend das Haus.

Zwar war sie von zu Hause fortgegangen, fand jedoch für ihre Schritte kein Ziel, daher wurde dem Mädchen, während sie ging oder nicht ging, wohin die Füße sie trugen, die Kehle unerträglich durstig. Unterdessen gelangte sie in eine Gegend, wo es einen Strom gab. »Das Wasser jedenfalls könnte ich trinken!« überlegte sie, und als sie sich bückte und zu trinken versuchte, da drohte das Kind auf ihrem Rücken herabzugleiten und vom Rücken zu fallen. »Ach, was kommt da!« rief sie, und erschrocken machte sie eine Bewegung, als wolle sie es mit den Händen, die sie nicht mehr besaß, festhalten; da wuchsen ihr auf wunderbare Weise die Hände auf beiden Seiten vollkommen nach, und sie konnte das herabgleitende Kind mit ihren Händen festhalten. »Oh, wundervoll, mir sind die Hände nachgewachsen!« rief da das Mädchen und freute sich über alle Maßen.

Kurze Zeit darauf kehrte der junge Mann in aller Eile von Edo zurück, in der Erwartung, bald sein Kind, seine Frau und seine Mutter zu sehen. Doch er vernahm die Kunde, daß sich das Mädchen mit dem Kind auf Reisen begeben habe. Als er aber von der Mutter die vielen Geschichten hörte, da kam ihm der Mann aus der Nachbarschaft, der Botenläufer, den sie als Eilkurier geschickt hatte, seltsam vor. Und als er darauf den Boten über Verschiedenes befragte, erkannte er, daß jener im Haus der Stiefmutter Reiswein zu trinken bekommen hatte, »Wie jammervoll! Wenn es so ist, dann gehe bitte noch in diesem Augenblick das Mädchen suchen!« rief die Mutter, trieb den jungen Mann zur Eile an und schickte ihn, nach dem Mädchen zu forschen.

Hierhin und dorthin wandte sich suchend der junge Mann und kam bis zu einem Shinto-Heiligtum in der Nähe eines Stromes. Dort betete eine Bettlerin, ein Kind in den Armen, von ganzem Herzen zu der Gottheit. Als er die Gestalt von hinten gewahrte, glich sie in der Tat genau seinem Weibe, doch weil sie beide Hände besaß, schien ihm das seltsam, und er rief sie deshalb an. Er sah, wie sie sich daraufhin umdrehte – die Bettlerin war sein Mädchen ohne Hände! Beide freuten sich unermeßlich und weinten zusammen Freudentränen.

Und was geschah? Wo diese Tränen niederfielen, da erblühten wunderschöne Blumen. Nun kehrten die drei Menschen gemeinsam heim und entlang ihres Weges nach Hause brachen bei Gräsern und Bäumen Blüten auf. Die Stiefmutter und der Vater aber wurden wegen ihrer Schuld, daß sie ihre Tochter mißhandelt hatten, vom Landvogt bestraft. So heißt es.

So wird in Japan erzählt.

Der Zwerg Nase

*I*n einer bedeutenden Stadt meines lieben Vaterlandes, Deutschlands, lebte vor vielen Jahren ein Schuster mit seiner Frau schlicht und recht. Er saß bei Tag an der Ecke der Straße und flickte Schuhe und Pantoffel und machte wohl auch neue, wenn ihm einer welche anvertrauen mochte; doch mußte er dann das Leder erst einkaufen, denn er war arm und hatte keine Vorräte. Seine Frau verkaufte Gemüse und Früchte, die sie in einem kleinen Gärtchen vor dem Tore pflanzte, und viele Leute kauften gerne bei ihr, weil sie reinlich und sauber gekleidet war und ihr Gemüse auf gefällige Art auszubreiten und zu legen wußte.

Die beiden Leutchen hatten einen schönen Knaben, angenehm von Gesicht, wohlgestaltet und für das Alter von acht Jahren schon ziemlich groß. Er pflegte gewöhnlich bei der Mutter auf dem Gemüsemarkt zu sitzen, und den Weibern oder Köchen, die viel bei der Schustersfrau eingekauft hatten, trug er wohl auch einen Teil der Früchte nach Hause, und selten kam er von einem solchen Gang zurück ohne eine schöne Blume oder ein Stückchen Geld oder Kuchen; denn die Herrschaften dieser Köche sahen es gerne, wenn man den schönen Knaben mit nach Hause brachte, und beschenkten ihn immer reichlich.

Eines Tages saß die Frau des Schusters wieder wie gewöhnlich auf dem Markte; sie hatte vor sich einige Körbe mit Kohl und anderem Gemüse, allerlei Kräuter und Sämereien, auch in einem kleineren Körbchen frühe Birnen, Äpfel und Aprikosen. Der kleine Jakob, so hieß der Knabe, saß neben ihr und rief mit heller Stimme die Waren aus: »Hieher, ihr Herren, seht, welch schöner Kohl, wie wohlriechend diese Kräuter; frühe Birnen, ihr Frauen, frühe Äpfel und Aprikosen, wer kauft? Meine Mutter gibt es wohlfeil.« So rief der Knabe. Da kam ein altes Weib über den Markt her; sie sah etwas zerrissen und zerlumpt aus, hatte ein kleines, spitziges Gesicht, vom Alter ganz eingefurcht, rote Augen und eine spitzige, gebogene Nase, die gegen das Kinn hinabstrebte; sie ging an einem langen Stock, und doch konnte man nicht sagen, wie sie ging, denn sie hinkte und rutschte und wankte, es war, als habe sie Räder in den Beinen und könne alle Augenblicke umstülpen und mit der spitzigen Nase aufs Pflaster fallen.

Die Frau des Schusters betrachtete dieses Weib aufmerksam. Es waren jetzt doch schon sechzehn Jahre, daß sie täglich auf dem Markte saß, und nie hatte sie diese sonderbare Gestalt bemerkt. Aber sie erschrak unwillkürlich, als die Alte auf sie zuhinkte und an ihren Körben stillestand.

»Seid Ihr Hanne, die Gemüsehändlerin?« fragte das alte Weib mit unangenehmer krächzender Stimme, indem sie beständig den Kopf hin und her schüttelte.

»Ja, die bin ich«, antwortete die Schustersfrau, »ist Euch etwas gefällig?«

»Wollen sehen, wollen sehen! Kräutlein schauen, Kräutlein schauen, ob du hast, was ich brauche?« antwortete die Alte, beugte sich nieder vor den Körben und fuhr mit ein Paar dunkelbraunen häßlichen Händen in den Kräuterkorb hinein, packte die Kräutlein, die so schön und zierlich ausgebreitet waren, mit ihren langen Spinnenfingern, brachte sie dann eines um das andere hinauf an die lange Nase und beroch sie hin und her. Der Frau des Schusters wollte es fast das Herz abdrücken, wie sie das alte Weib also mit ihren seltenen Kräutern hantieren sah; aber sie wagte nichts zu sagen, denn es war das Recht des Käufers, die Ware zu prüfen, und überdies empfand sie ein sonderbares Grauen vor dem Weibe. Als jene den ganzen Korb durchgemustert hatte, murmelte sie: »Schlechtes Zeug, schlechtes Kraut, nichts von allem, was ich will; war viel besser vor fünfzig Jahren; schlechtes Zeug!, schlechtes Zeug!«

Solche Reden verdrossen nun den kleinen Jakob. »Höre, du bist ein unverschämtes altes Weib«, rief er unmutig, »erst fährst du mit deinen garstigen braunen Fingern in die schönen Kräuter hinein und drückst sie zusammen, dann hältst du sie an deine lange Nase, daß sie niemand mehr kaufen mag, wer zugesehen, und jetzt schimpfst du noch unsere Ware schlechtes Zeug, und doch kauft selbst der Koch des Herzogs alles bei uns!«

Das alte Weib schielte den mutigen Knaben an, lachte widerlich und sprach mit heiserer Stimme: »Söhnchen, Söhnchen! Also gefällt dir meine Nase, meine schöne lange Nase, sollst auch eine haben, mitten im Gesicht bis übers Kinn herab.« Während sie so sprach, rutschte sie an den anderen Korb, in welchem Kohl ausgelegt war. Sie nahm die herrlichsten weißen Kohlhäupter in die Hand, drückte sie zusammen, daß sie ächzten, warf sie dann wieder unordentlich in den Korb und sprach auch hier: »Schlechte Ware, schlechter Kohl!«

»Wackle nur nicht so garstig mit dem Kopf hin und her«, rief der Kleine ängstlich, »dein Hals ist ja so dünne wie ein Kohlstengel, der könnte leicht abbrechen, und dann fiele dein Kopf hinein in den Korb; wer wollte dann noch kaufen?«

»Gefallen sie dir nicht, die dünnen Hälse?« murmelte die Alte lachend. »Sollst gar keinen haben, Kopf muß in den Schultern stekken, daß er nicht herabfällt vom kleinen Körperlein.«

»Schwatzt doch nicht so unnützes Zeug mit dem Kleinen da«, sagte endlich die Frau des Schusters, im Unmut über das lange Prüfen, Mustern und Beriechen, »wenn Ihr etwas kaufen wollt, so sputet Euch, Ihr verscheucht mir ja die andern Kunden.«

»Gut, es sei, wie du sagst«, rief die Alte mit grimmigem Blick, »ich will dir diese sechs Kohlhäupter abkaufen; aber siehe, ich muß mich auf den Stab stützen und kann nichts tragen, erlaube deinem Söhnlein, daß er mir die Ware nach Hause bringt, ich will es dafür belohnen.«

Der Kleine wollte nicht mitgehen und weinte, denn ihm graute vor der häßlichen Frau, aber die Mutter befahl es ihm ernstlich, weil sie es doch für eine Sünde hielt, der alten, schwächlichen Frau diese Last allein aufzubürden; halb weinend tat er wie sie befohlen, raffte die Kohlhäupter in ein Tuch zusammen und folgte dem alten Weibe über den Markt hin.

Es ging nicht sehr schnell bei ihr, und sie brauchte beinahe drei Viertelstunden, bis sie in einen ganz entlegenen Teil der Stadt kam und endlich vor einem kleinen, baufälligen Hause stillhielt. Dort zog sie einen alten, rostigen Haken aus der Tasche, fuhr damit geschickt in ein kleines Loch in der Türe, und plötzlich sprang diese krachend auf. Aber wie war der kleine Jakob überrascht, als er eintrat! Das Innere des Hauses war prachtvoll ausgeschmückt, von Marmor war die Decke und die Wände, die Gerätschaften von schönstem Ebenholz, mit Gold und geschliffenen Steinen eingelegt, der Boden aber war von Glas und so glatt, daß der Kleine einigemal ausgleitete und umfiel. Die Alte aber zog ein silbernes Pfeifchen aus der Tasche und pfiff eine Weise darauf, die gellend durch das Haus tönte. Da kamen sogleich einige Meerschweinchen die Treppe herab; dem Jakob wollte es aber ganz sonderbar dünken, daß sie aufrecht auf zwei Beinen gingen, Nußschalen statt Schuhen an den Pfoten trugen, menschliche Kleider angelegt und sogar Hüte nach der neuesten Mode auf die Köpfe gesetzt hatten. »Wo habt ihr meine Pantoffeln, schlechtes Gesindel?« rief die Alte und schlug mit dem Stock nach ihnen, daß sie jammernd in die Höhe sprangen. »Wie lange soll ich noch so dastehen?«

Sie sprangen schnell die Treppe hinauf und kamen wieder mit ein Paar Schuhen von Kokosnuß, mit Leder gefüttert, welche sie der Alten geschickt an die Füße steckten.

Jetzt war alles Hinken und Rutschen vorbei. Sie warf den Stab von sich und gleitete mit großer Schnelligkeit über den Glasboden hin, indem sie den kleinen Jakob an der Hand mit fortzog. Endlich hielt sie in einem Zimmer stille, das, mit allerlei Gerätschaften ausgeputzt, beinahe einer Küche glich, obgleich die Tische von Mahagoniholz und die Sofas, mit reichen Teppichen behängt, mehr zu einem Prunkgemach paßten. »Setze dich, Söhnchen«, sagte die Alte recht freundlich, indem sie ihn in die Ecke eines Sofa drückte und einen Tisch also vor ihn hinstellte, daß er nicht mehr hervorkommen konnte. »Setze dich, du hast gar schwer zu tragen gehabt, die Menschenköpfe sind nicht so leicht, nicht so leicht.«

»Aber Frau, was sprechet Ihr so wunderlich?« rief der Kleine. »Müde bin ich zwar, aber es waren ja Kohlköpfe, die ich getragen; Ihr habt sie meiner Mutter abgekauft.«

»Ei, das weißt du falsch«, lachte das Weib, deckte den Deckel des Korbes auf und brachte einen Menschenkopf hervor, den sie am Schopf gefaßt hatte. Der Kleine war vor Schrecken außer sich, er konnte nicht fassen, wie dies alles zuging, aber er dachte an seine

Mutter; wenn jemand von diesen Menschenköpfen etwas erfahren würde, dachte er bei sich, da würde man gewiß meine Mutter dafür anklagen.

»Muß dir nun auch etwas geben zum Lohn, daß du so artig bist«, murmelte die Alte, »gedulde dich nur ein Weilchen, will dir ein Süppchen einbrocken, an das du dein Leben lang denken wirst.« So sprach sie und pfiff wieder. Da kamen zuerst viele Meerschweinchen in menschlichen Kleidern, sie hatten Küchenschürzen umgebunden und im Gürtel Rührlöffel und Tranchiermesser; nach diesen kam eine Menge Eichhörnchen hereingehüpft, sie hatten weite türkische Beinkleider an, gingen aufrecht, und auf dem Kopf trugen sie grüne Mützchen von Samt. Diese schienen die Küchenjungen zu sein, denn sie kletterten mit großer Geschwindigkeit an den Wänden hinauf und brachten Pfannen und Schüsseln, Eier und Butter, Kräuter und Mehl herab und trugen es auf den Herd; dort aber fuhr die alte Frau auf ihren Pantoffeln von Kokosschalen beständig hin und her, und der Kleine sah, daß sie es sich recht angelegen sein lasse, ihm etwas Gutes zu kochen. Jetzt knisterte das Feuer höher empor, jetzt rauchte und sott es in der Pfanne, ein angenehmer Geruch verbreitete sich im Zimmer, die Alte aber rannte auf und ab, die Eichhörnchen und Meerschweine ihr nach, und sooft sie am Herde vorbeikam, guckte sie mit ihrer langen Nase in den Topf. Endlich fing es an zu sprudeln und zu zischen, Dampf stieg aus dem Topf hervor, und der Schaum floß herab ins Feuer. Da nahm sie ihn weg, goß davon in eine silberne Schale und setzte sie dem kleinen Jakob vor.

»So, Söhnchen, so«, sprach sie, »iß nur dieses Süppchen, dann hast du alles, was dir an mir so gefallen. Sollst auch ein geschickter Koch werden, daß du doch etwas bist, aber Kräutlein, nein, das Kräutlein sollst du nimmer finden, warum hat es deine Mutter nicht in ihrem Korb gehabt?« Der Kleine verstand nicht recht, was sie sprach, desto aufmerksamer behandelte er die Suppe, die ihm ganz trefflich schmeckte. Seine Mutter hatte ihm manche schmackhafte Suppe bereitet, aber so gut war ihm noch nichts geworden. Der Duft von feinen Kräutern und Gewürzen stieg aus der Suppe auf, dabei war sie süß und säuerlich zugleich und sehr stark. Während er noch die letzten Tropfen der köstlichen Speise austrank, zündeten die Meerschweinchen arabischen Weihrauch an, der in bläulichen Wolken durch das Zimmer schwebte; dichter und immer dichter wurden diese Wolken und sanken herab, der Geruch des Weihrauches wirkte betäubend auf den Kleinen, er mochte sich zurufen, sooft er wollte, daß er zu seiner Mutter zurückkehren müsse, wenn er sich ermannte, sank er immer wieder von neuem in den Schlummer zurück und schlief endlich wirklich auf dem Sofa des alten Weibes ein.

Sonderbare Träume kamen über ihn. Es war ihm, als ziehe ihm die Alte seine Kleider aus und umhülle ihn dafür mit einem Eichhörnchensbalg. Jetzt konnte er Sprünge machen und klettern wie ein Eichhörnchen; er ging mit den übrigen Eichhörnchen und Meerschweinen, die sehr artige, gesittete Leute waren, um und hatte mit ihnen den Dienst bei der alten Frau. Zuerst wurde er nur zu den Diensten eines Schuhputzers gebraucht, das heißt, er mußte die Kokosnüsse, welche die Frau statt der Pantoffeln trug, mit Öl salben und durch Reiben glänzend machen. Da er nun in seines Vaters Hause zu ähnlichen Geschäften oft angehalten worden war, so ging es ihm flink von der Hand; etwa nach einem Jahre, träumte er weiter, wurde er zu einem feineren Geschäft gebraucht, er mußte nämlich mit noch einigen Eichhörnchen Sonnenstäubchen fangen und, wenn sie genug hatten, solche durch das feinste Haarsieb sieben. Die Frau hielt nämlich die Sonnenstäubchen für das Allerfeinste, und weil sie nicht gut beißen konnte, denn sie hatte keinen Zahn mehr, so ließ sie sich ihr Brot aus Sonnenstäubchen zubereiten.

Wiederum nach einem Jahr wurde er zu den Dienern versetzt, die das Trinkwasser für die Alte sammelten. Man denke nicht, daß sie sich hierzu etwa eine Zisterne hätte graben lassen oder ein Faß in den Hof stellte, um das Regenwasser darin aufzufangen, da ging es viel feiner zu; die Eichhörnchen, und Jakob mit ihnen, mußten mit Haselnußschalen den Tau aus den Rosen schöpfen, und das war das Trinkwasser der Alten. Da sie nun bedeutend viel trank, so hatten die Wasserträger schwere Arbeit. Nach einem Jahr wurde er zum inneren Dienst des Hauses bestellt; er hatte nämlich das Amt, die Böden rein zu machen; da nun diese von Glas waren, worin man jeden Hauch sah, war es keine geringe Arbeit. Sie mußten sie bürsten und altes Tuch an die Füße schnallen und auf diesem künstlich im Zimmer umherfahren. Im vierten Jahr ward er endlich zur Küche versetzt. Es war dies ein Ehrenamt, zu welchem man nur nach langer Prüfung gelangen konnte. Jakob diente dort vom Küchenjungen aufwärts bis zum Ersten Pastetenmacher und erreichte eine so ungemeine Geschicklichkeit und Erfahrung in allem, was die Küche betrifft, daß er sich oft über sich selbst wundern mußte; die schwierigsten Sachen, Pasteten von zweihunderterlei Essenzen, Kräutersuppen, von allen Kräutlein der Erde zusammengesetzt, alles lernte er, alles verstand er schnell und kräftig zu machen.

So waren etwa sieben Jahre im Dienste des alten Weibes vergangen, da befahl sie ihm eines Tages, indem sie die Kokosschuhe auszog, Korb und Krückenstock zur Hand nahm, um auszugehen, er solle ein Hühnlein rupfen, mit Kräutern füllen und solches schön bräunlich und gelb rösten, bis sie wiederkäme. Er tat dies nach den Regeln der Kunst. Er drehte dem Hühnlein den Kragen um, brühte es in heißem Wasser, zog ihm geschickt die Federn aus, schabte ihm nachher die Haut, daß sie glatt und fein wurde, und nahm ihm die Eingeweide heraus. Sodann fing er an, die Kräuter zu sammeln, womit er das Hühnlein füllen sollte. In der Kräuterkammer gewahrte er aber diesmal ein Wandschränkchen, dessen Türe halb geöffnet war und das er sonst nie bemerkt hatte. Er ging neugierig näher, um zu sehen, was es enthalte, und siehe da, es standen viele Körbchen darinnen, von welchen ein starker, angenehmer Geruch ausging. Er öffnete eines dieser Körbchen und fand darin Kräutlein von ganz besonderer Gestalt und Farbe. Die Stengel und Blätter waren blaugrün und trugen oben eine kleine Blume von brennendem Rot, mit Gelb verbrämt; er betrachtete sinnend diese Blume, beroch sie, und sie strömte denselben starken Geruch aus, von dem einst jene Suppe, die ihm die Alte gekocht, geduftet hatte. Aber so stark war der Geruch, daß er zu niesen anfing, immer heftiger niesen mußte und am Ende niesend erwachte.

Da lag er auf dem Sofa des alten Weibes und blickte verwundert umher. »Nein, wie man aber so lebhaft träumen kann!« sprach er zu sich. »Hätte ich jetzt doch schwören wollen, daß ich ein schnödes Eichhörnchen, ein Kamerade von Meerschweinen und anderem Ungeziefer, dabei aber ein großer Koch geworden sei. Wie wird die Mutter lachen, wenn ich ihr alles erzähle! Aber wird sie nicht auch schmälen, daß ich in einem fremden Hause einschlafe, statt ihr zu helfen auf dem Markte?« Mit diesen Gedanken raffte er sich auf, um hinwegzugehen; noch waren seine Glieder vom Schlafe ganz steif, besonders sein Nacken, denn er konnte den Kopf nicht recht hin und her bewegen; er mußte auch selbst über sich lächeln, daß er so schlaftrunken war, denn alle Augenblicke, ehe er es sich versah, stieß er mit der Nase an einen Schrank oder an die Wand oder schlug sie, wenn er sich schnell umwandte, an einen Türpfosten. Die Eichhörnchen und Meerschweinchen liefen winselnd um ihn her, als wollten sie ihn begleiten; er lud sie auch wirklich ein, als er auf der Schwelle war, denn es waren niedliche Tierchen, aber sie fuhren auf ihren Nußschalen schnell ins Haus zurück, und er hörte sie nur noch in der Ferne heulen.

Es war ein ziemlich entlegener Teil der Stadt, wohin ihn die Alte geführt hatte, und er konnte sich kaum aus den engen Gassen herausfinden; auch war dort ein großes Gedränge, denn es mußte sich, wie ihm dünkte, gerade in der Nähe ein Zwerg sehen lassen; überall hörte er rufen: »Ei, sehet den häßlichen Zwerg! Wo kommt der Zwerg her? Ei, was hat er doch für eine lange Nase, und wie ihm der Kopf in den Schultern steckt, und die braunen häßlichen Hände!« Zu einer andern Zeit wäre er wohl auch nachgelaufen, denn er sah für sein Leben gern Riesen oder Zwerge oder seltsame fremde Trachten, aber so mußte er sich sputen, um zur Mutter zu kommen.

Es war ihm ganz ängstlich zumut, als er auf den Markt kam. Die Mutter saß noch da und hatte noch ziemlich viele Früchte im Korb, lange konnte er also nicht geschlafen haben; aber doch kam es ihm von weitem schon vor, als sei sie sehr traurig, denn sie rief die Vorübergehenden nicht an einzukaufen, sondern hatte den Kopf in die Hand gestützt, und als er näher kam, glaubte er auch, sie sei bleicher als sonst. Er zauderte, was er tun sollte; endlich faßte er sich ein Herz, schlich sich hinter sie hin, legte traulich seine

Hand auf ihren Arm und sprach: »Mütterchen, was fehlt dir? Bist du böse auf mich?«

Die Frau wandte sich um nach ihm, fuhr aber mit einem Schrei des Entsetzens zurück. »Was willst du von mir, häßlicher Zwerg!« rief sie. »Fort, fort! Ich kann dergleichen Possenspiel nicht leiden.«

»Aber Mutter, was hast du denn?« fragte Jakob ganz erschrokken. »Dir ist gewiß nicht wohl; warum willst du denn deinen Sohn von dir jagen?«

»Ich habe dir schon gesagt, gehe deines Weges!« entgegnete Frau Hanne zürnend. »Bei mir verdienst du kein Geld durch deine Gaukeleien, häßliche Mißgeburt!«

»Wahrhaftig, Gott hat ihr das Licht des Verstandes geraubt«, sprach der Kleine bekümmert zu sich, »was fange ich nur an, um sie nach Haus zu bringen? Lieb Mütterchen, so sei doch nur vernünftig; sieh mich doch nur recht an; ich bin ja dein Sohn, dein Jakob.«

»Nein, jetzt wird mir der Spaß zu unverschämt«, rief Hanne ihrer Nachbarin zu, »seht nur den häßlichen Zwerg da; da steht er und vertreibt mir gewiß alle Käufer, und mit meinem Unglück wagt er zu spotten. Spricht zu mir: Ich bin ja dein Sohn, dein Jakob, der Unverschämte!«

Da erhoben sich die Nachbarinnen und fingen an zu schimpfen, so arg sie konnten – und Marktweiber, wisset ihr wohl, verstehen es und schalten ihn, daß er des Unglückes der armen Hanne spotte, der vor sieben Jahren ihr bildschöner Knabe gestohlen worden sei, und drohten insgesamt, über ihn herzufallen und ihn zu zerkratzen, wenn er nicht alsobald ginge.

Der arme Jakob wußte nicht, was er von diesem allem denken sollte. War er doch, wie er glaubte, heute frühe, wie gewöhnlich, mit der Mutter auf den Markt gegangen, hatte ihr die Früchte aufstellen helfen, war nachher mit dem alten Weib in ihr Haus gekommen, hatte ein Süppchen verzehrt, ein kleines Schläfchen gemacht und war jetzt wieder da; und doch sprachen die Mutter und die Nachbarinnen von sieben Jahren! Und sie nannten ihn einen garstigen Zwerg! Was war denn nun mit ihm vorgegangen? – Als er sah, daß die Mutter gar nichts mehr von ihm hören wollte, traten ihm die Tränen in die Augen, und er ging trauernd die Straße hinab nach der Bude, wo sein Vater den Tag über Schuhe flickte. »Ich will doch sehen«, dachte er bei sich, »ob er mich auch nicht kennen will; unter die Türe will ich mich stellen und mit ihm sprechen.« Als er an der Bude des Schusters angekommen war, stellte er sich unter die Türe und schaute hinein. Der Meister war so emsig mit seiner Arbeit beschäftigt, daß er ihn gar nicht sah; als er aber einmal zufällig einen Blick nach der Türe warf, ließ er Schuhe, Draht und Pfriem auf die Erde fallen und rief mit Entsetzen: »Um Gottes willen, was ist das, was ist das!«

»Guten Abend, Meister!« sprach der Kleine, indem er vollends in den Laden trat. »Wie geht es Euch?«

»Schlecht, schlecht, kleiner Herr!« antwortete der Vater zu Jakobs großer Verwunderung, denn er schien ihn auch nicht zu kennen. »Das Geschäft will mir nicht recht von der Hand. Bin so allein und werde jetzt alt, und doch ist mir ein Geselle zu teuer.«

»Aber habt Ihr denn kein Söhnlein, das Euch nach und nach an die Hand gehen könnte bei der Arbeit?« forschte der Kleine weiter. »Ich hatte einen, er hieß Jakob und müßte jetzt ein schlanker, gewandter Bursche von zwanzig Jahren sein, der mir tüchtig unter die Arme greifen könnte. Ha! Das müßte ein Leben sein; schon als er zwölf Jahre alt war, zeigte er sich so anstellig und geschickt und verstand schon manches vom Handwerk, und hübsch und angenehm war er auch; der hätte mir meine Kundschaft hergelockt, daß ich bald nicht mehr geflickt, sondern nichts als Neues geliefert hätte! Aber so geht's in der Welt!«

»Wo ist denn aber Euer Sohn?« fragte Jakob mit zitternder Stimme seinen Vater,

»Das weiß Gott«, antwortete er, »vor sieben Jahren, ja so lange ist's jetzt her, wurde er uns vom Markt weg gestohlen.« – »Vor sieben Jahren!« rief Jakob mit Entsetzen. »Ja, kleiner Herr, vor sieben Jahren; ich weiß noch wie heute, wie mein Weib nach Hause kam, heulend und schreiend, das Kind sei den ganzen Tag nicht zurückgekommen, sie habe überall geforscht und gesucht und es nicht gefunden. Ich habe es immer gedacht und gesagt, daß es so kommen würde; der Jakob war ein schönes Kind, das muß man sagen; da war nun meine Frau stolz auf ihn und sah es gerne, wenn ihn die Leute lobten, und schickte ihn oft mit Gemüse und dergleichen in vornehme Häuser. Das war schon recht, er wurde allemal reichlich beschenkt; aber, sagte ich, gib acht! Die Stadt ist groß; viele schlechte Leute wohnen da, gib mir auf den Jakob acht! Und so war es, wie ich sagte. Kommt einmal ein altes, häßliches Weib auf den Markt, feilscht um Früchte und Gemüse und kauft am Ende so viel, daß sie es nicht selbst tragen kann. Mein Weib, die mitleidige Seele, gibt ihr den Jungen mit – und hat ihn zur Stunde nicht mehr gesehen.«

»Und das ist jetzt sieben Jahre, sagt Ihr?«

»Sieben Jahre wird es im Frühling. Wir ließen ihn ausrufen, wir gingen von Haus zu Haus und fragten; manche hatten den hübschen Jungen gekannt und liebgewonnen und suchten jetzt mit uns, alles vergeblich. Auch die Frau, welche das Gemüse gekauft hatte, wollte niemand kennen; aber ein steinaltes Weib, die schon neunzig Jahre gelebt hatte, sagte, es könne wohl die böse Fee Kräuterweis gewesen sein, die alle fünfzig Jahre einmal in die Stadt komme, um sich allerlei einzukaufen.«

So sprach Jakobs Vater und klopfte dabei seine Schuhe weidlich und zog den Draht mit beiden Fäusten weit hinaus. Dem Kleinen aber wurde es nach und nach klar, was mit ihm vorgegangen, daß er nämlich nicht geträumt, sondern daß er sieben Jahre bei der bösen Fee als Eichhörnchen gedient habe. Zorn und Gram erfüllte sein Herz so sehr, daß es beinahe zersprengen wollte. Sieben Jahre seiner Jugend hatte ihm die Alte gestohlen, und was hatte er für Ersatz dafür? Daß er Pantoffel von Kokosnüssen blank putzen, daß er ein Zimmer mit gläsernem Fußboden rein machen konnte? Daß er von den Meerschweinchen alle Geheimnisse der Küche gelernt hatte? Er stand eine gute Weile so da und dachte über sein Schicksal nach, da fragte ihn endlich sein Vater: »Ist Euch vielleicht etwas von meiner Arbeit gefällig, junger Herr? Etwa ein Paar neue Pantoffel oder«, setzte er lächelnd hinzu, »vielleicht ein Futteral für Eure Nase?«

»Was wollt Ihr nur mit meiner Nase?« sagte Jakob. »Warum sollte ich denn ein Futteral dazu brauchen?«

»Nun«, entgegnete der Schuster, »jeder nach seinem Geschmack;

aber das muß ich Euch sagen, hätte ich diese schreckliche Nase, ein Futteral ließ ich mir darüber machen von rosenfarbigem Glanzleder. Schaut, da habe ich ein schönes Stückchen zur Hand; freilich würde man eine Elle wenigstens dazu brauchen. Aber wie gut wäret Ihr verwahrt, kleiner Herr; so weiß ich gewiß, stoßt Ihr Euch an jedem Türpfosten, an jedem Wagen, dem Ihr ausweichen wollet.«

Der Kleine stand stumm vor Schrecken; er betastete seine Nase, sie war dick und wohl zwei Hände lang! So hatte also die Alte auch seine Gestalt verwandelt! Darum kannte ihn also die Mutter nicht? Darum schalt man ihn einen häßlichen Zwerg?! »Meister!« sprach er halb weinend zu dem Schuster. »Habt Ihr keinen Spiegel bei der Hand, worin ich mich beschauen könnte?«

»Junger Herr«, erwiderte der Vater mit Ernst, »Ihr habt nicht gerade eine Gestalt empfangen, die Euch eitel machen könnte, und Ihr habt nicht Ursache, alle Stunden in den Spiegel zu gucken. Gewöhnt es Euch ab, es ist besonders bei Euch eine lächerliche Gewohnheit.«

»Ach, so laßt mich doch in den Spiegel schauen«, rief der Kleine, »gewiß, es ist nicht aus Eitelkeit!«

»Lasset mich in Ruhe, ich hab' keinen im Vermögen; meine Frau hat ein Spiegelchen, ich weiß aber nicht, wo sie es verborgen. Müßt Ihr aber durchaus in den Spiegel gucken, nun, über der Straße hin wohnt Urban, der Barbier, der hat einen Spiegel, zweimal so groß als Euer Kopf; gucket dort hinein, und indessen guten Morgen!«

Mit diesen Worten schob ihn der Vater ganz gelinde zur Bude hinaus, schloß die Türe hinter ihm zu und setzte sich wieder zur Arbeit. Der Kleine aber ging sehr niedergeschlagen über die Straße zu Urban, dem Barbier, den er noch aus früheren Zeiten wohl kannte. »Guten Morgen, Urban«, sprach er zu ihm, »ich komme, Euch um eine Gefälligkeit zu bitten; seid so gut und lasset mich ein wenig in Euren Spiegel schauen.«

»Mit Vergnügen, dort steht er«, rief der Barbier lachend, und seine Kunden, denen er den Bart scheren sollte, lachten weidlich mit. »Ihr seid ein hübsches Bürschchen, schlank und fein, ein Häls-

chen wie ein Schwan, Händchen wie eine Königin und ein Stumpf-
näschen, man kann es nicht schöner sehen. Ein wenig eitel seid Ihr
darauf, das ist wahr; aber beschauet Euch immer, man soll nicht von
mir sagen, ich habe Euch aus Neid nicht in meinen Spiegel schauen
lassen.«

So sprach der Barbier, und wieherndes Gelächter füllte die Ba-
derstube. Der Kleine aber war indes vor den Spiegel getreten und
hatte sich beschaut. Tränen traten ihm in die Augen. »Ja, so konntest du freilich deinen Jakob nicht wiedererkennen, liebe Mutter«,
sprach er zu sich, »so war er nicht anzuschauen in den Tagen der
Freude, wo du gerne mit ihm prangtest vor den Leuten!« Seine
Augen waren klein geworden wie die der Schweine, seine Nase war
ungeheuer und hing über Mund und Kinn herunter, der Hals
schien gänzlich weggenommen worden zu sein, denn sein Kopf
stak tief in den Schultern, und nur mit den größten Schmerzen
konnte er ihn rechts und links bewegen; sein Körper war noch so
groß als vor sieben Jahren, da er zwölf Jahre alt war, aber wenn
andere vom zwölften bis ins zwanzigste in die Höhe wachsen, so
wuchs er in die Breite, der Rücken und die Brust waren weit aus-
gebogen und waren anzusehen wie ein kleiner, aber sehr dick ge-
füllter Sack; dieser dicke Oberleib saß auf kleinen, schwachen Beinchen, die dieser Last nicht gewachsen schienen, aber um so größer
waren die Arme, die ihm am Leib herabhingen, sie hatten die
Größe wie die eines wohlgewachsenen Mannes; seine Hände waren grob und braungelb, seine Finger lang und spinnenartig, und
wenn er sie recht ausstreckte, konnte er damit auf den Boden reichen, ohne daß er sich bückte. So sah er aus, der kleine Jakob, zum
mißgestalteten Zwerg war er geworden.

Jetzt gedachte er auch jenes Morgens, an welchem das alte Weib
an die Körbe seiner Mutter getreten war. Alles, was er damals an
ihr getadelt hatte, die lange Nase, die häßlichen Finger, alles hatte
sie ihm angetan, und nur den langen, zitternden Hals hatte sie
gänzlich weggelassen.

»Nun, habt Ihr Euch jetzt genug beschaut, mein Prinz?« sagte
der Barbier, indem er zu ihm trat und ihn lachend betrachtete.
»Wahrlich, wenn man sich dergleichen träumen lassen wollte, so

komisch könnte es einem im Traume nicht vorkommen. Doch ich will Euch einen Vorschlag machen, kleiner Mann. Mein Barbierzimmer ist zwar sehr besucht, aber doch seit neuerer Zeit nicht so, wie ich wünsche. Das kommt daher, weil mein Nachbar, der Barbier Schaum, irgendwo einen Riesen aufgefunden hat, der ihm die Kunden ins Haus lockt. Nun, ein Riese zu werden ist gerade keine Kunst, aber so ein Männchen wie Ihr, ja, das ist schon ein ander Ding. Tretet bei mir in Dienste, kleiner Mann, Ihr sollt Wohnung, Essen, Trinken, Kleider, alles sollt Ihr haben; dafür stellt Ihr Euch morgens unter meine Türe und ladet die Leute ein hereinzukommen; Ihr schlaget den Seifenschaum, reichet den Kunden das Handtuch und seid versichert, wir stehen uns beide gut dabei; ich bekomme mehr Kunden als jener mit dem Riesen, und jeder gibt Euch gerne noch ein Trinkgeld.«

Der Kleine war in seinem Innern empört über den Vorschlag, als Lockvogel für einen Barbier zu dienen. Aber mußte er sich nicht diesen Schimpf geduldig gefallen lassen? Er sagte dem Barbier daher ganz ruhig, daß er nicht Zeit habe zu dergleichen Diensten, und ging weiter.

Hatte das böse alte Weib seine Gestalt unterdrückt, so hatte sie doch seinem Geist nichts anhaben können, das fühlte er wohl; denn er dachte und fühlte nicht mehr, wie er vor sieben Jahren getan, nein, er glaubte in diesem Zeitraum weiser, verständiger geworden zu sein; er trauerte nicht um seine verlorne Schönheit, nicht über diese häßliche Gestalt, sondern nur darüber, daß er wie ein Hund von der Türe seines Vaters gejagt werde. Darum beschloß er, noch einen Versuch bei seiner Mutter zu machen.

Er trat zu ihr auf den Markt und bat sie, ihm ruhig zuzuhören. Er erinnerte sie an jenen Tag, an welchem er mit dem alten Weibe gegangen, er erinnerte sie an alle einzelnen Vorfälle seiner Kindheit, erzählte ihr dann, wie er sieben Jahre als Eichhörnchen gedient habe, bei der Fee, und wie sie ihn verwandelte, weil er sie damals getadelt. Die Frau des Schusters wußte nicht, was sie denken sollte. Alles traf zu, was er ihr von seiner Kindheit erzählte, aber wenn er davon sprach, daß er sieben Jahre lang ein Eichhörnchen gewesen sei, da sprach sie: »Es ist unmöglich, und es gibt keine

Feen«, und wenn sie ihn ansah, so verabscheute sie den häßlichen Zwerg und glaubte nicht, daß dies ihr Sohn sein könne. Endlich hielt sie es fürs Beste, mit ihrem Mann darüber zu sprechen. Sie raffte also ihre Körbe zusammen und hieß ihn mitgehen. So kamen sie zu der Bude des Schusters.

»Sieh einmal«, sprach sie zu diesem, »der Mensch da will unser verlorner Jakob sein. Er hat mir alles erzählt, wie er uns vor sieben Jahren gestohlen wurde und wie er von einer Fee bezaubert worden sei.« – »So?« unterbrach sie der Schuster mit Zorn. »Hat er dir dies erzählt? Warte, du Range! Ich habe ihm alles erzählt, noch vor einer Stunde, und jetzt geht er hin, dich so zu foppen! Bezaubert bist du worden, mein Söhnchen? Warte doch, ich will dich wieder entzaubern.« Dabei nahm er ein Bündel Riemen, die er eben zugeschnitten hatte, sprang auf den Kleinen zu und schlug ihn auf den hohen Rücken und auf die langen Arme, daß der Kleine vor Schmerz aufschrie und weinend davonlief. In jener Stadt gibt es wie überall wenige mitleidige Seelen, die einen Unglücklichen, der zugleich etwas Lächerliches an sich trägt, unterstützten. Daher kam es, daß der unglückliche Zwerg den ganzen Tag ohne Speise und Trank blieb und abends die Treppen einer Kirche, so hart und kalt sie waren, zum Nachtlager wählen mußte.

Als ihn aber am nächsten Morgen die ersten Strahlen der Sonne erweckten, da dachte er ernstlich darüber nach, wie er sein Leben fristen könne, da ihn Vater und Mutter verstoßen. Er fühlte sich zu stolz, um als Aushängeschild eines Barbiers zu dienen, er wollte nicht zu einem Possenreißer sich verdingen und sich um Geld sehen lassen; was sollte er anfangen? Da fiel ihm mit einemmal bei, daß er als Eichhörnchen große Fortschritte in der Kochkunst gemacht habe; er glaubte nicht mit Unrecht, hoffen zu dürfen, daß er es mit manchem Koch aufnehmen könne; er beschloß, seine Kunst zu benützen.

Sobald es daher lebhafter wurde auf den Straßen und der Morgen ganz heraufgekommen war, trat er zuerst in die Kirche und verrichtete sein Gebet. Dann trat er seinen Weg an. Der Herzog, der Herr des Landes, o Herr! war ein bekannter Schlemmer und Lecker, der eine gute Tafel liebte und seine Köche in allen Weltteilen aufsuchte. Zu seinem Palast begab sich der Kleine. Als er an die äußerste Pforte kam, fragten die Türhüter nach seinem Begehr und hatten ihren Spott mit ihm; er aber verlangte nach dem Oberküchenmeister. Sie lachten und führten ihn durch die Vorhöfe, und wo er hinkam, blieben die Diener stehen, schauten nach ihm, lachten weidlich und schlossen sich an, so daß nach und nach ein ungeheurer Zug von Dienern aller Art sich die Treppe des Palastes hinaufbewegte; die Stallknechte warfen ihre Striegel weg, die Läufer liefen, was sie konnten, die Teppichbreiter vergaßen, die Teppiche auszuklopfen, alles drängte und trieb sich, es war ein Gewühl, als sei der Feind vor den Toren, und das Geschrei »Ein Zwerg! Ein Zwerg! Habt ihr den Zwerg gesehen!« füllte die Lüfte.

Da erschien der Aufseher des Hauses mit grimmigem Gesicht, eine ungeheure Peitsche in der Hand, in der Türe. »Um des Himmels willen, ihr Hunde, was macht ihr solchen Lärm! Wisset ihr nicht, daß der Herr noch schläft?«, und dabei schwang er die Geißel und ließ sie unsanft auf den Rücken einiger Stallknechte und Türhüter niederfallen. »Ach Herr!« riefen sie. »Seht Ihr denn nicht? Da bringen wir einen Zwerg, einen Zwerg, wie Ihr noch keinen gesehen.« Der Aufseher des Palastes zwang sich mit Mühe, nicht laut aufzulachen, als er des Kleinen ansichtig wurde, denn er fürchtete, durch Lachen seiner Würde zu schaden. Er trieb daher mit der Peitsche die übrigen hinweg, führte den Kleinen ins Haus und fragte nach seinem Begehr. Als er hörte, jener wolle zum Küchenmeister, erwiderte er: »Du irrst dich, mein Söhnchen, zu mir, dem Aufseher des Hauses, willst du; du willst Leibzwerg werden beim Herzog; ist es nicht also?«

»Nein, Herr!« antwortete der Zwerg. »Ich bin ein geschickter Koch und erfahren in allerlei seltenen Speisen; wollet mich zum Oberküchenmeister bringen; vielleicht kann er meine Kunst brauchen.«

»Jeder nach seinem Willen, kleiner Mann; übrigens bist du doch ein unbesonnener Junge. In die Küche! Als Leibzwerg hättest du keine Arbeit gehabt und Essen und Trinken nach Herzenslust und schöne Kleider. Doch, wir wollen sehen, deine Kunst wird schwerlich so weit reichen, als ein Mundkoch des Herrn nötig hat, und zum Küchenjungen bist du zu gut.« Bei diesen Worten nahm ihn der Aufseher des Palastes bei der Hand und führte ihn in die Gemächer des Oberküchenmeisters.

»Gnädiger Herr!« sprach dort der Zwerg und verbeugte sich so tief, daß er mit der Nase den Fußteppich berührte. »Brauchet Ihr keinen geschickten Koch?«

Der Oberküchenmeister betrachtete ihn vom Kopf bis zu den Füßen, brach dann in lautes Lachen aus und sprach: »Wie?« rief er. »Du ein Koch? Meinst du, unsere Herde seien so niedrig, daß du nur auf einen hinaufschauen kannst, wenn du dich auf die Zehen stellst und den Kopf recht aus den Schultern herausarbeitest? Oh, lieber Kleiner! Wer dich zu mir geschickt hat, um dich als Koch zu verdingen, der hat dich zum Narren gehabt.« So sprach der Oberküchenmeister und lachte weidlich, und mit ihm lachte der Aufseher des Palastes und alle Diener, die im Zimmer waren.

Der Zwerg aber ließ sich nicht aus der Fassung bringen. »Was liegt an einem Ei oder zweien, an ein wenig Sirup und Wein, an Mehl und Gewürze in einem Hause, wo man dessen genug hat?« sprach er. »Gebet mir irgendeine leckerhafte Speise zu bereiten auf, schaffet mir, was ich dazu brauche, und sie soll vor Euren Augen schnell bereitet sein, und Ihr sollet sagen müssen: er ist ein Koch nach Regel und Recht.« Solche und ähnliche Reden führte der Kleine, und es war wunderlich anzuschauen, wie es dabei aus seinen kleinen Äuglein hervorblitzte, wie seine lange Nase sich hin und her schlängelte und seine dünnen Spinnenfinger seine Rede begleiteten. »Wohlan!« rief der Küchenmeister und nahm den Aufseher des Palastes unter dem Arme. »Wohlan, es sei um des Spaßes willen; lasset uns zur Küche gehen.« Sie gingen durch mehrere Säle und Gänge und kamen endlich in die Küche. Es war dies ein großes, weitläufiges Gebäude, herrlich eingerichtet; auf zwanzig Herden brannten beständig Feuer, ein klares Wasser, das zugleich zum Fischebehälter diente, floß mitten durch sie, in Schränken von Marmor und köstlichem Holz waren die Vorräte aufgestellt, die man immer zur Hand haben mußte, und zur Rechten und Linken waren zehen Säle, in welchen alles aufgespeichert war, was man in allen Ländern von Frankistan und selbst im Morgenlande Köstliches und Leckeres für den Gaumen erfunden. Küchenbedienten aller Art liefen umher und rasselten und hantierten mit Kesseln und Pfannen, mit Gabeln und Schaumlöffeln; als aber der Oberküchenmeister in die Küche eintrat, blieben sie alle regungslos stehen, und nur das Feuer hörte man noch knistern und das Bächlein rieseln.

»Was hat der Herr heute zum Frühstück befohlen?« fragte der Meister den ersten Frühstückmacher, einen alten Koch.

»Herr! Die dänische Suppe hat er geruht zu befehlen und rote Hamburger Klößchen.«

»Gut«, sprach der Küchenmeister weiter, »hast du gehört, was der Herr speisen will? Getraust du dich, diese schwierigen Speisen zu bereiten? Die Klößchen bringst du auf keinen Fall heraus, das ist ein Geheimnis.«

»Nichts leichter als dies«, erwiderte zu allgemeinem Erstaunen der Zwerg, denn er hatte diese Speisen als Eichhörnchen oft gemacht, »nichts leichter; man gebe mir zu der Suppe die und die Kräuter, dies und jenes Gewürz, Fett von einem wilden Schwein, Wurzeln und Eier; zu den Klößchen aber«, sprach er leise, daß es nur der Küchenmeister und der Frühstückmacher hören konnten, »zu den Klößchen brauche ich viererlei Fleisch, etwas Wein, Entenschmalz, Ingwer und ein gewisses Kraut, das man Magentrost heißt.«

»Ha! Bei Sankt Benedikt! Bei welchem Zauberer hast du gelernt?« rief der Koch mit Staunen. »Alles bis auf ein Haar hat er gesagt, und das Kräutlein Magentrost haben wir selbst nicht gewußt; ja, das muß es noch angenehmer machen. O du Wunder von einem Koch!«

»Das hätte ich nicht gedacht«, sagte der Oberküchenmeister, »doch lassen wir ihn die Probe machen; gebt ihm die Sachen, die er verlangt, Geschirr und alles, und lasset ihn das Frühstück bereiten.«

Man tat wie er befohlen und rüstete alles auf dem Herde zu; aber da fand es sich, daß der Zwerg kaum mit der Nase bis an den Herd reichen konnte. Man setzte daher ein paar Stühle zusammen, legte eine Marmorplatte darüber und lud den kleinen Wundermann ein, sein Kunststück zu beginnen. In einem großen Kreise standen die Köche, Küchenjungen, Diener und allerlei Volk umher und sahen zu und staunten, wie ihm alles so flink und fertig von der Hand ging, wie er alles so reinlich und niedlich bereitete. Als er mit der Zubereitung fertig war, befahl er, beide Schüsseln ans Feuer zu setzen und genau so lange kochen zu lassen, bis er rufen werde; dann fing er an zu zählen, eins, zwei, drei und so fort, und gerade, als er fünfhundert gezählt hatte, rief er »Halt!«, die Töpfe wurden weggesetzt, und der Kleine lud den Küchenmeister ein, zu kosten.

Der Mundkoch ließ sich von einem Küchenjungen einen goldenen Löffel reichen, spülte ihn im Bach und überreichte ihn dem Oberküchenmeister; dieser trat mit feierlicher Miene an den Herd, nahm von den Speisen, kostete, drückte die Augen zu, schnalzte vor Vergnügen mit der Zunge und sprach dann: »Köstlich, bei des Herzogs Leben, köstlich! Wollet Ihr nicht auch ein Löffelein zu Euch nehmen, Aufseher des Palastes?« Dieser verbeugte sich, nahm den Löffel, versuchte und war vor Vergnügen und Lust außer sich. »Eure Kunst in Ehren, lieber Frühstückmacher, Ihr seid ein erfahrner Koch, aber so herrlich habt Ihr weder die Suppe noch die Hamburger Klöße machen können!« Auch der Koch versuchte jetzt, schüttelte dann dem Zwerg ehrfurchtsvoll die Hand und sagte: »Kleiner! Du bist Meister in der Kunst; ja, das Kräutlein Magentrost, das gibt allem einen ganz eigenen Reiz.«

In diesem Augenblick kam der Kammerdiener des Herzogs in die Küche und berichtete, daß der Herr das Frühstück verlange. Die Speisen wurden nun auf silberne Platten gelegt und dem Herzog zugeschickt; der Oberküchenmeister aber nahm den Kleinen in sein Zimmer und unterhielt sich mit ihm. Kaum waren sie aber halb so lange da, als man ein Paternoster spricht, so kam schon ein Bote und rief den Oberküchenmeister zum Herrn. Er kleidete sich schnell in sein Festkleid und folgte dem Boten.

Der Herzog sah sehr vergnügt aus. Er hatte alles aufgezehrt, was auf den silbernen Platten gewesen war, und wischte sich eben den Bart ab, als der Oberküchenmeister zu ihm eintrat. »Höre, Küchenmeister«, sprach er, »ich bin mit deinen Köchen bisher immer sehr zufrieden gewesen; aber sage mir, wer hat heute mein Frühstück bereitet? So köstlich war es nie, seit ich auf dem Thron meiner Väter sitze; sage an, wie er heißt, der Koch, daß wir ihm einige Dukaten zum Geschenk schicken.«

»Herr, das ist eine wunderbare Geschichte«, antwortete der Oberküchenmeister und erzählte, wie man ihm heute frühe einen Zwerg gebracht, der durchaus Koch werden wollte, und wie sich dies alles begeben. Der Herzog verwunderte sich höchlich, ließ den Zwerg vor sich rufen und fragte ihn aus, wer er sei und woher er komme. Da konnte nun der arme Jakob freilich nicht sagen, daß er verzaubert worden sei und früher als Eichhörnchen gedient habe; doch blieb er bei der Wahrheit, indem er erzählte, er sei jetzt ohne Vater und Mutter und habe bei einer alten Frau kochen gelernt. Der Herzog fragte nicht weiter, sondern ergötzte sich an der sonderbaren Gestalt seines neuen Koches.

»Willst du bei mir bleiben«, sprach er, »so will ich dir jährlich fünfzig Dukaten, ein Festkleid und noch überdies zwei Paar Beinkleider reichen lassen. Dafür mußt du aber täglich mein Frühstück selbst bereiten, mußt angeben, wie das Mittagessen gemacht werden soll, und überhaupt dich meiner Küche annehmen. Da jeder in meinem Palast seinen eigenen Namen von mir empfängt, so sollst du Nase heißen und die Würde eines Unterküchenmeisters bekleiden.«

Der Zwerg Nase fiel nieder vor dem mächtigen Herzog in Frankenland, küßte ihm die Füße und versprach, ihm treu zu dienen.

So war nun der Kleine fürs erste versorgt, und er machte seinem Amt Ehre, denn man kann sagen, daß der Herzog ein ganz anderer Mann war, während der Zwerg Nase sich in seinem Hause aufhielt. Sonst hatte es ihm oft beliebt, die Schüsseln oder Platten, die man ihm auftrug, den Köchen an den Kopf zu werfen; ja, dem Oberküchenmeister selbst warf er im Zorn einmal einen gebackenen Kalbsfuß, der nicht weich genug geworden war, so heftig an die Stirne, daß er umfiel und drei Tage zu Bette liegen mußte. Der Herzog machte zwar, was er im Zorn getan, durch einige Hände voll Dukaten wieder gut, aber dennoch war nie ein Koch ohne Zittern und Zagen mit den Speisen zu ihm gekommen. Seit der Zwerg im Hause war, schien alles wie durch Zauber umgewandelt; der Herr aß jetzt statt dreimal des Tages fünfmal, um sich an der

Kunst seines kleinsten Dieners recht zu laben, und dennoch verzog er nie eine Miene zum Unmut; nein, er fand alles neu, trefflich, war leutselig und angenehm und wurde von Tag zu Tag fetter.

Oft ließ er mitten unter der Tafel den Küchenmeister und den Zwerg Nase rufen, setzte den einen rechts, den andern links zu sich und schob ihnen mit seinen eigenen Fingern einige Bissen der köstlichen Speisen in den Mund, eine Gnade, welche sie beide wohl zu schätzen wußten.

Der Zwerg war das Wunder der Stadt. Man erbat sich flehentlich Erlaubnis vom Oberküchenmeister, den Zwerg kochen zu sehen, und einige der vornehmsten Männer hatten es so weit gebracht beim Herzog, daß ihre Diener in der Küche beim Zwerg Unterrichtsstunden genießen durften, was nicht wenig Geld eintrug; denn jeder zahlte täglich einen halben Dukaten. Und um die übrigen Köche bei guter Laune zu erhalten und sie nicht neidisch auf ihn zu machen, überließ ihnen Nase dieses Geld, das die Herren für den Unterricht ihrer Köche zahlen mußten.

So lebte Nase beinahe zwei Jahre in äußerlichem Wohlleben und Ehre, und nur der Gedanke an seine Eltern betrübte ihn; so lebte er, ohne etwas Merkwürdiges zu erfahren, bis sich folgender Vorfall ereignete. Der Zwerg Nase war besonders geschickt und glücklich in seinen Einkäufen. Daher ging er, sooft es ihm die Zeit erlaubte, immer selbst auf den Markt, um Geflügel und Früchte einzukaufen. Eines Morgens ging er auch auf den Gänsemarkt und forschte nach schweren fetten Gänsen, wie sie der Herr liebte. Er war musternd schon einigemal auf und ab gegangen; seine Gestalt, weit entfernt, hier Lachen und Spott zu erregen, gebot Ehrfurcht, denn man erkannte ihn als den berühmten Mundkoch des Herzogs, und jede Gänsefrau fühlte sich glücklich, wenn er ihr die Nase zuwandte.

Da sah er ganz am Ende einer Reihe in einer Ecke eine Frau sitzen, die auch Gänse feil hatte, aber nicht wie die übrigen ihre Ware anpries und nach Käufern schrie. Zu dieser trat er und maß und wog ihre Gänse. Sie waren, wie er sie wünschte, und er kaufte drei samt dem Käficht, lud sie auf seine breite Schulter und trat den Rückweg an. Da kam es ihm sonderbar vor, daß nur zwei von diesen Gänsen schnatterten und schrien, wie rechte Gänse zu tun pflegen, die dritte aber ganz still und in sich gekehrt dasaß und Seufzer ausstieß und ächzte wie ein Mensch. »Die ist halb krank«, sprach er vor sich hin, »ich muß eilen, daß ich sie umbringe und zurichte.« Aber die Gans antwortete ganz deutlich und laut: »Stichst du mich, so beiß ich dich; drückst du mir die Kehle ab, bring ich dich ins frühe Grab.«

Ganz erschrocken setzte der Zwerg Nase seinen Käficht nieder, und die Gans sah ihn mit schönen, klugen Augen an und seufzte. »Ei der Tausend!« rief Nase. »Sie kann sprechen, Jungfer Gans? Das hätte ich nicht gedacht. Na, sei Sie nur nicht ängstlich! Man weiß zu leben und wird einem so seltenen Vogel nicht zu Leibe gehen. Aber ich wollte wetten, Sie ist nicht von jeher in diesen Federn gewesen; war ich ja selbst einmal ein schnödes Eichhörnchen.«

»Du hast recht«, erwiderte die Gans, »wenn du sagst, ich sei nicht in dieser schmachvollen Hülle geboren worden. Ach, an meiner Wiege wurde es mir nicht gesungen, daß Mimi, des großen Wetterbocks Tochter, in der Küche eines Herzogs getötet werden soll!«

»Sei Sie doch ruhig, liebe Jungfer Mimi«, tröstete der Zwerg, »so wahr ich ein ehrlicher Kerl und Unterküchenmeister Sr. Durchlaucht bin, es soll Ihr keiner an die Kehle. Ich will Ihr in meinen eigenen Gemächern einen Stall anweisen, Futter soll Sie genug haben, und meine freie Zeit werde ich Ihrer Unterhaltung widmen; den übrigen Küchenmenschen werde ich sagen, daß ich eine Gans mit allerlei besonderen Kräutern für den Herzog mäste, und sobald sich Gelegenheit findet, setze ich Sie in Freiheit.«

Die Gans dankte ihm mit Tränen; der Zwerg aber tat wie er versprochen, schlachtete die zwei anderen Gänse, für Mimi aber baute er einen eigenen Stall unter dem Vorwande, sie für den Herzog ganz besonders zuzurichten. Er gab ihr auch kein gewöhnliches Gänsefutter, sondern versah sie mit Backwerk und süßen Speisen. Sooft er freie Zeit hatte, ging er hin, sich mit ihr zu unterhalten und sie zu trösten. Sie erzählten sich auch gegenseitig ihre Geschichten, und Nase erfuhr auf diesem Wege, daß die Gans eine Tochter des Zauberers Wetterbock sei, der auf der Insel Gotland lebe. Er sei in Streit geraten mit einer alten Fee, die ihn durch Ränke und List überwunden und sie zur Rache in eine Gans verwandelt und weit hinweg bis hieher gebracht habe. Als der Zwerg Nase ihr seine Geschichte ebenfalls erzählt hatte, sprach sie: »Ich bin nicht unerfahren in diesen Sachen; mein Vater hat mir und meinen Schwestern einige Anleitung gegeben, soviel er nämlich davon mitteilen durfte. Die Geschichte mit dem Streit am Kräuterkorb, deine plötzliche Verwandlung, als du an jenem Kräutlein rochst, auch einige Worte der Alten, die du mir sagtest, beweisen mir, daß du auf Kräuter bezaubert bist, das heißt: wenn du das Kraut auffindest, das sich die Fee bei deiner Verzauberung gedacht hat, so kannst du erlöst werden.« Es war dies ein geringer Trost für den Kleinen; denn wo sollte er das Kraut auffinden? Doch dankte er ihr und schöpfte einige Hoffnung.

Um diese Zeit bekam der Herzog einen Besuch von einem benachbarten Fürsten, seinem Freunde. Er ließ daher seinen Zwerg Nase vor sich kommen und sprach zu ihm: »Jetzt ist die Zeit gekommen, wo du zeigen mußt, ob du mir treu dienst und Meister deiner Kunst bist. Dieser Fürst, der bei mir zu Besuch ist, speist bekanntlich, außer mir, am besten und ist ein großer Kenner einer feinen Küche und ein weiser Mann. Sorge nun dafür, daß meine Tafel täglich also besorgt werde, daß er immer mehr in Erstaunen gerät. Dabei darfst du, bei meiner Ungnade, solange er da ist, keine Speise zweimal bringen. Dafür kannst du dir von meinem Schatzmeister alles reichen lassen, was du nur brauchst; und wenn du Gold und Diamanten in Schmalz backen mußt, so tu es; ich will lieber ein armer Mann werden als erröten vor ihm.«

So sprach der Herzog; der Zwerg aber sagte, indem er sich anständig verbeugte: »Es sei, wie du sagst, o Herr! So es Gott gefällt, werde ich alles so machen, daß es diesem Fürsten der Gutschmecker wohlgefällt.«

Der kleine Koch suchte nun seine ganze Kunst hervor. Er schonte die Schätze seines Herrn nicht, noch weniger aber sich selbst; denn man sah ihn den ganzen Tag in eine Wolke von Rauch und Feuer eingehüllt, und seine Stimme hallte beständig durch das

Gewölbe der Küche, denn er befahl als Herrscher den Küchenjungen und niederen Köchen.

Der fremde Fürst war schon vierzehn Tage beim Herzog und lebte herrlich und in Freuden. Sie speisten des Tages nicht weniger als fünfmal, und der Herzog war zufrieden mit der Kunst des Zwerges, denn er sah Zufriedenheit auf der Stirne seines Gastes. Am fünfzehnten Tage aber begab es sich, daß der Herzog den Zwerg zur Tafel rufen ließ, ihn seinem Gast, dem Fürsten, vorstellte und diesen fragte, wie er mit dem Zwerg zufrieden sei. »Du bist ein wunderbarer Koch«, antwortete der fremde Fürst, »und weißt, was anständig essen heißt. Du hast in der ganzen Zeit, daß ich hier bin, nicht eine einzige Speise wiederholt und alles trefflich bereitet; aber sage mir doch, warum bringst du so lange nicht die Königin der Speisen, die Pastete Souzeraine?«

Der Zwerg war sehr erschrocken, denn er hatte von dieser Pastetenkönigin nie gehört, doch faßte er sich und antwortete: »O Herr! Noch lange, hoffte ich, sollte dein Angesicht leuchten an diesem Hoflager, darum wartete ich mit dieser Speise; denn mit was sollte dich denn der Koch begrüßen am Tage des Scheidens als mit der Königin der Pasteten?«

»So?« entgegnete der Herzog lachend. »Und bei mir wolltest du wohl warten bis an meinem Tod, um mich dann noch zu begrüßen, denn auch mir hast du die Pastete noch nie vorgesetzt. Doch denke auf einen andern Scheidegruß, denn morgen mußt du die Pastete auf die Tafel setzen.«

»Es sei, wie du sagst, Herr!« antwortete der Zwerg und ging. Aber er ging nicht vergnügt; denn der Tag seiner Schande und seines Unglücks war gekommen. Er wußte nicht, wie er die Pastete machen sollte. Er ging daher in seine Kammer und weinte über sein Schicksal. Da trat die Gans Mimi, die in seinem Gemach umhergehen durfte, zu ihm und fragte ihn nach der Ursache seines Jammers. »Stille deine Tränen«, antwortete sie, als sie von der Pastete Souzeraine gehört, »dieses Gericht kam oft auf meines Vaters Tisch, und ich weiß ungefähr, was man dazu braucht; du nimmst dies und jenes, soundso viel, und wenn es auch nicht durchaus alles ist, was eigentlich dazu nötig, die Herren werden keinen so feinen Geschmack haben.« So sprach Mimi; der Zwerg aber sprang auf vor Freuden, segnete den Tag, an welchem er die Gans gekauft hatte, und schickte sich an, die Königin der Pasteten zuzurichten. Er machte zuerst einen kleinen Versuch, und siehe, es schmeckte trefflich, und der Oberküchenmeister, dem er davon zu kosten gab, pries aufs neue seine ausgebreitete Kunst.

Den andern Tag setzte er die Pastete in größerer Form auf und schickte sie, warm, wie sie aus dem Ofen kam, nachdem er sie mit Blumenkränzen geschmückt hatte, auf die Tafel; er selbst aber zog sein bestes Festkleid an und ging in den Speisesaal.

Als er eintrat, war der Obervorschneider gerade damit beschäftigt, die Pastete zu zerschneiden und auf einem silbernen Schäufelein dem Herzog und seinem Gaste hinzureichen.

Der Herzog tat einen tüchtigen Biß hinein, schlug die Augen auf zur Decke und sprach, nachdem er geschluckt hatte: »Ah! Ah! Ah! Mit Recht nennt man dies die Königin der Pasteten, aber mein Zwerg ist auch der König aller Köche, nicht also, lieber Freund?«

Der Gast nahm einige kleine Bissen zu sich, kostete und prüfte aufmerksam und lächelte dabei höhnisch und geheimnisvoll. »Das Ding ist recht artig gemacht«, antwortete er, indem er den Teller hinwegrückte, »aber die Souzeraine ist es denn doch nicht ganz; das habe ich mir wohl gedacht.«

Da runzelte der Herzog vor Unmut die Stirne und errötete vor Beschämung. »Hund von einem Zwerg!« rief er. »Wie wagst du es, deinem Herrn dies anzutun? Soll ich dir deinen großen Kopf abhacken lassen, zur Strafe für deine schlechte Kocherei?«

»Ach Herr! Um des Himmels willen, ich habe das Gericht doch zubereitet nach den Regeln der Kunst, es kann gewiß nichts fehlen!« so sprach der Zwerg und zitterte.

»Es ist eine Lüge, du Bube!« erwiderte der Herzog und stieß ihn mit dem Fuße von sich. »Mein Gast würde sonst nicht sagen, es fehlt etwas. Dich selbst will ich zerhacken und backen lassen in eine Pastete!«

»Habt Mitleiden!« rief der Kleine und rutschte auf den Knien zu dem Gast, dessen Füße er umfaßte. »Saget, was fehlt an dieser

Speise, daß sie Eurem Gaumen nicht zusagt? Lasset mich nicht sterben wegen einer Handvoll Fleisch und Mehl!«

»Das wird dir wenig helfen, mein lieber Nase«, antwortete der Fremde mit Lachen, »das habe ich mir schon gestern gedacht, daß du diese Speise nicht machen kannst wie mein Koch. Wisse, es fehlt ein Kräutlein, das man hierzulande gar nicht kennt, das Kraut Niesmitlust; ohne dieses bleibt die Pastete ohne Würze, und dein Herr wird sie nie essen wie ich.«

Da geriet der Herrscher in Frankistan in Wut. »Und doch werde ich sie essen«, rief er mit funkelnden Augen, »denn ich schwöre auf meine fürstliche Ehre, entweder zeige ich Euch morgen die Pastete, wie Ihr sie verlanget, oder – den Kopf dieses Burschen, aufgespießt auf dem Tor meines Palastes. Gehe, du Hund, noch einmal geb' ich dir vierundzwanzig Stunden Zeit.«

So rief der Herzog; der Zwerg aber ging wieder weinend in sein Kämmerlein und klagte der Gans sein Schicksal und daß er sterben müsse, denn von dem Kraut habe er nie gehört. »Ist es nur dies«, sprach sie, »da kann ich dir schon helfen, denn mein Vater lehrte mich alle Kräuter kennen. Wohl wärest du vielleicht zu einer andern Zeit des Todes gewesen, aber glücklicherweise ist es gerade Neumond, und um diese Zeit blüht das Kräutlein. Doch, sage an, sind alte Kastanienbäume in der Nähe des Palastes?«

»O ja!« erwiderte Nase mit leichterem Herzen. »Am See, zweihundert Schritte vom Haus, steht eine ganze Gruppe; doch warum diese?«

»Nur am Fuße alter Kastanien blüht das Kräutlein«, sagte Mimi, »darum laß uns keine Zeit versäumen und suchen, was du brauchst; nimm mich auf deinen Arm und setze mich im Freien nieder, ich will dir suchen.«

Er tat wie sie gesagt und ging mit ihr zur Pforte des Palastes. Dort aber streckte der Türhüter sein Gewehr vor und sprach: »Mein guter Nase, mit dir ist's vorbei; aus dem Hause darfst du nicht, ich habe den strengsten Befehl darüber.«

»Aber in den Garten kann ich doch wohl gehen?« erwiderte der Zwerg. »Sei so gut und schicke einen deiner Gesellen zum Aufseher des Palastes und frage, ob ich nicht in den Garten gehen und Kräuter

suchen dürfte.« Der Türhüter tat also, und es wurde erlaubt; denn der
Garten hatte hohe Mauern, und es war an kein Entkommen daraus
zu denken. Als aber Nase mit der Gans Mimi ins Freie gekommen
war, setzte er sie behutsam nieder, und sie ging schnell vor ihm her
dem See zu, wo die Kastanien standen. Er folgte ihr nur mit beklom-
menem Herzen, denn es war ja seine letzte, einzige Hoffnung; fand
sie das Kräutlein nicht, so stand sein Entschluß fest, er stürzte sich
dann lieber in den See, als daß er sich köpfen ließ. Die Gans suchte
aber vergebens, sie wandelte unter allen Kastanien, sie wandte mit
dem Schnabel jedes Gräschen um, es wollte sich nichts zeigen, und
sie fing aus Mitleid und Angst an zu weinen; denn schon wurde der
Abend dunkler und die Gegenstände umher schwerer zu erkennen.

Da fielen die Blicke des Zwergs über den See hin, und plötzlich
rief er:»Siehe, siehe, dort über dem See steht noch ein großer, alter
Baum; laß uns dort hingehen und suchen, vielleicht blüht dort
mein Glück.« Die Gans hüpfte und flog voran, und er lief nach, so
schnell seine kleinen Beine konnten; der Kastanienbaum warf einen großen Schatten, und es war dunkel umher, fast war nichts
mehr zu erkennen; aber da blieb plötzlich die Gans stillestehen,
schlug vor Freuden mit den Flügeln, fuhr dann schnell mit dem
Kopf ins hohe Gras und pflückte etwas ab, das sie dem erstaunten
Nase zierlich mit dem Schnabel überreichte, und sprach:»Das ist
das Kräutlein, und hier wächst eine Menge davon, so daß es dir nie
daran fehlen kann.«

Der Zwerg betrachtete das Kraut sinnend; ein süßer Duft
strömte ihm daraus entgegen, der ihn unwillkürlich an die Szene
seiner Verwandlung erinnerte; die Stengel, die Blätter waren bläu-
lichgrün, sie trugen eine brennendrote Blume mit gelbem Rande.

»Gelobt sei Gott!« rief er endlich aus. »Welches Wunder! Wisse,
ich glaube, es ist dies dasselbe Kraut, das mich aus einem Eichhörnchen in diese schändliche Gestalt umwandelte; soll ich den Versuch
machen?«

»Noch nicht«, bat die Gans. »Nimm von diesem Kraut eine
Handvoll mit dir, laß uns auf dein Zimmer gehen und dein Geld
und was du sonst hast zusammenraffen, und dann wollen wir die
Kraft des Krautes versuchen.«

Sie taten also und gingen auf seine Kammer zurück, und das Herz des Zwerges pochte hörbar vor Erwartung. Nachdem er fünfzig oder sechzig Dukaten, die er erspart hatte, einige Kleider und Schuhe zusammen in ein Bündel geknüpft hatte, sprach er: »So es Gott gefällig ist, werde ich dieser Bürde loswerden«, streckte seine Nase tief in die Kräuter und zog ihren Duft ein.

Da zog und knackte es in allen seinen Gliedern, er fühlte, wie sich sein Kopf aus den Schultern hob, er schielte herab auf seine Nase und sah sie kleiner und kleiner werden, sein Rücken und seine Brust fingen an, sich zu ebnen, und seine Beine wurden länger.

Die Gans sah mit Erstaunen diesem allem zu. »Ha! Was du groß, was du schön bist!« rief sie. »Gott sei gedankt, es ist nichts mehr an dir von allem, wie du vorher warst!« Da freute sich Jakob sehr, und er faltete die Hände und betete. Aber seine Freude ließ ihn nicht vergessen, welchen Dank er der Gans Mimi schuldig sei; zwar drängte ihn sein Herz, zu seinen Eltern zu gehen, doch besiegte er aus Dankbarkeit diesen Wunsch und sprach: »Wem anders als dir habe ich es zu danken, daß ich mir selbst wiedergeschenkt bin? Ohne dich hätte ich dieses Kraut nimmer gefunden, hätte also ewig in jener Gestalt bleiben oder vielleicht gar unter dem Beile des Henkers sterben müssen. Wohlan, ich will es dir vergelten. Ich will dich zu deinem Vater bringen; er, der so erfahren ist in jedem Zauber, wird dich leicht entzaubern können!« Die Gans vergoß Freudentränen und nahm sein Anerbieten an. Jakob kam glücklich und unerkannt mit der Gans aus dem Palast und machte sich auf den Weg nach dem Meeresstrand, Mimis Heimat zu.

Was soll ich noch weiter erzählen, daß sie ihre Reise glücklich vollendeten, daß Wetterbock seine Tochter entzauberte und den Jakob mit Geschenken beladen entließ, daß er in seine Vaterstadt zurückkam und daß seine Eltern in dem schönen jungen Mann mit Vergnügen ihren verlorenen Sohn erkannten, daß er von den Geschenken, die er von Wetterbock mitbrachte, sich einen Laden kaufte und reich und glücklich wurde? Nur soviel will ich noch sagen, daß nach seiner Entfernung aus dem Palast des Herzogs große Unruhe entstand, denn als am andern Tag der Herzog seinen

Schwur erfüllen und dem Zwerg, wenn er die Kräuter nicht gefunden hätte, den Kopf abschlagen lassen wollte, war er nirgends zu finden; der Fürst aber behauptete, der Herzog habe ihn heimlich entkommen lassen, um sich nicht seines besten Kochs zu berauben, und klagte ihn an, daß er wortbrüchig sei. Dadurch entstand denn ein großer Krieg zwischen beiden Fürsten, der in der Geschichte unter dem Namen »Kräuterkrieg« wohlbekannt ist; es wurde manche Schlacht geschlagen, aber am Ende doch Friede gemacht, und diesen Frieden nennt man bei uns den »Pastetenfrieden«, weil beim Versöhnungsfest durch den Koch des Fürsten die Souzeraine, die Königin der Pasteten, zubereitet wurde, welche sich der Herr Herzog trefflich schmecken ließ.

So führen oft die kleinsten Ursachen zu großen Folgen; und dies ist die Geschichte des Zwerges Nase.

So erzählt uns Wilhelm Hauff.

Das häßliche junge Entlein

*E*s war so herrlich draußen auf dem Lande; es war Sommer! Das Korn stand gelb, der Hafer grün, das Heu war in Schobern unten auf den grünen Wiesen aufgerichtet, und der Storch ging auf seinen langen, roten Beinen und plapperte ägyptisch, denn diese Sprache hatte er von seiner Mutter gelernt. Rings um Acker und Wiesen waren große Wälder, und mitten in den Wäldern tiefe Seen; ja, es war wirklich herrlich draußen auf dem Lande! Mitten im Sonnenschein lag dort ein alter Herrenhof von tiefen Kanälen umgeben, und von der Mauer und bis zum Wasser hinunter wuchsen große Klettenblätter, die waren so hoch, daß kleine Kinder aufrecht unter den größten stehen konnten; es war ebenso wild darin wie in dem dichtesten Wald, und hier saß eine Ente auf ihrem Nest; sie sollte ihre kleinen Entlein ausbrüten, aber es wurde ihr fast zu langweilig, denn es dauerte so lange und sie bekam selten Besuch; die andern Enten mochten lieber in den Kanälen herumschwimmen, als hinauslaufen und unter einem Klettenblatt sitzen, um mit ihr zu schnattern.

Endlich platzte ein Ei nach dem andern: »Piep! Piep!« sagte es, alle Eidotter waren lebendig geworden und steckten die Köpfe heraus.

»Rapp, rapp!« sagte sie, und da rappelten sich alle was sie konnten und sahen nach allen Seiten unter den grünen Blättern; und die Mutter ließ sie schauen, soviel sie wollten, denn das Grüne ist gut für die Augen.

»Wie ist die Welt doch groß!« sagten alle Jungen; denn nun hatten sie freilich viel mehr Platz, als da sie noch im Ei lagen.

»Glaubt ihr, daß dies die ganze Welt sei?« sagte die Mutter. »Die erstreckt sich noch weit über die andere Seite des Gartens, gerade hinein in des Pfarrers Feld; aber da bin ich nie gewesen! Ihr seid doch alle beisammen?« Dann richtete sie sich auf. »Nein, ich habe nicht alle; das größte Ei liegt noch da; wie lange soll das dauern! Nun ist es mir bald langweilig!« und so setzte sie sich wieder.

»Nun, wie geht es?« sagte eine alte Ente, die gekommen war, um ihr einen Besuch abzustatten.

»Es dauert so lange mit dem einen Ei!« sagte die Ente, die saß.

»Es will nicht platzen; aber sieh nur die andern an! Es sind die niedlichsten Entlein, die ich gesehen habe! Sie gleichen allesamt ihrem Vater, der Bösewicht! Er kommt nicht, mich besuchen.«

»Laß mich das Ei sehen, das nicht platzen will!« sagte die Alte. »Glaube mir, es ist ein Kalkuttenei! Ich bin auch einmal so gefoppt worden und ich hatte meine Sorge und Not mit den Jungen, denn ihnen ist bange vor dem Wasser, will ich dir sagen! Ich konnte sie nicht hineinbringen; ich rappte und schnappte, aber es half nichts. Laß mich das Ei sehen! Ja, das ist ein Kalkuttenei! Laß das liegen und lehre lieber die andern Kinder schwimmen!«

»Ich will doch noch ein bißchen darauf sitzen«, sagte die Ente, »habe ich nun so lange gesessen, so kann ich auch noch einige Tage sitzen.«

»Bitte!« sagte die alte Ente und dann ging sie.

Endlich platzte das große Ei. »Piep! Piep!« sagte das Junge und kroch heraus; es war sehr groß und häßlich! Die Ente sah es an: »Es ist doch ein schrecklich großes Entlein, das«, sagte sie, »keins von den andern sieht so aus! Es wird doch wohl nicht ein Kalkuttenküchlein sein? Nun wollen wir bald dahinterkommen; in das Wasser muß es, sollte ich es auch selbst hineinstoßen.«

Am nächsten Tag war schönes, herrliches Wetter; die Sonne schien auf alle grünen Kletten. Die Entenmutter kam mit ihrer ganzen Familie zu dem Kanal hinunter. Platsch!, da sprang sie in das Wasser. »Rapp! Rapp!« sagte sie, und ein Entlein nach dem andern plumpste hinein; das Wasser schlug ihnen über dem Kopf zusammen, aber sie kamen gleich wieder empor und schwammen ganz prächtig; die Beine gingen von selbst, und alle waren sie im Wasser; selbst das häßliche, graue Junge schwamm mit.

»Nein, es ist kein Kalkutt«, sagte sie, »sieh, wie herrlich es die Beine gebraucht, wie gerade es sich hält; es ist mein eignes Kind! Im Grunde ist es doch ganz hübsch, wenn man es nur recht betrachtet! Rapp! Rapp! Kommt nur mit mir, dann werde ich euch in die Welt einführen und euch im Entenhof präsentieren, aber haltet euch immer nahe zu mir, damit euch niemand trete, und nehmt euch vor den Katzen in Acht!«

Und so kamen sie in den Entenhof hinein. Drinnen war ein schrecklicher Lärm, denn da waren zwei Familien, die sich um einen Aalkopf bissen, und dann bekam ihn doch die Katze.

»Seht, so geht es in der Welt zu!« sagte die Entleinmutter und wetzte ihren Schnabel, denn sie wollte auch den Aalkopf haben. »Braucht nun die Beine!« sagte sie. »Seht, daß ihr euch rappeln könnt, und neigt euern Hals vor der alten Ente dort; die ist die vornehmste von allen hier; sie ist aus spanischem Geblüt, deshalb ist sie so dick, und ihr seht, sie hat einen roten Lappen um das Bein; das ist etwas außerordentlich Schönes und die größte Auszeichnung, die einer Ente zuteil werden kann; das bedeutet so viel, daß man sie nicht verlieren will und daß sie von Tier und Menschen erkannt werden soll! Rappelt euch! Setzt die Füße weit auswärts; ein wohlerzogenes Entlein setzt die Füße nicht einwärts, gerade wie Vater und Mutter; seht, so! Nun neigt euern Hals und sagt: Rapp!«

Und das taten sie; aber die andern Enten ringsumher betrachteten sie und sagten ganz laut: »Sieh da! Nun sollen wir noch den Anhang haben; als ob wir nicht schon so genug wären! Und pfui!, wie das eine Entlein aussieht! Das wollen wir nicht dulden!« Und sogleich flog eine Ente hin und biss es in den Nacken.

»Laß es gehen!« sagte die Mutter. »Es tut ja niemandem etwas.«

»Ja, aber es ist zu groß und ungewöhnlich«, sagte die Ente, die biss, »und deshalb muß es gepufft werden.«

»Es sind hübsche Kinder, die die Mutter hat«, sagte die alte Ente mit dem Lappen um das Bein, »alle zusammen hübsch, bis auf das eine; das ist nicht geglückt; ich würde wünschen, daß sie das noch einmal umforme!«

»Das geht nicht, Ihro Gnaden«, sagte die Entleinmutter, »es ist nicht hübsch, aber es hat ein innerlich gutes Gemüt und schwimmt so herrlich wie irgendein anderes, ja, ich darf sagen, noch etwas besser; ich denke, es wächst sich hübsch aus, oder es wird mit der Zeit etwas kleiner; es hat zu lange in dem Ei gelegen und deshalb nicht die rechte Gestalt bekommen!« Und so zupfte sie es im Nakken und glättete das Gefieder. »Es ist überdies ein Enterich«, sagte sie, »und da macht es nicht soviel. Ich denke, er wird gute Kräfte bekommen; er schlägt sich wohl durch.«

»Die andern Entlein sind niedlich«, sagte die Alte, »tut nun, als ob ihr zu Hause wäret, und findet ihr einen Aalkopf, so könnt ihr ihn mir bringen.«

Und nun waren sie wie zu Hause.

Aber das arme Entlein, das zuletzt aus dem Ei gekommen war und so häßlich aussah, wurde gebissen, gestoßen und zum Narren gehalten, und das sowohl von den Enten wie von den Hühnern. »Es ist zu groß!« sagten sie alle, und der kalkuttische Hahn, der mit Sporen zur Welt gekommen war und deshalb glaubte, daß er Kaiser sei, blies sich auf wie ein Fahrzeug mit vollen Segeln und ging gerade auf dasselbe los und dann kollerte er und wurde ganz rot am Kopf. Das arme Entlein wußte nicht, wo es stehen oder gehen sollte, es war so betrübt, weil es so häßlich aussah und dem ganzen Entenhof zum Spott war.

So ging es den ersten Tag, und später wurde es schlimmer und schlimmer. Das arme Entlein wurde von allen gejagt, selbst seine Schwestern waren ganz böse gegen dasselbe und sie sagten immer: »Wenn die Katze dich nur fangen möchte, du abscheulicher Anblick!« Und die Mutter sagte: »Wenn du nur weit fort wärst!« Die Enten bissen es, und die Hühner schlugen es, und das Mädchen, das den Tieren Futter geben sollte, stieß mit dem Fuß nach ihm.

Da lief und flog es über den Zaun; die kleinen Vögel in den Büschen fuhren erschrocken auf. »Das ist, weil ich so häßlich bin«, dachte das Entlein und schloß die Augen, lief aber gleichwohl weiter; so kam es hinaus zu dem großen Moor, wo die Wildenten wohnten. Hier lag es die ganze Nacht; es war so müde und kummervoll.

Gegen Morgen flogen die Wildenten auf und betrachteten den neuen Kameraden. »Was bist du für einer?« fragten sie; und das Entlein drehte sich nach allen Seiten und grüßte, so gut es konnte.

»Du bist außerordentlich häßlich!« sagten die wilden Enten. »Aber das kann uns gleich sein, wenn du nur nicht in unsere Familie hineinheiratest.« Das Arme! Es dachte freilich nicht daran, sich zu verheiraten, wenn es nur die Erlaubnis erhalten konnte, im Schilf zu liegen und etwas Moorwasser zu trinken.

So lag es zwei ganze Tage; da kamen zwei Wildgänse oder richtiger Wildganter dorthin, denn sie waren zwei Er; es war noch nicht lange her, daß sie aus dem Ei gekrochen waren, und deshalb waren sie auch so keck.

»Höre, Kamerad!« sagten sie. »Du bist so häßlich, daß wir dich gut leiden können, willst du mitziehen und Zugvogel werden? Hier nahebei in einem andern Moor gibt es einige süße, liebliche Wildgänse, sämtlich Fräulein, die alle ›Rapp!‹ sagen können. Du bist imstande, dein Glück dort zu machen, so häßlich bist du!«

»Piff! Paff!« tönte es in demselben Augenblick von oben, und beide Wildganter fielen tot in das Schilf nieder, und das Wasser wurde blutrot. »Piff, Paff!« ertönte es wieder, und ganze Scharen von Wildgänsen flogen aus dem Schilf auf, und dann knallte es wieder. Es war große Jagd; die Jäger lagen rings um das Moos herum, ja, einige saßen oben in den Baumzweigen, die sich weit über das Schilf hinstreckten; der blaue Rauch zog wie Wolken zwischen die dunklen Bäume hinein und ging weit über das Wasser hin, in den Schlamm kamen die Jagdhunde, platsch, platsch; Schilf und Rohr schwankten nach allen Seiten; das war ein Schreck für das arme Entlein, es wandte den Kopf, um ihn unter den Flügel zu stecken, aber gerade in demselben Augenblick stand ein fürchterlich großer Hund dicht vor ihm, die Zunge hing ihm lang aus dem Halse heraus, und die Augen leuchteten grauenhaft häßlich; er streckte seine Schnauze dem Entlein gerade entgegen, zeigte ihm die scharfen Zähne und … platsch, ging er wieder, ohne es zu packen.

»Oh, Gott sei Dank!« seufzte das Entlein. »Ich bin so häßlich, daß mich selbst der Hund nicht beißen mag!«

Und so lag es still, während die Schrote durch das Schilf sausten und Schuss auf Schuss knallte.

Erst spät am Tage wurde es ruhig, aber das arme Junge wagte noch nicht, sich zu erheben, es wartete noch mehrere Stunden, bevor es sich umsah, und dann eilte es fort aus dem Moor, so schnell es konnte; es lief über Feld und Wiese, da war ein Sturm, daß es ihm schwer wurde, von der Stelle zu kommen.

Gegen Abend erreichte es eine armselige, kleine Bauernhütte; die war so baufällig, daß sie selbst nicht wußte, nach welcher Seite sie fallen sollte, und darum blieb sie stehen. Der Sturm umsauste das Entlein so, daß es sich auf den Schwanz setzen mußte, um sich dagegenzustemmen, und es wurde schlimmer und schlimmer; da bemerkte es, daß die Türe aus dem einen Angel gegangen war und so schief hing, daß es durch die Spalte in die Stube hineinschlüpfen konnte, und das tat es.

Hier wohnte eine alte Frau mit ihrem Kater und ihrer Henne; und der Kater, den sie Söhnchen nannte, konnte einen Buckel machen und spinnen, er sprühte sogar Funken, aber dann mußte man ihn gegen das Haar streichen; die Henne hatte ganz kleine, kurze Beine, und deshalb wurde sie Küchelchen-Kurzbein genannt; sie legte gute Eier, und die Frau liebte sie wie ihr eignes Kind.

Am Morgen bemerkte man sogleich das fremde Entlein; und der Kater begann zu spinnen und die Henne zu glucken.

»Was ist das?« sagte die Frau und sah sich rings um; aber sie sah nicht gut, und so glaubte sie, daß das Entlein eine fette Ente sei, die sich verirrt habe. »Das ist ja ein seltener Fang!« sagte sie. »Nun kann ich Enteneier bekommen. Wenn es nur kein Enterich ist! Das müssen wir erproben.«

Und so wurde das Entlein für drei Wochen auf Probe angenommen; aber es kamen keine Eier. Und der Kater war Herr im Hause, und die Henne war die Madame, und immer sagten sie: »Wir und die Welt!« Denn sie glaubten, daß sie die Hälfte seien, und zwar die allerbeste Hälfte. Dem Entlein schien, daß man auch eine andere Meinung haben könne; aber das litt die Henne nicht.

»Kannst du Eier legen?« fragte sie.

»Nein!«

»Ja, willst du dann deinen Mund halten!«

Und der Kater sagte: »Kannst du einen Buckel machen, spinnen und Funken sprühen?«

»Nein!«

»Ja, dann sollst du auch keine Meinung haben, wenn vernünftige Leute sprechen!«

Und das Entlein saß im Winkel und war schlechter Laune; da kam es ihm bei, an die frische Luft und den Sonnenschein zu denken; es bekam solche sonderbare Lust, auf dem Wasser zu schwimmen, daß es endlich nicht anders konnte, es mußte das der Henne sagen.

»Was fällt dir ein?« fragte die. »Du hast nichts zu tun, deshalb fängst du Grillen! Lege Eier oder spinne, so geht das vorüber.«

»Aber es ist so schön, auf dem Wasser zu schwimmen!« sagte das Entlein. »So herrlich, es über dem Kopfe zusammenschlagen zu lassen und auf den Grund zu tauchen!«

»Ja, das ist wohl ein großes Vergnügen!« sagte die Henne. »Du bist wohl verrückt geworden! Frage den Kater darnach, er ist das klügste Geschöpf, das ich kenne, ob er es liebt, auf dem Wasser zu schwimmen oder unterzutauchen? Ich will nicht von mir sprechen. Frage selbst unsere Herrschaft, die alte Frau; klüger als sie ist niemand auf der Welt! Glaubst du, sie hat Lust zu schwimmen und das Wasser über den Kopf zusammenschlagen zu lassen?«

»Ihr versteht mich nicht!« sagte das Entlein.

»Ja, wir verstehen dich nicht, wer soll dich dann verstehen! Du wirst doch wohl nicht klüger sein wollen als der Kater und die Frau, von mir will ich nicht reden! Bilde dir nichts ein, Kind! Und danke du deinem Schöpfer für all das Gute, was man für dich getan hat! Bist du nicht in eine warme Stube gekommen und hast du nicht eine Gesellschaft, von der du etwas lernen kannst? Aber du bist ein Schwätzer, und es ist nicht erfreulich, mit dir umzugehen! Mir kannst du glauben! Ich meine es gut mit dir, ich sage dir Unannehmlichkeiten, und daran kann man seine wahren Freunde erkennen! Sieh nur zu, daß du Eier legst oder spinnen oder Funken sprühen lernst!«

»Ich glaube, ich will hinaus in die weite Welt gehen!« sagte das Entlein.

»Ja, tue du das!« sagte die Henne.

Und dann ging das Entlein; es schwamm auf dem Wasser, es tauchte unter, aber von allen Tieren wurde es übersehen wegen seiner Häßlichkeit.

Nun brach der Herbst herein; die Blätter im Walde wurden gelb und braun, der Wind faßte sie, so daß sie umhertanzten, und

oben in der Luft sah es kalt aus; die Wolken hingen schwer von
Hagel und Schneeflocken, und auf dem Zaune stand der Rabe
und schrie: »Au! Au!« vor Kälte, ja, man konnte ordentlich frie-
ren, wenn man nur daran dachte; das arme Entlein hatte es wahrlich nicht gut!

Eines Abends, die Sonne ging eben so schön unter, kam ein
ganzer Schwarm herrlicher, großer Vögel aus dem Busch, das Entlein hatte nie so schöne gesehen, sie waren schimmernd weiß, mit
langen, geschmeidigen Hälsen; es waren Schwäne, sie stießen einen
ganz eigentümlichen Ton aus, breiteten ihre prächtigen, langen
Schwingen aus und flogen aus der kalten Gegend fort nach wärme-
ren Ländern, nach offenen Seen; sie flogen so hoch, so hoch, daß
dem häßlichen jungen Entlein gar sonderbar zumute wurde; es
drehte sich rundherum im Wasser wie ein Rad, streckte den Hals
hoch in die Luft nach ihnen und stieß einen Schrei aus, so laut und
wunderlich, daß es selbst davor erschrak. Oh, es konnte die herrlichen Vögel nicht vergessen, die glücklichen Vögel, und sobald es
sie nicht mehr erblickte, tauchte es unter bis auf den Grund; und
als es wieder heraufkam, war es wie außer sich. Es wußte nicht,
wie die Vögel hießen, nicht, wohin sie flogen, aber doch liebte es
sie, wie es nie jemanden geliebt hatte; es beneidete sie durchaus
nicht, wie konnte es ihm einfallen, sich eine solche Herrlichkeit zu
wünschen? Es wäre schon froh gewesen, wenn doch nur die Enten
es unter sich geduldet hätten; das arme, häßliche Tier!

Und der Winter wurde so kalt, so kalt; das Entlein mußte im
Wasser umherschwimmen, um das völlige Zufrieren desselben zu
verhindern; aber jede Nacht wurde das Loch, in dem es schwamm,
kleiner und kleiner; es fror so, daß es in der Eisdecke knackte; das
Entlein mußte fortwährend die Beine gebrauchen, damit das Loch
sich nicht schloß. Zuletzt wurde es matt, lag ganz stille und fror so
im Eise fest.

Des Morgens früh kam ein Bauer, er sah es, ging hin und schlug
mit seinem Holzschuh das Eis in Stücke und trug es dann heim zu
seiner Frau. Da kam es wieder zu sich.

Die Kinder wollten mit ihm spielen; aber das Entlein glaubte,
sie wollten ihm etwas zuleide tun, und fuhr in der Angst gerade in

den Milchnapf hinein, so daß die Milch in die Stube spritzte: die Frau schrie und schlug die Hände zusammen, und da flog es in das Butterfaß und dann hinunter in die Mehltonne und wieder heraus. Nein, wie sah es dann aus! Die Frau schrie und schlug mit der Feuerzange danach; die Kinder rannten einander über den Haufen, um das Entlein zu fangen, und sie lachten und sie schrien; gut war es, daß die Tür aufstand, hinaus fuhr es zwischen die Büsche in den frisch gefallenen Schnee – da lag es ganz ermattet.

Aber es würde zu betrüblich sein, all die Not und Elend zu erzählen, die es in dem harten Winter erfahren mußte. … Es lag im Moor zwischen dem Schilf, als die Sonne wieder warm zu scheinen begann; die Lerchen sangen, es war herrlicher Frühling.

Da hob es auf einmal seine Schwingen, sie brausten stärker als früher und trugen es kräftig davon; und ehe es recht wußte, wie, war es in einem großen Garten, wo die Apfelbäume in Blüte standen, wo der Flieder duftete und seine langen, grünen Zweige bis zu den gebuchteten Kanälen hinunterhing. Oh, hier war es so schön, so frühlingsfrisch! Und vorn aus dem Dickicht kamen drei herrliche, weiße Schwäne; sie brausten mit den Federn und schwammen leicht auf dem Wasser. Das Entlein kannte die prächtigen Tiere und wurde von einer wunderlichen Traurigkeit befangen.

»Ich will zu ihnen hinfliegen, zu den königlichen Vögeln! Und sie werden mich totschlagen, weil ich, der ich so häßlich bin, mich ihnen zu nähern wage; aber das ist gleich! Besser von ihnen getötet zu werden, als von den Enten gezwackt, von den Hühnern geschlagen, von dem Mädchen, das den Hühnerhof hütet, gestoßen zu werden und im Winter Mangel zu leiden!« Und es flog hinaus in das Wasser und schwamm hin zu den prächtigen Schwänen, diese sahen es und schossen mit brausenden Federn auf dasselbe los. »Tötet mich nur!« sagte das arme Tier und neigte seinen Kopf zu der Wasserfläche und erwartete den Tod, aber was sah es in dem klaren Wasser? Es sah sein eignes Bild unter sich, aber das war nicht mehr ein plumper, schwarzgrauer Vogel, häßlich und garstig, es war selbst ein Schwan.

Es schadet nichts, in einem Entenhofe geboren zu sein, wenn man nur in einem Schwanenei gelegen hat!

Es fühlte sich ordentlich froh über all die Not und die Drangsal, die es erduldet; nun verstand es sich erst recht auf sein Glück, auf all die Herrlichkeit, die es begrüßte. Und die großen Schwäne umschwammen es und streichelten es mit den Schnäbeln.

In den Garten kamen einige kleine Kinder, die warfen Brot und Korn in das Wasser, und das kleinste rief: »Da ist ein Neuer!« Und die andern Kinder jubelten mit: »Ja, es ist ein Neuer angekommen!« Und sie klatschten in die Hände und tanzten umher, liefen zu Vater und Mutter, und es wurde Brot und Kuchen in das Wasser geworfen, und sie sagten alle: »Der Neue ist der schönste! So jung und so herrlich!« Und die alten Schwäne neigten sich vor ihm.

Da fühlte er sich ganz beschämt und steckte den Kopf unter seine Flügel, er wußte selbst nicht, was tun; er war allzu glücklich, aber gar nicht stolz, denn ein gutes Herz wird niemals stolz; er dachte daran, wie er verfolgt und verhöhnt worden war, und hörte nun alle sagen, daß er der herrlichste von allen herrlichen Vögeln sei. Und der Flieder bog sich mit den Zweigen zu ihm in das Wasser hinunter, und die Sonne schien so warm und so mild, da brausten seine Federn, der schlanke Hals hob sich, und aus vollem Herzen jubelte er: »So viel Glück habe ich mir nicht träumen lassen, als ich noch das häßliche Entlein war!«

So erzählt uns Hans Christian Andersen.

Das verlassene Kind

Es waren zwei alte Leute, die wohnten in einem Dorf, und das Dorf lag an der Meeresküste. Besagte Eheleute hatten ein Kind, das mit der Zeit groß wurde, jedoch in großer Armut. Der Junge wurde blöde. Er war neun Jahre alt geworden, als die Alten von einem Laden, in dem sie sackweise Brennholz verkauften, lebten. Nun half das neunjährige Kind den Eltern bei dieser Arbeit. Ihr ganzer Reichtum bestand aus fünf Hunden, die das Kind überallhin begleiteten. Zuerst half der Bub den Eltern, indem er alle Tage am Strand Holzstückchen zusammensuchte, die er in der Stadt verkaufte. Da ging er dann am Morgen fort und bat die Eltern, ihm ein Stück Brot mitzugeben, aber das Brot war über dem Kohlenbecken daheim gebacken und war aus ungefähr einem Viertelkilo Mehl. Das war sein ganzes Frühstück. Und die Tage kamen und gingen, und eines Tages gaben sie ihm seine Zuteilung nicht mit, die sie ihm sonst für den Morgen mitgegeben hatten, und er kam ans Meeresufer, setzte sich nieder und begann zu weinen. Wie er so weinte, die Hunde neben sich, da taten sich plötzlich die Wasser auf, und er sah den Kopf eines Fisches, als er sich die Augen trocken wischte. Es war ein Corvinafisch. Als das Kind aufgezogen worden war, hatten die Eltern nicht gewußt, wie sie es nennen sollten, aber der Fisch redete es, als er aus dem Wasser glitt und auf dem Sande die Füße des Kindes berührte, an: »Schau her, Rosa, tu du gar nichts, ich will immerfort mit dir gehen und dir helfen, soweit ich das vermag.«

Seither nannte der Bub sich Rosa Parra. Darauf sprach der Fisch: »Erinnere dich alle Tage, wenn du aufwachst, an mich und sage: ›Fischlein, führe mir durch die Kraft, die Gott dir verliehen hat, die allerbesten Mahlzeiten vor, damit ich mich satt essen kann.‹«

Sofort standen sie vor ihm.

So ging das Kind an jenem Morgen heim und nahm kein Reisig mit. Als es zu Hause ankam, bestraften es die Eltern. Weil es kein Holz gebracht hatte, verdiente es nicht einmal ein Stück Brot. Und es erinnerte sich an den Fisch.

»Man möge recht viel Essen und recht viel Brot vor mich hinstellen!«

Sogleich wurde es ihm hingestellt. Vater und Mutter frühstückten auch, als sie sahen, daß sie ganz unerwartet so viele eßbare Dinge vor sich hatten, und sie aßen, bis sie nicht mehr konnten.

Am anderen Tage mußte das Kind wie gewöhnlich hinaus. Darauf bat es morgens um einen halben Zentner Mehl, und von einem Viertelzentner bereitete man ihm ein Brötlein zu. Man richtete alles dafür her, buk es ihm, und er nahm es mit. Er gelangte an das Meeresufer. Nun bedachte er sich und sagte: »Ich habe nichts davon, wenn ich wenig Holz mitnehme«, und er erinnerte sich an den Fisch. Darauf sagte er zu seinem Fischlein: »Schau, Fischlein, sag jenem Balken, er möge hinter mir herlaufen, er soll bei mir daheim vorbeigehen, und dann wollen wir zusammen ins Dorf.«

Als Rosa Parra den Wunsch ausgesprochen hatte, bewegte der Balken sich, und der Junge setzte sich rittlings darauf, um nicht die Füße zu bemühen, und sie setzten den Weg bis ins Dorf fort, um ihn zu verkaufen. Und Rosa Parra ritt beim Palast des Königs vorbei, rittlings auf einem Balken, das Aschenbrot kauend und die Hunde daneben. Da trat die Prinzessin auf den Balkon und sprach: »Seht bloß den Dummkopf an, wie er auf einem Balken reitet und sein Brot ißt, das ihm auch noch die Hunde wegschnappen!«

Er kam ins Dorf und schloß seinen Handel ab. Der Herr, der ihm das Holz des Balkens abkaufte – denn alle im Dorf kannten ihn bereits als den Holzverkäufer und wußten, daß sein Name Rosa Parra war –, der Herr also sagte zu ihm: »Willst du ein Almud Silber oder ein Vergelt's Gott?«

»Ein Almud Silber ist viel und wiegt viel, bezahlt mich lieber mit einem ›Vergelt's Gott‹!«

Darauf kehrte der Junge heim. Man verlangte ihm das Geld für den Balken ab.

»Sie wollten es mir zuschicken.«

Das war die Antwort, die er gab. Wie gewöhnlich, hatte er alles zu essen. Gleich darauf kam das Tischlein-deck-dich für die

Eltern, und alle aßen. Es war sein Beruf, alle Tage Holz im Dorf zu verkaufen. Eines Tages, als er wiederum auf dieselbe Weise beim Palast des Königs vorbeiritt, kam die Prinzessin mit der gleichen Kunde, daß der blöde Rosa Parra auf einem Balken ritte, sein Aschenbrot äße und daß die Hunde hinter ihm drein wären. Rosa Parra warf ihr, als er die Stimme vernahm, einen Seitenblick zu. Dann sprach er heimlich in seinem Herzen und stieß mächtige Worte aus, daß nämlich die Prinzessin mit zwei Kindern von ihm schwanger gehen sollte. Bald darauf brauchte Rosa Parra nicht mehr auszugehen. Monate verstrichen. Er brach den Handel ab, und im Dorf vermißten sie ihn.

Lassen wir Rosa Parra und begeben wir uns zur Prinzessin.

Als die neun Monate um waren, kamen die beiden Prinzchen. Der König regte sich sehr auf und dachte bei sich, wie diese Unachtsamkeit wohl hatte geschehen können, wo seine Tochter doch gar nirgends hinginge. Die Prinzenkinder waren ein Junge und ein Mädchen, und die wuchsen auf wie das Gras. Als die Kinder bereits sprechen konnten, schlug der König in allen Städten die Bekanntmachung an, daß man bei seinem Königswort käme, um die Kinder als Vater anzuerkennen, oder damit die Kinder ihren Vater erkannten.

So eilte das Volk herbei, um seine Pflicht zu erfüllen und die Prinzessin zu ehelichen. Reiche und Arme kamen. Die Prinzessin saß zur Linken und die Kinder saßen zur Rechten. Für die Besichtigung setzte man eine Stunde am Morgen und eine am Nachmittag fest. Das währte einen Monat. Keiner von den Besuchern konnte sich als Vater der Kinder zu erkennen geben. Es fehlten noch zwei Tage bis zum Ende der Frist, die der König gegeben hatte. Rosa Parra sprach: »Ich will schauen gehen, ob die Kinder mich erkennen. Richtet mir meine Kleider gut her, wascht und flickt sie, wo sie zerrissen sind.«

Sogleich geschah alles, wie er angeordnet hatte. Und der für ihn angesetzte Termin kam heran. Er ging nach seiner Gewohnheit mit seinem Aschenbrot von einem Viertelzentner Mehl, das er unter dem Arme trug, und mit seinen fünf Hunden, die ihn niemals verließen. Er kam, und man tat ihm das Tor auf, und er ging durch ein Gäßlein, durch das er gehen mußte. Hinter sieben Prinzen kam

Rosa Parra an die Reihe und ging an der Prinzessin und den Kindern vorbei. Die Kinder erblickten ihn und sprachen: »Mein Väterchen! Mein Väterchen!« Der König schlug sich gegen die Stirn und sagte: »Ein König muß Wort halten! Der dort ist der Gemahl meiner Tochter.«

Sogleich kamen die Geistlichen und Bischöfe, um die Trauung von Rosa Parra zu zelebrieren. Er vermählte sich. Man wies ihm einen Pferdestall zu, in dem er mit seiner Frau und mit seinen Kinderchen wohnen sollte. So verbrachte die Prinzessin die allertraurigsten Tage. Darauf dachte der König, es sei der Schimpf, an dem sie litte, und ließ einen sehr großen Kasten anfertigen, in den zwei Betten hineingingen, damit die Kinder und das Ehepaar darin schlafen könnten. Als der Kasten fertig war, brachten sie ihn, mit allen Arten Lebensmitteln versehen, auf die Mole ans Meer. Als der Kasten auf der Mole stand, lud der König eines Tages seinen Schwiegersohn ein. Rosa Parra gehorchte und machte eine Spazierfahrt auf die Mole am Meeresufer mit. Nun fuhren sie in einer Kutsche aus. Der König und seine Frau, seine Tochter und Rosa Parra mit den beiden Prinzchen fuhren dahin und dorthin spazieren und kamen endlich bei dem Kasten an. Darauf sagte der König zu Rosa Parra: »Wie würden dir, deiner Frau und deinen Kindern wohl diese Bettchen passen?«

Er gehorchte und sprang mit seiner Frau und den Kindern hinein. Als die vier ausgestreckt lagen, kam der König und schloß die Tür. Als Rosa Parra sich so gefangen sah, gab der König dem Kasten einen Stoß und warf ihn ins Meer. Das Meer machte sich daran, sie Meile um Meile von der Mole wegzutragen. Als ihnen bereits das Essen für die Kinder ausging, flehte die Frau den Gatten an, er wäre doch ein Mann und besäße, da er die zwei Kinder nur durch ein Wort bekommen hätte, eine sehr große Macht.

Da sagte er, als schon dreißig Tage vergangen waren: »Wahrhaftig, du hast ja nichts mit einem Manne gehabt, als du diese Kinder bekamst, sondern kriegtest sie nur, weil ich geheime Kräfte besitze!«

»Und warum, Rosa Parra, wünschtest du dir nicht, daß du die Blödheit im Kopf loswirst?«

Er gehorchte nicht. Einen ganzen Tag lang flehten ihn die drei an, er sollte wünschen, daß sie aus der Wüste herauskämen. Die Frau sagte zu ihm: »Ach, Röschen! Verlange es doch von deiner Zauberkraft.« Darauf besann Rosa sich und erzählte, daß er ein Fischlein gehabt hätte, das ihm alles verschaffte, was er brauchte. Darauf kniete er im Bett und sagte: »Fischlein, gib mit der Kraft, die Gott dir verliehen hat, daß ein Palast vor uns ersteht, der doppelt so schön wie der des Königs ist, und mit einer Brücke, die mit goldenen Geländern hier heraus und genau auf die Stadt meines Schwiegervaters zu führt!«

Sofort geschah das alles. Der Palast stand vor ihnen mit der Brücke und dem goldenen Geländer und mit dem ganzen Gesinde, so daß sie Dienstmädchen und bessere Angestellte mit allem Personal und etliche von den allerschönsten Kutschen hatten.

Von nun an war Rosa Parra ein Mann von bestem Wissen und feinster Bildung. Eines Tages sagte er zu seiner Frau: »Bereite dich etwas vor, morgen gehen wir deinen Vater besuchen.«

Am anderen Tage wurde ausgeführt, was er angeordnet hatte, und sie begaben sich in einem schönen Wagen auf die Reise. Der Kutscher hatte einen Anzug an, wie selbst der König keinen besaß. Die Pferde und das Geschirr funkelten nur so. Die vier stiegen ein. Der Junge und das Mädchen waren bereits groß. Und sie fuhren den König besuchen.

Wie der König so in seinem Palast auf dem Balkon saß, erspähte er mit einemmal etwas, was blitzend, als wäre es die Sonne selber, näher kam. Und der König saß fast im Dunkeln, als er so saß und schaute, wie die Kutsche überallhin ihren hellen Widerschein warf. Die Gäste gelangten beim Palast an und stiegen aus der Kutsche.

Und die Wachen gingen fort und gaben dem König Bescheid, daß Gäste gekommen wären. Die alte Frau stand und verlor die Besinnung, als sie herauskam und ihre Tochter wiedererkannte und doch nicht wußte, ob sie es wirklich war. Das Fest für die Besucher dauerte zwei Tage, denn sie waren für den König eine große Neuigkeit. Als sie beim Mittagessen waren, erinnerten sie sich an den unglückseligen Rosa Parra, und er selbst sagte darauf: »Wird er wohl gestorben sein? Haben ihn wohl die Fische gefressen?«

Am dritten Tage rüstete sich der Kutscher, um die Heimreise zu unternehmen, und sie verabschiedeten sich und luden den König ein, er sollte sich an dem und dem Tage bei ihnen einfinden, um den Besuch zu erwidern.

»Jetzt müßt Ihr mich in meinem trüben und einfachen Heim aufsuchen. Es soll nichts fehlen, um die Gastfreundschaft, die Ihr uns erwiesen habt, zu erwidern.«

Der Tag, den der König angegeben hatte und an dem er die Reise unternehmen und den Besuch erwidern wollte, kam heran. Als sie um elf Uhr mittags ankamen, standen sie dem Palast gegenüber. Die Karossen, die der König mitführte, waren einfache Karren. Rosa Parras Diener kamen, um die Gäste und viele andere Könige, die auch zu Besuch gekommen waren, zu empfangen, und alle mußten sich im Schloß von Rosa Parra versammeln. Nachdem sie zu Mittag gespeist hatten, luden Rosa Parra und seine Frau zu einem Spaziergang durch den Garten ein, der ihnen zur Erholung diente. Und in dem hatten sie einen Baum, der goldene Äpfel trug, aber die Äpfel, die er trug, waren gezählt. Von diesen Äpfeln verschwanden plötzlich zwei, und der Gärtner schlug sogleich Alarm, und alle Gäste begannen, in den Kleidern herumzusuchen, und in der Tasche des Königs wurden sie gefunden. Und wie sie bei ihm in der Tasche auftauchten, war das eine große Blamage für ihn.

»Da gibt es nichts zu schamen, Herr König«, sagte Rosa Parra, »so geht es im Leben zu. Und Ihr, Gärtner, bleibt und schlagt weiter keinen Alarm.«

Und während er das sagte, traten sie ins Haus. Als sie drinnen waren, gab er sich zu erkennen und erklärte alle Dinge, die vorgefallen waren.

»So, wie die Äpfel in der Tasche aufgetaucht sind, kamen jene Kinder. Und ich bin Rosa Parra, der Holzarbeiter.«

Und als sie alles so geklärt hatten, faßten Rosa Parra und der König eine Liebe füreinander, als wenn er der eigene Sohn gewesen wäre.

»Ich biete Euch an, Euren Palast umzubauen.«

Und er baute ihn dem König zu genauso einem Schloß, wie das seinige war, um. Sie verabschiedeten sich, und die Besuche hatten ein Ende. Und der König lebte dort in seinem umgebauten Palast. Und Rosa Parras Eltern sind heute, so arm sie auch gewesen waren, durch ihren Sohn Millionäre. Er brachte alle in gute Verhältnisse.

Eines Tages, als er mit seiner Frau im Speisezimmer frühstückte, sagte er zu ihr: »Wir haben viel gelitten, aber alles ging vorüber. Und heute um zwei Uhr werden wir schutzlos zurückbleiben, denn heute geht derjenige von uns fort, der uns den Reichtum, den wir heute besitzen, gegeben hat.«

Und er gebot seiner Frau und den Kindern, einen Tisch im Garten aufzustellen mit einem ganz reinen Tischtuch und einigen Blumensträußen, den allerprächtigsten, die sie binden konnten, und als das alles da war, erschien der Fisch und sprang mit einem Satz auf den Tisch und verwandelte sich in eine Taube. Sie nahm Abschied, indem sie den rechten Flügel auf Rosa Parra und den linken auf die Frau und genauso auf die beiden Kinder legte, und dann flog sie auf und fort.

Und die Erzählung ist zu Ende.

So wird in Chile erzählt.

Zottelhaube

*E*s waren einmal ein König und eine Königin, die bekamen keine Kinder, und darüber war die Königin so betrübt, daß sie kaum jemals eine frohe Stunde hatte. Beständig klagte sie, daß es so einsam und still im Schloß sei: »Wenn wir nur Kinder hätten, so gäbe es Leben genug da.« Wo sie in ihrem ganzen Reich hinkam, da fand sie Kindersegen, sogar in der armseligsten Hütte; wo sie hinkam, da hörte sie die Hausfrau auf die Kinder schelten, sie hätten wieder das oder jenes angestellt; das fand die Königin vergnüglich und wollte es auch so haben. Zuletzt nahmen der König und die Königin ein fremdes kleines Mädchen zu sich; das wollten sie im Schloß bei sich haben und aufziehen und es zanken wie ihr eigenes Kind.

Eines Tages sprang das kleine Fräulein, das sie angenommen hatten, unten im Hof vor dem Schloß herum und spielte mit einem goldenen Apfel. Da kam eine arme Frau des Wegs; sie hatte auch ein kleines Mädchen bei sich, und es dauerte nicht lange, da waren das Mädchen und das kleine Fräulein gute Freunde und fingen an, zusammen zu spielen und sich den goldenen Apfel zuzuwerfen. Das sah die Königin, die oben im Schloß am Fenster saß; da klopfte sie ans Fenster, daß ihr Pflegetöchterchen heraufkommen sollte. Sie kam auch, aber das Bettelmädchen blieb dabei, und als sie in den Saal zur Königin kamen, hielten sie einander bei der Hand. Die Königin schalt auf das kleine Fräulein. »Das gehört sich nicht für dich, mit so einem lumpigen Bettelkind zu spielen!« sagte sie und wollte das Mädchen hinunterjagen.

»Wenn die Frau Königin wüßte, was meine Mutter kann, so würde sie mich nicht jagen«, sagte das kleine Mädchen, und als die Königin sie genauer ausfragte, erzählte sie, daß ihre Mutter der Königin Kinder verschaffen könnte. Das wollte die Königin nicht glauben, aber das Mädchen blieb dabei und sagte, jedes Wort sei wahr, und die Königin sollte nur versuchen, die Mutter dazu zu bringen. Da ließ die Königin das kleine Mädchen hinuntergehen und sie holen.

»Weißt du, was deine Tochter sagt?« fragte sie die Frau. Nein, die Bettlerin wußte es nicht.

»Sie sagt, daß du mir Kinder verschaffen kannst, wenn du willst«, sagte die Königin wieder.

»Das schickt sich nicht für die Königin, darauf zu hören, was einem Bettelkind in den Sinn kommt«, sagte die Frau und ging wieder hinaus.

Die Königin wurde zornig und wollte beinahe das kleine Mädchen hinunterjagen, aber sie versicherte, es sei alles aufs Wort wahr. »Die Königin sollte meiner Mutter nur einschenken, daß sie auftaut, dann wird sie Rat genug wissen«, sagte das Mädchen. Das wollte die Königin probieren; die Bettlerin wurde noch einmal heraufgeholt und mit Wein und Met traktiert, soviel sie haben wollte, und da dauerte es nicht lange, bis ihr die Zunge gelöst war. Da kam die Königin wieder mit ihrem Anliegen.

Einen Rat wüßte sie wohl, sagte die arme Frau: »Die Königin soll am Abend, wenn sie sich legen will, zwei Schüsseln mit Wasser hereintragen lassen. Darin soll sie sich waschen und sie dann unters Bett ausschütten. Wenn sie dann am anderen Morgen nachsieht, so sind da zwei Blumen gewachsen, eine schöne und eine häßliche. Die schöne soll sie verspeisen, die häßliche soll sie stehenlassen. Aber vergeßt das letzte nicht!« sagte die Frau.

Die Königin tat, wie die Frau ihr geraten hatte. Sie ließ Wasser in zwei Schüsseln heraufbringen, wusch sich darin und schüttete es unters Bett aus, und als sie am Morgen nachsah, standen zwei Blumen da; die eine war häßlich und garstig und hatte schwarze Blätter, die andere aber war so hell und schön, daß sie niemals so etwas Schönes gesehen hatte, und die aß sie schnell auf. Aber sie schmeckte ihr so gut, daß sie nicht anders konnte, als die andere auch essen; es wird weder schaden noch nützen, dachte sie.

Nach einer Weile kam die Königin ins Kindbett. Zuerst brachte sie ein Mädchen zur Welt, das hatte einen Rührlöffel in der Hand und ritt auf einem Bock; es war häßlich und garstig, und kaum war es auf der Welt, so rief es: »Mama!«

»Gott helf mir, wenn ich deine Mama sein soll«, sagte die Königin.

»Mach dir keine Sorgen deswegen, es kommt gleich noch eines, das ist schöner«, sagte das, das auf dem Bock ritt. Und darauf brachte die Königin noch ein Mädchen zur Welt, das war so schön und lieblich, daß man nie ein so schönes Kind gesehen hatte; und man kann sich vorstellen, daß die Königin sich darüber besonders freute. Die älteste nannten sie Zottelhaube, weil sie so schlampig und häßlich war und eine Kappe hatte, die ihr in Zotteln ums Gesicht hing; die Königin wollte nichts von ihr wissen, und die Zofen versuchten, sie in ein anderes Zimmer einzusperren. Aber das half nichts; wo die jüngste war, wollte sie auch sein, und sie waren durchaus nicht zu trennen.

Wie sie beide halbwüchsig waren, geschah es am Weihnachtsabend, daß sich ein ganz fürchterlicher Lärm und Trubel auf dem Hausgang vor der Stube der Königin erhob. Zottelhaube fragte, was das sei, das auf dem Gang so knurre und poltere.

»Das ist der Mühe nicht wert, daß du fragst«, sagte die Königin. Aber Zottelhaube gab nicht nach, sie wollte endlich Bescheid darüber, und so erzählte ihr die Königin, das seien die Trollweiber, die da draußen ihre Julfeier hielten. Zottelhaube sagte, sie wolle hinaus und sie jagen; und wie sie auch baten, sie möchte das doch nicht tun, das half gar nichts, sie wollte und mußte hinaus, um die Trollweiber zu jagen. Nur bat sie, die Königin sollte alle Türen wohl verriegelt halten, so daß nicht eine einzige auch nur angelehnt sei, sagte sie. Damit ging sie hinaus mit ihrem Rührlöffel und machte sich daran, die Trollweiber zu jagen und zu hetzen, und da war ein solcher Lärm auf dem Hausgang, wie ihr niemals einen gehört habt; es knarrte und krachte, als ob das Haus aus allen Fugen gehen wollte. Aber wie es nun gekommen sein mochte, die eine Türe stand nur angelehnt; jetzt wollte die Schwester hinausschauen und sehen, wie es Zottelhaube ging, und steckte den Kopf durch den Türspalt. Ratsch, da kam eine Trollhexe, riß ihr den Kopf ab und setzte ihr stattdessen einen Kalbskopf auf, und stracks ging die Prinzessin hinein und brüllte. Als Zottelhaube wieder hineinkam und die Schwester erblickte, da zankte sie und wurde böse, daß man nicht besser auf sie aufgepaßt hatte, und fragte, ob sie es für schön hielten, daß die Schwester in ein Kalb verwandelt worden sei. »Aber ich will doch sehen, ob ich sie nicht erlösen kann!« sagte sie. Sie verlangte vom König ein Schiff, wohl ausgerüstet und reisefertig, aber einen Steuermann und Mannschaft wollte sie nicht haben, sie wollte mit ihrer Schwester ganz allein fortgehen, und schließlich mußten sie ihr den Willen lassen.

Zottelhaube fuhr fort und steuerte gleich auf das Land zu, wo die Trollhexen wohnten, und als sie in den Hafen gekommen war, sagte sie ihrer Schwester, sie solle auf dem Schiff bleiben und sich ganz still verhalten; aber Zottelhaube selbst ritt auf ihrem Bock hinauf zum Schloß der Trollhexen. Wie sie hineinkam, war ein Saalfenster offen, und da sah sie den Kopf ihrer Schwester auf dem Fensterbrett stehen; da ritt sie in vollem Schwung in den Hausgang, packte den Kopf und machte sich mit ihm davon. Die Trollhexen waren hinterdrein und wollten den Kopf wiederhaben, und sie kamen so dicht in ihre Nähe, daß es nur so schwärmte und schwirrte, aber der Bock knuffte und stieß mit den Hörnern, und sie selbst schlug und hieb mit dem Rührlöffel drein, und so mußte der Trollschwarm sich besiegt geben. Zottelhaube kam zum Schiff zurück, nahm der Schwester den Kalbskopf ab und setzte ihr ihren eigenen Kopf wieder auf, so daß sie wieder ein Mensch wurde wie vorher. Und so fuhren sie weit, weit fort in ein fremdes Königreich.

Der König dort war ein Witwer und hatte nur einen einzigen Sohn. Wie er das fremde Schiff zu Gesicht bekam, sandte er Leute an den Strand, um zu hören, wo es her sei und wem es gehöre. Aber als sie an den Strand hinunterkamen, sahen sie keine lebende Seele auf dem Schiff außer Zottelhaube, sie ritt auf dem Deck hin und her auf ihrem Bock, daß die Haarsträhnen ihr um den Kopf flogen. Die Leute vom Hof waren höchst verwundert über den Anblick und fragten, ob denn sonst niemand an Bord sei. Doch, sie hätte eine Schwester bei sich, sagte Zottelhaube. Da wollten die Leute sie sehen, aber Zottelhaube sagte nein: »Es bekommt sie keiner zu sehen außer dem König«, sagte sie und ritt auf ihrem Bock herum, daß das Deck dröhnte.

Wie nun die Diener wieder zum Schloß kamen und berichteten, was sie von dem Schiff gesehen und gehört hätten, da machte sich der König stracks auf den Weg, um die zu sehen, die da auf dem Bock ritt. Als er kam, führte Zottelhaube ihre Schwester heraus, und sie war so schön und lieblich, daß der König sich sogleich auf der Stelle in sie verliebte. Er nahm sie beide mit auf sein Schloß, und die Schwester wollte er zu seiner Königin machen, aber Zottelhaube sagte, der König könne ihre Schwester auf gar keinen Fall bekommen, wenn nicht der Königssohn sie, die Zottelhaube, nehme. Begreiflicherweise wollte der Königssohn höchst ungern einen so häßlichen Kobold wie Zottelhaube heiraten, aber der König und alle im Schloß redeten ihm so lange zu, bis er endlich nachgab und versprach, er werde sie zur Frau nehmen, aber er tat es nur gezwungen und war sehr traurig. Nun wurde die Hochzeit vorbereitet mit Bakken und Brauen, und als alles fertig war, sollten sie zur Kirche ziehen; aber der Prinz empfand das als schwersten Kirchgang, den er je in seinem Leben getan hatte. Zuerst fuhr der König mit seiner Braut; sie war so wunderschön, daß alle Leute stehenblieben und ihr nachsahen, so lange sie sie noch erspähen konnten. Dahinter kam der Prinz geritten neben Zottelhaube, die auf ihrem Bock dahertrabte mit dem Rührlöffel in der Faust, und er sah mehr danach aus, als ob er zu einem Leichenbegängnis sollte als zu seiner eigenen Hochzeit. So betrübt war er und sprach nicht ein Wort.

»Warum sagst du denn nichts?« fragte Zottelhaube, als sie ein Stück Wegs geritten waren.

»Was soll ich denn sagen?« antwortete der Prinz.

»Du kannst ja fragen, warum ich auf dem häßlichen Bock reite«, sagte Zottelhaube.

»Warum reitest du auf dem häßlichen Bock?« fragte der Königssohn.

»Ist das ein häßlicher Bock? Das ist das schönste Pferd, auf dem eine Braut je geritten ist!« sagte Zottelhaube, und in dem Augenblick verwandelte sich der Bock in ein Pferd, wie der Königssohn seiner Lebtag kein prächtigeres gesehen hatte.

Jetzt ritten sie wieder ein Stück, aber der Prinz war ganz gleich traurig und konnte kein Wort herausbringen. Da fragte Zottelhaube noch einmal, warum er nicht rede, und als der Prinz zur Antwort gab, daß er nicht wisse, wovon er reden solle, da sagte sie: »Du kannst ja fragen, warum ich mit dem häßlichen Kochlöffel in der Hand reite?«

»Warum reitest du mit dem häßlichen Kochlöffel?« fragte der Prinz.

»Ist das ein häßlicher Kochlöffel? Das ist der schönste Silberfächer, den eine Braut nur haben kann«, sagte Zottelhaube, und zugleich wurde er in einen Silberfächer verwandelt, so prächtig, daß es nur so blitzte.

So ritten sie noch ein Stück, aber der Königssohn war ebenso traurig und sprach kein Wort. Bald fragte Zottelhaube ihn wieder, warum er nicht rede, und diesmal sagte sie, er solle fragen, warum sie die häßliche graue Haube aufhabe.

»Warum hast du die häßliche graue Haube auf?« fragte der Prinz.

»Ist das eine häßliche Haube? Das ist ja die blankste Goldkrone, die eine Braut nur haben kann«, gab Zottelhaube zur Antwort, und in dem gleichen Augenblick geschah die Verwandlung.

Nun ritten sie wieder eine lange Weile, und der Prinz war so traurig, daß er dasaß, ohne ein einziges Wort zu mucksen, wie vorher; da fragte ihn seine Braut wiederum, warum er nicht rede, und nun sollte er fragen, warum sie so grau und häßlich von Angesicht sei?

»Ja, warum bist du so grau und häßlich von Angesicht?« fragte der Königssohn,

»Bin ich häßlich? Du meinst, meine Schwester sei schön, aber ich bin noch zehnmal schöner«, sagte die Braut, und als der Königssohn sie ansah, fand er, es könne kein ebenso schönes Frauenzimmer mehr geben in der Welt. Also ist es begreiflich, daß der Prinz seinen Mund wiederfand und nicht länger den Kopf hängen ließ. So feierten sie Hochzeit schön und lange, und dann zogen der König und der Prinz, jeder mit seiner jungen Frau, zum Vater der Königstöchter, und da feierten sie aufs neue Hochzeit, so daß das Fest kein Ende nehmen wollte. Lauf geschwind aufs Schloß, da ist immer noch ein Tropfen vom Brautbier übrig.

So wird in Norwegen erzählt.

Des Königs Vogel

*I*n alter Zeit geschah es, daß eine Frau ihren Mann verlor, und dies bereitete ihr so großen Kummer, daß ihr Charakter, der immer gleichmütig gewesen war, sich verbitterte; sie wurde launisch, wunderlich und wirklich unerträglich. Ihre einzige Tochter, die sie zu Lebzeiten ihres verstorbenen Mannes vergöttert hatte, wurde einmal in lächerlicher Weise verwöhnt und ein andermal zurückgestoßen und aus nichtigen Gründen bestraft. Ja, es kam sogar vor, daß die Frau ihre Tochter in brutaler Weise schlug, ohne daß diese sich vorstellen konnte, warum.

Eines Tages, in einem Anfall von Wahnsinn, befahl sie ihrer Dienerin, das Kind in einem benachbarten Walde spazierenzuführen, es dort vom rechten Weg abzubringen und zu verlassen. Die Dienerin, ein furchtbar böses Weib, wünschte sich nichts so sehr, als ihre Arbeit zu verringern, und war schnell bereit, die Befehle ihrer Herrin auszuführen. Sie brachte das kleine Opfer mitten in den Wald, ließ es lange laufen, um es zu ermüden, und veranlaßte es schließlich, sich unter einen Baum zu setzen, während sie vorgab, ihm Blumen pflücken zu wollen. Das Kind gehorchte, aber Stunden vergingen, und die Dienerin kehrte nicht zurück. Auf den Tag folgte die Finsternis; die Wölfe heulten im Walde, und Furcht bemächtigte sich der armen Verlassenen, die zu weinen begann. Plötzlich erhellte ein Mondstrahl das Antlitz einer schönen Dame, die sich dem kleinen Mädchen näherte und zu ihm sagte: »Weine nicht; ich bin die Fee, die bei dir Pate stand, als du zur Welt kamst, und ich eile dir zu Hilfe. Ich werde dich zur Haustür deiner Mutter geleiten, aber sage ihr nicht, daß du mich gesehen hast.«

Die Mutter, der ihre schlechte Tat vom Morgen leid tat, empfing ihre Tochter voll Freude und fragte nicht einmal danach, wie sie ihren Weg durch die verschlungenen Pfade des Waldes hatte finden können.

Aber ach! Die Freude und die Liebkosungen, die sie ihr zuteil werden ließ, währten nicht lange. Die schlechte Laune der bösen

Frau gewann wieder die Oberhand, und sie befahl der Dienerin von neuem, ihre Tochter ans Ufer des Wassers zu führen und sie in einen Fluß oder in einen Brunnen zu werfen. Wieder wurden die Befehle genau ausgeführt: das unglückliche kleine Mädchen wurde, mit dem Kopf voran, in einen Brunnen geworfen. Aber man stelle sich seine Verwunderung vor, als es auf dem Grunde des Wassers eine Tür entdeckte, die sich ohne Schwierigkeiten öffnen ließ. Jetzt befand sich die Kleine im Hof eines prunkvollen Palastes. Sie ging hinein und bewunderte die Pracht der Möbel, der Bilder, der Juwelen und Kunstgegenstände, die sich ihrem Blick boten. Dann gelangte sie in einen Raum, in dem große Unordnung herrschte, und sie legte alles schön an seinen Platz, wie sie es bei ihrer Mutter zu tun gewohnt war. Als sie mit dieser Arbeit beschäftigt war, ließ sich ein schwerer Schritt im Treppenhaus vernehmen, und die Kleine hatte gerade noch Zeit, sich hinter einem Sessel zu verstecken, als die Tür aufging. Ein riesengroßer Mann, jedoch von sanftem Aussehen, trat herein und sagte: »Jemand ist zu mir gekommen und hat Ordnung in meinem Zimmer gemacht; ist es ein Mädchen, dann heiße ich es willkommen, ist es ein Knabe, dann soll er, wenn er bei mir bleiben will, mein Erbe sein, denn ich habe keine Kinder.«

Durch diese Worte beruhigt, trat die kleine Verlassene aus ihrem Versteck und zeigte sich dem Blick des Riesen, der einen Freudenschrei ausstieß und rief: »Das Patenkind meiner Frau!«

Und sofort rief er die Fee, welche die Kleine, die sie schon einmal gerettet hatte, in die Arme schloß. »Bleib bei uns«, sagte sie zu ihr, »und wir werden alles tun, um dich glücklich zu machen.«

Die Kleine war einverstanden, aber nach einiger Zeit wurde sie traurig; sie langweilte sich und wollte ihre Mutter gern wiedersehen. Ihre Patin, die sie sehr liebte und ihr keinen Kummer bereiten wollte, führte sie zur Tür der bösen Frau. Diese wollte sich gerade wieder verheiraten und war sehr ungehalten, ihre Tochter wiederzusehen; vor allem fürchtete sie, der Tochter wegen ihre Heirat zu verpassen. »Komm her«, sagte sie zu ihr, »damit ich dich kämme, denn du hast es sehr nötig.«

Und sie löste das herrliche Haar ihrer Tochter auf. Dann winkte sie dem Mädchen, ihr eine große Nadel zu reichen, die auf dem

Kamin lag; die stieß sie mit einer Grausamkeit ohnegleichen in den Kopf des Kindes, welches auf der Stelle in einen herrlichen Vogel verwandelt wurde, der durchs Fenster davonflog. Er rettete sich in die Bäume der königlichen Gärten, und als er einen Gärtner sah, der Rosen schnitt, sagte er zu ihm: »Guten Tag, schöner Gärtner, wie geht es dem König?«

Als der Mann diesen unbekannten Vogel sah, der des Wortes mächtig war und ein Federkleid hatte, welches schimmerte wie die Sonne, eilte er zum König, um ihm zu berichten, was er gesehen und gehört hatte. Der König glaubte, sein Gärtner hätte den Verstand verloren; trotzdem begab er sich in den Garten, um sich selbst von den Tatsachen zu überzeugen.

Der Vogel verstand es, ihm auszuweichen, aber als er die Verzweiflung des Königs sah, setzte er sich auf seine Schulter, ließ sich streicheln und sogar in einen goldenen Käfig einsperren.

Der König wollte sich nicht mehr von seinem geliebten Vogel trennen und nahm ihn in sein Zimmer, wo er ihn frei umherfliegen ließ.

Eines Tages, als er ihn streichelte, bemerkte er unter den Kopffedern etwas wie eine Nadel. Er zog sie heraus, und siehe, vor seinen Augen vollzog sich eine Verwandlung: an Stelle des Vogels konnte er das entzückendste junge Mädchen bewundern, das er je gesehen hatte.

Es erzählte sein Mißgeschick, und der König, der nicht müde wurde, ihm zuzuhören, beschloß, es zu seiner Königin zu machen. Der Hochzeitstag wurde festgesetzt; die Fee zog zu ihrem Patenkind und half ihm bei der Wahl und der Ausführung der Festkleider.

Nie hatte es eine schönere Braut gegeben, und ihre Mutter, die sie in der Palastkutsche vorüberfahren sah, erkannte sie. Sie wurde so eifersüchtig auf das Glück ihrer Tochter, daß sie die Gelbsucht bekam, von der sie nicht geheilt werden konnte.

So wird in der Bretagne erzählt.

Märchen vom geraubten
Rom-Mädchen

Du Süßer und Gesegneter, es war ein armer Rom. Er hatte sechs Jungen und drei Mädchen, das waren zusammen neun Kinder. Neun Kinder hatte er. Aber ihr wißt es selbst, daß es früher keine Arbeit für die Rom gab, und so flocht er Körbe und Strohschüsseln. Die verkauften sie, und so lebten sie.

Und einmal war die Frau des Rom wieder schwanger. Die Frau war gerade im Wald, sie konnte es schon nicht mehr aushalten, und so gebar sie das Kind, allein im Wald. Weißt du, früher wohnten die Rom ganz am Rande der Dörfer. Die Frau mußte sich also selbst helfen. Eine sehr schöne Tochter gebar sie. Sie nahm das Kind und wollte mit ihm nach Hause gehen. Aber sie war sehr müde. So legte sie sich nieder, das Mädchen neben sich, und schlief ein.

Als die Frau das Mädchen im Wald zur Welt brachte, hatte eine Fee sie beobachtet. Die Fee war der Frau nachgeschlichen, und als sie sah, daß die Frau einschlief, stahl sie das Mädchen und legte auf ihren Platz einen kleinen Affen, einen Gorilla. Die Fee nahm das Mädchen und brachte es in einen Felsen, in dem alle Feen wohnten.

Der Rom kam nach Haus, da liefen ihm alle Kinder entgegen und riefen: »Vater, Vater, die Mutter hat ein Kind zur Welt gebracht, ein Mädchen.« Der Rom kam herein, da sah er – kein Mädchen, sondern einen kleinen Gorilla. Aber er sagte: »Was Gott ins Haus gebracht hat, kann der Mensch nicht hinauswerfen. – So o del khere anel, manus nasti avri ihivel. Es soll bei uns bleiben, das Gorillamädchen.« Und sie erzogen das Affenkind, als ob es ein Mädchen sei.

Die Rom-Frau aber sagte immer und immer wieder, daß sie ein Mädchen geboren, daß sie es selbst gesehen hätte. Doch der Rom erwiderte: »Du warst schwach, du weißt selbst nicht, was du gesehen hast.«

Die Rom-Leute hatten einen Jungen, der so ungefähr dreizehn Jahre alt war. Einmal fragte er seine Mutter: »Wo hast du eigentlich das Mädchen zur Welt gebracht?« – »Dort und dort im Wald«, antwortete die Mutter. Der Junge pflegte im Wald herumzustreifen. Mit seiner Flöte lief er in den Wald, spielte darauf und war zufrieden. Von einem Hirten hatte er gelernt, Flöte zu spielen, einem Hirten, der in der Nähe die Schafe hütete. Nun ging der Junge dorthin, wo die Mutter die Schwester geboren hatte. Da hörte der Junge jemanden weinen und jammern. Er lief zu dem Hirten im Wald und erzählte es ihm. Da kam der Hirt auch zu jener Stelle und hörte das Weinen. Die weinende Stimme klagte: »Me kamav khere te dzan. – Ich will nach Hause, ich will nach Hause gehen.« Der Hirt verstand nicht, was die Stimme sagte, der Junge übersetzte ihm die Worte nicht. Er wollte erst seinen Vater fragen. So lief er nach Hause und rief: »Vater, im Wald, an diesem bestimmten Ort jammert und weint jemand: ›Me kamav khere te dzan.‹«

Der Vater erschrak sehr, weil er fürchtete, daß es die Stimme eines Mulo, eines Totengeistes, sei. »Hör zu, mein Junge, du darfst nicht mehr in den Wald gehen, denn sicher ist das ein Mulo. Er wird dich vom Weg abbringen, und du wirst nie mehr zurück nach Hause kommen.«

Der Junge lief zu dem Hirten und sagte: »Ich darf nicht mehr zu dir in den Wald kommen, der Vater hat es mir verboten.« Aber er übersetzte dem Hirten nicht, was die Stimme sagte: ›Ich will nach Hause gehen.‹ Das hatte er vergessen.

So ging der Hirt jeden Tag in den Wald, und jeden Tag hörte er, daß die weinende Stimme etwas in fremder Sprache rief, doch er konnte die Worte nicht verstehen. Einmal aber konnte es der Hirt nicht mehr aushalten, und er ging der weinenden Stimme nach. Er ging und ging und ging. Endlich kam er zu einem Felsen, der war offen. Vor dem Felsen stand eine Fee. Sie hielt ein vierjähriges Mädchen bei der Hand, und das Mädchen weinte: »Ich will nach Hause gehen.« Da packte die Fee das Mädchen und zog es in den Felsen hinein. Der Felsen schloß sich.

Der Hirt ging sofort zum Pfarrer und erzählte ihm alles. »Ich sah das und das«, sagte er, »ich sah eine Fee, die hielt ein kleines

Mädchen an der Hand, es war groß, hatte langes Haar, sehr schön war das Mädchen. Das Mädchen weinte und rief etwas in einer fremden Sprache. Dann ergriff die Fee das Mädchen und sperrte es in den Felsen ein.«

»Sprich nicht darüber, sonst werden die Leute glauben, daß du närrisch seist. Das ist doch Unsinn, was du mir da erzählst«, entgegnete der Pfarrer.

Der Hirt aber schwor, daß es wirklich so gewesen sei. Da sagte der Pfarrer zu ihm: »Gut, geh noch einmal hin. Und wenn du dasselbe siehst, dann gehe ich mit dir und werde es mir auch anschauen.«

Gleich am nächsten Tag ging der Hirt wieder in den Wald, an denselben Ort, wo er die Fee mit dem Mädchen gesehen hatte. Diesmal aber war er nicht vorsichtig, und die Fee erblickte ihn. Sobald sie ihn sah, rief sie: »Ich wünsche dir nichts anderes, als daß du blind wirst. In dieser Stunde, in dieser Minute, in dieser Sekunde sollst du blind werden.«

Und der Hirt wurde blind, er konnte nicht mehr sehen. Er taumelte von Baum zu Baum. Alle Kühe liefen ihm weg. Da kam ein Jäger vorbei, ganz zufällig. Er sah den Hirten und fragte: »Was machst du hier? Schau, alle deine Kühe laufen im Wald umher.« – »Ich kann nichts sehen«, sagte der Hirt, »weil ich blind bin. Die Fee hat mich blind gemacht.«

»Wenn es so ist«, sagte der Jäger, »werde ich dich nach Hause führen.« Und der Jäger führte den Hirten in das Dorf. Aber die Gadže wollten den Hirten töten, weil er ohne die Kühe nach Haus gekommen war. »Laßt mich noch einmal zu dem Pfarrer gehen«, bat der Hirt. Und sie ließen ihn gehen.

»Siehst du, Pfarrer, ich war doch noch einmal dort. Ich sah die Fee wieder, aber diesmal sah sie mich auch. Und sie hat mich blind gemacht. Glaubst du mir jetzt, daß ich die Wahrheit gesprochen habe? Und jetzt verlangen die Gadže, daß ich ihnen die verlorenen Kühe bezahle. Weil ich kein Geld habe, wollen sie mich töten.« – »Fürchte dich nicht«, sagte der Pfarrer, »ich werde dir helfen.«

Am nächsten Tag mußte der Hirt vor Gericht erscheinen. Der Prokurator sagte: »Weil du kein Geld hast, um die verlorenen Kühe zu bezahlen, sollst du getötet werden.« Aber da stand der Pfarrer auf und sagte: »Liebe Leute, geht und sucht eure Kühe. Denn Gott hat gesagt: Wer sucht, der findet. Was wird es euch helfen, wenn ihr diesen armen Mann tötet?«

Die Leute schämten sich. Sie sagten nichts, und jeder ging seine Kuh suchen. Der Hirt war frei. Jetzt aber sagte der Hirt zu sich selbst: »Ich bin allein, ich habe keine Frau, keine Kinder, wer soll mir helfen? Niemand, nur die Rom, weil die Rom sehr gute Leute sind. Nur die Rom wissen, was Armut und Leid bedeutet. Nur die Rom können auch armen Leute Ehre erweisen.« Und er ging in die Rom-Siedlung. Der Rom, dem das Mädchen ausgetauscht worden war, nahm ihn auf. Und der Hirt sagte: »Sei so gut, laß mich hier. Ich werde betteln gehen, und was ich nach Hause bringe, das werde ich unter uns allen verteilen.«

»Jawohl«, sagte der Rom, und so geschah es. Der Hirt ging jeden Tag betteln, und der dreizehnjährige Junge ging mit ihm. Sie hatten eine große Tasche, und die Leute gaben ihnen Kartoffeln, Brot, manchmal auch ein Stück Speck. Das brachten sie nach Hause, und alle, die ganze Familie, aßen davon.

Eines Tages gingen sie wieder in die Dörfer, gingen sie wieder »pal o gava«, betteln. Da begann es zu regnen, schließlich war es ein sehr starker Regen. Sie wußten nicht, wie sie sich davor schützen sollten, und liefen in den Wald, in dem der Hirt die Kühe gehütet hatte. Sie stellten sich unter einen Baum. Plötzlich sah der dreizehnjährige Junge eine Frau und flüsterte: »Dort steht eine Frau! So und so sieht sie aus. Sie ist sehr schön!«

Da sagte der Bettler, der Hirt: »Jesus Maria, das ist die Fee! Hör zu, was du machen mußt. Du mußt ihr leise nachschleichen und ihr den Schleier vom Kopf herunterziehen. Wenn du den Schleier heruntergezogen hast, bringst du ihn mir. Dann werde ich wieder sehen können.«

Da ging der Čhavo der Fee nach. Er ergriff den Schleier und zog ihn ihr vom Kopf. Dann lief er schnell zu dem Hirten. Die Fee drehte sich um. Sie sah den Hirten und begann zu jammern: »Gib mir meinen Schleier zurück. Ich werde dir dein Augenlicht zurückgeben!« Aber er sagte: »Ich werde dir den Schleier zurückgeben. Doch du mußt uns dafür das Mädchen, das du mit Gewalt festhältst, hierherbringen.«

»Ich werde sie dir sofort bringen, aber gib mir den Schleier.«

»Erst bring das Mädchen, dann gebe ich dir den Schleier.«

»Der Junge soll mit mir in den Felsen kommen und das Mädchen holen.«

»Nein, der Junge wird nicht mit dir gehen. Ich traue dir nicht. Schnell, bring das Mädchen und gib mir mein Augenlicht. Dann bekommst du deinen Schleier.« Hätte er das nicht verlangt, hätte die Fee ihn sicher betrogen. Na ja, eine Fee ist ohne Schleier ganz unmöglich. Wenn sie ohne Schleier kommt, dann könnten die anderen Feen sie leicht töten oder in eine häßliche Hexe verzaubern.

»Und mach schnell«, rief der Hirt, »siehst du, wie stark es regnet, ich will nicht deinetwegen ganz naß werden.«

Die Fee ging zu dem Felsen. Der Felsen öffnete sich. Und schon kam sie wieder zurück und führte das Mädchen mit sich. Dann nahm sie den Schleier von dem Hirten, aber er ließ ihn erst los, als er wieder sehen konnte.

»Gut«, sagte er, »gut, ich kann schon wieder sehen!«

Da sprach die Fee zu dem dreizehnjährigen Jungen: »Hör zu, sag deiner Mutter und deinem Vater, daß dieses Mädchen dein Schwesterchen ist. Ich habe sie gegen einen Affen ausgetauscht, als sie geboren wurde.«

»Me kamav kliere te dzan. – Ich will nach Hause gehen«, rief das Mädchen. Da sagte der Bettler, der Hirt: »Das hätte ich auch erraten müssen, daß sie Romani spricht. Und ich überlegte immer, was das für eine fremde Sprache sei.«

Und weißt du, warum die Feen Mädchen stehlen? Wenn die Mädchen so ungefähr sechzehn, siebzehn Jahre alt sind, dann töten die Feen sie und baden in ihrem Blut. Dadurch bleiben sie immer jung und schön. Das wollte diese Fee auch mit dem Rom-Mädchen tun, weil sie wirklich eine Weltschönheit war.

Nun gingen sie nach Hause, der Hirt, der dreizehnjährige Junge und das Mädchen. Wie schön sie war und wie lang ihr Haar war. Es reichte vom Kopf bis hinunter zur Erde. Wie eine Prinzessin sah sie aus. Der Vater, der alte Rom, sah das Mädchen und rief: »Hast du dem König die Prinzessin gestohlen, du verfluchter Kerl?«

»Hab keine Angst«, sagte der Bettler, »wir haben sie nicht gestohlen. Das ist deine eigene Tochter. Die Feen hatten sie geraubt.« Aber der Rom konnte das immer noch nicht glauben. Doch er sagte: »Gut, wenn niemand sie sucht, soll sie hierbleiben. Sie soll essen, was auch meine Kinder essen.« Und auch die Mutter, die alte Rom-Frau, konnte das Mädchen nicht erkennen, denn es war ja inzwischen zwölf Jahre alt.

Das Mädchen wuchs, und es wurde immer schöner und schöner. Auch der Affe war immer noch bei den Rom-Leuten, aber er war schon sehr alt, denn ein zwölfjähriger Affe ist so alt wie ein hundertjähriger Mensch. So spielte er schon nicht mehr mit den Kindern, sondern ging langsam im Wald spazieren wie ein alter Rentner.

Am Haus vorbei floß ein Bach. Die Rom wohnen immer an einem Fluß oder an einem Bach. Und hier, in diesen Bach, ging das Mädchen baden.

Einmal ging der Königssohn auf die Jagd und sah im Wald den Affen. Er erschrak, weil er noch nie einen gesehen hatte. Er war noch nie in Afrika gewesen – und Tiergärten waren damals, in den alten Zeiten, noch nicht so häufig wie heute. Der Prinz wußte also nicht, was das war. Aber er war klug, und er ahnte, daß das ein Tier sei, und wollte es erschießen. Da begann der Affe so schnell er konnte zum Haus des Rom, wo er wohnte, zu laufen, und der Prinz lief hinterher. Unterwegs kam er zu dem Bach, in dem gerade die Rom-Tochter, das Rom-Mädchen, badete. Natürlich war sie nackt – sie konnte ja nicht wissen, daß ein Königssohn hierherkommen würde.

Der Königssohn vergaß, daß er den Affen verfolgte. Er sah nur das Mädchen. Aber er war kein unverschämter Kerl, er versteckte sich und wartete, bis sie sich angezogen hatte. Sie wusch sich und kleidete sich singend wieder an. Als sie fertig war, trat er zu ihr, verbeugte sich und fragte: »Woher kommst du? Warum kommst du hierher, um in dem schmutzigen Rom-Bach zu baden? Siehst du nicht, daß hier die schmutzigen Rom wohnen?« – »Warum sollte ich hier nicht baden, wenn ich doch selbst ein Rom-Mädchen bin. Ich habe hier meinen Rom-Vater und meine Rom-Mutter. Ich wohne bei meinen Rom-Eltern mit meinen Rom-Brüdern und Rom-Schwestern.« – »Ach, wenn das so ist, dann muß ich mit deinem Vater sprechen. Ich muß ihn fragen, ob das wahr ist, was du mir erzählst.«

Der Prinz ging zu dem alten Rom, der alte Rom fragte den Königssohn: »Erhabener Prinz, was hat Euch in meine arme Hütte geführt?«

»Hör zu, Rom, sag mir die Wahrheit! Und wenn du mir die Wahrheit sagst, wird dieses Säckchen Gold dir gehören. Wessen Tochter ist dieses schöne Mädchen dort?« Und nun beging der alte Rom eine Dummheit und antwortete: »Ich weiß das auch nicht. Der Hirt hat es hergebracht, und der Hirt ist schon lange fort. Er ließ es bei uns, und ich kann doch ein lebendiges Wesen nicht aus meinem Haus jagen, nicht wahr?« – »Na, wenn das so ist, Rom, danke ich dir. Dieses Geld gehört dir, nimm es.«

Der Prinz nahm das Mädchen, setzte es auf sein Pferd und ritt mit ihm zum Königsschloß. Er befahl den Schneidern und Schneiderinnnen, prächtige Kleider zu nähen. Er zog das Mädchen schön an und sperrte sie in sein Zimmer ein. Er hatte Angst, daß sein Vater sehen könne, daß er eine Rom-Schönheit heiraten wolle und es ihm nicht erlauben werde.

So war das Mädchen im Prinzenzimmer eingesperrt. Tage und Nächte vergingen, und immer war sie eingesperrt, erst in dem Felsen und jetzt im Prinzenzimmer.

Aber eines Tages sagte der Koch zu dem alten König: »Geehrter König, etwas ist los, und ich weiß nicht was. Euer Sohn hat gewiß ein Geheimnis, und ich weiß nicht, was es bedeuten soll. Bisher hatte ich immer nur eine Portion Essen gebracht, einen Teller, ein Messer, einen Löffel. Aber jetzt muß ich jeden Tag für zwei Leute kochen. Zwei Speisen, zwei Teller, zwei Bestecke!«

»Ist das möglich, daß mein Sohn soviel ißt? Wir müssen feststellen, was das bedeutet. Aber wenn du nicht die Wahrheit gesprochen hast, dann: Mein Schwert, dein Kopf!«

Mittags kam der Koch wieder zur Tür des Prinzenzimmers und brachte das Mittagessen für zwei Personen. Er stellte es vor die Tür, denn der Königssohn hatte ihm verboten hineinzugehen, und ging fort. Aber der König schlich sich herbei, betrat das Zimmer, ohne zu klopfen, und sah sie: die Rom-Tochter!

»Ach, mein Sohn!« rief der König. »Warum hast du mir nicht gesagt, daß dich die heilige Maria besuchen kommt?«

Da stand das Mädchen auf und sprach: »Lieber König, ich bin nicht die heilige Maria, ich bin ein Rom-Mädchen, und Euer Sohn hat mich hierhergebracht.«

Der König sagte: »Liebes Mädchen, warum lügst du? Ich will keine solchen Lügen von dir hören. Dein Vater kann kein Zigeuner sein, dein Vater muß ein König sein.«

»Mein lieber König, mein Vater ist wirklich ein Rom.«

»Dann lasse ich deine ganze Familie ausrotten.«

»Nein«, sagte der Königssohn, »wir müssen erst den Hirten suchen, der sie gefunden hat. Er soll uns erzählen, wie und wo er sie gefunden hat und wer sie eigentlich ist.« Gut. Sie ließen den Hirten in der ganzen Welt suchen. Endlich fanden sie ihn, und er erzählte alles. Wie er das Mädchen jahrelang in dem Felsen weinen hörte und daß sie immer nur Romani sprach. Sie sprach schon Romani, als sie noch im Bauch ihrer Mutter war. Aber natürlich hatte ihr eigener Vater sie nicht erkannt, als der Hirt sie nach Haus brachte, denn er hatte sie nie gesehen. Er zog statt des Mädchens einen Affen auf.

»Wenn das so ist«, sagte der König, »darfst du sie heiraten, aber du darfst niemandem sagen, daß sie Rom-Blut hat.« Und er fügte hinzu: »Und damit sie nie mehr von ihrem Rom-Vater und von ihrer Rom-Mutter sprechen kann, werde ich die ganze Rom-Siedlung vom Erdboden verschwinden lassen.«

Dann gab der König im ganzen Reich bekannt, daß sein Sohn die Tochter seines Bruders heiraten werde. Der Bruder des Königs hatte eine schöne Tochter, die gerade gestorben war. Der König aber gab vor, daß das Rom-Mädchen seine Nichte sei, damit jedermann dachte, daß sein Sohn ein Mädchen von königlichem Blut heirate.

Es ist aber eine große Schande, die eigene Kusine zu heiraten! So etwas gibt es bei den Rom nicht! Das machen nur die schamlosen Könige!

Das Rom-Mädchen hatte große Angst, was mit ihrem Vater und mit ihrer Mutter geschehen würde. Aber sie konnte nichts tun, weil sie in einem Zimmer eingesperrt war, im zehnten oder elften Stock. Die neuen Hochhäuser sind doch so hoch, nicht wahr? Und der König wohnte natürlich in einem Hochhaus, einem modernen Neubau selbstverständlich. Sie konnte nicht durch das Fenster fliehen. Und so weinte sie immer nur: »Me kamav khere te dzan. – Ich will nach Hause gehen.« Aber niemand konnte sie hören.

Doch eines Tages wunderte sich der alte Affe, wo das Mädchen so lange blieb. Er hatte sie gern, weil sie nicht nur schön, sondern auch gut war. Und wie er so herumspazierte, hörte er aus der Ferne eine Stimme: »Ich will nach Hause gehen.« Der Affe konnte das hören, denn Tiere haben ein besseres Gehör als Menschen. Er lief der Stimme nach, bis er zu dem Palast kam, und dort, im elften Stock, am Fenster, sah er das weinende Mädchen. Er kletterte schnell hinauf – Affen können wunderbar klettern –, nahm das Mädchen und floh mit ihr nach Hause zu ihrem Rom-Vater und zu ihrer Rom-Mutter.

Da sagte der alte Rom: »Jetzt glaube ich schon, daß du unsere Tochter bist, jetzt, da du unsertwegen sogar den Prinzen verlassen hast.«

»Ja, aber der alte König will euch von der Erdoberfläche tilgen«, rief das Mädchen, »wir müssen weglaufen.«

»Warum, ich habe doch nichts getan. Ich habe nichts gestohlen, niemanden ermordet. Warum will er uns töten?«

»Weil wir Rom sind!« sagte das Mädchen. Da brachen sie alle auf, die Rom-Leute. Rom-Frauen nahmen die Töpfe, das Geschirr in die Tragen auf den Rücken, auch die Federbetten, und sie liefen alle fort.

Aber das Rom-Mädchen war schon an den Prinzen gewöhnt. Sie war auch schwanger von ihm, und sie dachte bei sich selbst: »Es ist doch besser, wenn ich ihn heirate.« Und deshalb blieb sie dort am Bach und überlegte, was sie tun sollte.

Als der Prinz sie nicht bei sich zu Hause in seinem Zimmer fand, war er ganz außer sich. Ohnmächtig fiel er zu Boden, so sehr liebte er sie. Er wurde krank, wollte nicht mehr essen, er wollte sterben. Als sein Vater das sah, dachte er: »Er ist mein einziger Sohn. Wenn ich sterbe, wer wird dann statt meiner regieren?« Und da sagte er: »Geh dir das Rom-Mädchen suchen!« – »Ja, aber sie wird nicht mit mir kommen, wenn du ihre Leute ausrotten willst«, antwortete der Königssohn, »ich kenne sie besser als du.«

»Gut, mach, was du willst«, sagte der König und ging schlafen. Er wollte nicht nachdenken, weil alles so kompliziert war.

Der Königssohn aber ging in die Rom-Siedlung und fand dort niemanden mehr. Er setzte sich an das Ufer des Baches und begann zu weinen.

»Weine nicht mehr, ich komme mit dir zurück«, sagte das Rom-Mädchen.

Sie gingen in den Palast, und dort feierten sie eine prächtige Hochzeit. Sie dauerte drei Monate. Aber die Eltern des Rom-Mädchens waren nicht dabei, denn man wußte nicht, wo man sie suchen sollte. Und darum war sie traurig. Sie konnte sie auch nicht suchen gehen, denn sie war schon hochschwanger, und sie fürchtete sich, daß sie unterwegs entbinden müßte und die Feen auch ihr Kind austauschen würden, wie sie selbst damals vertauscht worden war.

Aber ihre Eltern sind doch noch gekommen, denn sobald ihr Sohn geboren war, sprang er auf die Füße und rief: »Wo ist mein Großvater? Wo ist meine Großmutter? Das ist doch unanständig, daß sie nicht hier sind.« Und er lief in die weite Welt, fand den Rom-Großvater und die Rom-Großmutter, und dann lebten sie alle glücklich zusammen. Und wenn sie nicht gestorben sind, so leben sie bis heute.

So wird bei den Roma erzählt.

Frau Holle

*E*ine Witwe hatte zwei Töchter, davon war die eine schön und fleißig, die andere häßlich und faul. Sie hatte aber die häßliche und faule, weil sie ihre rechte Tochter war, viel lieber, und die andere mußte alle Arbeit tun und war recht das Aschenputtel im Haus. Es mußte sich täglich hinaus auf die große Straße bei einem Brunnen setzen und so viel spinnen, daß ihm das Blut aus den Fingern sprang.

Nun trug es sich zu, daß die Spule einmal ganz blutig war, da bückte es sich damit in den Brunnen und wollte sie abwaschen, sie sprang ihm aber aus der Hand und fiel hinab. Weinend lief es zur Stiefmutter und erzählte ihr das Unglück, sie schalt es aber heftig und war so unbarmherzig, daß sie sprach: »Hast du die Spule hinunterfallen lassen, so hol sie auch wieder herauf!«

Da ging das Mädchen zu dem Brunnen zurück und wußte nicht, was es anfangen sollte, und sprang in seiner Angst in den Brunnen hinein. Als es erwachte und wieder zu sich selber kam, war es auf einer schönen Wiese, da schien die Sonne und waren viel tausend Blumen. Auf der Wiese ging es fort und kam zu einem Backofen, der war voller Brot; das Brot aber rief: »Ach! Zieh mich raus, zieh mich raus, sonst verbrenn' ich, ich bin schon längst ausgebacken!« Da trat es fleißig herzu und holte alles heraus.

Darnach ging es weiter und kam zu einem Baum, der hing voll Äpfel und rief ihm zu: »Ach! Schüttel mich! Schüttel mich! Wir Äpfel sind alle miteinander reif!« Da schüttelt' es den Baum, daß die Äpfel fielen, als regneten sie, so lang bis keiner mehr oben war, darnach ging es wieder fort.

Endlich kam es zu einem kleinen Haus, daraus guckte eine alte Frau, weil sie aber so große Zähne hatte, ward ihm Angst und es wollte fortlaufen. Die alte Frau aber rief ihm nach: »Fürcht dich nicht, liebes Kind, bleib bei mir, wenn du alle Arbeit im Haus ordentlich tun willst, so soll dir's gut gehn: nur mußt du achtgeben, daß du mein Bett gut machst und es fleißig aufschüttelst, daß die

Federn fliegen, dann schneit es in der Welt; ich bin die Frau Holle.«
Weil die Alte so gut ihm zusprach, willigte das Mädchen ein und
begab sich in ihren Dienst. Es besorgte auch alles nach ihrer Zufriedenheit und schüttelte ihr das Bett immer gewaltig auf, dafür
hatte es auch ein gut Leben bei ihr, kein böses Wort und alle Tage
Gesottenes und Gebratenes.

Nun war es eine Zeitlang bei der Frau Holle, da ward es traurig
in seinem Herzen und ob es hier gleich viel tausendmal besser war
als zu Haus, so hatte es doch ein Verlangen dahin; endlich sagte es
zu ihr: »Ich habe den Jammer nach Haus kriegt, und wenn es mir
auch noch so gut hier geht, so kann ich doch nicht länger bleiben.«
Die Frau Holle sagte: »Du hast recht und weil du mir so treu gedient hast, so will ich dich selbst wieder hinaufbringen.« Sie nahm
es darauf bei der Hand und führte es vor ein großes Tor. Das ward
aufgetan und wie das Mädchen darunter stand, fiel ein gewaltiger
Goldregen, und alles Gold blieb an ihm hängen, so daß es über und
über davon bedeckt war. »Das sollst du haben, weil du so fleißig
gewesen bist«, sprach die Frau Holle und gab ihm auch noch die
Spule wieder, die ihm in den Brunnen gefallen war. Darauf ward
das Tor verschlossen und das Mädchen befand sich oben auf der
Welt, nicht weit von seiner Mutter Haus und als es in den Hof kam,
saß der Hahn auf dem Brunnen und rief:

> »Kikeriki
> unsere goldene Jungfrau ist wieder hie!«

Da ging es hinein zu seiner Mutter und weil es so mit Gold bedeckt
ankam, ward es gut aufgenommen.

Als die Mutter hörte, wie es zu dem Reichtum gekommen,
wollte sie der andern häßlichen und faulen Tochter gern dasselbe
Glück verschaffen, und sie mußte sich auch an den Brunnen setzen
und spinnen; damit ihr die Spule blutig ward, stach sie sich in die
Finger und zerstieß sich die Hand an der Dornenhecke. Darnach
warf sie sie in den Brunnen und sprang selber hinein. Sie kam wie
die andere auf die schöne Wiese und ging auf demselben Pfad weiter. Als sie zu dem Backofen gelangte, schrie das Brot wieder: »Ach!

Zieh mich raus, zieh mich raus, sonst verbrenn' ich, ich bin schon längst ausgebacken!« Die Faule aber antwortete: »Da hätt' ich Lust, mich schmutzig zu machen!« und ging fort. Bald kam sie zu dem Apfelbaum, der rief: »Ach! Schüttel mich! Schüttel mich! Wir Äpfel sind alle miteinander reif!« Sie antwortete aber: »Du kommst mir recht, es könnt' mir einer auf den Kopf fallen!« und ging damit weiter. Als sie vor der Frau Holle Haus kam, fürchtete sie sich nicht, weil sie von ihren großen Zähnen schon gehört hatte, und verdingte sich gleich zu ihr. Am ersten Tag tat sie sich Gewalt an und war fleißig und folgte der Frau Holle, wenn sie ihr etwas sagte, denn sie gedachte an das viele Gold, das sie ihr schenken würde; am zweiten Tag aber fing sie schon an zu faulenzen, am dritten noch mehr, da wollte sie morgens gar nicht aufstehen, sie machte auch der Frau Holle das Bett schlecht und schüttelte es nicht recht, daß die Federn aufflogen. Das ward die Frau Holle bald müd' und sagte der Faulen den Dienst auf. Die war es wohl zufrieden und meinte, nun werde der Goldregen kommen, die Frau Holle führte sie auch zu dem Tor; als sie aber darunter stand, ward statt des Golds ein großer Kessel voll Pech ausgeschüttet. »Das ist zur Belohnung deiner Dienste«, sagte die Frau Holle und schloß das Tor zu. Da kam die Faule heim, ganz mit Pech bedeckt, und das hat ihr Lebtag nicht wieder abgehen wollen. Der Hahn aber auf dem Brunnen, als er sie sah, rief:

»Kikeriki!
unsere schmutzige Jungfrau ist wieder hie!«

So erzählen uns die Brüder Grimm.

Das Ende der Welt

Ein Kind, das weder Vater und Mutter noch Bruder und Schwester hatte, niemandem angehörte und nirgends zu Hause war, kam
auf den Einfall, fortzulaufen, bis es an das Ende der Welt käme.
Mitzunehmen brauchte es nicht viel, einzupacken auch nicht, denn
es besaß keinerlei Habseligkeiten. Wie es stand, ging es fort, die
Sonne schien, aber das arme Kind achtete nicht auf den Sonnenschein. Fort und fort lief es, an vielen Erscheinungen vorbei, aber
es achtete auf keine Erscheinungen. Fort und fort lief es, an vielen
Leuten vorbei, aber es achtete auf keinen Menschen. Fort und fort
lief es, bis es Nacht wurde, aber das Kind achtete nicht auf die
Nacht. Es kümmerte sich um den Tag nicht und um die Nacht
nicht, um die Gegenstände nicht und um die Leute nicht, um die
Sonne nicht und um den Mond nicht und ebenso wenig um die
Sterne. Weiter und weiter lief es, hatte nicht Angst und nicht Hunger, hatte immer nur den einen Einfall, die eine Idee, nämlich die
Idee, das Ende der Welt zu suchen und so lange zu laufen, bis es
dasselbe gefunden haben würde. Es würde es am Ende schon fin-
den, dachte es. »Ganz hinten, ganz zuhinterst ist es«, dachte es.
»Ganz zuletzt ist es«, dachte es.

Hatte wohl das Kind mit seiner Meinung recht? Wartet nur ein
wenig. War das Kind von Sinnen? Ei, so wartet doch nur ein wenig, es wird sich schon zeigen. Fort und fort lief das Kind, es dachte
sich das Ende der Welt zuerst als eine hohe Mauer, dann als einen
tiefen Abgrund, dann als eine schöne grüne Wiese, dann als einen
See, dann als ein Tuch mit Tüpfelchen, dann als einen dicken breiten Brei, dann als bloße reine Luft, dann als eine weiße saubere
Ebene, dann als Wonnemeer, worin es immerfort schaukeln könne,
dann als einen bräunlichen Weg, dann als gar nichts oder als was es
leider Gottes selber nicht recht wußte. Fort und fort lief es. Unerreichbar schien das Ende der Welt zu sein.

Sechzehn Jahre lang irrte das Kind herum, über Meere, Ebenen
und Berge. Groß und stark war es inzwischen schon geworden, und

immer noch hing es treu an dem Einfall, so lange zu laufen, bis es ans Ende der Welt käme, aber immer noch war es nicht ans Ende der Welt gekommen, schien vom Weltenende noch immer weit weg zu sein. »Ist das aber unabsehbar!« meinte es. Da fragte es einen Bauer, der am Weg stand, ob er wisse, wo das Ende der Welt liege. »Ende der Welt« hieß ein Bauernhaus in der Nähe, und daher sagte der Bauer: »Noch eine halbe Stunde weit liegt es.« Das ließ sich das Kind gesagt sein, dankte dem Manne für die gute Auskunft und ging weiter.

Als ihm aber die halbe Stunde schier ewig lang wurde, fragte es einen Burschen, der des Weges daherkam, wie weit es noch bis zum Ende der Welt sei. »Noch zehn Minuten«, sagte der Bursche. Das Kind dankte ihm für die gute Auskunft und ging weiter. Fast am Ende seiner Kräfte war es angelangt, und nur noch mühsam bewegte es sich vorwärts.

Endlich erblickte es mitten in einer behaglichen fetten Wiese ein schönes großes Bauernhaus, eine wahre Pracht von einem Haus, so warm, ungezwungen und freundlich, so stolz, hübsch und ehrbar. Rundherum standen prächtige Obstbäume, Hühner spazierten ums Haus herum, ein leiser Wind wehte durch das Korn, der Garten war voll Gemüse, am Abhang stand ein Bienenhäuschen, das ordentlich nach Honig schmeckte, ein Stall voll Kühe war wohl auch vorhanden, und alle Bäume waren voll Kirschen, Birnen, Äpfel, und das Ganze sah so wohlhabend, fein und frei aus, daß das Kind sogleich dachte, das müsse das Ende der Welt sein. Groß war seine Freude.

Im Hause wurde scheinbar gerade gekocht, denn ein zarter, artiger Rauch räuchelte und lächelte zum Kamin heraus und stahl sich wie ein Schelm fort. Matt und bänglich vor Erschöpfung fragte das Kind: »Bin ich hier am Ende der Welt?« Die Bauersfrau sagte: »Ja, gutes Kind, das bist du.« – »Ich danke Euch für die freundliche Auskunft«, sagte es und fiel vor Müdigkeit um; potz Blitz! Aber es wurde rasch aufgehoben und von guter Menschenhand in ein Bett gelegt.

Als es wieder zu sich kam, lag es zu seinem Erstaunen im allernettesten Bettchen und wohnte bei lieben guten Menschen. »Darf ich hierbleiben? Ich will tüchtig dienen«, fragte es. Die Leute sagten ihm: »Weshalb solltest du das nicht dürfen? Wir haben dich gerne. Bleib nur hier bei uns und diene tüchtig. Wir können eine schaffige Magd wohl brauchen, und wenn du brav bist, so wollen wir dich halten wie unsere Tochter.« Das ließ sich das Kind nicht zweimal sagen. Es fing an fleißig zu werken und wacker zu dienen, und bald hatten es darum alle gern, und das Kind lief nun nicht mehr fort, denn es war wie zu Hause.

So erzählt uns Robert Walser.

Verwandelt, verzaubert, verflucht

Darin liegt das große Entsetzen einer Krankheit: dass man spürt und dann auch gesagt bekommt, wie etwas mit einem geschieht, und letztlich nur Worte da sind, die es benennen, aber nicht begreifen helfen. Das Entsetzen ist Fremdsein in sich selbst – so fühlt sich der Verwandelte, der Verzauberte, der Verfluchte. Obwohl das mittlere Wort ja zweideutig ist: In der Verliebtheit sind wir verzaubert, und da ist es angenehm – aber eben nicht nur angenehm, und es gibt Psychologen, die nennen diese zwei bis fünfzehn Wochen eine Gemütskrankheit, eine Psychose.

»Der Drache packte die Zarentochter und schleppte sie zu sich in seine Höhle, aber fressen tat er sie nicht; sie war sehr schön, und so nahm er sie zur Frau.« – So heißt es in einem russischen Märchen. Am Ende sind beide verwandelt. Der Drache ist aus dem Fluch erlöst; und die Frau – was ist aus der Frau geworden? Das erfahren wir nicht. Sie ist nicht mehr die, die sie war, und wird nie mehr so sein. Ich das alles? Sie hat eine Aufgabe erfüllt. Ihre Aufgabe bestand darin, den Drachen zu erlösen. Sie ist nie gefragt worden, ob sie diese Aufgabe erfüllen will. Es war ihr nie bewusst gewesen, dass ihr Leben auf diese Aufgabe hin ausgerichtet ist. Ganz gleich, was aus ihr geworden ist, aus der Höhle des Drachen betrachtet, verwandelt sich ihr vorheriges Leben: Das Glück ihrer Kindheit, es war Trug; die aufregenden Tage ihrer Jugend, sie waren vorgegaukelt; die Hoffnungen, Wünsche und Pläne für die Zukunft, sie waren Gift, um sie blind zu machen vor der Wahrheit.

Wenn es stimmt, dass Märchen immer von mir handeln, ob ich nun der Erzähler oder der Zuhörer bin, und wenn es weiter wahr ist, dass alle Märchen Zaubermärchen sind, wie der russische Forscher Vladimir Propp meint – dann muss ich mir gewärtig sein, dass es keinen Augenblick der Sicherheit in meinem Leben gibt; dass selbst eine lange Strecke glücklicher Jahre sich irgendwann als das Entsetzliche herausstellen könnten, nämlich dann, wenn ein Fluch, von dem ich jetzt nichts weiß, von meinen Augen gerissen wird und ich aus dem Zauber, über den ich jetzt nichts weiß, befreit werde. Wer kann beweisen, dass der sogenannte normale Zustand nicht ein Wahn ist, ein süßer Wahn vielleicht, aber ein Wahn; dass ich in Wahrheit verzaubert oder gar verflucht bin; dass ich weit von mir selbst entfernt, also verwandelt bin?

In dem Märchen von den zwei Brüdern, das uns so sehr beschäftigt, wird der jüngere mitsamt seinen Tieren von der Hexe in Stein verwandelt und in eine Senke abtransportiert, wo sich bereits ein großer Skulpturenpark befindet, bestehend aus vermissten Kaufleuten und Jägern und deren Tieren. Erst als der andere Bruder kommt – nachdem er den Rost auf der Klinge des Bruders gesehen hat – und die Hexe mit der Zauberrute schlägt, verwandeln sich Mensch und Tier in ihre ursprüngliche Gestalt zurück. Manche waren jahrelang im Stein gefangen. Wie war das gewesen? Hatten sie als Stein Sinneseindrücke? Konnten sie denken? Waren sie sich ihrer entsetzlichen Lage bewusst? Oder war es wie Schlaf gewesen, war es wie Totsein gewesen? Warum fragt der Bruder nicht danach? Das ist doch die Frage aller Fragen, die an das Märchen gestellt werden muss: Bin ich – verwandelt, verzaubert, verflucht – immer noch ich?

In *Dornröschen* schlafen alle, und der Prinz weckt sie alle auf, und das gesamte Personal schließt exakt dort an, wo es aufgehört hat, als der Fluch der Dreizehnten das Schloss und seine Bewohner traf:

Die Pferde im Hof standen auf und rüttelten sich; die Jagdhunde sprangen und wedelten; die Tauben auf dem Dache zogen das Köpfchen unterm Flügel hervor, sahen umher und flogen ins Feld; die Fliegen an den Wänden krochen weiter; das Feuer in der Küche erhob sich, flackerte und kochte das

518

Essen; der Braten fing wieder an zu brutzeln; und der Koch gab dem Jungen eine Ohrfeige, daß er schrie; und die Magd rupfte das Huhn fertig.

Aber dann, als bekannt wird, was geschehen war, dann muss doch einer aufstehen und fragen: War das immer noch ich, der da hundert Jahre geschlafen hat? Und wenn ihm darauf keiner eine Antwort geben kann, müsste ihn dann nicht das Entsetzen packen wie bei einer entsetzlichen Krankheit?

Jetzt weiß ich, warum sich die Kinder vor dem Schlaf fürchten: Sie wissen, dass sie für die Zeit der Nacht nicht sie selbst sein werden, und wissen nicht, wer sie sein werden. Bisher waren sie immer am Morgen aufgewacht als die, die sie sind, das ist wohl wahr, aber wer garantiert ihnen, dass es nach der kommenden Nacht auch so sein wird? In der ägyptischen Mythologie wird vom Sonnengott Re erzählt, der bei Tag mit der Sonnenbarke über den Himmel fährt und am Abend in die Nachtbarke umsteigt, um in die Unterwelt hinabzugleiten. Dort werden er und seine Begleiter von dem Schlangengott Apophis angegriffen. Und es ist nicht sicher, wer diesen Kampf gewinnt. Wenn Re auch nur einmal verliert, wird es nie wieder Tag werden. Das ist es doch, was Kinder fürchten: dass es nie wieder Tag wird und sie in diesem Zustand, den die Erwachsenen Schlaf nennen, gefangen bleiben wie der Bruder im Stein.

Wenn der Verwandelte, Verzauberte, Verfluchte weiß, dass er verwandelt, verzaubert, verflucht ist – ist das besser für ihn? Dr. Jekyll weiß, wer Mr. Hyde ist, und als Dr. Jekyll weiß er, wie Mr. Hyde sich fühlt, und als Mr. Hyde weiß er, wie Dr. Jekyll denkt; der eine ist der Feind des anderen; der eine versucht den anderen in sich zu verwandeln und rückzuverwandeln; der eine empfindet die Identität des anderen als Fluch und will sie zerstören. Das ist grauenhaft, und Robert Louis Stevenson hat mit dieser Novelle ein eindrückliches Gleichnis geschaffen für unsere gespaltene Seele, in der Zauberer und Verzauberter, Fluchender und Verfluchter einander nicht als Fremde, sondern als Eigene gegenüberstehen – aber ist es nicht viel grauenhafter, am Tag nicht zu wissen, was mit einem in der Nacht geschieht, in wen man sich in der Nacht vielleicht verwandelt, was man als Verwandelter vielleicht anstellt, was für Schuld man auf sich lädt?

Kinder fürchten den Schlaf, Erwachsene die Schlaflosigkeit – vielleicht aus einem ähnlichen Grund. Die unbelebte Welt der Nacht rückt sehr nahe an einen heran, wenn man kein Auge zutut. Sie flüstert in einer Sprache, die wir nicht verstehen. Und die Stille füllt sich langsam mit Entsetzen an. – *Because something is happening here, / But you don't know what it is. / Do you, Mister Jones?* So heißt es in einem Song von Bob Dylan. – Was wollte meine Großmutter ausprobieren, als sie mitten in der Nacht ihre Zudecke und ihr Kopfkissen unter den Arm klemmte und in die Küche ging und sich unter den Küchentisch legte? Ich denke, sie wollte herauskriegen, *was hier los ist.*

Der Puma, der zaubern konnte

Allerliebst!« hat der Puma gesagt. »Mach dir keine Sorgen um die Zukunft der Kleinen! Die Sache werde ich in die Hand nehmen.«

Das Mädchen ist herangewachsen, man hat sie Angelica gerufen, und es ist aus ihr eine junge Frau geworden, so schön und sanft wie der Mond.

Nun hat es in jener Gegend einen reichen Gutsbesitzer gegeben, dem gehörte das halbe Land; der ist sehr stolz und eingebildet gewesen, und alle Leute haben zu ihm »Exzellenz« sagen müssen, obwohl er gar nicht so exzellent gewesen ist. Dieser Kerl (der Teufel soll ihn holen!) hat einen Sohn gehabt und eine Tochter. Der Bursche war brav und edel, das Mädchen ... na ja ... verzogen wie vornehme Fräulein sind und eingebildet wie der Vater.

Der Sohn aber, wie gesagt, so möchte man sich einen Schwiegersohn wünschen! Eines Tages, was macht der Bursche? Er geht durch den Wald und kommt zu dem Hüttchen. Und wie er gesehen hat: da wohnen arme Leute, hat er seine Geldbörse herausgenommen und hat die Hälfte davon aufs Fensterbrett gelegt. Dann ist er still davongeschlichen. Niemand hat ihn gesehen. – Was heißt niemand? Zwei Augen haben ihn gesehen, denn der Puma hat sich gerade dort herumgetrieben.

»Brav, brav!« hat der Puma gesagt; es hat ihm gefallen, daß der Junge nicht so ist wie der Alte.

Nun, es ist nicht bei diesem einen Besuch des Burschen geblieben, und wie es so kommt, er ist dabei einmal dem Mädchen, der Angelica, begegnet. Wundert ihr euch, daß sie sich ineinander verliebt haben? Ich nicht.

Gut, das Mädchen hat seine Liebe den Eltern gestanden. Der Vater hat sich hinter den Ohren gekratzt und gemeint: »Der Fall liegt schwierig! Mit Seiner Exzellenz ist nicht zu reden. Ich will einmal meinen Freund fragen.«

Und am andern Tag ist er dorthin gegangen, wo er sich immer mit dem Puma getroffen hat.

»Du brauchst mir gar nichts zu erzählen!« hat der Puma gesagt. »Ich habe ja schließlich selber zwei Augen im Kopf. Geh nur und schick mir den Burschen her!«

Der Bursche ist gekommen und der Puma hat zu ihm gesagt: »Frag deinen Vater, ob du deine Geliebte heiraten darfst! Dann wird er nein sagen. Du aber frag: Warum nicht? – Dann muß er dir sagen, warum. Und dann sag zu ihm: und wenn alle Bedingungen erfüllt sind? – So mach es, und dann komm zurück und sag mir alles!«

Der Bursche ist also zu seinem Vater gegangen und hat gesagt: »Vater!« – »Ja?« – »Ich möchte gern heiraten.« – »So, wen denn?« – »Die Angelica.« – »Du bist verrückt! Erstens bist du noch zu jung, zweitens hat die Angelica eine zu dunkle Haut, drittens ist deine Angelica arm – ja, wenn sie wenigstens so viele Rinder hätte wie ich! – Viertens ist sie nicht von Adel.« Der Bursche hat gesagt: »Und wenn alle diese Bedingungen erfüllt wären, dürfte ich sie dann zur Frau nehmen?« Der Herr hat laut gelacht und hat erwidert: »Aber klar, mein Wort als Edelmann! Wenn sie helläugig, vermögend und von Adel ist, will ich selber für dich bei ihrem – haha – bei ihrem Herrn Papa um ihre Hand anhalten.« – »Gut! Ich danke dir, Vater.«

Nun ist also der Bursche wieder in den Wald gegangen, hat den Puma dort getroffen und hat gesagt: »Also: mein Vater hat die folgenden Bedingungen gestellt, daß erstens Angelica eine hellere Hautfarbe haben muß, daß sie zweitens reich sein muß – oder aber so viele Rinder besitzen wie er selbst – und daß sie außerdem und drittens von Adel sein müsse. Aber das ist ja alles unmöglich.« – »Was heißt unmöglich?« sagt der Puma. »Wirf die Flinte nicht gleich ins Korn und laß mich machen! Seine Exzellenz wird sich wundern.«

Der Puma, was hat er gemacht? Er ist ins Gebirge gelaufen und hat einen Mondstein gesucht. Nur Zauberer wissen, wo so ein Mondstein zu finden ist, und da der Puma zaubern konnte, hat er auch einen gefunden.

Dann ist er zum Hüttchen gelaufen und hat zu Angelica gesagt:

»Los, zieh dich aus!« – »Warum?« – »Warum? Weil ich dich mit dem Mondstein abreiben muß, damit deine Haut weißer wird.« – »Aber ich schäme mich, mich nackt auszuziehen.« – »Mein Gott! Du wirst dich doch nicht vor einem Puma schämen? Gut, gut! Ich werde auch ein Auge zumachen und mit dem andern nur zwinkern!«

Nun, nach einigem Hin und Her hat sich die Kleine ausgezogen, und der Puma hat sie mit dem Mondstein wie mit einem Stück Seife abgerieben. Dann hat er sie mit einem Schwamm abgewaschen, und: das Mädchen war auf einmal weiß wie Milch! Ihre eigenen Eltern haben sie fast nicht mehr gekannt. »So!« hat der Puma gesagt. »Das war das Leichteste! Jetzt kommt etwas Schwierigeres.«

Was macht er? Er geht in seine Höhle und holt den Knochen von einem Büffel, aus dem macht er eine Flöte. Wie die Flöte fertig ist, fängt er an, darauf zu blasen und zu singen:

>*»Eh, eh, eh!*
>*Ich, der Puma, bin ein Büffel,*
>*Uh, uh, uh,*
>*Wo ist die Büffelkuh?«*

Drei Tage und drei Nächte hat er geblasen, gesungen und getanzt. Auf einmal wird es ganz still: und da steht ein riesiger Büffel.

Der Büffel ist zum Hüttchen gegangen und hat zu dem Mann gesagt: »Alter Freund, paß auf! Ich bin der Puma als Büffel. Führe mich zum nächsten Kampf der Stiere!«

In jener Gegend ist es nämlich üblich gewesen, Stiere gegeneinander kämpfen zu lassen, und die Herde des unterlegenen Stieres hat dann immer dem Besitzer des Siegers gehört. Der Vater von Angelica geht also hin zu jenem Herrn und sagt: »Exzellenz, wollen wir unsere Stiere kämpfen lassen?« Der Herr hat gelacht und gesagt: »Meinetwegen, wenn du deine Herde unbedingt loswerden willst. Aber komme mir hernach nicht jammernd! Du kennst die Bedingungen. Ich will dir deine paar Kühe nicht wegnehmen, aber wie du willst.« Gut! Aber als der Herr den Büffelstier des Mannes gesehen hat, ist ihm doch warm geworden und er hat gesagt: »Ei verdammt, wie kommt der arme Schlucker zu einem so prachtvollen Viehstück!«

Es hat nur einen kurzen Kampf gegeben; der Stier des Reichen hat einen riesigen Schrecken vor seinem Gegner gehabt und ist davongerannt, als wäre der Teufel hinter ihm her. Seine Exzellenz hat sich fürchterlich geärgert, aber er war ein guter Verlierer und hat dem Mann seine ganze Herde überlassen, nachdem er den eigenen Stier selber erschossen hatte. Man hat den Stier am Spieß gebraten und gemeinsam verzehrt. Beim Mahl ist auch die Angelica anwesend gewesen. »Ei, ei: wer ist denn diese hübsche Kleine dort?« hat er seinen Sohn gefragt. – »Das ist Angelica.« – »Nicht doch! Die da drüben mit der weißen Haut.« – »Ja, das ist sie!« – »Nicht zu glauben! Schade, schade, daß sie nicht von Adel ist! Sie hätte so gut in meine Familie gepaßt!«

Indessen ist der Büffelstier davongelaufen, und bei seiner Höhle angekommen hat er sich so lange geschüttelt, bis sein Fell heruntergefallen ist. Da war er wieder der Puma. Der Puma hat in seiner Kiste gesucht, und er hat den Knochen eines Kondors herausgezogen. Aus dem Knochen hat er eine Flöte gemacht, und wie die Flöte fertig gewesen ist, hat er darauf geblasen und gesungen:

> »Eh, eh, eh,
> Ich, der Puma, bin ein Vogel,
> Uh, uh, uh,
> Ich fliege immerzu!«

Drei Tage und drei Nächte hat er so geblasen, gesungen und getanzt, und auf einmal: da sitzt ein großer schwarzer Adler! Der große schwarze Vogel ist davongeflogen, ich weiß nicht, wie weit.

In einem andern Land, einem großen Reich, da hat es einen König gegeben, der hat so unter Kopfschmerzen gelitten, daß er seit Jahren kaum mehr hat schlafen können. Er hat alle Ärzte seines Landes rufen lassen, aber keiner hat ihm helfen können. Da – eines Nachts – was gibt es? Wie der König in seinem Bett sitzt und den schmerzenden Kopf in die Hand stützt, da flattert etwas: ein großer schwarzer Adler kommt geflogen und setzt sich auf die Kante des Bettes.

Der schwarze Vogel sagt: »Geht es dir schlecht, König?« – »Ach, ach, ach«, jammert der König, »ich halte es nicht mehr lange aus und springe zum Fenster hinaus.« – »Nein, du brauchst nicht zu springen! Ich habe eine Medizin da, die wird dich heilen. Was gibst du dafür?« – »Das halbe Reich sollst du haben, wenn deine Medizin etwas taugt.« – »Nein, das halbe Reich will ich nicht, doch will ich Graf werden und meine Adoptivtochter Komtesse!« – »Aber ja, meinetwegen Herzog und Herzogin.«

Da hat der Puma ihm ein Fläschchen gegeben, in dem ein Trank war, und kaum hat der König davon genippt, da war sein Kopfweh weg. Der König hat sich sehr gewundert und hat sich ganz erlöst gefühlt.

Am nächsten Tag hat der König seinen Kanzler rufen lassen und befohlen: »Schreibe sogleich eine Urkunde! Darauf soll stehen:

»Der König ernennt hiermit den Inhaber zum Grafen von Kondor und Angelica zur Komtesse. Ich, der König.«

Man hat es so gemacht, unterschrieben und gesiegelt. Der schwarze Vogel hat die Urkunde genommen und ist zu seiner Höhle heimgeflogen. Dort hat er sich geschüttelt, bis das ganze Federkleid abgefallen ist.

Was hat der Puma dann gemacht? Zuunterst in seiner Kiste lag ein Menschenknochen, ein Schenkelknochen. Aus dem hat der Puma eine Flöte geschnitzt. Dann hat er darauf geblasen und gesungen:

»Eh, eh, eh,
Ich, der Puma, bin ein Mann!
Uh, uh, uh,
Vom Kopf bis auf die Schuh.«

Drei Tage und drei Nächte hat er so geblasen, gesungen und getanzt, und auf einmal: da steht ein eleganter Herr! Donnerwetter, so einen sieht man nicht alle Tage. Der feine Herr ist zum Hüttchen gegangen und hat gesagt: »Angelica, komm heraus!« – Sie hat ihn zwar an der Stimme erkannt, aber – so ein vornehmer Herr – da ist sie doch unsicher geworden: »Bist du der Puma?« – »Was für eine Frage? Aber jetzt bin ich Graf Kondor, und du bist Komtesse.« Angelica hat ihr bestes Kleid angezogen, der Herr hat eine Kutsche kommen lassen und sie sind zu seiner Exzellenz gefahren. Wie der Herr gehört hat, daß das ein Graf Kondor sei, hat er sich tief verbeugt und hat ihn in sein Haus geführt. »Lieber Vetter«, hat der Graf herablassend gesagt, »meine Nichte und Adoptivtochter Angelica kennst du ja schon. Aber da habe ich nun gehört, du willst deinen Sohn nicht meine Angelica heiraten lassen. Das gefällt mir ganz und gar nicht, mein Bester. Ich fühle mich – ich muß schon sagen – sehr beleidigt!« – »Aber, Euer Gnaden«, sagt der Herr, »das ist ein Mißverständnis! Das ist ein volles Mißverständnis, nur wage ich es kaum, hochedler Vetter, Euch um die Hand der hochgeschätzten Komtesse zu bitten.« – »Bitte, und ich werde es mir überlegen, da dein Sohn ein sehr verständiger junger Mann sein soll.« Kurz und gut, nach einigem Verhandeln hat der Graf sich herabgelassen, seine Zustimmung zur Hochzeit zu geben, und jener Herr ist ganz klein geworden und hat allen Stolz abgelegt. Dann ist der Graf zu seiner Höhle zurückgegangen, hat sich geschüttelt, bis die Menschenhaut abgefallen ist. »Hol's der Teufel!« hat der Puma gesagt. »Es ist gar nicht so schön, ein Mensch zu sein.«

Bald darauf hat es eine fröhliche Hochzeit gegeben, die sieben Tage gedauert hat. Was dann noch gewesen ist? Ich weiß es nicht.

So wird in der Karibik erzählt.

Die Geschichte von dem Prinzen, der eine Prinzessin befreite

*E*s waren einmal ein König und eine Königin, die hatten keine Kinder. Der König war sehr traurig, weil er nicht wußte, wem er einmal sein Reich vererben sollte. Er ließ also alle Ärzte und Magier des Landes rufen, um sie um Rat zu fragen. Es kamen viele Doktoren und viele weise Männer und Frauen. Die einen rieten dies, die andern das, aber was auch der König und die Königin versuchten, kein Mittel wollte helfen. Eines Tages kam ein alter Diener, der schon lange am Hofe lebte, und sagte: »Ich wüßte vielleicht jemand, der Eurer Majestät helfen kann, aber …«

»Was aber?« fragte der König.

»Aber das ist ein garstiges altes Weib, und sie spricht sehr unflätig.«

»Wenn sie wirklich hilft, soll mich das nicht kümmern, wenn sie aber nicht helfen kann, dann lasse ich ihr den Kopf abschlagen!« sagte der König.

Der König ließ sein Pferd satteln und ritt mit dem Diener in den Wald hinaus. Als sie mitten im wüstesten Dickicht waren, sah der König eine verfallene alte Hütte. Er stieg ab und band sein Pferd an einem Haken der Mauer des Hauses an. Kaum hatte er das getan, da erschien eine abscheuliche Alte an der Türe und sagte: »Welcher unverschämte Bauernlümmel, welcher dumme Tölpel bindet denn seinen elenden Schindergaul hier an, um mir meinen Palast zu verunreinigen!«

»Daß ich nicht lache«, sprach der König, »diese alte, schmutzige Hütte einen Palast zu nennen! Was glaubst du wohl, mit wem du sprichst? Ich bin der König!«

»Und wenn du der Papst wärst, so würde ich dir trotzdem verbieten, deinen Roßmist hier abzuladen! Du krummbeiniger, scheeläugiger Kerl, was willst du eigentlich hier auf meinem Grund und Boden?«

Als der König die Alte so geifern hörte, hätte er fast zu lachen angefangen. Aber er besann sich, daß sie ihm vielleicht helfen könnte, und erzählte ihr, daß er keine Kinder hätte. Die Alte besann sich nicht lange, sondern sagte: »Gut, einen Sohn sollst du haben, aber nur unter einer Bedingung: er muß meine Tochter heiraten!« – »Du verlangst da allerhand!« sagte der König. »Wenn es dir nicht paßt, dann troll dich!« schimpfte die Alte und wollte schon die Türe zuschlagen, aber der König zwängte den Fuß zwischen Türe und Türpfosten, und er dachte: »Laß uns nur erst einmal einen Sohn haben, dann wollen wir schon weitersehen, was wird.« Laut aber sagte er: »Nun, zum Henker, ich bin einverstanden. Weißt du aber auch, daß ich dir den Kopf abhacken lasse, wenn du mich enttäuschst und ich keinen Sohn bekomme?«

»Schau, daß du nicht selbst den Grind verlierst, und laß es meine Sorge sein, ob du einen Sohn haben wirst!« Und damit gab sie dem König einen Apfel. »Da, diese Frucht muß deine Frau essen, dann wird sie schwanger werden.«

Der König steckte den Apfel ein, sah sich nicht weiter nach der Alten um, sondern schwang sich aufs Pferd und ritt heim. Und richtig, zu ihrer Zeit gebar die Königin einen Knaben, schön wie die Sonne.

Der Königssohn war nicht nur schön, sondern er wuchs auch zu einem starken und klugen jungen Mann heran. Und eh man sich umsah, war er so alt, daß man daran denken mußte, ihn zu verheiraten. Nun gab es da ein benachbartes Königreich, und der König und die Königin dort hatten eine Tochter, die war noch schöner als der Mond. Nun schickte unser König hin und ließ fragen, ob man die Prinzessin seinem Sohn zur Braut geben wollte. Und da ihr Vater und ihre Mutter einverstanden waren, machten sie sich alsbald auf, um in das Nachbarreich zu reisen und die Verlobung zu vollziehen.

Man hatte ein schönes Fest vorbereitet, und alles war auf das trefflichste hergerichtet: Die Säle waren geschmückt, der Koch hatte seine besten Speisen gekocht und der Mundschenk den besten Wein aus dem Felsenkeller geholt. Als nun alle beisammen waren, um die Verlobung zu feiern, trat auf einmal das alte, garstige Weib ein, und sie zog auch ihre Tochter hinter sich her, das war eine schwarze, bucklige Kleine, und sie war so häßlich, daß man sie kaum anschauen konnte.

»Treuloser!« schrie die ergrimmte Alte den König an. »Die Pest wünsche ich dir an den Hals! Weißt du nicht, was wir vereinbart haben, als wir den Handel schlossen? Und nun willst du deinen Sohn einer anderen geben? He?«

»Gebt dieser alten Hexe tausend Goldstücke und jagt sie zum Teufel!« befahl der König.

»Was?« brüllte die Alte. »Du willst mich betrügen? Dein Sohn soll niemals jene blonde Larve zur Frau nehmen!« Und eh man sich des versehen hatte, stürzte sie sich auf die arme Prinzessin und riß ihr ein Haar aus. Dann stürzte sie zum Kamin und warf das Haar der Prinzessin in das Herdfeuer, und in demselben Augenblick tat sich die Erde auf, und die Prinzessin verschwand vor den Augen der entsetzten Umstehenden in die Tiefe. Der König war außer sich vor Zorn. Er ließ auf der Stelle die Alte und ihre Tochter köpfen und die Leichname verbrennen. Aber das brachte die schöne Prinzessin nicht wieder zurück.

Deren Vater war auch erbost und sagte zum Vater des Königssohns: »Warum habt Ihr mir nichts von dem schmutzigen Handel erzählt! Wenn meine Tochter nicht übers Jahr wiedergefunden und zurückgebracht ist, will ich mit meinem Heer über Euch herfallen, so wahr ich ein König bin!« Und er reiste auf der Stelle mit seiner weinenden Frau zurück in sein Königreich. Der König jenes Landes aber war ganz erschöpft, und er wußte nicht, was er machen sollte. Da näherte sich ihm sein Sohn und sagte: »Ach, Vater, gebt mir Euren Segen und laßt mich fortziehen! Ich will mich auf die Suche nach der schönen Prinzessin machen.« Was hätte der Vater da sagen sollen? Er umarmte ihn, ließ ihm das beste Roß satteln, und der Königssohn ritt zusammen mit einem treuen Diener davon.

Der junge Mann durchritt nun viele Länder und kam in viele Städte, aber soviel er auch nach der verlorenen Prinzessin fragte, niemand konnte ihm sagen, wo sie hingeraten sei. Als er so traurig über die Straße ritt, begegnete er einem alten Hirten, der bettelte ihn an und sagte: »Herr, schenkt einem armen, alten Mann ein Almosen.« Und der Königssohn gab ihm einige Goldmünzen.

»O Herr«, rief der Hirte, »Ihr seid ein großzügiger und reicher Mann. Wie aber kommt es, daß Ihr so ein trauriges Gesicht macht?« Da erzählte ihm der Jüngling seine Geschichte. »Leider weiß ich Euch auch keinen Rat«, sagte der alte Hirte, »aber wenn Ihr die Straße weiterreitet, dann kommt Ihr am Fuße eines hohen Berges zu einem kleinen Häuschen, dort wohnt mein Vater. Vielleicht weiß er mehr als ich. Wenn Ihr ihm etwas weißes Brot mitbringt, dann wird er Euch sicher weiterhelfen.« Da schickte der Königssohn seinen Diener zurück in die nächste Stadt und ließ ihn schönes, weißes Brot einkaufen. Dann setzten sie ihre Reise fort.

Sie ritten und ritten, und nach sieben Tagen kamen sie an den Fuß eines hohen Berges. Und richtig: da lag ein Hüttchen am Rande des Waldes. Der Königssohn klopfte an. »Bitte, macht auf!«

Da kam ein verschrunzeltes altes Männchen heraus und sagte: »Was begehrt Ihr?«

»Euer Sohn hat mich zu Euch geschickt. Und hier habe ich Euch weißes Brot mitgebracht«, antwortete der Königssohn. Der Alte betrachtete das Brot und sagte: »Ach, wie lange hab' ich schon kein weißes Brot mehr gegessen. Und nun erzählt mir Eure Geschichte!«

Da erzählte ihm der Königssohn alles von der Alten und der verlorenen Prinzessin. Der Alte dachte lange nach, dann sagte er: »Leider weiß ich Euch keinen Rat. Wenn Ihr aber die Pferde hierlaßt und zu Fuß den Berg hinaufsteigt, dann findet Ihr auf halber Höhe eine kleine Hirtenhütte. Dort wohnt mein Vater, der ist viel älter und klüger. Vielleicht kann er Euch helfen. Wenn Ihr aber hinaufsteigen wollt, dann bringt ihm doch ein Stück Kuchen mit, denn er hat keine Zähne mehr und kann das Brot nicht mehr beißen.«

Da sandte der Königssohn abermals seinen Diener zurück in die Stadt und ließ ihn Kuchen holen, den besten und weichsten, der zu finden war. Als der Diener aber zurück war, nahm er Abschied von dem Alten und bat ihn, auf die Pferde aufzupassen. Dann stieg er mit seinem Diener den steilen Berg hinauf. Sie mußten durch ein

Dickicht hindurch, und als sie endlich auf halber Höhe des Berges waren, da sah der Königssohn, daß seine Kleider ganz zerrissen waren. Nun fanden sie gleich das alte Hirtenhüttchen, das war aus Stein und mit Zweigen gedeckt. Es hatte keine Türe, sondern nur eine Öffnung, die mit einem Fell zugehängt war. Der Königssohn streckte seinen Kopf durch die Öffnung, da sah er einen uralten Mann mit langen weißen Haaren auf einem Lager liegen.

»Hier, Großväterchen, wir haben Euch Kuchen gebracht!« sagte er. Und der Greis hob den Kopf, dann stand er auf und kam näher.

»Kuchen? Wirklich Kuchen! Ich glaube, es ist bald hundert Jahre her, daß ich zum letzten Mal Kuchen gegessen habe. Und nun erzählt mir Eure Geschichte!«

Da erzählte ihm der Königssohn denn alles. Der Alte dachte lange nach, dann sagte er: »So ist es! Die Prinzessin muß zu den Unterirdischen gegangen sein.«

»Und wie komme ich dorthin?« wollte der Königssohn wissen.

»Ihr müßt auf den Berg steigen. Nahe bei seiner Spitze gibt es eine große Höhle, in die geht Ihr hinein, dann kommt Ihr ins Land der Unterirdischen. Es ist aber nicht leicht, die Prinzessin zu befreien, denn sie wird von einem Drachen bewacht. Wenn Ihr die Prinzessin befreien wollt, so braucht Ihr viererlei: Wein, Zucker, die Blume Vergessen und den Mantel, der unsichtbar macht.«

»Nun«, antwortete der Königssohn, »Wein und Zucker habe ich unten bei meinem Gepäck.«

»Dann soll es dein Diener gleich holen!« befahl der Alte; sogleich wurde der Diener fortgeschickt. »Die Blume Vergessen will ich dir zum Lohne dafür geben, daß du mir Kuchen mitgebracht hast«, sprach der Greis, »den Mantel, der unsichtbar macht, mußt du dir selbst holen. Die Frau des Drachen hat ihn in ihrer Lade liegen. Und nun paß auf, wie du es machen mußt! Der Drache geht jeden Morgen aus dem Hause, vorher aber sperrt er die Prinzessin in seinem Keller ein und steckt den Schlüssel in die Tasche. Nun mußt du der Frau des Drachen den Zucker geben, denn in jenem Lande haben sie keinen Zucker. Dann wird sie Lust darauf bekommen, noch mehr Zucker zu erhalten, und sie muß dich vor dem Drachen verstecken, weil der dich sonst auffrißt. Sie wird dir also den Mantel leihen, der unsichtbar macht. Dann mußt du den Weinschlauch auf den Tisch legen, und wenn der Drache davon getrunken hat und eingeschlafen ist, ihm den Schlüssel aus der Tasche ziehen. Dann kannst du die Prinzessin aus dem Keller holen und mit ihr fliehen. Vergiß aber nicht, vorher die Blume Vergessen beim Drachen aufs Fensterbrett zu legen, weil er sonst erwacht und euch einholt. Geht dann in die Stadt zum großen Brunnen und springt dort hinein, so werdet ihr wieder zurück in diese Welt finden.«

Darauf suchte der Greis lange in seinen Sachen und gab schließlich dem Königssohn eine getrocknete Blume und sagte: »Du darfst nie an dieser Blume riechen, sonst vergißt du alles und findest den Weg nicht mehr zurück!« Nun wartete der Königssohn noch, bis der Diener den Schlauch mit dem Wein und das Beutelchen mit dem Zucker gebracht hatte, dann umarmte er den Alten und bedankte sich für seinen Rat, steckte die Blume ein und stieg den Berg hinauf. Er fand auch die Höhle, und nachdem er einen Augenblick gezögert hatte, ging er hinein. Zuerst war es ganz dunkel, und er mußte sich an der Wand entlangtasten; dann wurde es auf einmal hell, und er kam auf eine schöne Wiese hinaus. Er wanderte nun über die Wiese und dann durch einen Wald und kam schließlich in eine große Stadt. Er brauchte auch nicht lange, bis er das Haus des Drachen gefunden hatte, denn es lag am Rande der Stadt. Da es heller Tag war, wußte der Königssohn, daß der Drache ausgegangen sein müsse. Er klopfte also an die Türe, und die Frau des Drachen öffnete ihm.

»Was hast du für einen seltsamen Geruch?« sagte sie. »Bist du vielleicht nicht aus unserm Land?«

»Nein, Mütterchen«, entgegnete der Königssohn, »ich stamme aus einem anderen Reich und bin gekommen, um Euch Zucker zu bringen, weil ich gehört habe, daß es hier keinen gibt.« – »Zucker? Was ist das?« fragte die Frau des Drachen. »Hier, versucht einmal!« Und der Königssohn hielt ihr sein Beutelchen mit dem Zucker hin. Die Frau des Drachen kostete ein wenig davon und sagte: »Das schmeckt ja herrlich! Hast du noch mehr von dem Zeug?« – »Hier, nehmt nur das ganze Beutelchen.«

Da nahm die Frau des Drachen den Beutel mit dem Zucker und führte den Königssohn ins Haus. »Könnt Ihr mir nicht noch mehr von Eurem Zucker bringen?« fragte sie.

»Aber natürlich kann ich das. Nur heute ist es schon zu spät.« – »So bleibt bei mir. Ich will Euch auch zu essen geben. Morgen könnt Ihr dann in Euer Reich zurückkehren und mir neuen Zucker bringen. Legt aber diesen Mantel um Eure Schultern, denn wenn Euch sonst mein Mann sieht, frißt er Euch auf.« Und damit öffnete sie eine Lade und nahm den Mantel heraus, der unsichtbar macht. Der Jüngling legte sich den Mantel um, setzte sich an den Tisch und sagte: »Seht, für Euern Mann habe ich Euch auch etwas mitgebracht. Es ist Wein, und in unserem Lande trinken ihn die Männer, damit sie starke Söhne haben.«

»Das muß ja ein wunderbares Land sein, in dem es so herrliche Dinge gibt. Legt nur den Schlauch dort auf den Tisch!« Es dauerte nicht lange, da kam der Drache nach Hause. Er schnupperte und sagte: »Hier riecht es aber eigenartig!«

»Ja«, sagte die Drachenfrau, »stell dir nur vor, es war ein Händler da und hat uns ein Getränk aus einem andern Lande gebracht, das dort die Männer trinken, damit sie starke Söhne bekommen. Ich habe einen Schlauch voll gekauft. Er liegt dort auf dem Tisch. Davon kommt wohl der Geruch!« Da setzte sich der Drache an den Tisch und brummte: »Fleisch von Menschen wäre mir lieber.« Aber da er neugierig war, öffnete er doch gleich den Weinschlauch und nahm einen kräftigen Schluck. »Das schmeckt gut!« sagte er. »Ich spüre schon, wie ich davon stark werde. Es ist so rot wie Blut.« Und er trank den ganzen Schlauch aus. Er war aber den Wein nicht gewöhnt, und es dauerte nicht lange, da schlief er so fest, daß ihn nicht einmal ein Kanonenschuß aufgeweckt hätte. Der Königssohn wartete nun, bis auch die Frau des Drachen eingeschlafen war, dann zog er dem Drachen den Schlüssel aus der Tasche, öffnete das Schloß und machte die Falltüre auf und ließ die Prinzessin heraussteigen.

Die Prinzessin war sehr froh, daß sie endlich aus der finsteren Gruft befreit war, und der Königssohn erzählte ihr genau, wie er es gemacht hatte, um sie zu finden. Dann legte er die Blume aufs

Fensterbrett, hüllte sich und die Prinzessin in den Mantel, der unsichtbar macht, und schlich sich aus dem Hause. Als der Drache erwachte, brummte ihm der Schädel, und als er aufsah, erblickte er die Blume Vergessen am Fensterbrett. Da ging er hin und roch daran, und mit dem gleichen Augenblick hatte er alles vergessen. Er wußte nichts mehr von der Prinzessin und sagte zu seiner Frau nur: »Du hast wieder einmal die Türe zum Keller nicht zugemacht.« In der Zwischenzeit war der Königssohn mit der Prinzessin durch die ganze Stadt gewandert, und als sie zum Mittelpunkt kamen, sahen sie einen großen Brunnen. Sie schwangen sich über den Rand, aber ihre Füße berührten kein Wasser, sondern sie sanken und sanken immer tiefer, und auf einmal waren sie im Palast, wo der Königssohn daheim war. Als seine Eltern ihn sahen, umarmten sie ihn froh und ebenso ihre Schwiegertochter. Dann sandte der König sogleich aus und ließ den Vater der Prinzessin holen.

Der andere König kam mit seiner Frau und dem ganzen Gefolge, und nun konnte fröhlich Hochzeit gehalten werden. – Das ist die Geschichte von dem Prinzen, der eine Prinzessin befreite, und morgen werde ich euch erzählen, was mit dem Mantel, der unsichtbar macht, noch geschehen ist.

So wird in Italien erzählt.

Der erste Maulwurf in Cornwall

Alice of the Combe war das einzige Kind ihrer Mutter und von edler Abstammung. Sie lebte in den Hügeln von Morwenna, in der Nähe der Severn See. Sie war groß, blauäugig und sehr schön, aber sie war auch stolz. Ganze Tage verbrachte sie damit, kostbare Gewänder, Edelsteine und Gold auszuwählen.

Sie wies viele Freier ab, denn sie hatte ihr Herz nur einem Mann zugewandt – das war Sir Beville von Stowe, ein Granville und einer der bekanntesten und treuesten Anhänger der Stuarts.

Schließlich sollte Sir Beville einen Ball und ein Bankett geben. Alice verbrachte dafür viele Stunden vor ihrem Spiegel, und als alles zurechtgemacht war, ging sie in den Saal hinunter, wo ihre Mutter am Spinnrad saß und dabei wie immer für den Erfolg ihrer Tochter betete. Denn sie sehnte sich danach, Alice verheiratet zu sehen und ihre Kinder auf dem Schoß zu halten. Alices Gewand war aus kostbarem dunklem Samt, in ihrem dunklen Haar glitzerten Edelsteine, und an der Hand trug sie einen großen strahlenden Ring. Aber sie war sich der Macht ihrer eigenen Schönheit so sicher, daß sie meinte, sie brauche die Gebete ihrer Mutter nicht. »Ich habe keine Gebete nötig«, sagte sie verächtlich. Bei diesen Worten aber war die Luft auf einmal erfüllt von einem Schwall wilder Musik und einem Lichtblitz, das Mädchen schrie auf vor Schreck und war verschwunden. Kein Suchen half, viele Tage lang war kein Zeichen und keine Spur von ihr zu finden, bis eines Abends ein Gärtner, als er sich auf seinen Spaten stützte, einen kleinen Erdhaufen zu seinen Füßen bemerkte, und auf der lockeren Oberfläche schimmerte gerade der Ring, den Alice getragen hatte.

Die sorgfältige Untersuchung enthüllte ihnen eine kleine, zierliche Inschrift an der Innenseite, sie war in alter kornischer Sprache:

»Beryan erde
Oyn und perde!«

Der Pfarrer von Morwenna, ein gelehrter, grauhaariger Mann, übersetzte dies:

> *»Verborgen sollen werden*
> *Augen und Stolz in der Erden!«*

Als er diese Worte sagte, ließ ein kleines Geräusch zu seinen Füßen alle auf den Boden blicken, und da stand ein kleines dunkles Geschöpf, wie Lady Alice in weichen Samt gekleidet. Aber es sah nichts, die blauen Augen waren für immer versiegelt, und wegen ihres Stolzes war sie zu einem Maulwurf geworden – dem ersten, der je in Cornwall gefunden wurde.

So wird in England erzählt.

Bertha mit den großen Füßen

König Pippin von Franken warb, dem Rat seiner Barone folgend, um die ungarische Königstochter mit den großen Füßen. Das ungarische Königspaar nahm die Werbung an und sandte die Jungfrau in Begleitung ihrer alten Amme Margiste, deren Tochter Aliste und ihres Hofmeisters Tybert an den Hof des Frankenherrschers. An einem schönen Augusttage fand in Paris die Hochzeit statt, und mancher mächtige Fürst diente dem jungen Paar beim festlichen Mahl. Dann räumte man die Schüsseln fort, und drei Spielleute zeigten ihre Künste. Als diese ihr Spiel beendet hatten, erhob sich der König und die allgemeine Lustbarkeit begann. Fürsten und Barone umringten die junge Königin und führten sie auf ihr Zimmer. Aber Margiste hatte in ihrem Herzen einen verräterischen Plan gefaßt: Sie kniete vor der Königin nieder und flüsterte ihr ins Ohr: »Herrin, es schmerzt mich bei Gott, daß ich es sagen muß, aber gestern hat mir ein Freund berichtet, daß seit Anbeginn der Zeiten kein Mensch so zu fürchten war, wie der König Pippin es sein wird, wenn er bei Euch liegt. Ich fürchte sehr, daß er Euch tötet, wenn er heute nacht sein Gattenrecht an Euch ausübt.«

Als Bertha solches hörte, begann sie vor Angst zu weinen. »Herrin«, sagte die alte Amme, »bekümmert Euch nicht, denn ich will Euch retten. Wenn die Bischöfe und Abte von der Einsegnung des königlichen Bettes zurückgekehrt sind, werde ich Eure Kammer räumen lassen. Dann werde ich Aliste, meine Tochter, geschwind entkleiden und an Eurer statt ins Bett legen. Ich habe schon mit ihr darüber geredet, und sie hat eingewilligt. Denn ich will lieber, daß sie umkomme, als daß Ihr Schaden nehmt.«

Auf diese Worte hin umarmte Bertha die Alte und dankte Gott und allen Heiligen. Die böse Kammerfrau aber wandte sich von ihr und ging durch den königlichen Garten zum Flusse, wo sie ihre Tochter an einem Steinfenster lehnend fand. Diese glich Bertha, wie das Bild eines guten Malers dem Original gleicht. Keine Frau konnte sich mit beiden an Schönheit messen, ebensowenig wie eine dürre Heide mit einer blumigen Wiese. Die Alte umarmte ihre Tochter und küßte sie auf die Stirn, dann verabredeten sie heimlich, wie sie Bertha verraten könnten. »Tochter«, sagte die Alte, »ich liebe dich, darum sollst du Königin werden, wenn es Gott und dem heiligen Petrus gefällt.« – »Mutter«, entgegnete Aliste, »Gott erhöre Euer Gebet. Schickt nach Tybert, er soll uns seinen Rat erteilen. Befehlt ihm, daß er hierherkommt unter dem Vorwand, er habe gestern Almosen für mich ausgeteilt.«

Die Alte, zum Bösen stets bereit, lief windgeschwind davon. Tybert kam eilends herbei und fand Gefallen an dem Plan. Alle drei beratschlagten nun, wie sie ihrer Herrin Bertha das Frankenreich wegstehlen möchten.

»Tochter«, sagte Margiste, »zu einem guten Sprung gehört ein weiter Anlauf: Du wirst ein wenig dabei leiden müssen. Heute nacht soll Bertha in meiner Kammer schlafen; wenn es tagt, so werde ich sie zu Euch schicken, als solle sie ihren Platz beim König einnehmen. Dann mußt du dir ein Messer in den Schenkel stoßen, so tief, daß das helle Blut hervorspritzt. Darauf schreist du um Hilfe und tust, als ob sie dich habe ermorden wollen; ich werde eilends in die Kammer treten und sie fesseln lassen. Das übrige laßt mich nur machen.« – »Mutter«, sagte die Magd, »es geschehe, wie es dir gefällt.«

Als es Abend wurde, begaben sich Bischöfe und Äbte in das Schlafgemach, um das Lager zu segnen. Dann hieß die Alte alles Volk hinausgehen und die Kerzen löschen. Ihre Tochter legte sie ins Bett König Pippins und steckte das Messer, mit dem sie den Verrat begehen sollte, in das Bettgestell. Die alte Vettel lachte hämisch, dann begab sie sich in ihre Kammer und sagte zu Bertha: »Herrin, voll Schmerz und Unruhe verlasse ich meine Tochter. Es ist unbezahlbar, was wir für Euch getan haben.« – »Gott lohne Euch dafür, Frau!« Dann hieß die Alte sie schlafen gehen und sagte ihr, bei Tagesanbruch müsse sie sich ankleiden und sich leise neben den König schleichen. Die ahnungslose Bertha sagte dieses ganz ruhig zu, sie wolle in nichts dem Willen ihrer Amme zuwiderhandeln. Darauf sprach sie ihre Gebete im Bett sitzend, denn sie war wohl gebildet und konnte sogar schreiben. Indessen tat der König an der

Magd seinen Willen und erzeugte mit ihr einen Erben, der voll Falschheit und Tücke war.

Als es Tag wurde, rief die Alte den Verräter Tybert, der mit Freuden herbeikam. Bertha erwachte und begab sich leise, wie die Alte ihr aufgetragen hatte, in das Schlafgemach des Königs. Sie trat zu der Magd, die im geschmückten Brautbett lag. Die Magd bemerkte sie, und ohne Zaudern ergriff sie das Messer, schwang es und versetzte sich selbst einen solchen Stich hinten in den Schenkel, daß das helle Blut herausspritzte. Dann hielt sie ihr Messer Bertha hin, und diese nahm es an, ohne sich etwas Böses dabei zu denken. Dann fing die falsche Braut an zu schreien: »Ha! König Pippin, an Eurer Seite will man mich ermorden!« Der König erwachte und sah das blutende Messer, welches die Königin in der Hand hielt. Er richtete sich auf, fast von Sinnen vor Zorn. Die Alte stellte sich wütend, als sie ihrer Tochter Blut erblickte, und schwur, daß die Täterin ohne Gnade sterben müsse.

»Mein König«, sagte das Weib, »laßt sie auf der Stelle hinrichten. Habt kein Mitleid mit ihr. Nie in meinem Leben könnte ich sie wieder lieben!« Die alte Hexe packte Bertha und stieß sie mit einem gewaltigen Schlag aus der Kammer. Bertha ließ alles ruhig über sich ergehen, dennoch glaubte sie, dies alles geschehe aus Freundschaft, obwohl ihr von dem Schlag die Tränen aus den Augen strömten. Tybert zerrte sie am Mantel fort, so daß er fast zerrissen wäre: »Gott helfe mir«, sagte Bertha, »was ist mir begegnet, was haben diese Leute im Sinn?« Die böse Alte reichte Tybert ein Band, dann schlugen sie Bertha nieder, öffneten ihr gewaltsam den Mund wie einem Pferd, das man aufzäumt, und steckten ihr einen Knebel hinein, so daß sie um viel Geld kein Wort hätte reden können. Auch die Hände fesselten sie ihr, warfen sie auf ein Bett und breiteten eine Decke über sie. Die Alte saß neben ihr und flüsterte ihr zu: »Wenn du schreist, wird dir der Kopf abgeschnitten.« Bertha war über diese Worte sehr erschrocken; sie merkte wohl, daß jene ihr übel mitgespielt hatten und sie in ein fein ausgelegtes Netz gegangen war, und vor Schmerz wurde sie ohnmächtig.

Margiste ging nun fort und ließ die Königin in den Händen Tyberts. Sie begab sich in das Gemach des Königs, und als sie ihre

Tochter erblickte, fiel sie vor ihr auf die Knie: »Gnade, Herrin«, flehte sie, »um Gottes willen. Wenn Ihr wüßtet, wie ich meine Tochter zugerichtet habe, würdet Ihr nicht sagen, daß ich mitschuldig wäre.«

»Schweigt, alte Vettel«, sagte der König, »Eure Untreue ist erwiesen. Ihr wolltet insgeheim Bertha, meine Gemahlin, ermorden. Eure Tochter wird ohne Erbarmen verbrannt.«

»Herr«, sagte Aliste, »glaubt nicht, daß diese Alte eines Verrates fähig wäre, es gibt keine tüchtigere Frau auf der weiten Welt. Aber ihre Tochter hat stets für etwas beschränkt gegolten, und sie ist nicht richtig im Kopf. Herr, ich bitte Euch um eine Gnade, um die erste, seit ich Euer Weib bin und Krone trage: Ich bitte Euch bei der Treue, die Ihr mir geschworen habt, daß diese Angelegenheit verschwiegen und verheimlicht werde. Kein Mensch soll etwas davon erfahren, weil doch ich die Magd mitgebracht habe. Laßt drei Diener sie fortschaffen, sie sollen sie in ein fernes Land führen und dort eingraben oder erwürgen oder was sie wollen, jedenfalls soll sie sterben.«

»Herrin«, stimmte die Alte bei, »Euer Rat ist gut. Auch ich wünschte, sie würde enthauptet oder ertränkt oder sonst wie zum Teufel geschickt.«

Der König bewilligte die Bitte, und die Alte wurde beauftragt, die Sache zu Ende zu führen. Der König erhob sich, denn er wünschte, daß die Angelegenheit schnell erledigt werde; er rief drei Diener und sandte sie, ohne ihnen die näheren Umstände darzulegen, zu Margiste mit dem Auftrag, alles auszuführen, was sie ihnen befehlen würde. Die Alte zeigte ihnen das Zimmer, wo Bertha lag: »Kommt nur rasch wieder, die Sache eilt.« Dann wandte sie sich seufzend und weinend zum König: »Nun ruht aus, Herr. Ich versichere Euch, daß Ihr nie wieder von dem Scheusal sollt reden hören, ich erkenne sie nicht mehr als meine Tochter an, das schwöre ich Euch, weil sie meine Herrin ermorden wollte.« Auch die Magd, ihre Tochter, begann zu weinen, und der König suchte beide zu trösten: »Weinet nicht um die Mörderin, und laßt sie gehen, sie könnte Euch nochmals töten oder vergiften wollen. Seid Ihr schwer verwundet, Liebste? Sagt es mir offen!«

»Nein«, sagte sie, »es ist nicht so schlimm, nur als ich das Blut sah, erschrak ich. Ich will Euch die Wunde zeigen, geht und sperrt die Tür zu!«

Tybert und die Alte luden indessen Bertha auf einen alten Klepper, und die drei Männer führten sie gleich nach Tagesanbruch davon, Tybert begleitete sie als vierter. Das Weib ersuchte Tybert, der ihr Vetter war, er möge ihr das Herz Berthas zurückbringen, und dieser versprach, es nicht zu vergessen. Bertha weinte und betete, denn sie wußte nicht, wohin man sie führte.

Fünf Tage lang reisten sie, bis sie in einen großen Wald gelangten, es war der von Le Mans. Hier machten sie unter einem Olivenbaum halt: »Ihr Herren«, sagte Tybert, »wir brauchen nicht weiterzugehen.« Dann stiegen sie von den Rossen. Einer der drei Begleiter hieß Moraut, der war ein tüchtiger Ritter. Sie hoben die Königin vom Pferd; es war das erste Mal, daß sie sie mit ihren Händen berührten, denn Tybert hatte niemanden sich ihr nähern lassen. Als sie sahen, wie schön sie war, barmten sie sehr um sie, aber Tybert, der Schurke, zog sein Schwert und sprach: »Zieht euch zurück, ihr Herren, mit einem Schlag werde ich ihr jetzt den Kopf abtrennen.« Als Bertha das Schwert sah, streckte sie ihre Arme mit flehender Gebärde aus, denn reden konnte sie nicht wegen des Knebels.

»Tybert«, rief Moraut, »schlage nicht zu, denn, beim allmächtigen Gott, ich würde dir Haupt und Glieder abhauen oder nie nach Frankreich zurückkehren.« Tybert wütete sehr, als es ihm nicht gestattet wurde, Bertha zu töten. Aber kaum hatte er sein Schwert gezogen, so packten ihn die drei Männer von der Seite und zwangen ihn auf die Knie. Sie rissen ihre Schwerter heraus, und während die beiden andern den Schurken Tybert festhielten, band Moraut mitleidig die Königin los und nahm ihr den Knebel aus dem Mund. »Flieht, schöne Frau, und der Herr geleite Euch!« Bertha eilte in den Wald und dankte Gott, als sie in Sicherheit war. Als Tybert ihre Flucht bemerkte, sagte er zornig: »Schlecht habt ihr gehandelt, ihr Herren; ich werde euch alle hängen lassen, wenn wir daheim sind.«

»Herr«, sagte Moraut, »wißt Ihr, was wir tun? Ich rate, daß wir das Herz eines Frischlings mitnehmen und es Frau Margiste zeigen, auf diese Weise werden wir uns vor Tadel wahren, denn Ihr wißt, daß wir versprochen haben, das Herz jener Frau heimzubringen. Wenn Ihr nicht einverstanden seid, Tybert, so töten wir Euch auf der Stelle.«

»Der Rat ist gut«, sagte Tybert, »da sie entflohen ist, müssen wir sehen, uns vor Vorwürfen zu schützen.«

Sie taten, wie Moraut geraten hatte. Die Alte hatte eine große Freude, als sie ihren Bericht hörte. »Ihr Herren«, sagte sie, »ich will euch reich belohnen. Sie war das schlechteste Weib, seit die Welt steht.«

Bertha hatte indessen den Wald durchschritten und erreichte nach mancherlei Gefahren das Haus eines biederen Mannes namens Simon, der ihr bereitwillig Unterkunft gewährte. Sie ernährte sich mit Handarbeiten und blieb neun Jahre lang im Hause Simons wohnen. Um diese Zeit brach die Königin Blancheflur von Ungarn auf, um ihre Tochter zu besuchen. Auf ihrer Reise traf sie einen Bauern und befragte ihn über die Königin, von deren Herrschaft sie nichts Gutes gehört hatte. »Frau«, erwiderte jener, »ich muß mich über Eure Tochter beklagen! Ich besaß ein einziges Pferd, mit dem ich für mich, meine Frau und meine kleinen Kinder mein Brot verdiente. Sechzig Groschen hat es mich gekostet, und ich brachte auf ihm meine Waren in die Stadt. Das hat sie mir wegnehmen lassen. Gott strafe sie dafur!« Die Königin hatte Mitleid mit dem Bauern und ließ ihm hundert Groschen in die Hand drücken, wofür er ihr dankbar den Steigbügel küßte.

An einem Montag ritt die alte Königin in Paris ein. Pippin hörte es und brachte voll Freude selbst seiner Gattin die Nachricht. Als die Magd diese Botschaft hörte, wurde sie sehr bestürzt, doch tat sie, als ob sie lache. Sogleich rief sie ihre Mutter und Tybert und fragte beide um Rat. »Ich rate«, sagte die Alte, »daß meine Tochter sich krank stellt. Um nichts in der Welt darf sie ihr Bett verlassen. Können wir so lange den Schein wahren, bis die alte König' heimkehrt, so brauchen wir künftig nichts mehr zu fürchten.« Der Rat wurde befolgt; sogleich wurde ein Lager hergerichtet, und die Magd legte sich nieder und stellte sich krank. Der König, den die angebliche Krankheit seiner Frau sehr bekümmerte, ging allein der alten Königin entgegen. »Was macht Bertha, meine Tochter?« war ihre erste Frage. »Ach, Herrin, sobald sie erfuhr, daß Ihr kämet, wurde ihr Herz vor Freude so bewegt, daß sie sich niederlegen mußte, und seitdem ist sie nicht wieder aufgestanden. Aber wenn sie Euch erblickt, wird ihr gewiß gleich besser werden.«

Als die Königin das Schloß betrat, warf sich Margiste ihr schmerzheuchelnd zu Füßen: »Margiste«, sagte Blancheflur, »wo ist meine Tochter, ich will sie gleich sehen.« – »Herrin«, jammerte das falsche Weib, »zum Unheil bin ich geboren! Eurer Tochter ist die Freude über Eure Ankunft so zu Herzen gegangen, daß sie ihr Bett nicht mehr verlassen kann. Laßt sie doch bis zum Abend ruhen!« Als Blancheflur nach dem Essen ihre Tochter aufsuchen wollte, stellte sich ihr die böse Alte mit ausgebreiteten Armen entgegen. »Sie ist gerade ein wenig eingeschlafen, um Gottes willen, kehrt wieder um!« Blancheflur wartete, bis ihre Tochter erwachen würde; unterdessen unterhielt sie sich mit der Alten und fragte sie nach Aliste. »Herrin«, log das Weib, »sie starb auf dem Stuhle sitzend eines plötzlichen Todes, ich weiß nicht, welches Übel sie auf der rechten Brust hatte, ich glaube, sie ist zuletzt noch aussätzig geworden. Ich ließ sie heimlich in der alten Kapelle bestatten.«

Endlich konnte sich Blancheflur nicht länger halten, sie befahl einer Jungfrau, sie mit einer Kerze ins Schlafzimmer der Königin zu begleiten, aber Tybert, der bei der Kranken Wache hielt, trieb das Mädchen mit Schlägen zurück: »Geh, Hündin, unsre Herrin will schlafen, sie kann durchaus kein Licht vertragen.« Blancheflur trat im Dunkeln an das Bett der Magd. »Mutter, seid willkommen!« sagte diese mit so schwacher Stimme, daß man sie kaum verstand, und dann, auf eine Frage der Mutter nach ihrem Befinden: »Mutter, ich leide solchen Schmerz, daß ich weiß geworden bin wie Wachs. Die Ärzte sagen mir, daß die Helligkeit mein Leiden verschlimmern würde. Ich wage Euch daher nicht bei Licht zu begrüßen, so schmerzlich es mir auch ist. Aber nun laßt mich um Christi willen ruhen!«

Blancheflur erhob sich kopfschüttelnd: »Bei Gott!« sagte sie. »Das ist meine Tochter nicht, die ich hier vorgefunden habe. Wenn sie halbtot wäre, so hätte sie mich umarmt und geküßt.« Dann rief sie ihr Gefolge und ließ trotz der Alten und Tyberts Widerstreben das Fenster öffnen und Licht bringen. Sie riß die Decken vom Bett herunter und betrachtete die Füße der Kranken: Sie waren nur halb so groß wie die ihrer Tochter. »Verrat!« schrie sie. »Betrug! Das ist meine Tochter nicht, es ist die Tochter der Margiste! Weh! Sie haben mir mein Kind getötet, meine Bertha, die mich so sehr liebte!« Als der König den Betrug erfuhr, ließ er die alte Hexe zum Feuertod führen, Tybert wurde von vier wilden Rossen totgeschleift; die falsche Braut wurde zwar um ihrer Kinder willen geschont, doch mußte sie das Land verlassen.

Einst hatte sich König Pippin auf der Jagd im Walde von Le Mans verirrt, da traf er auf Bertha, die ihn in das Haus Simons führte. Pippin, dem schon lange der Sinn danach stand, sich wieder zu verheiraten, fand an Simons Pflegetochter Gefallen und ersuchte sie, ihm nach Paris zu folgen, um seine Gattin zu werden. Bertha wies die Werbung des Fremden dadurch ab, daß sie sich ihm als Pippins Gattin offenbarte. Der König gab sich nicht zu erkennen, sondern ritt, nachdem er sich nochmals davon überzeugte, daß er auch wirklich Bertha vor sich habe, nach Paris zurück.

Dann ließ er das ungarische Königspaar einladen und entbot auch Simon mit seiner Pflegetochter an seinen Hof, wo er sich ihnen als König zu erkennen gab. Ein großes Fest folgte dem freudigen Wiedersehen, der wackere Simon wurde zum Ritter geschlagen und auch Moraut, der Bertha das Leben gerettet hatte, erhielt reichen Lohn.

So wird in Frankreich erzählt.

Goldapfelsins Tochter

*E*s war einmal ein König, der hatte einen Sohn. Eines Tages wurde dieser Prinz krank. Da tat der König das Gelübde, daß er, wenn sein Sohn genese, ein ganzes Wasserbassin mit Butter und Honig für die Armen füllen lassen werde. Nach einigen Tagen wurde der Prinz auch wirklich wieder gesund, und der König erteilte den Befehl, daß man das Bassin mit Butter und Honig zum Besten der Armen füllen solle. Nun war da ein armes altes Mütterchen, das sagen hörte, daß man Butter und Honig an die Armen verschenke. Da nahm sie eine Eierschale und ging hin, um sich darin Butter und Honig zu holen und nach Hause zu bringen. Der Königssohn stand gerade oben im Schloß und sah, wie die alte Frau mit ihrer Eierschale kam, um sie mit Butter und Honig zu füllen. Da mußte er lachen, und um die Sache noch lustiger zu machen, legte er einen Pfeil in seinen Bogen, schoß ihn ab und traf die Eierschale.

Als sich die Alte umsah und den Königssohn da oben erblickte, sagte sie: »Hör, Bürschchen, du solltest ausziehen und Goldapfelsins Tochter gewinnen.« Sobald der Königssohn hörte, daß von Goldapfelsins Tochter die Rede war, ging er zu der Alten hinunter und fing an, sie auszuforschen. »Sag, was meinst du mit Goldapfelsins Tochter? Erzähle.« Die Alte wollte zuerst nicht recht mit der Sprache herausrücken, aber als ihr der Königssohn ein Geldstück in die Hand gedrückt hatte, um ihr den Mund ein wenig zu schmieren, erzählte sie: »Im Lande der Dîwe und Pärî gibt es einen Apfelsinenbaum. Und in jeder Apfelsine steckt da ein junges Mädchen drin. Aber Tausende von Dîwen sind als Wache aufgestellt, und sie liegen rundherum um den Baum und schlafen. Wenn einer versucht, eine Apfelsine zu pflücken, ertönt aus dem Baum eine Stimme: ›Er pflückt!‹ Und wenn die Dîwe auch noch so tief schlafen, wachen sie alle sofort auf und reißen den Apfelsinenräuber in Stücke.« Als der Königssohn diese Geschichte hörte, bekam er ja gleich die größte Lust auf Goldapfelsins Tochter. Er gab der Alten noch ein

Geldstück, worauf sie ganz vergnügt fortfuhr: »Wenn du Lust hast, dieses Abenteuer zu wagen, mußt du aufpassen, daß du die Apfelsinen nicht mit der Hand pflückst, sondern mit einem Stock oder einem Stein oder irgendeinem Gegenstand aus Eisen. Aber für den Fall, daß die Dîwe erwachen und dich verfolgen sollten, mußt du dir eine Portion Salz und ein Bund Nadeln mitnehmen. Wenn sie dann hinter dir herlaufen, wirfst du zuerst die Nadeln hinter dich; mit Gottes Hilfe werden sie dann zu einem ganzen Meer von Nadeln. Sollten die Dîwe dennoch durch dieses Nadelmeer hindurchkommen, schüttest du das Salz hinter dich, das dann zu einem Meer von Salz wird, und da können die Dîwe nicht hindurchkommen.«

Der Königssohn dankte dem alten Mütterchen und ging in sein Schloß zurück. Am nächsten Morgen, ehe die Sonne aufgegangen war, schlich er sich heimlich vom Schlosse, bestieg sein Pferd und machte sich davon. Als er einige Tage weit gereist war, kam er in das Land der Dîwe. Er verbarg sein Pferd und schlich sich in den Garten hinein, in dem der Baum mit den Goldapfelsinen stand. Zu allen Seiten lagen die Dîwe herum und schliefen. Ganz fein sachte schlich er sich an den Baum heran. Zuerst pflückte er eine Apfelsine mit einer Eisenschere. Da erscholl aus dem Baume eine Stimme: »Er pflückt! Er pflückt!« Da fragte einer von den Dîwen, ohne die Augen zu öffnen: »Wer pflückt?« – »Eisen«, sagte die Stimme. – »Unsinn«, erwiderte der Dîw, »Eisen kann nicht pflücken. Laß mich weiterschlafen.« Der Königssohn pflückte noch eine Apfelsine, diesmal mit einem Stock. Wieder erklang die Stimme: »Er pflückt! Er pflückt!« – »Wer pflückt?« fragte der Dîw. – »Holz«, antwortete die Stimme. »Ach, schweig doch, Holz kann nicht pflücken.« Kurz und gut, er pflückte sechs Apfelsinen, jede mit einem anderen Gerät, aber die siebente pflückte er mit der Hand. Die Stimme aus dem Baum schrie: »Er pflückt!« – »Wer pflückt?« fragte der Dîw wieder. »Die Hand.« Da sprangen alle Dîwe auf und liefen hinter dem Königssohn her, um ihn anzugreifen. Aber er schwang sich auf sein Roß und sprengte davon.

Als der Königssohn einsah, daß er ihnen nicht entweichen konnte, warf er sein Bund Nadeln hinter sich, und das wurde zu einem ganzen Meer von Nadeln. Aber das focht die Dîwe nicht an, sie liefen einfach durch das Nadelmeer hindurch. Da warf der Königssohn das Salz hinter sich, und da wurde es zu einem ganzen Meer von Salz. Die Glieder der Dîwe waren von den Nadeln zerfetzt, und als sie sich nun in das Salzmeer warfen, konnten sie nicht hindurchkommen, sondern kamen alle ums Leben.

Heiter und frohen Mutes setzte der Königssohn nun seine Reise fort, bis er nur noch zwei Meilen von seiner Stadt entfernt war. Hier war ein Bach und ein Park mit Bäumen. Der Königssohn stieg vom Pferde und setzte sich an das Ufer des Baches, nahm die Apfelsinen hervor und schnitt eine davon auf. Da sprang ein junges Mädchen aus der Frucht heraus und rief: »Wasser und Brot!«, und dann war sie tot. Der Prinz schnitt die nächste Frucht auf. Wieder sprang ein Mädchen heraus und rief: »Wasser und Brot!« und starb. Auf diese Weise ging es mit den sechs Früchten, die er, eine nach der anderen, aufschnitt. Aber ehe er sich an die siebente machte, holte er Wasser und Brot. Dann schnitt er auch diese Apfelsine auf, und als das Mädchen, das heraussprang, »Wasser und Brot« rief, gab er ihr gleich etwas zu essen und zu trinken. So blieb dieses eine junge Mädchen am Leben. Dem Königssohn fiel es auf, daß sie schwarz angezogen war. »Warum hast du schwarze Kleider an?« fragte er sie. Sie erwiderte: »Meine sechs Schwestern sind getötet worden; wie sollte ich da nicht Trauer tragen?«

Nun sprach der Königssohn zu dem jungen Mädchen: »Dort oben in jenem Baum will ich einen Thronsitz für dich bereiten. Dort sollst du hinaufgehen und bleiben, indes ich zu meinem Vater nach Hause reite und ihm erzähle, was geschehen ist; dann werde ich alles, was zu einem feierlichen Empfang für eine vornehme Prinzessin nötig ist, vorbereiten und wieder hierherkommen und dich holen. Und das wird nicht länger als drei Tage dauern.« Und das fand das Mädchen denn auch ganz in der Ordnung. Der Prinz bereitete ihr oben im Baum einen Thronsitz, hinterließ so viel Speise, wie für drei Tage nötig ist, half dem Mädchen in den Baum hinauf und ritt in die Stadt.

Nicht weit von jenem Orte lag ein Dorf. Der Schulze dieses Dorfes hatte eine schwarze Sklavin, die jeden Tag an den Bach kam, um dort Wasser zu holen. Auch an diesem Tage begab sie sich wie gewöhnlich mit ihrem Krug dorthin, um Wasser zu holen. Im Bache konnte man das Spiegelbild des Mädchens sehen, das oben im Baume saß. Wie nun die Negersklavin so ihren Krug mit Wasser füllte, sah sie auf einmal im Wasser ein Mädchengesicht, das so schön war wie der Mond. Sie bildete sich ein, es wäre ihr eigenes Spiegelbild, und da warf sie ihren Krug zu Boden, daß er in Stücke zersprang, und sagte laut vor sich hin: »Wenn mich sein so niedlich, was soll mich hier rennen und Wasser holen?« Und damit ging sie wieder nach Hause zurück. Die Hausfrau fragte sie, wo sie mit dem Krug geblieben wäre. Sie antwortete: »Wenn mich sein so niedlich, was soll mich da holen Wasser für dir?« Da fuhr die Hausfrau auf: »Ach, so ein Vieh, du hast mir den Krug zerschlagen. Komm her und nimm das Kind, und dann scher dich und wasch es im Bach.« Die Sklavin nahm das Kind und ging damit zum Bache. Aber als sie Wasser schöpfen wollte, um das Kind zu waschen, erblickte sie schon wieder das Mädchengesicht da unten im Wasser. Verbittert knallte sie das Kind an die Erde, so daß es ein Loch in den Kopf bekam, und sagte: »Wenn mich sein so niedlich, soll mich da putzen Kindchen sein Popo!« Dann nahm sie das Kind, brachte es ungewaschen und mit einem Loch im Kopfe zurück.

Als die Hausfrau ihr mißhandeltes Kind sah und das Gewäsch der Sklavin hörte, verlor sie die Geduld, nahm einen Stock und gab der Sklavin eine ordentliche Tracht Prügel und sagte: »Betrachte nun deine eigene Herrlichkeit im Spiegel und sieh dir gründlich deine häßliche Fratze an!« Die Sklavin besah sich im Spiegel und war recht beschämt. Aber dann ging sie wieder an den Bach hinab und starrte in das Wasser. Und wirklich, da war wieder das schöne Gesicht. »Mich kann nix verstehn«, sagte sie, »denn hier sein mich niedlich und daheim sein mich scheußlich.« Da mußte Goldapfelsins Tochter über die wunderlichen Worte und Handlungen der Sklavin lachen. Als die Sklavin dieses Lachen hörte, guckte sie in den Baum hinauf und gewahrte nun endlich das Mädchen, und da ging ihr erst auf, welches Gesicht sie gesehen, das ihr die törichten Gedanken in den Kopf gesetzt hatte. »Gott sein Gnad' mit mir«, sagte sie, »laß mich zu dir hinauf.« Das Mädchen ließ eine ihrer Flechten hinabfallen. Die Sklavin ergriff sie und heißte sich an ihr in den Baum hinauf. »Gott sein Gnad' mit mir, was sitzt du hier so mutterseelallein?« Das Mädchen erzählte ihr ihre ganze Geschichte. Da sagte die Sklavin: »Komm her, ich will dich lausen.« Das Mädchen legte seinen Kopf in den Schoß der Sklavin und schlief ein. Aber die Sklavin nahm die Gelegenheit wahr, nahm aus ihrer Tasche ein Messer und schnitt dem Mädchen den Kopf ab. Die Leiche warf sie ins Wasser. Doch aus dem Blute des Mädchens, das am Fuße des Baumes herabtropfte, wuchs da ein wunderschöner Strauch empor. Die Sklavin aber setzte sich im Baume an die Stelle des ermordeten Mädchens.

Um kurz zu sein, als die drei Tage vergangen waren, kam der Königssohn im Gefolge aller großen und vornehmen Männer des Landes, um Goldapfelsins Tochter im feierlichen Aufzuge abzuholen. Gott sei uns gnädig! Als der Prinz in den Baum hinaufstieg, sah er eine grobe und schmierige schwarze Sklavin auf dem Thronsitze thronen. »Was ist denn das?« dachte er bei sich. »Wie kann sie doch in drei Tagen ihr Aussehen so verändert haben?« Die Sklavin bemerkte seine zweifelnde Miene und sagte: »Ach, kennst du mich nicht? Ich sein ja Goldapfelsins Tochter, für mich bist du ja gegangen, um Wagen zu holen.« Der Königssohn fragte: »Warum bist du so schwarz im Gesicht?« – »Weil die Sonne mich gebrannt hat.« – »Warum hast du so eine rauhe Stimme?« – »Mich verdrehten den Kopf so nach oben, um zu Gott für dir zu beten, und da kam eine Krähe und hackte mich in die Zunge.« – »Warum sind deine Flechten verschwunden?« – »Weil mich gar niemands nicht gekämmt hat.« Der Königssohn wußte nicht aus noch ein. Sollte er ihren Worten nicht glauben, wo war dann Goldapfelsins Tochter hingekommen? Und sollte er ihr glauben, so schien es ihm einfach unmöglich, daß sie sich in drei Tagen so verändert haben konnte. Aber da war nichts zu machen, er mußte sie herunterholen, obgleich er sich dessen schämte, und sie in den Wagen setzen. Als sie in das Schloß kamen, führte er sie in Gemächer, die einer Prinzessin würdig waren.

Nun gab es in der Stadt eine Wäscherin, die einmal die Woche die Wäsche der Haremsfrauen des Sultans an das Ufer des Baches brachte, an dem alle diese Begebenheiten stattgefunden hatten, um sie dort zu waschen. Eines Tages, als sie sich wieder mit ihrer Wäsche dorthin begeben hatte, fiel ihr ein gar wunderschöner kleiner Strauch ins Auge. Sie schnitt ihn ab und nahm ihn mit nach Hause und setzte ihn dort in eine Ecke. Wenn sie nun tagsüber ausging und wieder zurückkam, sah sie, daß das Essen gekocht und das Haus gefegt war. Sie verwunderte sich darüber, wie dies alles in ihrer Abwesenheit geschehen könnte; und eines Tages verbarg sie sich in einem Winkel ihres Hauses, damit man glauben könne, sie wäre fortgegangen. Als etwa eine Stunde vergangen war, sah sie, wie sich der Strauch, den sie am Ufer des Baches abgeschnitten hatte, in ein über alle Maßen schönes junges Mädchen verwandelte, das sich nun daranmachte, das Haus zu fegen und das Essen zu kochen. Als das junge Mädchen fertig war und gerade wieder in seine vorige Gestalt zurückkehren wollte, trat die Waschfrau hinter ihr hervor, ergriff sie bei der Hand und sagte: »Ich beschwöre dich im Namen Gottes, sage mir, wer du bist!« Das Mädchen antwortete: »Ich bin Goldapfelsins Tochter.« Und dann erzählte sie der Wäscherin alles, was geschehen war, aber legte ihr ans Herz, nicht eher etwas von der Sache zu verraten, bis sie das Ziel ihrer Wünsche erreicht habe. Das gelobte die Wäscherin denn auch hoch und teuer. Das junge Mädchen fuhr fort: »Ich verstehe mich aufs Perlensticken. Von jetzt an will ich jeden Tag Perlenstickereien machen, und du sollst sie auf den Bazar bringen und dort verkaufen.« Die Waschfrau war bereit, sich ihren Wünschen zu fügen.

Im Harem des Sultans standen mittlerweile die Dinge so, daß die schwarze Sklavin in gesegnete Umstände gekommen war und sagte: »Ich muß eine Hängematte aus Perlenstickerei für mein Kind haben. Aber alle die Frauen, die an dieser Perlenstickerei nähen sollen, müssen Jungfrauen sein, und sie sollen alle dieselbe Gestalt haben.« Der Königssohn erließ also den Befehl, daß man in der ganzen Stadt suche und vierzig Jungfrauen herbeischaffe, die sich auf die Perlenstickerei verständen. Unter ihnen war auch Goldapfelsins Tochter, die unter dem Namen Nänä Gâzor ging. Man wies den Mädchen als Aufenthaltsort ein Zimmer im Harem an, und dort saßen sie nun und stickten Perlen. Eines Tages sprach Nänä Gâzor zu den anderen Mädchen: »Hört, ihr Mädchen, ich will euch eine Geschichte erzählen, hört nur gut zu.« Und dann fing sie an, ihre eigene Geschichte zu erzählen. Im selben Augenblick trat die Sklavin, die jetzt die Rolle der Prinzessin spielte, in das Zimmer, um zu sehen, was die Mädchen schafften. Sie hörte die ganze Geschichte mit an, erkannte nun auch Goldapfelsins Tochter wieder und dachte sich gleich, daß ihr selbst nun Scham und Schande bevorstände. Da nahm sie einen Stock und schlug auf das Mädchen los, indem sie die anderen schalt, und sagte: »Was meint ihr wohl, seid ihr hier, um zu arbeiten oder um euch gegenseitig Märchen zu erzählen?«

Unterdessen kam der Königssohn, der das laute Geschrei im Zimmer der Perlenstickerinnen gehört hatte, hinzu, um zu sehen, was denn das für ein Lärm sei. Sobald er sich zeigte, warfen sich ihm die Mädchen zu Füßen und riefen: »Hilf uns! Die Prinzessin meint es schlimm mit uns. Nänä Gâzor hat uns nur eben eine Geschichte erzählen wollen«, sagten sie. Der Königssohn schickte die Prinzessin aus dem Zimmer und bat Nänä Gâzor, mit ihrer Geschichte anzufangen. Da erzählte das Mädchen, was ihr bis zu der Stunde widerfahren war, in der sie unter dem Namen Nänä Gâzor in das Schloß des Sultans eingelassen wurde, um Perlen zu sticken.

Der Königssohn hörte sich die Geschichte an, betrachtete dann das Mädchen näher und erkannte sie wieder, eilte hin und nahm sie in seine Arme. Dann machte er sie unter allen Ehrenbezeigungen zu seiner Gemahlin, und als die Hochzeitsfeierlichkeiten beendet waren, befahl er, daß man die schwarze Sklavin, am Schwanze eines bösartigen Maultieres festgebunden, in die Wüste hinausschleppe.

Seitdem lebten die beiden glücklich zusammen.

So wird in Persien erzählt.

Die kleine Meerfrau

*W*eit draußen im Meer ist das Wasser so blau wie die Blüte der herrlichsten Kornblume und so klar wie das reinste Glas. Aber es ist sehr tief, tiefer, als irgendein Ankertau reicht; viele Kirchtürme muß man übereinanderstellen, um vom Grund bis über die Oberfläche zu gelangen. Dort unten wohnen die Meerleute.

Nun darf man keineswegs glauben, daß in der Tiefe nur nackter, weißer Sandboden ist; nein, hier wachsen die seltsamsten Bäume und Pflanzen, mit so geschmeidigen Stengeln und Blättern, daß sie der kleinsten Bewegung des Wassers folgen, ganz als ob sie lebendig wären. Sämtliche Fische, kleine und große, huschen zwischen ihren Zweigen hindurch, so wie bei uns oben die Vögel in der Luft. An der allertiefsten Stelle ist das Schloß des Meerkönigs zu finden. Seine Mauern sind aus Korallen, die langen, spitzen Fenster aus dem allerklarsten Bernstein, und als Dach dienen Muschelschalen, die sich, je nach der Strömung, öffnen und schließen. Das sieht ganz wunderbar aus, denn in jeder Muschel liegen schimmernde Perlen, von denen eine einzige eine Zierde für die Krone einer Königin wäre.

Der Meerkönig war seit vielen Jahren verwitwet, und seine alte Mutter führte ihm den Haushalt. Sie war eine kluge Frau, jedoch stolz auf ihren Adel, weshalb sie auf dem Schwanz zwölf Austern trug, während die anderen Vornehmen lediglich sechs tragen durften. – Ansonsten verdiente sie jedoch viel Lob, vor allem weil sie den kleinen Meerprinzessinnen, ihren Enkeltöchtern, von Herzen zugetan war. Das waren sechs prächtige Kinder, und am schönsten von ihnen war die Jüngste. Ihre Haut war zart und rein wie ein Rosenblatt, ihre Augen leuchteten so blau wie der tiefste See, doch weil ihr Körper in einem Fischschwanz endete, fehlten ihr wie allen anderen die Füße.

Den ganzen Tag durften die Mädchen unten in den großen Sälen des Schlosses spielen, wo aus den Wänden lebendige Blumen wuchsen. Wenn dann die großen Bernsteinfenster geöffnet wurden, schwammen die Fische zu ihnen herein, so wie zu uns die Schwalben ins Zimmer fliegen, wenn wir die Fenster aufmachen. Doch die Fische schwammen ganz dicht an die kleinen Prinzessinnen heran, aßen ihnen aus der Hand und ließen sich streicheln.

Vor dem Schloß war ein großer Garten mit feuerroten und dunkelblauen Bäumen, deren Früchte wie Gold und die Blüten wie brennendes Feuer glänzten, und sie bewegten ständig Stengel und Blätter. Der Boden war mit dem feinsten Sand bedeckt, der aber blau wie brennender Schwefel war. Alles hier war in einen seltsamen blauen Schimmer getaucht, man hätte annehmen sollen, hoch oben in der Luft zu sein, über sich und unter sich nur Himmel, und nicht unten auf dem Meeresgrund. Bei ganz ruhigem Wasser war die Sonne zu erkennen; sie glich einer purpurroten Blume, aus deren Kelch alles Licht zu strömen schien.

Jede der kleinen Prinzessinnen hatte ihr Fleckchen im Garten, wo sie graben und pflanzen durfte, ganz wie sie Lust hatte. Eine gab ihrem Blumenbeet die Gestalt eines Walfischs, eine andere wollte lieber eine kleine Meerfrau nachbilden, und die Jüngste formte ihr Beet so rund wie die Sonne und hatte nur Blumen, die rot wie die Sonne leuchteten. Sie war ein sonderbares Kind, still und nachdenklich, und während die anderen Schwestern ihre Beete mit den wunderlichsten Dingen von gestrandeten Schiffen schmückten, wollte sie außer den rosenroten Blumen, die der Sonne am Himmel glichen, nur eine hübsche Marmorstatue darauf haben, eine schöne Knabengestalt, aus weißem, reinem Stein gemeißelt, die durch einen Schiffbruch auf den Meeresgrund geraten war. Daneben pflanzte sie eine rosenrote Trauerweide, die prächtig gedieh und ihre frischen Zweige über die Statue bis auf den blauen Sandboden hängen und einen violetten Schatten werfen ließ, der sich wie sie selber bewegte – das sah aus, als küßten sich Wipfel und Wurzeln im Spiel.

Nichts konnte die Jüngste mehr erfreuen, als von der Menschenwelt über dem Wasser zu hören; die alte Großmutter mußte ihr alles erzählen, was sie von Schiffen und Städten, Menschen und Tieren wußte. Sie fand es ganz besonders wunderbar und schön, daß auf der Erde die Blumen dufteten, was sie auf dem Meeresgrund nicht taten, daß die Wälder grün waren und daß die Fische dort zwischen den Zweigen so laut und herrlich singen konnten, daß es eine Lust war – die Großmutter nannte die Vöglein Fische, denn sonst hätten die Prinzessinnen, die noch nie einen Vogel gesehen hatten, sie nicht verstanden.

»Wenn ihr euer fünfzehntes Jahr vollendet«, sagte die Großmutter, »dann wird euch erlaubt sein, aus dem Meer aufzutauchen und im Mondschein auf den Klippen zu sitzen; ihr könnt die großen Schiffe vorübersegeln und Wälder und Städte sehen!«

Im kommenden Jahr sollte die erste der Schwestern fünfzehn Jahre alt werden, die übrigen aber – ja, eine war immer ein Jahr jünger als die andere, und die Jüngste mußte also noch ganze fünf Jahre warten, bis sie vom Meeresgrund aufsteigen und in Augenschein nehmen durfte, wie es bei uns aussah. Doch eine Schwester versprach, den anderen zu berichten, was sie gesehen und was ihr am ersten Tag am besten gefallen habe. Die Großmutter erzählte ihnen nämlich nicht genug; es gab so vieles, worüber sie Bescheid wissen mußten.

Keine war so voller Sehnsucht wie die Jüngste, gerade sie, die doch die längste Zeit zu warten hatte und die so still und nachdenklich war. So manche Nacht stand sie am offenen Fenster und schaute empor, wo die Fische mit ihren Flossen und Schwänzen im dunkelblauen Wasser schlugen. Mond und Sterne konnte sie erkennen; freilich schimmerten sie ganz blaß, nahmen sich durch das Wasser jedoch viel größer als vor unseren Augen aus. Wenn darunter etwas wie eine schwarze Wolke dahinglitt, dann, so wußte die Jüngste, schwamm über ihr entweder ein Walfisch oder vielleicht auch ein Schiff mit vielen Menschen, die gewiß nicht daran dachten, daß in der Tiefe eine schöne kleine Meerfrau stand und ihre weißen Hände zum Kiel emporreckte.

Nun war die älteste Prinzessin fünfzehn Jahre und durfte hinauf über die Meeresfläche steigen.

Nach ihrer Rückkehr hatte sie hundert Dinge zu berichten. Doch am schönsten sei es gewesen, sagte sie, bei Mondschein und ruhiger See auf einer Sandbank zu liegen und die große Stadt an der Küste zu betrachten, deren Lichter wie Hunderte von Sternen blinkten, die Musik, das Getöse und Gelärme von Wagen und

Menschen und den Klang der Glocken von den vielen Kirchtürmen und Turmspitzen zu hören. Gerade weil all das für sie unerreichbar war, sehnte sie sich danach am meisten.

Oh, wie die jüngste Schwester lauschte, und wenn sie nun abends am offenen Fenster stand und durch das dunkelblaue Wasser in die Höhe schaute, dachte sie an die große Stadt mit all dem Lärm und Getöse, und da glaubte sie das Läuten der Kirchenglocken bis hinunter auf den Meeresgrund zu hören.

Im nächsten Jahr wurde der zweiten Schwester erlaubt, durch das Wasser emporzusteigen und zu schwimmen, wohin sie wollte. Als sie auftauchte, ging gerade die Sonne unter, und diesen Anblick fand sie am schönsten. Der ganze Himmel sei wie Gold gewesen, sagte sie, und die Wolken, ja ihre Pracht konnte sie gar nicht genug beschreiben! Rot und violett waren sie über sie hinweggesegelt, doch viel schneller noch und wie ein langer weißer Schleier war eine Schar wilder Schwäne über das Wasser geflogen, eben dort, wo die Sonne stand. Die Schwester war auf den Himmelskörper zugeschwommen, da aber versank er, und der Rosenschimmer auf Meeresfläche und Wolken erlosch.

Im Jahr darauf durfte die dritte Schwester nach oben. Sie war von allen die kühnste und schwamm deshalb in einen breiten Fluß, der in das Meer einmündete. Prächtige grüne Hügel mit Weinran-ken sah sie, aus herrlichen Wäldern guckten Schlösser und Höfe hervor; alle Vögel hörte sie singen, und so warm schien die Sonne, daß sie oft untertauchen mußte, um sich das brennende Gesicht zu kühlen. In einer kleinen Bucht traf sie auf eine ganze Schar kleiner Menschenkinder, die waren ganz nackt und planschten im Wasser; doch als sie mit ihnen spielen wollte, liefen sie erschrocken davon. Dann kam ein kleines schwarzes Tier – es war ein Hund, aber die Meerfrau hatte noch nie einen Hund gesehen – und bellte sie so entsetzlich an, daß sie sich vor Angst in die offene See verzog. Doch niemals würde sie die prächtigen Wälder, die grünen Hügel und die hübschen Kinder vergessen, die auch ohne Fischschwanz im Wasser schwimmen konnten.

Die vierte Schwester war nicht so mutig, sie blieb draußen im wilden Meer und erzählte dann, gerade das sei am schönsten gewesen: Man könne rundherum viele Meilen weit schauen, und der Himmel stehe wie eine große Glasglocke darüber. Schiffe hatte sie nur in weiter Ferne gesehen, die waren so ähnlich wie Mantelmöwen; die lustigen Delphine hatten Purzelbäume geschlagen, und wenn die großen Walfische Wasser aus ihren Nasenlöchern spritzten, schienen ringsum hundert Fontänen aufzusteigen.

Nun kam die fünfte Schwester an die Reihe. Weil ihr Geburtstag gerade in den Winter fiel, bekam sie zu sehen, was die andern beim ersten Mal nicht gesehen hatten. Die See nahm sich vollkommen grün aus, und überall schwammen große Eisberge herum, jeder davon einer Perle gleich, wie sie sagte, und doch viel größer als jene Kirchtürme, welche die Menschen erbauten. Sie zeigten sich in den seltsamsten Gestalten und funkelten wie Diamanten. Als sich das Mädchen auf einen der größten setzte und ihr langes Haar im Wind flattern ließ, wichen ihr alle Segelschiffe erschrocken aus. Doch gegen Abend bezog sich der Himmel mit Wolken, es blitzte und donnerte, und die schwarze See hob die großen Eisblöcke hoch empor und ließ sie im Schein der roten Blitze glänzen. Auf allen Schiffen wurden die Segel eingeholt, überall herrschte Angst und Schrecken, die Meerfrau aber, die auf ihrem schwimmenden Eisberg saß, sah ruhig dem blauen Blitzstrahl zu, der im Zickzack in die schimmernde See einschlug.

Jede der Schwestern, die zum ersten Mal über die Meeresfläche kam, war vom Anblick des Neuen und Schönen begeistert. Als die Mädchen dann aber erwachsen waren und hinaufsteigen durften, wann immer sie wollten, wurde es ihnen gleichgültig. Sie sehnten sich nach ihrem Schloß zurück, und als ein Monat vergangen war, sagten sie, unten bei ihnen sei es doch am allerschönsten, da sei man so hübsch zu Hause.

Oft geschah es in der Abendstunde, daß die fünf Schwestern Arm in Arm und in einer Reihe über das Wasser stiegen. Sie hatten so wunderbare Stimmen, wie Menschen sie gar nicht haben können, und wenn sich nun ein Sturm zusammenbraute und sie annehmen konnten, daß Schiffen der Untergang drohte, dann schwammen sie vor ihnen her und sangen betörend davon, wie schön es auf dem Meeresgrund sei, die Seeleute sollten sich vor der

Reise dorthin nicht fürchten. Doch die Männer verstanden ihre Worte nicht und hielten sie für Sturmgebraus, auch die Pracht in der Tiefe bekamen sie nicht zu sehen, denn wenn das Schiff unterging, ertranken die Menschen, und wenn sie zum Schloß des Meerkönigs gelangten, waren sie tot.

Während die Mädchen in der Abendstunde Arm in Arm durch das Wasser stiegen, blieb ihre kleine Schwester ganz allein zurück und sah ihnen nach, und da war ihr, als müßte sie weinen; doch eine Meerfrau hat keine Tränen und deshalb leidet sie viel mehr.

»Ach, wäre ich doch fünfzehn Jahre!« sagte sie. »Ich werde die Welt und die Menschen, die dort oben wohnen und leben, sehr liebgewinnen, das weiß ich.«

Endlich hatte sie das rechte Alter erreicht.

»Schau an, da haben wir dich soweit«, sagte ihre Großmutter, die alte Königinwitwe. »Komm her, ich will dich schmücken, genauso wie deine Schwestern!«

Und sie setzte ihr einen Kranz weißer Lilien auf den Kopf, von denen jedes Blütenblatt die Hälfte einer Perle war, und befahl acht großen Austern, sich auf dem Schwanz der Prinzessin festzuklemmen, um ihren hohen Stand recht zu beweisen.

»Das tut so weh!« sagte die kleine Meerfrau.

»Ja, wer schön sein will, muß leiden«, sagte die Alte.

Ach, wie gern hätte die kleine Meerfrau die ganze Pracht von sich geschüttelt und den schweren Kranz abgesetzt – die roten Blumen in ihrem Garten kleideten sie viel besser –, aber sie wagte nichts daran zu ändern. »Auf Wiedersehen!« sagte sie und stieg ganz leicht und klar wie eine Luftblase durch das Wasser empor.

Als sie den Kopf über den Meeresspiegel hob, war die Sonne gerade untergegangen, doch alle Wolken glänzten noch wie Rosen und Gold, und mitten in der blaßroten Luft strahlte der Abendstern so hell und schön, die Luft war mild und frisch und das Meer vollkommen still. Da lag ein großes Schiff mit drei Masten, nur ein einziges Segel war gesetzt, denn kein Lüftchen regte sich, und ringsum im Tauwerk und auf Stengen saßen Matrosen. Musik und Gesang ertönte, und als es dunkler wurde, zündete man hundert bunte Laternen an – das sah aus, als wehten Fahnen aller Nationen im Wind.

Die kleine Meerfrau schwamm geradewegs zum Kajütenfenster, und jedesmal, wenn sie vom Wasser emporgehoben wurde, konnte sie einen Blick durch die spiegelblanken Scheiben werfen. Viele geputzte Menschen waren zu sehen, doch am schönsten war der junge Prinz mit den großen schwarzen Augen; er war gewiß nicht viel älter als sechzehn Jahre, und all diese Pracht gab es, weil er Geburtstag hatte. Als er hinaus auf das Deck trat, wo die Matrosen tanzten, stiegen über hundert Raketen auf, leuchtend wie der helle Tag, und ließen die kleine Meerfrau so heftig erschrecken, daß sie untertauchte. Doch bald hob sie den Kopf wieder über das Wasser, und da schienen alle Sterne des Himmels auf sie niederzufallen. Nie zuvor hatte sie solche Feuerkünste gesehen. Große Sonnen schnurrten herum, prächtige Feuerfische schwangen sich durch die blaue Luft, und all dieser Glanz wurde vom klaren, ruhigen Meer gespiegelt. Das Schiff selbst war so hell erleuchtet, daß sie jedes kleine Tau und erst recht die Menschen erkennen konnte. Oh, wie schön war doch der junge Prinz! Er drückte den Leuten die Hand, lachte und lächelte, während die Musik in die herrliche Nacht hinaustönte.

Es wurde spät, doch die kleine Meerfrau konnte den Blick von dem Schiff und vom schmucken Prinzen nicht abwenden. Die bunten Laternen wurden gelöscht, weder Raketen noch die Kanonen wurden abgefeuert, doch tief unten im Meer summte und brummte es. Die kleine Meerfrau saß auf dem Wasser und ließ sich vom Wellengang schaukeln, um in die Kajüte hineinzuschauen.

Aber das Schiff fuhr nun schneller, ein Segel nach dem anderen blähte sich auf, die Wellen gingen höher, große Wolken zogen heran, in der Ferne zuckten Blitze. Ach, ein schlimmes Unwetter braute sich zusammen! Deshalb strichen die Matrosen die Segel. Schwankend jagte das große Schiff über das wilde Meer, das Wasser türmte sich gleichsam zu riesigen schwarzen Bergen und drohte sich über den Mast zu wälzen, doch wie ein Schwan tauchte das Schiff hinunter ins Wellental und ließ sich vom aufsteigenden Wasser wieder in die Höhe tragen. Die kleine Meerfrau fand diese Fahrt gerade lustig, doch die Seeleute fanden das gar nicht. Das Schiff ächzte und knackte, seine dicken Planken bogen sich unter den heftigen Stößen der See, der Mast brach mittendurch, als wäre er Schilfrohr, und das Schiff neigte sich schlingernd zur Seite, während das Wasser in seinen Innenraum drang. Da erkannte die Meerfrau, daß hier Gefahr im Verzug war, sie selbst mußte sich vor den treibenden Balken und Wrackteilen in Acht nehmen. Einen Augenblick lang war es so kohlrabenschwarz, daß sie nicht das geringste sehen konnte; doch wenn es dann blitzte, war es wieder so hell, daß sie auf dem Schiff alle Leute erkannte – jeder tummelte sich nach Kräften. Vor allem suchte sie den jungen Prinzen, und als das Schiff auseinanderbrach, sah sie ihn im tiefen Meer versinken. Zuerst freute sie sich sehr, denn jetzt sollte er zu ihr kommen; dann aber dachte sie daran, daß die Menschen im Wasser nicht leben können und daß er sterben müßte, um zum Schloß ihres Vater zu gelangen. Nein, sterben, das durfte er nicht! Deshalb schwamm sie zwischen die treibenden Balken und Planken hindurch, vergaß ganz und gar, daß sie zerquetscht werden könnte, tauchte tief unter und stieg wieder hoch empor, bis sie endlich den jungen Prinzen erreichte. Der vermochte in der stürmischen See kaum noch zu schwimmen, seine Gliedmaßen erlahmten, die schönen Augen fielen ihm zu, und wenn die kleine Meerfrau nicht gekommen wäre, hätte er sterben müssen. Sie hielt seinen Kopf über Wasser und ließ sich dann mit ihm treiben, wohin die Wellen wollten.

Am Morgen war das böse Wetter vorüber; von dem Schiff war kein Span mehr zu sehen. Als die Sonne ganz rot und leuchtend aus dem Wasser stieg, schienen sich die Wangen des Prinzen zu beleben, doch seine Augen blieben geschlossen. Die Meerfrau küßte ihn auf seine schöne hohe Stirn und strich ihm das nasse Haar zurück; sie fand ihn der Marmorstatue in ihrem kleinen Garten ähnlich, küßte ihn wieder und wünschte sich sehr, er möge am Leben bleiben.

Da erblickte sie vor sich das feste Land, hohe blaue Berge, so schimmernd mit weißem Schnee bedeckt, als lägen auf ihren Gipfeln Schwäne. An der Küste dehnten sich herrliche grüne Wälder aus, und davor sah sie etwas, das vielleicht eine Kirche oder ein Kloster war, jedenfalls war es ein Gebäude. Zitronen- und Apfelsinenbäume wuchsen im Garten, und vor dem Tor ragten hohe

Palmen auf. Eine kleine Bucht, mit ruhigem, jedoch sehr tiefem Wasser, zog sich bis zu einer Klippe hin, wo feiner, weißer Sand aufgespült war. Hierhin schwamm die Meerfrau mit dem schönen Prinzen, bettete ihn in den Sand und sorgte vor allem dafür, daß sein Kopf höher und im warmen Sonnenschein lag.

Nun läuteten in dem großen weißen Gebäude Glocken, und durch den Garten kamen viele junge Mädchen gezogen. Da schwamm die kleine Meerfrau weiter hinaus, versteckte sich hinter ein paar hohen Steinen im Wasser, legte sich Meerschaum auf Brust und Haar, damit niemand ihr kleines Gesicht sehen könnte, und hielt Ausschau, wer wohl den armen Prinzen entdeckte.

Es dauerte nicht lange, da näherte sich ihm ein junges Mädchen; sie schien heftig zu erschrecken, doch nur für einen Augenblick, dann holte sie mehrere Leute herbei. Die Meerfrau sah, wie der Prinz zum Leben erwachte und allen zulächelte, die ihn umgaben, nur für sie hatte er kein Lächeln übrig, er wußte ja auch nicht, daß sie ihn gerettet hatte. Darüber wurde sie sehr betrübt, und als die Leute ihn dann in das große Gebäude brachten, tauchte sie traurig unter und schwamm heim zum Schloß ihres Vaters.

Schon immer war sie still und nachdenklich gewesen, jetzt aber wurde sie es noch viel mehr. Die Schwestern fragten sie, was sie bei ihrem ersten Auftauchen gesehen habe, aber sie erzählte nichts.

Oft stieg sie abends und morgens zu jener Stelle empor, an der sie den Prinzen verlassen hatte. Sie sah, daß im Garten die Früchte reiften und abgepflückt wurden, sie sah den Schnee auf den hohen Bergen schmelzen, aber den Prinzen sah sie nicht, und deshalb kehrte sie jedesmal trauriger zurück. Es war ihr einziger Trost, in ihrem Gärtchen zu sitzen und die schöne Marmorstatue zu umarmen, die mit dem Prinzen Ähnlichkeit hatte. Doch ihre Blumen pflegte sie nicht mehr, die wuchsen wie wild, wucherten über die Wege und verflochten ihre langen Stengel und Blätter mit den Zweigen der Bäume, so daß es in ihrem Garten ganz dunkel war.

Schließlich hielt sie es nicht mehr aus und vertraute sich einer der Schwestern an, worauf es sogleich alle andern erfuhren, mehr aber nicht, und noch ein paar weitere Meerfrauen, die es auch nur ihren engsten Freundinnen erzählten. Eine von ihnen wußte Bescheid, sie hatte auch die Pracht auf dem Schiff gesehen und wußte, wer der Prinz war, woher er stammte und wo sein Königreich lag.

»Komm, Schwesterchen!« sagten die andern Prinzessinnen, und Arm in Arm stiegen sie in einer langen Reihe aus dem Meer, an jener Küste, wo das Schloß des Prinzen liegen mußte.

Das war aus einem hellgelben, glänzenden Gestein, und eine seiner großen Marmortreppen führte direkt bis zum Meer. Prächtige vergoldete Kuppeln erhoben sich auf den Dächern, und zwischen den Säulen, die das ganze Gebäude umgaben, standen Marmorbilder, die aussahen, als wären sie lebendig. Durch das klare Glas der hohen Fenster blickte man in die herrlichsten Säle, mit Teppichen und kostbaren Seidengardinen, und alle Wände waren mit großen Gemälden geschmückt – es war eine rechte Augenweide. Mitten im größten Saal plätscherte ein riesiger Springbrunnen und ließ seine Strahlen zur Decke hinaufsteigen, wo die Sonne durch eine gläserne Kuppel auf das Wasser im großen Bassin mit seinen prächtigen Pflanzen schien.

Jetzt wußte die Meerfrau, wo der Prinz wohnte, und oft begab sie sich abends und nachts dorthin. So nah wie sie hatte sich keine der andern Schwestern ans Land gewagt, ja, sie schwamm durch den schmalen Kanal bis unter den prächtigen Marmorbalkon, der einen langen Schatten aufs Wasser warf. Hier saß sie und schaute den jungen Prinzen an, und der wähnte sich im hellen Mondschein ganz allein.

So manchen Abend sah sie ihn in seinem prächtigen Boot fahren, mit Musik und wehenden Fahnen, und wenn sie aus dem grünen Schilf hervorguckte und der Wind ihren langen silberweißen Schleier packte, konnte man sie für einen Schwan mit flatternden Flügeln halten.

Oft hörte sie nachts den Fischern zu, die mit Fackeln unterwegs waren und über den jungen Prinzen soviel Gutes erzählten. Da freute sie sich, daß sie, als er bewußtlos auf den Wellen trieb, sein Leben gerettet hatte, und sie dachte daran, wie fest sein Kopf an ihrer Brust geruht und wie innig sie ihn geküßt hatte – während er gar nichts davon wußte und nicht einmal von ihr träumen konnte.

Immer besser gefielen ihr die Menschen, immer brennender wurde ihr Wunsch, zu ihnen emporzusteigen. Die Welt der Menschen erschien ihr viel größer als ihre eigene; sie konnten mit Schiffen über das Meer fliegen, auf die hohen Berge hoch über den Wolken steigen, und so weit dehnten sich ihre Länder mit Wäldern und Feldern aus, daß es gar nicht zu überschauen war. Die Meerfrau hatte so viele Fragen, doch die Schwestern wußten nicht immer Antwort. Deshalb wandte sie sich an die alte Großmutter, und die kannte sich mit der höheren Welt aus und nannte sie ganz richtig die Länder über dem Meer.

»Wenn die Menschen nicht ertrinken«, fragte die kleine Meerfrau, »können sie dann immer leben, brauchen sie nicht zu sterben wie wir auf dem Meeresgrund?«

»Doch«, sagte die Alte, »sterben müssen sie auch, und ihre Lebenszeit ist sogar kürzer als unsere. Wir können dreihundert Jahre alt werden, aber wenn wir dann von hier verschwinden, bleibt von uns nur Schaum auf dem Wasser, wir finden nicht einmal ein Grab bei unsern Lieben. Wir haben keine unsterbliche Seele und werden nicht wieder zum Leben erweckt, wir sind wie das grüne Schilf – ist es erst einmal abgeschnitten, dann kann es kein zweites Mal grünen. Die Seele der Menschen dagegen lebt immer, auch dann, wenn der Körper Erde ist; sie steigt durch die klare Luft empor, zu all den leuchtenden Sternen. So wie wir aus dem Meer auftauchen und dann die Länder der Menschen erblicken, so tauchen sie zu unbekannten, wunderbaren Orten auf, die wir niemals zu sehen bekommen.«

»Warum sind wir nicht mit einer unsterblichen Seele geboren?« fragte die kleine Meerfrau betrübt. »Ich würde alle meine dreihundert Jahre Lebenszeit dafür geben, um nur einen einzigen Tag lang ein Mensch zu sein und dann an der himmlischen Welt teilzuhaben!«

»An so etwas darfst du gar nicht denken!« sagte die Alte. »Wir leben viel glücklicher und besser als die Menschen da oben.«

»Ich muß also sterben und als Schaum auf dem Meer treiben, ohne die Musik der Wellen zu hören, ohne die prächtigen Blumen und die rote Sonne zu sehen! Kann ich denn gar nichts tun, um eine ewige Seele zu gewinnen?«

»Nein!« sagte die Alte »Nur wenn ein Mensch dich so lieben könnte, daß du ihm mehr wärst als Vater und Mutter; wenn er mit allen Gedanken und all seiner Liebe an dir hinge und seine rechte Hand vom Pfarrer in deine Rechte legen ließe, mit dem Versprechen ewiger Treue, dann würde seine Seele in deinen Körper strömen, und auch du könntest am Glück der Menschen teilhaben. Er würde dir eine Seele geben und seine eigene doch behalten. Aber das kann niemals geschehen! Was hier im Meer gerade schön ist, dein Fischschwanz, das finden die da oben auf der Erde häßlich, mehr verstehen sie nicht davon, man muß zwei plumpe Stelzen haben, die sie Beine nennen, um schön zu sein!«

Da seufzte die Meerfrau und sah ihren Fischschwanz traurig an.

»Wir wollen lustig sein«, sagte die Alte, »hüpfen und springen in den dreihundert Jahren, die wir zu leben haben, das ist doch eine ganz schöne Zeit! Danach kann man sich um so vergnüglicher in seinem Grab ausruhen. Heute abend wollen wir einen Hofball geben!«

Es war eine solche Pracht, wie man sie niemals auf Erden sieht! Wände und Decke des großen Tanzsaals bestanden aus dickem, aber klarem Glas. Auf jeder Seite waren mehrere hundert kolossale rosenrote und grasgrüne Muschelschalen aufgestellt, mit einem blau brennenden Feuer, das nicht nur den ganzen Saal erhellte, sondern seinen Schein auch durch die Wände nach draußen warf, so daß die See hell erleuchtet war. All die unzähligen Fische, große und kleine, die auf die Glasmauer zuschwammen, waren zu sehen; bei einigen glänzten die Schuppen purpurrot, bei anderen wie Silber und Gold. – Mitten durch den Saal ergoß sich ein breiter Strom, und darauf tanzten Meermänner und Meerfrauen zu ihrem eigenen Gesang, und ihre Stimmen waren so wunderbar, wie Menschen auf der Erde sie gar nicht haben. Am herrlichsten von allen sang die kleine Meerfrau, und als die andern ihr Beifall klatschten, spürte sie für einen Augenblick in ihrem Herzen Freude, denn sie wußte, daß keiner auf Erden und im Meer eine schönere Stimme hatte.

Bald aber mußte sie wieder an die Welt über der ihren denken; sie konnte den schönen Prinzen nicht vergessen und ihren Kummer darüber nicht verwinden, daß sie keine unsterbliche Seele wie er besaß. Deshalb schlich sie heimlich hinaus, und während das Schloß ihres Vaters ganz und gar von Gesang und Frohsinn erfüllt war, saß sie betrübt in ihrem kleinen Garten. Da hörte sie durch das Wasser hindurch den Klang von Waldhörnern und dachte: »Jetzt ist er wohl da oben in seinem Schiff, er, den ich mehr liebe als Vater und Mutter, er, an dem meine Gedanken hängen, in dessen Hand ich das Glück meines Lebens legen möchte. Alles will ich wagen, um ihn und eine unsterbliche Seele zu gewinnen! Derweil meine Schwestern im Schloß des Vaters tanzen, will ich zur Meerhexe gehen, vor der ich immer so große Angst hatte, aber sie kann mir vielleicht raten und helfen.«

Da verließ die kleine Meerfrau ihren Garten und machte sich zu den brausenden Mahlströmen auf, hinter denen die Hexe wohnte. Diesen Weg war sie noch nie gegangen, hier wuchs keine Blume, kein Seegras, er führte nur über nackten, grauen Sand, bis hin zu den Mahlströmen, wo das tosende Wasser wie rasende Mühlräder wirbelte und alles mit in die Tiefe riß, was sich mitnehmen ließ. Zwischen diesen toddrohenden Strudeln mußte sie hindurch, um ins Gebiet der Meerhexe zu gelangen, wo es noch eine lange Strecke mit heißem, brodelndem Schlamm zu überwinden galt, was die Hexe ihr Torfmoor nannte. Dahinter stand ihr Haus, umgeben von einem seltsamen Wald. Alle Sträucher und Bäume waren Polypen, halb Tier und halb Pflanze, was aussah, als wüchsen aus dem Boden hundertköpfige Schlangen. An Stelle der Zweige hatten sie lange, schleimige Arme, mit Fingern, die geschmeidigen Würmern glichen und sich Glied für Glied von der Wurzel bis zur äußersten Spitze bewegten. Sie umklammerten alles, was sie im Meer ergreifen konnten, um es nie wieder loszulassen. Die kleine Meerfrau blieb ganz erschrocken stehen, ihr Herz klopfte vor Angst, und beinahe wäre sie umgekehrt. Dann aber dachte sie an den Prinzen und an die Seele der Menschen, und da faßte sie Mut. Sie band sich ihr langes, flatterndes Haar fest um den Kopf, damit die Polypen sie nicht daran packen konnten, preßte die Hände vor der Brust zusammen, und dann flog sie, wie ein Fisch durchs Wasser fliegt, zwischen den häßlichen Polypen hindurch, die ihre geschmeidigen Arme und Finger nach ihr ausstreckten. Sie sah, daß jeder von ihnen etwas gefangen hatte und mit hundert kleinen Armen wie mit starken Eisenbändern festhielt. Menschen, die auf See umgekommen und in die Tiefe gesunken waren, steckten als weiße Gerippe in den Polypenarmen. Sie hielten Schiffsruder und Kisten umklammert, auch Skelette von Landtieren, und sogar eine kleine Meerfrau hatten sie gefangen und erwürgt – das war für die jüngste Prinzessin fast das Schlimmste.

Nun kam sie zu einem weiten, schlierigen Platz, auf dem sich große, fette Wasserschlangen tummelten und ihre häßlichen weißgelben Bäuche zeigten. In der Mitte stand ein Haus, errichtet aus den weißen Gebeinen ertrunkener Menschen. Hier saß die Meerhexe und ließ eine Kröte aus ihrem Mund fressen, wie die Menschen einen kleinen Kanarienvogel mit Zucker füttern. Sie nannte die häßlichen, fetten Wasserschlangen ihre Hühnchen und gestattete ihnen, sich auf ihrer großen, schwammigen Brust zu wälzen.

»Ich weiß schon, was du willst«, sagte die Meerhexe, »das ist eine Dummheit! Trotzdem sollst du deinen Willen haben, denn das wird dich ins Unglück stürzen, mein schönes Prinzeßchen! Du möchtest deinen Fischschwanz loswerden und dafür zwei Stümpfe zum Gehen haben, so wie die Menschen, damit sich der junge Prinz in dich verlieben kann und du ihn und eine unsterbliche Seele bekommst!« Dabei lachte die Hexe so laut und häßlich, daß ihr die Kröte und die Schlangen von der Brust fielen und sich nun auf dem Boden wälzten. »Du kommst gerade zur rechten Zeit«, fuhr sie fort, »denn wenn morgen früh die Sonne aufgeht, muß erst wieder ein Jahr verstreichen, bevor ich dir helfen kann. Ich werde dir einen Trank brauen, damit mußt du vor Sonnenaufgang zum Land schwimmen, mußt dich ans Ufer setzen und ihn trinken. Dann teilt sich dein Schwanz auseinander und schrumpft ein, bis du hast, was die Menschen hübsche Beine nennen. Aber das tut so weh, als ginge das scharfe Schwert durch dich hindurch. Alle Leute werden sagen, sie hätten noch nie ein so herrliches Menschenkind wie dich gesehen. Du wirst deinen schwebenden Gang behalten, keine Tänzerin kann schweben wie du, doch bei jedem deiner Schritte glaubst du auf ein scharfes Messer zu treten und dich bis auf das Blut zu schneiden. Wenn du bereit bist, all das zu leiden, dann will ich dir helfen.«

»Ja!« sagte die kleine Meerfrau mit bebender Stimme und dachte an den Prinzen und den Gewinn einer unsterblichen Seele.

»Aber denk dran«, sagte die Hexe, »hast du erst einmal menschliche Gestalt angenommen, dann kannst du nie wieder eine Meerfrau werden! Du kannst nie wieder durchs Wasser zu deinen Schwestern und zum Schloß deines Vaters hinuntersteigen, und wenn es dir nicht gelingt, die Liebe des Prinzen zu gewinnen – so daß er über dir Vater und Mutter vergißt, mit all seinen Gedanken an dir hängt, den Pfarrer eure Hände ineinanderlegen läßt und ihr Mann und Frau werdet –, dann bekommst du keine unsterbliche Seele! Am ersten Morgen nach seiner Hochzeit mit einer anderen muß dir das Herz brechen, und du wirst Schaum auf dem Wasser.«

»Ich will es!« sagte die kleine Meerfrau und war bleich wie der Tod.

»Aber du mußt mich auch bezahlen«, sagte die Hexe, »und was ich verlange, ist nicht wenig. Du hast von allen auf dem Meeresgrund die schönste Stimme und glaubst wohl, du könntest den Prinzen damit bezaubern, und diese Stimme sollst du mir überlassen. Ich wünsche für meinen kostbaren Trank das Beste, was du besitzt. Ich muß dir ja mein eignes Blut darin geben, damit er so scharf wird wie ein zweischneidiges Schwert!«

»Aber wenn du mir meine Stimme wegnimmst«, sagte die kleine Meerfrau, »was bleibt mir dann noch?«

»Deine schöne Gestalt«, sagte die Hexe, »dein schwebender Gang und deine sprechenden Augen, damit kannst du ein Menschenherz wohl betören. Na, hast du den Mut verloren? Streck mal dein Zünglein heraus, damit ich es abschneiden kann, als Bezahlung, und dann sollst du den kräftigen Trank bekommen!«

»Es geschehe!« sagte die kleine Meerfrau, und die Hexe setzte ihren Kessel auf, um den Zaubertrank zu kochen. »Reinlichkeit ist eine gute Sache«, sagte sie, machte aus den Schlangen einen Knoten und scheuerte damit den Kessel blank. Dann ritzte sie sich in die Brust und ließ ihr schwarzes Blut hineintropfen, wobei der Dampf so absonderliche Gestalten formte, daß einem angst und bange werden konnte. Alle Augenblicke warf die Hexe neue Dinge in den Kessel, und als es darin richtig kochte, schien ein Krokodil zu weinen. Endlich war der Trank fertig und sah nun aus wie das klarste Wasser.

»Da hast du ihn!« sagte die Hexe und schnitt der kleinen Meerfrau die Zunge ab. Die war nun stumm und konnte weder singen noch sprechen.

»Wenn du nach Hause gehst und die Polypen in meinem Wald nach dir greifen«, sagte die Hexe, »dann brauchst du nur einen einzigen Tropfen von diesem Trank auf sie zu spritzen, und ihre Arme und Finger zerspringen in tausend Stücke!«

Aber das war gar nicht nötig. Sowie die Polypen den Trank nur erblickten, der in der Hand der kleinen Meerfrau wie ein heller Stern funkelte, zogen sie sich erschrocken zurück. Bald hatte sie den Wald, das Moor und die brausenden Mahlströme überwunden und konnte schon das Schloß ihres Vaters sehen. Die Fackeln im großen Tanzsaal waren erloschen, gewiß schliefen alle, doch sie wagte sich nicht zu ihnen hinein, denn sie war stumm und wollte sie nun für immer verlassen. Es war, als müßte ihr Herz vor Kummer zerreißen. Da schlich sie sich in den Garten, pflückte von jedem Beet ihrer Schwestern eine Blume, warf dem Schloß tausend Kußhände zu und stieg durch das dunkelblaue Meer empor.

Als sie das Schloß des Prinzen erblickte und die prächtige Marmortreppe erklomm, war die Sonne noch nicht aufgegangen. Der Mond schien wunderbar hell. Die kleine Meerfrau schluckte den brennend scharfen Trunk, und es war, als ginge ein zweischneidiges Schwert durch ihren zarten Körper, sie verlor das Bewußtsein und blieb wie tot liegen. Erst als die Sonnenstrahlen über das Wasser fielen, wachte sie auf und spürte einen brennenden Schmerz. Doch gerade vor ihr stand der schöne junge Prinz, und als er seine kohlschwarzen Augen auf sie heftete, schlug sie die ihren nieder und sah, daß ihr Fischschwanz verschwendet war. Sie hatte die reizendsten weißen Beine, wie sie ein kleines Mädchen nur haben kann; doch sie war vollkommen nackt und hüllte sich deshalb in ihr dichtes, langes Haar. Der Prinz fragte nach ihrem Namen und wie sie hierhergekommen sei, und sie blickte ihn freundlich und doch so traurig mit ihren dunkelblauen Augen an, sie konnte ja nicht sprechen. Da nahm er sie bei der Hand und führte sie ins

Schloß. Bei jedem ihrer Schritte glaubte sie, wie die Hexe vorausgesagt, auf spitze Ahlen und scharfe Messer zu treten, aber das er-
trug sie gern. An der Hand des Prinzen stieg sie leicht wie eine
Blase das Ufer hinauf, und er wie alle anderen wunderten sich über
ihren anmutigen, schwebenden Gang.

Sie bekam kostbare Kleider aus Seide und Musselin und war im
Schloß die Schönste von allen, doch sie war stumm, konnte weder
singen noch sprechen. Reizende Sklavinnen, gekleidet in Gold und
Seide, erfreuten den Prinzen und seine königlichen Eltern mit ihrem Gesang; eine sang lieblicher als alle andern, und der Prinz
klatschte und lächelte ihr zu. Da wurde die kleine Meerfrau, die
einst viel herrlicher gesungen hatte, traurig und dachte: »Ach, wenn
er nur wüßte, daß ich meine Stimme für alle Ewigkeit weggegeben
habe, um bei ihm zu sein!«

Als nun die Sklavinnen zur schönsten Musik anmutige, schwe-
bende Tänze darboten, hob die kleine Meerfrau ihre hübschen
weißen Arme, schwebte auf Zehenspitzen durch den Saal und
tanzte, wie nie zuvor jemand getanzt hatte. Bei jeder Bewegung
wurde ihre Schönheit mehr offenbar, und ihr Auge sprach das Herz
inniger an, als es der Gesang der Sklavinnen vermochte.

Alle waren davon begeistert, besonders der Prinz, der sie sein
kleines Findelkind nannte, und sie tanzte und tanzte, obwohl sie
jedesmal, wenn ihr Fuß den Boden berührte, einen Schmerz wie
von scharfen Messern empfand. Da sagte der Prinz, sie solle immerfort bei ihm sein, und sie durfte nun vor seiner Tür auf einem
Samtkissen schlafen.

Er ließ ihr Männerkleidung nähen, damit sie ihn zu Pferde begleiten konnte. Sie ritt mit ihm durch die duftenden Wälder, wo
ihr die grünen Zweige auf die Schulter schlugen und zwischen den
frischen Blättern die Vöglein sangen. Sie kletterte mit dem Prinzen
auf die hohen Berge, und obwohl auch für andere sichtbar war, daß
ihre zarten Füße bluteten, lachte sie nur darüber und folgte ihm,
bis sie die Wolken unter sich ziehen sahen wie eine Schar Vögel in
ferne Länder.

Wenn nachts alle andern im Schloß des Prinzen schliefen, stieg
die Meerfrau die breite Marmortreppe hinunter und ließ sich vom

kalten Seewasser die brennenden Füße kühlen, und dann dachte sie an jene in der Tiefe.

Eines Nachts kamen ihre Schwestern Arm in Arm durch das Wasser geschwommen und sangen dabei ein trauriges Lied, und sie erkannten die Meerfrau, die ihnen zuwinkte, und erzählten ihr, daß sie allen in der Tiefe großen Kummer zugefügt habe. Von da an erschienen sie jede Nacht, und einmal sah die Meerfrau in weiter Ferne die alte Großmutter, die viele Jahre nicht über der Meeresfläche aufgetaucht war, dazu den Meerkönig mit seiner Krone auf dem Kopf, und beide streckten sie die Hände nach ihr aus, wagten sich jedoch nicht so dicht ans Land heran wie die Schwestern.

Mit jedem Tag gewann der Prinz sie mehr lieb; er hatte sie gern, wie man ein gutes, liebes Kind gern hat, doch sie zu seiner Königin zu machen, das fiel ihm gar nicht ein, und seine Frau mußte sie werden, sonst würde sie keine unsterbliche Seele bekommen und am Morgen nach seiner Hochzeit zu Schaum auf dem Meer werden.

»Bin ich dir nicht die Liebste von allen?« schienen ihre Augen zu fragen, wenn er sie in seine Arme nahm und auf die schöne Stirn küßte.

»Doch, du bist mir am liebsten«, sagte der Prinz, »denn du hast von allen das beste Herz, du bist mir am treusten ergeben, und du ähnelst einem jungen Mädchen, das ich einmal sah und wohl niemals wiederfinden werde. Ich war einmal auf einem Schiff, das untergehen mußte, und die Wellen trieben mich an Land, zu einem heiligen Tempel, in dem mehrere junge Mädchen Dienst taten. Die Jüngste von ihnen fand mich am Ufer und hat mir das Leben gerettet – nur zweimal habe ich sie gesehen. Sie ist die einzige, die ich auf dieser Welt lieben könnte, du aber ähnelst ihr und verdrängst fast ihr Bild aus meiner Seele. Sie gehört dem heiligen Tempel an, und du wurdest mir von meinem guten Glück geschickt – wir wollen uns niemals trennen!« – »Ach, er weiß nicht, daß ich es war, die sein Leben rettete«, dachte die kleine Meerfrau, »ich habe ihn über das Meer bis zum Wald mit dem Tempel getragen. Ich saß hinter dem Schaum und hielt Ausschau nach Menschen. Ich habe das schöne Mädchen gesehen, das er mehr liebt als mich!« Und sie seufzte tief, sie konnte nicht weinen. »Das Mädchen gehört dem heiligen Tempel an, hat er gesagt, nie wird sie in die Welt hinauskommen, sie werden sich niemals wieder begegnen. Ich aber bin bei ihm, sehe ihn jeden Tag, ich will ihn pflegen, ihn lieben, für ihn mein Leben opfern!«

Doch nun sollte der Prinz heiraten, wurde erzählt, und zwar die schöne Tochter des Nachbarkönigs, deshalb sei er dabei, so ein prächtiges Schiff auszurüsten. Es hieß zwar, er wolle die Länder des Nachbarkönigs besichtigen, aber man wußte wohl, daß er sich die Tochter des Nachbarkönigs ansehen wollte, begleitet von einem großen Gefolge.

Doch die kleine Meerfrau schüttelte den Kopf und lachte, sie kannte die Gedanken des Prinzen viel besser als alle andern. »Ich muß verreisen«, hatte er zu ihr gesagt, »ich muß mir die schöne Prinzessin ansehen, wie meine Eltern es verlangen. Aber sie als meine Braut heimzuführen, dazu werden sie mich niemals zwingen! Ich kann sie nicht lieben! Sie gleicht nicht dem schönen Mädchen im Tempel, dem du ähnlich bist. Sollte ich mir einmal eine Braut erwählen, dann eher dich, mein stummes Findelkind mit den sprechenden Augen!« Und er küßte sie auf den roten Mund, spielte mit ihrem langen Haar und legte seinen Kopf an ihr Herz – und das träumte von Menschenglück und einer unsterblichen Seele.

»Du hast doch wohl keine Angst vor dem Meer, mein stummes Kind?« fragte er, als sie dann auf dem prächtigen Schiff standen, das ihn in die Länder des Nachbarkönigs bringen sollte. Und er erzählte ihr von Sturm und Meeresstille, von seltsamen Fischen der Tiefe und was dort der Taucher gesehen, und sie hörte ihm lächelnd zu, denn über den Meeresgrund wußte sie besser Bescheid als jeder andere.

In der mondhellen Nacht, als alle schliefen, nur der Steuermann am Ruder nicht, setzte sie sich an die Reling und schaute ins klare Wasser hinunter. Da glaubte sie das Schloß ihres Vaters zu sehen, wo ganz oben die alte Großmutter stand, mit der silbernen Krone auf dem Kopf, und durch die reißenden Fluten empor zum Schiffskiel starrte. Nun tauchten ihre Schwestern aus dem Wasser auf, blickten sie traurig an und rangen ihre weißen Hände. Die Meerfrau winkte ihnen und lächelte, doch gerade als sie erzählen wollte, wie gut es ihr gehe und wie glücklich sie sei, kam der Schiffsjunge zu ihr, die Schwestern verschwanden, und da mußte er glauben, das Weiße, das er auf dem Wasser gesehen, sei nichts weiter als Schaum gewesen.

Am nächsten Morgen lief das Schiff in den Hafen der prächtigen Stadt des Nachbarkönigs ein. Alle Kirchenglocken läuteten, von den hohen Türmen ertönten Posaunen, und die Soldaten paradierten mit wehenden Fahnen und blitzenden Bajonetten. Jeden Tag wurde ein Fest gefeiert, Bälle und Gesellschaften folgten im Wechsel. Doch die Prinzessin war noch nicht gekommen, sie wurde weit weg von hier in einem heiligen Tempel erzogen, hieß es, um dort alle königlichen Tugenden zu erlernen. Endlich traf sie ein.

Die kleine Meerfrau, die begierig auf den Anblick ihrer Schönheit gewesen war, mußte zugeben, daß sie eine so liebliche Gestalt wie die Prinzessin noch nie gesehen hatte. Ihre Haut war ganz zart und rein, und unter den langen dunklen Wimpern lächelte ein Paar schwarzblauer, treuer Augen.

»Du bist es«, sagte der Prinz, »du hast mich gerettet, als ich wie tot am Ufer lag!« Und er nahm seine errötende Braut in die Arme. »Oh, ich bin überglücklich!« sagte er zu der kleinen Meerfrau. »Mein innigster Wunsch ist in Erfüllung gegangen, wie ich es niemals zu hoffen wagte. Du wirst dich über mein Glück freuen, denn du hast mich von allen am liebsten!«

Und die kleine Meerfrau küßte ihm die Hand, und ihr war, als müßte ihr das Herz brechen. Der Morgen nach seiner Hochzeit würde ihr ja den Tod bringen und sie in Schaum auf dem Meer verwandeln.

Alle Kirchenglocken läuteten, die Herolde ritten durch die Straßen, um die Verlobung zu verkünden. Auf allen Altären brannte duftendes Öl in kostbaren Silberlampen. Die Priester schwenkten die Weihrauchfässer, Braut und Bräutigam reichten sich die Hand und empfingen den Segen des Bischofs. Die kleine Meerfrau war in Gold und Seide gekleidet und trug die Schleppe der Braut, doch sie vermochte die festliche Musik nicht zu hören, die heilige Zeremonie nicht zu sehen, sie dachte an ihre Todesnacht, an alles, was sie auf dieser Welt verloren.

Noch am selben Abend gingen Braut und Bräutigam an Bord ihres Schiffs, wo die Kanonen dröhnten, alle Fahnen wehten und wo in der Mitte ein kostbares Zelt errichtet war, aus Gold und Purpur und mit den prächtigsten Pfühlen, hier sollte das Brautpaar die stille, kühle Nacht verbringen.

Die Segel blähten sich im Wind, und das Schiff glitt leicht und ohne große Bewegung über die klare See.

Als es dunkelte, wurden bunte Lampen angezündet, und die Seeleute tanzten auf dem Deck lustige Tänze. Die kleine Meerfrau mußte daran denken, wie sie das erste Mal aus dem Meer aufgetaucht war und die gleiche Pracht und Freude gesehen hatte. Jetzt wirbelte sie mit im Tanz, schwebend wie die Schwalbe, wenn sie verfolgt wird, und alle brachen in Bewunderung und Jubel aus – so herrlich hatte sie noch nie getanzt. Es schnitt in ihre zarten Füße wie mit scharfen Messern, aber das spürte sie nicht; es schnitt ihr noch tiefer ins Herz. Sie wußte, daß sie ihn an diesem Abend zum letzten Mal sah – ihn, für den sie ihre Familie und ihr Heim verlassen, ihre herrliche Stimme hingegeben und jeden Tag unendliche Qualen gelitten hatte, ohne daß er etwas davon ahnte. Es war die letzte Nacht, in der sie dieselbe Luft atmete, das tiefe Meer und den sternblauen Himmel sah wie er. Auf sie, die keine Seele hatte und keine gewinnen konnte, wartete eine ewige Nacht, ohne Gedanken und ohne Traum. Und alles an Bord war Freude und Frohsinn, bis weit nach Mitternacht, sie lachte und tanzte mit dem Todesgedanken im Herzen. Der Prinz küßte seine schöne Braut, und sie spielte mit seinem schwarzen Haar, und Arm in Arm gingen sie in das prächtige Zelt und legten sich zur Ruhe.

Auf dem Schiff wurde es still, alles verstummte, nur der Steuermann stand am Ruder. Die kleine Meerfrau legte ihre weißen Arme auf die Reling und spähte nach der Morgenröte im Osten – der erste Sonnenstrahl, wußte sie, würde sie töten. Da sah sie ihre Schwestern aus dem Meer emporsteigen, blaß wie sie selbst; ihr langes schönes Haar flatterte nicht mehr im Wind, es war abgeschnitten.

»Wir haben es der Hexe geschenkt und sie um Hilfe gebeten, damit du in dieser Nacht nicht zu sterben brauchst! Sie hat uns dafür ein Messer gegeben, hier ist es, siehst du, wie scharf? Das mußt du vor Sonnenaufgang dem Prinzen ins Herz stechen, und wenn sein warmes Blut auf deine Füße spritzt, dann wachsen sie zu einem Fischschwanz zusammen, und du wirst wieder eine Meerfrau, kannst durch das Wasser zu uns hinuntersteigen und deine dreihundert Jahre leben, bevor du zum toten, salzigen Meerschaum wirst. Beeil dich! Er oder du, einer muß sterben, bevor die Sonne aufgeht! Unsre alte Großmutter hat vor lauter Kummer ihr weißes Haar verloren wie wir das unsere unter der Schere der Hexe. Töte den Prinzen und kehr zurück! Beeil dich, siehst du den roten Streifen am Himmel? In wenigen Minuten kommt die Sonne, und dann mußt du sterben!« Und sie stießen einen sonderbar tiefen Seufzer aus und verschwanden in den Wellen.

Die kleine Meerfrau zog den Purpurvorhang vom Zelt, und als sie die liebliche Braut mit dem Kopf auf der Brust des Prinzen schlafen sah, beugte sie sich über ihn, küßte ihn auf die schöne Stirn, blickte zum Himmel, an dem immer heller das Morgenrot leuchtete, blickte auf das scharfe Messer und schaute dann wieder den Prinzen an, der im Traum seine Braut beim Namen nannte, weil er nur sie in Gedanken hatte, und das Messer zitterte in der Hand der Meerfrau – da aber warf sie es weit ins Meer hinaus, und wo es niederfiel, glänzten die Wellen rot, als würden Blutstropfen aus dem Wasser quellen. Noch einmal betrachtete sie den Prinzen mit halbgebrochenem Blick, stürzte sich dann vom Schiff ins Wasser und merkte, wie sich ihr Körper in Schaum auflöste.

Da stieg die Sonne aus dem Meer und ließ ihre Strahlen mild und warm auf den todkalten Meerschaum fallen. Die kleine Meerfrau spürte nichts vom Tod, sie sah die helle Sonne und über sich Hunderte von anmutigen Geschöpfen schweben, die so durchsichtig waren, daß sie durch sie hindurch die weißen Segel des Schiffs und die roten Wolken des Himmels erkennen konnte. Ihre Stimmen vereinten sich zu einer Melodie, die aber so geistig war, daß kein irdisches Ohr sie vernehmen konnte, wie auch kein irdisches Auge sie zu sehen vermochte. Sie wurden nicht von Flügeln, sondern von ihrer eignen Leichtigkeit durch die Luft getragen. Da entdeckte die kleine Meerfrau, daß auch sie einen solchen Körper hatte, und hob sich höher und höher aus dem Schaum.

»Wohin komme ich?« fragte sie, und ihre Stimme klang wie die der anderen Wesen, so geistig, wie es keine irdische Musik wiederzugeben vermag.

»Zu den Töchtern der Luft!« war die Antwort. »Die Meerfrau hat keine unsterbliche Seele und bekommt sie nur dann, wenn sie die Liebe eines Menschen gewinnt. Von einer fremden Macht hängt ihr ewiges Dasein ab. Auch den Töchtern der Luft fehlt die ewige Seele, doch sie können sich durch gute Taten selbst eine schaffen. Wir fliegen in die warmen Länder, wo der schwüle Pesthauch die Menschen tötet, und fächeln dort Kühlung. Wir verbreiten den Duft der Blumen und bringen Labsal und Heilung. Haben wir uns dann dreihundert Jahre bemüht, nach unseren Kräften Gutes zu tun, dann bekommen wir eine unsterbliche Seele und haben teil am ewigen Glück der Menschen. Du arme kleine Meerfrau, du hast mit deinem ganzen Herzen nach demselben gestrebt, hast gelitten, geduldet und hast dich in die Welt der Luftgeister emporgehoben – jetzt kannst du dir durch gute Taten in dreihundert Jahren selbst eine unsterbliche Seele schaffen.«

Und die kleine Meerfrau streckte ihre hellen Arme zur Sonne, und zum ersten Mal spürte sie Tränen.

Auf dem Schiff herrschte wieder Leben und Treiben, sie sah den Prinzen mit seiner schönen Braut nach ihr suchen, wehmütig starrten sie auf den wogenden Schaum, als wüßten sie von ihrem Sprung in die Wellen. Unsichtbar, wie die Meerfrau nun war, küßte sie die Braut auf die Stirn, lächelte dem Prinzen zu und stieg dann mit den andern Kindern der Luft auf die rosenrote Wolke, die durch die Luft segelte.

»In dreihundert Jahren schweben wir auf solche Art in Gottes Reich!«

»Schon früher können wir dorthin kommen«, flüsterte eins. »Wir schweben unsichtbar in die Häuser der Menschen, wo es Kinder gibt, und für jeden Tag, an dem wir ein gutes Kind entdecken, das seinen Eltern Freude macht und ihre Liebe verdient, wird unsre

Probezeit von Gott verkürzt. Das Kind merkt nicht, daß wir durchs Zimmer fliegen, und wenn wir dann vor Freude lächeln, wird ein Jahr von den dreihundert abgezogen. Doch wenn wir ein unartiges und böses Kind erblicken, dann müssen wir vor Kummer weinen, und jede Träne verlängert unsre Probezeit um einen Tag!«

So erzählt uns Hans Christian Andersen.

Die hufbeschlagene Frau Körmöndi

*E*inmal war's, keinmal war's, war einmal eine Schmiedemeisters-
frau, und die war eine Hexe. Dieses Frauenzimmer hieß Frau Körmöndi. Wenn dieses Frauenzimmer irgendwem feind war, schlug
sie ihn mit ihrem Blick, daß ihm Hände und Füße zusammen-
schrumpften, bannte ihn mit ihrem Blick, daß ihn außer ihr – außer Frau Körmöndi selber – keine lebendige Seele davon lösen
konnte.

Wenn sich ein Mädchen in einen Mann verliebte und dieser sie
nicht wiederliebte, brauchte sie nur zu Frau Körmöndi zu gehen.
Die gab dem Mädchen ein Mittel, wovon der Bursche fortan nur
hinter diesem einen Mädchen her war, fortan nur die eine liebte.

Wenn einem die Kuh blutige Milch gab, brauchte er nur zu
Frau Körmöndi zu gehen. Die gab ihm ein Mittel, mit dem man
die Kuh ringsherum anräuchern mußte, und dann gab die Melke-
kuh nichts Blutiges mehr.

Wenn einer mit jemandem verfeindet war, brauchte er nur zu
Frau Körmöndi zu gehen; die behexte den Gegner dann so, daß er
sein ganzes Leben lang elend dahinsiechte. Dabei gab sie ihm bloß
ein Töpfchen Gemüse, aber darin war alles enthalten, was unter dieser Erde gedeiht, rein alles war darin. Bohnen, Erbsen, Linsen, Hirse,
Mais, Weizen, Gerste und Gries ... nur mußte dieses Gemüse vor
seinem Haus längsseits verschüttet werden, und wenn jener Gewisse
darüber schritt, schlug ihm alles auf dem Leibe aus, jede Bohne,
Linse, jedes Hirse- und Maiskorn, der Weizen, die Gersten und die
Graupen, alles schlug ihm wie blutiger Kot auf dem Leibe aus.

Diese Hexe erhob sich des Nachts vom Lager neben ihrem
Mann und legte an ihrer statt einen Besen an seine Seite. Wäre ihm
gleich ein brennender Docht ins Ohr gesteckt, rührte man gleich
tausend Trommeln vor seinem Bett, nichts hätte ihn wecken können, er schlief wie der Kürbis, wie der Schäferpelz so tief.

Dieses Frauenzimmer erhob sich also, sag' ich, nahm ein Halfter zur Hand und schlug es dem Schmiedegesellen dreimal auf den

Kopf. Meiner Seel'! Der Schmiedegesell sprang aus dem Bett, stand auf allen vieren, schüttelte sich und verwandelte sich auf einmal in ein Pferd. Die Hexe warf ihm nun das Halfter über den Kopf, legte ihm einen Knochensattel auf – irgendein herumliegendes schäbiges Lammfell war die Satteldecke –, schwang sich aufs Pferd und sagte: »Hipp-Hopp! Dort wo ich will, dort soll ich sein!«

Darauf setzte sich das Pferd in Trab, schlüpfte durch die Türspalte, durch den Schornstein hinaus und hielt nicht eher an, als bis der Sankt Gellertberg erreicht war, wo sich bereits eine ganze Hexenschar eingefunden hatte. Da ward getanzt und gesungen, dann ging's ans Essen und Trinken, sie machten einen gehörigen Klamauk, fast wie bei einem kleineren Hochzeitsgelage.

Die Hexen tanzten, bis der Hahn krähte; aber beim ersten Hahnenschrei – wie entzweigehackt! – brachen sie die Lustbarkeit ab, und jede für sich ritt mit ihrem Pferd nach Hause.

Als der arme Schmiedegesell bei Tagesanbruch aufstehen wollte, merkte er, wie müde er war; er konnte die Hand kaum heben, als hätte er die ganze gottgeschaffene Nacht nicht geschlafen, nicht geruht, sondern fortwährend mit einem halbzentnerschweren Hammer Eisen geschmiedet.

Nun, es blieb dabei. Aber auch am nächsten, am dritten und am vierten Tag fühlte sich der Schmiedegesell, als er aus dem Bett steigen wollte, so müde, daß er kaum imstande war, die Hand zu heben. War ja auch kein Wunder, hat ihn doch diese gottlose alte Schlampe – hol sie der Teufel! – alle gottgeschaffenen Nächte gesattelt und ist mit ihm zum Sankt Gellertberg hin und her galoppiert. Der arme Schmiedegesell trocknete ganz aus, wurde dürrer und dürrer, bis er so dürr wie ein Besenstiel war.

Nun aber hatte dieser Schmiedegesell einen Kameraden, es war ein verabschiedeter Soldat, und diesem verabschiedeten Soldaten fiel es auf, daß sein Brotkumpan immer dürrer und dürrer wurde, hinwelkte wie die wurmstichige Rebe. Schließlich konnte er nicht mehr an sich halten und stellte seinen Kameraden zur Rede, indem er sagte: »Du, Pista, was ist eigentlich los mit dir? Deine Portion ißt du zwar ordentlich, doch sie schlägt dir nicht an, wirst ja immer dürrer und dürrer, bist nur noch Haut und Knochen?«

»Ich weiß nicht, was mir fehlt, mein Freund«, antwortete der Schmiedegesell. »Wenn ich des Morgens erwache und aufstehen will, bin ich so müde, daß ich beinahe ins Bett zurückfalle; meinen ganzen Körper zieht es zur Erde hinab, als wären mir drei Zentner Eisen um den Hals gehängt.«

»Na, wenn du nicht weißt, was dir fehlt, so werden wir's gleich wissen. Hol mir nur ein klein wenig Blei, ich will einen Guß machen.«

Der Schmiedegesell holte ein klein wenig Blei, der Verabschiedete legte es in eine Eisenkelle und hielt es übers Feuer. Als das Blei geschmolzen war, warf er es in einen Eimer mit Wasser. Dann nahm der Verabschiedete den Guß aus dem Wasser heraus und – du mein Gottes Sohn! – der Guß stellte ein Pferd dar, das hatte sogar Ohren und Schwanz und seine vier Beine.

»Na also, Pista, ich weiß schon, was dir fehlt!«

»Was denn?« fragte der Schmiedegesell.

»Oje, frag nur nicht! Du wirst alle gottgeschaffenen Nächte von den Hexen geritten; wie mit einem Pferd galoppieren sie mit dir herum. Jetzt aber, Pista«, setzte der Verabschiedete seine Rede fort, »die Frage ist jetzt, welche von ihnen dich reitet? Ja, das wäre gut zu wissen! Wir können's aber nur dann wissen, wenn wir's auf dem Rost drehen. Hol schnell einen Rost und eine kleine Schere, das übrige ist meine Sache!«

Der Schmiedegesell holte den Rost und die kleine Schere, gab sie dem Verabschiedeten, der ließ die kleine Schere auseinanderklaffen und stach sie so in den Rost hinein. Dies getan, hob er mit der kleinen Schere den Rost auf und legt ihn dem Pista und sich selber auf die Nagelspitze des unbenamsten Fingers, so daß sich der Rost ganz frei darauf drehen konnte. Dann murmelte der Verabschiedete etwas in sich hinein – was das war oder nicht war, das weiß ich nicht ganz sicher –, kurz und gut, mit erhobener Stimme stellte er dem Rost diese Frage:

»Sankt Peter, Sankt Paul! Wer hat den Pista geritten?
War's die Frau Bogos oder eine andere?«

Der Rost drehte sich nicht herum, obwohl der Verabschiedete seinen Spruch dreimal wiederholte.

»*Sankt Peter! Sankt Paul! Wer hat den Pista geritten?*
War's die Frau Csókás oder eine andere?«

Aber auch diesmal drehte sich der Rost nicht herum, obwohl der Verabschiedete auch bei dieser seinen Spruch dreimal wiederholte:

»*Sankt Peter! Sankt Paul! Wer hat den Pista geritten?*
War's die Frau Körmöndi oder eine andere?«

Siehe da! Der Rost hub an, ohne daß auch nur einer mit dem kleinen Finger dran gerührt hätte, hub von selbst an, sich zu drehen und drehte sich dreimal herum.

»Na also, Pista«, sprach der Verabschiedete. »Deine Meisterin hat dich geritten, dieses Hurenweib! Aber sie wird es büßen, das weiß ich bestimmt! Heute nacht schlafe ich bei dir, ich liege außen und du innen, das übrige ist meine Sache.«

Ein Tausendsassa war diese Frau Körmöndi, allein der Verabschiedete war's um kein Haar minder.

Als nämlich der Abend kam und die Zeit, schlafen zu gehen, da legte sich der Verabschiedete auf die Schlafstelle des Schmiedegesellen. So gegen elf Uhr kam die Schmiedemeisterin und brachte auch gleich das Halfter mit, den Schmiedegesellen damit zu schlagen, dreimal auf den Kopf zu schlagen. Aber der Verabschiedete, als ihm die Hexe das Halfter auf den Kopf schlagen wollte, schlug es dreimal mit dem Arm zurück. Siehe da, die Hexe fiel auf allen vieren zu Boden und verwandelte sich in ein Pferd, bloß die Lefzen und die Pferdeklauen fehlten. Mit einem Satz sprang der Verabschiedete aus dem Bett, zog der Hexe das Halfter um den Kopf, warf ihr den Knochensattel über – irgendein herumliegendes schäbiges Lammfell war die Satteldecke – und schwang sich in den Sattel. Dann gab er dem Pferd die Sporen, schlüpfte durch die Türspalte, durch den Schornstein hinaus und ritt dreimal um das Dorf herum.

Nachdem sie dreimal um das Dorf herumgeritten waren, hielt der Verabschiedete vor dem Haus des Schmiedes an und rief durchs Fenster hinein, der Meister solle aufstehen, weil er es eilig hätte, und seinem Pferd seien die Hufe von allen vier Füßen abgefallen.

Was konnte der Schmied anderes tun? Er mußte zur Nachtzeit aus dem Bett steigen, ging mißmutig in die Werkstatt und beschlug das Pferd. Dieses rührte sich nicht, schlug nicht aus, stand unbeweglich da, als wären ihm die Beine aus dem Erdboden herausgewachsen. Der Verabschiedete bezahlte für den Hufbeschlag und ritt davon, der Schmied aber legte sich wieder schlafen.

Und nun, meiner Seel', wie wird diese Sache wohl ausgehen?

Anderntags, als wenn sie krank wäre, erhob sich die Schmiedemeisterin nicht von ihrem Lager, zog die Hände und die Füße ein, so blieb sie im Bett liegen. Der Schmied ging zu der Kranken und fragte sie mit diesen Worten: »Was fehlt dir, mein süßes Weib?«

Allein das Weib, ein einziges Wort wär' nicht viel gewesen, doch nicht einmal soviel sprach sie, sondern lag dort im Bett wie ein Stück Holz mit eingezogenen Händen und Füßen.

»Aber mein süßes Weib«, sprach der Schmied, »warum streckst du die Beine nicht aus? Was liegst du so zusammengekauert wie das Armeleute-Ferkel?«

Allein das Weib, ein einziges Wort wär' nicht viel gewesen, doch nicht einmal soviel sprach sie, sondern lag dort im Bett wie ein Stück Holz mit eingezogenen Händen und Füßen.

»Aber mein süßes Weib«, sprach der Schmied von neuem, »warum streckst du deine Hand nicht aus? Was liegst du so zusammengekauert wie das Armeleute-Ferkel?«

Allein das Weib antwortete immer noch nicht, sondern lag im Bett wie ein Stück Holz.

»Aber mein süßes Weib«, fragte der Schmied wieder, »warum gibst du mir nicht die Hand? Zeig sie her!«

Allein das Weib gab ihm die Hand nicht, sondern lag da im Bett wie ein seelenloses Stück Holz.

Der Schmied wurde zornig und wollte die Hand seiner Frau ergreifen, aber die Frau ließ es nicht zu. Doch der Mann ist ja immer stärker als das Weib, und so brauchte der Schmied eben Gewalt und besah sich die Hand seiner Frau. Da sah er, daß diese hufbe-schlagen war. Schaute die andere an, auch die war hufbeschlagen. Schaute die beiden Füße an, auch diese waren hufbeschlagen. Mit einem Mal ging ihm, wie die Sonne, ein Licht auf, wen er gestern beschlagen hatte und daß seine Frau eine Hexe war.

Drei Tage darauf hatte die Frau diese Schattenwelt verlassen. An ihr Grabkreuz hat man die Hufe angeschlagen zum Zeichen, daß hier die hufbeschlagene Frau Körmöndi ruht.

So wird in Ungarn erzählt.

Ulfhild, die Elbenfrau

Da war einmal ein Bauer, der wohnte auf seinem Hof im Norden am Myvatn. Dieser See ist so groß, daß der Weg um ihn herum nicht kürzer ist als ein Tagesritt. Einmal zu Beginn der Heuzeit, als alle Leute draußen auf der Wiese beim Heuen waren, kommt eine Frau vom Wasser herauf und geht auf den Hof zu. Sie geht zu dem Bauer und bittet ihn, diese Nacht hierbleiben zu dürfen. Der Bauer erlaubt es ihr. Er fragt sie nach ihrem Namen und sie sagt, sie heiße Ulfhild. Der Bauer fragt sie, wo sie her sei, aber sie gibt keine rechte Antwort darauf. Am Abend wird bei dem Bauern das Heu zusammengerecht, und Ulfhild bittet auch um einen Rechen. Da recht Ulfhild nicht weniger zusammen als sonst zwei Frauen, und wenn es die allertüchtigsten wären.

Am nächsten Morgen will Ulfhild wieder mit den anderen Arbeiterinnen zusammenrechen, aber der Bauer sagt, das sei nicht nötig, und läßt etwas verlauten, daß es ihm am liebsten wäre, wenn sie nun weiterginge. Da fängt Ulfhild an zu weinen, und der Bauer erlaubt ihr also, noch diesen Tag dazubleiben. Am nächsten Morgen sagt der Bauer, nun müsse sie aber weiterziehen, doch da fängt sie wieder an zu weinen; der Bauer hat Mitleid mit ihr und erlaubt ihr nun, eine Woche hierzubleiben. Als die Woche vergangen ist, sagt der Bauer, jetzt könne er sie nicht mehr länger bei sich behalten, aber es geht wie vorher und Ulfhild fängt an zu weinen. Und so kommt es nun, daß er ihr erlaubt, den ganzen Sommer dazubleiben, und darüber ist sie sehr glücklich. Alle auf dem Hofe hatten Ulfhild gern und meinten, sie hätten noch nie eine so fleißige, ordentliche und ehrbare Frau gekannt. Als nun der Herbst herankommt, wird beschlossen, daß Ulfhild noch das Jahr zu Ende bleiben soll, und wenig später fordert man sie auf, auch das nächste Jahr hier zu sein.

Als es dann Winter wird und auf Weihnachten zugeht, gibt ihr die Hausfrau ein Stück Schafsleder, damit sie zu Weihnachten für sich und die zwei Knechte, denen sie half, Schuhe daraus macht.

Sie macht aus dem Leder Schuhe für die Arbeiter, aber ihr Leder-stück läßt sie unbearbeitet. Am Weihnachtstag gehen alle zur Kir-che bis auf Ulfhild, die ist allein zu Hause. Nun ist nichts weiter zu erzählen, bis das nächste Weihnachtsfest herankommt. Die Haus-frau gibt Ulfhild ein Stück Leder wie im vorigen Jahr zu Weih-nachten, und sie bearbeitet das Lederstück für die Knechte, aber ihr Lederstück nicht.

Am Weihnachtstag gehen alle zur Kirche außer Ulfhild, die ist allein zu Hause. In der Weihnachtsnacht aber meinte der eine der beiden Knechte bemerkt zu haben, daß Ulfhild eine Zeitlang weg-gegangen war, und er dachte sich, wenn er in der nächsten Weih-nachtsnacht noch mit ihr im gleichen Hause wäre, würde er besser darauf achtgeben, was mit ihr geschieht. Dann geht Weihnachten vorbei und der ganze Winter auch, und Ulfhild war überaus wohl-gelitten und die Leute meinten, daß es in vielerlei Hinsicht ihres-gleichen nicht gäbe. Es ist nichts weiter zu erzählen, bis das dritte Weihnachtsfest herankommt. Die Hausfrau gibt Ulfhild Leder für Weihnachtsschuhe wie gewöhnlich, und sie macht die Schuhe für die Knechte wie früher, aber nicht für sich selbst. Die Hausfrau sagte zu Ulfhild, diesmal müsse sie am Weihnachtstag mit zur Kir-che gehen, denn der Pfarrer, sagte sie, habe sie schon dafür getadelt, daß sie niemals zur Kirche kommt. Ulfhild sagte wenig dazu und gab keine klare Antwort.

Als in der Weihnachtsnacht alle zu Bett gegangen sind, bleibt der Knecht noch wach, wie es vorher gesagt worden ist; da steht Ulfhild leise auf, so daß es niemand hört, und schleicht sich aus dem Haus, und der Knecht geht ihr nach. Sie geht zum See, und als sie dorthin gekommen ist, nimmt sie ihre Handschuhe und klopft dar-auf. Gleich ist da eine Brücke über das Wasser; sie geht auf die Brücke und der Knecht hinter ihr. Als sie über das Wasser gekom-men ist, klopft sie wieder auf die Handschuhe, und die Brücke ver-schwindet. Ulfhild geht ihren Weg weiter, und es scheint dem Knecht, daß es nun abwärts in die Erde geht, und es wird sehr dun-kel, wo sie sich jetzt bewegt. Aber der Knecht kann sie doch im Auge behalten und geht ihr immerzu nach. Sie halten sich lange weiter an ihren Weg, bis es nach und nach ein wenig heller wird.

Endlich kommen sie auf eine ebene und schöne Flur; dort war es licht und blumenreich, und der Knecht hatte noch nie zuvor einen so schönen Ort gesehen. Auf beiden Seiten des Weges war alles mit schönen Blumen bedeckt, und die Wiesen waren leuchtend gelb anzusehen, wenn die Sonne auf Löwenzahn und die vielen Früchte schien. Auf dem ebenen Land weidete gemächlich eine Schafherde, und die Tiere fraßen Gras und Kräuter mit Behagen. Die Natur hatte überhaupt ihr prächtigstes Gewand angelegt. Mitten in diesem Grasland stand eine schöne Halle, und dem Knecht kam sie wie eine Königshalle vor, so prächtig anzuschauen war sie. Ulfhild ging dorthin und in die Halle hinein. Der Knecht aber blieb in einem Winkel draußen stehen. Bei der Halle stand eine Kirche, und auch das war ein schönes Gebäude.

Als eine kurze Weile vergangen ist, kommt Ulfhild aus der Halle, mit Gewändern wie eine Königin bekleidet, und an jedem Finger hat sie einen Goldring. Auf ihrem Arm trägt sie ein Kind und an ihrer Seite geht ein Mann mit einer Krone auf dem Haupte und mit königlichen Gewändern angetan, und der Knecht denkt sich, daß das ein König und eine Königin sein müssen. Sie gingen in die Kirche und eine große Menge Leute folgte ihnen, die waren alle überaus gut gekleidet und alle hatten fröhliche Gesichter. Der Knecht ging nun zur Kirchentür und niemand sah ihn, und Ulfhild merkte auch nichts von ihm. Zu dieser Zeit begann nun die Messe, und man konnte schöne Harfenmusik und schönen Gesang hören. Das Kind, das Ulfhild bei sich hatte, wurde während der Messe unruhig und fing an zu weinen; da zog sie einen Goldring von ihrer Hand, aber das Kind warf ihn in der Kirche auf den Boden, und der Knecht konnte den Ring aufheben. Als die Messe zu Ende war, verließen alle die Kirche, und Ulfhild und der wohlgekleidete Mann gingen in die Halle, und da kam es dem Knecht vor, als ob nun alle traurige Gesichter hätten.

Nach einer kurzen Weile kommt Ulfhild in ihrer früheren Kleidung heraus und geht rasch von der Halle weg. Sie nimmt denselben Weg, auf dem sie gekommen ist, und der Knecht geht ihr immer nach. Davon wird nichts weiter erzählt, bis sie zum See kommen; da führte der Weg bis ans Wasser, wie es vorher erzählt wurde. Am Wasser klopft sie auf die Handschuhe, und da kommt die Brücke und sie gehen auf ihr über das Wasser. Dann klopft sie wieder auf die Handschuhe, und die Brücke verschwindet. Inzwischen aber beeilt sich der Knecht, damit er vor Ulfhild zu Hause und im Bett ist, und sie kommt kurz danach und legt sich auch ins Bett, und da fängt es gerade an zu tagen.

Nun wird es Tag und die Leute stehen auf. Da sagt die Hausfrau zu Ulfhild, heute müßte sie aber mit zur Kirche gehen. Da antwortet der Knecht darauf und sagt, sie brauche heute gewiß nicht mehr zur Kirche zu gehen, denn sie sei ja schon zur Nachtzeit in der Kirche gewesen.

»Du sprichst als glücklichster der Menschen, wenn du es beweisen kannst!« sagt Ulfhild. Da erzählt der Knecht die ganze Geschichte, alles, was in der Nacht geschehen ist, und zeigt den Goldring als Wahrzeichen.

Da wird Ulfhild sehr froh und berichtet, was es damit auf sich hat. Sie sei eine Königin aus dem Elbenland, und sie erzählt, daß sie einen Streit mit einem alten Hexenweib hatte; die legte ihr den Fluch auf, daß sie von jetzt an immer bei den Menschen oder in der Menschenwelt sein müßte, wenn nicht ein Menschenmann mit ihr in die Elbenwelt käme, und zwar in der ersten, zweiten oder dritten Weihnachtsnacht, nachdem ihr das auferlegt worden war. Als einziges erlaubte ihr das Hexenweib noch, daß sie ihren Mann in den drei Weihnachtsnächten besuchen konnte. Aber sie selbst habe dafür den Fluch auf das Hexenweib gelegt, sagte Ulfhild, daß es sterben müßte, wenn sie aus der Verzauberung erlöst würde.

Zu dem Knecht sagte Ulfhild: »Das sei dir auferlegt, daß du von jetzt an immer Glück haben sollst, und morgen sollst du hinunter zum Wasser gehen. Dort wirst du zwei Geldbeutel finden; der kleinere soll dir gehören, der größere aber dem Bauern hier.« Dann machte sich Ulfhild fertig und verabschiedete sich von allen mit freundlichen Worten. Sie beeilte sich und ging hinunter zum See und verschwand dort, und kein Mensch hat sie seither wiedergesehen, und alle Leute auf dem Hofe trauerten ihr nach.

Am nächsten Tage ging der Knecht hinunter zum See und fand dort zwei Geldbeutel, und beide waren ziemlich groß. In dem kleineren Beutel waren Goldmünzen und Silbermünzen in dem größeren. Es wird erzählt, daß der Knecht von dieser Zeit an sein ganzes Leben lang immer Glück hatte, und so endet diese Geschichte.

So wird in Island erzählt.

Der Berg der lichten Frauen

Vor langer Zeit, als in Irland Fionn mit der Fenierschar herrschte, ereignete sich etwas im Zusammenhange mit dem Hügel, welcher der Frauenhügel heißt. In diesen wurde ein Teil junger Frauen verzaubert, die hübschesten, die es zu jener Zeit in Irland gab. Dort drinnen im Berge ward ihnen ein herrlicher Feenpalast eingerichtet, und sie selbst wurden hineingebracht und wohnten dort. Sie waren alle gleich und alle waren Feen. Nur wenn sie sich zu zeigen wünschten, waren sie sichtbar. Seit jener Zeit lebten sie immer in dem Hügel. Sie wurden nicht alt und gebrechlich im Laufe der Zeit. Ab und zu ließen sie sich sehen, und wer je ein Auge auf sie warf, vergaß zeitlebens ihren Anblick nicht. Da sie nun manchmal dort erschienen, ward der Hügel »Der Berg der lichten Frauen« genannt. Vordem hieß er Sliabh-Feimhin.

Einige von den lieblichen Jungfrauen pflegten auch zuweilen zu erscheinen, um Gutes zu tun. Doch nicht immer waren sie segensreich. Sie richteten auch manchmal Unheil an. Wenn in der Gegend dort eine junge hübsche Maid aufwuchs, geschah es manchmal, daß sich eine der Feenfrauen dieser zeigte, um sie zu entführen. Wenn das Mädchen dann in den Feenpalast gelangt war, pflegten sie sie als Gefangene zu behalten und statt ihrer ein unnützes verkümmertes Wesen zu ihrer Familie zurückzuschicken, das eine Zeitlang elend und verkümmert dort lebte und schließlich starb.

Nun geschah es vor langer Zeit, daß dies auch an einem Orte nicht weit von dem Feenhügel passierte. Ein dort wohnender Edelmann hatte eine Tochter. Das Kind war zwölf Jahre alt geworden und war so schön, so lieblich und reizvoll, daß es jedem, der es ansah, schwerfiel, sein Auge von ihr zu wenden. Ein jeglicher nun, der ein Wort zum Lobe ihrer Schönheit sagte, pflegte sie anzuspukken, um sie dadurch den Feen zu verleiden und sie vor der Gefahr zu schützen, von ihnen verschleppt zu werden. Das Kind selbst war heftig erbost, wenn es bespuckt wurde. Und kein Wunder! War doch mancher von den Leuten nicht übermäßig sauber.

Eines Tages nun lobte sie ein altes Weib und vergaß, sie anzu-
spucken. An demselben Tage erblickte das Mädchen eine der lichten Frauen vom Berge und erkrankte. Nach Verlauf von einigen
Tagen war es jedem klar, daß nicht sie selbst es war, die da im Bette
lag, sondern daß man sie entführt hatte und an seiner Stelle ein
unnützes Wesen ohne Wert lag. Nach einer gewissen Zeit starb
dieser Wechselbalg. Jedermann war bekümmert und traurig. Aber
der Kummer und die Trauer der andern war nichts im Vergleich zu
dem Jammer des Vaters und der Mutter des Kindes. Sie waren überzeugt, daß ihre eigene Tochter, das schöne Mädchen, an dem ihr
Herz hing, nun gestorben war. Oh, die weisen, klugen Leute dort,
die wußten es wohl: der Wechselbalg war gestorben und das Mädchen war entführt worden!

Nun wohnte damals am südlichen Bergabhang eine Frau. Sie
war Spinnerin, und rings vom Lande wurde ihr die Wolle gebracht.
Diese hatte sie zu kämmen und zu reinigen, zu kratzen und zu
spinnen. Hatte sie dann den Faden aufgewickelt zu einem hübschen, runden, festen Ballen, so trug sie ihn den Leuten, denen er
gehörte, zum Gebrauche hin. Er wurde nun zum Weber gebracht,
der ihn zum Tuchweben verwandte. Darauf machte der Schneider
daraus einen Männerrock für den Hausherrn oder einen Mantel,
oder die Hausfrau nähte sich selbst einen Kittel daraus. Jeder, der
den neuen Rock am Herrn des Hauses oder den Mantel an der Frau
erblickte, pflegte dann zu sagen: »Möge er gut halten und lange
getragen werden!«

Zuweilen hatte die Spinnfrau mehr Wolle, als sie im Laufe des
Tages kämmen, kratzen und spinnen konnte. Dann geschah es, daß
die Leute sie fragten, warum sich die Arbeit so verzögerte. In dem
Falle verbrachte die Spinnfrau wohl einen Teil der Nacht bei der
Arbeit und versuchte, sie bei einem Nachtlicht fertigzubekommen,
um so das Versäumte einzuholen. Oft, wenn sie soviel zu tun hatte
und sehr gedrängt war, blieb sie einen großen Teil der Nacht auf,
um zu arbeiten.

Einmal, als sie ebenfalls wieder während der Nacht arbeitete
und alle Welt sonst schlief, hörte sie ein Geräusch, als ob sich Leute
ihrer Türe näherten. Sie öffnete, und herein traten sieben Frauen.

Alle zusammen trugen irgendeine Last in den Händen. Als die Spinnerin genau auf sie und auf ihre Last blickte, bemerkte sie, daß sie eine Frau schleppten, und diese war entweder tot oder besinnungslos. Die fremden Frauen trugen sie ins Zimmer und legten sie auf die Erde hin.

Die Spinnerin war von ihrem Platz aufgesprungen und hatte die Arbeit hingeworfen.

»Ist sie tot?« fragte sie.

»Nein«, antwortete eine von ihnen. »Sie hatte nur einen Schwächeanfall.«

Die Spinnfrau ging eilig, um ein Heilmittel zu holen, das sie im Hause hatte. Die Ohnmächtige wurde aufgehoben und ans Feuer gelegt. Und als die Spinnerin das Heilmittel an ihr versuchte, dauerte es nicht lange, so kam sie wieder zu sich. Sie erholte sich so weit, daß sie sich aufstützte. Sie trank einen Schluck, den ihr die Spinnfrau reichte, und aß auch etwas von der gebotenen Nahrung. Doch kein Wort kam aus ihrem Munde. Die Spinnerin redete zwar mehrfach auf sie ein, während sie aß. Aber sie erhielt keine Antwort. Als sie vollständig zu sich gekommen war und wieder gut und ruhig atmete, sprach die Spinnerin zu ihr: »Strecke dich ein Weilchen hier aus aufs Bett. Dann werden dir die Kräfte wiederkehren.« Sie tat es.

Da sprach eine der sieben Frauen zu der Spinnerin:

»*Frau mit dem Wollzeug! Wenn du die Wolle bekommst,*
Wir kämmen, wir kratzen.
Wenn wir dir helfen, ist's leichter.«

Bei diesen Worten ergriff sie einen Teil vom Wollhaufen und machte sich daran, Wolle zu kämmen und zu kratzen.

Indem sie die Worte sagte: »Wenn wir dir helfen, ist's leichter«, bildete sie ein anderes Weib aus der Siebenschar an. Dieses sagte dann dieselben Worte her:

»*Frau mit dem Wollzeug! Wenn du die Wolle bekommst,*
Wir kämmen, wir kratzen.
Wenn wir dir helfen, ist's leichter.«

Diese Frau blickte ebenfalls eine dritte an und diese wiederholte dieselbe Rede:

»Frau mit dem Wollzeug! Wenn du die Wolle bekommst,
Wir kämmen, wir kratzen.
Wenn wir dir helfen, ist's leichter.«

Sie blickte die vierte an und diese sprach dasselbe. So setzten sie es fort, bis alle sieben in bestem Zuge waren: zwei von ihnen kämmten, zwei kratzten, eine spann und zwei wickelten auf. So arbeiteten sie flugs fort.

Die Spinnfrau beobachtete sie und sah die schöne Arbeit, die sie zustande brachten. Sie war erfreut. Sie sah, wie der große Haufe Arbeit, den sie vor sich gehabt hatte, wacker dahinschwand, wie die hübschen Knäuel sich mehrten, und war hoch beglückt. Auch erkannte sie, daß die hier gelieferte Arbeit etwas Besseres war, als sie selbst zustande bringen konnte. In ihre Freude mischte sich Verwunderung: das Kämmen ging besser – gerade wie wenn es die weichste Wolle wäre. Das Kratzen ging besser – gerade wie wenn es die glatteste Wolle wäre. Das Spinnen ging besser – gerade wie wenn die Fäden von einer Dicke wären, ohne eine Unebenheit, einen Knoten darin, Fäden, nicht dicker, nicht dünner, als es sich gehörte, ohne Verdünnung des Gespinstes, nicht zu fein, nicht zu grob, sondern hübsch glatt und eben, gleichmäßig stark.

Ungemein freute sie sich im Anblick der Arbeit, denn sie erkannte ihre Vortrefflichkeit und wußte, daß die Besitzer der Wolle an solchem Faden Gefallen finden würden, sobald sie ihn sahen. Als sie eine Weile also zugeschaut hatte, überwältigte sie die Müdigkeit und sie fiel sanft in Schlaf.

Sie erwachte erst, als es heller Tag war. Sie besann sich und blickte umher. Kein Mensch war außer ihr im Hause. Die Siebenschar war fort. Sie sah nach dem Bett hin – da lag niemand. Sie suchte überall, ob der große Haufe Wolle noch da war. Doch kein bißchen mehr war davon übrig, sondern statt dessen fand sie einen prächtigen Riesenknäuel fertig vor. Daran erkannte sie, daß die sieben Frauen wirklich die Arbeit getan hatten und nach getaner

Arbeit fortgegangen waren. Sie hatte währenddem geschlafen. Indem sie sich noch darüber wunderte und sich alles ins Gedächtnis zurückrief, mußte sie sich sagen, daß ihre Augen nie schönere Frauen gesehen hatten als jene sieben. Aber die hübscheste war doch die achte Frau gewesen, die auf ihr Bett gelegt worden war. Alle zusammen – nämlich die Siebenschar – waren gewiß über alle Maßen lieblich, bis sie sich die eine Frau auf dem Bett recht lebhaft vorstellte. Ja, die sieben wären wunderhübsch, wenn sie allein nur dagewesen wären. Jedoch neben der einen auf dem Bett waren sie häßlich. Wer mochte sie nur sein, jene, die dort gelegen hatte? Warum hatte sie die Schwäche überfallen? Warum hatte sie kein Wort geredet? Was mochte sie in die Lage gebracht haben? Sie schien gar nichts mit den andern zu tun zu haben. Vielleicht hatte eine von jenen sie irgendwo draußen in dem Zustande der Besinnungslosigkeit gefunden, und sie hatten sie hereingebracht, um sie aus ihrer Ohnmacht zu wecken.

So zerbrach sich die Spinnerin über das Geschehnis den Kopf. Aber es gelang ihr nicht, Anfang oder Ende dazu zu finden. Sie mußte es aufgeben.

Es geschah nach einiger Zeit, daß sie wiederum einen Haufen Wolle zu kämmen und zu kratzen, zu spinnen und aufzuwickeln hatte. Sie war in Sorge, die Spinnarbeit nicht rechtzeitig für die Leute, die sie damit beauftragt hatten, fertigzubekommen. Sie verbrachte den Tag vom frühen Morgen an bei der Arbeit. Doch als die Nacht hereinbrach, war eine Menge noch nicht bewältigt. Sie holte ein Licht und bereitete sich für die Nachtarbeit vor. Sie hatte das Licht angezündet und beugte sich über ihre Arbeit. Sie war noch nicht lange dabei, als die Tür aufging und eine Frau eintrat. Übers Haupt hatte sie die Kapuze ihres Mantels gezogen. Sie trat heran an die Spinnerin, tauchte beide Hände in die Wolle und sprach:

»Frau mit dem Wollzeug! Wenn du die Wolle bekommst,
Wir kämmen, wir kratzen.
Wenn wir dir helfen, ist's leichter.«

Sie hatte nur das kleine Verschen gesagt, da trat die zweite Frau herein, tauchte beide Hände in die Wolle und sprach dann dieselbe Halbstrophe. Nicht lange, und sie hatte die ganze Siebenschar bei sich im Hause. Sie hatten die Hände in Wolle getaucht und waren wacker beim Werk. Die Spinnerin wußte wohl, wen sie vor sich hatte, und freute sich sehr. War sie doch sicher, nun würde es nicht lange dauern, bis die Arbeit geschafft war, und gute Arbeit!

Die Frauen blieben am Werk, bis die letzte gekratzte Wolle zum Faden gesponnen, der letzte Faden auf den Knäuel gewickelt und dieser zu dem ganzen Haufen Wollbälle geworfen war, die in der Ecke aufgestapelt lagen.

»Ich bin euch sehr dankbar, edle Frauen«, sagte die Spinnerin. »Ich wüßte nicht, wann ich all die Arbeit fertigbekommen hätte, wenn ich sie allein hätte leisten müssen. Ich bin euch sehr dankbar, gute Frauen.«

»Es ist richtig, sich erkenntlich zu zeigen, gutes Weib«, sprach die Frau, die zuerst eingetreten war. »In jener vergangenen Nacht, als wir hier waren, erwiesest du uns einen Dienst. Wir hätten das nicht machen können, was du uns tatest. Für uns wiederum ist's leichter und weniger, dir zu Hilfe zu kommen. Wer kann wissen, ob wir nicht abermals deine Hilfe brauchen.«

»Und für mich ist's leichter und bedeutet's weniger, jene Hilfe zu leisten, wann immer sie nottut«, erwiderte die Spinnerin.

Sie erhoben sich alle zusammen, zogen die Kapuzen ihrer Mäntel über die Köpfe und gingen hinaus.

Die Arbeit war so gut gemacht, daß schließlich ihre Vortrefflichkeit in der ganzen Gegend bekannt wurde. Dadurch mehrten sich die Aufträge, die die Spinnerin bekam. Die Wolle wurde ihr in großen, schweren Haufen zugeschleppt. Und als sie so viel zu tun hatte und nicht imstande war, alles zu schaffen, auch mit Nachtarbeit nicht, kam die Siebenschar und tat das Werk für sie.

Schließlich rückte die Zeit heran, in der es sich um jenes Kind handelte, von dem vorhin die Rede war. Es war die Zeit, als es zum Kummer der Eltern todkrank darniederlag. Damals ging das Gerücht um unter den klugen Leuten, daß es überhaupt nicht das eigene Kind wäre, sondern daß dies entführt sei und im Bett an seiner Stelle ein Wechselbalg läge. Und dann kam die Zeit, als das Geschöpf starb. In jener selben Nacht kam die Siebenschar zur Spinnerin ins Zimmer. Sie hatten ein Mägdlein bei sich und trugen es alle zusammen herein, gerade wie damals.

»Jetzt brauchen wir deine Hilfe, freundliche Frau«, sagte die erste der Sieben, die gewöhnlich das Wort nahm.

Die Spinnerin sprang auf sie zu und nahm das Mädchen in ihre Arme. Es schien ihr entweder tot zu sein oder es lag in so tiefer Ohnmacht, daß es den Eindruck machte, es würde sich nicht mehr rühren. Kaum hatte sie einen Blick darauf geworfen, so hatte sie es erkannt: es war das entführte Kind! Aber die Spinnerin ließ sich beileibe nicht anmerken, daß sie das Mädchen kannte. Sie schleppte es tief in ihre Stube und streckte es auf ihrem Bette aus. Dann bog sie sich nieder, wie um es aus seiner Ohnmacht zu erwecken, wie damals bei dem ersten Mädchen. Sie hatte etwas bei sich, das Schlafdorn heißt. Denjenigen, dem solche Nadel ins Haupt gesteckt ward, befiel ein totenähnlicher Schlummer, aus dem er nicht eher aufwachen konnte, bis ihm die Schlafnadel wieder herausgezogen wurde.

Die Spinnerin steckte den Schlafdorn in den Kopf des Mädchens, ohne daß die Siebenschar etwas merkte. Diese war inzwischen emsig dabei, zu kämmen, zu kratzen und zu spinnen, während sie damit beschäftigt schien, das Kind aus seiner Ohnmacht zu wecken. Darüber verging die Nacht. Als schließlich der Tag kam, war das Mädchen noch nicht zu sich gekommen und auch kein Anzeichen vorhanden, daß es bald aufwachen würde. Die Siebenschar war in eifriges Geflüster vertieft. Als sie ihre heimliche Unterredung beendet hatten, sprach die erste Frau von ihnen, die nämliche, die stets das Wort ergriff.

»Frau des Hauses«, sprach sie, »wir müssen fort. Gib gut acht auf jenes Mädchen. Wir werden heute zu dir zurückkommen, sobald es Nacht wird. Bis dahin wird sie wohl aus ihrer Ohnmacht erwacht sein. Gib gut auf sie acht, und du wirst guten Lohn dafür erhalten.«

»Ich werde es tun, edle Frauen«, sagte die Spinnerin. Dann gingen sie fort.

Der Tag kam. Sobald es hell geworden war, zog die Frau dem Mädchen den Schlafdorn aus dem Kopfe. Sofort kam es zu sich und zu klarer Besinnung. Sie stand auf und erkannte die Spinnfrau. Dann erzählte sie. Ein Trank war ihr eingegeben worden, durch den sie die Besinnung verloren hatte. Sie wußte dann nicht mehr, wo sie war, bis sie jetzt zu sich kam und sich auf dem Bette der Spinnerin fand. Diese reichte ihr etwas Speise und Trank. Sobald sie dann gegessen und getrunken hatte und sich stark genug fühlte, um zu laufen, zog ihr die Spinnfrau eigene Kleidungsstücke von sich an und zog ihr ihre Mantelkapuze übers Gesicht, damit keiner sie sehen konnte. Dann traten beide hinaus und gelangten zum Hause der Angehörigen des Mägdleins. Die Spinnerin berichtete dem Vater und der Mutter den ganzen Vorgang von Anfang bis zum Ende. Sie verstanden alles. Große Freude bemächtigte sich ihrer, und das war nicht zu verwundern. Sie waren der Spinnerin überaus dankbar und sagten ihr einmal übers andere, daß sie ihr vergelten wollten, was sie ihnen getan hatte.

Sie kehrte nach Hause zurück und erwog in ihren Gedanken, welchen Bescheid sie den edlen Frauen geben sollte, wenn sie kommen würden. Sie dachte nicht, daß die beste Antwort für sie war, das Mädchen sei von selbst aus der Ohnmacht zu sich gekommen und nach Hause gegangen.

Als die Nacht hereinbrach, blieb sie auf und wartete.

Der Anfang der Nacht ging hin. Sie kamen nicht.

Es wurde Mitternacht. Sie waren noch nicht gekommen.

Der Schlaf befiel sie, wie sie am Herdfeuer saß. Doch sie kamen nicht. Es war Tag geworden, ohne daß sie dagewesen waren.

Ein Tag verging, zwei vergingen. Eine Woche verstrich, ein Monat. Sie kamen nicht. Das Jahr ging hin. Da sagte sie sich, nun würden sie nicht mehr kommen.

Zwei Jahre waren seitdem verstrichen. Die Spinnfrau saß bei ihrer Arbeit und hatte sehr viel Wolle vor sich, zu kämmen, zu kratzen und zu spinnen. Die Nacht war hereingebrochen, und sie hatte eine Kerze angezündet für die Nacht. So war sie dabei, die Nacht bei der Arbeit zu verbringen.

Die Klinke wurde bewegt. Die Tür ging auf, und herein zu ihr trat jene erste Frau. Sie hatte ihre Mantelkapuze so tief über den

Kopf gezogen, daß die Spinnerin nur ihre beiden Augen sehen konnte. Aber diese glühten sie voll und scharf an. Sie trat auf die Wolle zu, tauchte beide Hände darein und sprach:

>*Frau mit dem Wollzeug! Wenn du die Wolle bekommst,*
Wir kämmen, wir kratzen.
Wenn wir dir helfen, ist's leichter.«

Kaum hatte sie das letzte Wort gesprochen, so trat die zweite Frau ein, die Kapuze übers Haupt gezogen und mit zwei Augen im Kopf, die rot unter der Kapuze glühten. Sie ging auf die Wolle zu, tauchte ihre Hände darein und sprach dieselben Worte. So traten sie nacheinander ein, bis es dreimal neun waren. Schnell machten sie sich ans Werk.

Entsetzen packte die Spinnerin. Doch sie ließ es sich nicht merken. Sie war dessen gewiß, daß jene etwas Böses vorhatten. Sie war auf ihrer Hut.

Schließlich sprach eine von ihnen, jene erste Frau, die immer das Wort ergriff.

»Erhebe dich, Frau des Hauses!« sagte sie. »Mache uns Feuer an! Die Nacht ist kalt!«

Die Nacht war nicht kalt, und auf dem Herde brannte sogar ein gutes Feuer. Doch sie erhob sich und legte Torf aufs Feuer. Sie tat, als ob sie sehr erfreut wäre über die Arbeit, die sie so tüchtig betrieben.

»Setze den großen eisernen Kessel dort aufs Feuer, Weib!« sagte die Sprecherin. »Wir haben Durst und Hunger.«

Es war ein riesig großer Kessel. Man hätte einen Menschen da hineinstecken können und lebendig kochen.

Als der Kessel auf dem Feuer stand, hub die Frau von neuem an: »Geh!« sprach sie. »Bring Wasser und gieße es in den Kessel! Das Feuer ist jetzt sehr heiß.«

Die Spinnerin beobachtete, daß alle zusammen flüsterten und heimlich lachten. Sie tat aber, als merke sie gar nichts. Sie nahm den Krug und ging hinaus zum Brunnen, brachte den Krug mit Wasser herein und goß es in den Kessel. Zwanzig Krüge konnten nicht den

Kessel füllen. Sie tat, als ob sie sich sehr beeilte, wenn sie zum Brunnen lief und wiederkehrte, gerade als suchte sie den Kessel so schnell wie möglich zu füllen.

Als die Frauen ihre Eilfertigkeit sahen, flüsterten und lachten sie fortwährend miteinander. Man konnte gar nicht glauben, daß sie etwas Böses im Schilde führten.

Nachdem die Spinnerin eine reichliche Anzahl Krüge mit Wasser vom Brunnen hereingeholt hatte, lief sie hinaus, um wieder einen zu holen. Beim Hinausgehen meinte sie: »Es wird mir nicht zuviel, mich immer mehr zu beeilen, edle Frauen. Ihr müßt ja sonst sterben vor Hunger und Durst, ehe ich den Kessel voll habe.«

Sie machte, daß sie hinauskam, und lief, bis sie so weit von der Tür entfernt war, daß man das Geräusch ihrer Füße nicht mehr vernehmen konnte. Dann hielt sie an, warf ihre Schuhe ab und kam zurück, ohne ein Geräusch zu machen.

Als sie nahe an der Tür war und dahinter stand, spitzte sie die Ohren, um zu hören, ob sie redeten. Sie hörte: »Bald ist er voll genug!« Das sagte die Frau, die immer das Wort führte.

»Was machen wir dann, Königin?« fragte eine von den andern.

»Wir stecken sie hinein und brühen sie bei lebendigem Leibe. Wir wollen schon einen Schlafdorn in sie stecken, der lange Zeit nicht herausgeht!« So sprach die erste.

Als die Spinnerin das vernommen hatte, schlich sie sich zurück an die Stelle, wo sie Krug und Schuhe gelassen hatte. Sie zog die Schuhe an und lief herum auf die andere Seite des Hauses. Da machte sie Mund und Lungen weit auf und stieß einen Schrei aus, hoch und scharf, einen Schrei, der eine Meile ringsum zu hören war.

»Nachbarn! Oh! Oh!« schrie sie. »Lauft! Lauft! Lauft! Der Berg der lichten Frauen steht in Flammen! Der Berg der lichten Frauen steht in Flammen! Der Berg der lichten Frauen steht in Flammen!«

Die dreimal neun im Hause vernahmen den Schrei und Ruf und Lärm. Sie warfen die Arbeit aus der Hand und machten sich auf und davon. Nacheinander liefen sie zur Tür hinaus und den Hügel hoch, so schnell sie ihre Füße trugen.

Die Spinnerin selbst hatte sich zur Erde geworfen, bis sie alle von der Tür entfernt waren. Dann lief sie in die Stube, schloß die

Türe, drehte den Schlüssel um im Schloß, legte einen Bann auf den Schlüssel, damit die Türe geschlossen bliebe. Sie legte die Feuerzange auf den Kaminvorsatz und sagte Beschwörungen darüber, daß sie sich nicht vom Fleck rühren konnte. Sie hieb einen Axthieb in den Holzklotz und sagte einen Bann über das Beil, sich nicht von der Stelle zu bewegen. Jedes Ding tat sie solcherweise an seinen Platz und sprach darüber einen schweren Bann aus, es sollte sich nicht von der Stelle rühren. So hatte sie sich mit Beschwörungsformeln gesichert.

Als sie das letzte Stück also festgemacht hatte, vernahm sie, daß die vornehmen Frauen an die Türe kamen. Eine von ihnen suchte die Türklinke zu öffnen – es gelang ihr nicht. An der Türe war ein Schloß.

»Öffne die Tür, Frau mit dem Wollzeug!« sagte ein Weib von draußen.

»Nein«, gab die Spinnerin zur Antwort. »Denn sonst würde ich in den Kessel gesteckt.«

»Öffne! Öffne! Schlüssel des Schlosses!« rief eine Frau von draußen.

»Ich kann nicht!« antwortete der Schlüssel. »Ich stecke im Schloß und bin unter festem Bann, daß die Türe geschlossen bleibt.«

»Öffne! Öffne! Feuerzange mit dem langen Griff!« rief es draußen.

»Ich kann nicht«, antwortete die Feuerzange. »Ich bin an Ort und Stelle beim Feuer und mein Kopf ist am Kaminhaken. Harter Bann hindert mich, daß ich mich vom Fleck rühre.«

»Öffne! Öffne! Axt!« rief ein Weib.

»Ich kann nicht«, sagte die Axt, »ich bin an meinem Platz und mein Mund hat ins Holz gefaßt. Schwerer Bann hindert mich, daß ich mich von der Stelle rühre.«

»Öffne! Öffne! Knäuel!« rief ein Weib.

»Ich kann nicht«, sprach das Knäuel. »Hier bin ich, wo ich hingehöre, wo du mich ließest. Schwerer Bann hindert mich, daß ich mich von der Stelle rühre, bis daß man ihn von mir nimmt. Du hast mich selbst an den Fleck hier gebunden, als du mich von dir warfest.«

»Öffne! Öffne! Spinnrad!« sagte draußen ein Weib.

»Ich kann nicht«, gab das Spinnrad zur Antwort. »Auf mir liegt die Treibschnur. Ich kann mich nicht fortrühren ohne deren Erlaubnis.«

»Öffne! Öffne! Treibschnur!« rief ein Weib.

»Ich kann's nicht«, sagte die Schnur, »ich bin am Rad und kann es nicht tun, ohne die Spindel zu verwickeln.«

So blieben sie dabei, alle Dinge anzurufen, die drinnen waren. Jedes Stück forderten sie auf, zu öffnen, hatten aber kein Glück damit, denn es war alles durch Beschwörung fest an seinen Ort gebannt. Zuletzt fiel ihnen etwas ein, das nicht durch Zauber gebannt werden konnte, solange es sich im Hause befand: denn dort war nicht sein Ort. Aber die Spinnerin war zu fürsorglich, sie wußte, daß sie etwas nicht beschwören konnte, das nicht drinnen seinen Platz hatte. Das war das Fußwasser. Da sie das nicht bannen konnte, hatte sie es zur Türe hinausgegossen, noch ehe sie diese schloß.

»Öffne! Öffne! Fußwasser!« rief ein Weib.

»Ich kann nicht«, gab das Fußwasser zur Antwort. »Ich bin ja hier, unter deinen Füßen im Dunghaufen.«

Nach jener Antwort vom Fußwasser wußten sie, daß sie überwunden waren. Zornig gingen sie auf und davon und sind seitdem irgendwo im Berge geblieben. Nie hörte ich, daß sie je von dort oben wiedergekehrt seien.

So wird in Irland erzählt.

Schneewittchen

*E*s war einmal mitten im Winter und die Schneeflocken fielen wie Federn vom Himmel herab, da saß eine Königin an einem Fenster, das einen Rahmen von schwarzem Ebenholz hatte, und nähte. Und wie sie so nähte und nach dem Schnee aufblickte, stach sie sich mit der Nadel in den Finger und es fielen drei Tropfen Blut in den Schnee. Und weil das Rote im weißen Schnee so schön aussah, dachte sie bei sich: Hätt' ich ein Kind so weiß wie Schnee, so rot wie Blut und so schwarz wie das Holz an dem Rahmen. Bald darauf bekam sie ein Töchterlein, das war so weiß wie Schnee, so rot wie Blut und so schwarzhaarig wie Ebenholz und ward darum das Schneewittchen genannt. Und wie das Kind geboren war, starb die Königin.

Über ein Jahr nahm sich der König eine andere Gemahlin. Es war eine schöne Frau, aber sie war stolz und übermütig und konnte nicht leiden, daß sie an Schönheit von jemand sollte übertroffen werden. Sie hatte einen wunderbaren Spiegel, wenn sie vor den trat und sich darin beschaute, sprach sie:

>*»Spieglein, Spieglein an der Wand,*
>*Wer ist die Schönste im ganzen Land?«*

So antwortete der Spiegel:

>*»Frau Königin, Ihr seid die Schönste im Land.«*

Da war sie zufrieden, denn sie wußte, daß der Spiegel die Wahrheit sagte.

Schneewittchen aber wuchs heran und wurde immer schöner, und als es sieben Jahr alt war, war es so schön wie der klare Tag und schöner als die Königin selbst. Als diese einmal ihren Spiegel fragte:

»Spieglein, Spieglein an der Wand,
Wer ist die Schönste im ganzen Land?«,

so antwortete er:

»Frau Königin, Ihr seid die Schönste hier,
Aber Schneewittchen ist tausendmal schöner als Ihr.«

Da erschrak die Königin und ward gelb und grün vor Neid. Von Stund an, wenn sie Schneewittchen erblickte, kehrte sich ihr das Herz im Leibe herum, so haßte sie das Mädchen. Und der Neid und Hochmut wuchsen wie ein Unkraut in ihrem Herzen immer höher, daß sie Tag und Nacht keine Ruhe mehr hatte. Da rief sie einen Jäger und sprach: »Bring das Kind hinaus in den Wald, ich will's nicht mehr vor meinen Augen sehen. Du sollst es töten und mir Lunge und Leber zum Wahrzeichen mitbringen.« Der Jäger gehorchte und führte es hinaus, und als er den Hirschfänger gezogen hatte und Schneewittchens unschuldiges Herz durchbohren wollte, fing es an zu weinen und sprach: »Ach, lieber Jäger, laß mir mein Leben; ich will in den wilden Wald laufen und nimmermehr wieder heimkommen.« Und weil es so schön war, hatte der Jäger Mitleiden und sprach: »So lauf hin, du armes Kind.« Die wilden Tiere werden dich bald gefressen haben, dachte er und doch war's ihm, als wär' ein Stein von seinem Herzen gewälzt, weil er es nicht zu töten brauchte. Und als gerade ein junger Frischling dahergesprungen kam, stach er ihn ab, nahm Lunge und Leber heraus und brachte sie als Wahrzeichen der Königin mit. Der Koch mußte sie in Salz kochen und das boshafte Weib aß sie auf und meinte, sie hätte Schneewittchens Lunge und Leber gegessen.

Nun war das arme Kind in dem großen Wald mutterseligallein und ward ihm so angst, daß es alle Blätter an den Bäumen ansah und nicht wußte, wie es sich helfen sollte. Da fing es an zu laufen und lief über die spitzen Steine und durch die Dornen, und die wilden Tiere sprangen an ihm vorbei, aber sie taten ihm nichts. Es lief, so lange nur die Füße noch fort konnten, bis es bald Abend werden wollte, da sah es ein kleines Häuschen und ging hinein, sich zu ruhen. In dem Häuschen war alles klein, aber so zierlich und reinlich, daß es nicht zu sagen ist. Da stand ein weiß gedecktes Tischlein mit sieben kleinen Tellern, jedes Tellerlein mit seinem Löffelein, ferner sieben Messerlein und Gäblein und sieben Becherlein. An der Wand waren sieben Bettlein nebeneinander aufgestellt und schneeweiße Laken darüber gedeckt. Schneewittchen, weil es so hungrig und durstig war, aß von jedem Tellerlein ein wenig Gemüs und Brot und trank aus jedem Becherlein einen Tropfen Wein. Denn es wollte nicht einem allein alles wegnehmen. Hernach, weil es so müde war, legte es sich in ein Bettchen, aber keins paßte; das eine war zu lang, das andere zu kurz, bis endlich das siebente recht war. Und darin blieb es liegen, befahl sich Gott und schlief ein.

Als es ganz dunkel geworden war, kamen die Herren von dem Häuslein, das waren die sieben Zwerge, die in den Bergen nach Erz hackten und gruben. Sie zündeten ihre sieben Lichtlein an, und wie es nun hell im Häuslein ward, sahen sie, daß jemand darin gewesen war, denn es stand nicht alles so in der Ordnung, wie sie es verlassen hatten. Der erste sprach: »Wer hat auf meinem Stühlchen gesessen?« Der zweite: »Wer hat von meinem Tellerchen gegessen?« Der dritte: »Wer hat von meinem Brötchen genommen?« Der vierte: »Wer hat von meinem Gemüschen gegessen?« Der fünfte: »Wer hat mit meinem Gäbelchen gestochen?« Der sechste: »Wer hat mit meinem Messerchen geschnitten?« Der siebente: »Wer hat aus meinem Becherlein getrunken?« Dann sah sich der erste um und sah, daß auf seinem Bett eine kleine Delle war, da sprach er: »Wer hat in mein Bettchen getreten?« Die andern kamen gelaufen und riefen: »In meinem hat auch jemand gelegen.« Der siebente aber, als er in sein Bett sah, erblickte Schneewittchen, das lag darin und schlief. Nun rief er die andern, die kamen herbeigelaufen und schrien vor Verwunderung, holten ihre sieben Lichtlein und beleuchteten Schneewittchen. »Ei, du mein Gott! Ei, du mein Gott!« riefen sie. »Was ist das Kind so schön!« Und hatten so große Freude, daß sie es nicht aufweckten, sondern im Bettlein fortschlafen ließen. Der siebente Zwerg aber schlief bei seinen Gesellen, bei jedem eine Stunde, da war die Nacht herum.

Als es Morgen war, erwachte Schneewittchen, und wie es die sieben Zwerge sah, erschrak es. Sie waren aber freundlich und fragten: »Wie heißt du?« – »Ich heiße Schneewittchen«, antwortete es. »Wie bist du in unser Haus gekommen?« sprachen weiter die Zwerge. Da erzählte es ihnen, daß seine Stiefmutter es hätte wollen umbringen lassen, der Jäger hätte ihm aber das Leben geschenkt und da wär' es gelaufen den ganzen Tag, bis es endlich ihr Häuslein gefunden hätte. Die Zwerge sprachen: »Willst du unsern Haushalt versehen, kochen, betten, waschen, nähen und stricken und willst du alles ordentlich und reinlich halten, so kannst du bei uns bleiben und es soll dir an nichts fehlen.« – »Ja«, sagte Schneewittchen, »von Herzen gern«, und blieb bei ihnen. Es hielt ihnen das Haus in Ordnung. Morgens gingen sie in die Berge und suchten Erz und Gold, abends kamen sie wieder und da mußte ihr Essen bereit sein. Den Tag über war das Mädchen allein, da warnten es die guten Zwerglein und sprachen: »Hüte dich vor deiner Stiefmutter, die wird bald wissen, daß du hier bist; laß ja niemand herein.«

Die Königin aber, nachdem sie Schneewittchens Lunge und Leber glaubte gegessen zu haben, dachte nicht anders, als sie wäre wieder die Erste und Allerschönste, trat vor ihren Spiegel und sprach:

»Spieglein, Spieglein an der Wand,
Wer ist die Schönste im ganzen Land?«

Da antwortete der Spiegel:

»Frau Königin, Ihr seid die Schönste hier,
Aber Schneewittchen über den Bergen
Bei den sieben Zwergen
Ist noch tausendmal schöner als Ihr.«

Da erschrak sie, denn sie wußte, daß der Spiegel keine Unwahrheit sprach, und merkte, daß der Jäger sie betrogen hatte und Schneewittchen noch am Leben war. Und da sann und sann sie aufs Neue, wie sie es umbringen wollte; denn solange sie nicht die Schönste war im ganzen Land, ließ ihr der Neid keine Ruhe. Und als sie sich endlich etwas ausgedacht hatte, färbte sie sich das Gesicht und kleidete sich wie eine alte Krämerin und war ganz unkenntlich. In dieser Gestalt ging sie über die sieben Berge zu den sieben Zwergen, klopfte an die Türe und rief: »Schöne Ware feil, feil!« Schneewittchen guckte zum Fenster heraus und rief: »Guten Tag, liebe Frau, was habt Ihr zu verkaufen?« – »Gute Ware, schöne Ware«, antwortete sie, »Schnürriemen von allen Farben«, und holte einen hervor, der aus bunter Seide geflochten war. Die ehrliche Frau kann ich hereinlassen, dachte Schneewittchen, riegelte die Türe auf und kaufte sich den hübschen Schnürriemen. »Kind«, sprach die Alte, »wie du aussiehst! Komm, ich will dich einmal ordentlich schnüren.« Schneewittchen hatte kein Arg, stellte sich vor sie und ließ sich mit dem neuen Schnürriemen schnüren. Aber die Alte schnürte geschwind und schnürte so fest, daß dem Schneewittchen der Atem verging und es für tot hinfiel. »Nun bist du die Schönste gewesen«, sprach sie und eilte hinaus.

Nicht lange darauf, zur Abendzeit, kamen die sieben Zwerge nach Haus, aber wie erschraken sie, als sie ihr liebes Schneewittchen auf der Erde liegen sahen; und es regte und bewegte sich nicht, als wäre es tot. Sie hoben es in die Höhe, und weil sie sahen, daß es zu fest geschnürt war, schnitten sie den Schnürriemen entzwei. Da fing es an, ein wenig zu atmen und ward nach und nach wieder lebendig. Als die Zwerge hörten, was geschehen war, sprachen sie: »Die alte Krämerfrau war niemand als die gottlose Königin. Hüte dich und laß keinen Menschen herein, wenn wir nicht bei dir sind.«

Das böse Weib aber, als es nach Haus gekommen war, ging vor den Spiegel und fragte:

»Spieglein, Spieglein an der Wand,
Wer ist die Schönste im ganzen Land?«

Da antwortete er wie sonst:

»Frau Königin, Ihr seid die Schönste hier,
Aber Schneewittchen über den Bergen

Bei den sieben Zwergen
Ist noch tausendmal schöner als Ihr.«

Als sie das hörte, lief ihr alles Blut zum Herzen, so erschrak sie, denn sie sah wohl, daß Schneewittchen wieder lebendig geworden war. »Nun aber«, sprach sie, »will ich etwas aussinnen, das dich zugrunde richten soll«, und mit Hexenkünsten, die sie verstand, machte sie einen giftigen Kamm. Dann verkleidete sie sich und nahm die Gestalt eines andern alten Weibes an. So ging sie hin über die sieben Berge zu den sieben Zwergen, klopfte an die Türe und rief: »Gute Ware feil, feil!« Schneewittchen schaute heraus und sprach: »Geht nur weiter, ich darf niemand hereinlassen.« – »Das Ansehen wird dir doch erlaubt sein«, sprach die Alte, zog den giftigen Kamm heraus und hielt ihn in die Höhe. Da gefiel er dem Kinde so gut, daß es sich betören ließ und die Türe öffnete. Als sie des Kaufs einig waren, sprach die Alte: »Nun will ich dich einmal ordentlich kämmen.« Das arme Schneewittchen dachte an nichts und ließ die Alte gewähren, aber kaum hatte sie den Kamm in die Haare gesteckt, als das Gift darin wirkte und das Mädchen ohne Besinnung niederfiel. »Du Ausbund von Schönheit«, sprach das boshafte Weib, »jetzt ist's um dich geschehen«, und ging fort. Zum Glück aber war es bald Abend, wo die sieben Zwerglein nach Haus kamen. Als sie Schneewittchen wie tot auf der Erde liegen sahen, hatten sie gleich die Stiefmutter in Verdacht, suchten nach und fanden den giftigen Kamm, und kaum hatten sie ihn herausgezogen, so kam Schneewittchen wieder zu sich und erzählte, was vorgefallen war. Da warnten sie es noch einmal, auf seiner Hut zu sein und niemand die Türe zu öffnen.

Die Königin stellte sich daheim vor den Spiegel und sprach:

»Spieglein, Spieglein an der Wand,
Wer ist die Schönste im ganzen Land?«

Da antwortete er wie vorher:

»Frau Königin, Ihr seid die Schönste hier,
Aber Schneewittchen über den Bergen

Bei den sieben Zwergen
Ist noch tausendmal schöner als Ihr.«

Als sie den Spiegel so reden hörte, zitterte und bebte sie vor Zorn. »Schneewittchen soll sterben«, rief sie, »und wenn es mein eignes Leben kostet.« Darauf ging sie in eine ganz verborgene, einsame Kammer, wo niemand hinkam, und machte da einen giftigen, giftigen Apfel. Äußerlich sah er schön aus, weiß mit roten Backen, daß jeder, der ihn erblickte, Lust danach bekam, aber wer ein Stückchen davon aß, der mußte sterben. Als der Apfel fertig war, färbte sie sich das Gesicht und verkleidete sich in eine Bauersfrau, und so ging sie über die sieben Berge zu den sieben Zwergen. Sie klopfte an, Schneewittchen streckte den Kopf zum Fenster heraus und sprach: »Ich darf keinen Menschen einlassen, die sieben Zwerge haben mir's verboten.« – »Mir auch recht«, antwortete die Bäurin, »meine Äpfel will ich schon loswerden. Da, einen will ich dir schenken.« – »Nein«, sprach Schneewittchen, »ich darf nichts annehmen.«

»Fürchtest du dich vor Gift?«, sprach die Alte. »Siehst du, da schneide ich den Apfel in zwei Teile; den roten Backen iss du, den weißen will ich essen.« Der Apfel war aber so künstlich gemacht, daß der rote Backen allein vergiftet war. Schneewittchen lusterte den schönen Apfel an, und als es sah, daß die Bäurin davon aß, so konnte es nicht länger widerstehen, streckte die Hand hinaus und nahm die giftige Hälfte. Kaum aber hatte es einen Bissen davon im Mund, so fiel es tot zur Erde nieder. Da betrachtete es die Königin mit grausigen Blicken und lachte überlaut und sprach: »Weiß wie Schnee, rot wie Blut, schwarz wie Ebenholz! Diesmal können dich die Zwerge nicht wieder erwecken.« Und als sie daheim den Spiegel befragte:

»Spieglein, Spieglein an der Wand,
Wer ist die Schönste im ganzen Land?«,

so antwortete er endlich:

»Frau Königin, Ihr seid die Schönste im Land.«

Da hatte ihr neidisches Herz Ruhe, so gut ein neidisches Herz Ruhe haben kann.

Die Zwerglein, wie sie abends nach Haus kamen, fanden Schneewittchen auf der Erde liegen, und es ging kein Atem mehr aus seinem Mund und es war tot. Sie hoben es auf, suchten, ob sie was Giftiges fänden, schnürten es auf, kämmten ihm die Haare, wuschen es mit Wasser und Wein, aber es half alles nichts; das liebe Kind war tot und blieb tot. Sie legten es auf eine Bahre und setzten sich alle siebene daran und beweinten es und weinten drei Tage lang. Da wollten sie es begraben, aber es sah noch so frisch aus wie ein lebender Mensch und hatte noch seine schönen roten Backen. Sie sprachen: »Das können wir nicht in die schwarze Erde versenken«, und ließen einen durchsichtigen Sarg von Glas machen, daß man es von allen Seiten sehen konnte, legten es hinein und schrieben mit goldenen Buchstaben seinen Namen darauf und daß es eine Königstochter wäre. Dann setzten sie den Sarg hinaus auf den Berg und einer von ihnen blieb immer dabei und bewachte ihn. Und die Tiere kamen auch und beweinten Schneewittchen, erst eine Eule, dann ein Rabe, zuletzt ein Täubchen.

Nun lag Schneewittchen lange, lange Zeit in dem Sarg und verweste nicht, sondern sah aus, als wenn es schliefe, denn es war noch so weiß als Schnee, so rot als Blut und so schwarzhaarig wie Ebenholz. Es geschah aber, daß ein Königssohn in den Wald geriet und zu dem Zwergenhaus kam, da zu übernachten. Er sah auf dem Berg den Sarg und das schöne Schneewittchen darin und las, was mit goldenen Buchstaben darauf geschrieben war. Da sprach er zu den Zwergen: »Laßt mir den Sarg, ich will euch geben, was ihr dafür haben wollt.« Aber die Zwerge antworteten: »Wir geben ihn nicht um alles Gold in der Welt.« Da sprach er: »So schenkt mir ihn, denn ich kann nicht leben, ohne Schneewittchen zu sehen, ich will es ehren und hochachten wie mein Liebstes.«

Wie er so sprach, empfanden die guten Zwerglein Mitleiden mit ihm und gaben ihm den Sarg. Der Königssohn ließ ihn nun von seinen Dienern auf den Schultern forttragen. Da geschah es, daß sie über einen Strauch stolperten, und von dem Schüttern fuhr der giftige Apfelgrütz, den Schneewittchen abgebissen hatte, aus dem Hals. Und nicht lange, so öffnete es die Augen, hob den Dekkel vom Sarg in die Höhe und richtete sich auf und war wieder lebendig. »Ach Gott, wo bin ich?« rief es. Der Königssohn sagte voll Freude: »Du bist bei mir«, und erzählte, was sich zugetragen hatte, und sprach: »Ich habe dich lieber als alles auf der Welt; komm mit mir in meines Vaters Schloß, du sollst meine Gemahlin werden.« Da war ihm Schneewittchen gut und ging mit ihm und ihre Hochzeit ward mit großer Pracht und Herrlichkeit angeordnet.

Zu dem Fest wurde aber auch Schneewittchens gottlose Stiefmutter eingeladen. Wie sie sich nun mit schönen Kleidern angetan hatte, trat sie vor den Spiegel und sprach:

»*Spieglein, Spieglein an der Wand,*
Wer ist die Schönste im ganzen Land?«

Der Spiegel antwortete:

»*Frau Königin, Ihr seid die Schönste hier,*
Aber die junge Königin ist tausendmal schöner als Ihr.«

Da stieß das böse Weib einen Fluch aus und ward ihr so angst, so angst, daß sie sich nicht zu lassen wußte. Sie wollte zuerst gar nicht auf die Hochzeit kommen. Doch ließ es ihr keine Ruhe, sie mußte fort und die junge Königin sehen. Und wie sie hineintrat, erkannte sie Schneewittchen und vor Angst und Schrecken stand sie da und konnte sich nicht regen. Aber es waren schon eiserne Pantoffeln über Kohlenfeuer gestellt und wurden mit Zangen hereingetragen und vor sie hingestellt. Da mußte sie in die rot glühenden Schuhe treten und so lange tanzen, bis sie tot zur Erde fiel.

So erzählen uns die Brüder Grimm.

Der Tod

Der französische Surrealist Robert Desnos hat gesagt, jede wirkliche Liebe trage den Keim des Todes in sich. Die Franzosen umschreiben den Liebeshöhepunkt mit *le petit mort*, der kleine Tod. Wenn wir die Literatur auf ihr Wesentliches reduzieren, bleiben nur zwei übrig: Liebe und Tod. Sigmund Freud, der uns die Herrschaft über unser eigenes Haus streitig gemacht hat, ersetzte dieselben durch den Sexualtrieb und den Todestrieb, wobei er Letzterem größere Kraft zutraute.

Kennt jemand eine Märchengeschichte, in der sich der Tod gegen die Liebe stellt? Ich kenne keine. Eine Geschichte, in der er die Liebe gegen das Leben ausspielt? Ich kenne keine. Vor diese Alternative gestellt, würde der Mensch tatsächlich verzweifeln. Solche Geschichten erzählt vielleicht das wirkliche Leben, die grausamen Mythen und die grausamen Märchen verschonen uns vor einer solchen Wahl. Der Tod im Märchen beendet die Liebe und beendet das Leben. Aber er lässt sich das Leben nicht mit einem Verzicht auf die Liebe abkaufen. So etwas tut der Teufel – zum Beispiel in Thomas Manns *Doktor Faustus*.

Hinter der Gleichgültigkeit des Märchentodes vermuten wir dessen Traurigkeit. Er weiß, dass er in dem Kreislauf von Werde-und-Vergehe gegen die Liebe und das Leben nicht siegen kann. Das letzte Wort haben diese beiden. – So erzählt uns jedenfalls der japanische Schöpfungsmythos, der zu Beginn des 8. Jahrhunderts aufgezeichnet wurde.

Da heißt es: Izanami, die Urmutter, und Izanagi, der Urvater, lagen in ewiger Umarmung, die ganze Welt war von diesem ersten Paar gezeugt und geboren worden. Noch herrschte Finsternis. Die Eltern wollten wissen, wie ihre Kinder aussehen. Sie wollten wissen, wie die Welt ist, die sie erschaffen hatten. Da brachte Izanami das Feuer zur Welt, damit es die Welt erleuchte. Am Feuer verbrannte sie. Die Urmutter ist die erste Tote. Sie sank in die Finsternis zurück. Der Tod erscheint in diesem Mythos – wie in unserer Bibel – als eine Folge der Erkenntnis. Izanagi macht sich auf den Weg in die Nacht, er will seine Frau zurückholen. Er trifft sie in der Unterwelt, sie unterhalten sich, Izanami sagt, es gehe ihr hier gut, aber sie wolle ihm gern folgen und wieder hinauf in die Sonne steigen. Allerdings habe sie bereits am Herd der Unterwelt gegessen und müsse sich deshalb erst mit den Geistern beraten, ob in ihrem Fall eine Ausnahme gemacht werde, denn wer von der Speise der Unterwelt gekostet habe, sei eigentlich verpflichtet zu bleiben. Izanagi soll auf sie warten, er dürfe ihr aber nicht nachgehen, er solle auch die Augen schließen, es könnte ja sein, dass ein verirrter Lichtschein in die Unterwelt dringe, und wenn Izanagi seine Frau sehe, sei sie für immer verloren. Izanagi verspricht, alles zu tun, was von ihm verlangt werde. Er schließt die Augen und wartet. Er wartet und wartet. Alles ist ihm recht, alles nimmt er in Kauf, um seine Frau zurückzugewinnen. Alles – bis auf die Langeweile. Die hat er bisher nicht gekannt. Sie brennt nicht wie Feuer, sie quält nicht wie der Hunger, sie schmerzt nicht wie die Trauer. Sie droht, die Seele zu vernichten. Schließlich hält Izanagi das Warten nicht mehr aus. Er hat sich schön gemacht, als er in die Unterwelt hinabgestiegen war; hat sein wallendes Haar mit einem Kamm aufgesteckt. Nun zieht er den Kamm heraus, um damit zu spielen. Er bricht einen Zahn aus dem Kamm, und weil Langeweile nur von der Neugier vertrieben werden kann, zündet er den Zacken an. Er will sehen, wie die Unterwelt ist. Und was sieht er? Seine geliebte Frau, wie sie vor ihm liegt. Aber das ist sie nicht mehr, sie ist ein verwesender Leichnam. Sie ist der Tod. »Du hast mir Schande zugefügt!«, schreit sie ihn an. Izanagi flieht voll Entsetzen, der Tod verfolgt ihn. Als Izanagi das Licht erreicht, ruft er hinter sich: »Von nun an will ich von dir geschieden sein!« Und aus der Finsternis kommt die Antwort: »Von nun an werde ich jeden Tag tausend Menschen erwürgen!« Das Leben aber hat das letzte Wort vor dem Tod: »Von nun an«, verkündet Izanagi, »werde ich jeden Tag tausend und ein halbes tausend Gebärhütten errichten, in denen jeden Tag tausend und ein halbes tausend Menschen geboren werden.«

Aus der großen Göttin, die alles Leben spendete, ist die Göttin des Todes geworden. So erzählt der japanische Mythos.

Wieder einmal staunen wir, wie bestimmte Motive in Märchen und Sagen verschiedenster Weltgegenden einander nicht nur ähneln, sondern wie sie auf unheimliche Weise deckungsgleich sind. Ich erinnere an die griechischen Mythen von Orpheus und Eurydike oder von Persephone, die den Hades nicht verlassen darf, weil sie dort bereits ein paar Granatapfelkerne gegessen hat. All diese Geschichten bieten einen, wenngleich verzweifelten Trost: Mit dem Tod kann man – unter Umständen – verhandeln. Er stellt Bedingungen, die schwer zu erfüllen sind, aber wenn wir uns strikt daran halten, verschont er uns – vielleicht.

James George Frazer berichtet, dass die Ureinwohner sowohl im Amazonasgebiet als auch am Kongo, die Australier ebenso wie die Ureinwohner Nordamerikas nach dem Tod eines Angehörigen verbieten, dessen Namen auszusprechen, und dass sie Worte, die ähnlich klingen, durch andere ersetzen, weil sie glauben, der Klang des Namens errege die Aufmerksamkeit des Todes und er komme wieder. Wie viele Märchen gibt es, in denen der Tod überlistet oder mit besonders gefinkelten Argumenten überzeugt wird, von seiner Aufgabe zu lassen! Die Rituale, die den Tod wenigstens hinausschieben oder ihn gar besiegen, haben wir durch Medikamente ersetzt. Der kindliche Glaube, daß der Tod nicht zwingend sei, hat sich in einen tiefen Winkel unseres Herzens zurückgezogen. Wer kann sich den eigenen Tod vorstellen? Wenn er anklopft, heißt es in einem alten persischen Märchen, wird jede Minute zu einem ganzen Leben und jeder Blick zu einer ganzen Welt.

Der Jäger Gracchus

Zwei Knaben saßen auf der Quaimauer und spielten Würfel. Ein Mann las eine Zeitung auf den Stufen eines Denkmals im Schatten des säbelschwingenden Helden. Ein Mädchen am Brunnen füllte Wasser in ihre Bütte. Ein Obstverkäufer lag neben seiner Ware und blickte auf den See hinaus. In der Tiefe einer Kneipe sah man durch die leeren Tür- und Fensterlöcher zwei Männer beim Wein. Der Wirt saß vorn an einem Tisch und schlummerte. Eine Barke schwebte leise, als werde sie über dem Wasser getragen, in den kleinen Hafen. Ein Mann in blauem Kittel stieg ans Land und zog die Seile durch die Ringe. Zwei andere Männer in dunklen Röcken mit Silberknöpfen trugen hinter dem Bootsmann eine Bahre, auf der unter einem großen blumengemusterten, gefransten Seidentuch offenbar ein Mensch lag.

Auf dem Quai kümmerte sich niemand um die Ankömmlinge, selbst als sie die Bahre niederstellten, um auf den Bootsführer zu warten, der noch an den Seilen arbeitete, trat niemand heran, niemand richtete eine Frage an sie, niemand sah sie genauer an.

Der Führer wurde noch ein wenig aufgehalten durch eine Frau, die, ein Kind an der Brust, mit aufgelösten Haaren sich jetzt auf Deck zeigte. Dann kam er, wies auf ein gelbliches, zweistöckiges Haus, das sich links nahe beim Wasser geradlinig erhob, die Träger nahmen die Last auf und trugen sie durch das niedrige, aber von schlanken Säulen gebildete Tor. Ein kleiner Junge öffnete ein Fenster, bemerkte noch gerade, wie der Trupp im Haus verschwand, und schloß wieder eilig das Fenster. Auch das Tor wurde nun geschlossen, es war aus schwarzem Eichenholz sorgfältig gefügt. Ein Taubenschwarm, der bisher den Glockenturm umflogen hatte, ließ sich jetzt vor dem Hause nieder. Als werde im Hause ihre Nahrung aufbewahrt, sammelten sich die Tauben vor dem Tor. Eine flog bis zum ersten Stock auf und pickte an die Fensterscheibe. Es waren hellfarbige, wohl gepflegte, lebhafte Tiere. In großem Schwung warf ihnen die Frau aus der Barke Körner hin, die sammelten sie auf und flogen dann zu der Frau hinüber.

Ein Mann im Zylinderhut mit Trauerband kam eines der schmalen, stark abfallenden Gässchen, die zum Hafen führten, herab. Er blickte aufmerksam umher, alles bekümmerte ihn, der Anblick von Unrat in einem Winkel ließ ihn das Gesicht verzerren. Auf den Stufen des Denkmals lagen Obstschalen, er schob sie im Vorbeigehen mit seinem Stock hinunter. An der Stubentür klopfte er an, gleichzeitig nahm er den Zylinderhut in seine schwarzbehandschuhte Rechte. Gleich wurde geöffnet, wohl fünfzig kleine Knaben bildeten ein Spalier im langen Flurgang und verbeugten sich.

Der Bootsführer kam die Treppe herab, begrüßte den Herrn, führte ihn hinauf, im ersten Stockwerk umging er mit ihm den von leicht gebauten, zierlichen Loggien umgebenen Hof und beide traten, während die Knaben in respektvoller Entfernung nachdrängten, in einen kühlen, großen Raum an der Hinterseite des Hauses, dem gegenüber kein Haus mehr, sondern nur eine kahle, grauschwarze Felsenwand zu sehen war. Die Träger waren damit beschäftigt, zu Häupten der Bahre einige lange Kerzen aufzustellen und anzuzünden, aber Licht entstand dadurch nicht, es wurden förmlich nur die früher ruhenden Schatten aufgescheucht und flackerten über die Wände. Von der Bahre war das Tuch zurückgeschlagen. Es lag dort ein Mann mit wild durcheinander gewachsenem Haar und Bart, gebräunter Haut, etwa einem Jäger gleichend. Er lag bewegungslos, scheinbar atemlos mit geschlossenen Augen da, trotzdem deutete nur die Umgebung an, daß es vielleicht ein Toter war.

Der Herr trat zur Bahre, legte eine Hand dem Daliegenden auf die Stirn, kniete dann nieder und betete. Der Bootsführer winkte den Trägern, das Zimmer zu verlassen, sie gingen hinaus, vertrieben die Knaben, die sich draußen angesammelt hatten, und schlossen die Tür. Dem Herrn schien aber auch diese Stille noch nicht zu genügen, er sah den Bootsführer an, dieser verstand und ging durch eine Seitentür ins Nebenzimmer. Sofort schlug der Mann auf der Bahre die Augen auf, wandte schmerzlich lächelnd das Gesicht dem Herrn zu und sagte: »Wer bist du?« – Der Herr erhob sich ohne weiteres Staunen aus seiner knienden Stellung und antwortete: »Der Bürgermeister von Riva.«

Der Mann auf der Bahre nickte, zeigte mit schwach ausgestrecktem Arm auf einen Sessel und sagte, nachdem der Bürgermeister seiner Einladung gefolgt war: »Ich wußte es ja, Herr Bürgermeister, aber im ersten Augenblick habe ich immer alles vergessen, alles geht mir in der Runde und es ist besser, ich frage, auch wenn ich alles weiß. Auch Sie wissen wahrscheinlich, daß ich der Jäger Gracchus bin.«

»Gewiß«, sagte der Bürgermeister. »Sie wurden mir heute in der Nacht angekündigt. Wir schliefen längst. Da rief gegen Mitternacht meine Frau: ›Salvatore‹ – so heiße ich – ›sieh die Taube am Fenster!‹ Es war wirklich eine Taube, aber groß wie ein Hahn. Sie flog zu meinem Ohr und sagte: ›Morgen kommt der tote Jäger Gracchus, empfange ihn im Namen der Stadt.‹«

Der Jäger nickte und zog die Zungenspitze zwischen den Lippen durch: »Ja, die Tauben fliegen vor mir her. Glauben Sie aber, Herr Bürgermeister, daß ich in Riva bleiben soll?«

»Das kann ich noch nicht sagen«, antwortete der Bürgermeister. »Sind Sie tot?«

»Ja«, sagte der Jäger, »wie Sie sehen. Vor vielen Jahren, es müssen aber ungemein viel Jahre sein, stürzte ich im Schwarzwald – das ist in Deutschland – von einem Felsen, als ich eine Gemse verfolgte. Seitdem bin ich tot.«

»Aber Sie leben doch auch«, sagte der Bürgermeister.

»Gewissermaßen«, sagte der Jäger, »gewissermaßen lebe ich auch. Mein Todeskahn verfehlte die Fahrt, eine falsche Drehung des Steuers, ein Augenblick der Unaufmerksamkeit des Führers, eine Ablenkung durch meine wunderschöne Heimat, ich weiß nicht, was es war, nur das weiß ich, daß ich auf der Erde blieb und daß mein Kahn seither die irdischen Gewässer befährt. So reise ich, der nur in seinen Bergen leben wollte, nach meinem Tode durch alle Länder der Erde.«

»Und Sie haben keinen Teil am Jenseits?« fragte der Bürgermeister mit gerunzelter Stirne.

»Ich bin«, antwortete der Jäger, »immer auf der großen Treppe, die hinaufführt. Auf dieser unendlich weiten Freitreppe treibe ich mich herum, bald oben, bald unten, bald rechts, bald links, immer in Bewegung. Aus dem Jäger ist ein Schmetterling geworden. Lachen Sie nicht.«

»Ich lache nicht«, verwahrte sich der Bürgermeister.

»Sehr einsichtig«, sagte der Jäger. »Immer bin ich in Bewegung. Nehme ich aber den größten Aufschwung und leuchtet mir schon oben das Tor, erwache ich auf meinem alten, in irgendeinem irdischen Gewässer öde steckenden Kahn. Der Grundfehler meines einstmaligen Sterbens umgrinst mich in meiner Kajüte. Julia, die Frau des Bootsführers, klopft und bringt mir zu meiner Bahre das Morgengetränk des Landes, dessen Küste wir gerade befahren.

Ich liege auf einer Holzpritsche, habe – es ist kein Vergnügen, mich zu betrachten – ein schmutziges Totenhemd an, Haar und Bart, grau und schwarz, geht unentwirrbar durcheinander, meine Beine sind mit einem großen, seidenen, blumengemusterten, lang gefransten Frauentuch bedeckt. Zu meinen Häupten steht eine Kirchenkerze und leuchtet mir. An der Wand mir gegenüber ist ein kleines Bild, ein Buschmann offenbar, der mit einem Speer nach mir zielt und hinter einem großartig bemalten Schild sich möglichst deckt.

Man begegnet auf Schiffen manchen dummen Darstellungen, diese ist aber eine der dümmsten. Sonst ist mein Holzkäfig ganz leer. Durch eine Luke der Seitenwand kommt die warme Luft der südlichen Nacht, und ich höre das Wasser an die alte Barke schlagen.

Hier liege ich seit damals, als ich, noch lebendiger Jäger Gracchus, zu Hause im Schwarzwald eine Gemse verfolgte und abstürzte. Alles ging der Ordnung nach. Ich verfolgte, stürzte ab, verblutete in einer Schlucht, war tot und diese Barke sollte mich ins Jenseits tragen. Ich erinnere mich noch, wie fröhlich ich mich hier auf der Pritsche ausstreckte zum ersten Mal. Niemals haben die Berge solchen Gesang von mir gehört wie diese vier damals noch dämmerigen Wände.

Ich hatte gern gelebt und war gern gestorben, glücklich warf ich, ehe ich den Bord betrat, das Lumpenpack der Büchse, der Tasche, des Jagdgewehrs vor mir hinunter, das ich immer stolz getragen hatte, und in das Totenhemd schlüpfte ich wie ein Mädchen ins Hochzeitskleid. Hier lag ich und wartete. Dann geschah das Unglück.«

»Ein schlimmes Schicksal«, sagte der Bürgermeister mit abwehrend erhobener Hand. »Und Sie tragen gar keine Schuld daran?«

»Keine«, sagte der Jäger. »Ich war Jäger, ist das etwa eine Schuld? Aufgestellt war ich als Jäger im Schwarzwald, wo es damals noch Wölfe gab. Ich lauerte auf, schoss, traf, zog das Fell ab, ist das eine Schuld? Meine Arbeit wurde gesegnet. ›Der große Jäger vom Schwarzwald‹ hieß ich. Ist das eine Schuld?«

»Ich bin nicht berufen, das zu entscheiden«, sagte der Bürgermeister, »doch scheint auch mir keine Schuld darin zu liegen. Aber wer trägt denn die Schuld?«

»Der Bootsmann«, sagte der Jäger. »Niemand wird lesen, was ich hier schreibe, niemand wird kommen, mir zu helfen; wäre als Aufgabe gesetzt, mir zu helfen, so blieben alle Türen aller Häuser geschlossen, alle Fenster geschlossen, alle liegen in den Betten, die Decken über den Kopf geschlagen, eine nächtliche Herberge die ganze Erde. Das hat guten Sinn, denn niemand weiß von mir, und wüßte er von mir, so wüßte er meinen Aufenthalt nicht, und wüßte er meinen Aufenthalt, so wüßte er mich dort nicht festzuhalten, so wüßte er nicht, wie mir zu helfen. Der Gedanke, mir helfen zu wollen, ist eine Krankheit und muß im Bett geheilt werden.

Das weiß ich und schreie also nicht, um Hilfe herbeizurufen, selbst wenn ich in Augenblicken – unbeherrscht wie ich bin, zum Beispiel gerade jetzt – sehr stark daran denke. Aber es genügt wohl zum Austreiben solcher Gedanken, wenn ich umherblicke und mir vergegenwärtige, wo ich bin und – das darf ich wohl behaupten – seit Jahrhunderten wohne.«

»Außerordentlich«, sagte der Bürgermeister, »außerordentlich. – Und nun gedenken Sie bei uns in Riva zu bleiben?«

»Ich gedenke nicht«, sagte der Jäger lächelnd und legte, um den

Spott gutzumachen, die Hand auf das Knie des Bürgermeisters. »Ich bin hier, mehr weiß ich nicht, mehr kann ich nicht tun. Mein Kahn ist ohne Steuer, er fährt mit dem Wind, der in den untersten Regionen des Todes bläst.«

So erzählt uns Franz Kafka.

Das Land, wo man nie stirbt

*E*ines Tages sagte ein junger Mann: »Mir gefällt die Geschichte nicht, daß wir alle sterben müssen. Ich will hingehen und das Land suchen, wo man niemals stirbt.« Und er ging hin und verabschiedete sich von Vater und Mutter und von allen Verwandten, und dann machte er sich auf die Wanderschaft. Überall fragte er nach dem Lande, wo man niemals stirbt, aber sooft er auch fragen mochte, keiner konnte ihm die richtige Antwort geben. So wanderte er landauf, landab und fand doch keinen, der es wußte. Eines Tages begegnete er einem alten Mann, der hatte einen langen, langen Bart und schob auf einem Schubkarren Steine vor sich her. Er fragte den Alten: »He, könnt Ihr mir nicht den Weg in das Land zeigen, wo man niemals stirbt?«

»Willst du nicht sterben? So komm mit mir! Solange ich nicht jenes Gebirge Stein um Stein abgetragen habe, wirst du nicht sterben!«

»Und wieviel Jahre werdet Ihr brauchen, um das Gebirge abzutragen?«

»Hunderttausend Jahre oder etwas mehr.« – »Und dann muß ich sterben?« »Natürlich.«

»Nein, dann ist das nicht der richtige Ort für mich, denn ich suche das Land, wo man nie, niemals stirbt.«

Er grüßte den Alten und machte sich wieder auf den Weg. Er wanderte und wanderte, und endlich kam er in einen großen, großen Wald. Der Wald war so groß, daß er niemals ein Ende zu nehmen schien. Da traf er einen alten Mann, der hatte einen noch längeren Bart als jener Alte mit dem Schubkarren. Der Alte aber schnitt mit einem Messerchen Zweige von einem Baum. Der Jüngling fragte ihn: »He, Alterchen, könnt Ihr mir den Weg sagen zu dem Lande, wo man niemals stirbt?«

»Bleib bei mir!« sagte der Alte. »Ehe ich nicht mit meinem Messerchen alle Zweige dieses Waldes abgeschnitten habe, wirst du nicht sterben.«

»Und wie lange wirst du dazu brauchen?«

»Mindestens zweihunderttausend Jahre, vielleicht aber auch mehr.«

»Und dann muß ich sterben?«

»Ja, sicher. Ist es dir denn nicht genug?«

»Nein, wenn das alles ist. Ich suche das Land, wo man niemals stirbt.«

Er grüßte den Alten und wanderte weiter. Nach vielen Monden kam er schließlich ans Ufer eines Meeres. Da traf er einen Alten, der hatte einen langen, langen Bart, der ihm bis zu den Knien reichte. Der Alte aber hütete eine Ente, die auf dem Wasser schwamm.

»He, Alterchen«, fragte der Jüngling, »könnt Ihr mir vielleicht den Weg sagen zu dem Lande, wo man niemals stirbt?« – »Wenn du Angst vor dem Tode hast, dann bleibe bei mir! Solange diese Ente nicht das Meer ausgetrunken hat, wirst du nicht sterben.«

»Und wieviel Zeit braucht sie dazu?«

»Über den Daumen gepeilt: fünfhunderttausend Jahre.«

»Und dann muß ich sterben?«

»Ja, was willst du machen! Wieviel Jahre willst du dich denn auf dieser Erde herumtreiben?«

»Dann ist auch das nicht der rechte Fleck für mich, denn ich suche das Land, wo man niemals stirbt.«

Und er grüßte den Alten höflich und lenkte seine Schritte weiter. Er ging und ging, und eines Abends kam er zu einem herrlichen Palast. Er klopfte an, da öffnete ihm ein alter Mann, der hatte einen langen, langen Bart, ja der Bart war so lang, daß er ihm bis auf die Fußspitzen herab reichte. Der Alte aber fragte: »Was willst du, Jüngling?« – »Ich suche das Land, wo man niemals stirbt.« – »Bravo! Ich kann dich gut verstehen. Du hast Glück gehabt und den rechten Ort gefunden. Solange du hier bei mir bleibst, wirst du niemals sterben.«

»Endlich! Das war aber ein gutes Stück Weg! Das ist also endlich der Fleck, den ich so lange gesucht habe! Aber Ihr, seid Ihr selbst zufrieden, hier zu sein?«

»Aber ja, vor allem dann, wenn du mir Gesellschaft leistest.« So ließ sich der Jüngling in dem Palast nieder, leistete dem Alten Gesellschaft und führte das Leben eines großen Herrn. Es vergingen die Jahre im Fluge, ohne daß man es merkte. Jahre, Jahre, Jahre ... Eines Tages sagte der Jüngling zum Alten: »Hier bei Euch lebt es sich wirklich sehr gut, aber ich habe Sehnsucht, einmal zu den Meinen zu gehen und zu schauen, wie es meiner ganzen Verwandtschaft geht.«

»Was für eine Verwandtschaft willst du denn besuchen? Die sind doch alle schon eine ganze schöne Zeit tot!« – »Gut. Dann möchte ich wenigstens meine Heimat sehen. Wer weiß, wem ich begegnen werde. Wenn schon nicht meinen Verwandten, dann deren Söhnen oder Enkeln.« – »Na, wenn du dir den Gedanken in den Kopf gesetzt hast, will ich dich nicht davon abbringen, sondern dir sagen, wie du es machen mußt. Geh in den Stall, nimm meinen Schimmel, der hat die Gabe, so schnell wie der Wind zu laufen. Aber vergiß nicht: du darfst niemals absteigen! Auf gar keinen Fall! Wenn du den Sattel verläßt, mußt du sofort sterben!«

»Seid nur ruhig! Ich werde schon nicht absteigen, denn ich habe nicht den geringsten Wunsch nach dem Tode.« Er ging also in den Stall hinunter, sah dort den Schimmel stehen, den zog er heraus, sattelte ihn und ritt wie der Wind davon. Er durchritt alle Landschaften, die er einst durchwandert hatte. Da kam er zuerst zu dem Ort, wo der Alte die Ente gehütet hatte, die auf dem Meere schwamm. Doch wo erst ein weites Meer gewesen war, fand er jetzt eine große Ebene. Und am Rande lag ein kleines Häuflein Knochen, die waren das Gerippe jenes Alten.

»Da schau her«, sprach der Jüngling bei sich, »ich habe doch gut getan, weitergewandert zu sein. Sonst wäre ich jetzt auch schon längst tot.«

Er ritt seine Straße fort. Dort, wo einst der große, große Wald gewesen war, erstreckte sich nun eine Wüste, und es war auch nicht ein Baum zu sehen.

»Auch bei diesem wäre ich schon ein gutes Stück Zeit tot!« sagte der Jüngling.

Dann ritt er weiter und kam dorthin, wo einst sich das Gebirge erhoben hatte. Das hatte der Alte ganz abgetragen, es war nicht mehr die kleinste Erhebung zu erkennen, der Ort war flach wie ein Tisch.

»Auch hier wäre ich schon längst gestorben«, sagte der Jüngling und lenkte sein Pferd weiter.

Er ritt und ritt bis zu seiner Heimat. Aber da hatte sich alles verändert, so daß er nichts mehr erkannte. Er suchte vergeblich nach den Seinen. Niemand mehr kannte auch nur den Namen. Da wurde ihm weh ums Herz.

»Höchste Zeit, daß ich umkehre«, sprach er bei sich. Er wandte das Pferd und ritt zurück zum Palaste des Alten. Aber er war noch nicht weit gekommen, da begegnete er einem Fuhrmann, der hatte seinen Wagen voller alter Schuhe geladen. Der Fuhrmann hielt den Jüngling an und sagte: »Ach, Herr, könnt Ihr mir nicht einen Augenblick helfen! Mir ist das Rad aus der Achse gegangen.«

»Tut mir leid«, sagte der Jüngling, »ich habe große Eile und kann nicht absteigen.«

»Ach«, sagte der Fuhrmann, »seid doch so gütig und habt Mitleid mit mir. Ihr seht, daß ich ganz allein bin und daß es schon Abend wird. Wenn Ihr mir nicht helft, komme ich nimmer heim.«

Da erfaßte den Jüngling Mitleid mit dem Fuhrmann, und er schwang sich aus dem Sattel. Aber kaum hatte er mit einem Fuß den Boden berührt, als ihn der Fuhrmann mit einem Arm umschlang und sagte: »Ah, endlich habe ich dich erwischt! Weißt du denn nicht, wer ich bin? Ich bin der Tod! Siehst du alle diese vielen Schuhe auf dem Karren? Die habe ich alle durchlaufen, um dich zu fassen. Jetzt bist du mir endlich in die Falle gegangen. – Früher oder später müßt ihr ja alle in meinen Armen enden. Da gibt es keinen Ausweg.«

Und da hatte auch für den armen Jüngling die Todesstunde geschlagen.

So wird in Italien erzählt.

Der Kamerad

*E*s war einmal ein Bauernbursch, dem träumte, er werde eine Prinzessin bekommen, weit, weit fort, und sie wäre so weiß wie Milch und so rot wie Blut und so reich, daß ihr Reichtum kein Ende hätte. Beim Aufwachen vermeinte er noch, sie stünde leibhaftig vor ihm, und sie war so schön und lieblich, daß er nicht weiterleben konnte ohne sie. Da verkaufte er alles, was er hatte, und zog aus und suchte sie. Er wanderte weit umher und kam schließlich zur Winterszeit in ein Land, wo alle Straßen geradeaus gingen und keinerlei Biegung machten.

Als er ein viertel Jahr lang geradeaus gewandert war, kam er in eine Stadt. Da lag außen vor der Kirchentür ein großer Eisklumpen, und mitten darin war eine Leiche, und die ganze Gemeinde spuckte im Vorbeigehen darauf. Der Bursche verwunderte sich darüber, und als der Pfarrer aus der Kirche kam, fragte er ihn, was das bedeuten solle. »Das ist ein arger Missetäter gewesen«, sagte der Pfarrer, »man hat ihn um seiner Sünden willen hingerichtet und hier zu Spott und Schande aufgestellt.« – »Was hat er denn getan?« fragte der Bursche.

»In diesem irdischen Leben war er ein Weinhändler«, sagte der Pfarrer, »und er hat Wasser in den Wein geschüttet.«

So erschrecklich kam das dem Burschen nicht vor. »Wenn man ihn doch mit dem Leben hat dafür bezahlen lassen«, sagte er, »könnte man ihm jetzt doch ein christliches Begräbnis verstatten und den Toten ruhen lassen!« Aber darauf sagte der Pfarrer, das sei auf keine Weise zu machen, denn um ihn aus dem Eis herauszubrechen, brauche man Leute; und man brauche Geld, um von der Kirche das Grab zu kaufen, und der Totengräber wolle Geld für seine Mühe, der Küster für die Glocken, der Kantor für den Gesang und der Pfarrer für die Leichenpredigt.

»Glaubst du, daß es einen Menschen gibt, der all das viele Geld für einen solchen argen Sünder zahlen will?« fragte der Pfarrer.

»Ja«, sagte der Bursche, wenn er ihm nur ein Begräbnis verschaffen könne, so wolle er schon den Leichenschmaus zahlen aus seinem schmalen Beutel.

Der Pfarrer wollte erst nichts davon wissen, aber als der Bursche mit zwei Männern wiederkam und ihn vor ihren Ohren fragte, ob er das christliche Begräbnis verweigere, wagte er keinen Widerspruch mehr.

Also befreiten sie den Weinhändler aus dem Eisklotz und legten ihn in geweihte Erde. Die Glocken läuteten, und es wurde gesungen, und der Pfarrer warf Erde auf den Sarg, und sie hielten einen Leichenschmaus, und es gab abwechselnd Tränen und Gelächter. Als aber der Bursche den Leichenschmaus bezahlt hatte, hatte er nicht mehr viel Groschen in der Tasche.

Darauf machte er sich wieder auf den Weg; aber er war noch nicht weit gegangen, als ein Mann hinter ihm herkam und ihn fragte, ob er es nicht langweilig finde, so allein vor sich hin zu gehen?

»Nein«, sagte der Bursche, er habe immer etwas, woran er denken müsse. Der Mann fragte, ob er nicht einen Diener brauchen könne.

»Nein«, sagte der Bursche, »ich bin gewöhnt, mein eigener Diener zu sein, deshalb brauche ich keinen, und wenn ich auch noch so gern einen haben wollte, so könnte ich doch nicht, denn ich habe kein Geld für Kost und Lohn.«

»Du hast aber doch einen Diener nötig, das weiß ich besser als du«, sagte der Mann, »und zwar brauchst du einen, auf den du dich im Leben und Tod verlassen kannst. Wenn du mich aber nicht als Diener haben willst, so nimm mich als Kameraden; ich verspreche dir, es soll dein Schade nicht sein, und ich werde dich keinen Schilling kosten. Ich reise auf eigene Kosten, und um Essen und Kleider brauchst du dich auch nicht zu bemühen.«

Unter diesen Umständen wollte er ihn gern als Kameraden annehmen, und so setzten sie die Reise zusammen fort, und der Mann ging gewöhnlich voraus und zeigte den Weg.

Als sie lang durch die Lande gezogen waren, über Berge und Heiden, standen sie plötzlich vor einer Felswand. Der Kamerad klopfte an und bat um Einlaß. Da tat sich der Fels vor ihnen auf, und als sie ein gut Stück in den Berg hineingegangen waren, kam ihnen eine Hexe entgegen und bot ihnen einen Stuhl an: »Seid so gut und setzt euch, ihr werdet müd' sein!« sagte sie.

»Setz dich selbst!« sagte der Mann. Da mußte sie sich setzen und da sitzen bleiben, denn der Stuhl hatte die Eigenschaft, daß er alles festhielt, was ihm nahe kam. Inzwischen wanderten sie im Berg herum, und der Kamerad sah sich um, bis er ein Schwert erblickte, das über der Tür hing, das wollte er haben und versprach der Hexe, er wolle sie von dem Stuhl befreien, wenn sie ihm das Schwert überlasse.

»Nein«, schrie sie, »bitte mich, um was du willst! Alles andere kannst du haben, nur das nicht, denn das ist mein Dreischwestern-schwert!« (Es waren nämlich drei Schwestern, denen das Schwert zusammen gehörte.) »Dann kannst du hier sitzenbleiben bis an der Welt Ende!« sagte der Mann. Als sie das hörte, versprach sie ihm doch das Schwert, wenn er sie befreien wolle.

Er nahm das Schwert und ging damit davon und ließ sie doch sitzen. Als sie weit gewandert waren, über nackte Felsen und öde Heiden, kamen sie wieder an eine Felswand. Da pochte der Kamerad wieder und bat um Einlaß. Es ging wie das letzte Mal, der Fels tat sich auf, und als sie tief drinnen im Berg waren, kam ihnen eine Hexe mit einem Stuhl entgegen und hieß sie niedersitzen, »sie seien wohl müde«, sagte sie.

»Setz dich selbst!« sagte der Kamerad. Und es ging ihr wie ihrer Schwester, sie mußte sich setzen und konnte nicht mehr loskommen. Indessen gingen der Bursche und sein Kamerad im Berge umher, und er machte alle Schränke und Schubladen auf, bis er fand, was er suchte, nämlich ein Knäuel Goldfaden. Das wollte er haben und versprach der Hexe, sie von dem Stuhl loszulassen, wenn sie ihm das Knäuel geben wolle. Sie sagte, er könne all ihr Hab und Gut nehmen, aber das Knäuel könne sie nicht hergeben, das sei ihr Dreischwesternknäuel. Aber als sie hörte, daß sie bis zum Jüngsten Tag hier sitzenbleiben sollte, wenn sie das Knäuel nicht hergebe, so ging sie doch darauf ein. Da nahm der Kamerad das Knäuel und ließ sie trotzdem sitzen, wo sie saß.

Darauf gingen sie manchen Tag durch Wald und Heide, bis sie wieder an eine Felswand kamen. Es ging gerade wie die beiden vorigen Male, der Kamerad klopfte an, der Berg tat sich auf, und drinnen kam ihnen eine Hexe mit einem Stuhl entgegen und hieß sie sitzen, sie seien wohl müde. Aber der Kamerad befahl: »Setz dich selber!«, und da mußte sie sich setzen. Die beiden waren noch nicht durch viele Gemächer gegangen, da erblickte der Kamerad einen alten Hut an einem Haken hinter der Tür. Den wollte er haben; aber die Alte wollte sich nicht davon trennen, denn es sei ihr Dreischwesternhut, wenn sie den hergebe, werde sie grundunglücklich. Als sie jedoch hörte, daß sie hier bis an den Jüngsten Tag sitzenbleiben sollte, wenn sie den Hut nicht hergebe, so willigte sie endlich ein. Der Kamerad nahm den Hut und hieß sie dann ebenfalls sitzenbleiben, wo sie saß.

Schließlich kamen sie an einen Fluß. Da nahm der Kamerad das Knäuel und warf es so kräftig an den Berg auf der anderen Seite des Flusses, daß es wieder zurückflog, und als es mehrmals hin und wider geflogen war, stand eine Brücke da. Darauf überschritten sie den Fluß, und als sie auf der anderen Seite ankamen, sagte der Mann zu dem Burschen, er solle so rasch wie möglich den Goldfaden wieder aufwickeln, »denn wenn wir ihn nicht schnell wegschaffen, so kommen die drei Hexen herüber und reißen uns in Stücke«. Der Bursche wickelte, so rasch er konnte, und wie er gerade am letzten Faden war, kamen die Hexen angefaucht; sie stürzten sich ins Wasser, daß der Schaum hoch aufspritzte, und haschten nach dem Ende des Fadens. Aber sie konnten es nicht packen und ertranken in dem Fluß.

Als sie wieder einige Tage gegangen waren, sagte der Kamerad: »Nun kommen wir bald an das Schloß, in dem sie wohnt, die Prinzessin, von der du geträumt hast, und wenn wir hinkommen, so mußt du ins Schloß hineingehen und dem König sagen, was du geträumt hast und was dein Reiseziel ist.« Als sie hinkamen, tat er das und wurde sehr gut aufgenommen; er bekam ein Zimmer für sich und eins für seinen Diener, und als es Essenszeit war, wurde er an des Königs eigenen Tisch entboten. Als er die Prinzessin erblickte, erkannte er sie sogleich wieder nach dem Traumgesicht. Er sagte ihr auch, weshalb er gekommen sei, und sie antwortete, sie könne ihn gut leiden und wolle ihn gern nehmen, aber zuerst müsse er drei Proben bestehen. Als sie gespeist hatten, gab sie ihm eine goldene Schere und sagte: »Die erste Probe ist, daß du diese Schere nimmst und aufhebst und sie mir morgen mittag wiedergibst. Das ist keine sehr schwere Probe«, sagte sie und lächelte, »aber wenn du sie nicht bestehst, so mußt du sterben, so will es das Gesetz, und dein Körper wird aufs Rad geflochten und dein Kopf auf einen Spieß gesteckt, und es geht dir wie den Freiern, deren Schädel und Gerippe du draußen vor dem Schloß sehen kannst.«

»Das ist doch keine Kunst«, dachte sich der Bursche. Aber die Prinzessin war so lustig und munter und trieb solche Possen mit ihm, daß er die Schere und sich selbst darüber vergaß, und während sie lachten und schäkerten, stibitzte sie ihm heimlich die Schere weg, ohne daß er es merkte. Als er am Abend in die Kammer kam und erzählte, wie es ihm gegangen war und was sie zu ihm gesagt hätte, und von der Schere, die sie ihm zum Aufheben gegeben hätte, fragte der Kamerad: »Hast du die Schere auch noch?«

Der Bursche suchte in allen seinen Taschen, aber es war keine Schere darin, und er war mehr als unglücklich, als er merkte, daß er sie verloren hatte.

»Nun, nun, sei nur ruhig, ich will sehen, ob ich sie dir wieder verschaffen kann«, sagte der Kamerad und ging hinunter in den Stall. Da stand ein mächtiger Bock, der gehörte der Prinzessin und konnte viel schneller durch die Luft fliegen als auf ebener Erde gehen. Der Kamerad nahm das Dreischwesternschwert und gab ihm damit einen Hieb zwischen die Hörner und fragte: »Wann reitet die Prinzessin heut nacht zu ihrem Liebsten?« Der Bock meckerte und sagte, das traue er sich nicht zu sagen, aber als der Kamerad ihm noch einen Hieb gab, sagte er doch, die Prinzessin werde Punkt elf Uhr kommen. Der Kamerad setzte den Dreischwestern-hut auf, da war er unsichtbar, und wartete auf die Prinzessin. Als sie kam, schmierte sie den Bock mit einer Salbe ein, die sie in einem großen Horn mitbrachte, und dann rief sie: »Auf! Auf! Über Giebel und Turm, über Land, über See, über Berg und Tal, zum Liebsten, der mich im Berg erwartet!«

Wie der Bock aufflog, schwang sich der Kamerad hinten auf, und nun ging es wie der Wind durch die Wolken; der Weg war nicht lang. Auf einmal waren sie vor einer Felswand, sie klopfte an, und dann ging die Fahrt in den Berg hinein zu dem Troll, der ihr Liebster war. »Jetzt ist ein neuer Freier gekommen, der mich haben will, Schätzchen«, sagte sie, »er ist jung und hübsch; aber ich will keinen haben als dich«, sagte sie und tat dem Troll schön. »Ich habe ihm eine Probe auferlegt, und hier ist die Schere, die er aufheben und verwahren sollte; verwahre du sie jetzt!« Da lachten die beiden, als wäre der Bursche schon aufs Rad geflochten. »Ja, ich will sie aufheben und gut verwahren, und ich will schlafen in Liebchens Arm, wenn den Burschen umkrächzt der Krähenschwarm!« sagte der Troll und legte die Schere in einen eisernen Schrein mit drei Schlössern davor. Aber in dem Augenblick, wo sie die Schere in den Schrein fallen ließen, nahm der Kamerad sie weg. Keiner konnte es sehen, denn er hatte den Dreischwesternhut auf; also schloß der Troll den leeren Schrein sorgfältig zu, und die Schlüssel steckte er in einen hohlen Backenzahn, wo er noch andere Zauberdinge aufhob. Da würde ihn der Freier gewiß nicht finden, meinte er.

Nach Mitternacht machte sie sich auf den Heimweg. Der Kamerad schwang sich wieder hinten auf, und der Heimweg war nicht lange.

Am nächsten Mittag wurde der Bursche zur königlichen Tafel geladen. Aber da hatte die Prinzessin ein so hochnäsiges Benehmen und war so stolz und schnippisch, daß sie fast gar nicht nach der Seite hinsah, wo der Bursche saß. Aber nachdem man gespeist hatte, machte sie ein recht feierliches Gesicht und fragte zuckersüß: »Du hast wohl die Schere noch, die ich dir gestern zum Aufheben gegeben habe?«

»Ja, hier ist sie«, sagte der Bursche, zog die Schere heraus und schleuderte sie auf den Tisch, daß es nur so klirrte. Die Prinzessin hätte nicht mehr erschrecken können, wenn er ihr die Schere ins Gesicht geworfen hätte. Aber sie machte gute Miene zum bösen Spiel und sagte mit süßer Stimme: »Da du die Schere so gut verwahrt hast, wird es dir nicht so schwerfallen, mein Knäuel Goldfaden aufzuheben. Morgen mittag möchte ich es wiederhaben, aber wenn du es da nicht hast, so mußt du von Rechts wegen sterben«, sagte sie; der Bursche meinte, das sei ja nicht so schwer, und steckte das Knäuel Goldfaden in die Tasche. Aber da fing die Prinzessin wieder an, mit ihm zu scherzen und Spaß zu treiben, so daß er sich selbst und das goldene Knäuel dazu vergaß, und während sie mitten im lustigsten Spaß darin waren, stibitzte sie ihm das Knäuel weg und hieß ihn dann gehen.

Als er hinauf in die Kammer kam und erzählte, was sie gesagt und getan hatte, fragte sein Kamerad: »Du hast doch das Knäuel noch?«

»Ja freilich«, sagte der Bursche und griff in die Tasche, in die er es gesteckt hatte. Aber da war kein Knäuel, und da kam er so in Verzweiflung, daß er nicht wußte was anfangen.

»Sei nur ruhig«, sagte der Kamerad, »ich will sehen, ob ich es nicht wiederbekommen kann.« Er nahm sein Schwert und seinen Hut und ging zu einem Schmied und ließ an sein Schwert noch zwölf Pfund Eisen anschmelzen; als er dann in den Stall kam, gab er dem Bock damit einen Schlag zwischen die Hörner, daß er taumelte, und fragte ihn: »Wann reitet die Prinzessin heut nacht zu ihrem Liebsten?«

»Punkt zwölf Uhr«, sagte der Bock.

Der Kamerad setzte wieder seinen Dreischwesternhut auf und wartete, bis die Prinzessin mit dem Salbenhorn kam und den Bock einrieb. Dann sagte sie wieder wie das erste Mal: »Auf! Auf! Über Giebel und Turm, über Land, über See, über Berg und Tal, zum Liebsten, der mich im Berg erwartet!« Wie nun der Bock auffuhr, schwang sich der Kamerad hinten auf, und nun ging's wie der Blitz durch die Luft. Bald waren sie am Trollberg, und als sie drei Schläge getan hatte, ging es durch den Berg hindurch bis zu dem Troll, der ihr Liebster war.

»Wie hast du denn die goldene Schere verwahrt, die ich dir gestern gab, mein Freund?« fragte die Prinzessin. »Der Freier hatte sie und gab sie mir wieder.«

Das sei ganz unmöglich, sagte der Troll, denn er habe sie in einen Schrein mit drei Schlössern eingeschlossen und die Schlüssel in seinen hohlen Zahn gesteckt. Aber als sie den Schrein aufschlossen und nachsahen, war keine Schere darin. Da erzählte die Prinzessin, daß sie ihm nun ihr goldenes Knäuel gegeben hätte.

»Hier ist es«, sagte sie, »ich habe es ihm wieder abgenommen, ohne daß er es merkte, aber was sollen wir nun anfangen, wenn er sich auf solche Künste versteht?«

Der Troll wußte auch keinen Rat; aber als sie eine Weile nachgedacht hatten, kamen sie auf den Gedanken, ein großes Feuer anzuzünden und das Knäuel zu verbrennen, dann könne der Freier es gewiß nicht wiederbekommen. Aber wie sie es ins Feuer warf, stand der Kamerad auf dem Sprung und fing es auf, ohne daß es jemand sah, denn er hatte den Dreischwesternhut auf. Als die Prinzessin eine Weile bei dem Troll gewesen war und es gegen Morgen ging, fuhr sie wieder heim; der Kamerad saß wieder hinten auf, und die Heimreise ging rasch und gut. Als der Bursche zur Tafel geladen wurde, gab der Kamerad ihm das Knäuel. Die Prinzessin war noch spitzer und spöttischer als das erste Mal, und nachdem man gegessen hatte, kniff sie den Mund ganz schmal und sagte: »Könnte ich nicht vielleicht mein goldenes Knäuel wiederbekommen, das ich dir gestern gab?«

»Ja«, sagte der Bursche, »das kannst du haben; hier!«, und er warf es auf den Tisch, daß er dröhnte und der König vor Schrecken hoch in die Höhe fuhr.

Die Prinzessin wurde weiß wie eine Leiche, aber sie machte gute Miene zum bösen Spiel und sagte, er habe seine Sache gut gemacht. Nun habe er nur noch eine kleine Probe zu bestehen: »Wenn du mir das, an was ich denke, bis morgen mittag beschaffen kannst, so sollst du mich haben und behalten.«

Der Bursche kam sich vor wie ein zum Tode Verurteilter, denn es schien ihm ganz unmöglich, zu wissen, an was die Prinzessin denke, und noch unmöglicher, den Gegenstand zu beschaffen. Und als er in seine Kammer kam, konnte ihn der Kamerad kaum beruhigen. Er sagte, er wolle die Sache schon in die Hand nehmen wie die beiden ersten Male, und schließlich beruhigte sich der Bursche und legte sich schlafen. Inzwischen ging der Kamerad wieder zu dem Schmied und ließ sich noch vierundzwanzig Pfund Eisen an sein Schwert anschmieden, und als das geschehen war, ging er in den Stall und hieb den Bock zwischen die Hörner, daß er an die andere Wand flog.

»Wann reitet die Prinzessin heut nacht zu ihrem Liebsten?« sagte er.

»Punkt ein Uhr«, meckerte der Bock.

Als es Zeit war, stand der Kamerad mit seinem Dreischwesternhut im Stall, und nachdem sie den Bock eingerieben und ihren Spruch gesagt hatte wie sonst, ging es wieder durch die Luft davon, und der Kamerad saß hinten auf. Aber diesmal war er gar nicht sanft, sondern gab der Prinzessin bald hier einen Puff, bald dort einen Puff und zerbleute sie fürchterlich. Als sie an die Felswand kamen, klopfte sie dreimal an, und der Berg öffnete sich, und sie fuhren hindurch bis zu ihrem Liebsten. Da beklagte sie sich sehr bei ihm und jammerte und sagte, sie hätte nicht gedacht, daß einen das Wetter so mitnehmen könne; es sei ihr vorgekommen, als fliege jemand mit, der auf sie und den Bock losschlüge, und sie sei gewiß am ganzen Leibe braun und blau, so bös sei er mit ihr umgegangen. Und dann erzählte sie, daß der Freier auch das Knäuel wieder gehabt habe; wie das zugegangen war, konnte sich weder sie noch der Troll denken.

»Aber weißt du, was ich mir ausgedacht habe?« sagte sie.

Das konnte der Troll nicht wissen.

»Ja«, sagte sie, »ich habe ihm gesagt, er solle mir das, an was ich denke, bis morgen mittag schaffen, und das war dein Kopf. Glaubst du, lieber Freund, daß er das schaffen kann?« sagte die Prinzessin und tat dem Troll recht schön.

»Das glaube ich nicht«, sagte der Troll, und er war seiner Sache ganz sicher und lachte und gluckste vor Vergnügen ganz bösartig, und er und die Prinzessin glaubten steif und fest, eher werde der Bursche aufs Rad geflochten und Futter für die Raben, als daß er den Kopf des Troll beischaffen könne.

Als es gegen Morgen ging, wollte die Prinzessin wieder nach Hause, aber sie hatte Angst, denn sie glaubte, es sei jemand hinter ihr her, und sie traute sich nicht, allein zu reiten; der Troll solle sie begleiten. Er war auch bereit dazu und zog seinen Bock aus dem

Stall – er hatte den gleichen wie die Prinzessin – und rieb ihn ein und salbte ihn auch zwischen den Hörnern. Als der Troll aufgestiegen war, saß der Kamerad bei ihm hinten auf, und dann ging es durch die Luft dem Königsschloß zu. Aber unterwegs schlug der Kamerad wacker auf den Troll und auf den Bock los und gab ihnen Hieb auf Hieb und Schlag auf Schlag mit dem Schwert, daß sie tiefer und tiefer hinuntergerieten und schließlich fast ins Meer gesunken wären, über das sie die Reise führte. Als der Troll merkte, wie bös es draußen zuging, begleitete er die Prinzessin bis zum Schloß und machte außen halt, um zu sehen, daß sie wirklich wohlbehalten heimkam. Aber in dem Augenblick, wo sie die Tür hinter sich zumachte, schlug der Kamerad dem Troll das Haupt ab und ging damit hinauf in die Kammer zu dem Burschen.

»Hier ist das Ding, an das die Prinzessin gedacht hat«, sagte er.

Da war denn alles in schönster Ordnung, und als der Bursche zur Tafel geladen wurde und sie gegessen hatten, wurde die Prinzessin munter wie eine Lerche. »Hast du vielleicht das, woran ich gedacht habe?« fragte sie. »Ja, freilich«, sagte der Bursche und zog das Haupt unter seinen Rockschößen hervor und schleuderte es hin, daß der Tisch mit allem, was darauf war, umfiel.

Die Prinzessin sah aus, als käme sie aus dem Grab; aber sie konnte nicht leugnen, daß das das Ding war, woran sie gedacht hatte, und nun mußte sie den Burschen nehmen, wie sie versprochen hatte. Also wurde die Hochzeit gefeiert, und es war große Freude im ganzen Königreich.

Aber der Kamerad nahm den Burschen beiseite und sagte, in der Hochzeitsnacht dürfe er wohl die Augen zumachen und tun, als ob er schliefe, aber wenn er sein Leben liebhabe und ihm folgen wolle, so dürfe er auch keinen Augenblick schlafen, bevor er nicht die Prinzessin von ihrer Trollhaut befreit hätte. Er müsse sie ihr mit neun neuen Birkenruten lospeitschen und dann noch in drei Milchbädern abstreifen; erst solle er sie in einem Kübel voll jähriger Molken abschrubben, dann in einem Kübel voll saurer Milch abreiben und schließlich in einem Kübel voll süßer Milch abschwemmen. Die Birkenruten habe er unters Bett gelegt und die drei Kübel mit Milch in die Ecke gestellt; es sei alles bereit. Der Bursche versprach, er wolle ihm folgen und tun, was er ihm gesagt hatte. Als sie sich abends ins Bett gelegt hatten, tat er, als ob er schliefe; die Prinzessin richtete sich auf dem Ellenbogen auf, um zu sehen, ob er wirklich schlafe, und kitzelte ihn unter der Nase; aber er schlief ganz fest. Da zupfte sie ihn am Haar und am Bart. Aber er schlief wie ein Sack, meinte sie wenigstens. Da zog sie unter ihrem Kopfkissen ein großes Schlächtermesser hervor und wollte ihm den Kopf abhacken. Aber da fuhr der Bursche auf, schlug ihr das Messer aus der Hand, packte sie an den Haaren und peitschte sie mit den Ruten und hörte nicht auf, bis keine einzige mehr ganz war. Darauf warf er sie in den Molkenkübel, und da sah er, was für ein Tier sie war, denn sie war rabenschwarz am ganzen Körper. Aber als er sie in den Molken abgeschrubbt hatte und in der Sauermilch abgerieben und in der süßen Milch abgeschwemmt, war die Trollhaut ganz weg, und sie war so wunderschön, wie sie zuvor noch nie gewesen war.

Am folgenden Tag sagte der Kamerad, nun sollten sie reisen, der Bursche war reisefertig und die Prinzessin auch, denn ihre Mitgift war schon lang bereit. In der Nacht brachte der Kamerad alles Gold und Silber und alle Kostbarkeiten, die der Troll im Berg hinterlassen hatte, ins Schloß, und als sie am Morgen fortreisen wollten, war der ganze Hof so voll, daß sie kaum durchkommen konnten. Diese Mitgift war mehr wert als das ganze Land des Königs, und sie wußten gar nicht, wie sie sie heimschaffen sollten. Aber der Kamerad wußte einen Ausweg aus der Verlegenheit. Der Troll hatte auch sechs Böcke hinterlassen, die durch die Luft fliegen konnten. Die belud er so reichlich mit Gold und Silber, daß sie auf der Erde gehen mußten und nicht stark genug waren, um sich in die Luft zu heben; was die Böcke nicht mehr tragen konnten, mußte im Schloß zurückbleiben. So reisten sie eine lange Zeit, aber schließlich wurden die Böcke so müde und elend, daß sie nicht mehr weitergehen konnten. Der Bursche und die Prinzessin wußten sich nicht zu helfen; aber als der Kamerad sah, daß sie nicht mehr von der Stelle kamen, nahm er die ganze Mitgift auf den Rücken, legte die Böcke obendrauf und trug das alles, bis man nur noch eine halbe Meile von der Heimat des Burschen entfernt war. Dann sagte der Kamerad: »Nun muß ich mich von dir trennen; ich kann nicht weiter bei dir bleiben.« Aber der Bursche wollte von einer Trennung nichts wissen und wollte ihn um keinen Preis scheiden lassen.

Also ging er noch eine halbe Meile mit, aber weiter konnte er nicht mehr, und als der Bursche in ihn drang und ihn nötigen wollte, mit ihm nach Hause zu kommen und da zu bleiben oder doch wenigstens die Heimkehr mitzufeiern, da sagte er immer nur, nein, er könne nicht. Da fragte ihn der Bursche, was er denn haben wolle als Lohn für seine Begleitung und Hilfe. »Wenn ich mir etwas wünschen soll, so möchte ich die Hälfte haben von allem, was du in den nächsten fünf Jahren gewinnst«, sagte der Kamerad. Das wurde ihm auch zugesagt.

Als der Kamerad fort war, versteckte der Bursche seinen ganzen Reichtum und zog spornstreichs nach Hause. Da feierten sie ein Heimkehrfest, daß man in sieben Königreichen davon sprach, und als das vorbei war, mußten sie den ganzen Winter lang mit den Böcken und mit den zwölf Pferden, die der Vater hatte, hin und her fahren, um alles das Gold und Silber nach Hause zu schaffen.

Nach fünf Jahren kam der Kamerad wieder und wollte sein Teil haben. Da schied der Mann seine ganze Habe in zwei gleiche Teile.

»Aber ein Ding hast du nicht geteilt«, sagte der Kamerad.

»Was wäre das?« fragte der Mann. »Ich glaubte, ich hätte alles geteilt.«

»Du hast doch ein Kind bekommen«, sagte der Kamerad, »das mußt du auch in zwei Teile teilen.«

Ja, so war es wirklich. Er nahm also das Schwert, aber als er es aufhob und das Kind teilen wollte, packte der Kamerad die Schwertspitze, so daß er nicht zuschlagen konnte.

»Freust du dich nicht, daß du nicht zuschlagen mußtest?« sagte er.

»Ja, so froh war ich noch nie«, sagte der Mann.

»So froh war auch ich, als du mich aus dem Eisklumpen befreitest«, sagte der Kamerad. »Behalte alles, was du hast; ich brauch' nichts, denn ich bin ein schwebender Geist.« Und er erzählte, er sei der Weinhändler, der in dem Eisklotz vor der Kirchentür lag und den alle anspien; und er sei sein Kamerad geworden und habe ihm geholfen, weil der Bursche seine Habe drangegeben habe, um ihm Frieden und ein christliches Begräbnis zu verschaffen. Er habe ihn ein Jahr lang begleiten dürfen, und das sei bei ihrem ersten Abschied abgelaufen gewesen. Nun habe er ihn nochmals besuchen dürfen, aber jetzt müßten sie für alle Zeiten scheiden, denn nun riefen ihn die Himmelsglocken.

So wird in Norwegen erzählt.

Der kluge Arzt oder
die Todesfurcht als Heilmittel

*E*s war einmal in alten Zeiten in Bagdad eine Frau, die war so dick, daß sie nicht gehen konnte. Und an einem Tage von den Tagen faßte sie einen Entschluß in ihrem Herzen und entschloß sich, zu einem Arzt zu gehen, um Medizin für ihre Fettleibigkeit zu suchen. Und sie ging bis zu dem Hause des Arztes. Und als sie dort angekommen war, lud der Arzt sie ein, näher zu treten, und sagte zu ihr: »Tritt näher!«

Und sie setzte sich hin. Und er fragte sie, wie es ginge. Die Frau antwortete ihm: »Es geht alles gut; ich bin zu dir gekommen, daß du meinen Zustand ansehest.«

Und er fragte sie: »Was hast du denn?«

Die Frau antwortete ihm und sagte: »Ich wünsche, daß du mir eine Medizin für diese meine Fettleibigkeit machest.«

Der Arzt sagte ihr: »Wenn Gott will; aber ich muß zuerst das Orakel befragen, damit ich sehe, welche Medizin für dich paßt; und du gehe jetzt nach Hause zurück; morgen komme wieder und hole deine Antwort!«

Und die Frau sagte: »Wenn Gott will!«, und ging nach Hause.

Am folgenden Tag kam sie wieder, um die Antwort zu holen. Der Arzt sagte ihr: »Geehrte Frau, ich habe in dem Buche nachgesehen und habe gefunden, nach sieben Tagen wirst du sterben; gut, so bitte ich dich, du hast keine Medizin nötig, da du so bald in sieben Tagen sterben wirst.«

Als die Frau die Worte des Arztes hörte, fürchtete sie sich in ihrem Herzen und dachte, sie würde sterben, und kehrte nach Hause zurück, aß nicht, trank nicht und war sehr betrübt und wurde sehr mager. So erreichte sie nun die sieben Tage, aber sie starb nicht. Sie erreichte den achten Tag, aber sie starb nicht. Da ging sie zum Arzt und sagte zu ihm: »Heute ist der achte Tag, und ich bin nicht gestorben.«

Und der Arzt sagte zu ihr: »Bist du nun dick oder dünn?«

Sie sagte: »Ich bin dünn, ich bin vor Todesfurcht ganz abgemagert.«

Der Arzt sagte zu ihr: »Das eben war die Medizin, die Furcht.«

Und die Frau ging von ihm weg. Und Gruß!

So wird bei den Swahili Ostafrikas erzählt.

Die viermal getötete Frau

Es war einmal ein Ehepaar, das hatte drei Söhne. Der eine hieß Loft, der zweite Björn, aber wie der dritte hieß, wird nicht berichtet. Als sich diese Geschichte zutrug, war der Vater der Brüder schon tot, und Loft hatte geheiratet und den Besitz übernommen. Seine Brüder hatten keinen eigenen Haushalt und wohnten bei ihm und verdienten sich ihr Geld; ihre Mutter war auch in Lofts Haus untergekommen. Lofts Frau vermutete, daß ihre Schwiegermutter schlecht von ihr rede und sie bei ihrem Mann verleumde, und wirklich saß Loft häufig lange bei ihr an ihrem Bett und sprach mit ihr allein.

Eines Tages, als die Brüder zum Fischen hinausgerudert waren – denn sie waren Seeleute und eifrig darauf bedacht, alles Nötige heranzuschaffen –, dachte die Frau, sie könnte nun die Redlichkeit ihrer Schwiegermutter auf die Probe stellen, und da erzählt sie ihr, es sei gerade ein Mann gekommen, der habe Speck zu verkaufen, und sie möchte gern ein wenig davon kaufen. Die Alte sagt, das solle sie nur tun; sie wisse doch, wie es sei, und Loft rede ihr doch in nichts hinein. Die Frau sagt, das wisse sie wohl, aber der Mann wolle etwas für den Speck haben, das sie ihm nicht geben möchte, denn sie sei doch eine verheiratete Frau. »Ach, meine Liebe, kümmere dich doch nicht darum«, sagt die Alte, »so was habe ich zu meiner Zeit auch öfter fertiggebracht und bin nicht gerade traurig darüber gewesen.« Die Frau tat, als wollte sie ihrem Beispiel folgen, aber sie kauft den Speck gar nicht für den Preis, den sie der Alten genannt hatte. Nun vergeht so die Zeit, bis die Brüder am Abend nach Hause kommen, und da geht Loft wieder hin und sitzt bei seiner Mutter und redet mit ihr. Die Frau merkte, daß die Alte alles dransetzte, um mit Loft ganz allein zu reden; deswegen ging sie hinunter, aber sie kam gleich wieder herauf, bevor noch die Alte mit dem anfangen konnte, wozu sie so große Lust hatte. Das gefiel der Alten gar nicht, und sie gab das ihrem Sohn insgeheim zu verstehen, indem sie vor sich hin brummelte: »Ein Wort ist auf der Zunge mir das zweite in der Kehle, das dritte ist in der Lunge mir – daß keins ich dir verhehle!« Und dann murmelte sie noch: »Wüßt einer nur von einer, was eine tut mit einem, ist aus dem Haus der eine, wär' einer nicht mit einer, wie einer ist mit einer, ist einer mit ihr alleine.« Aber weiter kam die Alte nicht und konnte ihrem Sohn an diesem Abend nicht mehr sagen.

Am Morgen danach ruderten die Brüder aus, wie es ihre Gewohnheit war. Während des Tages unterhält sich die Frau mit der Alten und sagt, daß es sie schrecklich danach verlange zu spielen. Die Alte sagt: »Mach das nur, meine Liebe! Aber was für ein Spiel ist es denn, das du am liebsten möchtest?« Die Hausfrau sagt, sie möchte am liebsten schaukeln. Da sagt die Alte, früher, zu ihrer Zeit, habe ihr gerade dies am meisten Spaß gemacht, und sie solle das doch zu ihrer Unterhaltung machen, wenn sie Freude daran habe. Die Frau fragt sie, ob sie nicht mit ihrer Hilfe probieren möchte herunterzukommen; dann könnte sie ihr beim Schaukeln zuschauen, wenn sie früher so viel Spaß an diesem Spiel gehabt habe. Die Alte meint das auch und tappt herunter und in die Stube in dem Haus da, alles mit Hilfe ihrer Schwiegertochter. Nun fängt die Frau an und schaukelt eine Weile und die Alte hat viel Spaß daran, ihr zuzuschauen. Dann steigt die Frau vom Schaukelbrett herunter und fragt nun ihre Schwiegermutter, ob ihr das Schaukeln nicht auch Freude machen würde; sie könnte sie ja zugleich halten und schaukeln. Die Alte leugnet nicht, daß sie Spaß daran haben könnte; so setzt sie sich mit Hilfe ihrer Schwiegertochter auf das Schaukelbrett, und die hält sie auch eine Weile fest. Aber als sich die Alte dessen am wenigsten versieht, gibt die Frau der Schaukel einen Stoß und läßt zugleich die Alte los, so daß sie von der Schaukel herabfällt und weit weg mit dem Kopf auf einem großen Stein bei der Hausschwelle aufschlägt und sich den Hals bricht. Sie ist mausetot, und die Frau nimmt sie auf, trägt sie in ihr Bett und deckt sie ordentlich zu und läßt alles so, bis am Abend die Brüder heimkommen. Da fragt Loft, was mit seiner Mutter los sei, sie habe ihm gar keine Antwort gegeben, als er sie grüßte. Die Frau sagt, sie sei wohl schon eingeschlafen, denn ihr sei an diesem Tag ein wenig übel gewesen. Sonst geschah nichts weiter.

Am Morgen danach ruderten die Brüder hinaus, aber die Frau nimmt die Leiche ihrer Schwiegermutter, macht sie zurecht und zieht sie an wie gewöhnlich, geht mit ihr in die Kammer, die Loft hatte, schließt dort eine große Truhe auf, in der er Tabak und Branntwein aufbewahrte. Dort läßt die Frau die Alte vor der Truhe niederknien, steckt ihren Kopf unter den Truhendeckel, gibt ihr in eine Hand eine Rolle Tabak, die sie etwas zerdrückte, und in die andere Hand ein Messer, so als ob sie Tabak abschneiden und stehlen wollte. Sie läßt die Kammertür halb offenstehen, als am Abend schon fast in der Dämmerung Loft nach Hause kommt. Er ist ziemlich ärgerlich, als er zu der offenen Kammer kommt, denn er selber hielt sie immer sorgsam verschlossen. Er geht hinein und wird noch zorniger, als er sieht, daß seine Schatztruhe offensteht und eine Frau davor kniet und ihm Tabak aus der Truhe stiehlt. Vor Wut kann er sich nicht mehr beherrschen, packt ein großes Messer, das er da in der Kammer hatte, und stößt es durch diesen ungebetenen Besucher. Die Alte fällt sogleich um, und nun erkennt er seine Mutter. Man kann sich denken, daß es Loft schrecklich elend zumute wurde, weil er seine Mutter ums Leben gebracht hatte, und er beschließt, seiner Frau von seinem Unglück zu erzählen. Die Frau war ganz entsetzt über die Untat, sagte aber, sie würde versuchen, alles zu verheimlichen, und brachte den Leichnam in das Zimmer der Alten, ohne daß die anderen Brüder etwas davon merkten.

Am nächsten Tag, während die Brüder auf See sind, nimmt die Frau die Alte und geht mit ihr zu einem Vorratsraum, den Björn für sich allein hatte und in dem er Trockenfisch und Haifisch aufbewahrte. Da richtet die Frau die liebe Alte wieder her und putzt sie heraus und läßt sie auf die Knie nieder, und in der einen Hand hält sie einen Streifen Haifisch und in der anderen ein Messer. Am Abend, als die Brüder heimkommen und sich nun etwas ausruhen wollen, geht Björn mit irgend etwas in den Vorratsraum; da sieht er dort eine Frau mit einem Kopfputz, die ihm Haifisch aus dem Vorratsraum stiehlt. Da packt er ein großes Fischermesser und durchbohrt sie damit, aber er merkt erst, als sie umfällt, daß dies seine Mutter ist. Ihm wurde ganz erbärmlich zumute, weil er seine Mutter umgebracht hatte, und da geht er zu seiner Schwägerin und bittet sie um alles in der Welt, diese Untat zu vertuschen, die hier geschehen ist. Die Frau ist ganz entsetzt darüber, aber sie sagt doch, sie werde es verheimlichen, wenn es ihr möglich ist.

Am Tag danach rudern die Brüder wieder aufs Meer. Die Frau nimmt die Leiche der Alten und trägt sie zum nächsten Haus. Nun war es so, daß dort der Amtmann wohnte. Zwischen dem Amtmann und den Eltern der drei Brüder hatte immer große Freundschaft bestanden, und es sah danach aus, als ob es zwischen dem Amtmann und Loft genauso sein würde. Der Amtmann hatte einen Widder, auf den er Wunder wie stolz war; er ließ ihn an den besten Stellen auf der Hauswiese grasen und ging oftmals am Tag zu seinem Vergnügen hin zu ihm. Nun traf es sich so gut, daß Lofts Frau mit der Leiche der Alten, ohne daß es jemand bemerkte, gerade zu der Stelle kam, an der der Widder graste. Sie putzt nun die Alte heraus und macht sie zurecht. Dann tötet sie den Widder, legt ihn auf den Rücken und beugt die Alte so über ihn, daß es aussieht, als ob sie die Eingeweide herausnähme. Sie selbst macht sich davon, und niemand hat etwas von ihr bemerkt. Als der Amtmann am Morgen auf den Beinen ist, muß er zuerst wieder nach seinem lieben Widder schauen. Da sieht er, wie dort eine Frau sitzt, und er meint, daß sie den Widder ausnimmt. Er wird zornig über das, was die Alte da macht, zieht sein Schwert, das er an der Seite trägt, wie es damals Brauch war, und durchbohrt damit die Frau. Als aber die Frau umfällt, merkt er, daß das seine alte Freundin ist. Ihm war es ganz schrecklich, daß er diese Schuld auf sich geladen und aus einer so geringen Ursache zum Mörder eines Menschen geworden war, und noch dazu gerade bei dieser Frau. Er schickte deshalb nach ihrer Schwiegertochter, denn die Brüder waren auf dem Meer, erzählte ihr die ganze Sache und bat sie um alles in der Welt, irgendwie dafür zu sorgen, daß die Alte begraben würde und man ihn nicht wegen des Mordes an einer Frau anklagte, und er bot ihr eine große Menge Geld dafür an. Die Frau versprach es ihm und ging mit der Alten weg, ohne daß jemand sie bemerkte, und sie bekam viel Geld vom Amtman, weil sie ihm aus der

Klemme geholfen hatte. Danach wurde die Alte in einem feierlichen Begräbnis beigesetzt. Aber Loft und seine Frau lebten von da an in enger Freundschaft mit dem Amtmann und liebten einander herzlich.

So wird in Island erzählt.

Elend währt
bis an den Jüngsten Tag

Die Apostel Petrus und Paulus machten einmal zusammen eine Reise, und als es Abend wurde, kamen sie miteinander an ein prächtiges steinernes Haus, darin wohnte ein reicher Geizhals. Die Apostel fragten eine Magd, welche im Bache vor diesem Hause Zeug spülte, ob sie dort übernachten könnten. Die Magd sagte, das werde ihr Herr aus Geiz nimmermehr zugeben, erbot sich aber, die Fremden zu ihrem Bruder zu bringen, der ein armes Bäuerlein war. Er hieß Elend, hatte nicht Weib und Kind und wohnte gleich nebenan in einer dürftigen Hütte.

Das Bäuerlein hüpfte vor Freuden fast bis an die Decke seiner niedern Stube, weil es einmal zu einem Besuch kam. Es bot den beiden Aposteln sogleich an, daß sie sich beide in sein Bett legen sollten, und wollte selbst auf dem harten Boden der Stube übernachten. Allein der Apostel Paulus sagte: »Leg du dich nur mit Petrus ins Bett, denn ich muß ohnehin die Nacht aufbleiben, weil ich zwei Briefe zu schreiben habe, den einen an die Korinther und den andern an den Timotheus; der hat einen so schwachen Magen, da will ich ihm schreiben, daß er sich den Durst mit Wein stillen soll.«

Da legte sich der Bauer mit Petrus ins Bett, und der Apostel Paulus schrieb an die Korinther und an den Timotheus. Am andern Morgen aber sagten die Apostel zu dem Bäuerlein, daß es sich eine Gnade ausbitten sollte. Da sagte es, es hätte nichts in seinem ganzen Vermögen als einen Birnbaum und von dem würden ihm so oft Birnen gestohlen. Da hätte es nun den sehnlichen Wunsch, daß niemand, der auf den Baum heraufstiege, ohne seine besondere Erlaubnis wieder herunter könnte.

»Du wünschest sehr mäßig«, sprachen die Apostel. »Und deine Bitte soll erfüllt werden.« Darauf gingen sie ihres Weges.

Es dauerte aber nicht lange, da saß einmal des Morgens der reiche Geizhals, der dem Bauer gegenüber wohnte, auf dem Birnbaume. Der hatte wollen in der Nacht dem Armen Birnen stehlen und schrie gewaltig, als er sah, daß er von dem Baume nicht wieder herunter konnte. Elend aber klatschte vor Freuden in die Hände, als er seinen reichen Nachbar auf dem Birnbaume erblickte, und rief alle Nachbarn herbei, daß sie ihn dort sitzen sähen.

Endlich versprach der reiche Geizhals, daß er ihm jeden Sonntag mittag durch seine Schwester ein Huhn im Topfe schicken wolle. Da klatschte der Bauer Elend von neuem in die Hände und ließ den Geizhals sogleich vom Birnbaume heruntersteigen. Von dieser Zeit an hat der Bauer auch richtig jeden Sonntag sein Huhn im Topfe gehabt und konnte sich daran laben, solange seine Schwester und der reiche Geizhals lebten.

Die waren aber beide schon gestorben, als eines Tages auch zu Elend der Tod kam. Das Bäuerlein war jetzt schon ganz zusammengekrümmt, wie nun so ein Bäuerlein auf seine alten Tage eben ist. So saß der Elend auf der Bank vor seinem Hause, und als der Tod erschien, war er ganz freundlich, daß einmal wieder jemand zu ihm kam.

Als nun der aber sagte, daß er der Tod sei, da sprach Elend: »Lieber Tod! Ich habe nur den einen Wunsch, daß ich noch vor meinem Ende einmal Birnen von meinem Birnbaume essen kann. Hättest du nicht auch ein Lüstchen darauf?« (Hier schmunzelte der Tod ein wenig, denn er hatte wirklich ein Lüstchen zu Birnen.) »Nun denn«, fuhr der Bauer Elend fort, »so steige hinauf auf den Birnbaum und hole uns ein Gericht Birnen herunter, ich selber bin schon steif und kann nicht mehr hinaufkommen.«

Der Tod kletterte nun auf den Birnbaum und wollte die Birnen herunterholen. Als er aber oben war und sich die Taschen voll gesteckt hatte, merkte er, daß er nicht wieder herunter konnte. Da kam der Bauer aus seinem Hause und klatschte wieder vor Freuden in seine Hände, daß er den Tod auf seinem Birnbaume gefangen halte. Endlich aber ließ er ihn laufen unter der Bedingung, daß er zu ihm nicht wieder kommen dürfe.

Darum lebt Elend noch bis auf den heutigen Tag und stöhnt und seufzt, läßt sich's dann aber auch einmal wohl sein an seinen

Birnen. Und ich fürchte sehr, der Vetter Juchheidom stirbt und Elend lebt bis an den Jüngsten Tag, obschon ihm doch am Ende im Grabe wohler wäre als hier auf der Erde.

So erzählt uns Heinrich Pröhle.

Seághan mit den beiden Schafen

*I*n alten Zeiten gab es in Irland kleine Zaubermännlein und Wichtelmännchen. Aber die verwünschten Fremden haben sie vertrieben, und mit ihnen verschwand das Glück des Landes. Es gibt seit der Zeit der Dänen viel Gold und Silber in Irland, unter dem Erdboden versteckt. Doch weiß keiner mehr, wo. Nur die Wichtelmännchen wußten Bescheid darüber und haben viele Menschen reich gemacht.

In jener alten Zeit lebte ein junger Mann namens Seághan O'Suilliobháin in Turloch-Mór, nahe bei Caislean a Bharra in der Grafschaft Mayo. Seine Großmutter erzog ihn, da ihm Vater und Mutter gestorben waren, als er ein Jahr zählte. Im Alter von zehn Jahren war er schon ein geschickter Bursche und seiner Großmutter nützlich. Sie hatte ihn sehr lieb. Er war täglich auf der Weide mit den Kühen und Schafen. Sie versprach ihm eines Tages, sie wollte ihm nach ihrem Tode zwei Schafe hinterlassen, wenn er ein tüchtiger Junge würde. Seághan lief am nächsten Morgen gleich durchs Dorf und erzählte jedem, alt und jung, er würde einmal zwei Schafe besitzen, sobald seine Großmutter gestorben wäre. Seit der Zeit nannten ihn die Leute nur noch »Seághan mit den beiden Schafen«. Auf den Namen hörte er wie auf seinen eigentlichen.

Es war alles ganz gut und nicht übel. Als Seághan fünfzehn Jahre alt war, starb die Großmutter und hinterließ ihm zwei Schafe. Eins davon war ein Hammel. Sie waren erst sechs Monate alt. Da gab es eine Meile im Umkreise keine fette, grasreiche Weide, auf die Seághan nicht seine beiden Schafe geführt hätte. Gab es eine hohe Mauer zwischen ihm und der Wiese, dann nahm er seine Schafe unter die Arme und hob sie hinüber. Die Leute beobachteten sein Tun und Treiben nicht weiter, sie hielten ihn für närrisch. Aber er war ein Narr mit eisernem Willen.

Eines Tages nun trieb Seághan einen faulen Esel vor sich her. Als ihm der nicht schnell genug trabte, begann er mit einem tüchtigen Knüppel auf ihn loszuschlagen. Zufällig kam ein Priester des

Weges. Er begann: »Es ist eine große Sünde, Seághan, daß du den armen Esel so boshaft prügelst. Der Esel ist ein gesegnetes Tier. Siehst du nicht das Zeichen des Kreuzes auf seinem Rücken? Und ein Esel war es, auf dem dein Heiland nach Jerusalem ritt!«

»Meiner Seel'!« sprach Seághan. »Wäre er auf diesem faulen Schurken geritten, dann wär's damit zum Teufel gewesen, daß er etwas von Jerusalem sah!«

»Gott helfe dir, du dummer Junge!« sagte der Priester. »Unser Heiland kann alles, und wenn wir ihn bitten, hilft er uns.«

»Ich glaube kein Wort von dem, was du da sagst«, versetzte Seághan. »Die Leute sagen, du seist ein frommer Mann.

Aber ich wette hier meine beiden Schafe darauf gegen zwanzig ›Dreizehnener‹, daß, wenn du auf diesem faulen Lümmel reitest, du heute abend vor Sonnenuntergang nicht bis an den Kreuzweg gelangst, ohne ihn zu prügeln. Und bis zum Kreuzweg ist's nur eine kleine Weile!«

Der Priester war ein heiterer Mann und sagte: »Ich will mit dir auf die Wette eingehen, Seághan.« So machte er sich daran, bestieg den Esel und lenkte ihn auf den Kreuzweg zu. Er streichelte ihm den Hals und schmeichelte ihm, um ihn in flinkere Gangart zu bringen – doch der Esel setzte kaum einen Fuß vor den andern. Eine Schnecke hatte es mit ihm aufgenommen!

Nun kamen die Leute aus den Häusern heraus, auf beiden Seiten des Weges, und sie belustigten sich über den Priester sowohl wie über Seághan. Der trottete dem Priester voraus und klatschte so laut er konnte in die Hände.

Am Wegrande stand ein Distelstrauch, und der Esel begann zu fressen und sich nicht von der Stelle zu rühren. Das dauerte, bis er genug hatte. Aber dann, statt weiterzutraben – plumps, lag er da! Und wenig hätte gefehlt, daß er dem Priester unter sich die Füße zerquetschte.

»Wenn du dich nicht beeilst«, meinte Seághan, »habe ich die Wette gewonnen. Nun bist du schon zwei Stunden unterwegs und hast noch nicht den halben Weg geschafft!«

»Der Dumme hat Glück«, meinte der Priester. »Da hast du deine Wette. Du hast noch mehr Witz im Kopf, als ich glaubte. Aber nun trolle dich, du und dein Esel, und komm mir nicht mehr unter die Augen!«

Seághan setzte sich flugs auf den Esel, bearbeitete ihn tüchtig mit dem Knüppel und kam bald von der Stelle. Er war sehr vergnügt und guter Dinge, daß er dem Priester so mitgespielt hatte.

An demselben Abend brachte er seine beiden Schafe heim wie sonst, und zwar unter das Dach des Hausgiebels. Dann ging er selbst schlafen. In der Nacht, während er schlief, kam der Wolf, tötete den Hammel und ließ ihn liegen.

Als Seághan am Morgen hinaustrat, fand er den toten Hammel. Er jammerte mehr um ihn, als er um seine Großmutter gejammert hatte. Nachdem er sich ausgeweint hatte, ging er an das Schaf und sprach: »Ach, du armes Geschöpf! Bist du nicht betrübt, daß dein Kamerad tot ist und daß außer dir keins mehr übrig ist von deiner Familie?«

Kaum aber hatte er also zu dem Schafe gesprochen, was meint ihr, tat dieses? Es setzte sich auf den Hintern, blickte ihn an und sprach mit menschlicher Stimme: »Habe Geduld! Der Hammel wird wieder lebendig werden, so du meinen Rat befolgst. Erzähl es keiner lebenden Seele, daß er tot ist! Geh in die Stadt und kaufe ein Schafsfell mitsamt der Wolle darauf! Heute nacht wird der Wolf mir nachstellen. Aber sei du hier bei mir, wirf dir das Schafsfell über und halte dein scharfes Messer in der rechten Hand. Sobald er versucht, mich zu packen, stoße ihm das Messer ins Herz, daß er tot hinfällt. Danach schneide ihm das Herz aus und reibe damit die Zunge deines Hammels. Alsobald wird er wieder lebendig und munter sein wie einst. Und dann noch eins: Im Wolfsbauch ist eine Goldbörse, die wird niemals leer. Aber wisse, wenn du dein Geheimnis zu irgendeinem Menschen ausplauderst, bist du verloren und ich und der Hammel auch!«

»O du mein Herzensliebling!« rief Seághan. »Ich werde alles tun, was du mir sagst. Aber warum hat es so lange gedauert, ehe du zu mir den Mund auf tatest! Ich war doch so verlassen, seit meine Großmutter starb! – Gott segne ihre Seele!«

Er konnte nichts weiter hinzufügen, denn das Schaf hub nochmals an: »Still! Es ist ja deine Großmutter, die zu dir redet! Und dein Großvater ist's, der da hingestreckt unter dem Dachgiebel liegt. Du wunderst dich darüber, uns in Gestalt von Schafen zu sehen. Doch du wirst nicht weiter erstaunt sein, wenn du die ganze Geschichte erfährst: Als deine Mutter im Sterben lag, verpflichtete sie uns, für dich Sorge zu tragen, ob wir tot oder lebendig seien, bis zu deinem einundzwanzigsten Jahre. Das hatten wir ihr versprochen. Als wir nun vor den ewigen Richter hintraten, wurden wir in dieser Gestalt wieder zurückgeschickt, damit wir unser Versprechen erfüllten.«

»Ich danke dir«, sprach Seághan. »Ich will alles tun, was du sagst. Und was das Geheimnis anbetrifft, sollst du sehen, daß ich es hüten kann, wenn ich auch unter den Leuten als Narr gelte.«

Seághan ging in die Stadt, kaufte das Fell und kam heim. Er gab dem Schafe reichlich Heu, und als die Dunkelheit der Nacht hereinbrach, warf er sich das Fell über und streckte sich am Hausgiebel hin.

»Du kommst um vor Kälte, ehe der Wolf naht«, warnte das Schaf. »Setze dich drinnen ans Feuer, bis du mich blöken hörst: Mäh! Mäh!«

Er ging ins Haus, zündete sich ein Feuer an und setzte sich davor nieder. Dann dachte er nach über alles, was er erlebt hatte. Er wollte gerade einschlafen, als er das »Mäh! Mäh!« des Schafes vernahm. Er stürzte hinaus.

»Beeile dich!« sagte das Schaf. »Der Wolf kommt schon!«

Seághan warf sich das Fell über und legte sich vor der Giebelwand hin. Kurze Zeit darauf nahte der Wolf. Als er glaubte, das Schaf packen zu können, stieß Seághan zu und trieb ihm das Messer ins Herz. Der Wolf stürzte hin und war tot. Darauf schnitt ihm Seághan den Bauch auf, nahm das Herz heraus und rieb damit die Zunge des Hammels ein. Da erhob sich dieser, heil und munter wie zuvor.

Während sich der Hammel und das Schaf umarmten, suchte Seághan weiter, bis er die Goldbörse fand. Sie war viel kostbarer als die ganze Grafschaft Mayo: sie sollte ja niemals leer werden!

Zwischen Seághan und den zwei Schafen fand nun eine lange Unterredung statt. Das Schaf tat ihm kund, es werde alljährlich zwei Lämmer werfen, und diese würden die besten sein auf dem ganzen Markt. »Und wenn sich dann irgend jemand bei dir erkundigt, wer ihr Vater ist, gib zur Antwort, du weißt es nicht! – Nun geh ins Bett, und morgen früh magst du den Nachbarn erzählen, daß du den Wolf getötet hast, der deinen beiden Schafen auflauerte. Er hat immer viel Schaden angerichtet unter den Schafen dieser Gegend. Jedermann wird dich preisen, und besonders der Priester! Der Wolf entriß ihm nämlich viele Lämmer. Nun sage ich nichts weiter zu dir, bis du meinen Rat wieder brauchst.«

»Ich habe ihm auch noch ein paar Worte zu sagen«, hub jetzt der Hammel an. »Der Wolf war Paídín, Eamons Sohn. Du erinnerst dich gewiß, daß er vor sieben Jahren gehängt wurde, weil er Feilim Mac Griomh ermordet und ihm fünf Schafe gestohlen hatte. Als er vor den ewigen Richter hintrat, wurde er auf sieben Jahre in Wolfsgestalt in die Welt zurückgeschickt. Jetzt aber liegt er gebunden im Loch Dearg in Gestalt einer Riesenschlange und wird dort bleiben, bis das Ende der Welt kommt.«

»Ich erinnere mich seiner sehr wohl«, sagte Seághan. »Es fehlte nicht viel, und er hätte mir einmal die Ohren abgeschnitten, als ich auf seinem Lande Nester suchte.«

»Geh nun schlafen, ich habe dir nichts weiter mitzuteilen«, schloß der Hammel.

Früh am Morgen brachte Seághan seine Schafe auf eine grasreiche Weide. Dann suchte er den Priester auf und erzählte ihm, daß er in der letzten Nacht einen Wolf getötet habe. Der Priester wollte ihm das nicht glauben, sondern sagte: »Scher dich nach Hause, du Lump! Ich wurde erst vor kurzem gründlich verspottet um deinet- und um deines Esels willen.«

»Bei meiner Seele! Ich sage dir die blanke Wahrheit!« beteuerte Seághan. »Meine beiden Schafe waren bei der Giebelseite untergebracht, als der Wolf kam und ihnen nachspürte. Da stieß ich ihm mein Messer ins Herz und ließ ihm nicht die Eingeweide im Leibe, sondern warf sie auf die Erde dort beim Hausgiebel.«

»Ich werde in ein bis zwei Stunden den Weg dort entlang kommen«, sagte der Priester, »und wenn du mir etwas vorgeschwindelt hast, zerbreche ich dir alle Knochen im Leibe!«

Seághan ging durchs Dorf und erzählte allen Leuten seine Geschichte. Einige glaubten ihm, andere zweifelten. Ein paar begleiteten ihn nach Hause. Da sahen sie den toten Wolf. Nun dauerte es nicht lange und die Zungen setzten sich in Bewegung: Seághan mit den beiden Schafen wurde hoch gepriesen.

Als der Priester kam, sagte er: »Ich verzeihe dir die Eselsgeschichte. Hier hast du ein blankes Goldstück!«

»Ich brauche kein Gold und Silber von dir. Gib es den Armen im Dorfe! Meine Großmutter hat mir Gold und Silber hinterlassen.«

»Gib mir deine Hand! Auf mein Wort, du bist ein wackerer Bursche!« So sprach der Priester und schüttelte ihm die Hand. Dann wandte er sich an die Leute, die dabeistanden: »Ihr müßt Seághan sehr achten. Er tat allen im Bezirk eine große Wohltat, indem er das Tier hier tötete. Nun grabt ein Loch und scharrt es ein!«

Am ersten Monatstage im Frühling hatte Seághans Schaf zwei Lämmer, und nie sah jemand in Irland ein Lamm, das halb so prächtig gediehen wäre wie sie. Die Wolle an ihnen war schon einen halben Fuß lang und weich wie die feinste Seide. Als sie sechs Monate alt waren, brachte Seághan sie auf den Markt, und jeder, der sie sah, erkundigte sich nach ihrer Abstammung. Seághan sagte, das Mutterschaf wäre bei ihm zu Hause. Nun kam jeder Farmer oder Schafzüchter bis zu vierzig Meilen im Umkreise zu ihm gelaufen, um das Schaf zu besichtigen. Sie waren bereit, ihm jeden Preis dafür zu zahlen. Aber Seághan verkaufte es nicht.

Jedes folgende Jahr hatte das Schaf nun zwei Lämmer. Doch es waren stets nur weibliche Tiere, und die Farmer waren dieserhalb recht betrübt.

Seághan ging es fünf Jahre lang gut. Alljährlich bekam er einen großen Preis für die Lämmer und kaufte sich jedes Jahr ein Stück Land. Als er zwanzig Jahre alt war, besaß er schon ein schönes Gut, und alle jungen Mädchen zwanzig Meilen in der Runde waren in ihn verliebt. Aber dann ging mit ihm eine große Veränderung vor. Am Abend vor seinem einundzwanzigsten Geburtstage sagte das Schaf zu ihm: »Morgen wirst du einundzwanzig Jahre alt, und dann habe ich mit deinem Großvater nicht mehr für dich zu sorgen. Wir haben unsere Pflicht getan und werden nun zur ewigen Ruhe eingehen. Morgen früh findest du uns tot an der Giebelseite. Mach dann ein tiefes Loch und vergrab uns dort!«

Seághan war tief betrübt und sagte: »Ich möchte mit euch gehen. Mir bricht das Herz vor Kummer und Einsamkeit.«

»Du kannst uns nicht begleiten«, sprach das Schaf. »Deine Lebenszeit ist noch nicht um. Lange Jahre hast du noch vor dir.«

An dem Abend führte Seághan die beiden Schafe wieder heim, und an der Giebelseite brachte er sie unter. Aber er konnte nicht ruhig schlafen. Früh am Morgen ging er hinaus und fand beide Schafe tot. Er grub ein tiefes Loch und verbarg sie dort.

»Nun«, sagte er zu sich, »da bin ich heute einundzwanzig Jahre alt. Ich will bei der Gelegenheit Branntwein trinken und mir damit meinen Kummer vertreiben.«

Er ging in die Stadt, kaufte sich ein Krüglein Schnaps und kehrte nach Hause zurück. Er begann zu trinken, und nicht lange, so war er blind vor Trunkenheit. Ein Nachbar kam zu ihm ins Haus. Seághan begann mit ihm zu schwatzen und ließ dabei das Geheimnis über die beiden Schafe entschlüpfen. Die Geschichte lief von Mund zu Mund, bis jeder in der Gegend sie kannte.

Am Morgen darauf war die Goldbörse verschwunden. Seághan hörte nicht auf zu trinken, bis er jeden Pfennig, den er besaß, durchgebracht hatte. Alsdann ging er von Haus zu Haus. Er war halb närrisch und bettelte um etwas Essen.

War er nun gescheit oder dumm?

So wird in Irland erzählt.

Der Tod der Elster

*V*or Zeiten gab es in der indischen Stadt Magadha einen Großkönig namens Mahâdeva; dieser hatte zum Priester den Âtshârja Abhiprâjamitra. Als an einem Tage der Âtshârja samt dem Könige zum Gipfel eines hohen Berges gelustwandelt war, gelangte aus der Niederung nach oben ein berauschter, mit dem gelben geistlichen Gewande bekleideter, sich ungebührlich betragender Geistlicher. Darob empfand der König Ekel und sprach zum Âtshârja: »Ein berauschter Geistlicher dient den Menschen unten zum Scherz und Spott.«

Der Âtshârja entgegnete: »Es mag sein, o großer König; allein es hat vor Zeiten der Buddha Câkjamuni sich also über das Unstatthafte geäußert: ›Ist auch tot das Rind, ist der Bezoar doch da, ist auch tot das Moschustier, ist doch der Moschus da, ist auch tot der Tiger, so bleibt das bunte Fell, ist berauscht auch der Geistliche, ist doch am Halse das Reliquienkästchen. Ist die Tshampaka-Blume auch mangelhaft, so dürfen doch die anderen gewöhnlichen Blumen sich ihr nicht gleichstellen, übertreten meine Zuhörer auch das Sittengesetz, so dürfen doch die anderen gewöhnlichen Menschen sich ihnen nicht gleichstellen. Ist auch der König mangelhaft, so dürfen doch die gewöhnlichen Menschen niederer Kaste sich ihm nicht gleichstellen; ist auch der Tiger mangelhaft, so dürfen doch die gewöhnlichen Raubtiere sich ihm nicht gleichstellen. Wie sehr man auch das Kamel herabsetzen mag, so darf doch keine gewöhnliche Geiß sich ihm gleichstellen. Wie mangelhaft auch der Pfau sein mag, so darf doch kein gewöhnlicher Vogel sich ihm gleichstellen. Treibt man mit dem berauschten Geistlichen Scherz und Spott, so tritt Verfinsterung der Gebieter und Untertanen ein.‹«

Als der König nach diesen Worten sich sehr schuldig fühlte, reichte der Âtshârja ihm die Hand und sprach: »Es ist gut. Soll ich dir jetzt eine Geschichte aus alter Zeit von der Elster erzählen?«

Der König, damit zufrieden, hieß ihn erzählen und der Âtshârja sprach: »In längst vergangener Zeit lebte ein König Acjoka. Nicht

sehr weit von dem Palaste dieses Königs hielt sich an einem Kreuz-
wege ein Elsterpärchen Körner auflesend und verzehrend auf. Da
kam des Weges gegangen ein Bhikshu, angetan mit dem geistlichen
Gewande, in der rechten Hand einen Avîra-Zweig, in der linken
einen Stab haltend, am Halse aber hatte er ein Reliquienkästchen.
Als das Weibchen ihn erblickte, fragte es: ›Wer ist der da unten des
Weges Kommende?‹

Das Männchen sprach: ›Es ist ein mit gelbem Gewande bekleideter Ehrwürdiger.‹

Das Weibchen meinte: ›In dem gegenwärtigen entarteten Zeit-
alter sind die Menschen sehr wenig gutgesinnt und sehr lasterhaft;
der Bhikshu, obwohl ein Ehrwürdiger, ist uns unbekannt; ob der
hin und her schwankende Mann gut sein sollte?‹

Das Männchen sprach: ›Dieser mit gelbem Gewande bekleidete
Bhikshu wird andern Wesen kein Leid zufügen; sollte er ein Leid
zufügen, so ist er kein Buddha-Sohn. Aus den Wiedergeburten
Câkjamunis wissen wir, daß, nachdem der die Schar anführende
Flamingo-König, von fünfhundert Flamingos umringt, in dem
vollendetsten Glück bei dem Buddha die Lehre gehört hatte und
gläubig geworden war, er, auf dem Wege ausruhend, von einem
bösen, sündhaften König, der nach Flamingo-Fleisch Verlangen
trug, ums Leben gebracht wurde. Die dem Gesetz der Vögel folgende Schar blieb auf der Stelle und erfuhr kein Leid. Der jetzigen
schlimmen Zeit ist nicht zu trauen. Bleiben wir nicht hier, sondern
ziehen wir fort!‹

Mit diesen Worten kletterte das Weibchen an einem Baumstamm empor. Das Männchen sagte: ›Aus dem trefflichen Gold-
lichtsûtra wissen wir, daß der König Mahâsattva einer Tigerin seinen Leib hingab. Ein Bhikshu, der der Welt entsagt hat, ist seltener
als die Udumbara. Bekommt man das Reliquienkästchen zu sehen,
so ist dies nicht verschieden vom Anblick des Buddha. Jetzt muß
ich das Reliquienkästchen sehen.‹ Mit diesen Worten blieb das
Männchen dort sitzen.

Es gelangte der Bhikshu dahin und es redete das Elstermännchen ihn also an: ›Mit dem Schmuck der drei Lehrstücke ausgestat-
teter Câkjamuni-Sohn, Schatzkammer der ehrwürdigen sieben

Kleinodien, der du die Mittel kennst, die Wesenheit der Leere zu erfassen, o Bhikshu, der du mit dem rotbraunen Gewande geschmückt bist, komm her. Ich bin durch die Macht früherer Taten unter den Tieren geboren und kann in diesem Leben nicht des rotbraunen Gewandes teilhaft werden; allein, bekomme ich das Reliquienkästchen zu Gesicht, so ist es ebenso viel, als wenn ich den Buddha erblickte. Um also die durch das Geschick angesammelte Sündhaftigkeit zu reinigen, geruhe mir das Reliquienkästchen zu zeigen.‹

Der Bhikshu aber schwang seinen Stab herum und schlug darauflos, so daß er einen Flügel der Elster zerbrach. Als dies des Königs Acoka Rinderhirt gesehen hatte, sprach er zum Bhikshu: ›He, Freund und Bhikshu voll des Rausches, ein Câkja-Bhikshu, der der Welt entsagt hat, fügt anderen Wesen keinen Schaden zu; fügt er einen Schaden zu, so ist er kein Geistlicher, ist er kein Sohn des Siegreichen; der Elster so den Flügel zu zerschlagen, ist der Lehre nicht gemäß.‹

Jener verschlagene Bhikshu antwortete: ›Die beflügelten Vögel sind böser Gesinnung; die trügerische Elster ist von großer Bosheit; sie hatte vor, mir das Reliquienkästchen zu rauben.

Deshalb habe ich nach ihr meinen Stab geworfen und ihr einen Flügel zerschlagen. Deshalb wolle du nur mir nicht zürnen.‹

Da flog das Weibchen vom Baume zu dem Zusammengesunkenen hinab; die Augen mit Tränen gefüllt, sprach es: ›O Jammer, ach, o weh! Mein Männchen du, mit großer Scheu der unliebsamen Lehre Ruf verkündend, mit frommem Sinn der Lehre treu ergeben, den, der Lehre nicht gehorchend, des After-Bhikshus Stecken traf. Zu dem, der Nahrung mir gesucht, kann jammernd ich nur sprechen. Als solcher Befreiung nachstrebend der Papagei mit türkisblauen Flügeln das Kleinod vom Leben eingebüßt hatte, entstand um ihn ein Streit der Kinder. Wenn auch gelangt zum höchsten Grade der Geduld, wärst du, wenn du gehorchet meinen Worten und wenn du gelangt zum Baumesgipfel, nun bar der Schmerzen. Jetzt ist der schlimme Geistliche da, der schlechte Bhikshu ohne Scham. Solchen Hingang sehend, fühle ich das Herz mir bersten. Allein was soll man bei dem Jammer machen!‹

Also sprechend jammerte das Weibchen und weinte, das Männchen, als es weiter sich gewälzt, sprach also: ›Im Munde mag der Seufzer nun verschwinden! Da ich deinem Worte nicht gehorcht, ist mir ein solcher Schmerz erwachsen; allein dem Bhikshu, dem Ehrwürdigen, mögest du nun nicht mehr zürnen. Erfährt man Schmerz, so übe man Geduld; die Buße der Geduld erzeugt die Buddhaschaft, der Zorn der Ungeduld bringt in die Hölle. Wolle du den Bhikshus nur nicht zürnen. Frühere Taten sind gereift. Wenn die Zeit des Sterbens kommt, wird der Tierleib hier verlassen, Götter- oder Menschenleib erlangt, der treffliche Befreiungspfad betreten. Von nun an werden, wenn ich sterbe, alle Schmerzen gleich ihr Ende haben, wird der Zeitraum der Glücks- und Unglückstaten sein. Wolle du nicht selber Schmerz bereiten.‹

Da sprach das Weibchen: ›O weh, o Jammer, du mein Mann! Was werd' ohne dich ich wohl beginnen? Wenn versammelt sich der Vögel Schar, der lieblich redende König der Vögel Kokila, der Minister der weißgeschwänzten Geier, der redekundige Türkis-Papagei, der als geistlicher Herr geborene Tschakravâka, der allwissende Vögel-Bonpo, der ehrwürdige Wiesen-Wachtelkönig, die ehrwürdige kraftlose Zwitscherin, der Falke und Mäusehabicht, der Magnat Uhu der alte, der Oheim Totenrichter Rabe, Bräutigam der blaue Tänzer, die in Felsenhöhlen meditierende Taube, der Chiliarch Wiesen-Spatz, die zarte Wald-Nachtigall, die trügerische Goldgans, wenn alle Vögel sich versammeln, was soll ohne dich ich dann beginnen; wie soll ich dann, wenn ich befragt bin, sprechen?‹

Also sprach und weinte sie, das Männchen aber sagte: ›O Liebliche, hör du her! Wenn die ganze Vogelschar versammelt ist (wenn Glück und Unglück eintritt, muß Glück man tragen, Unglück tragen), sprich dann zur Vogelschar also. Meine Sterbensworte mußt du lernen, nicht darfst den Auftrag du vergessen; also mußt zur Vogelschar du sprechen: zu Kokila, dem Könige der Vögel: ›Zeit und Stunde nicht beachtend, laß den lieblichen Gesang ertönen, heitre auf den Sinn der Menschen; obwohl schlechtem Vieh ein Freund, sollst du bei ihm nicht lange weilen‹, zum Minister, dem Weißschwanz-Geier, sprich: ›Auf des Himmels-Höhe schwebend, hege Güte zu der Vogelschar, nicht nimm du Fleisch zur Nahrung, nähr von Sprossen dich und Leichen; überstolz mußt du nicht lange um dich blicken!‹

Zum redekundigen Türkis-Papagei: ›Erfasse du des Königs Sinn und mache nicht zu viel der Worte.‹ Zum geistlichen Herrn Tschakravâka: ›Es soll die Buddha-Lehre blühn und wenn die Wesen abwärts streben, sind auf den Pfad der Befreiung sie zu leiten.‹

Zum allwissenden Vögel-Bonpo: ›Kunde muß man gut erteilen, räumen fort die Hindernisse, Dämone von der Wiege scheuchen.‹ Zum ehrwürdigen Wiesen-Wachtelkönig: ›Wenn des Buches Blätter du liesest, sollst du deutlich, klar und lieblich deinen Vortrag halten, dem Gabenspender jedes Hindernis beseitigen.‹

Zur ehrwürdigen kraftlosen Zwitscherin: ›Wenn der Jahreszeiten Maß du nimmst und sie in dreihundert Sprachen überträgst, hüte dann dich vor des Falken Gier; in den Lüften weile du nicht lange; dein niedres Nest im Feldrain bauend, decke du die eignen Jungen; nicht laß die Eier du im faulen Neste; suche in der Einsamkeit des Nestes Statte.‹ Zum Richter, dem Falken und Mäusehabicht sprich: ›Einlaß nicht dem äußern Feind gestattend, Güte hegend zu der Schar der Vögel, mußt übergroßen Hunger du nicht lange haben.‹

Zum Magnat Uhu mit gelbem Schnabel: ›Bei Tage in dem Loche weilend, in der Nacht die Nahrung sammelnd, schone du das Kleinod Leben, laß deine Stimme nicht ertönen, nicht das schlimme Omen ha ha hören.‹ Zum Oheim dem Totenrichter Rabe: ›Freundlich sei du mit den Neffen hier, leih Vermögen du den Kindern, lenke du des Landes Herrschaft, gib Ausdruck du den guten Plänen.‹

Zum Bräutigam dem blauen Tänzer: ›Dem Ohnmächtigen bürde keine Last du auf, der Schwache hat an sich genug.‹ Zu der in der Felsenhöhle meditierenden Taube: ›... die Wünsche all erfüllt, im Innern keinen bösen Plan erfassend, abends an des Wassers Oberfläche lange nicht Betrachtung übend, suche du nicht weit die Nahrung.‹ Zum Oberfeldherrn dem rotköpfigen Spatz: ›Beginn mit andern keinen Streit, weil nicht lange auf dem Wege;

kommt hervor der blaue Mäusehabicht, mußt du hin und her zur Seite schlüpfen; am Ende von des Eingangs Oberschwelle wolle nicht des Nestes Stätte du bereiten; deinen Jungen dien ein Steineshaufen; in der Mitte hoch nach Süden, auf hohem Boden such des Nestes Stätte, dann ist es warm und fest zugleich.‹

Dem Hahn mit ausdauernder Männerstimme: ›Bei Tage langen Ruf wünschend, suche Nahrung du, der Vögel Rinderhirt; in der Nacht auf der Stange weilend, gib in der Dämmerung nicht schlimmen Ruf; bei Tagesanbruch melde du die Zeit; ohne von dem Stab der Toren getroffen zu werden, hadre mit den Rechtsverletzern.‹ Zur zarten Nachtigall des Waldes: ›Nicht verletzend und nicht verleumdend, ohne auf der Menschen Lüge einzugehen, melde alles treu der Wahrheit.‹ Der trügerischen Goldgans: ›Des Dankes gegen deine Eltern nicht vergessend, des Leibes, der Rede und des Geistes Dienste leihend, den tugendhaft wandelnden geistlichen Frauen Aufmerksamkeit spendend, mußt du, wenn du vom Jenseits Seligkeit wünschest, das zur Seligkeit Nötige tun.‹

Ferner sprach das Weibchen: ›Wer wird jetzt, wenn du gestorben, zur Sommerzeit, wenn der Hagel rauscht, der Regen fällt, die Jungen mit dem Flügel decken? Wer wird in der kalten Winterzeit, wenn sogar die Steine in Splitter bersten, die Jungen mit dem Flügel decken? Wer wird in der Frühlingszeit, wo man Nahrung suchend sie nicht findet, den Jungen das Leben fristen helfen? Wer wird in der Herbstzeit, wenn die Früchte ihren Saft entfalten, Gewürm uns spenden? Wer wird zur Zeit, da man zur Stadt gelangt, die Nahrung mir bereiten? Wer wird, wenn ins Haus der Feind gelangt, dann mir Schutz bereiten? Wer wird, wenn ich auf den Feind mit Groll gerate, mir als Stütze dienen? Wer wird, wenn ich, was ich im Herzen hab', nicht sagen kann, mir im Gespräch Genosse sein? Wer wird im Nest mir Schlafgenosse sein? Ohne Glück und Unglück mitzuteilen, werde ich, wenn das Lebensmaß zu Ende ist, sterben und niemand da sein, der mich betrauert. Zur Zeit der schönsten Lebensblüte, ohne daß betroffen mich Krankheiten der vier Elemente, werde von dem Bhikshu ich zu solcher Handlung nun gebracht. Stirbst du, so werde ich dich nicht verlassen, sondern früher selbst vom Fels mich stürzen.‹

Als sie so gesprochen und schon zum Sturze schritt, sprach das Männchen: ›O Liebliche, ist richtig auch, was du gesprochen, so werden, wenn durch die Tat ich umgekommen, du dein Leben dir zuvor genommen, später niemand mehr als Freund sich findet, beide wir nicht mehr vorhanden, unsre Jungen Hungertodes sterben. Ist auch solche sündige Tat durch den Bhikshu selbst geschehen, sollst zu solcher Tat du nicht dich schicken; sollst denken an den Schutz der Jungen, nach mir tun, was heilsam ist.‹

Als das Männchen so gesprochen, redete das Weibchen: ›Weh mir, o Jammer, zu wahrem Mitleid du geboren, nachdem gesund in solche Lage du gekommen und dann ins Jenseits du gegangen, gelobe ich, nun drei der Jahre auf dem Lager zu weilen, aus den Augen Tränen fließen lassend, werde dann, bis wiederum verflossen drei der Jahre, warten, Gräser mir und Wasser mir versagen. Der Bhikshu, der sich deiner nicht erbarmt, hat auf mich nun unheilvolle Tat gebracht.‹ Also sprach das Weibchen, während regengleich die Tränen fielen, unentschlossen, was es tun sollte.

Da dachte das Elstermännchen also: ›Da ich nun das Leben lasse, mein Weib in diesem Zeitraum auf dem Schmerzenslager bleibet und weder die Lehren dieser Welt noch Worte den Schmerz beseitigen können, muß ich mit Hinblick auf die Vergänglichkeit der Welt und auf das Verlangen, von den Schmerzen des Kreislaufs erlöst zu werden, selber noch im Schmerz verweilend, eine Lehre über die Folgen und Früchte der Taten vortragen.‹

Also sprach es da zum Weibchen: ›O Liebliche, wir beide, du und ich, sind infolge eines Wunsches zur Zeit des Buddha Dîpamkara fortwährend als Gefährten geboren worden. Frühere Taten haben sicher ihre Folgen; als Folge früherer Zeit ist jetzt der Schmerz da; in der Macht der Schein-Welt noch befindlich, mußt du meine Worte hören. Ist Geburt da, ist auch Tod da; dieser Leib, gemischt aus Fleisch und Blut, ist der Geburt, des Todes teilhaft; wer hat gleich wie des Wassers Schaum, gleich wie des Frühlings Blume, wenn die Zeit des Todes kommt, noch Macht, welches Wesen, das geschaffen, noch Bestand?‹

Ferner sprach das Elstermännchen: ›Wenn ich von hier scheide, trete ich auf den Pfad der Einsicht; wolle du nun nicht mehr jammern; höre jetzt meine Worte: Das Ende des Gehörnen ist der Tod, das Ende des Zusammengesetzten ist die Trennung, das Ende des Angehäuften ist das Schwinden.‹«

So wird in Tibet erzählt.

Der Gevatter Tod

*E*s hatte ein armer Mann zwölf Kinder und mußte Tag und Nacht arbeiten, damit er ihnen nur Brot geben konnte. Als nun das dreizehnte zur Welt kam, wußte er sich in seiner Not nicht zu helfen, lief hinaus und wollte den ersten, der ihm begegnete, zu Gevatter bitten. Der erste, der ihm begegnete, das war der liebe Gott, der wußte schon, was er auf dem Herzen hatte, und sprach zu ihm: »Armer Mann, du dauerst mich, ich will dein Kind aus der Taufe heben und will für es sorgen, daß es glücklich wird auf Erden.« Der Mann sprach: »Wer bist du?« – »Ich bin der liebe Gott.« – »So begehr ich dich nicht zum Gevatter, denn du gibst den Reichen und lässest die Armen hungern.« So sprach der Mann, weil er nicht wußte, wie weislich Gott Reichtum und Armut verteilt; wendete sich ab von dem Herrn und ging weiter. Da trat der Teufel zu ihm und sprach: »Was suchst du? Ich bin der Pate deines Kinds und will ihm Gold geben und alle Lust der Welt.« Der Mann fragte: »Wer bist du?« – »Ich bin der Teufel.« – »So begehr ich dich nicht zum Gevatter, du betrügst und verführst die Menschen«, und ging weiter.

Da kam der Tod auf ihn zugeschritten und sprach: »Nimm mich zum Gevatter.« – »Wer bist du?« fragte der Mann. »Ich bin der Tod, der alles gleichmacht.« Da sprach der Mann: »Du bist der Rechte, du holst den Reichen und den Armen ohne Unterschied, du sollst mein Gevattersmann sein.« Der Tod antwortete: »Ich will dein Kind reich und berühmt machen auf der Welt, denn wer mich zum Freund hat, dem kann's nicht fehlen.« Sprach der Mann: »Künftigen Sonntag ist die Taufe, da stell dich zu rechter Zeit ein.«

Der Tod erschien, wie er versprochen hatte, und hielt das Kind über die Taufe. Als der Knabe nun zu Jahren gekommen war, trat zu einer Zeit der Pate ein, nahm ihn mit sich hinaus in den Wald, und als sie ganz allein waren, sprach er: »Jetzt sollst du dein Patengeschenk haben. Ich mache dich zu einem berühmten Arzt. Wenn du zu einem Kranken gerufen wirst, so will ich dir jedesmal erscheinen, stehe ich zu Füßen des Kranken, so sprich keck, ich will ihn wieder gesund machen, und gib ihm nur von einem gewissen Kraut ein, das ich dir zeigen will, so wird er genesen; stehe ich aber zu Häupten des Kranken, so ist er mein und dann sprich: ›Alle Hilfe ist umsonst, der muß sterben.‹«

Dann zeigte ihm der Tod das Kraut und sprach: »Hüte dich, daß du es nicht gegen meinen Willen gebrauchst.« Es dauerte nicht lange, so war der Arzt in der ganzen Welt berühmt. »Wenn der den Kranken nur ansieht, weiß er gleich, ob er wieder gesund wird oder ob er sterben muß«, so hieß es von ihm, und weit und breit kamen die Leute und holten ihn und gaben ihm Gold, so viel, als er verlangte, also daß er bald große Reichtümer besaß. Nun trug es sich zu, daß der König auch krank ward, da wurde nach ihm geschickt, er sollte sagen, ob er sterben müßte. Wie der Arzt nun zu dem Bette trat, sah er den Tod zu Häupten des Kranken stehen, und da war für ihn kein Kraut mehr gewachsen. Der Arzt aber dachte, vielleicht kannst du den Tod überlisten, weil's dein Herr Pate ist, wird er's so übel nicht nehmen, packte den König an und legte ihn verkehrt, so daß der Tod an seine Füße zu stehen kam; darauf gab er ihm das Kraut ein und der König erholte sich und ward wieder gesund. Der Tod aber kam zu dem Arzt, machte ein böses, finsteres Gesicht und sprach: »Diesmal soll dir's hingehen, weil ich dein Pate bin, aber unterstehst du dich noch einmal, mich zu betrügen, so geht dir's selbst an den Hals.« Bald darauf ward des Königs Tochter krank, und niemand konnte ihr helfen. Der alte König weinte Tag und Nacht, daß ihm die Augen erblindeten, endlich ließ er bekannt machen, wer sie vom Tod errette, der solle zum Lohn ihr Gemahl werden und die Krone erben. Nun kam der Arzt auch, aber der Tod stand zu Häupten, doch als er die Schönheit der Königstochter sah und an das Versprechen des Königs dachte, so vergaß er alle Warnungen, und ob ihn gleich der Tod ganz fürchterlich anschaute, so kehrte er doch die Kranke herum und gab ihr sein Kraut, so daß sich das Leben in ihr neu zu regen anfing.

Der Tod aber, als er sich zum zweitenmal um sein Eigentum betrogen sah, trat zu dem Arzt und sprach: »Nun folge mir«, packte ihn hart mit seiner eiskalten Hand und führte ihn in eine unterirdische Höhle, in der viel tausend und tausend Lichter in unübersehbaren Reihen brannten. Etliche waren groß, etliche halb, etliche klein; jeden Augenblick verloschen einige und brannten neue wieder auf, also daß die Flämmchen hin und her zu hüpfen schienen. »Siehst du«, sprach der Tod, »das sind die Lebenslichter der Menschen. Die großen gehören Kindern, die halben Eheleuten in ihren guten Jahren, die kleinen gehören Greisen. Doch haben auch Kinder und junge Menschen oft nur ein kleines Licht. Ist's abgebrannt, so ist ihr Leben zu Ende und sie sind mein Eigentum.« Der Arzt sprach: »Zeige mir nun auch mein Licht.« Da deutete der Tod auf ein ganz kleines Endchen, das eben auszugehen drohte, und sagte: »Siehst du!« Da erschrak der Arzt und sprach: »Ach, lieber Pate, zündet mir ein neues an, damit ich meines Lebens erst genießen kann, König werde und Gemahl der schönen Königstochter.« – »Ich kann nicht«, antwortete der Tod, »erst muß eins verlöschen, eh' ein neues anbrennt.« – »So setzet das alte auf ein neues, das gleich fortbrennt, wenn jenes zu Ende ist«, sprach der Arzt. Da stellte sich der Tod an, als wollte er seinen Wunsch erfüllen, langte ein frisches großes Licht herbei, aber beim Unterstecken versah er's, um sich zu rächen, absichtlich und das Stückchen fiel und verlosch. Da sank der Arzt mit um und war nun selbst in die Hand des Todes gefallen.

So erzählen uns die Brüder Grimm.

Der Schatten

*I*n den heißen Ländern, da kann die Sonne wahrhaftig brennen! Die Leute werden ganz mahagonibraun, ja, in den allerheißesten Ländern brennen sie zu Negern. Deshalb war ein gelehrter Mann aus den kalten Ländern nur bis in die heißen gereist, wo er glaubte, herumlaufen zu können wie daheim, aber das wurde ihm bald abgewöhnt. Er mußte wie alle vernünftigen Leute in seinen vier Wänden bleiben und den ganzen Tag Fensterläden und Türen geschlossen halten; das sah aus, als ob das ganze Haus schliefe oder von allen verlassen wäre. Er wohnte in einer schmalen Straße mit hohen Häusern, die so gebaut waren, daß sie von morgens bis abends im Sonnenschein lagen, und das war wirklich nicht auszuhalten! – Der gelehrte Mann aus den kalten Ländern, der ein junger Mann, ein kluger Mann war, fühlte sich wie in einem glühenden Ofen; das zehrte an seinen Kräften, er wurde ganz mager, sogar sein Schatten, der auch von der Sonne angegriffen wurde, schrumpfte ein und war nun viel kleiner als zu Hause. Der Mann und sein Schatten lebten erst wieder auf, wenn am Abend die Sonne untergegangen war.

Das anzusehen war ein rechtes Vergnügen: Sobald das Licht in die Stube gebracht wurde, streckte sich der Schatten ganz hoch an der Wand empor, ja, sogar bis über die Zimmerdecke, so lang machte er sich; das mußte er tun, um zu Kräften zu kommen. Der Gelehrte ging auf den Balkon hinaus, um sich zu strecken, und erst wenn die Sterne in der schönen klaren Luft hervortraten, glaubte er wieder zum Leben zu erwachen. Auf allen Balkons der Straße, und in den warmen Ländern hat jedes Fenster einen Balkon, kamen Leute zum Vorschein, denn Luft muß man haben, auch wenn man gewöhnt ist, mahagonibraun zu sein! Da wurde es oben und unten äußerst lebendig. Schuster und Schneider, alle Leute zogen nun auf die Straße, mit Tischen und Stühlen und brennendem Licht, ja, über tausend Lichter brannten, und der eine erzählte, und der andere sang, man promenierte, die Wagen fuhren, die Esel bimmelten: klingelingeling!, denn sie liefen mit Glöckchen herum. Tote wurden mit frommem Gesang zu Grabe getragen, die Straßenjungen feuerten Sprühteufelchen ab, die Kirchenglocken läuteten – ja, in der Straße war wirklich Leben!

Nur jenes Haus, dem der fremde gelehrte Mann gegenüber wohnte, war vollkommen still. Es war aber nicht unbewohnt, denn auf dem Balkon standen Blumen, die in der Sonnenglut prächtig gediehen, und das konnten sie nur, wenn sie gegossen wurden, und das mußte jemand tun, also mußten dort Leute sein. Auch wurde gegen Abend die Tür halb geöffnet, doch dahinter war es dunkel, zumindest in dem vordersten Zimmer, während aus dem Inneren Musik erklang. Der fremde gelehrte Mann fand sie ganz unvergleichlich, aber das konnte durchaus eine Einbildung sein, denn er fand alles in den warmen Ländern unvergleichlich, wenn nur die Sonne nicht gewesen wäre.

Sein Wirt sagte, er kenne die Mieter dort drüben nicht, es sei auch niemand zu sehen, und was die Musik betraf, so fand er sie furchtbar langweilig. »Das klingt, als ob jemand ein Stück übt, das zu schwer für ihn ist, und es immer noch einmal spielt. ›Ich werde es doch schaffen!‹ sagt er wohl, aber er schafft es nicht, er mag noch so lange spielen.«

Eines Nachts wurde der Fremde davon wach, daß sich vor seiner offnen Balkontür die Gardine im Wind hob, und er glaubte auf dem Balkon gegenüber einen wunderbaren Glanz zu sehen, alle Blumen leuchteten wie Flammen und in den herrlichsten Farben, in ihrer Mitte stand eine schlanke, liebliche Jungfrau, und auch sie schien zu leuchten. Das schnitt ihm wirklich in die Augen, er hatte sie freilich auch schrecklich weit aufgerissen, außerdem kam er aus dem tiefsten Schlaf. Mit einem Satz war er aus dem Bett und schlich sich ganz leise hinter die Gardine, aber die Jungfrau war fort, der Glanz war fort, die Blumen leuchteten ganz und gar nicht, sondern standen genauso da wie immer. Die Tür war angelehnt, und die Musik, die aus den inneren Räumen tönte, war so sanft und lieblich, daß man dabei ordentlich in süße Gedanken versinken konnte. Das war wie ein Zauber, und wer wohnte dort? Wo war der eigentliche Eingang? Durch das Erdgeschoß, wo ein

Geschäft neben dem anderen lag, konnten die Leute doch nicht immer hindurchlaufen.

Als der Fremde eines Abends wieder auf seinem Balkon saß und hinter ihm Licht brannte, da war es ganz natürlich, daß sein Schatten zur Hauswand gegenüber wanderte; ja, er setzte sich mitten zwischen die Blumen auf dem Balkon, und wenn der Fremde sich regte, dann regte er sich auch, denn das tut ein Schatten.

»Ich glaube, mein Schatten ist das einzig Lebendige, was ich da drüben sehe«, sagte der gelehrte Mann. »Schau an, wie hübsch er zwischen den Blumen sitzt, die Tür ist angelehnt, und jetzt sollte er so schlau sein und hineingehen, sich dort umsehen und dann zurückkehren und mir erzählen, was er gesehen hat! Ja, du solltest dich nützlich machen!« sagte er im Spaß. »Bitte, tritt ein! So! Gehst du nun?« Und dann nickte er seinem Schatten zu, und sein Schatten nickte zurück. »Ja, geh nur, aber komm auch wieder!« Und als sich der Fremde erhob, erhob sich auch sein Schatten auf dem Balkon gegenüber und drehte sich, als sich der Fremde drehte, ja, wenn es jemand genau beobachtet hätte, dann hätte er deutlich erkennen können, daß der Schatten durch die halbgeöffnete Balkontür trat, gerade in dem Moment, als der Fremde in sein Zimmer zurückkehrte und hinter sich die lange Gardine herabfallen ließ.

Am nächsten Morgen ging der gelehrte Mann aus, um Kaffee zu trinken und Zeitungen zu lesen. »Was ist denn das?« sagte er, als er in den Sonnenschein kam. »Ich habe ja keinen Schatten! Dann ist er gestern abend tatsächlich verschwunden und nicht wiedergekommen – das ist eine unangenehme Geschichte!«

Und er ärgerte sich, doch nicht so sehr darüber, daß er keinen Schatten mehr hatte, sondern weil es eine Geschichte von einem Mann ohne Schatten gab, die, wie er wußte, alle Leute in den kalten Ländern kannten, und wenn er nun heimkehrte und die seine erzählte, dann würden sie sagen, er ahme nur nach, und das hatte er nicht nötig. Deshalb wollte er gar nicht davon reden, und das war vernünftig gedacht.

Am Abend begab er sich wieder auf seinen Balkon. Das Licht hatte er ganz richtig hinter sich gestellt, denn ihm war bekannt, daß der Schatten stets seinen Herrn als Schirm haben will, doch er konnte ihn nicht hervorlocken. Er machte sich klein, er machte sich groß, kein Schatten war da, kein Schatten erschien! Er sagte: »Hm! Hm!«, aber das half auch nichts.

Das war schon ärgerlich, doch in den warmen Ländern wächst alles sehr schnell, und nach acht Tagen konnte er zu seiner großen Freude merken, daß aus seinen Beinen, wenn er in die Sonne kam, ein neuer Schatten wuchs, also mußte die Wurzel geblieben sein. Drei Wochen später war dieser Schatten ganz passabel, und während der Heimreise in die nördlichen Länder wuchs er immer weiter, bis er schließlich so lang und so groß geworden war, daß die Hälfte ausgereicht hätte.

Dann kehrte der gelehrte Mann nach Hause zurück und schrieb Bücher darüber, was es an Wahrem und Gutem und Schönem auf der Welt gab, und es vergingen Tage, und es vergingen Jahre; es vergingen viele Jahre.

Als er nun eines Abends in seiner Stube saß, klopfte es ganz leise an die Tür.

»Herein!« sagte er, doch es kam niemand. Da machte er auf, und ein Mensch stand vor ihm, der so außerordentlich mager war, daß dem gelehrten Mann ganz seltsam zumute wurde. Ansonsten war dieser Mensch überaus fein gekleidet, es mußte ein vornehmer Mann sein.

»Mit wem habe ich die Ehre zu sprechen?« fragte der Gelehrte.

»Ja, das habe ich mir gedacht«, sagte der feine Mann, »daß Sie mich nicht erkennen würden. Ich bin so sehr Körper geworden, ich habe mir ordentlich Fleisch und Kleider zugelegt. Sie haben wohl kaum erwartet, mich jemals in einem solchen Wohlstand wiederzusehen. Erkennen Sie Ihren alten Schatten nicht? Ja, Sie haben gewiß nicht mit meiner Rückkehr gerechnet. Seitdem ich das letzte Mal bei Ihnen war, ist es mir überaus gut ergangen, ich bin sehr vermögend in jeder Hinsicht geworden. Ich kann mich vom Dienst freikaufen, wenn es erforderlich ist!«

Und dann klapperte er mit einem ganzen Bund von kostbaren Petschaften, das an seiner Uhr hing, und nahm die dicke Goldkette, die er um den Hals trug, in seine Hand – nein, wie die Diamantringe glänzten, die er an allen Fingern trug! Und die waren allesamt echt.

»Nein, ich kann mich gar nicht fassen!« sagte der gelehrte Mann. »Was ist das bloß alles!«

»Ja, etwas Gewöhnliches ist es nicht!« sagte der Schatten. »Aber Sie selbst gehören ja auch nicht zu den Gewöhnlichen, und ich, das wissen Sie wohl, bin von Kindesbeinen an in Ihre Fußstapfen getreten. Sobald Sie mich für reif befanden, allein hinaus in die Welt zu gehen, bin ich meinen eigenen Weg gegangen. Ich befinde mich in den allerbrillantesten Umständen, aber dann hat mich eine Art Sehnsucht ergriffen, ich wollte Sie noch einmal sehen, bevor Sie sterben, und sterben müssen Sie ja! Ich wollte auch gern diese Länder wiedersehen, schließlich hängt man an seinem Vaterland. – Wie ich weiß, haben Sie einen anderen Schatten bekommen, bin ich ihm oder Ihnen etwas schuldig? Haben Sie nur die Güte, es mir zu sagen.«

»Nein, bist du's wirklich!« sagte der gelehrte Mann. »Das ist doch höchst sonderbar! Nie hätte ich geglaubt, daß mein alter Schatten als Mensch wiederkäme!«

»Sagen Sie mir, was ich schuldig bin«, entgegnete der Schatten. »Ich will sehr ungern in einer Art Schuld stehen!«

»Wie kannst du nur so reden!« sagte der gelehrte Mann. »Was soll denn das für eine Schuld sein? Fühl dich so frei wie jeder andre! Ich freue mich von Herzen über dein Glück. Nimm Platz, alter Freund, und erzähl mir nur ein wenig, wie alles zuging und was du im Haus gegenüber sahst, dort in den warmen Ländern!«

»Ja, ich will es Ihnen erzählen«, sagte der Schatten und setzte sich. »Aber Sie müssen mir dann auch versprechen, niemandem in dieser Stadt, wo immer Sie mir begegnen, zu verraten, daß ich einmal Ihr Schatten war! Ich habe vor, mich zu verloben; ich kann mehr als eine Familie ernähren!«

»Sei ganz unbesorgt!« sagte der gelehrte Mann. »Ich werde keinem erzählen, wer du eigentlich bist. Hier ist meine Hand! Ich verspreche es, und ein Mann ein Wort!«

»Ein Wort ein Schatten!« sagte der Schatten, und so mußte er ja sprechen.

Es war wirklich ganz seltsam, wie sehr er jetzt Mensch war. Er war vollkommen schwarz gekleidet, mit dem allerfeinsten schwarzen Tuch, er trug Lackstiefel und einen Hut, der sich zusammenklappen ließ, so daß nur Deckel und Krempe übrigblieben, ganz zu schweigen von jenen Dingen, die wir schon kennen: Petschaften, goldenen Halsketten und Diamantringen. Ja, der Schatten war überaus gut gekleidet, und eben das machte, daß er ganz Mensch war.

»Jetzt will ich erzählen«, sagte der Schatten, und dann stellte er seine Füße mit den Lackstiefeln, so hart er konnte, auf den neuen Schatten, der seinem Herrn, dem gelehrten Mann, wie ein Pudel zu Füßen lag. Das tat er entweder aus Hochmut oder vielleicht, damit dieser Schatten festkleben sollte; und der blieb ganz ruhig liegen und war ganz Ohr – er wollte wohl wissen, wie man es anstellte, um loszukommen, sich hochzudienen und sein eigener Herr zu sein.

»Wissen Sie, wer im Haus gegenüber wohnte?« sagte der Schatten. »Es war die Schönste von allen, es war die Poesie! Drei Wochen hielt ich mich dort auf, und das hatte dieselbe Wirkung, als hätte man dreitausend Jahre gelebt und alles gelesen, was da gedichtet und geschrieben wurde, und wenn ich das sage, ist das richtig. Ich habe alles gesehen, und ich weiß alles!«

»Die Poesie!« rief der gelehrte Mann. »Ja, ja – in den großen Städten ist sie häufig ein Eremit. Die Poesie! Ich habe sie einen einzigen kurzen Moment gesehen, doch in meinen Augen saß der Schlaf. Sie stand auf dem Balkon und glänzte, wie das Nordlicht glänzt. Erzähl, erzähl! Du warst auf dem Balkon, du bist durch die Tür gegangen, und dann …?«

»Dann war ich im Vorgemach«, sagte der Schatten. »Sie haben die ganze Zeit nur ins Vorgemach gesehen. Da war gar kein Licht, sondern eine Art Dämmerung, doch eine Tür stand offen und dann noch eine und noch eine, es war eine lange Flucht von Zimmern und Sälen. Hell war es da, und wäre ich bis zur Jungfrau vorgedrungen, dann hätte mich das Licht reinweg erschlagen. Aber ich war besonnen, ich ließ mir Zeit, und das soll man tun.«

»Und was hast du dann gesehen?« fragte der gelehrte Mann.

»Ich habe alles gesehen, und ich werde es Ihnen erzählen, aber – das sage ich durchaus nicht aus Stolz – als freier Mann und bei meinen Kenntnissen, von meiner guten Stellung, meinen vortrefflichen Umständen ganz zu schweigen – ich wünsche, daß Sie mich mit Sie anreden!«

»Entschuldigen Sie!« sagte der gelehrte Mann. »Das ist eine alte Gewohnheit, und die sitzt fest! – Sie haben vollkommen recht, und ich will es mir merken. Aber erzählen Sie mir nun alles, was Sie gesehen haben!«

»Alles«, sagte der Schatten, »denn ich habe alles gesehen, und ich weiß alles!«

»Wie sah es aus in den innersten Sälen?« fragte der gelehrte Mann. »War es wie im frischen Wald? War es wie in einer heiligen Kirche? Waren die Säle wie der sternklare Himmel, wenn man auf den hohen Bergen steht?«

»Alles war da!« sagte der Schatten. »Ich bin ja nicht ganz hineingegangen, ich bin im vordersten Zimmer, in der Dämmerung geblieben, aber da stand ich überaus gut; ich habe alles gesehen, und ich weiß alles! Ich bin am Hof der Poesie gewesen, im Vorgemach!«

»Aber was haben Sie dann gesehen? Sind alle Götter des Altertums durch die großen Säle geschritten? Haben dort die alten Helden gekämpft? Haben hübsche Kinder gespielt und ihre Träume erzählt?«

»Ich sage Ihnen ja, daß ich dort war, und da verstehen Sie, daß ich alles gesehen habe, was es zu sehen gab. Wären Sie dorthin gekommen, dann wären Sie nicht ein Mensch geworden. Aber ich wurde es! Und gleichzeitig lernte ich meine innerste Natur kennen, das, was mir angeboren ist, meine Verwandtschaft mit der Poesie. Ja, damals, als ich bei Ihnen war, da dachte ich nicht darüber nach; doch immer, wenn die Sonne auf- und unterging, Sie wissen schon, wurde ich so merkwürdig groß; im Mondschein war ich fast deutlicher als Sie. Damals war mir meine Natur noch nicht klar, erst im Vorgemach ging sie mir auf, ich wurde Mensch! – Gereift kam ich heraus, Sie aber hatten die warmen Länder verlassen. Ich schämte mich, so, wie ich war, als Mensch herumzulaufen; ich brauchte Stiefel, Kleider, diesen ganzen Menschen-Firnis, der einen Menschen kenntlich macht. – Ich begab mich, ja, Ihnen kann ich es sagen, Sie schreiben es ja doch in kein Buch, ich begab mich unter die Schürze der Kuchenfrau, da habe ich mich versteckt; die Frau dachte gar nicht daran, wieviel sie verbarg. Erst am Abend ging ich aus und lief im Mondschein auf der Straße herum; ich streckte mich lang die Mauer hinauf, das kitzelt so schön am Rücken. Ich lief auf und ich lief ab, guckte in die höchsten Fenster, in den Saal und auf das Dach, ich guckte, wohin niemand gucken kann, und ich sah, was niemand gesehen hat und niemand sehen sollte. Es ist im Grunde eine niedrige Welt. Wäre es nicht die geltende Meinung, daß dies etwas sei – ich wollte nicht Mensch sein! Ich habe gesehen, was am unvorstellbarsten ist, bei den Frauen, bei den Männern, bei den Eltern und bei den reizenden, allerliebsten Kindern – ich habe gesehen«, sagte der Schatten, »was kein Mensch wissen dürfte, was sie aber alle so gern wissen möchten, das Böse beim Nachbarn. – Wenn ich eine Zeitung geschrieben hätte, die wäre gelesen worden! Doch ich schrieb direkt an die Person, und da gab es in allen Städten, in die ich kam, ein großes Entsetzen. Ich wurde von den Leuten sehr gefürchtet und ganz außerordentlich geschätzt. Die Professoren machten mich zum Professor, die Schneider gaben mir neue Kleider, ich bin wohlversehen; der Münzmeister prägte für mich Münzen, und die Gattinnen sagten, ich sei so nett! – Und so wurde ich der Mann, der ich jetzt bin. Und nun verabschiede ich mich; hier ist meine Karte, ich wohne auf der Sonnenseite und bin bei Regenwetter stets zu Hause!« Und dann ging der Schatten davon.

»Das war doch seltsam!« sagte der gelehrte Mann.

Nach Jahr und Tag kehrte der Schatten zurück.

»Wie geht's?« fragte er.

»Ach!« sagte der gelehrte Mann. »Ich schreibe über das Wahre und das Gute und das Schöne, aber niemand mag dergleichen hören, ich bin ganz verzweifelt, denn ich nehme mir das so zu Herzen.«

»Das tu ich nicht«, sagte der Schatten. »Ich werde fett, und das soll man werden! Ja, Sie verstehen sich nicht auf die Welt, Sie werden krank davon. Sie müssen wegfahren! Ich mache im Sommer eine Reise, wollen Sie mitkommen? Ich hätte schon gern einen Gefährten. Wollen Sie mich begleiten als Schatten? Es soll mir ein großes Vergnügen sein, Sie bei mir zu haben, ich bezahle die Reise!«

»Das geht wohl zu weit!« sagte der gelehrte Mann.

»Wie man es nimmt!« sagte der Schatten. »Das Reisen wird Ihnen überaus guttun! Wenn Sie mein Schatten sein wollen, werden Sie unterwegs alles umsonst bekommen.«

»Das ist zu toll!« sagte der gelehrte Mann.

»Aber so ist die Welt nun einmal«, sagte der Schatten, »und so bleibt sie auch!« Und dann verschwand er.

Dem gelehrten Mann erging es gar nicht gut, er wurde von Kummer und Not verfolgt, und was er über das Wahre und Gute und Schöne sagte, das war für die meisten wie Rosen für eine Kuh! – Schließlich war er ganz krank.

»Sie sehen wirklich aus wie ein Schatten!« sagten die Leute zu ihm, und der gelehrte Mann schrak zusammen, denn er machte sich dabei seine Gedanken.

»Sie sollten ins Bad fahren!« sagte der Schatten, der ihn besuchen kam. »Etwas anderes bleibt Ihnen nicht übrig. Weil wir alte Bekannte sind, will ich Sie mitnehmen; ich bezahle die Reise, und Sie machen die Beschreibung und unterhalten mich unterwegs ein wenig! Ich will ein Bad aufsuchen, mein Bart wächst nicht so, wie er sollte, das ist auch eine Krankheit, und einen Bart muß man haben! Sie sollten so vernünftig sein und mein Angebot annehmen, schließlich reisen wir als Kameraden!«

Und so brachen sie auf. Der Schatten war jetzt Herr, und der Herr war jetzt Schatten; sie fuhren zusammen, sie ritten und gingen zusammen, Seite an Seite, voreinander und hintereinander, je nachdem, wie die Sonne stand.

Der Schatten wußte den Platz des Herren stets zu behaupten, und der gelehrte Mann dachte nicht wirklich viel darüber nach. Er hatte ein sehr gutes Herz und war äußerst mild und freundlich, und da sagte er eines Tages zu dem Schatten: »Wo wir nun einmal Reisekameraden geworden und seit unsrer Kindheit zusammen sind, sollten wir da nicht Brüderschaft trinken? Das ist doch vertraulicher!«

»Was sagen Sie da!« entgegnete der Schatten, der nun der eigentliche Herr war. »Das ist sehr geradezu und wohlgemeint gesagt, ich will genauso wohlmeinend und geradezu antworten. Sie, als gelehrter Mann, wissen sicher, wie sonderbar die Natur ist. Einige Menschen vertragen es nicht, graues Papier zu berühren, es wird ihnen schlecht davon; anderen geht es durch und durch, wenn ein Nagel auf einer Glasscheibe kratzt; genau diese Empfindung habe ich, wenn ich Sie Du zu mir sagen höre, ich fühle mich gleichsam zu Boden gedrückt, in meine erste Stellung bei Ihnen. Dies ist, wie Sie sehen, ein Gefühl und kein Stolz. Ich kann es Ihnen nicht erlauben, mich mit Du anzureden, dafür will ich gern Du zu Ihnen sagen, das ist immerhin die Hälfte!«

Und so sagte der Schatten zu seinem vorherigen Herrn Du.

»Das ist doch zu toll«, dachte dieser, »daß ich Sie sagen muß, während er Du zu mir sagt.« Aber nun hatte er es zu erdulden.

Dann erreichten sie das Bad, wo es viele Gäste gab, und darunter war eine schöne Königstochter, die an der Krankheit litt, daß sie allzu scharf sah, und das war äußerst beängstigend.

Sie bemerkte sogleich, daß jemand gekommen war, der sich von allen anderen unterschied. »Er ist hier, damit sein Bart besser wächst, wird gesagt, aber ich sehe die wirkliche Ursache: Er kann keinen Schatten werfen.«

Da sie nun neugierig geworden war, knüpfte sie beim Spazierengehen sogleich ein Gespräch mit dem fremden Herrn an. Als Königstochter brauchte sie nicht viele Umstände zu machen, und deshalb sagte sie: »Ihre Krankheit besteht darin, daß Sie keinen Schatten werfen können.«

»Ihre Königliche Hoheit müssen sich entschieden auf dem Weg der Besserung befinden!« sagte der Schatten. »Ich weiß, daß Ihr daran leidet, allzu scharf zu sehen, aber das hat sich verloren, Ihr seid geheilt, ich habe just einen ganz ungewöhnlichen Schatten! Seht Ihr nicht jene Person, die mich immer begleitet? Andere Menschen haben einen gewöhnlichen Schatten, ich aber mag das Gewöhnliche nicht. Man gibt seinem Diener oft besseres Tuch für die Livree, als man selber trägt, und so habe ich meinen Schatten zum Menschen herausputzen lassen. Ja, wie Ihr seht, habe ich ihm sogar einen Schatten gegeben. Das ist sehr kostbar, aber ich habe gern etwas für mich selbst!«

»Wie«, dachte die Prinzessin, »sollte ich wirklich genesen sein? Dieses Bad ist das beste, das es gibt! In unsrer Zeit hat das Wasser ganz wunderbare Kräfte. Aber ich reise nicht ab, denn jetzt wird es hier lustig; der Fremde gefällt mir außerordentlich gut. Wenn nur nicht sein Bart wächst, denn dann verläßt er das Bad!«

Am Abend tanzten die Königstochter und der Schatten im gro-ßen Ballsaal. Sie war leicht, doch er war noch leichter, so einen Tän-zer hatte sie noch nie gehabt. Sie erzählte ihm, woher sie sei, und er kannte das Land, er hatte es besucht, aber da war sie gerade nicht zu Hause gewesen. Er hatte dort in die Fenster geguckt, oben und unten, dabei hatte er dieses und jenes gesehen, und so konnte er der Königs-tochter antworten und Andeutungen machen, daß sie staunte – er mußte der weiseste Mann auf der ganzen Erde sein! Sein Wissen machte auf sie großen Eindruck, und als sie dann wieder tanzten, da verliebte sie sich in ihn, und das konnte der Schatten wohl merken, denn sie hätte beinah durch ihn hindurchgesehen. Dann tanzten sie noch einmal, und um ein Haar hätte sie es ihm gesagt, aber sie war besonnen und dachte an ihr Land und Reich und an die vielen Men-schen, die sie regieren sollte. »Er ist ein weiser Mann«, sagte sie bei sich selbst, »das ist gut! Und ein prachtvoller Tänzer, das ist auch gut. Aber genauso wichtig ist, ob er auch gründliche Kenntnisse hat. Er muß examiniert werden.« Und dann machte sie sich daran, ihm die schwierigsten Fragen zu stellen, auf die sie selbst keine Antwort wußte, und der Schatten zog ein ganz sonderbares Gesicht.

»Darauf können Sie nicht antworten!« sagte die Königstochter.

»Das habe ich schon als Kind gewußt«, sagte der Schatten, »ich glaube, sogar mein Schatten dort an der Tür kann die Antwort geben!«

»Ihr Schatten?« sagte die Königstochter. »Das wäre höchst selt-sam!«

»Ich kann es nicht mit Bestimmtheit behaupten«, sagte der Schatten, »aber ich möchte es annehmen, wo er mich nun so viele Jahre begleitet und mir zugehört hat – ich möchte es annehmen! Doch gestatten Ihre Königliche Hoheit, daß ich Euch darauf aufmerksam mache, daß er sehr stolz darauf ist, als Mensch zu gelten, und damit er in die rechte Stimmung kommt, und in der muß er sein, um gut zu antworten, muß man ihn ganz wie einen Menschen behandeln.«

»Das gefällt mir gut!« sagte die Königstochter.

Und dann ging sie zu dem gelehrten Mann, der an der Tür stand, und unterhielt sich mit ihm über Sonne und Mond und über die Menschen, sowohl von außen wie von innen, und er antwortete überaus klug und gut.

»Was muß das für ein Mann sein, wenn er so einen weisen Schatten hat!« dachte sie. »Es wäre ein wahrer Segen für mein Volk und mein Reich, wenn ich ihn zum Gemahl erwählte – ich tu es!«

Und sie waren sich bald einig, die Königstochter und der Schatten, doch niemand sollte etwas davon wissen, bevor sie in ihr Reich heimgekehrt war.

»Niemand, nicht einmal mein Schatten!« sagte der Schatten, und dabei hatte er nun so seine Gedanken.

Dann kamen sie in das Land, wo die Königstochter regierte, wenn sie zu Hause war.

»Hör mal, mein guter Freund!« sagte der Schatten zu dem gelehrten Mann. »Nun bin ich so glücklich und mächtig geworden, wie man nur werden kann, da will ich auch für dich etwas Besonderes tun. Du sollst immer bei mir im Schloß wohnen, mit mir in meinem königlichen Wagen fahren und hunderttausend Reichstaler im Jahr bekommen. Aber dafür mußt du dich von all und jedem Schatten nennen lassen; du darfst nicht sagen, daß du jemals ein Mensch warst, und einmal im Jahr, wenn ich auf dem Balkon im Sonnenschein sitze und mich zeige, mußt du mir zu Füßen liegen, wie es ein Schatten soll! Ich heirate die Königstochter, will ich dir sagen, und heute abend soll die Hochzeit sein.«

»Nein, das ist doch zu toll!« sagte der gelehrte Mann. »Das will ich nicht, das tu ich nicht! Das hieße, das ganze Land und die Königstochter dazu betrügen! Ich werde alles sagen! Daß ich der Mensch bin und du der Schatten, daß du nur verkleidet bist!«

»Das wird dir keiner glauben!« sagte der Schatten. »Sei vernünftig, oder ich rufe die Wache!«

»Gleich gehe ich zur Königstochter!« sagte der gelehrte Mann.

»Aber ich gehe zuerst«, sagte der Schatten, »und du gehst ins Gefängnis!« – Und so geschah es, und die Schildwachen gehorchten ihm, weil sie wußten, daß die Königstochter ihn haben wollte.

»Du zitterst ja!« sagte die Königstochter, als der Schatten zu ihr kam. »Ist etwas passiert? Du darfst nicht krank werden, wo wir heute abend Hochzeit feiern.«

»Ich habe das Schrecklichste erlebt, was man erleben kann!« sagte der Schatten. »Stell dir vor – ja, so ein armes Schattenhirn hält nicht viel aus! – Stell dir vor, mein Schatten ist verrückt geworden, er glaubt, er sei ein Mensch, und ich – stell dir das nur vor – ich sei sein Schatten!«

»Das ist entsetzlich!« sagte die Prinzessin. »Er ist doch wohl eingesperrt?«

»Gewiß! Ich fürchte, er wird niemals gesund.«

»Armer Schatten!« sagte die Prinzessin. »Er ist sehr unglücklich; es wäre eine wahre Wohltat, wenn man ihn von seinem bißchen Leben befreite, und wenn ich es recht bedenke, dann glaube ich, daß es wohl notwendig ist, ihm in aller Stille den Garaus zu machen!«

»Das ist aber hart!« sagte der Schatten. »Schließlich war er ein treuer Diener.« Und dann stieß er so etwas wie einen Seufzer aus.

»Sie sind ein edler Charakter!« sagte die Königstochter.

Am Abend war die ganze Stadt illuminiert, und die Kanonen feuerten: bum!, und die Soldaten präsentierten das Gewehr. Das war eine Hochzeit! Die Königstochter trat mit dem Schatten auf den Balkon, um sich zu zeigen und noch einmal Hurra zu hören.

Der gelehrte Mann hörte von alledem nichts, denn man hatte ihn ums Leben gebracht.

So erzählt uns Hans Christian Andersen.

Die Liebe

Dass die Liebe und der Tod so eng beieinanderliegen und wir nicht wissen, warum es so ist, wir es aber doch spüren, das kann uns traurig machen über unsere ganze Existenz; als gäbe es nichts, was wir seiner selbst willen genießen könnten, wenn der Schatten des Schönsten das Schrecklichste ist. Auch wenn uns in so vielen Märchen erzählt wird, dass einer den Tod überlistet oder gegen ihn gespielt und gewonnen oder ihn frech in ein Faß gesperrt hat wie Sisyphos, wofür ihm die grausame Strafe der Sinnlosigkeit aufgebrummt wurde – es nützt alles nichts: Wir wissen, wir werden sterben. Auch die Liebe kann uns vor dem Tod nicht retten, aber sie gibt uns wie nichts anderes das Gefühl, gelebt zu haben. Das ist viel. Vielleicht sogar alles. Wie bedauernswert jene, die am Ende auf einem Geldsack hocken und sich eingestehen müssen, der war ihnen wichtiger als die Liebe.

Weil wir nicht nur denken können, was ist und was sein wird, sondern auch, was nicht ist und nie sein wird, erfinden wir Geschichten gegen den Tod; um ihm den Stachel zu nehmen; um ihm unsere Verachtung zu zeigen. Und wieder ist es Homer, der vor mehr als 2700 Jahren als Erster zeigte, wie die Liebe dem Tod trotzen kann, ohne ihn zu besiegen, ja gerade dadurch, daß sie auf den Sieg verzichtet.

Odysseus erreicht auf der vorletzten Station seiner Reise die Insel Ogygia, auf der die Nymphe Kalypso lebt. Dort wird er sieben Jahre bleiben. Er liebt und begehrt Kalypso, und Kalypso liebt und begehrt ihn. Sie will ihn bei sich behalten. Sie ist schön, sie ist reizvoll, und sie hat darüber hinaus Unglaubliches zu bieten: Sie bietet Odysseus die Unsterblichkeit an, wenn er bei ihr bleibt. Und nicht nur die Unsterblichkeit bietet sie ihm an, sondern auch ewige Jugend – die Leser und Zuhörer der *Odyssee* kannten ja die Geschichte von Tithonos, den Eos, die Morgenröte, unsterblich machte, dabei aber vergaß, ihn jung zu erhalten, weswegen er auf ewig altert, bald auf die Größe einer Zikade zusammenschrumpft und nur noch zirpt und weint vor Bitterkeit.

Käme einer zu uns und böte uns die Unsterblichkeit an, so würden wir ihn wohl fragen, ob es ein Leben nach dem Tod gibt und wie das Leben nach dem Tod aussieht; es könnte ja sein – wie uns das Christentum versichert –, dass es viel schöner ist als hier; dann hätte die Unsterblichkeit wenig Reiz. Wir wissen nichts, also verlassen wir uns auf unsere Erfahrung, und die speist sich aus dem Diesseits und nur aus dem Diesseits; also vertrauen wir dem Diesseits mehr und wünschen uns, wenn schon nicht ein ewiges, so wenigstens ein langes Leben.

Odysseus aber weiß, wie das Leben nach dem Tod aussieht. Er war im Hades, er hat die Grenze zwischen Leben und Tod überschritten, er hat mit den Verstorbenen gesprochen; zum Beispiel mit Achill, an dessen Seite er in Troja gekämpft hat. Und Odysseus hat Achill gefragt, wie es ist im Jenseits, und Achill hat ihm geantwortet, er wäre auf Erden lieber der ärmste Knecht des ärmsten Bauern und würde das steinigste Feld pflügen, denn als König über die Schatten zu herrschen. Und wie er das Dasein im Hades beschreibt, ahnen wir, dass es unsäglich langweilig ist. Und was auch immer das Gegenteil von Langeweile ist, Odysseus steht dafür; Odysseus und Langeweile, das geht nicht zusammen; der König von Ithaka ist die Inkarnation der Neugierde, er interessiert sich für alles, will alles ergründen.

Nein, Odysseus im Hades, das wollen wir uns nicht vorstellen! Wenn ihm Kalypso ewiges Leben bei ewiger Jugend verspricht, dann kann Odysseus als einziger abschätzen, was ihm hier angeboten wird. Aber sein Herz hängt an Penelope, seiner Frau. Er hat sie seit zwanzig Jahren nicht mehr gesehen; er weiß nicht, ob sie überhaupt noch lebt; er weiß nicht, ob sie ihn überhaupt noch haben will; er weiß nicht, ob er sie noch haben will. Er weiß nicht, ob er Ithaka je erreichen wird, sein Feind, der Meeresgott Poseidon, will ihn vernichten, und Poseidon ist mächtig.

Dennoch: Für den winzigen Hoffnungsschimmer, er könnte Penelope doch noch in die Arme schließen und mit ihr glücklich werden, verzichtet er auf die Unsterblichkeit. Allein der Gedanke an die Liebe nimmt ihm den Schrecken des Todes. Dies ist ein beeindruckender Sieg eines Menschen, der auf sich selbst und seine Gefühle vertraut; dies ist metaphysisches Selbstbewusstsein.

Die Nachtigall und die Rose

Sie sagte, sie würde mit mir tanzen, wenn ich ihr rote Rosen brächte«, rief der junge Student, »aber in meinem ganzen Garten ist keine rote Rose.«

Aus ihrem Nest auf dem Stamme der Steineiche hörte ihn die Nachtigall, und sie blickte neugierig durch die Blätter hinaus. »Keine rote Rose in meinem ganzen Garten!« rief er, und seine schönen Augen füllten sich mit Tränen. »Ach, von was für Kleinigkeiten hängt das Glück ab! Ich habe alles gelesen, was die weisen Männer geschrieben haben, und alle Geheimnisse der Philosophie sind mein, aber weil mir eine rote Rose fehlt, ist mein Leben elend geworden.«

»Hier ist doch endlich einer, der wahrhaft liebt«, sagte die Nachtigall. »Nacht für Nacht habe ich von ihm gesungen, obgleich ich ihn nicht kannte: Nacht für Nacht habe ich den Sternen seine Geschichte erzählt, und jetzt sehe ich ihn. Sein Haar ist dunkel wie die Hyazinthenblüte, und seine Lippen sind rot wie die Rose, nach der er verlangt; aber Leidenschaft hat sein Gesicht zu bleichem Elfenbein gemacht, und Kummer hat sein Siegel auf seine Stirne gedrückt.«

»Der Prinz gibt morgen abend einen Ball«, murmelte der junge Student, »und meine Geliebte wird ihn mitmachen. Wenn ich ihr eine rote Rose bringe, wird sie mit mir tanzen bis zum Morgen. Wenn ich ihr eine rote Rose bringe, werde ich sie in meinen Armen halten, sie wird ihr Haupt an meine Schulter lehnen, und ihre Hand wird sich in meine schließen. Aber es wächst keine rote Rose in meinem Garten, deshalb werde ich einsam sitzen, und sie wird an mir vorübergehen. Sie wird mich nicht beachten, und mein Herz wird brechen.«

»Das ist wirklich die wahre Liebe«, sagte die Nachtigall. »Wovon ich singe, das erleidet er: was mir Lust ist, ihm ist es Schmerz. Sicherlich, Liebe ist etwas Wundervolles. Sie ist kostbarer als Smaragde und wertvoller als echte Opale. Für Perlen und Granatäpfel kann man sie nicht kaufen, noch ist sie auf dem Marktplatz ausgestellt. Man kann sie bei keinem Händler erstehen, noch läßt sie sich in einer Waagschale für Gold auswiegen.«

»Die Musiker werden auf ihrer Galerie sitzen«, sagte der junge Student, »und auf ihren Saiteninstrumenten spielen, und meine Geliebte wird zur Musik der Harfe und der Violine tanzen. Sie wird so leicht dahintanzen, daß ihre Füße nicht den Boden berühren, und die Höflinge in ihren glänzenden Kleidern werden sich um sie drängen. Aber mit mir wird sie nicht tanzen, denn ich habe ihr keine rote Rose zu geben«, und er warf sich auf das Gras hin und verbarg sein Gesicht in seinen Händen und weinte.

»Warum weint er?« fragte eine kleine grüne Eidechse, als sie mit dem Schwanz in der Luft an ihm vorbei rannte.

»Ja, warum?« sagte ein Schmetterling, der hinter einem Sonnenstrahl dahinflatterte.

»Ja, warum?« flüsterte ein Gänseblümchen mit sanfter, leiser Stimme zu seiner Nachbarin.

»Er weint um eine rote Rose«, sagte die Nachtigall.

»Um eine rote Rose!« riefen sie. »Wie unendlich lächerlich!« Und die kleine Eidechse, die so etwas wie ein Zyniker war, lachte aus vollem Halse.

Aber die Nachtigall verstand im Innersten den Schmerz des Studenten, und sie saß schweigend auf dem Eichbaum und dachte nach über das Geheimnis der Liebe.

Plötzlich breitete sie ihre braunen Flügel zum Fliegen aus und schwang sich in die Luft. Wie ein Schatten glitt sie durch den Hain, und wie ein Schatten segelte sie über den Garten. Im Mittelpunkt des Rasenplatzes stand ein schöner Rosenstrauch, und als sie ihn sah, flog sie zu ihm hin und setzte sich auf einen Zweig.

»Gib mir eine rote Rose«, rief sie, »und ich will dir mein süßestes Lied singen.«

Aber der Strauch schüttelte seinen Kopf.

»Meine Rosen sind weiß«, antwortete er, »so weiß wie der Schaum des Meeres und weißer als der Schnee auf dem Berge. Aber geh zu meinem Bruder, der rings um die alte Sonnenuhr wächst, und vielleicht wird er dir geben, was du wünschest.«

Da flog die Nachtigall hinüber zu dem Rosenstrauch, der rings um die alte Sonnenuhr wuchs.

»Gib mir eine rote Rose«, rief sie, »und ich will dir mein süßestes Lied singen.«

Aber der Strauch schüttelte seinen Kopf.

»Meine Rosen sind gelb«, antwortete er, »so gelb wie das Haar der Seejungfer, die auf einem Thron von Bernstein sitzt, und gelber als die gelbe Narzisse, die auf der Wiese blüht, bevor der Mäher kommt mit seiner Sense. Aber geh zu meinem Bruder, der unter des Studenten Fenster wächst, und vielleicht wird er dir geben, was du wünschest.«

Da flog die Nachtigall hinüber zu dem Rosenstrauch, der unter des Studenten Fenster wuchs.

»Gib mir eine rote Rose«, rief sie, »und ich will dir mein süßestes Lied singen.«

Aber der Strauch schüttelte seinen Kopf.

»Meine Rosen sind rot«, antwortete er, »so rot wie die Füße der Taube und röter als die großen Wedel der Koralle, die in der Tiefe des Meeres hin und her wogen. Aber der Winter hat meine Adern erkältet, der Frost hat meine Knospen zerstört, der Sturm hat meine Zweige gebrochen, und so werde ich dieses Jahr überhaupt keine Rosen haben.«

»Eine rote Rose ist alles, was ich brauche«, rief die Nachtigall, »nur eine rote Rose! Gibt es denn keine Möglichkeit, eine zu erlangen?«

»Es gibt eine Möglichkeit«, antwortete der Strauch, »aber sie ist so schrecklich, daß ich es nicht wage, sie dir zu nennen.« – »Nenne sie mir«, sagte die Nachtigall, »ich fürchte mich nicht.« – »Wenn du eine rote Rose wünschest«, sagte der Strauch, »dann mußt du sie bei Mondschein aus Musik bilden und sie mit deinem eigenen Herzblut färben. Du mußt vor mir singen, deine Brust gegen einen Dorn gedrückt. Die ganze Nacht durch mußt du mir singen, und der Dorn muß dein Herz durchbohren, und dein Lebensblut muß in meine Adern schießen und mein Blut werden.«

»Tod ist ein hoher Preis für eine rote Rose«, rief die Nachtigall, »und Leben ist einem jeden sehr teuer. Es ist angenehm, im grünen

Gehölz zu sitzen, die Sonne auf ihrem goldenen Wagen zu beobachten und den Mond auf seinem Perlenwagen. Süß ist der Duft des Weißdorns, und süß sind die Glockenblumen, die sich im Tal verbergen, und das Heidekraut, das auf dem Hügel blüht. Aber Liebe ist besser als Leben, und was ist das Herz eines Vogels, verglichen mit dem Herzen eines Menschen?«

Da breitete sie ihre braunen Flügel zum Fliegen aus und schwang sich in die Luft. Wie ein Schatten glitt sie über den Garten, und wie ein Schatten segelte sie durch den Hain. Der junge Student lag noch auf dem Grase, wo sie ihn verlassen hatte, und die Tränen waren noch nicht getrocknet in seinen schönen Augen.

»Sei glücklich«, rief die Nachtigall, »sei glücklich; du sollst deine rote Rose haben. Aus Musik will ich sie bei Mondschein bilden und sie färben mit meinem eigenen Herzblut. Alles, was ich zum Dank dafür verlange, ist, daß du ein wahrer Liebhaber bist, denn Liebe ist weiser als Philosophie, mag diese auch noch so weise sein, und stärker als Macht, mag diese auch noch so stark sein. Feuerfarben sind ihre Schwingen, und feuerfarben ist ihr Leib. Ihre Lippen sind süß wie Honig, und ihr Atem ist wie Weihrauch.«

Der Student blickte auf von dem Gras und lauschte, aber er konnte nicht verstehen, was die Nachtigall zu ihm sprach, denn er kannte nur Dinge, die in Büchern niedergeschrieben sind.

Aber der Eichbaum verstand und wurde traurig, denn er liebte die kleine Nachtigall, die ihr Nest in seinen Zweigen gebaut hatte.

»Sing mir noch ein letztes Lied«, flüsterte er, »ich werde mich sehr einsam fühlen, wenn du fort bist.«

Da sang die Nachtigall zum Eichbaum, und ihre Stimme war wie Wasser, das aus einem silbernen Gefäß tropft.

Als sie ihren Gesang beendet hatte, erhob sich der Student und zog ein Notizbuch und einen Bleistift aus seiner Tasche. »Form hat sie«, sagte er zu sich selbst, als er durch den Hain davonwandelte, »das kann man ihr nicht abstreiten; aber hat sie Gefühl? Ich fürchte, nein. Natürlich ist sie wie die meisten Künstler; sie ist ganz Stil ohne innere Echtheit. Sie würde sich nicht für andere opfern. Sie denkt nur an Musik, und jeder weiß, daß die Künste selbstsüchtig sind. Trotzdem muß man zugeben, daß sie einige schöne Töne in ihrer Stimme hat. Wie schade, daß kein Sinn in ihnen steckt und daß sie keinen praktischen Wert haben.« Und er ging in sein Zimmer, legte sich auf sein kleines Strohsackbett und begann, über seine Liebe nachzudenken; und nach einiger Zeit versank er in Schlummer.

Und als der Mond am Himmel schien, flog die Nachtigall zu dem Rosenstrauch und drückte ihre Brust gegen den Dorn. Die ganze Nacht durch sang sie, ihre Brust gegen den Dorn gedrückt, und der kalte, kristallene Mond neigte sich hinab und lauschte. Die ganze Nacht durch sang sie, und der Dorn ging tiefer und tiefer in ihre Brust, und ihr Lebensblut ebbte hinweg von ihr.

Sie sang zuerst von der Geburt der Liebe im Herzen eines Knaben und eines Mädchens. Und auf dem obersten Zweig des Rosenstrauchs da erblühte eine wunderbare Rose, Blumenblatt nach Blumenblatt, wie ein Lied dem andern folgte. Bleich war sie im Anfang wie der Nebel, der über dem Fluß hängt – bleich wie die Füße des Morgens und silbern wie die Schwingen der Dämmerung. Wie der Schatten einer Rose in einem silbernen Spiegel, wie der Schatten einer Rose in einem Wasserpfuhl, so war die Rose, die auf dem obersten Zweig des Rosenstrauches erblühte.

Aber der Strauch rief der Nachtigall zu, sich fester gegen den Dorn zu pressen. »Presse dich fester an, kleine Nachtigall«, rief der Strauch, »sonst kommt der Tag, bevor die Rose vollendet ist.«

Da preßte sich die Nachtigall fester gegen den Dorn an, und lauter und lauter wurde ihr Singen, denn sie sang von der Geburt der Leidenschaft in der Seele eines Mannes und einer Jungfrau.

Und ein zartes, rosiges Glühen kam in die Rosenblätter wie das Erröten im Gesicht des Bräutigams, wenn er die Lippen der Braut küßt. Aber der Dorn hatte noch nicht ihr Herz erreicht, darum blieb das Herz der Rose weiß, denn nur das Herzblut einer Nachtigall kann das Herz einer Rose rot färben. Und der Strauch rief der Nachtigall zu, sich fester gegen den Dorn zu pressen. »Presse dich fester an, kleine Nachtigall«, rief der Strauch, »sonst kommt der Tag, bevor die Rose vollendet ist.«

Da preßte sich die Nachtigall fester gegen den Dorn an, und der Dorn berührte ihr Herz, und ein scharfes Wehgefühl durchfuhr sie.

Bitter, bitter war das Weh, und wilder und wilder wurde ihr Singen, denn sie sang von der Liebe, die durch den Tod geheiligt wird, von der Liebe, die im Grab nicht stirbt.

Und die wunderbare Rose wurde tiefrot wie die Rose des östlichen Himmels. Tiefrot war der Kranz der Blumenblätter, und tiefrot wie ein Rubin war das Herz.

Aber der Nachtigall Stimme wurde schwächer, und ihre kleinen Flügel begannen zu zittern, und ein Nebel legte sich über ihre Augen. Schwächer und schwächer wurde ihr Singen, und sie fühlte, wie etwas in ihrer Kehle ihr den Atem benahm.

Da gab sie einen letzten Ausbruch von Musik. Der bleiche Mond hörte ihn, er vergaß den Tagesanbruch und verharrte am Himmel. Die rote Rose hörte ihn und zitterte ganz und gar vor Entzücken und öffnete ihre Blumenblätter der kalten Morgenluft. Das Echo trug ihn zu seiner purpurnen Höhle in den Bergen und erweckte die schlafenden Schäfer aus ihren Träumen. Er flutete durch das Schilfrohr am Flusse, und dieses trug die Botschaft nach dem Meere.

»Sieh an!« rief der Strauch. »Die Rose ist jetzt vollendet«, aber die Nachtigall gab keine Antwort, denn sie lag tot in dem hohen Gras mit dem Dorn in ihrer Brust.

Und gegen Mittag öffnete der Student sein Fenster und blickte hinaus.

»Was für ein wunderbarer Glücksfall!« rief er. »Hier ist eine rote Rose! In meinem ganzen Leben habe ich keine solche Rose gesehen. Sie ist so schön, daß sie sicherlich einen langen lateinischen Namen haben muß«, und er neigte sich hinaus und pflückte sie.

Dann setzte er seinen Hut auf und lief mit der Rose in der Hand nach des Professors Haus.

Die Tochter des Professors saß im Türeingang und wickelte blaue Seide auf eine Rolle, und ihr kleiner Hund lag zu ihren Füßen.

»Sie sagten, Sie würden mit mir tanzen, wenn ich Ihnen eine rote Rose brächte«, rief der Student. »Hier ist die roteste Rose der Welt. Sie werden sie heute abend an Ihrem Herzen tragen, und wenn wir zusammen tanzen, dann will ich Ihnen sagen, wie ich Sie liebe.«

Aber das Mädchen runzelte die Stirn.

»Ich fürchte, sie wird zu meinem Kleid nicht passen«, antwortete sie, »und übrigens hat mir des Kammerherrn Neffe einige echte Juwelen geschickt, und jeder weiß, daß Juwelen mehr kosten als Blumen.«

»Auf mein Wort, Sie sind wirklich sehr undankbar«, sagte der Student ärgerlich; und er warf die Rose auf die Straße, wo sie in den Rinnstein fiel, und ein Karrenrad ging darüber weg.

»Undankbar!« sagte das Mädchen. »Ich will Ihnen etwas anderes sagen, Sie benehmen sich sehr ungeschliffen; und übrigens, was sind Sie? Nur ein Student. Ich glaube, Sie haben ja nicht einmal silberne Schnallen an Ihren Schuhen, wie sie des Kammerherrn Neffe hat«, und sie erhob sich von ihrem Stuhl und trat in das Haus.

»Was für eine verrückte Sache die Liebe ist«, sagte der Student, als er wegging. »Sie ist nicht halb so nützlich wie die Logik, denn sie beweist nichts, und sie erzählt einem immer von Dingen, die sich nicht ereignen, und macht einen an Dinge glauben, die nicht wahr sind. Wahrhaftig, sie ist ganz unpraktisch, und in unserer heutigen Zeit muß man vor allem praktisch sein. Ich werde zur Philosophie zurückkehren und Metaphysik studieren.«

Damit ging er wieder in sein Zimmer, zog ein dickes, staubiges Buch hervor und begann zu lesen.

So erzählt uns Oscar Wilde.

Ein Quart Verstand

*I*n dieser Gegend war einmal, und es ist noch gar nicht so lange her, ein Dummkopf, und der wollte sich ein Quart Verstand kaufen, denn durch seine Torheit geriet er immer wieder in die Klemme, und jedermann lachte ihn aus. Die Leute erzählten ihm, er könne alles, was er haben wolle, von der weisen Frau bekommen, die oben auf dem Hügel wohnte und mit Heiltränken handelte, mit Pflanzen und Zaubersprüchen und derlei Dingen, und sie konnte dir alles sagen, was dir und deinen Leuten zustoßen würde. Er sagte das also seiner Mutter und fragte sie, ob er die weise Frau aufsuchen und ein Quart Verstand kaufen solle.

»Das solltest du tun«, sagte sie, »du hast's blutnotwendig, mein Sohn. Und wenn ich sterben sollte, wer würde sich dann um so einen armen Dummkopf wie dich kümmern, der so wenig für sich selber sorgen kann wie ein ungeborenes Kind! Aber achte auf dein Benehmen und sprich anständig, denn solche weisen Leute sind von feiner Art und nehmen leicht etwas krumm.« Er ging also nach dem Tee fort. Und da war sie und saß beim Feuer und rührte in einem großen Topf, »'n Abend, Frau«, sagte er. »Schöner Abend heute.« – »Ja«, sagte sie und rührte weiter.

»Regnen wird's vielleicht«, sagte er und trippelte von einem Fuß auf den andern. »Vielleicht«, sagte sie.

»Und kann sein, 's wird nicht«, sagte er und schaute durchs Fenster hinaus.

»Kann sein«, sagte sie.

Und er kratzte sich am Kopf und drehte seinen Hut herum. »Also«, sagte er, »übers Wetter fällt mir nichts andres ein, aber wart mal das Getreide kommt gut.« – »Gut«, sagte sie.

»Und – und – das Vieh wird fetter«, sagte er. »Das wird's«, sagte sie.

»Und – und – «, sagte er und bleibt stecken, »ich meine, jetzt gehen wir ans Geschäft, wenn wir mit dem höflichen Zeug fertig sind. Habt Ihr irgendwelchen Verstand zu verkaufen?« – »Das kommt darauf an«, sagte sie, »ob du Königsverstand brauchst oder Soldatenverstand oder Schulmeisterverstand, die führ' ich nicht.«

»Ach wo«, sagte er, »einfach gewöhnlichen Verstand – wie er für jeden Dummkopf taugt, so wie ihn jeder hier hat, wie's halt hier gerade üblich ist.«

»Aha«, sagte die weise Frau, »das könnte ich schaffen, wenn du selbst mithelfen willst.«

»Wie soll 'n das gehen, Frau?« fragte er.

»Einfach so«, sagte sie und schaute in den Topf. »Bring mir das Herz von dem Ding, das du am liebsten magst, und dann sage ich dir, woher du dein Quart Verstand bekommst.« – »Aber«, fragte er und kratzte sich am Kopf, »wie soll ich das machen?«

»Das kann ich dir nicht sagen«, sagte sie, »finde es selbst heraus, mein Junge, wenn du nicht deiner Lebtag ein Dummkopf bleiben willst. Aber du wirst mir ein Rätsel erraten müssen, damit ich sehen kann, ob du das richtige Ding gebracht hast und ob du deinen Verstand bei dir hast. Und jetzt muß ich mich um etwas anderes kümmern«, sagte sie, »also guten Abend«, und sie trug den Topf mit sich hinein in die hintere Kammer. Der Dummkopf ging also fort und zu seiner Mutter und erzählte ihr, was die weise Frau gesagt hatte. »Ich denke, ich muß das Schwein töten«, sagte er, »denn fetten Speck mag ich lieber als alles andere.«

»Dann tu's, mein Junge«, sagte seine Mutter, »denn es wird bestimmt eine besondere und feine Sache für dich sein, wenn du dir ein Quart Verstand kaufen kannst und dann imstande bist, für dich selbst zu sorgen.«

Er tötete also sein Schwein, und am nächsten Tag ging er hin zur Hütte der weisen Frau. Und da saß sie und las in einem großen Buch.

»Guten Abend, Frau«, sagte er, »ich hab' Euch das Herz von dem Ding gebracht, das ich am liebsten mag, und ich hab' es in Papier eingewickelt auf den Tisch gelegt.« – »Ah so?« sagte sie und schaute ihn durch ihre Brille an. »Dann sag mir nun, was läuft ohne Füße?«

Er kratzte sich am Kopf und dachte nach und dachte nach, aber er konnte es nicht sagen.

»Geh deiner Wege«, sagte sie, »du hast mir noch nicht das richtige Ding gebracht. Ich habe heute keinen Verstand für dich.« Und sie schlug das Buch zu und drehte ihm den Rücken zu. So ging der Dummkopf fort, um es seiner Mutter zu erzählen. Aber als er in der Nähe des Hauses war, kamen Leute herausgelaufen und erzählten ihm, daß seine Mutter im Sterben lag. Und als er hineinkam, sah ihn seine Mutter nur an und lächelte, als wollte sie sagen, sie könne ihn beruhigt verlassen, weil er nun genug Verstand habe, um für sich selbst zu sorgen. Und dann starb sie.

Da setzte er sich nieder, und je mehr er darüber nachdachte, desto übler war ihm zumute. Es fiel ihm ein, wie sie ihn gepflegt hatte, als er ein kleiner Kerl war, und wie sie ihm bei den Aufgaben geholfen und ihm sein Essen gekocht hatte und wie sie seine Kleider geflickt und seine Dummheit ertragen hatte; er wurde immer trauriger und trauriger und fing an zu schluchzen und zu heulen.

»Oh, Mutter, Mutter!« sagte er. »Wer wird jetzt für mich sorgen! Du hättest mich nicht allein lassen sollen, denn ich hatte dich lieber als alles andere!«

Und als er das sagte, fielen ihm die Worte der weisen Frau ein. »Heijei!« sagte er. »Soll ich Mutters Herz zu ihr bringen?« – »Nein, das kann ich nicht machen«, sagte er. »Was soll ich machen? Was soll ich machen, damit ich dieses Quart Verstand bekomme, wo ich jetzt allein bin auf der Welt?« So dachte er nach und dachte nach und dachte nach, und am nächsten Tag ging er und lieh sich einen Sack aus, wickelte seine Mutter hinein und trug das Bündel auf der Schulter hinauf zur Hütte der weisen Frau.

»'n Abend, Frau«, sagte er, »ich denke, ich hab' Euch diesmal bestimmt das richtige Ding gebracht«, und patsch! ließ er den Sack auf die Türschwelle herunterplumpsen.

»Vielleicht«, sagte die weise Frau, »aber rate mir jetzt dies: was ist gelb und schimmernd, aber kein Gold?«

Und er kratzte sich am Kopf und dachte nach und dachte nach, aber er konnte es nicht sagen.

»Du hast nicht das Richtige erwischt, mein Junge«, sagte sie. »Ich hab' den Verdacht, du bist ein noch größerer Dummkopf, als ich meinte!«, und sie machte ihm die Tür vor der Nase zu.

»Jetzt schau an!« sagte er und setzt sich am Straßenrand nieder und flennte.

»Ich hab' die beiden einzigen Dinge verloren, die mir lieb waren, und was finde ich sonst, mit dem ich mir ein Quart Verstand kaufen kann!« Und er heulte drauflos, daß ihm die Tränen in den Mund liefen. Da kam ein Mädchen daher, das wohnte in der Nähe, und die schaute ihn an. »Was ist denn mit dir los, Dummer?« sagte sie. »Uuh, ich hab' mein Schwein getötet und meine Mutter verloren, und ich bin selber nichts als ein Dummkopf«, sagte er und schluchzte.

»Das ist schlimm«, sagte sie, »und hast du keinen, der für dich sorgt?«

»Nein«, sagte er, »und ich kann mir kein Quart Verstand kaufen, weil nichts mehr da ist, das ich am liebsten mag!« – »Was redest du da!« sagte sie.

Und sie setzte sich neben ihn hin, und er erzählte ihr alles von der weisen Frau und dem Schwein und von seiner Mutter und den Rätseln und daß er allein sei auf der Welt.

»Nun«, sagte sie, »es würde mir nichts ausmachen, selbst für dich zu sorgen.« – »Könntest du das?« fragte er.

»O ja«, sagte sie, »die Leute sagen, Dummköpfe geben gute Ehemänner ab, und ich denke, ich nehme dich, wenn du willst.«

»Kannst du kochen?« fragte er.

»Ja, das kann ich«, sagte sie.

»Und schrubben?« fragte er.

»Freilich«, sagte sie.

»Und meine Kleider flicken?« fragte er.

»Das kann ich«, sagte sie.

»Ich denke, dann taugst du so gut wie irgendeiner«, sagte er, »aber was soll ich jetzt wegen der weisen Frau machen?« – »Ach, wart ein wenig«, sagte sie, »vielleicht findet sich etwas, und es macht auch nichts aus, wenn du ein Dummkopf bist, solang du mich hast und ich für dich sorge.« – »Das ist wahr«, sagte er, und sie machten sich auf und heirateten. Und sie hielt sein Haus so sauber und ordentlich und kochte ihm sein Essen so gut, daß er nachts einmal zu ihr sagte: »Mädchen, ich mein, dich mag ich eigentlich am allerliebsten von allem.«

»Das hört sich gut an«, sagte sie, »und was nun?« – »Meinst du, ich muß dich jetzt töten und dein Herz hinauftragen zu der weisen

Frau für das Quart Verstand?« – »Bei Gott, nein!« sagte sie und schaute entsetzt drein. »Das will ich nicht haben. Aber sieh mal, du hast doch das Herz deiner Mutter nicht herausgeschnitten, nicht wahr?« – »Nein, aber wenn ich es gemacht hätte, dann hätte ich vielleicht mein Quart Verstand bekommen«, sagte er. »Kein bißchen davon«, sagte sie, »nimm du mich mit, wie ich bin, das Herz und alles zusammen, und ich wette, ich helfe dir die Rätsel erraten.«

»Kannst du das?« fragte er ungläubig. »Ich denke, die sind zu schwer für Weibervolk.«

»Nun«, sagte sie, »wir wollen mal sehen. Sag mir das erste.«

»Was läuft ohne Füße?« fragte er.

»Nun, das Wasser!« sagte sie.

»Stimmt«, sagte er und kratzte sich am Kopf.

»Und was ist gelb und schimmernd, aber kein Gold?«

»Nun, die Sonne!« sagte sie.

»Meiner Treu, stimmt!« sagte er. »Komm, wir gehen gleich hinauf zu der weisen Frau«, und sie gingen hin. Und als sie den Pfad heraufkamen, saß sie vor der Tür und flocht Stroh. »Guten Abend, Frau«, sagte er. »Guten Abend, Dummkopf«, sagte sie.

»Ich denke, ich hab' Euch schließlich doch das richtige Ding gebracht«, sagte er.

Die weise Frau sah die beiden an und wischte über ihre Brillengläser.

»Kannst du mir sagen, was das ist: zuerst hat es keine Beine, dann zwei Beine und mit vier Beinen hört es auf?«

Und der Dummkopf kratzte sich am Kopf und dachte nach und dachte nach, aber er konnte es nicht sagen.

Und das Mädchen flüsterte ihm ins Ohr: »Das ist eine Kaulquappe.«

»Kann sein«, sagte er dann, »es könnte eine Kaulquappe sein, Frau.«

Die weise Frau nickte mit dem Kopf.

»Das ist richtig«, sagte sie, »und du hast bereits dein Quart Verstand bekommen.«

»Wo ist er?« fragte er, schaut sich um und langt in die Taschen.

»Im Kopf von deiner Frau«, sagte sie. »Das einzige Heilmittel für einen Dummkopf ist eine tüchtige Frau, die für ihn sorgt, und das hast du bekommen, und jetzt guten Abend!« Und damit nickte sie ihnen zu, und auf und ins Haus. So gingen sie zusammen nach Hause, und niemals wieder wollte er ein Quart Verstand kaufen, denn seine Frau hatte genug für beide.

So wird in England erzählt.

Die Blinde und der Taubstumme

*E*ines Mannes Tochter war blind; eines anderen Mannes Sohn war taubstumm.

»Ach, nun muß ich meinem Sohn wohl irgendeine Frau besorgen«, dachte sich eines Tages der Vater des taubstummen Jungen und machte sich auf den Weg.

»Ach, meine Tochter muß ich wohl jemandem zur Frau geben«, dachte sich auch der Vater des blinden Mädchens und machte sich ebenfalls auf den Weg.

Die beiden Väter trafen sich unterwegs.

»Wohin geht's«, fragte der eine.

»Ach, ich suche eine Braut für meinen Sohn«, antwortete der andere. »Und wohin gehst du?«

»Ich suche einen Bräutigam, dem ich meine Tochter zur Frau geben kann.«

»Na, wenn das so ist«, rief da der eine erfreut, »dann haben wir ja beide unser Ziel erreicht. Nun mußt du nur noch deine Tochter meinem Sohn geben.«

»Gut«, meinte der andere, »doch sag, wie steht es mit dem Bräutigam?«

»Zu dem braucht man nicht viel zu sagen«, antwortete der Vater des Taubstummen, »doch sagt, wie steht es mit der Braut?«

»Die, die kannst du blind nehmen«, meinte der Vater der Blinden.

Damit war die Sache beschlossen. Sie setzten den Tag der Hochzeit fest und gingen auseinander.

Schließlich war es soweit, und es wurde Hochzeit gehalten. »Du hast mich aber hinters Licht geführt«, schimpfte der Vater der Blinden, »hättest du damals gesagt, daß er ein Taubstummer ist, dann hätte ich ihm meine Tochter nicht gegeben.«

»Was hast du nur?« antwortete der andere. »Ich habe damals gesagt, zu dem braucht man nicht viel zu sagen, man muß sich mit ihm eben durch Zeichen verständigen. – Und dieses Mädchen hast du zur Heirat gegeben?«

»Ich habe schließlich gesagt ›die kannst du blind nehmen‹, und du warst damit einverstanden.«

So kam es, daß die beiden, die Blinde und der Taubstumme, heirateten.

So wird in Nepal erzählt.

Der Fisch und seine Braut

Es war einmal ein Mann, der hatte eine Frau und vier Kinder: zwei Söhne und zwei Töchter. Die ältere von den beiden Mädchen hieß Maria. Sie ging oft an den Fluß zum Waschen, und dabei hat sie immer gesungen:

>*»Liebe, schön ist die Liebe!*
>*Mein Juan aber ist der Allerschönste!«*

Wie sie da gesungen und gewaschen hat, sah sie ein Fisch und verliebte sich in sie. Und er tauchte aus dem Wasser auf und hat sich mit ihr unterhalten.

So ist Maria oft ans Ufer gegangen, auch wenn eigentlich keine schmutzige Wäsche da war. Und immer hat sie gesungen:

>*»Liebe, schön ist die Liebe!*
>*Mein Juan aber ist der Allerschönste!«*

Die Mutter hat bemerkt, daß Maria so oft zum Waschen geht, und sie hat den älteren Bruder beauftragt, hinterherzuschleichen und aufzupassen, was sie macht.

Der Bruder ist also hinterhergeschlichen und hat gelauscht, aber er hat nur gehört und nichts gesehen. Daheim sagte er: »Maria wäscht nur und singt: ›Liebe, schön ist die Liebe! Mein Juan aber ist der Allerschönste.‹ Sonst habe ich nichts gesehen.« Die Mutter sagte es dem Vater. Und der Vater ist selbst dort hingeschlichen. Maria singt:

>*»Liebe, schön ist die Liebe!*
>*Mein Juan aber ist der Allerschönste!«*

Dann hörte er eine Stimme: »Grüß dich, mein Schatz! Wie geht es dir?« und die Antwort Marias: »Dank dir, mein Schatz, es geht mir gut.« – »Maria, ich liebe dich!« – »Ich dich auch, mein Teurer!«

Der Vater ging heim und sagte es der Mutter. Die Mutter sagte: »Das geht nicht, einen Fisch lieben.«

Die Mutter ging zur Patin des Mädchens, sie solle Maria zum Putzen rufen. Und wie sie heimkam, sagte die Mutter: »Maria, deine Patin braucht dich zum Putzen.« – »Ich kann nicht«, erwiderte Maria, »mir ist unwohl.«

Die Mutter aber meinte, sie müsse unbedingt gehen, und so ging Maria am nächsten Tag zu ihrer Patin.

Vater, Mutter, die beiden Brüder und die kleine Schwester aber gingen zum Fluß. Und der Vater sang:

»Liebe, schön ist die Liebe!
Mein Juan aber ist der Allerschönste!«

Aber nichts zeigte sich, denn der Fisch kannte die Stimme Marias. Dann hat die Mutter gesungen:

»Liebe, schön ist die Liebe!
Mein Juan aber ist der Allerschönste!«

Aber der Fisch ist nicht gekommen. – Dann hat der ältere Bruder gesungen und der jüngere:

»Liebe, schön ist die Liebe!
Mein Juan aber ist der Allerschönste!«

Doch der Fisch kam nicht. Zum Schluß sang die kleine Schwester:

»Liebe, schön ist die Liebe!
Mein Juan aber ist der Allerschönste!«

Weil sie eine ganz ähnliche Stimme wie Maria hatte, tauchte der Fisch auf und der Vater fing ihn mit einem Netz und tötete ihn. Dann gingen sie heim und kochten den Fisch. Und am Abend, als

Maria heimgekommen war, gab es gekochten Fisch. Nach dem Essen hat der Vater gesagt: »Nun, wie hat dir der Fisch geschmeckt?« – »Gut«, sagte Maria. – »Du hast deinen Bräutigam gegessen.« Maria hat sehr geweint.

Am nächsten Tag ging Maria mit der Wäsche an den Fluß. Dort hat sie gewaschen und gesungen:

> »Liebe, schön ist die Liebe!
> Mein Juan aber ist der Allerschönste!«

Aber so oft sie auch gesungen hat, der Fisch hat sich nicht gezeigt.

Da ist Maria aufgestanden und in den Fluß gegangen, wo er am allertiefsten ist.

Als mittags Maria nicht heimgekommen ist, ging der Vater ans Ufer des Flusses: da war die Wäsche, aber keine Maria. Da hat er gesucht und die Leiche gefunden. Da hat er sehr geweint und gesagt: »Was habe ich nur gemacht! Was habe ich nur gemacht!«

So wird in der Karibik erzählt.

Der standhafte Zinnsoldat

*E*s waren einmal fünfundzwanzig Zinnsoldaten, die waren allesamt Brüder, denn ein alter Zinnlöffel hatte sie geboren. Sie hielten ihr Gewehr im Arm und das Gesicht geradeaus; rot und blau, so prächtig war ihre Uniform. Als der Deckel von ihrer Schachtel abgenommen wurde, war das allererste, was sie auf dieser Welt vernahmen, das Wort: »Zinnsoldaten!« Ein kleiner Junge rief es aus und klatschte in die Hände; er hatte sie geschenkt bekommen, weil er Geburtstag hatte, und baute sie nun auf dem Tisch auf. Ein Soldat glich haargenau dem anderen, nur ein einziger wich ein wenig ab; er hatte nur ein Bein, denn man hatte ihn zuletzt gegossen, als nicht mehr genug Zinn da war. Doch auf diesem einen stand er genauso fest wie die anderen auf ihren zwei, und gerade er verdiente Beachtung.

Auf dem Tisch, wo die Soldaten aufgestellt waren, lag noch eine Menge anderes Spielzeug; was aber am meisten in die Augen fiel, das war ein niedliches Schloß aus Papier. Man konnte durch seine kleinen Fenster direkt in die Säle hineinschauen. Es war von kleinen Bäumen eingefaßt und von einem kleinen Spiegel umgeben, der einem See gleichen sollte, auf dem Wachsschwäne schwammen und sich spiegelten. Das alles war sehr hübsch, doch noch hübscher war eine kleine Jungfer, die mitten in der offenen Schloßtür stand. Auch sie war aus Papier geschnitten, sie trug jedoch einen Rock aus dem hellsten Linon und ein schmales blaues Bändchen über der Schulter wie ein Gewand, und mitten darauf glitzerte eine Paillette, die genauso groß war wie ihr ganzes Gesicht. Die kleine Jungfer streckte beide Arme aus, denn sie war eine Tänzerin, und dann hob sie das eine Bein so hoch empor, daß der Zinnsoldat es gar nicht mehr sehen konnte, und deshalb glaubte er, sie sei genauso einbeinig wie er.

»Das wäre eine Frau für mich!« dachte er. »Aber sie ist etwas vornehm, sie wohnt in einem Schloß, und ich habe nur eine Schachtel, und darin sind wir fünfundzwanzig, das ist kein Ort für sie! Ich muß aber doch zusehen, daß ich ihre Bekanntschaft mache!« Und dann legte er sich, so lang er war, hinter eine Schnupftabakdose auf den Tisch; von hier aus konnte er die kleine feine Dame, die unentwegt auf einem Bein stand, ohne die Balance zu verlieren, recht betrachten.

Spät am Abend kamen alle anderen Zinnsoldaten in ihre Schachtel, und die Leute des Hauses gingen zu Bett. Nun begann das Spielzeug zu spielen: Gäste kommen, Krieg führen und Ball geben. Die Zinnsoldaten, die auch dabeisein wollten, klapperten in der Schachtel, konnten aber den Deckel nicht abheben. Der Nußknacker schlug Purzelbäume, und der Griffel trieb Allotria auf der Tafel; es war so ein Spektakel, daß der Kanarienvogel aufwachte und anfing mitzureden, und zwar in Versen. Die beiden einzigen, die sich nicht von der Stelle rührten, waren der Zinnsoldat und die kleine Tänzerin; sie hielt sich, die Arme ausgebreitet, ganz gerade auf der Zehenspitze; er war auf seinem einen Bein genauso standhaft und konnte die Augen keinen Moment von ihr abwenden.

Nun schlug die Uhr zwölf, und klatsch, sprang der Deckel der Schnupftabakdose auf, in der aber kein Tabak war, nein, sondern ein kleiner schwarzer Troll – das war so ein Kunststück.

»Zinnsoldat«, sagte der Troll, »willst du wohl deine Augen bei dir behalten!«

Doch der Zinnsoldat tat, als hörte er nicht.

»Ja, warte nur bis morgen!« sagte der Troll.

Als es dann Morgen wurde und die Kinder aus dem Bett gekommen waren, stellten sie den Zinnsoldaten ins Fenster, und plötzlich – mochte nun der Troll oder der Zugwind schuld daran sein – flog das Fenster auf, und der Soldat stürzte kopfüber aus dem dritten Stock in die Tiefe. Es war eine entsetzliche Fahrt, bis er, sein Bein nach oben gewandt und das Bajonett zwischen die Pflastersteine gebohrt, auf seiner Mütze stehenblieb.

Das Dienstmädchen und der kleine Junge liefen sogleich hinunter, um ihn zu suchen, und obwohl sie beinahe auf ihn traten, konnten sie ihn doch nicht finden. Hätte der Zinnsoldat gerufen: »Hier bin ich!«, dann hätten sie ihn wohl entdeckt; aber er hielt es für unschicklich, so laut zu schreien, schließlich war er in Uniform.

Nun begann es zu regnen, immer dichter fielen die Tropfen, es wurde ein ordentlicher Schauer. Als er vorüber war, tauchten zwei Straßenjungen auf.

»Guck mal«, sagte der eine, »da liegt ein Zinnsoldat! Der soll mal eine Bootsfahrt machen!«

Und dann falteten sie aus einer Zeitung ein Boot, setzten den Zinnsoldaten mitten hinein, und nun fuhr er den Rinnstein hinunter, und die beiden Jungen liefen nebenher und klatschten in die Hände.

Um Himmels willen, wie hoch die Wellen im Rinnstein schlugen und wie reißend die Strömung war! Ja, es hatte auch wie aus Kannen gegossen. Das Papierschiff wippte auf und nieder und drehte sich dann wieder so schnell, daß der Zinnsoldat erbebte; doch er blieb standhaft, verzog keine Miene, sah geradeaus und hielt sein Gewehr im Arm.

Mit einem Mal wurde das Boot unter ein langes Rinnsteinbrett getrieben; und nun wurde es für den Soldaten genauso dunkel, als ob er in seiner Schachtel wäre.

»Wohin mag ich jetzt wohl geraten«, dachte er, »ja, ja, das hat der Troll getan! Ach, wenn doch die kleine Jungfer bei mir säße, dann könnte es gern noch einmal so dunkel sein!«

In diesem Moment erschien eine große Wasserratte, die unter dem Rinnsteinbrett wohnte.

»Hast du einen Paß?« fragte die Ratte. »Her mit dem Paß!«

Doch der Zinnsoldat schwieg und hielt sein Gewehr noch fester. Das Boot jagte davon und die Ratte hinterher. Hu! Wie sie die Zähne fletschte, und sie rief Hölzchen und Halmen zu: »Haltet ihn! Haltet ihn! Er hat keinen Zoll bezahlt! Er hat keinen Paß gezeigt!«

Doch die Strömung wurde immer heftiger. Schon konnte der Zinnsoldat am Ende des Bretts das helle Tageslicht erkennen, aber es war auch ein Brausen zu hören, und so ein Geräusch kann einen tapferen Mann wohl erschrecken! Stellt euch vor, der Rinnstein stürzte am Ende des Bretts direkt in einen großen Kanal, das wäre für den Zinnsoldaten genauso gefährlich gewesen, als sollten wir einen großen Wasserfall hinunterfahren.

Er war jetzt schon so nahe daran, daß er das Boot nicht mehr anhalten konnte. Es schoß davon, und der arme Zinnsoldat hielt sich so steif, wie er konnte, er wollte sich nicht nachsagen lassen, daß er auch nur mit der Wimper zuckte. Als das Boot drei-, viermal herumgewirbelt war, hatte es sich bis zum Rand mit Wasser gefüllt und mußte untergehen. Dem Zinnsoldaten stand das Wasser bis zum Hals, das Boot sank immer tiefer, das Papier löste sich immer mehr auf, schon ging ihm das Wasser über den Kopf – da dachte er an die hübsche kleine Tänzerin, die er niemals wiedersehen sollte, und in seinen Ohren klang es: »Fahre hin, du Krieger kühn, den Tod sollst du erleiden!«

Da ging das Papier entzwei, und der Zinnsoldat fiel hindurch – wurde aber im selben Augenblick von einem großen Fisch verschluckt.

Nein, wie dunkel es in dem war! Hier war es noch schlimmer als unter dem Rinnsteinbrett, und dann so eng; doch der Zinnsoldat war standhaft und lag längelang da, das Gewehr in seinem Arm.

Der Fisch zappelte hierhin und dahin, er machte die gräßlichsten Bewegungen; endlich wurde er ganz still und wie von einem Blitzstrahl durchbohrt. Es wurde taghell, und eine Stimme rief laut: »Ein Zinnsoldat!«

Man hatte den Fisch gefangen, auf den Markt gebracht und verkauft, dann war er in die Küche gekommen, wo ihn ein Mädchen nun mit einem großen Messer aufschlitzte. Sie faßte den Soldaten mit zwei Fingern um den Leib und trug ihn in die Stube, und alle wollten diesen merkwürdigen Mann sehen, der in einem Fischbauch herumgereist war – doch der Zinnsoldat war gar nicht stolz. Er wurde auf den Tisch gestellt, und da – nein, wie sonderbar es in der Welt zugehen kann! Der Zinnsoldat war in dieselbe Stube geraten, in der er schon einmal gewesen war; er sah dieselben Kinder und auf dem Tisch dasselbe Spielzeug: das prächtige Schloß mit der hübschen kleinen Tänzerin. Sie hielt sich noch immer auf einem Bein und hatte das andere hoch emporgereckt, auch sie war standhaft. Das rührte den Zinnsoldaten so sehr, daß er fast Zinn geweint hätte, aber das schickte sich nicht. Er sah sie an, und sie sah ihn an, doch sie sprachen kein Wort.

Mit einem Mal packte der eine der kleinen Jungen den Soldaten und warf ihn in den Kachelofen, und dafür hatte er gar keinen Grund; bestimmt war der Troll in der Dose schuld daran.

Der Zinnsoldat stand in einem blendenden Licht und spürte eine Hitze, die entsetzlich war; doch ob sie vom wirklichen Feuer oder von der Liebe herrührte, das wußte er nicht. Die Farben hatte er ganz und gar verloren, ob auf der Reise oder vor Kummer, das konnte niemand sagen. Er sah die kleine Jungfer an, sie sah ihn an, und er fühlte sich schmelzen, hielt sich aber immer noch standhaft, mit seinem Gewehr im Arm.

Da öffnete sich eine Tür, die Tänzerin wurde vom Wind ge-packt und flog einer Sylphide gleich geradewegs zum Zinnsoldaten in den Kachelofen, loderte auf und war fort. Nun schmolz der Zinnsoldat zu einem Klümpchen, und als am nächsten Tag das Mädchen die Asche herausnahm, fand sie ihn als kleines Zinnherz wieder. Doch von der Tänzerin war nur die Paillette übrig, und die war kohlrabenschwarz gebrannt.

So erzählt uns Hans Christian Andersen.

Von dem Riesen,
der sein Herz nicht bei sich hatte

Es war einmal ein König, der hatte sieben Söhne, und die liebte er so sehr, daß er sie niemals alle auf einmal entbehren konnte, einer mußte immer bei ihm bleiben. Als sie erwachsen waren, sollten sechs von ihnen ausziehen und sich Frauen suchen; den jüngsten wollte der Vater zu Hause behalten, und für ihn sollten die anderen eine Braut mitbringen. Der König gab den sechsen die schönsten Kleider, die man je gesehen hat, die weithin glänzten, und jeder bekam ein Pferd, das viele hundert Taler gekostet hatte, und so zogen sie davon. Als sie nun an vielen Königshöfen gewesen waren und viele Prinzessinnen gesehen hatten, kamen sie schließlich zu einem König, der sechs Töchter hatte. Solch schöne Königstöchter hatten sie noch nicht gesehen, und so warb jeder um eine von ihnen, und als jeder die Seine zur Liebsten gewonnen hatte, zogen sie wieder heimwärts. Aber sie vergaßen ganz und gar, daß sie für das Nesthäkchen, das daheimgeblieben war, auch eine Prinzessin mitbringen sollten; so verliebt waren sie in ihre Bräute.

Als sie schon ein schönes Stück des Heimwegs zurückgelegt hatten, kamen sie dicht an einer steilen Felswand vorbei, wo die Riesen hausten. Da kam ein Riese heraus und erblickte sie und verwandelte sie alle in Stein, Prinzen und Prinzessinnen. Der König wartete und wartete auf die sechs Söhne, aber er mochte noch so sehnlich warten, sie kamen nicht. Da wurde er sehr traurig und sagte, er könne niemals mehr richtig froh werden. »Wenn ich dich nicht hätte«, sagte er zum Jüngsten, »so bliebe ich nicht am Leben, so traurig bin ich, daß ich deine Brüder verloren habe.« – »Aber ich habe schon daran gedacht, dich um Erlaubnis zu bitten, daß ich ausziehen dürfte und die Brüder wiederfinden«, sagte das Nesthäkchen. – »Nein, das erlaube ich dir auf keinen Fall«, sagte der Vater, »sonst gehst du mir auch noch verloren.« Aber der Junge wollte durchaus fort und bat und bettelte so lange, bis der König ihn schließlich ziehen lassen mußte. Nun hatte der König aber nur mehr ein altes elendes Pferd für ihn, denn die sechs anderen Prinzen und ihr Gefolge hatten alle guten Pferde bekommen; aber darum kümmerte sich das Nesthäkchen nicht. Er bestieg das alte schäbige Pferd und sagte »Lebe wohl, Vater!« zum König. »Ich werde gewiß wiederkommen, und vielleicht bringe ich dann auch meine sechs Brüder mit.« Und damit ritt er davon.

Als er nun ein Stück weit geritten war, traf er einen Raben, der lag auf der Straße und schlug mit den Flügeln und konnte nicht von der Stelle kommen, so verhungert war er. »Ach, lieber Freund, gib mir ein wenig zu essen, so will ich dir in der äußersten Not helfen!« rief der Rabe. »Viel zu essen habe ich nicht, und viel helfen wirst du mir wohl auch nicht können«, sagte der Königssohn, »aber ein wenig kann ich dir schon geben, denn du hast es wohl nötig, das sehe ich.« Und damit gab er dem Raben etwas von dem Mundvorrat, den er bei sich hatte. Als er wieder ein Stück weit geritten war, kam er an einen Bach, da lag ein großer Lachs, der aufs Trockene gekommen war, und zappelte und konnte nicht mehr ins Wasser zurück. »Ach, lieber Freund, hilf mir wieder ins Wasser!« sagte der Lachs zum Königssohn. »Ich will dir auch in deiner größten Not helfen.« – »Die Hilfe, die du mir bringen kannst, wird wohl nicht so groß sein«, sagte der Prinz, »aber es wäre doch traurig, wenn du hier liegenbleiben und verschmachten müßtest.« Und damit schob er den Fisch wieder ins Wasser. Nun ritt er ein langes, langes Stück weiter, und dann begegnete er einem Wolf; der war so verhungert, daß er mitten auf der Straße lag und sich krümmte vor Hunger. »Lieber Freund, laß mich dein Pferd fressen«, sagte der Wolf, »ich habe solchen Hunger, daß mir die Eingeweide rasseln, weil ich seit zwei Jahren nichts mehr zu essen bekommen habe.« – »Nein«, sagte der Prinz, »das kann ich nicht; erst traf ich einen Raben, dem mußte ich meinen Mundvorrat geben; dann traf ich einen Lachs, dem mußte ich wieder ins Wasser helfen, und nun willst du mein Pferd haben. Das geht nicht an, denn worauf soll ich denn sonst reiten?« – »Ja, lieber Freund, du mußt mir helfen«, meinte der Wolf. »Du kannst auf mir reiten. Ich werde dir wieder helfen in deiner größten Not.« – »Die Hilfe, die du mir bringen kannst, ist wohl nicht sonderlich groß; aber du kannst doch das Pferd fressen, weil du gar so elend dran bist«, sagte der Prinz darauf. Als nun der Wolf das Pferd aufgefressen hatte, nahm der Prinz den Zaum und legte ihn dem Wolf an, schnallte ihm den Sattel auf den Rücken, und der Wolf war von seinem Fressen so stark geworden, daß er in größter Schnelligkeit mit dem Königssohn davontrabte. So scharf war der noch nie geritten. »Wenn wir nun noch ein kleines Stückchen weiter sind, werde ich dir den Hof der Riesen zeigen«, sagte der Wolf, und nach kurzem kamen sie hin. »So, hier hausen die Riesen«, sagte der Wolf. »Hier siehst du alle deine sechs Brüder, die der Riese in Stein verwandelt hat, und da siehst du ihre sechs Bräute; und drüben ist die Tür, da mußt du hineingehen.« – »Nein, das wage ich nicht«, sagte der Königssohn, »er bringt mich um.« – »Ach nein«, gab der Wolf zur Antwort, »wenn du hineinkommst, so findest du eine Prinzessin, die sagt dir schon, wie du es anfangen sollst, um den Riesen umzubringen. Tu nur, was sie dir sagt.« Der Prinz ging hinein, aber er fürchtete sich. Als er ins Haus kam, war der Riese nicht da; aber in der einen Kammer saß eine Prinzessin, wie der Wolf gesagt hatte, und ein so schönes Mädchen hatte der Königssohn noch nicht gesehen. »Ach, Gott helfe dir, wie bist du hierhergekommen?« rief die Königstochter, als sie ihn erblickte. »Das ist dein sicherer Tod; den Riesen, der hier haust, kann niemand umbringen, weil er sein Herz nicht bei sich hat.« – »Ja, aber da ich nun doch einmal hier bin, so will ich es doch versuchen«, sagte der Prinz. »Und meine Brüder, die als Steine da draußen stehen, will ich doch zu befreien suchen, und dich möchte ich auch gerne retten.« – »Ja, wenn du es durchaus willst, so müssen wir sehen, was sich tun läßt«, sagte die Prinzessin darauf. »Nun mußt du hier unter das Bett kriechen, und dann mußt du scharf aufpassen, was ich mit dem Riesen spreche. Aber du mußt ganz still liegen.« Der Prinz schlüpfte unter das Bett, und kaum war er drunten, so kam schon der Riese nach Hause. »Huh, hier riecht's nach Christenfleisch!« schrie er. »Ja«, sagte die Prinzessin, »es ist eine Elster vorbeigeflogen mit einem Menschenknochen und hat ihn durch den Schornstein hinunterfallen lassen. Ich habe ihn zwar eiligst hinausgeworfen, aber der Geruch verzieht sich nicht so schnell.« Nun sagte der Riese nichts weiter mehr darüber. Als es Abend wurde, gingen sie zu Bett, und als sie eine Weile lagen, sagte die Königstochter: »Es gibt ein Ding, danach möchte ich dich schon lange gern fragen, wenn ich es nur wagte.« – »Was ist das für ein Ding?« fragte der Riese darauf. »Ich möchte wissen, wo du dein Herz hast, da du es nicht bei dir trägst«, sagte die Prinzessin. »Ach, danach brauchst du doch nicht zu fragen; übrigens liegt es unter der Türschwelle«, gab der Riese zur Antwort. »Aha, dort werden wir's schon finden«, dachte der Prinz unter dem Bett.

Am folgenden Morgen stand der Riese sehr früh auf und ging in den Wald, und kaum war er fort, so machten sich der Prinz und die Königstochter daran, unter der Schwelle nach seinem Herzen zu suchen; aber soviel sie auch graben und suchen mochten – sie fanden nichts. »Diesmal hat er uns zum Narren gehabt!« sagte die Prinzessin. »Wir müssen es eben noch einmal versuchen.« Und sie pflückte die schönsten Blumen, die sie finden konnte, und streute sie auf die Türschwelle – die sie wieder in Ordnung gebracht hatten –, und als es gegen die Zeit ging, wo der Riese heimzukehren pflegte, kroch der Königssohn wieder unter das Bett. Als er drunten war, kam der Riese. »Huhu, ich rieche Menschenfleisch!« schrie er. »Ja«, sagte die Prinzessin, »es ist eine Elster vorbeigeflogen mit einem Menschenknochen im Schnabel, den hat sie durch den Schornstein herunterfallen lassen; ich habe ihn zwar eiligst hinausgeworfen, aber es riecht wohl noch danach.« Da schwieg der Riese und sagte nichts mehr darüber. Aber nach einer Weile fragte er, wer denn Blumen auf die Türschwelle gestreut hätte. »Ach, das war ich«, sagte die Prinzessin. »Was soll es denn bedeuten?« fragte der Riese darauf. »Ach, ich habe dich so gerne, daß ich das tun mußte, weil ich weiß, daß dein Herz dort liegt.« – »Ja so«, meinte der Riese, »aber es liegt gar nicht dort.«

Als sie sich am Abend ins Bett gelegt hatten, fragte die Prinzessin den Riesen wieder, wo sein Herz sei, denn sie habe ihn so gern, sagte sie, daß sie es durchaus wissen wolle. »Ach, es liegt im Schrank, dort an der Wand«, sagte der Riese. »Aha«, dachte der Königssohn unter dem Bett, »da werden wir es schon finden.«

Am nächsten Morgen war der Riese früh auf und ging in den Wald, und kaum war er draußen, so machten sich der Prinz und die Königstochter an den Schrank und suchten sein Herz; aber sie mochten suchen, wie sie wollten – sie fanden es nicht. »Ja, ja«, sagte die Prinzessin, »wir müssen es noch einmal versuchen.« Sie verzierte den Schrank wieder mit Blumen und Kränzen, und gegen Abend kroch der jüngste Königssohn unter das Bett. Da kam der Riese. »Huhu, hier riecht's nach Menschenfleisch!« schrie er. »Ja«, sagte die Prinzessin, »gerade eben ist eine Elster vorbeigeflogen mit einem Menschenknochen im Schnabel, und den ließ sie durch den Schornstein hinunterfallen, ich habe ihn zwar eiligst hinausgeworfen, aber es kann schon sein, daß man ihn noch riecht.« Als der Riese das vernahm, sagte er nichts mehr weiter darüber. Aber bald darauf wurde er gewahr, daß der Schrank mit Blumen und Kränzen geschmückt war, und er fragte, wer das getan habe. »Ich«, sagte die Prinzessin. »Was soll denn der Narrenpossen bedeuten?« fragte der Riese. »Ach, ich habe dich so gern, daß ich es tun mußte, seit ich weiß, daß dort dein Herz liegt«, gab die Prinzessin zur Antwort. »Bist du wirklich so dumm und glaubst das?« rief der Riese. »Ja, freilich muß ich es glauben«, sagte die Prinzessin, »wenn du es mir sagst.« – »Aber wie bist du dumm«, rief der Riese, »da, wo mein Herz liegt, kommst du niemals hin.« – »Aber es würde mich doch freuen, zu wissen, wo es ist!« versetzte die Prinzessin. Nun konnte der Riese sich nicht mehr länger sperren und mußte endlich die Wahrheit sagen. »Weit, weit fort in einem Wasser liegt eine Insel«, sagte er, »und auf der Insel steht eine Kirche, in der Kirche ist ein Brunnen, in dem Brunnen schwimmt eine Ente, in der Ente ist ein Ei, und in dem Ei – da ist mein Herz!«

Früh am Morgen, als es noch nicht hell war, ging der Riese wieder in den Wald. »Ja, nun muß ich mich auch auf den Weg machen«, sagte der Prinz, »wenn ich nur den Weg fände.« Er nahm einstweilen Abschied von der Prinzessin, und als er aus der Tür trat, stand der Wolf schon da und wartete auf ihn. Dem erzählte er, wie es ihm mit dem Riesen ergangen war, und sagte, nun wolle er zu dem Brunnen in der Kirche, wenn er nur den Weg wüßte. Der Wolf hieß ihn auf seinen Rücken sitzen, er werde schon den Weg finden, sagte er. Und nun ging es in sausender Eile davon, über Fels und Wald, über Berg und Tal. Als sie viele, viele Tage unterwegs waren, kamen sie schließlich an das Wasser. Da wußte der Königssohn nicht, wie er hinüberkommen sollte. Aber der Wolf hieß ihn nur nicht ängstlich sein und schwamm mit dem Prinzen hinüber nach der Insel. Sie kamen nun zu der Kirche. Aber der Kirchenschlüssel hing hoch oben am Turm, und zuerst wußte der Königssohn gar nicht, wie er ihn herunterbekommen sollte. »Du mußt den Raben rufen«, sagte der Wolf, und das tat der Königssohn auch. Und gleich kam der Rabe und holte im Flug den Schlüssel herunter, und nun konnte der Prinz in die Kirche eintreten. Als er nun an den Brunnen kam, war die Ente ganz richtig drinnen und schwamm hin und her, wie der Riese gesagt hatte. Er stellte sich an den Brunnen und lockte die Ente, und schließlich hatte er sie in die Nähe gelockt und packte sie. Aber in dem Augenblick, wo er Zugriff und die Ente aus dem Wasser hob, ließ sie das Ei in den Brunnen fallen, und nun wußte der Prinz wieder nicht, wie er seiner habhaft werden sollte. »Ja, nun mußt du den Lachs rufen«, sagte da der Wolf. Das tat der Königssohn auch, und gleich kam der Lachs und holte das Ei vom Grund des Brunnens herauf. Nun sagte der Wolf, er solle ein bißchen auf das Ei drücken. Und als der Prinz drückte, schrie der Riese. »Drück noch einmal!« sagte der Wolf, und als der Prinz das tat, schrie der Riese noch viel jämmerlicher und bat de- und wehmütig um sein Leben. Er wolle alles tun, was der Königssohn verlange, sagte er, nur möge er ihm nicht das Herz entzweidrücken. »Sag, er solle deine sechs Brüder, die er zu Stein gemacht hat, wieder in Menschen verwandeln und ihre Bräute auch, dann wollest du ihm das Leben schenken«, sagte der Wolf, und der Prinz tat so. Der Troll ging gleich darauf ein, er verwandelte die sechs Brüder wieder in Königssöhne und ihre Bräute in Königstöchter. »Zerdrück jetzt das Ei!« sagte der Wolf. Da drückte der Prinz das Ei in Stücke, und der Riese zersprang.

Als der jüngste Königssohn auf diese Weise dem Riesen den Garaus gemacht hatte, ritt er auf seinem Wolf wieder nach der Behausung des Riesen; da standen alle seine sechs Brüder hellauf lebendig mit ihren Bräuten, und dann ging der Prinz in den Berg hinein, um seine Braut zu holen, und nun zogen sie alle zusammen nach Hause. Da war die Freude bei dem alten König groß, als alle seine sieben Söhne heimkehrten, jeder mit seiner Braut. »Aber die Schönste von allen ist doch Nesthäkchens Braut, und er soll mit ihr zuoberst am Tisch sitzen«, sagte der König. Da wurde tagelang ein großes Fest gefeiert, und wenn sie noch nicht fertig sind, so feiern sie heute noch.

So wird in Norwegen erzählt.

Rosalindo und Rosalie

Mit der Einwilligung ihres Gatten nahm eine reiche Frau einen Sohn armer Leute als Patenkind bei sich auf und taufte ihn auf den Namen Rosalindo. Sie nahm sich seiner an und erzog ihn. Das Ehepaar hatte keine Kinder bekommen. Nach fünf Jahren wurde ihnen ein kleines Mädchen geboren, das sie Rosalie nannten. Die Kinder wuchsen heran und glaubten, sie seien Geschwister, Niemals unterrichteten die Eltern die Tochter davon, daß Rosalindo nur ein Patensohn war. Sie gingen zusammen in die Schule.

Als Rosalie fünfzehn Jahre alt war, beschloß die Mutter, sie von Rosalindo zu trennen; sie zog mitten auf dem Weg in die Schule einen Drahtzaun, damit keines von den beiden, falls es den Wunsch hätte, sich zum anderen gesellen könnte. Während jedes auf seinem Weg ging, redeten die Kinder immer miteinander. Auf diesem Weg stand ein Kreuz. Vor dem Kreuz sprach Rosalie zu Rosalindo: »Was hältst du von der Entscheidung der Mutter, daß man uns nicht mehr miteinander reden und nirgends zusammen sein läßt?«

Er sagte: »Ich weiß es nicht, aber du kannst sie fragen, und je nachdem, was sie dir erwidert, berichtest du es mir.«

Gesagt, getan. Als Rosalie mit ihrer Mutter zusammen war, stellte sie ihr die Frage, auf welche die Mutter erwiderte: »Rosalindo ist nicht dein Bruder, und ich glaube, daß ich meine Pflicht als Patin erfüllt habe, indem ich ihn bei mir aufgezogen und herangebildet habe; ich denke auch daran, ihn seinen Eltern zu übergeben, und dies wird sehr bald geschehen.«

Rosalie fragte sie: »Wer sind Rosalindos Eltern?«

»Es sind arme, verlassene Leute, die auf einem anderen Landgut leben.«

Das Mädchen weinte, die Entscheidung der Mutter bereitete ihm großen Kummer, und es ermittelte auch nicht die Stunde, in der es Rosalindo auf dem Schulwege treffen konnte, um ihm alles zu erzählen. Als dann doch der Augenblick kam, zuckte Rosalie vor Schmerz und sagte ihm mit Tränen in den Augen all das, was ihre Mutter ihr erzählt hatte. Er erwiderte ihr mit Fassung und sprach: »Es ist viel besser so, daß wir keine Geschwister sind. Nichts in der Welt wird uns trennen, die Entfernung macht nichts aus. Warte fünf Jahre lang auf mich, ich will im Leben meinen Mann stehen, bis ich würdig bin, um deine Hand anzuhalten.«

Rosalie sprach: »Dort bei dem Kreuz wollen wir niederknien und uns ewige Liebe schwören.«

Als sie heimkamen, hatte die Frau schon erfahren, daß sie sich beim Kreuz aufgehalten hatten, und befahl Rosalindo, sein Gepäck zu richten, denn sie wollte ihn seinen Eltern zurückschicken, und er kam dem gerne nach.

Sobald Rosalindo in dem armseligen Heim anlangte, in dem seine alten Eltern, welche Landarbeiter waren, wohnten, umarmte er sie liebevoll und bat sie zugleich um Erlaubnis, ausziehen zu dürfen, um seinen Lebensunterhalt auf einträglichere und günstigere Art zu verdienen als der Vater. Die Eltern blieben betrübt zurück, gaben dem Sohn den Segen, und der zog ins unbekannte Land hinaus. Als er an einige Berge gelangte, in denen ein Klausner lebte, erzählte er ihm alles über sein vergangenes Leben. Das alte Männlein erfüllte ihn mit Hoffnung und sprach zu ihm: »Habe Vertrauen zu Gott, denn Er kann alles tun, du wirst alles zu einem guten Ende bringen.«

Er widmete sich der Holzfällerarbeit und brannte Kohle. Darüber verstrichen die Jahre, ohne daß er es bemerkte. Er sah eine Notiz nach, die er in einem alten Merkbüchlein stehen hatte, und sagte überrascht zu dem Greis: »Großväterchen, es sind noch vier Tage bis zur Erfüllung des Versprechens, das ich Rosalie gegeben habe.«

»Gott braucht die Zeit nicht«, sagte der Greis, »denn Er kann alles in einem Augenblick verwirklichen.«

Der Jüngling schenkte ihm kein Vertrauen und beschloß, Selbstmord zu begehen, wozu er etliche Klippen erklomm, um sich in eine tiefe Schlucht hinabzustürzen. Dort oben betete er lange und sagte, indem er die Hände zum Himmel erhob: »Herr, vergib mir das, was ich tun werde.« Im gleichen Augenblick legte ihm das alte Männlein die Hand auf den Rücken und wendete ihn zu sich um.

»Sieh«, sagte er, »hier hast du alles, um dich in einen Einsiedler wie mich zu verkleiden«, und indem er ihm einen kostbaren Ring an den Finger steckte, sagte er noch: »Dieser Ring besitzt die Kraft, alles zwei Ställe weit rundum zu erhellen. Nimm auch diesen anderen, der erhellt alles vier Ställe weit, und dieser hier«, er überreichte ihm einen dritten, »hat die Kraft, die Nacht zum Tage werden zu lassen.

Du legst die Verkleidung an und gehst zum Hause Rosaliens, um Unterkunft zu erbitten. Sie werden es gewähren, denn sie werden einen Bettler in dir sehen. Man wird dich im Hühnerstall schlafen lassen, in dem du den ersten Ring anstecken wirst. Sogleich wird man laufen und Rosalie die Nachricht zutragen, daß du einen kostbaren Ring besitzest, und da die Mutter angeordnet hat, sie zu vermählen, fehlt ihr das Schmuckstück. Wenn sie es dir abkaufen wollen, so übergibst du es nicht für noch soviel Geld, sondern verschenkst es unter der Bedingung, daß das Fräulein sich am Fuß berühren lasse.

In der folgenden Nacht wirst du von neuem um Unterkunft bitten. Die Magd wird sie dir gewähren, ohne daß ihre Herrschaft erfährt, daß sie dich ins Haus hat eintreten lassen. In dieser folgenden Nacht wirst du dir den zweiten Ring anstecken und ihn unter der Bedingung hergeben, daß das Fräulein dich ihr Knie berühren lasse.

In der dritten Nacht wirst du den Ring anziehen, der so hell wie der Tag leuchtet. Er wird den ganzen Palast erhellen. Die Magd wird rennen und Rosalie die Nachricht zutragen, daß du einen Ring besitzest, der noch schöner als die anderen ist. In dieser Nacht muß Rosalie sich vorbereiten, denn am folgenden Tage wird ihre Hochzeit gefeiert. Und du gibst ihn unter der Bedingung her, daß sie dich an der inneren Seite ihres Zimmers schlafen läßt. Das wird viel kosten, aber die Magd wird sie überreden, damit sie die Besitzerin der drei kostbaren Ringe wird. Wenn

Rosalie aus dem Bad zurückkommt, wird sie die Kleider, die sie am Tage getragen hat, auf dem Boden herumliegen lassen, und da wirst du ihr das Höschen wegnehmen, es gut verstecken und zusehen, daß du herauskommst, bevor der Tag kommt. Hier erwarte ich dich.«

Diese Lehren also erteilte ihm der Klausner, nachdem er neben ihn getreten war. Der kleine alte Mann setzte sich zu ihm nieder und sagte weiter: »Nehmt diese Wünschelrute, welche zauberkräftig ist, was du bald ausprobieren wirst, indem du einen Palast, wie niemand einen besitzt, wünschst, mit all der Dienerschaft, einem funkelnden Wagen und all dem erforderlichen Aufwand für dich und dein Heim. Du wirst auf Rosaliens Hochzeit gehen. Du kommst dort rechtzeitig zum Essen an. Die Trauung soll vollzogen werden, nachdem die Tafel aufgehoben ist. Alle werden Geschichten erzählen, und man wird auch dich auffordern, etwas zu erzählen. Bis zu diesem Augenblick haben die Eltern dich nicht wiedererkannt, sie glauben, du seist ein sehr reicher Mann, der den Wunsch hat, auf einer Hochzeit zu verweilen. Deine Erzählung wird folgende sein: ›Ich habe mich immer der Jagd gewidmet und nahm dazu drei schöne Jagdhunde mit. Eines Tages traf ich auf eine überaus schöne Häsin. Ich ließ den ersten Hund los, der erwischte sie bei den Pfötchen. Ich ließ den zweiten los, der kam bis an ihre Läufe, und auch ihm entging sie. Darauf sandte ich den dritten aus, der freilich hatte Glück, er erwischte sie und zog ihr das Fell ab, welches ich zur Erinnerung aufbewahre.‹«

So also machte der Jüngling es. Und wie er Rosaliens Höschen in der Gegenwart und vor den Augen aller ausbreitete, erkannte Rosalie es, hängte es sich um den Hals und sagte: »Ich werde die Frau von gar niemand oder die deinige, Rosalindo.«

Die Leute saßen sprachlos vor diesem Anblick. Der Bräutigam sagte: »Daß einem so wohlbehüteten Mädchen so etwas zustoßen konnte!«

Rosalies Eltern willigten gern in die Ehe mit Rosalindo ein, und das Standesamt vollzog diese Trauung.

Am Tage danach führte er seine Schwiegereltern in seinen schönen Palast, und er konnte feststellen, daß der Eremit verschwunden war. Sein Gefährte war Gott selbst gewesen, der ihn verließ, nachdem er sein Glück gemacht hatte. Und sie blieben glücklich.

So wird in Chile erzählt.

König Drosselbart

*E*in König hatte eine Tochter, die war wunderschön, aber stolz und übermütig, so daß ihr kein Freier gut genug war und sie einen nach dem andern abwies und noch dazu Spott mit ihnen trieb. Einmal ließ der König ein großes Fest anstellen und lud dazu alle heiratslustigen Männer ein, die wurden in eine Reihe nach ihrem Rang und Stand geordnet; erst kamen die Könige, dann die Herzoge, die Fürsten, Grafen und Freiherrn, zuletzt die Edelleute. Nun wurde die Königstochter durch die Reihen geführt, aber an jedem hatte sie etwas auszusetzen. Der eine war ihr zu dick: »Das Weinfaß!« sprach sie. Der andere zu lang: »Lang und schwank hat keinen Gang!« Der dritte zu kurz: »Kurz und dick hat kein Geschick!« Der vierte zu blaß: »Der bleiche Tod!« Der fünfte zu rot: »Der Zinshahn!« Der sechste war nicht gerad genug: »Grünes Holz, hinterm Ofen getrocknet!« Und so hatte sie an einem jeden etwas auszusetzen, besonders aber machte sie sich über einen guten König lustig, der ganz oben stand und dem das Kinn ein wenig krumm gewachsen war. »Ei«, rief sie und lachte, »der hat ein Kinn wie die Drossel einen Schnabel!« Und seit der Zeit bekam er den Namen Drosselbart. Der alte König aber, als er sah, daß seine Tochter nichts tat, als über die Leute spotten und alle Freier, die da versammelt waren, verschmähte, ward er zornig und schwur, sie sollte den ersten, besten Bettler zum Mann nehmen, der vor seine Türe käme.

Ein paar Tage darauf hub ein Spielmann an, unter dem Fenster zu singen, um damit ein geringes Almosen zu erwerben. Als es der König hörte, sprach er: »Laßt ihn heraufkommen!« Da trat ein schmutziger Spielmann herein, sang vor dem König und seiner Tochter und bat, als er fertig war, um eine milde Gabe. Der König sprach: »Dein Gesang hat mir so wohl gefallen, daß ich dir da meine Tochter zur Frau geben will.« Die Königstochter erschrak, aber der König sagte: »Ich habe den Eid getan, dich dem ersten besten Bettelmann zu geben, den will ich auch halten.« Es half keine Einrede, der Pfarrer ward geholt, und sie mußte sich gleich mit dem Spielmann trauen lassen. Als das geschehen war, sprach der König: »Nun schickt sich's nicht weiter, daß du in meinem Schloß bleibst, du kannst nur mit deinem Manne fortziehen.«

Der Bettelmann nahm sie mit hinaus, und sie kamen in einen großen Wald; da fragte sie:

»Ach, wem gehört der schöne Wald?«

»Der gehört dem König Drosselbart:
hättst du'n genommen, so wär er dein!«

»Ich arme Jungfer zart,
ach, hätt ich genommen den König Drosselbart!«

Darauf kamen sie über eine Wiese, da fragte sie wieder:

»Wem gehört die schöne, grüne Wiese?«

»Sie gehört dem König Drosselbart:
hättst du'n genommen, so wär sie dein!«

»Ich arme Jungfer zart,
ach, hätt ich genommen den König Drosselbart!«

Dann kamen sie durch eine große Stadt, da fragte sie wieder:

»Wem gehört wohl die schöne große Stadt?«

»Sie gehört dem König Drosselbart:
hättst du'n genommen, so wär sie dein!«

»Ich arme Jungfer zart,
ach, hätt ich genommen den König Drosselbart!«

»Das gefällt mir gar nicht«, sprach der Spielmann, »daß du dir immer einen andern zum Mann wünschest, bin ich dir nicht gut genug?« Endlich kamen sie an ein ganz kleines Häuschen, da sprach sie:

»Ach Gott! Was für ein Häuselein!
Wem mag das elende, winzige Häuschen sein?«

Der Spielmann antwortete: »Das ist mein und dein Haus, wo wir zusammen wohnen.« – »Wo sind die Diener?« sprach die Königstochter. »Was, Diener!« antwortete der Bettelmann. »Du mußt dir selber tun, was du willst getan haben. Mach nur gleich Feuer an und stell Wasser auf, daß du mir mein Essen kochst, ich bin ganz müd'.« Die Königstochter verstand aber nichts vom Feueranmachen und Kochen, und der Bettelmann mußte selber mit Hand anlegen, daß es noch so leidlich ging. Als sie die schmale Kost gegessen hatten, legten sie sich zu Bett, aber am Morgen trieb er sie schon ganz früh heraus, weil sie das Haus besorgen sollte. Ein paar Tage lebten sie auf diese Art schlecht genug und zehrten ihren Vorrat auf.

Da sprach der Mann: »Frau, so geht's nicht länger, daß wir hier zehren und nichts verdienen. Du sollst Körbe flechten.« Er ging aus, schnitt Weiden und brachte sie heim, da fing sie an zu flechten, aber die harten Weiden stachen ihr die zarten Hände wund. »Ich sehe, das geht nicht«, sprach der Mann, »spinn lieber, vielleicht kannst du das besser.« Sie setzte sich hin und versuchte zu spinnen, aber der harte Faden schnitt ihr bald in die weichen Finger, daß das Blut daran herunterlief. »Siehst du«, sprach der Mann, »du taugst zu keiner Arbeit, mit dir bin ich schlimm angekommen. Nun will ich's versuchen und einen Handel mit Töpfen und irdenem Geschirr anfangen, du sollst dich auf den Markt setzen und die Waare feilhalten.« – »Ach«, dachte sie, »wenn auf den Markt Leute aus meines Vaters Reich kommen und sehen mich da sitzen und feilhalten, wie werden sie mich verspotten!« Aber es half nichts, sie mußte hin, wenn sie nicht Hungers sterben wollten.

Das erste Mal ging's gut, denn die Leute kauften der Frau, weil sie so schön war, gern ihre Ware ab und bezahlten, was sie foderte, ja viele gaben ihr das Geld und ließen ihr die Töpfe noch dazu. Nun lebten sie von dem Erworbenen, so lang es dauerte, da handelte der Mann wieder eine Menge neues Geschirr ein und sie setzte sich an eine Ecke des Markts und stellte es um sich her und hielt feil. Da kam plötzlich ein trunkener Husar dahergejagt und ritt geradezu in die Töpfe hinein, daß alles in tausend Scherben zersprang. Sie fing an zu weinen und wußte nicht vor Angst, was sie anfangen sollte. »Ach wie wird mir's ergehen!« rief sie. »Was wird mein Mann dazu sagen!« Sie lief heim und erzählte ihm das Unglück.

»Wer setzt sich auch an die Ecke des Markts mit irdenem Geschirr!« sprach der Mann. »Laß nur das Weinen, ich sehe wohl, du bist zu keiner ordentlichen Arbeit zu gebrauchen; da bin ich in unseres Königs Schloß gewesen und habe gefragt, ob sie nicht eine Küchenmagd brauchen könnten und sie haben mir versprochen, sie wollten dich dazu nehmen, dafür bekommst du freies Essen.« Nun ward die Königstochter eine Küchenmagd, mußte dem Koch zur Hand gehen und die sauerste Arbeit tun. Sie machte sich an beiden Seiten in den Taschen ein Töpfchen fest, darin trug sie, was sie von dem Übriggebliebenen erhielt, nach Haus und sie lebten zusammen davon. Es trug sich zu, daß die Hochzeit des ältesten Königssohns sollte gefeiert werden, da ging die arme Frau hinauf, stellte sich vor die Saaltüre und sah zu. Als nun alles voll Pracht und Herrlichkeit war, da dachte sie mit betrübtem Herzen an ihr Schicksal und verwünschte ihren Hochmut und Übermut, der sie in diese Armut gestürzt hatte. Von den köstlichen Speisen, die da ein- und ausgetragen wurden, erhielt sie von den Dienern manchmal etwas geschenkt, das tat sie in ihre Töpfchen und wollte es heimtragen.

Auf einmal trat der Königssohn in goldenen Kleidern daher, und als er die schöne Frau in der Türe stehen sah, ergriff er sie bei der Hand und wollte mit ihr tanzen, aber sie wollte nicht und erschrak, denn sie sah, daß es der König Drosselbart war, der um sie gefreit und den sie mit Spott abgewiesen hatte. Als sie sich sträubte, zog er sie herein, da ging das Band auf, welches die Taschen hielt, und die Töpfe fielen heraus, daß die Suppe floß und die Brocken umhersprangen. Und wie das die Leute sahen, entstand ein allgemeines Gelächter und Spotten, und sie war so beschämt, daß sie sich lieber tausend Klafter unter die Erde gewünscht hätte. Sie sprang zur Türe und wollte entfliehen, aber auf der Treppe holte sie ein Mann ein und brachte sie zurück, und wie sie ihn ansah, war es der König Drosselbart selbst, der sprach: »Fürchte dich nicht, ich und der Spielmann, der mit dir in dem elenden Häuschen gewohnt hat, sind eins, dir zuliebe habe ich mich so verstellt und der Husar, der dir die Töpfe entzweigeritten hat, bin ich auch gewesen. Das alles ist geschehen, um deinen stolzen Sinn zu beugen und dich für deinen Hochmut, womit du mich verspottet hast, zu strafen. Nun aber ist's vorüber und jetzt soll unser Hochzeitfest sein.« Da kamen die Kammerfrauen und taten ihr die prächtigsten Kleider an, und ihr Vater kam und der ganze Hof und wünschten ihr Glück zu ihrer Vermählung mit dem König Drosselbart, und die rechte Freude fing jetzt erst an. Ich wollte, du und ich, wir wären auch dabei gewesen.

So erzählen uns die Brüder Grimm.

Ich bin ein Feuer

*E*s war ein König, der hatte eine sehr vermessene und eigensinnige Tochter, die immer übler Laune war und sich über alles ärgerte. Eines Tages wurde sie auf den König böse. Der König bestrafte sie, indem er ihr befahl, eine bestimmte Arbeit zu erledigen, und sie erwiderte nichts darauf. Als er sah, daß sie ihm keine Antwort gab, drang er in sie: »Antworte gefälligst.« Und sie entgegnete: »Ich bin ein Feuer.« Die Diener des Schlosses kamen und boten ihr das Mittagessen an, und sie antwortete ihnen: »Ich bin ein Feuer.«

Darauf gingen die Diener zum König und erstatteten ihm Bericht. Der befahl allen Unteroffizieren, sie sollten zu ihr gehen, mit ihr reden, ihr das Mittagessen auftragen und sie zerstreuen, aber sie erwiderte einzig und allein: »Ich bin ein Feuer.«

Darauf ließ der König im ganzen Königreich eine Bekanntmachung anschlagen, daß er seine Tochter demjenigen zur Ehe gäbe, der es zuwege brächte, daß sie etwas anderes redete als »Ich bin ein Feuer«. Sie saß in einer Ecke auf ihrem Sessel und sprach kein Wort. Die Prinzen begannen, an ihr vorbeizugehen und zu ihr zu sprechen, sie boten Königreiche, Juwelen, Ländereien und Kleider an, und sie antwortete nichts außer einzig und allein: »Ich bin ein Feuer.«

Danach kamen Landwirte, Kaufleute, Matrosen und Tänzer und brachten ihr Geschenke und Gaben von allen möglichen Edelsteinen, aber sie nahm nichts davon an und erwiderte einzig und allein: »Ich bin ein Feuer.«

Die Nachricht durchlief das ganze Königreich. Am äußersten Ende des Reiches lebten drei Brüder, von denen zwei den ganzen Tag lang schafften, um einen einfältigen Bruder, den sie hatten, mitzuernähren. Dem Dummen kam zu Ohren, daß man die Prinzessin demjenigen zur Ehe gäbe, der es zuwege brächte, daß sie etwas anderes sagte als »Ich bin ein Feuer«. Die Brüder sprachen: »Wir werden sie schon zum Reden bringen.«

Einer sagte: »Ich habe etliche silberne Schmuckstücke, die von meinem Großvater stammen, die will ich ihr mitnehmen und schenken, um sie zum Reden zu bringen.«

Der andere hatte einige Perlmuttmuscheln, die er aus dem Meer geholt, gesammelt und zu einer Kette verarbeitet hatte, die wollte er der Prinzessin schenken, um sie zum Sprechen zu bewegen.

Darauf sprach der Dumme: »Ich gehe auch, ich will mein scheckiges Pferd besteigen und mit euch kommen.«

»Wozu willst du denn mitkommen, Dummkopf!« sagten die Brüder zu ihm. »Was willst du ihr denn mitbringen? Wie denkst du dir es eigentlich, mit der Prinzessin zu reden, wo du keine Kleider und nichts zu beißen hast?«

Darauf antwortete der Dumme ihnen: »Das versteht ihr nicht.«

Tatsache war, daß die Brüder ihn ausschalten und daß der Dumme sich nur eins lachte. Als der Tag herankam, an dem sie aufbrechen wollten, packten sie die Proviantsäcke, steckten Käse und Schinken hinein, nahmen Hühner und alle zur Reise notwendigen Vorräte mit. Der Dumme nahm nichts mit. Sie sagten zu ihm: »Dummer, du wirst Hungers sterben.«

»Nein«, sagte der Dumme, »ich verhungere nicht, irgend etwas erwische ich schon unterwegs, es wird mir nichts abgehen.«

»Mann, geh nicht. Was willst du dort machen? Wie kommt dir in den Sinn, daß sie dich bei Hofe zulassen, blöder Trottel?«

Und sie wollten ihn nicht mitnehmen. Tatsächlich ritten die beiden Brüder los, und der Dumme ging heimlich zu Fuß hinterdrein. Nachdem sie den ganzen Tag unterwegs gewesen waren, kamen sie an das erste Tagesziel und beschlossen, in einem Hüttchen, das sie da vorfanden, zu übernachten. Sie fingen gerade an zu essen, da erschien der Dumme. Sie machten sich daran, ihre Vesper zu essen, bereiteten ihren Braten und gaben dem Dummkopf die Reste. Als sie danach einschliefen, hockte der Dumme einfältig am Rande des Feuers. Als sie aber schliefen, fing der Dumme an, in der ganzen Hütte herumzuwirtschaften, um etwas zu suchen, das auch er der Königstochter mitbringen könnte. Nach einer guten Weile fand er in einer Ecke der Hütte ein Ei, das steckte er sich in die Tasche und ging schlafen. Am anderen Tage erhoben sich die Brüder beim Morgengrauen, sattelten die Pferde, verpackten ihren Proviant und brachen zum nächsten Tagesmarsch auf. Dem Dummen sagten sie, er solle heimgehen. Der Dumme tat ihnen nicht den Gefallen, er trottete hinter ihnen drein und dachte, daß er auch ans zweite Tagesziel gelangen würde. Unterwegs wurde es dunkel, und sie übernachteten in einem Hüttchen aus Steinen. Sie machten gerade den Braten, als der Dummkopf anlangte.

»Weswegen kommst du hier an, du dummes Schwein? Wozu kommst du her? Mach, daß du heimkommst.«

»Nein«, sagte der Dumme, »ihr wißt nicht, was ich weiß.«

»Was wirst du schon wissen, Dummer! Mach, daß du heimkommst, da werden sie dich schon aufnehmen.«

»Ich gehe aber einfach doch«, sagte der Dumme.

Nachdem sie gegessen hatten und eingeschlafen waren, begann der Dumme allenthalben herumzusuchen und fand nichts. Plötzlich sah er, daß ein winziges Holzscheit herumlag.

»Bah«, sagte der Dumme, »das nehme ich auf den Weg mit.«

Er steckte es sich in die Tasche. Am anderen Tage jagten die Brüder ihn wiederum fort und brachen auf, und der Dumme trottete hinterdrein. Sie begannen die dritte Tagesreise, waren den ganzen Tag unterwegs, und als die Nacht über sie hereinbrach, gab es nichts, wo sie hätten unterkommen können. Einige Bäume standen da, an die lehnten sie sich und richteten sich dort zum Übernachten ein. Sie machten sich daran, die letzten Vorräte, die ihnen geblieben waren, aufzuessen, als der Dumme ankam. Wieder jagten sie ihn fort, aber sie gaben ihm die Reste von der Mahlzeit. Der Dumme aß und sagte lachend zu ihnen: »So dumm, wie ihr glaubt, bin ich nicht; ihr mögt sehr gewitzt sein, aber ich habe gegessen, bin spazierengegangen, habe mich ergötzt und es mir wohlgehen lassen, und ihr habt nichts anderes getan, als euch abgemüht, damit ich zu essen habe, spazierengehe und mich amüsiere. Und ich werde die Königstochter heiraten, denn ich weiß Bescheid.«

Als die Brüder schliefen, begann der Dumme nach etwas zu suchen, das er mitnehmen könnte, aber er fand nichts. Am Fuße eines Baumes fand er Kälberkot, betrachtete ihn näher und fand, daß er wie ein Schnecklein geformt war, wie Kälberkot halt ist.

»Das ist auch etwas für die Königstochter.«

Er steckte ihn in die Tasche. Die Brüder jagten ihn nach Hause und brachen auf, und der Dumme trottete hinterdrein. Die Brüder gelangten im Schlosse an, wo die Prinzessin auf ihrem Thron saß. Es waren viele Leute da. Alle standen Schlange, um bei der Königstochter vorbeizugehen und um zu sehen, ob sie sie zum Reden bringen könnten, aber sie sagte zu allen: »Ich bin ein Feuer.«

Der König saß mit seinem Hofstaat gegenüber, schaute die Prinzessin an und sah die Leute, die aus den verschiedensten Teilen seines Reiches kamen, vorbeidefilieren. Die Leute kamen vorbei: »Hier bringe ich Euch Blumen, die ich mit dem Schweiße meines Angesichtes begossen habe.«

»Ich bin ein Feuer.«

Ein anderer folgte: »Ich bringe diese Ketten aus edlen Steinen.«

»Ich bin ein Feuer.«

Endlich kamen die Brüder an die Reihe, zuerst der Älteste, dann der andere und zuletzt, schlecht gekleidet, mit zerrissenen Schuhen und schmutzig, der Dumme. Der erste der Brüder ging vorbei, bot die silbernen Geschmeide, die er vom Großvater geerbt hatte, an, und die Prinzessin sagte: »Ich bin ein Feuer.«

Der zweite kam vorbei und zeigte ihr die Kette, die er selbst gemacht hatte. Die Prinzessin sah ihn an und sagte: »Ich bin ein Feuer.«

Der Dumme ging vorbei und blieb stehen. Die Brüder sagten zu ihm: »Geh doch weiter, Mann.«

»Potztausend«, sprach der Dumme, »hier wird man mir dasselbe antworten, aber ich werde das kleine Biest zahm kriegen, bei mir wird sie klein beigeben.«

Der Herr, der hinter ihm stand, sprach: »Wozu mag dieser Trottel hergekommen sein?«

Der Dumme antwortete: »Wenn ich auch wie ein Trottel aussehe, ich esse doch das Beste.«

Sie ließen den Dummen vorbeigehen, und er sagte ihr: »Hört mal, Prinzessin, von Euch sagte man, Ihr wäret so schön, und so weit her damit ist es gar nicht. Ich bin drei Tage zu Fuß gelaufen, ich habe nicht geschlafen, weil ich Geschenke für Euch zusammensuchte, um herzukommen und um Euch zu sehen, und nun treffe ich ein gewöhnlicheres Gesicht an, als meine Gevatterin eins hat.«

Die Prinzessin sah ihn verächtlich an und sagte: »Ich bin ein Feuer.«

Darauf sagte der Dumme: »Bist du ein Feuer, dann brate mir dies Ei.«

Sie entgegnete: »Ich hab' kein Brennholz.«

»Hier hast du Brennholz.«

»Scheißkerl!«

»Hier hast du auch Scheiße.«

Also sprach die Prinzessin, der König und der Hof kamen, die Glocken läuteten, und die Prinzessin heiratete den Dummen.

Und seither wird die Welt von denen regiert, die man für dumm hält und die schlauer sind, als einige vielleicht glauben.

So wird in Chile erzählt.

Unverhofftes Wiedersehen

*I*n Falun in Schweden küsste vor guten fünfzig Jahren und mehr ein junger Bergmann seine junge hübsche Braut und sagte zu ihr: »Auf Sankt Luciä wird unsere Liebe von des Priesters Hand gesegnet. Dann sind wir Mann und Weib und bauen uns ein eigenes Nestlein.« – »Und Friede und Liebe soll darin wohnen«, sagte die schöne Braut mit holdem Lächeln, »denn du bist mein Einziges und Alles, und ohne dich möchte ich lieber im Grab sein als an einem andern Ort.« Als sie aber vor St. Luciä der Pfarrer zum zweiten Male in der Kirche ausgerufen hatte: »So nun jemand Hindernis wußte anzuzeigen, warum diese Personen nicht möchten ehelich zusammenkommen«, da meldete sich der Tod. Denn als der Jüngling den andern Morgen in seiner schwarzen Bergmannskleidung an ihrem Haus vorbeiging, der Bergmann hat sein Totenkleid immer an, da klopfte er zwar noch einmal an ihrem Fenster und sagte ihr guten Morgen, aber keinen guten Abend mehr. Er kam nimmer aus dem Bergwerk zurück, und sie saumte vergeblich selbigen Morgen ein schwarzes Halstuch mit rotem Rand für ihn zum Hochzeitstag, sondern als er nimmer kam, legte sie es weg und weinte um ihn und vergaß ihn nie. Unterdessen wurde die Stadt Lissabon in Portugal durch ein Erdbeben zerstört, und der Siebenjährige Krieg ging vorüber, und Kaiser Franz der Erste starb, und der Jesuitenorden wurde aufgehoben und Polen geteilt, und die Kaiserin Maria Theresia starb, und der Struensee wurde hingerichtet, Amerika wurde frei, und die vereinigte französische und spanische Macht konnte Gibraltar nicht erobern. Die Türken schlossen den General Stein in der Veteraner Höhle in Ungarn ein, und der Kaiser Joseph starb auch. Der König Gustav von Schweden eroberte russisch Finnland, und die Französische Revolution und der lange Krieg fing an, und der Kaiser Leopold der Zweite ging auch ins Grab. Napoleon eroberte Preußen, und die Engländer bombardierten Kopenhagen, und die Ackerleute säten und schnitten. Der Müller mahlte, und die Schmiede hämmerten, und die Bergleute gruben nach den Metalladern in ihrer unterirdischen Werkstatt. Als aber die Bergleute in Falun im Jahr 1809 etwas vor oder nach Johannis zwischen zwei Schachten eine Öffnung durchgraben wollten, gute dreihundert Ellen tief unter dem Boden, gruben sie aus dem Schutt und Vitriolwasser den Leichnam eines Jünglings heraus, der ganz mit Eisenvitriol durchdrungen, sonst aber unverwest und unverändert war, also daß man seine Gesichtszüge und sein Alter noch völlig erkennen konnte, als wenn er erst vor einer Stunde gestorben oder ein wenig eingeschlafen wäre an der Arbeit. Als man ihn aber zu Tag ausgefördert hatte, Vater und Mutter, Gefreundte und Bekannte waren schon lange tot, kein Mensch wollte den schlafenden Jüngling kennen oder etwas von seinem Unglück wissen, bis die ehemalige Verlobte des Bergmanns kam, der eines Tages auf die Schicht gegangen war und nimmer zurückkehrte. Grau und zusammengeschrumpft kam sie an einer Krücke an den Platz und erkannte ihren Bräutigam; und mehr mit freudigem Entzücken als mit Schmerz sank sie auf die geliebte Leiche nieder, und erst als sie sich von einer langen heftigen Bewegung des Gemüts erholt hatte, »es ist mein Verlobter«, sagte sie endlich, »um den ich fünfzig Jahre lang getrauert hatte und den mich Gott noch einmal sehen läßt vor meinem Ende. Acht Tage vor der Hochzeit ist er auf die Grube gegangen und nimmer gekommen.« Da wurden die Gemüter aller Umstehenden von Wehmut und Tränen ergriffen, als sie sahen die ehemalige Braut jetzt in der Gestalt des hingewelkten kraftlosen Alters und den Bräutigam noch in seiner jugendlichen Schöne, und wie in ihrer Brust nach fünfzig Jahren die Flamme der jugendlichen Liebe noch einmal erwachte; aber er öffnete den Mund nimmer zum Lächeln oder die Augen zum Wiedererkennen; und wie sie ihn endlich von den Bergleuten in ihr Stüblein tragen ließ, als die einzige, die ihm angehöre und ein Recht an ihn habe, bis sein Grab gerüstet sei auf dem Kirchhof. Den andern Tag, als das Grab gerüstet war auf dem Kirchhof und ihn die Bergleute holten (schloß sie ein Kästlein auf), legte (sie) ihm das schwarzseidene Halstuch mit roten Streifen um und begleitete ihn in ihrem Sonntagsgewand, als wenn es ihr Hochzeitstag und nicht der Tag seiner Beerdigung wäre. Denn als man ihn auf dem Kirchhof ins

Grab legte, sagte sie: »Schlafe nun wohl, noch einen Tag oder zehn im kühlen Hochzeitsbett, und laß dir die Zeit nicht lang werden. Ich habe nur noch wenig zu tun und komme bald, und bald wird's wieder Tag. Was die Erde einmal wiedergegeben hat, wird sie zum zweiten Male auch nicht behalten«, sagte sie, als sie fortging und sich noch einmal umschaute.

So erzählt uns Johann Peter Hebel.

Quellenverzeichnis

»Das Ende der Welt« © Suhrkamp Verlag: Walser, Robert. *Der Spaziergang. Prosastücke und Kleine Prosa.* Zürich / Frankfurt a. M. 1985.

»Das versunkene Schloß« © Insel Verlag: Trillitsch, Winfried (Hg.). *Gesta Romanorum. Geschichten von den Römern.* Frankfurt a. M. 1973.

»Die eingeschlossenen Wilden« © Insel Verlag: bin Gorion, M. J. *Der Born Judas. Legenden, Märchen und Erzählungen.* Wiesbaden 1959.

»Kannitverstan« und »Unverhofftes Wiedersehen« © Diogenes Verlag: Hebel, Johann Peter. *Unverhofftes Wiedersehen und andere Geschichten aus dem Schatzkästlein des rheinischen Hausfreundes.* Zürich 2009.

Über den Autor

MICHAEL KÖHLMEIER, geboren 1949 in Hard in Voralberg, studierte Germanistik und Politologie in Marburg sowie Mathematik und Philosophie in Gießen und Frankfurt am Main. Seine Romane, Erzählungen und Hörspiele wurden mehrfach ausgezeichnet, unter anderem mit dem Manès-Sperber-Preis, dem Grimmelshausen-Preis und dem Bodensee-Literaturpreis. Im ORF moderiert er regelmäßig die Diskussionssendung Club 2. Michael Köhlmeier lebt mit seiner Frau, der Schriftstellerin Monika Helfer, in Hohenems und Wien.

Die hochgelobte Neuübersetzung
des Großklassikers

Kurt Steinmanns vielgelobte Versübertragung der
Odyssee verbindet in idealer Weise hohe Texttreue mit
sprachlicher Eleganz. Mühelos gelingt es ihm, dem
jahrtausendealten Menschheitsepos um die Abenteuer
des listenreichen Odysseus und dessen Gefährten neues
Leben einzuhauchen. So erstrahlen einige der berühm-
testen Episoden der Weltliteratur – die Gefangen-
schaft beim Kyklopen Polyphem, die verführerischen
Gesänge der Sirenen, die Bedrohung durch Skylla und
Charybdis – in frischem Glanz. Von der Sorgfalt der
reich kommentierten Neuübersetzung – erstmals 2007
bei Manesse erschienen – zeugt auch die Taschen-
buch-Ausgabe des kanonischen Großklassikers.

 PENGUIN VERLAG

Eine unvergleichliche Liebesgeschichte: zärtlich, bittersüß und weise

Als Zhuang in London ankommt, fühlt sie sich vollkommen verloren. Ihre Eltern haben sie in den Westen geschickt, damit sie Englisch lernt. Doch es ist nicht nur die fremde Sprache, die ihr Mühe macht, sondern auch die seltsamen Umgangsformen und das ungenießbare Essen. Geborgen fühlt sich Zhuang nur im Kino – dort begegnet sie schließlich auch der Liebe. Doch im Westen erweist sich diese als ebenso kompliziert wie der Alltag.

Xiaolu Guo inszeniert den Kulturschock voller Witz. *Kleines Wörterbuch für Liebende* ist ein kluges, unterhaltsames Verwirrspiel um kulturelle Unterschiede. Zugleich ist es eine zärtliche, bittersüße Liebesgeschichte.